HOUSE OF CARDS

A TALE OF HUBRIS & WRETCHED EXCESS ON WALL STREET

华尔街纸牌屋

贝尔斯登的荣耀、贪婪与毁灭

[美] 威廉·D·科汉 著

刘巍 译 唐晗 审校

上海三联书店

"一个预言者请您留心三月十五日。"

——威廉·莎士比亚《尤利乌斯·凯撒》第一幕，创作于1600年左右；第一幕，布鲁图斯对凯撒的台词。[1]

---

[1] 三月十五日是凯撒遇刺的日子，作者以此来比喻贝尔斯登遇上的致命危机。

——译者注。本书除标明作者注外，其余注释均为译者注。

导读 次贷危机下的金融陷阱与从生到死的贝尔斯登

陈思进

金融大鳄索罗斯曾经说过一句话，大概的意思是：金融是一场基于假象和谎言的游戏。要获得并守住财富，就得认清其假象。一旦投入其中，最关键的是要在假象和谎言被公众认识之前退出这场游戏……

最近，有幸受邀写一篇书评，书籍是 *"House of Cards: A Tale of Hubris and Wretched Excess on Wall Street"* 的中文版《华尔街纸牌屋：贝尔斯登的荣耀、贪婪与毁灭》。

拿到这本书稿，我才再次意识到，一晃2008年次贷危机已过去10多年，作为次贷危机的参与者和亲历者，尽管这些年来也反复写过、分析过次贷危机的来龙去脉，尽管我几年前就阅读过这本书的英文版，可是当我再次阅读中文版时，依然有先睹为快之感。

真可谓温故而知新。这本书将我带回了10多年前，那个疯狂的年代，往事历历在目，（并且）再次印证了我曾在央视大型纪录片《华尔街》中说过的那句话：华尔街将次贷变成次债，再到信用违约互换合约的过程，就是把一个80岁的老奶奶变成四五十岁的、虽徐娘半老但风韵犹存的中年妇女，进而把她打扮成为18岁的青春大姑娘，不断地推销给全世界的过程。

很凑巧的是，当时我就是开发引发那次次贷危机的信用违约掉期（Credit Default Swap，简称CDS）、担保债务凭证（Collateralized Debt Obligation，简称CDO）、资产担保证券（Asset-backed Security，简称

ABS）等金融衍生品的参与者，而我的老朋友理查德·罗伯茨（前美联储高级董事总经理、纽约银行CRO），就是危机爆发之初，在美联储负责执行第一笔7000亿美元纾困资金的人。

对于那笔纾困资金，《华尔街纸牌屋》中的形容是："在美联储看来，紧急融资援助堪称一步好棋，使得央行能走上在过去几个月间小心翼翼架设起来的绳索。"而在由我策划，由理查德·罗伯茨撰写的《美联储：手持柴火的灭火人》一书中，单用书名就点出来了美联储在当时所起到的作用，并详谈了当时美联储是如何操作的。

回到本书，《华尔街纸牌屋》用了贝尔斯登这个案例，抽丝剥茧，从当下到历史，再从历史回到现今，娓娓道来，全景式地详细地描绘了那次次贷危机，特别对于中国读者而言，在其发生10周年之际出版这个中文版，有着非常的意义！

这本书的中文版翻译得非常传神，译者刘巍先生在译者序中提到，"我翻译的基本原则就是希望能把译文伪装成中国人的原创"，翻译的水准达到了信达雅的最高境界。读这个版本时，就好似作者本来就是用中文写作一般。另外，华尔街金融技术术语等方面的翻译也很精准。

接下来，谈一下再次阅读全书之后的感想吧。

一直以来，我在阅读所有金融书籍的时候，时刻提醒自己金融的背后其实就是三个词儿：信用、风控和杠杆。有信用才能玩儿金融，用杠杆才能够做大，而只有风控到位，才能避免崩盘，或至少拖延崩盘……

贝尔斯登一朝覆亡，引发了全世界的金融灾难。但无论是贝尔斯登倒闭，还是金融灾难，都不能单凭2008年3月的事件来解释。本书中的第二部追溯到了85年前："贝尔斯登的问题深藏在独特的企业文化中，而这文化是几十年来形成的，由三位传奇人物创造：赛伊·刘易斯、老A.格林伯格，以及吉米·凯恩。"

阅读完本书的第二部，也就知道了贝尔斯登的缘起，以及它的信用是如何建立起来的。

本书多次谈到了华尔街投行的杠杆："……投行资产负债表上被允许的杠杆水平要远远高于商业银行。例如，杠杆的测量标准之一是资产和权益资本的比率；在投行内部，一个季度的中间阶段，往往会接近50∶1的高比率。"

这个接近50∶1的高比率是什么概念？拿中国百姓最热衷的买房子米对标，就等于买一套1000万元的房子，只要20万元的首付即可。只要房价涨10%（从1000万元涨到1100万元），卖出就赚了500%的利润。

然而，成也萧何，败也萧何。一旦房价跌去10%的话（从1000万元跌到900万元），卖出非但之前的20万元血本无归，还将赔上80万元（注：这里的计算除去了银行贷款的利息、手续费，买房的各种税项、过户费、律师费等）的债务。

我当年所做的CDS，按照顶头上司的要求，杠杆比率甚至做到了百倍，其破坏性威力，真好似巴菲特形容的金融核武器！

谈到这儿，顺便提一下，过去20多年来，以土地为基础的以房地产业为主的周期性信贷驱动，即高杠杆的高负债与高成长带来了中国经济的繁荣，这样的场景也曾在20世纪50年代到80年代的日本和韩国出现过。它们的共同点，就犹如次贷危机爆发之前的美国一样，似乎只要房价不断上涨，那么所有直接间接相关的资产的收益，就将迅猛增长，而负债规模即使再扩大，也不会引起足够的警示。

当时，美国、日本和韩国的许多企业开发的与房地产相关的金融衍生品，还被国际信用评级机构给予了很高的信用评级。比如，在次贷危机发生之前，CDS、MBS、CDO等在证券化的过程中不断地被华丽包装，这类新发行的证券竟能获得AAA级的最高信用评级！

但是，正因为超高的杠杆率，产生了债务危机，而债务危机的本质就是对信用的透支，流动性风险一旦触发，信用说崩就崩："贝尔斯登早上还有180亿美元余额，晚上只剩下了20亿美元……与此同时，对冲基金客户正在'着火的剧院'中彼此践踏，拼命寻找出口，夺路而逃……"

这时，风控至关重要！在这段描述之中，可以看出贝尔斯登没有足够的风控措施："周四下午，贝尔斯登实际上已经用完了现金。如果没有大规模的资本注入，贝尔斯登在下一个交易日将无法满足提款的要求。那些与贝尔斯登合作的华尔街公司，将不再接受贝尔斯登把国债作为抵押品以换取隔夜贷款……这两个事件，每一个单独拿出来都是致命的；而两个事件汇合则是一场灾难。"

这么多年来，带来丰厚利润的证券化、衍生化业务早就成了华尔街最主要的业务，其范围包括为客户进行交易和承销债券。因此高盛、摩根士丹利、雷曼兄弟、美林证券等投行，以及本书的主角贝尔斯登都是高利润产品的代表。特别是包装完美、涉及国外市场的MBS（住房抵押贷款支持证券），这种衍生证券的实际操作比买卖房子至少复杂10倍，而且花样繁多，像什么Straddle（跨式交易）、Strangle（宽跨式交易）、Naked Put（裸卖看空期权）、Butterfly（蝶式交易）、Covered Call（掩护性买权）、Collar（上下限期权）、Iron Condor（铁鹰套利），这样反串，那样对冲，将风险包装得漂漂亮亮，变成美丽的罂粟，使得华尔街投行能够将利润高高抬起。

对此，联合国在2017年公布的住房问题报告中指出，当前正在引发的剥夺近10亿人基本居住权的全球住房危机，根本的原因就在于住房商品的金融化，尤其是2008年美国金融危机以来，这种情况变本加厉。因为全球绝大多数地方的住房商品，都被当成了投资商品及累积财富的工具，使得越来越多的投机资金流入保证居民基本居住权的市场，住房与资本完全交织在一起。当金融市场的衍生品与住房市场交织在一起，按揭贷款被证券化之后，这个交易本身不仅可以到全球市场进行交易与销售，同时国际市场的任何变化，也会立刻反映到住房市场上来。

华尔街利用人性中固有的贪婪和盲从，独创了信贷消费、提前消费的模式。年景好的时候，银行以降低利息为诱饵，诱使人们贷款购房，享受"美国老太太"式的生活，但这无疑也给购房者埋下一颗定时炸弹。

等房地产市场火了，泡沫被吹大，进场的人也越来越多，从而形成债务金字塔，银行此时便立刻调高利率。这时，房屋就是"人质"，银行的5年期、10年期贷款利率一调高，人们便被迫降低生活水准，偿还因为加息而增加的欠款，由此，房地产市场泡沫被刺破。一旦你不幸丢了工作，还不起按揭贷款，银行就可以上门无情地夺走你的财产，因为错在你，谁叫你欠钱不还？它们的抢夺行为因此显得名正言顺。华尔街模式崇尚的是胜者为王、败者为寇，位于金字塔顶端的总是王，最底层的大众只能沦为被压迫者。全世界如温哥华、多伦多、悉尼、旧金山、伦敦、新西兰等地方都是如此。

其他具体内容我就不再剧透了。金融那点事儿，我搞了小半辈子，简单说就是四句话：

金融的本质就是合法地掏别人兜里的钱；

金融调控就是水多了加面、面多了加水；

金融监管就是让你不死不活、不活不死；

金融业（投行、对冲基金、私募基金等）就得不能不信、不能全信，打好擦边球……

刘鹤先生说得更到位：做生意是要有本钱的，借钱是要还的，投资是要承担风险的，做坏事是要付出代价的。

特别是最后那句话，在书中，读到贝尔斯登很多员工被裁员的那些描写，深有同感，这种场景其实在华尔街是常态。

华尔街人掏空了别人口袋里的钱，在那次次贷危机中，几百万、上千万人丧失了家园，更有无数人亏得底儿掉，而始作俑者不正是华尔街人自己吗？最后也一定会害到自己！包括这本书的"主角"贝尔斯登的结局，不也是这样吗？

真可谓如原副书名所言"一部华尔街傲慢与放纵的惨史"……

2018年12月24日

目录

第一部分

经过——
三月的十天

第一章

终极蟑螂屋

金融界的末日就要来了。最早宣告这末日的喃喃细语，是从美国佛罗里达州奥兰多市（Orlando）北部一间不起眼的办公室里发出的，这里距离华尔街大约1100英里（约1800公里）。2008年3月5日上午10点15分，金融家贝纳特·西德卡（Bennet Sedacca）在铁轨近旁的这间破旧办公室里宣告：美国第五大投资银行、令人仰慕的金融巨头贝尔斯登公司（Bear Stearns Cos.）陷入了麻烦，而且是大麻烦。美国有一家致力于帮助投资者理解金融世界的网站叫米尼安小城（Minyanville），西德卡在该网站上写道："毫无疑问，一场巨大的信贷衰退正降临到我们头上。华尔街各大交易商的信用违约掉期发生了严重崩盘，尤其是雷曼公司和贝尔斯登。形势严峻。"

时年48岁的西德卡是大西洋咨询公司（Atlantic Advisors）总裁，这是一家投资管理公司兼对冲基金，旗下管理着35亿美元的资产。西德卡每天都密切观察一种专用的显示器——彭博机，他发现雷曼（Lehman）和贝尔斯登公司的对冲短期债务违约成本（华尔街行话叫"信用违约掉期"）自2007年夏天以来，一直不断攀升；而到了2008年2月，其上升的速度进一步加快了。过去6年间，华尔街一直热衷于把钱贷出去，成为债主；眼下，西德卡宣告，这种局面就要结束了。后来，他又说："几年来我一直在提这件事，但我现在发现不只是说说而已，该来的终于来了。只要你稍微想想，要是你的资产负债表上出现了这么一堆核废料，你该怎么办呢？应当削减红利，对外募资，并缩减资产负债表。可他们做的却正好相反，竟然还加大了杠杆。只一年的工夫，雷曼的杠杆从25倍扩到了35倍。他们还宣布，用每股65美元的价格进行大规模股票回购，再以每股38美元的价格卖出。我真心觉得，他们根本就不知道自己在干什么。更可笑的是，他们还因为这些所作所为拿到了奖励！真让我感到恶心。"

西德卡在职业生涯中，亲眼见证了好几次泡沫破灭。他曾在著名投资银行——德崇证券（Drexel Burnham Lambert）工作过，这里曾是垃圾债券大王迈克尔·米尔肯的基地。1990年，德崇证券遭到清算，股价从每股110美元一下子跌到0美元，西德卡也就在一夜之间丧失了他拥有股份的全部价值（德崇是私营公司，但股票一直因内部需要进行估值）。他说："这足以让我震惊。我当时只有29岁，经不起这么严重的损失。"当时，西德卡的同事们大多从花旗银行贷款来购买德崇的股票，事发之后，留给他们的就只剩下了银行债务，还有一文不值的股票。西德卡还说："我认识不少人，拥有几百万美元的债务，股票价值却为零。"这些人，要么想办法还清了贷款，要么宣告个人破产。西德卡又补充说："人人都把你的融资渠道切断的时候，就会有这么个结果。"

后来，西德卡来到了基德尔与皮博迪公司（Kidder Peabody），又目睹了这家有130年历史的老牌企业的分崩离析。有了这些经验，加上在其他华尔街公司积累的教训，西德卡就对华尔街的债务和运作方式产生了怀疑。从2007年夏天开始，西德卡就有一种确定的感觉：美国经济的很多部门，联合堆起了一座债务的高山，而这座高山的结局一定很不妙。他开始警惕信贷问题了，他说："我一直盯着彭博机，从中获得了足够的信息，足以知道这里面出了什么问题。"

西德卡告知客户与米尼安小城网站的读者：贝尔斯登、雷曼兄弟的问题在于，因住房抵押贷款发放过多，而造成证券资产负债表过于膨胀。这些抵押贷款的违约率尽管还很低，却在增长；与此同时，抵押贷款的优先担保物，也就是民众的住房，其价值又在快速下跌。西德卡不得不注意到，这双重灾难的影响在抵押贷款界的其他小公司身上也显现了出来。他看到，信贷市场脖子上的套索已经收紧了。他在文章里写道："看一看桑恩伯格房贷公司（Thornburg Mortgage）的遭遇吧。"桑恩伯格是一家上市的住房抵押贷款公司，专门发放那种被人称为"Alt-A"的抵押贷款（数额超过41.7万美元）给富有的借款人，但来自贷款人的追加保证金的要求，一直让桑恩伯格"不堪重负"。西德卡写道："桑恩伯格经营的247亿美元的抵押贷款组合，应该只有0.44%的违约率，但公司拥有的债券却遭遇了严重打击。"结果是什么？正是追加保证金。最糟糕的是，公司转而卖掉一部分债券，想要解决追加保证金的问题，却没有成功。公司就像粘在"蟑螂屋"里的蟑螂一样，动弹不得，陷入了绝境。

桑恩伯格公司总部位于美国新墨西哥州的圣塔菲（Sante Fe）。此时，公司仿佛碰到了一面坚实的墙壁。其实，公司客户的违约率很低，信贷质量又很高，出现这种困难，有些令人吃惊。这是因为，桑恩伯格的问题不在于客户无法偿付抵押贷款的利息和本金，而在于公司的资金已经不够维持日常运营了。桑恩伯格面临着"流动性问题"，在此之前，公司将巨额抵押贷款作为担保物得到融资，而现在，贷款人已经不愿意接受这种担保物了。

商业银行可以动用存款人的现金来维持大多数运营工作，但像桑恩伯格这样的金融公司，以及雷曼兄弟、贝尔斯登这样的纯粹投资银行，并没有存款人的资金可以使用。这些企业用另外几种方式维持运营：方式一是偶尔发行一些长期证券，例如公司债或者优先股；方式二也是最常见的，是在隔夜无担保商业票据市场上借款，或者在隔夜回购市场上获得短期借款。在隔夜回购市场上，各家企业必须用其资产负债表上的各种债券与其他资产作担保进行借款。30年来，各家企业像这样不断地在市场上借钱，日复一日，运转良好。然而，现在人们突然间意识到出问题了，不是债券有问题，就是给债券作担保的机构有问题；紧接着，资金就像撒哈拉沙漠里的雨水一样蒸发了。当年，叱咤风云的华尔街各大证券公司，例如高盛（Goldman Sachs）、摩根士丹利（Morgan Stanley）、美林（Merrill Lynch）、雷曼兄弟、贝尔斯登，都有一个肮脏的小秘密：这些企业都或多或少地利用这种手段来维持日常运营，且每一家公司距离融资危机永远只有24小时。不过，华尔街的高管们拥有足够的手腕，在市场中设法维持公司的名望，而这种手腕就是公司一天天生存下来的关键所在。

原先，桑恩伯格融资维持运营的途径，也非常类似投资银行。然而，2008年2月中旬，桑恩伯格却面临了一段非常困难的日子：很难维持公司在市场中原有的声望了，因为公司短期借款的担保品是公司资产负债表上的抵押贷款。这些贷款当中，一部分是优质抵押贷款，也就是借款人风险最低的贷款，另一部分是Alt-A级抵押贷款，其风险略高于优质抵押贷款，投资人获得的效益也高一些。这些抵押贷款中的99.56%履约情况都很好。

但这并不重要，重要的是，市场对这些"与抵押贷款相关联资产"的看法正在迅速恶化。这就预示着桑恩伯格、贝尔斯登、雷曼兄弟等企业即将遭遇危险。因为这些企业都在隔夜回购市场中使用与抵押贷款相关联的资产作为担保品。

桑恩伯格的麻烦始于2月14日。这一天，在地球另一边，瑞士最大的银行——瑞士联合银行（Union Bank of Switzerland, 简称UBS）发布了2007年第四季度财报。报告称，在减记[1]了137亿美元的对美抵押贷款投资坏账之后，UBS损失了113亿美元。在减记巨额坏账的同时，瑞士联合银行还宣布，其在Alt-A抵押贷款方面也损失了20亿美元。更糟糕

---

[1] 减记就是把坏账价值从资产负债表上归零。

的是，公司还另外出现了266亿美元的敞口。长期担任瑞士联合银行主席的马塞尔·奥斯佩尔（Marcel Ospel）写信给各位股东说，2007年是"我们历史上最艰难的一年"，原因是"美国住房市场突然出现了严重衰退"。4月1日，奥斯佩尔引咎辞职。

瑞银打了个喷嚏，引发了桑恩伯格等公司的严重感冒。瑞银通过削减Alt-A抵押贷款价值，强迫其他竞争者开始重新估价自己账本上的Alt-A抵押贷款。这些抵押贷款，不偏不倚，正是桑恩伯格（以及贝尔斯登）用于短期借款的担保品！于是，2月14日过后不久，桑恩伯格的债主们就要求公司为短期借款支付追加保证金，总额"超过3亿美元"。一开始，桑恩伯格动用了所有的现金来支付追加保证金，但这并没有让债主们放心。3月3日，公司在给美国证券交易委员会（U.S. Securities and Exchange Commission，简称SEC）[1]提交的一份文件归档里写道："在支付了到2008年2月27日为止的所有追加保证金之后，桑恩伯格抵押贷款公司发现，其高质量（主要为AAA级）抵押证券的市价进一步下跌了。"优质抵押贷款价值的进一步下跌，导致了进一步追加保证金，总额为2.7亿美元，其中：摩根士丹利4900万美元，摩根大通2800万美元（2月28日），高盛5400万美元。

然而，这一次，桑恩伯格的"可用流动性资产却变得有限了"，不论是支付这次新的追加保证金，还是支付将来的追加保证金，都不够了。从2007年12月31日到2008年3月3日，桑恩伯格被债主要求支付总额为17.77亿美元的追加保证金，但它只能支付11.67亿美元，相当于总额的65%，表现十分糟糕。3月7日，桑恩伯格宣布：6.1亿美元的差额"远远超出了公司现有的偿付能力"，由此引发了人们对该公司继续运作能力的严重怀疑，而桑恩伯格既没有重组，也没有新资本注入的明显迹象，因而更加引发了市场的担忧。2007年5月，该公司股票交易价每股还高

[1] 本书大部分场合按照行话称为"证监会"。

达28美元；2008年3月3日收市的价格却跌到了每股4.32美元，当天就下跌了51%。桑恩伯格首席执行官拉里·高德斯通（Larry Goldstone）说："从去年开始，抵押融资市场发生了严重的混乱。用'按市值计价的会计准则'衡量，这混乱还在继续加剧，迫使各家公司对他们无意出售的资产采取未实现的减值准备。"到3月10日，桑恩伯格的股票跌到了每股69美分。

拉里·高德斯通对自己公司情况的解释，其实就是西德卡所说的"最可怕的蟑螂屋"，只不过用律师界的行话做了严密的包装。抵押证券价值面临着一个"向下压力"的恶性循环，这个恶性循环至少在一年之前就已经开始了，如今愈演愈烈，影响了整个资产类别：不仅仅是最初级、风险最高的抵押贷款（即所谓的"次级抵押贷款"），还包括那些更加安全、正在履约的抵押贷款。如今，"抵押贷款"这个术语变成了"有毒废料"的同义词，或者用某人的玩笑话说——"金融埃博拉病毒"。

的确，其他公司同样也面临着严重的抵押贷款问题。2008年12月，高德斯通接受《华盛顿邮报》的采访时说："我发现，市场的总体情况比我先前设想的要糟糕得多。瑞银要是有这么多，那高盛呢？花旗呢？其他所有公司呢？"比如，佩洛通伙伴（Peloton Partners）是一家拥有18亿美元对冲基金，且很有前景的公司，于2005年6月由荣·贝勒（Ron Beller）建立。荣·贝勒是高盛系的人，几年前因一件丑闻在金融圈子里出了名：他在高盛的秘书从他及合作伙伴斯科特·米德（Scott Mead）那里偷走了430万英镑，而他们都没有发觉。在秘书被判罪之前，贝勒告知陪审团，当初他发现银行账户上"少了一两百万"，就发觉有什么不对头。

2007年，佩洛通的"资产担保证券基金"给投资人带来的收益率高达87%，被《欧洲对冲基金》（EuroHedge）杂志评为年度最佳"固定收益基金"。然而，在2008年2月14日瑞银宣布对抵押贷款投资进行坏账减记之后，佩洛通的这只固定收益基金在Alt-A抵押贷款的投资也急剧贬值，之后不得不清盘。和桑恩伯格一样，佩洛通也接到了华尔街各大债主不断重复追加保证金的要求，与桑恩伯格不同的是，佩洛通还没来得及等到援助计划执行，就用完了现金。在此次危机中，光是贝勒自己就损失了6000万美元。

贝勒的麻烦在华尔街产生了一种病毒式的散播效应。贝勒的基金十分倒霉，因为2008年是闰年，这只基金是在2月29日也就是闰日垮台的，如果不是闰年，应该在3月1日垮台，也就是第二季度的开端[1]，但基金却在第一季度末垮台了。佩洛通拥有的证券在市场中被重新估价，这意味着贝尔斯登这样的华尔街大公司不得不考虑，这些新情况会给自身拥有的类似证券带来什么样的影响，并且在第一季度的统计数字中反映出来。贝尔斯登本希望向市场展示，自己在2008年第一季度可以盈利。结果，佩洛通一倒，贝尔斯登只好重新估计自己的盈利情况了。

贝尔斯登有一位高级常务董事叫保罗·弗里德曼（Paul Friedman），担任固定收益部的首席运营官。弗里德曼解释道："2月29日，是佩洛通毁灭的日子。接着，所有人都开始了巨额的资产清算，一些质量极高的资产，价钱却跌得极惨。针对各大交易商资产负债表的谣言四起。这些谣言说，交易商们再也无法出售那些资产了，而贝尔斯登是第一个将抵押住房贷款资产出售一空的公司。[2]于是，我们现在有了巨量低价的高质量债券，还有了一群厉害的交易对手方——就跟佩洛通遇到的事情一模一样。所有人，至少是我们公司的人，我觉得还有别的公司的人，都在观望2月29日，心想：'好吧，我们要把自己的资产调整到什么水平？'清算的时候到了。如果我们要调整到佩洛通毁灭的水平，那将是一笔不可估量的损失。可如果再等一个星期，我们就几乎没法再卖出去这笔资产了。这就是末日的开端。"

弗里德曼生于纽约州斯克内克塔迪市（Schenectady），1977年毕业

---

[1] 贝勒的金融第二季度从3月1日开始，不是4月1日。

[2] 这些谣言全都是胡扯，事实上贝尔斯登手中还持有大量的住房抵押贷款，并因此而倒下。

于科尔盖特大学（Colgate University），获得了经济学学位。他应聘过当时美国八大会计师事务所（Big Eight Accounting Firms）之一的职位，最后在德崇证券做审计工作。在华尔街，德崇是在贝尔斯登之前崩溃的大公司（1990年遭到清算）。弗里德曼觉得，在德崇的工作让他对华尔街有了一些了解，于是在1981年去贝尔斯登应聘了一个对他来说是个错误的职位——与抵押贷款证券相关的工作。他对这个领域一无所知，面试也就一塌糊涂。正要走人的时候，他忽然凭着意外的运气听说运营部有另外一份工作，便当场接了下来。他在岗位上待了一阵子，但不喜欢总是在后台部门待着。有一天，他告诉上级，自己讨厌这份工作。弗里德曼回忆说："过了大概一个小时，我就参加了交易柜台工作的面试，后来又当了交易助理，最后当了抵押贷款柜台的交易员。那时候，抵押贷款证券刚刚兴起。这份工作我做了两年，表现非常非常平庸。"没多久，他又当上了固定收益部门负责人的助理，一干就是20年，而部门负责人却换了又换。

桑恩伯格与佩洛通正面临着追加保证金的麻烦，除此之外，还有一个明显的麻烦迹象，就是阿姆斯特丹的债主针对一只成立7个月的对冲基金也发出了追加保证金的要求。这只基金的交易额高达220亿美元，由凯雷集团（Carlyle Group）控制。凯雷集团总部位于华盛顿，是一家投资公司，总裁是大卫·鲁宾斯坦（David Rubinstein）。很多手眼通天的政客一直是凯雷集团的座上宾，这个来了那个走，包括美国前总统老布什（George H. W. Bush）、前国务卿詹姆斯·贝克（James Baker），还有侨居美国的法国银行家奥利弗·萨科齐（Olivier Sarkozy）——法国总统尼古拉·萨科齐（Nicolas Sarkozy）[1]的同父异母兄弟。多年以来，鲁宾斯坦一直小心翼翼地维护着凯雷集团的名声，成绩斐然。尽管凯雷集团着明显的政界关系，却还是成了华尔街名望最高的私募股权公司之一。

---

[1] 在本书2009年出版时任法国总统，2018年法国总统换成了埃马纽埃尔·马克龙（Emmanuel Macron）。

凯雷集团宣称："我们的任务就是成为全球领先的私募股权公司，最大限度发挥凯雷专业投资团队的智慧，在多种投资选择上创造非同一般的回报，并同时维护好我们和投资者的良好信誉。"3月5日，全球信贷危机损害了凯雷集团的一部分"良好信誉"，起因是凯雷资本公司（Carlyle Capital Corporation）的一只基金遇到了严重麻烦。这只基金在阿姆斯特丹证券交易所上市，凯雷集团拥有其中的15%，基金在住房抵押贷款证券方面投资很多，但这部分投资越来越难以估价，于是麻烦就这么开始了。

2月28日到3月5日这一个星期，这只对冲基金也被贷方要求追加6000万美元抵押品作为保证金，基金满足了这一要求。然而，3月5日，基金的13家融资方中的7家再次要求增加3700万美元抵押品，而凯雷集团只满足了7家中3家的要求。于是，余下4家中的1家发出了违约通知。

也是在3月6日[1]，美联储纽约分行（Federal Reserve Bank of New York）第九任行长兼CEO蒂姆·盖特纳（Tim Geithner）在国会发表演讲，主题是外交、林荫大道（Park Avenue）[2]，以及开始显现的金融危机。盖特纳服务过三届总统、五任财政部部长，在最后两任财政部部长劳伦斯·萨默斯（Lawrence Summers）与罗伯特·鲁宾（Robert Rubin）手下当上了主管国际关系的副部长。在贵宾面前，盖特纳用十分明晰的言语，详细介绍了即将到来的金融危机是怎样发源的。他解释了众多异常因素是如何聚到一起削弱了美国的经济基础：贷款者不负责任地让一些信誉较低的客户接触了信贷，贷款给这些客户买房买车，买其他商品和服务；客户认为自己需要这些东西，却无法真正负担得起。此外，房地产价值有了历史性的增长，且增长还在继续。同时，华尔街出现了一种"快速创新模式"，让信贷风险更容易产生、传播，以及在理论上更容易对冲。盖特纳说，这些保险政策，也就是可怕的"信用违约掉期"，让投资者

---

[1] 原文并没有明确说明还有什么事情发生在3月6日，据前文推测，"4家中有1家发出了违约通知"发生在3月6日。

[2] 纽约著名的富人街。

以为自己已经两面下注。他说："这些金融工具使得投资者可以购买保险或其他保护措施，防止个人信用危机蔓延，例如房主或公司违约等；但是，这一阶段的承保标准恶化了，于是敞口也扩大了。"但投资者并不完全了解这一情况，即自己的风险并没有得到对冲，他们还预测将来的市场会具备充分的流动性和相对稳定性。盖特纳说："投资者觉得未来会更加稳定，这种信念使他们加大了杠杆，也让市场面临更大的风险。这些因素互相作用，大大增加了金融体系的脆弱性，使其容易因为各种不同的弱点而受损。"

盖特纳还说，人人都对正在产生的危机视而不见。"在剧变时期，经常有这样的情况：在某一时刻，表面的风险看似较小，隐藏的风险却显著集中。为了预防各种看似低概率的事件发生，银行与投资银行互相贩卖保险——信用违约掉期；卖价哪怕在当时看来都觉得很低。而这些向别人贩卖信用违约掉期的金融机构，又从别的金融担保人和企业那里为自己旗下的资产购买保险。就这样，其他的金融机构和企业也感染上了同样的风险。这场危机暴露了美国以及全球金融机构在风险管理实践中的各种缺点。"演讲之后，盖特纳回答了听众提出的几个平淡无奇的问题后，忽然对来宾说："我该走了！"众人爆发出一阵大笑。

第二天，盖特纳突然离开的原因，就一目了然了。市场开市之前，盖特纳和几个联邦储备委员会理事一起，公开宣布了两项特别措施，目的在于给市场注入额外资本，以"应对短期借贷的流动性压力"。美联储朝银行系统注入2000亿美元，途径是一边贷给各大银行1亿美元，一边贷给各大证券公司1亿美元；都是低息贷款，为期1个月，并允许这些银行与证券公司使用抵押贷款证券和其他风险更高的贷款作为抵押品。过了几个小时，美国劳工部（Labor Department）宣称，2月份美国减少了3.6万个工作岗位，大大超出了预期。华尔街有一位经济学家兼作家叫爱德华·亚德尼（Edward Yardeni），作品曾荣获普利策奖。他一直是华尔街最为乐观的预测家之一，且是最坚信当前形势稳定的一个，如今他却写道："戈多来了！从剧本开始到结束，我一直为这场混乱喝彩，但信贷危机却愈演愈烈，终于变成了全年的信贷紧缩，从而让实体经济陷入了萧条。"[1]

到3月7日，凯雷对冲基金彻底碰壁。追加保证金的要求源源不断地袭来，基金尽管还拥有华盛顿凯雷集团1.5亿美元的信用额度，却根本无法满足这些要求。于是，基金的公开交易股票被迫停牌。首席执行官约翰·斯图姆博（John Stomber）发表声明说："在上周，公司相信我们还有足够的流动资金，但在本周，公司的贷款人却告知我们，附加的追加保证金和增长的抵押要求将会十分巨量，远远超出公司在星期三收到的追加保证金的要求。"他还说："目前，公司相信这些额外的追加保证金和增长的抵押要求，将很快耗尽其流动资金，并削弱其资本。管理团队正在密切注意局势，并考虑公司一切可能的选项。"9天后，凯雷基金被强制清算，最终解散。

3月初，在任何一个赞同西德卡3月言论的人看来，贝尔斯登和雷曼两家公司的信用违约掉期的价格，都传达了一个可能带来灾难后果的流动性问题（桑恩伯格、佩洛通、凯雷面临的问题也与之相似），即贝尔斯登和雷曼的资产负债表上都有大量无法出售的Alt-A抵押贷款：贝尔斯登大约有60亿美元，雷曼大约有150亿美元。约翰·斯普罗（John Sprow）是科罗拉多州博尔德市（Boulder）史密斯·布瑞登联合公司（Smith Breeden Associates）的一名债券基金经理，他先前就曾注意到，贝尔斯登的掉期"已经在他们自己的世界里走向毁灭"。而在1月份的时候，贝尔斯登的信用违约掉期价格已经飙升到了摩根士丹利类似金融产品价格的2倍、德意志银行（Deutsche Bank）掉期价格的4倍。

西德卡在3月专栏文章里继续写道："我们来说一说雷曼和贝尔斯登。雷曼在商业抵押担保证券（Commercial Mortgage-Backed Securities，

---

[1] 戈多（Godot）是法国剧作家贝克特（Beckett）荒诞戏剧《等待戈多》（*En Attendant Godot*）中的神秘人物，有人说代表上帝，有人说代表死亡或虚无。这里应代指金融危机。

简称CMBS）方面投入的资本，据说是自有资本[1]的2倍；而在'难以定价的证券'方面投入的资本，几乎是自有资本的5倍。在我的词典里，'难以定价'也就是'难以出售'……贝尔斯登的情况其实还要更糟糕。贝尔斯登惹怒的客户太多，乃至商业模式破灭了。你若是命令贝尔斯登卖掉'难以定价'的债券，会怎样呢？答案是卖不掉。不论是谁的资产负债表，都无法吸收这么多垃圾债。于是，你能看到，恶性循环就这么发展起来了。"

　　西德卡还解释，雷曼和贝尔斯登的债务保险成本（也就是信用违约掉期），是如何在短短的一个月时间里发生了如此戏剧化的攀升的。贝尔斯登债务保险的成本要高于雷曼，这意味着，市场认为贝尔斯登违约的风险更高。2007年上半年，贝尔斯登每1000万美元债务的保险成本仅为5万美元（市场认为贝尔斯登破产的风险为0.5%）。之后一直缓步上升，到2008年3月突增到每1000万美元债务的保险成本为35万美元（市场认为其破产风险上升至3.5%）。他总结说："在我看来，他们已经破产了。我有些朋友在贝尔斯登工作，我很为他们感到难过。可是，我在德崇证券尽职工作过了，看着我的股票跌到了零点。不错，这种事确实会发生，而且发生得很快！"在西德卡发表言论的前一天，也就是3月4日，贝尔斯登发表了一个声明，说3月20日会发布2008年第一季度财报。其中会说，公司拥有173亿美元流动资金，一季度盈利1.15亿美元。这结果比起历史上最大的一季度损失——8.57亿美元来说，算得上是一个好转了（前一年的一季度，公司赚了5.54亿美元）。对此，西德卡好像并不相信。表面上，贝尔斯登并无异常，但公司内部有些人确实非常害怕。

---

[1] 自有资本，指股东出资形成的资本金、资本盈余以及其运行结果累积留存收益。它们统称为所有者权益，本质上归属出资人股东。这里要说的意思是，雷曼购买的CMBS后来一文不值，其投资全部亏本。而亏本的规模十分庞大，就算卖了雷曼也弥补不了。

第二章

信任欺诈

西德卡在佛罗里达破旧办公室里提醒人们转变观念的同时，贝尔斯登顶级抵押贷款交易员、45岁的托马斯·马拉诺（Tommy Marano）也感觉毁灭即将来临。过去25年中，马拉诺一直是贝尔斯登成功的关键人物，近年来，贝尔斯登收入90亿美元，其中多达20亿美元都是马拉诺的功劳。贝尔斯登的豪华总部位于曼哈顿麦迪逊大街383号（383 Madison Avenue），造价15亿美元；马拉诺就坐在大厦6层的交易室里。如果把华尔街比喻成一个人体，贝尔斯登的总部就是人体的左心室；而这里的"华尔街"，其实早已散落曼哈顿各处，集中于曼哈顿中城，而不在现实中的华尔街。

马拉诺为贝尔斯登忧心忡忡。他不想把这种担心传给市场，但又很想弄清楚自己的担心有没有根据。于是，3月6日上午11点，他给《财富》（Fortune）杂志撰稿人罗迪·博伊德（Roddy Boyd）打了一个电话。多年以来，马拉诺一直是博伊德重要信息的来源。博伊德之前在《纽约邮报》（New York Post）当记者，自由地发表对竞争对手和市场的评论。在改行做记者之前，他还当过8年交易员，因此与马拉诺很有共同语言。博伊德说："我知道抵押贷款产品已经死透了。"两人的观点高度一致，可以用"芭蕾双人舞"形容。他又解释道："这定义不是一般地明确。我们完全了解自己所说的内容。很长一段谈话，两分钟就可以说完。我一直在保护马拉诺，从来没有跟他说过废话，也不会给他惹麻烦。自然，他也不会跟我说废话，也一直会给我有用的东西。"

这一次，马拉诺打电话给博伊德，是为了讨论贝尔斯登，特别是自己的担心——有些跟他做了多年生意的企业此时突然问他：贝尔斯登手头有没有足够的现金来完成交易？博伊德回忆："马拉诺上午11点给我打了电话，我们谈了一两件事。局面很奇怪，他知道局面很奇怪。我们闲聊不到10秒钟。我问马拉诺：'怎么了？'马拉诺反问我：'关于贝尔斯登，你听说什么了？'我回答：'你知道我听说了什么，你还知道我看见了什么。'马拉诺说：'我知道你听见看见了什么，实在是太诡异了。'我就有点逗弄他的意思，因为我听见了一些事，也看见了一些事，可他说的信息并不比我知道的多很多，于是我就装作自己很忙的样子，一边跟他说话一边做着其他的事，催促他快说。他跟我说：'罗迪，我们这儿的高管从顾客那儿听说了一件很奇怪的事。这种事我们没有准备。太诡异了。顾客就那么直接地问我们的偿付能力，问我们还能不能坚持下去！空头今天拿我们寻了不少开心。'"

华尔街跟其他生意场一样，也是一种"信心游戏"。因此，在日常交易中，对手方若是问出一些诸如现金和流动性的尖锐问题，那么对生意而言是很不妙的。博伊德继续说："马拉诺的意思是空头正在放出贝尔斯登的谣言，这最终会导致贝尔斯登的大客户问：'我要是将这一大批证券或者衍生品卖给你，你能否将它们全部清仓？或者说，这些倒霉的东西要是找不到买主，3天后是不是还得倒腾到我这儿来？'"这种问题对交易者、交易者所在的企业而言，都十分严重。因为假设你和一家企业做交易，这家企业有资金问题，导致企业必须快速筹集现金，那么交易者可能别无选择，只得将刚刚买下的证券又以更低的价格卖到市场中；这就强迫其他持有类似证券的企业也纷纷把该证券价值调低到这一水平。这种现象名为"按市值计价"。在金融危机的过程中，这是造成华尔街恐慌的重要来源。

"你明白让顾客这么惊恐的原因吗？"博伊德继续说："因为你要是以95的价格卖出一件东西——比如说卖出你仓位的一半；而买家资金出了问题，5天后必须以81的价格将其抛售回市场，那么你的另一半头寸，或者类似的证券，从法律上说，就必须定价到81左右。你的资产就这样发生了价值变化。交易商如果老这么做，就会受人鄙视……顾客们就是这么告诉马拉诺的。马拉诺说：'我简直无法想象！'这就好像我质疑你的精神是否正常。"

"马拉诺在思考两件事。"博伊德继续道："第一，他必须就此马上终止别人这一连串的提问，因为一旦有人必须问出这种问题，后果不堪设想。第二，他在思考谣言和臆测会沿着什么轨迹发展，在思考'烟与火'理论[1]。他在想，人们在交易抵押贷款证券的时候，会变得很犹豫。成交量正在干涸，交易的速度显著放缓，连日常平均值都达不到了。人们竟然对他们作为交易对手方的运作能力产生了怀疑，这是无法想象的。我是说，这可是贝尔斯登啊！这家公司平时单单每股就盈利6～8美元啊！这些人，连工资带奖金，每年收入2500万到3000万美元啊！可现在他们连基本流动资金这种'立足点'的事情都被人质疑了！马拉诺说，他相信这些卖空者一直在信用违约掉期市场上投机，告诉其他公司的交易对手方，自己担心贝尔斯登的流动资金和偿付能力，这就让利差成本进一步上升；后果是贝尔斯登为筹集隔夜资金而花费了更多的钱，压缩了利润空间，引发了民间对贝尔斯登更加疯狂的谣言。"

两人尽管只谈了15分钟，但重要性显而易见。博伊德继续回忆："马拉诺说，我们之间没必要解释。我说：'你确定吗？'他说：'你看看信用违约掉期吧。'我就去看了，看见了那些'曲棍球杆'（成本上出现的一个尖峰，西德卡用的术语）。他说：'不能相信，真是一塌糊涂！'他

[1] 行话，烟代表大量无关痛痒的谣言，火代表真正的灾难。

是个处处维护公司的人，但他留给我一个非常明确的信息。我不傻。对冲基金和大宗经纪账户，一般对财务健康状况、金融偿付能力这样的问题十分敏感。他说'我听说有人质疑我们的财务健康状况'。这个时候，马拉诺就是在跟我说，他知道他已经完了。因为一旦信誉问题曝了光，有重要人物问你问题，且问到了一定程度，你就完了。就这么简单！就这么简单！ 名誉丢了，该往哪里去找呢？"

　　麦迪逊大街383号的花岗岩墙壁外面，忧虑一样在蔓延。3月6日，贝尔斯登的雅虎论坛上，有一个网名叫"rutlando"的用户，把这些恐惧写了出来："融资成本猛增。杠杆比率太高——33：1。最近两个季度，资产负债表上的杠杆比率都没有降低……贝尔斯登负债3200亿美元。BSC（贝尔斯登纽约证交所代码）破产了！"到2008年，雅虎论坛上的各家公开上市公司的分论坛，已经变成了匿名发泄的重要渠道。对于这些网民的智慧，大家最好带着适量的怀疑来看待。原因之一是，他们有偏见；原因之二是，他们用以得出结论的研究，其深度如何，很少为人所知。不过，像河水一般奔流的评论，确实提供了一种即时的、相当于口述历史的东西。3月6日收盘之后，用户"bwhal40er"写道："强大的贝尔斯登完蛋了，证监会也该松一口气了。"著名对冲基金经理吉姆·克莱默（Jim Cramer）在CNBC电视台主持的一档名为《我为钱狂》（*Mad Money*）的狂热投资节目中，评论贝尔斯登："揩客们一直在要我们的命。每股69美元的价格，不会让我放弃贝尔斯登的股票。我认为贝尔斯登是很棒的精英企业，但他们的道路将会变得崎岖不平。"

　　多年以来，贝尔斯登一直是抵押贷款证券承销商中的领军者。有些企业一开始的业务就是将抵押贷款借给信誉较低的客户，贝尔斯登甚至把这些企业买了下来，以获得抵押贷款的现成来源，用来打包，对市场大批出售。瑞银2月14日决定对Alt-A抵押贷款作资产减记，贝尔斯登也是这种贷款的大宗持有人。从理论上说，这种贷款的信用质量要高于次级抵押贷款。贝尔斯登还一直是凯雷对冲基金、佩洛通、桑恩伯格的贷方。贝尔斯登的净敞口为最低水平，但这一点可能影响甚微。此外，还有马拉诺和博伊德一直讨论的那些市面上的谣言。贝尔斯登一名高管说："这其实真的没有影响我们，不过，人们可能猜测，除了'我们给他们贷款了''我们拥有的其他资产也跟他们拥有的类似''影响必然冲击他们按市值计价的价值'这些情况之外，我们还会有另外一大波问题。他们猜得可能也没错。我不知道。这3家企业在这么短的时间内就全部破产，下一周就引发了顾客集体出逃。"

美联储注入资本，凯雷对冲基金高调崩溃，这些事件基本没有缓解公众对贝尔斯登越发严重的担忧，可能还引发了附加的流动性问题。3月7日下午，雅虎论坛上，用户"elrrambu"宣称，他曾经买下贝尔斯登的"看空期权"，这种期权能在一段特定时间前以一个特定的价格卖出股票。这反映出投资者对股票价格看法越来越悲观，认为会持续下跌。这位用户说："就连今天上午美联储的行动，也救不回这头猪的命了。"几分钟后，另一名观察者同意了他的意见："贝尔斯登快要撕裂了。瞧着吧。对，等到3月20日，财报公开的日子就行。不过，该改名叫'亏报公开的日子'。贝尔斯登肯定会撕裂，撕裂的英语是rip，也能理解成英语缩写R.I.P.——安息。这年月，贝尔斯登根本没有生意，还是关门吧。"另一个粗暴的用户也评论贝尔斯登："BSC这一回彻底玩完了！"也是在这个星期五晚上，一家"大银行"拒绝了贝尔斯登要求20亿美元短期融资的请求。《财富》杂志撰稿人博伊德后来写道："在华尔街，有人拒绝给你这么一笔贷款，就好比在一般的社会上，在发薪日前一天你的朋友拒绝借你5美元。贝尔斯登高管们拼命找钱，在别处筹款，不过发出的信号是肯定无疑的：信用快要干涸了。"

据说，那家大银行是欧洲的银行。那天晚上，还有接下来的周末，博伊德一直在努力调查，看究竟是哪家银行决定不再当贝尔斯登在隔夜金融市场上的交易对手方。显然，这对于企业来说，是一个极为糟糕的变化，也让马拉诺的恐惧不幸成真。但对于博伊德来说，这也是一条大新闻。博伊德说："那时候，我××都快把我的头发揪下来了——不好意思爆了粗口。我给所有人都打了电话。给德意志银行打，给瑞银打。我一点都不客气，我就说，把你们的高管叫来听电话！把你们的交易员叫来听电话！我不想听什么白痴发言人说话。我在交易柜台上待了8年，我比那些发言人都聪明。他们遇到点事儿就惊慌失措。就连衍生品、债券、股票有什么不一样，他们都不知道。没有人能够问他们的交易柜台，就连怎么给交易柜台上的回购专员打电话都不知道。我告诉他们：'把你们管融资的人叫过来听电话，要么就是管信贷的人，不然你就自己来《财富》杂志社！'《纽约邮报》的人来了。我说：'这事儿有两种可能，一种坏事，一种好事。这只手是好事，这只手是坏事。我是跟你握手，还是给你一拳，告诉我！'"[1]

博伊德与瑞银、德意志银行的回购柜台交易员谈过后，特别关注德意志银行，因为德意志表现出一种越来越强的能力，在交易中像美国投行那样为客户着想。博伊德说："我跟纽约那些家伙谈了话，他们说：'我们朝上帝发誓，我们没有做那样的事。'要真是德意志干的，我就想：'好吧，这就是大新闻了。'质押式回购融资的额度一旦断裂了，你就死了，好吧？他们就死得很惨了。"不过，博伊德始终也没有确定，究竟是哪一家欧洲银行终止了贝尔斯登的信用额度。

星期六，《巴伦氏道琼斯商业与金融周报》（*Barron's*，简称《巴伦周刊》）登了一个封面故事《房利美，下一个政府救助对象？》（*Is Fannie Mae the Next Government Bailout?*）。本来，人们对住房市场的严峻局势已经越来越忧虑，这篇文章就成了忧虑的终曲。作者乔纳森·莱恩

---

[1] 博伊德此处用的还是"walk and talk"的办法，催促别人赶紧提供信息。他说自己很忙，想让大投行的发言人们多说点东西，但是又嫌这些发言人一点金融知识、一点公司的核心信息都接触不到，懒得搭理他们，想让他们直接去找高管、交易员或者相关部门了解情况。最后几句是嘲讽和恐吓。

（Jonathan Laing）写道："房利美这家企业，在30年代大萧条（Depression）期间创建，目的就是将流动资金引入住房市场；而偏偏就在美国住房市场最缺流动资金的时候，房利美自身却可能很快需要财政援助了。这恐怕是一切讽刺当中最残忍的一种。"关于房利美潜在危机的严重程度，莱恩提出了一个有先见之明的有力论点，他认为危机之所以如此严重，原因有三：（1）房利美的借款成本越来越高；（2）信用违约掉期的成本攀升；（3）账本上有大量次级贷款和Alt-A级贷款。莱恩完全没有提到"贝尔斯登"这个名字，但是，很多有悟性的读者（包括贝尔斯登一些高管），却完全能够想到，房利美若是出了麻烦，贝尔斯登也将因同样的缘故而出麻烦。一名高级常务董事回忆道："我不记得《巴伦周刊》的文章有没有提到贝尔斯登。不过，接下来我们却相信，房利美即将破产，而且房利美的破产对贝尔斯登将会是毁灭性打击；这种打击，就是那个充满猜疑的可怕星期开始的原因之一。"

贝尔斯登当时的首席执行官，是57岁的艾伦·D.施瓦茨（Alan D. Schwartz）。即使这种关于贝尔斯登未来的怀疑影响了施瓦茨，他也没有表露出一点受影响的征兆。施瓦茨是一位德高望重的明星银行家，已在贝尔斯登工作33年了，之前曾长期主管投行业务。1月8日，贝尔斯登董事会批准前任CEO、华尔街传奇人物吉米·凯恩（Jimmy Cayne）辞职，当时贝尔斯登85年历史上第一次出现季度亏损，余波尚未平息。凯恩辞职当天，施瓦茨不情愿地接管了企业大权。在早餐会上，施瓦茨对企业的最高领导们宣布了凯恩辞职的消息，他最后说："吉米留下的，将会是这幢了不起的大厦，我们全都身处其中。"这句话让一些与会者搔着头困惑不解。[1]施瓦茨不仅提到了凯恩多年来对企业的贡献，还敦促大家继续做好工作，而不要理会关于企业的风言风语。高级常务董事保罗·弗里德曼回忆了施瓦茨在早餐会上的讲话。据他回忆，施瓦茨说：

---

[1] 因为吉米·凯恩的主要贡献显然不只是一栋大楼，所以人们觉得施瓦茨好像说话没有说到点子上。这个场面，在之后的第三十章末尾还会提到。

"你们必须停下，不能被股价影响，不能被我们的信用违约利差影响。这些因素是外面的人决定的，他们不了解这里真正的情况。他们不知道我们充满活力，独一无二。你们的精神状态不能受他们话语的左右。你们要埋头努力工作，继续过日子，尽量不要理会股价的事。"接着，弗里德曼评论道："这种话说起来容易，可是你所有的资产净值都被套住了。我是说，CEO说这种话确实是应该的，从概念上很有意义，不然施瓦茨能怎么说呢？难道说'哎，我知道咱们马上要破产了？'他真的只能做到这一步了。"

3月6日星期四，施瓦茨乘飞机南下，前往佛州南部的棕榈滩县（Palm Beach）参加数天之后举行的企业年度媒体会议。会议于3月9日在豪华的浪花酒店（Breakers Hotel）开幕，将持续4天。施瓦茨到达当夜，便与美国电信巨头威瑞森电信（Verizon Communications）董事会的成员见面，讨论了电信业的情况。浪花酒店周围建了一座奢华的海洋球场（Ocean Course），接下来两天，施瓦茨大部分时间都在这里打高尔夫球。贝尔斯登没有几个普通员工知道施瓦茨在佛州。

媒体会议的参加者都是各界名流，比如：萨姆纳·雷石东（Sumner Redstone），传媒公司维亚康姆（Viacom）与哥伦比亚广播公司（Columbia Broadcasting System，简称CBS）董事会主席；罗伯特·伊戈尔（Robert Iger），迪士尼（Disney）董事会主席兼CEO；杰弗里·扎克（Jeffrey Zucker），美国国家广播环球公司（NBC Universal）总裁兼CEO。2007年，施瓦茨曾对听众宣布，贝尔斯登的媒体会议是他会唯一参加的会议。考虑到他的时间被其他要求占满了，而且媒体会议让他得以在一个轻松奢华的环境下和媒体客户们过从甚密，他这么宣布是有道理的。

2008年媒体会议上，施瓦茨问雷石东，他将近85岁了，是怎样保持身体健康、坚持工作的？雷石东提到，他每天锻炼70分钟，还服用"人类已知的所有种类的抗氧化剂"。施瓦茨又问雷石东，关于发展、保持一项长期事业，他有什么建议。雷石东回答："你不应该从思考事业的角度开始。你要走好每一步，明白机遇从来不会主动敲门，你必须寻找机遇，我一生都在寻找机遇。我享受生活，是因为我喜爱自己所做的事。你肯定知道，我有一种获取胜利的热情。人不可能永远胜利，但人必须有这种热情。而且最重要的是，你必须能够向前看，抛开过去。"

就在施瓦茨在浪花酒店周围徘徊，跟客户们畅谈哲学的时候，纽约关于贝尔斯登流动资金的忧虑越来越严重。3月10日星期一，公司股价下跌了11%，达到5年来最低点。此前，三大独立评级机构之一穆迪分析公司（Moody's）给贝尔斯登承销的15只抵押债券中的一部分降了级，包括Alt-A级证券，还说这些证券的评级很可能会进一步下调。穆迪分析公司说，这些降级是因为"企业不良行为出现率高于预期"，还因为"与信用增强等级相关的那部分基本抵押品的赎回权被取消了"。10日上午，荷兰合作银行集团（Rabobank Group）告知贝尔斯登，不会给本周晚些时候到期的一笔5亿美元贷款延期；此外，也基本不可能给下一周到期的一笔20亿美元信用额度续期。《华尔街日报》（Wall Street Journal）报道说："贝尔斯登尽管从其他银行总共筹得了1190亿美元，但荷兰合作银行集团的决定还是表示贷方开始焦虑了。"

施瓦茨在南方棕榈滩，凯恩"退休"（虽然还担任董事会主席）去了底特律参加北美桥牌锦标赛，于是平息市场动荡的责任就落到了人称"老A"的艾伦·格林伯格（Alan Greenberg）身上。格林伯格今年82岁（2009年时），是贝尔斯登前任董事会主席兼CEO，而且依然担任执行委员会主席。大概是在午餐时间，他告诉CNBC，市面上关于公司流动资金的忧虑，纯属杞人忧天。当时，CNBC记者米歇尔·卡鲁索-卡布雷拉（Michelle Caruso-Cabrera）突然给格林伯格打了个电话，格林伯格就在自己办公桌前接受了一次简短的电话采访。他说："（这些传闻）真荒唐，实在荒唐！"格林伯格对电话向来是来者不拒，而且想到什么说什么，为此他很是骄傲。这一次，他的合作伙伴们却感到了局促不安。有一名较为同情他的高管说："这只是又一次老A风格的体现。"然后，贝尔斯登发表声明，否认"市面关于我司流动资金问题谣言"的真实性，又加了一句："关于今天市场周转的流动资金问题的谣言，毫无真实性可言。"声明还引了施瓦茨的一句话："贝尔斯登的资产负债表、流动资金和资本均保持坚挺。"

CNBC 的另一名华尔街记者大卫·法柏（David Faber）谈到这些公开否认的声明时，说华尔街高管们发表这种声明"非同寻常"。大约下午 2 点，法柏在节目里说："没有企业会说自己有流动资金问题。实际情况是，企业要么有流动资金，要么没有。所以你要是没有了，你就完了。不过，人们必须明白，市场上现在确实对此有一种担忧，对自信的担忧。人们必须明白这种担忧的影响，因为我们所在的市场很艰难，信用始终是人们最关注的点，信用一旦产生危机，就会导致突然崩溃。"

华尔街运作的基础是信任，而在即时通信发达的社会，这种信任也会即时遭到损害。英语社会有句老话："培养名声需要一生，破坏名声只需一瞬。"金融市场也是如此。有时候，就连真相也无法化作止血带，阻止伤口流血。美国华盛顿州埃特蒙德市（Edmonds）西加太平洋资产管理公司（Sitka Pacific Capital Management）有一名投资顾问叫迈克尔·夏德罗克（Michael Shedlock），他也是博客作家。3 月 10 日，他在博文中写道："现在，我们假装整个经济系统都很坚实牢固，但显然并非如此。"

接着，周一谣言四起。大家纷纷传言，一家联邦管理机构开始打电话，尖锐地质问它负责监管的各大银行，直接而且专门地问"你们对贝尔斯登的敞口是多大"。人们相信，这家机构就是美国通货监理署（Office of the Comptroller of the Currency）。这是一个相对不太出名的联邦部门，负责给一切国有银行发放许可证，并进行监督。这些质询电话，问的并不是"关于它们对一组银行的敞口，贝尔斯登是其中之一"，而是单单对贝尔斯登的敞口。毫无疑问，到了 3 月初，美国通货监理署署长约翰·杜根（John C. Dugan），对他监管的各家银行财政状况，已经是忧心忡忡了。3月4日，杜根在参议院银行、住房及城市事务委员会（Senate Committee on Banking, Housing, and Urban Affairs）作证时说："总体而言，因为经济长期高速增长，尤其是信用损失较低，资本比率较高，国有银行系统一直健康而充满活力。"但他话锋一转："然而，目前国有银行系统正在经受考验。有两种巨大而相关的力量，正在给全国各地大大小小的银行施加真正的压力。其一是信用市场发生的一系列前所未有的严重混乱，现在这种混乱还在升级。次级抵押贷款的严重问题、房价下降，又让这些混乱提前发生了。其二是经济增速放缓，引发了众多资产类别信用质量显著下降。这些力量加在一起，让我们监管的多家国有银行的资金十分紧张。"记者问署长办公室发言人迪恩·德巴克（Dean DeBuck）：杜根办公室有没有打出过这些电话？德巴克回答"无可奉告"，但并没有明确否认打过电话。不论监理署有没有打过电话，关于电话的推测掀起的风暴，其规模在历史上是少见的。3月10日，有迹象表明，贝尔斯登可能已经无法控制自身的命运。企业的声明本来是想要扑灭市场上的谣言，却事与愿违，给谣言火上浇油。

周一卖出的"看空期权"（也就是投资者打赌贝尔斯登股票会快速下跌的金融产品）飙升到了158599张，数量约为前20日平均值的7倍多；此外，看空期权数量比打赌股票会涨的看涨期权多出了2.6倍。

更让人恐慌的，是投资者实际下的赌注。3月10日卖出的最活跃的合约赋予投资者如下权利（但并非义务），以每股30美元的价格在3月21日期权过期前的8个交易日内，随时卖出贝尔斯登股票。周一，贝尔斯登股票收盘价是每股62.30美元。换句话说，这些看空期权的买家若想要赚钱，则股票必须在8个交易日内整整下跌52%。

这些赌注自然很令人恐慌，但还有另一件事同样令人恐慌，那就是有些投资者想玩得更大，购买更多的贝尔斯登股价看空期权。大约在3月10日，芝加哥期权交易所（Chicago Board of Options）突然接到大量请求，要求发行更多种类的贝尔斯登看空期权。芝加哥期权交易所在期权交易过程中有专门的指导方针，决定何时发行某个系列期权；如果行权价格太过离谱，完全偏离实际，则一般不会发行这种期权。然而，在贝尔斯登那样一种情况下，投资者要求芝加哥期权交易所发行一种全新的3月系列期权，其行权价格是每股25美元——这也就是那个更为惊人的赌注，打赌贝尔斯登股价会在7个交易日内下跌到每股25美元；此外，他们竟然还要求开放新的4月系列，执行价格为20美元和22.50美元！芝加哥期权交易所同意了请求，开放了第二天新的期权交易，但拒绝透露请求者的身份。这些赌注对贝尔斯登的即时前景和短期前景做出了非常悲观的预估，其数额巨大，看似不可能发生。赌注是谁下的？没有人知道。

有一些对冲基金以贝尔斯登为主要股票经纪人[1]，在贝尔斯登存放了数以十亿计美元的资金，并在那里交易和清算；从逻辑上推断，这些对冲基金很可能就是一直以来看空期权的买家。理由是，现在想要对冲自己对贝尔斯登的敞口，只有两个办法：一是把现金余额拿出来（很多人正是这么做的），二是打赌贝尔斯登股价会迅速下跌。假如贝尔斯登真的出了问题，那么它可能面临常说的"银行挤兑"，让客户的账户担了风险，此时唯一符合逻辑的客户自保方式就是不断下注，赌贝尔斯登会出事。所以，若是贝尔斯登闹了灾祸，导致账户被封，那么至少对冲基金还能通过"打赌贝尔斯登将要垮台"而在过渡时期获取大量资金。这个思路完全符合逻辑，而且恰好有一个先例：2005年，商品期货与期货合约交易商——瑞富公司（Refco）破产了。瑞富公司申请破产保护的时候，作为客户的各家对冲基金，无法立即拿到自己的钱，为此十分恐慌。如今，很多对冲基金依然对瑞富公司记忆犹新，完全不想再次陷入同样的境地。只要贝尔斯登一有风吹草动，预示有麻烦，这些对冲基金就会认真考虑，先把钱拿出来，再询问情况如何。

---

[1] 对冲基金自己无法买卖股票，必须在券商，也就是美国的投行里开设账号，把钱存在这个账号里才能买卖股票。投行扮演的角色就是"股票经纪人"。

美国通货监理署打来的那些电话，为执行这一微妙的"对冲交易"提供了完美的掩护。一名感到怀疑的贝尔斯登银行家说："周一，在周四挤兑之前，有一家小银行的一个主管跟我说，他的CEO或者总裁接到一个电话，是监管部门打来的，问他们银行对贝尔斯登的敞口是多少。监管部门问的可不是'你们对贝尔斯登、摩根大通、摩根士丹利、雷曼、瑞银的敞口是多少'，单单只问'你们对贝尔斯登的敞口是多少'。主管说，他的总裁进了他的办公室说：'哎，我刚接到这个电话。以前从来没接到过这样的电话。'"

这所接到监管部门电话的银行，就是移民储蓄银行（Emigrant Savings），并不算什么大银行。这位贝尔斯登银行家回忆说："他们（监管部门）肯定是把名单全都查了一遍。要是给这人打了，肯定给其他所有人也都打了。谣言已经出来了，然后又出了这种事，你说：'啊，瞧瞧，监管部门给我电话了！'这是什么样的谣言？这是'自我应验'的谣言嘛！小银行主管跟我说：'你觉得我会干什么？我赶忙把跟贝尔斯登相关的一切东西全都脱手了。'"就在这个紧要关头（周一），贝尔斯登这位银行家碰巧又接到了另一家投行高管的电话，这家投行是贝尔斯登投行业务的竞争对手。在电话里，银行家提到了他和小银行主管的关于"监管部门打电话"的讨论。银行家透露，竞争对手在电话里说："我们也接到了同样的电话，监管部门说的大致意思是：'这个电话的事，你别告诉你的那些交易者，也不要终止你跟交易对手方签订的任何一份协议。我问你，你们对贝尔斯登的敞口是多少？'竞争对手继续说：'你觉得我会怎么做？我当然告诉了自己的交易者。我买了看空期权，又进行了卖空操作。我把我能脱手的全都脱手了。'跟竞争对手打完电话后，我极为震惊。这时候，又有一个电话打了过来。[1]这是华尔街一个特别德高望重的风险经理，我就知道这事儿不是瞎编的了。好吧，现在那些谣

---

[1] 原文说第二个电话，但银行家可能把对手电话当成第一个了，之前还有一个小银行电话。各个电话顺序如下：电话一来自小银行，电话二来自对手，电话三来自风险经理。

言成真了。可是，难以想象你居然会接到这样的电话！我的意思是，天底下怎么会有这么愚蠢的监管机构，先问你对某家公司敞口是多少，然后来一句，'啊，不过对此你什么事也别做'。"

这些令人瞩目的谣言一曝出，就让贝尔斯登看空期权的购买量大幅攀升，而且价格大涨。此外，3月10日，贝尔斯登的债务保险成本，也在意料之中地飞涨；5年期1000万美元的保险成本，竟然涨到了70万美元，比上一周增长了14倍。这又是一个明确的信号：贝尔斯登已然快要死了，秃鹫飞在天上窥伺着，盘旋得越来越快，就要俯冲下来吃肉。各大对手已经开始吞噬贝尔斯登，力度也越来越大。贝尔斯登第二大股东是著名外汇交易大亨乔·刘易斯（Joe Lewis），过去半年间，他在贝尔斯登股票上投资了10亿多美元。贝尔斯登一名高级常务董事说："周一，我们就开始听说了很多谣言，说由于资产价值严重缩水以至于无法完成交易，乔·刘易斯也开始被追收保证金了。然而对那些没有站到交易另一面的人，这说法并不是真的。我认为，我们的信用违约掉期的差价（溢价）真正急速上升是在星期一。我认为，很多人觉得这一事件是因为那些针对高盛的谣言。之前，高盛不愿意再与贝尔斯登展开交易。高盛之前说，我们有一次没有履行交易承诺，这件事——谣言可能是真正的谣言，但说我们没有履行交易承诺是不对的。这件事就成了一个开头，开启了那个星期迅速发生的一系列事件，至少我记得是这样。我们的信用违约掉期开始出现了巨大的风险溢价，这件事已然发生，而不是可能发生或者将要发生。我们再也无能为力了。做不了生意，成本太高了。我们完全瘫痪了。"

贝尔斯登内部有些高管向首席财务官萨姆·莫利纳罗（Sam Molinaro）施压，让他尽早公布贝尔斯登一季度财报。莫利纳罗是纽约州的宾汉姆顿市（Binghamton）人，在纽约州锡拉丘兹市（Syracuse）的会计公司普华永道（Price Waterhouse）工作了6年，于1986年加入贝尔斯登。他是贝尔斯登上市以后财务部门聘请的第一位名流。10年后（1996

年），他步步高升，当上了首席财务官；2007年8月，又加上了首席运营官的头衔。2008年一季度，贝尔斯登一直处于盈利状态，即使在佩洛通破产清算引发贝尔斯登资产重新定价后，公司也依然保持盈利[1]。高管们认为，公布这个盈利消息，能够安抚紧张的民众。保罗·弗里德曼回忆："有人不断恳求我：'咱们能尽早公开收入吗？能采取点措施吗？'我们公司里那些跟贷方开电话会议的人，那些跟顾客打电话的人，完全无能为力。[2]收入是不能谈的。理论上，就连资产负债表、流动资金、风险、其他一切，都不能谈。不到公布财报的时间，按理说是不能对外谈论公司收入的。否则，贷方与顾客就会想要知道究竟出了什么事，我们就得说：'没事儿，相信我吧！'我进入了这么一种模式，我会跟他们说：'您听我说，我们现在正在消息封锁期，我不能说收入的事，不过在此之前，我先要说一句，我们正在努力将财报公布的日期提前。至于为什么有人要这么做，就请您自己判断吧。'我只能做到这一步了。之前，我们全都这么做，尽管方法各异，但公司里的每个人都试图向外界证明贝尔斯登没有问题。我们大致描述一下，我们的流动资金如何运作，我们的融资如何运作，为什么我们有180亿美元融资储备，完全不必担心挤兑或者现金短缺。我们会这么描述：'上个季度我们是这个情况，这个季度也不会有太大不一样。'必须把话题绕过去。他们想知道流动资金，想知道收入，这两个话题都是我们绝对不能说的。"

与此同时，施瓦茨依然在棕榈滩县开会。他很快发现，2008年的媒体会议将不会是完全的玩玩闹闹。他和迪士尼CEO罗伯特·伊戈尔正在准备下午晚些时候的访谈，由施瓦茨采访伊戈尔，准备工作却被一个又一个电话打断。电话是从纽约总部打来的，请示施瓦茨：市面上关于贝尔斯登流动资金的谣言越来越多，要怎么应对？施瓦茨感到，绝对不

---

[1] 贝尔斯登是佩洛通的股东之一，所以佩洛通清算导致贝尔斯登资产重新定价了。

[2] 这些人对跟客户们解释公司目前的状况感到很无力，希望首席财务官赶紧公布财务情况，以打消外界的怀疑。

能在这些位高权重的客户面前流露出任何忧虑的迹象，于是面不改色，继续准备对伊戈尔的采访。

当晚，施瓦茨向参加媒体会议的来宾宣布，请他们体验电视游戏《摇滚乐团》（Rock Band）[1]。这是一款功能全面的乐队模拟游戏，可以组合吉他、贝斯、鼓、人声，"致敬维亚康姆"（Viacom），还请来宾享用鸡尾酒和什锦小吃，"致敬玛莎·斯图尔特"（Martha Stewart）[2]。

*

第二天上午，另一家荷兰大银行——荷兰国际集团（ING Group NV），继荷兰合作银行之后，拒绝向贝尔斯登提供5亿美元短期融资。荷兰国际集团的人员通知贝尔斯登，银行管理层"在尘埃落定之前不愿接近"。此外，周二早晨市场开市以前，美联储采取了一项自从20世纪30年代大萧条（Great Depression）以来从未有过的措施。美联储推出了一项金融工具，名为"定期证券借贷工具"（Term Securities Lending Facility）。通过这项工具，从3月28日起，各家证券公司可以将高评级证券兑换成国债，这些抵押证券包括联邦政府机构债，包括房利美、房地美等联邦机构发行的住宅抵押贷款证券，还包括高评级（AAA评级）的非联邦政府机构住房抵押贷款证券等。可供置换的国债规模达2000亿美元。此前，美联储只有在隔夜条件下，才让证券公司接触国库证券。而现在，美联储却足足给出了1个月的时间，让各家金融机构通过拍卖的方式换取国债，从而获得附加流动性。这种做法是为了弥补美联储上周五向市场投放的流动性不足。美联储解释说：这一新项目"目的在于促进金融市场国债与其他抵押品的流动性，从而培养金融市场更加全面的运作机制"。换句话说，美联储提供这一手段是为了将华尔街的不良抵押贷款证券，替换成更加容易估值的国库证券，这些国库证券就能用作安全抵押品了。

---

[1] 又译《摇滚乐队》，美国Harmonix公司2007年开发的电视游戏。

[2] 美国著名商人、主持人。

美联储的决定自然意义重大，华尔街一开始也高兴了一阵子。然而，这一措施对贝尔斯登或者雷曼兄弟的流动资金却几乎完全没有作用，因为资金最早也要3月27日才能到位。其实，几个月以来，美联储一直在和华尔街商议推出一种全新的金融工具，而这种金融工具原本也极有希望在3月27日之前就投入使用。然而，对央行来说，这一措施的变动实在太大，后勤工作需要安排，新体系也需要时间才能协调到位。于是，美联储的本意是允许各家证券公司把一些非流动抵押贷款证券兑换成流动性很高的国库证券，但这实际上却让市场更为恐慌，纷纷猜测，美联储为什么会采取这样激进的措施。

有些观察家对美联储的决定表示赞许。显然，市场欢迎美联储的决定。新闻一出，道琼斯指数上升了417点。CNBC主持人吉姆·克莱默当晚解释道："这是美联储带来的恢复措施，力道很大，宛若一个压缩的弹簧。"克莱默相信，这一周余下的时间，市场极有可能上升。他把这种上升叫作"回光返照"。负责监管高盛、摩根士丹利、美林、雷曼兄弟、贝尔斯登这些证券公司的机构，是美国证券交易委员会，也就是证监会。就连证监会主席克里斯托弗·考克斯（Christopher Cox）也认为贝尔斯登拥有足够资本。他说，贝尔斯登的资本"始终受到"监管，特别是在信用危机当中。3月11日，记者采访了考克斯，问起贝尔斯登财政状况。考克斯回答："我们对这些企业当前的资本缓冲十分满意。"

但其他人对美联储措施的态度却悲观得多。《华尔街日报》有一个博客网站，名为"实时经济"（Real Time Economics）。网站上一名用户"DK"评论道："我看不出美联储的这种措施能有什么效果。这些措施能让那些银行把糟糕的抵押贷款证券用作临时抵押品，但这些抵押品最后一定会一文不值，归为坏账进行减记。我觉得，这些措施只能让市场逐渐衰退，不至于突然崩溃。"又有一名用户"Clear Skys Ahead"尖酸刻薄地评论："美联储借了钱给主要交易商，还接受了那些无可指摘的条件，比如抵押债券，以为抵押品的价值会恢复到正常水平。既然如此，要是我们发现，抵押品的价值竟然低于贷款，我们又该怎么办呢？谢天谢地，大家都醒了过来，发现除非纳税人最后买单，否则华尔街就好不起来。在理性获胜之前，就让派对持续吧！"

后来被莱登伯格证券公司（Ladenburg Thalmann）收购的投资银行庞克·齐格尔（Punk Ziegel），有一名研究分析师叫理查德·X.波弗（Richard X. Bove），他告诉客户，他认为美联储这一历史性措施"之所以出台，可能深受贝尔斯登问题的影响"。这么说是因为纽约联储主席蒂姆·盖特纳之前否认贝尔斯登问题引发了美联储采取措施，波弗在反驳盖特纳。波弗说："这一措施是想让高烧冷却一点，给人们稍微增加一点信心，让他们相信，可以继续将手中的住房抵押证券转给我们。不过，这一措施主要是针对整个市场，而不是针对单独的企业。"波弗还说，贝尔斯登的商业模式"已经破产"，因为贝尔斯登近年来太过依赖抵押贷款证券的产生和销售了。既然这些产品的市场已经关闭，贝尔斯登也就无法找出途径来弥补那一部分失去的收益了。波弗写道："贝尔斯登没有及时摆脱困境，于是资产负债表、商业运作乃至名声都被严重损害。报道说，这种情况的主要结果之一是，公司借款成本急剧上升。"波弗坚称，只有卖掉公司，才是唯一的解决方案。

星期二大约中午时分，一贯喜欢挑拨的CNBC注意到了波弗的报道，大肆宣扬，掀起了一场可怕的风暴。华尔街实况记者查理·加斯帕里诺（Charlie Gasparino）在报道时向观众解释[1]："市场认为"波弗关于美联储激进行为的说法是正确的。但他又很快指出，他并没有对这个分析师的观点进行独立求证。他只是说："这是交易员的说法。"CNBC记者鲍勃·皮萨尼（Bob Pisani）常驻在纽约证券交易所（NYSE）大厅。皮萨尼说，他总是听见谣言，对其中大部分都不理不睬，但这次不一样了。"在这种情况下，我们会变得非常警惕。因为过去两天，成交量巨大，成交价

---

[1] 加斯帕里诺这里应该是借用了某个分析师的观点。

格变化幅度也巨大；更重要的是，期权交易额也巨大。（贝尔斯登）这只股票，有大量看空期权交易额，处于30美元价格幅度；这就说明，人们正在打赌它可能出问题了。"皮萨尼没有提到一个事实：购买看空期权的行为，可能是一种完全合理的对冲行为，防范贝尔斯登发生挤兑。他也没有提到另一件事（他很可能不知道）：某人（此人身份至今不明）刚刚下了170万美元赌注，打赌贝尔斯登股票在9日内将大幅度下跌。这个神秘人物打赌的行为是一开始以每股30美元价格买进57000股看空期权，然后又以每股25美元价格买进1649股看空期权。位于芝加哥的期权交易公司PTI证券与未来公司（PTI Securities & Futures）有一名普通合伙人叫托马斯·霍（Thomas Haugh）。霍先生告诉彭博社："哪怕我是全世界最喜欢看跌的人，我也无法想象，在距离失效期只有一个多星期的时候，买进的看空期权价格低于股票价格整整50%。"纽约有一家子午线股权合作伙伴公司（Meridian Equity Partners），其首席期权与产权战略家名叫迈克尔·麦卡迪（Michael McCarty）。麦卡迪也评论道："这笔交易就相当于买了彩票。换作是你，如果你有170万美元的闲钱，你会拿这笔钱买彩票吗？不可能。同样，对冲基金经理也不可能做这种蠢事。"查理·加斯帕里诺对皮萨尼的评论做了补充，把目前大家的共同看法汇总了："目前，贝尔斯登就是替罪羊，因为企业本身也好，企业管理也好，都已经没有自信了……就算贝尔斯登否认谣言，谣言还是可能导致挤兑。"

*

CNBC报道贝尔斯登谣言的同时，纽约联储主席盖特纳以及美联储理事会主席本·伯南克（Ben Bernanke），正在分行13层没有窗户的华盛顿会议室主持一场早就策划好的午餐会。这是一次华尔街巨头云集的庄严盛会。出席的有高盛CEO劳埃德·布兰克费恩（Lloyd Blankfein）、雷曼兄弟CEO理查德·福尔德（Richard Fuld）、摩根大通公司（JPMorgan Chase）CEO杰米·戴蒙（Jamie Dimon），还有高盛前CEO罗伯特·鲁宾（Robert

Rubin），他也是美国财政部部长，时任花旗集团（Citigroup）执行委员会主席。此外，出席的还有黑石集团（Blackstone Group）创始人兼CEO苏世民（Steve Schwarzman）、城堡投资集团（Citadel Investment Group）CEO肯尼斯·格里芬（Kenneth Griffin）、杜肯资本管理公司（Duquesne Capital Management）CEO斯坦利·德拉肯米勒（Stanley Druckenmiller）等人。贝尔斯登CEO艾伦·施瓦茨没有来，也没有人邀请他。施瓦茨正留在棕榈滩县浪花酒店主持贝尔斯登年度媒体会议。

人们可能会觉得，这样一次会议，正是绝好机会，让各方开诚布公地讨论这场吞噬金融市场的信用危机。这并非杞人忧天，信用危机的某些迹象已经开始显现。与会者确实热烈讨论了各种越发不祥的事件，包括危机发生的各种原因，其他可能发生的问题，危机应当归咎于哪些人或哪些事物。但有一位与会者透露，会上"没有人表现出吃惊的样子"。一屋子人都是行业老大，在这种情况下，显然不是人人都能敞开心扉。一名与会者说："这些人谁也没抱怨。这样的场合，他们绝不能表现出虚弱或担忧。想象一下，你坐在圆桌旁边，周围都是行业大鳄，你怎么会那样表现呢？但我认为，当时这些人确实非常紧张，为局势而担心。所以当时讨论了很多，讨论这个体系容易受到什么样的伤害。"这一类会议从来不留记录，而且一般规矩是，与会者永远不能提起会上发生的事，不能透露谁对谁说了什么。

几个小时后，不知疲倦的记者查理·加斯帕里诺，在电视上报道了他与萨姆·莫利纳罗的谈话。莫利纳罗长期担任贝尔斯登首席财务官，最近刚刚升任贝尔斯登首席运营官。莫利纳罗完全无法解释当下的情况。加斯帕里诺转述，莫利纳罗告诉他："关于贝尔斯登无法付清追加保证金的谣言，以及贝尔斯登流动资产不足的谣言，是彻头彻尾的谎话。"莫利纳罗又说："为什么会有这种事？我也不知道。我要是知道这种事发生的原因，就会采取措施处理了。我花了整整一天追查谣言的来源，但谣言本身是假的。没有流动资金问题。没有追加保证金。都是胡扯。"

这次也是一样，贝尔斯登否认有流动资金问题，却完全没有消除公众的焦虑；尤其是各个竞争对手都非常清楚，贝尔斯登的现金马上要流失殆尽了，因为各家对冲基金客户提出了合法要求，要拿回自己的活动现金余额，贝尔斯登不得不满足这些要求。贝尔斯登信用违约掉期成本又上升了。记者鲍勃·皮萨尼推断，期权交易量其实正在火速攀升。3月11日：3月25美元看空期权交易了79000股；4月20美元看空期权交易了20000股；4月22.50美元看空期权交易了3700股；4月25美元看空期权交易了8000股。只有极少的看涨期权（购买贝尔斯登股票的权利）是以这些价格交易的。

财经网站公司TheStreet.com有一位专栏作家叫斯蒂芬·史密斯（Steven Smith）。他非常关注一件事：周二，贝尔斯登股价还在每股65美元左右的时候，就有看空期权打赌贝尔斯登股票在3月20日会跌到每股30美元；而这样的看空期权在当天竟然买卖了超过55000股！史密斯写道："因此，短短10天内，一定要出点乱子，这些看空期权才能赚钱，这笔投资才有价值。这就显示，本周早些时候，开始流传的那些谣言——贝尔斯登有流动资金问题，贝尔斯登可能快没有偿付能力了——有人认真对待了，买了这些看空期权，当作预防灾难的保险。"

不论莫利纳罗是否知道（他当然应该知道），贝尔斯登在整个华尔街的交易伙伴，以及贝尔斯登在交易与隔夜融资方面的对手方，都开始严肃地质疑：与贝尔斯登继续交易，是否明智？接受它的抵押品，为它提供隔夜资金，是否明智？德州达拉斯市一家对冲基金海曼资本（Hayman Capital）有一名交易商叫斯图尔特·史密斯（Stuart Smith）。3月11日下午5:06，斯图尔特·史密斯向纽约的高盛金融衍生品柜台发了一封电邮，请求高盛"更替"——或曰接手——海曼的次级信贷策略基金（Subprime Credit Strategies Fund）与贝尔斯登的一笔衍生品交易。交易在2007年2月发生，金额是500万美元。换言之，海曼不想做这笔生意了，想让高盛接盘，充当贝尔斯登的对手方。过了大约40分钟，高盛柜台回复："高盛不同意这笔交易。"

这封信对海曼可谓大有深意。至少，高盛这家巨头告诉了对冲基金客户之一：高盛将不再担任客户与贝尔斯登交易的"替身"角色。此前几个星期，高盛一直愿意提供这项收费服务，因为高盛的客户对贝尔斯登履行义务的能力越发怀疑了。3月11日下午晚些时候，高盛显然不再相信自己值得冒这样的风险了，还把这种想法告知了至少两家对冲基金客户。海曼公司的凯尔·巴斯（Kyle Bass）告诉《财富》杂志记者博伊德："我接到高盛电邮，大吃一惊。"巴斯以前当过贝尔斯登的销售，他赶紧联系了在高盛工作的朋友，问这封电邮是不是发错了。巴斯说："结果没发错。高盛告诉整个华尔街，他们不再跟贝尔斯登打交道了，这样风险太大了。贝尔斯登完蛋了！"巴斯在达拉斯市担任多家对冲基金的经理或共同经理人，负责的总金额达到40亿美元。之前他打赌住宅抵押贷款证券会贬值，他赌对了。2007年9月，巴斯曾在国会作证，谈到愈演愈烈的信用危机："每个月过去，局面都越来越清楚：次贷已经成了结构性融资领域的疯牛病。谁也不知道，受感染的产品被谁消费了。"巴斯在市场的地位举足轻重，他在抵押贷款市场崩溃的时候大赚了一笔。《财富》记者博伊德叙述："这个消息一放出来，疯狂的抛售就开始了。"

情况或许的确如此，但高盛当时决定不接手海曼的交易，只是全部故事的一半。高盛决定不马上更替海曼的交易，确实让海曼理解为"高盛担心了"，而且当时各种其他不利于贝尔斯登的谣言正闹得沸沸扬扬，海曼会这么想，也是理所当然。但实际情况却大不一样。高盛内部认为海曼的请求极不寻常[1]，而且认为市面上流传的关于贝尔斯登流动性状况的谣言确实可信，于是上报给了高盛的联席总裁加里·科恩（Gary Cohn），还有科恩的合作伙伴——高盛首席财务官大卫·维尼亚（David Viniar）。科恩真正担心的其实跟海曼理解的完全相反。他担心自己若

---

[1] 之前高盛虽然一直在更替别的公司，但可能海曼的基金规模足够大，能获取的信息也足够多，像海曼这样有一定分量的基金提出更替，高盛还是要想一想，因此说极不寻常。

是接手了海曼和贝尔斯登的交易，市场就会认为：原先大家都在观望，看贝尔斯登能否用自己欠海曼的这笔钱盈利，但现在有家大型对冲基金（海曼）不想继续观望"贝尔斯登是否会兑现贝尔斯登在这笔交易上欠自己的钱"了。科恩说："我们之所以没有进行更替，是因为我们已经与贝尔斯登高层交流过，我们表示，'一旦更替，人们就会全部撤出，撤回抵押品，你们贝尔斯登就会停业！'高盛确实认为，想让贝尔斯登这一类企业不倒，最好的办法就是强迫客户继续同它们做生意，强迫交易继续。"科恩说，正因如此，他决定不对海曼的交易进行更替。这观点或许违背常理，但在科恩看来却十分合理。科恩谈到竞争对手，说："我需要他们活下来。我曾经对一个人打了个比方——比如说，我们都是邻居，眼下只有我的屋子完好无损，下水道铺好了，窗户完好无损，百叶窗也安好了。可左邻右舍的房子、窗户、百叶窗都坏了，那么我自己房子完好无损也没意义了。只有周围的房子完好，我家房子才会升值，所以我必须帮助他们。对我们这一行来说，确保他们的房子至少表面上看起来不错，也会有好处。贝尔斯登存在的最后一个星期，我们都在努力帮助他们，从他们的资产负债表上购买资产。我们介入是为了协助他们，不是为了趁火打劫，而是为了救人于水火。"

当晚。科恩问施瓦茨，贝尔斯登是否希望高盛接手海曼的交易？换句话说，高盛将会承担起贝尔斯登的偿债风险。科恩说："一般情况下，你更替一笔信用交易的话，那个请求更替的人就等于是在说，'我再也不想跟你做生意了'。所以，我们要是不更替，客户唯一的选择就是继续同你交易。"施瓦茨听完后，告诉科恩：实际上，贝尔斯登希望落实这笔交易，可以更替。

次日上午9点刚过，高盛给海曼发了第二封邮件，"高盛愿意进行交易"，还说"细节稍后发送"。几小时后，高盛又发了第三封邮件："高盛同意交易。"就这样，高盛接替了海曼的位置，做了贝尔斯登交易对手方。

　　然而，这段时间对海曼来说，却像等了一生那样漫长。海曼想让服务马上到位，却未能如愿。科恩评论海曼说："海曼老总只知道，我们不能马上更替了。老总只知道，他打电话给销售员，销售员本来每次跟老总打电话都说'今天能为您做点什么？需要什么服务？'这次老总打电话说：'今天要你帮我这个忙，把这笔交易更替。'销售员说：'好，我去试试看能不能办成。'电话挂了。然后销售员就跑到高盛说：'您好，我要更替这笔交易。'高盛人人都说：'啊，稍等一下，这是贝尔斯登业务的更替，咱们往上汇报。'最后，这件事就摆到了我的办公桌上。我们花了12到14个小时，讨论这事情要不要做，这才做出决定。与此同时，海曼的人每个小时都在说：'天啊，我是拿不到钱了吗？我还能拿到钱吗？他们（高盛）要是不更替，情况一定会糟糕透顶，想都想不到的糟糕！'这就是一种思想的雪崩，引起了公众的恐慌。"

　　科恩说，高盛的做法"跟所有的业内人士并无不同"，但在那种特殊情况下，高盛不论做什么，都会成为"一把双刃剑"（不是伤害客户，就是伤害股东）。科恩解释道："我要对长期客户们负责，有义务尽力保护客户免受风险，并按照客户的意愿做事。此外，我还有义务对公司的普通股东承担起信托责任，降低公司的运营成本。我们一直在努力让高盛的客户与股东都有最好的结果。显然，主动更替所有交易，对我的客户群体最为有利，因为这样他们就会信任我，对吧？他们可以马上打电话，知道自己能够百分之百消除信用风险。我在这里的股东就会说：'你们疯了吧？你们怎么会既承担信用风险又不挣钱？'正常情况下，当我替客户承担信用风险时，他们会付给我一笔交易差价。这很正常。当我帮别人更替交易时，我就是在干涉别人的事务，这业务并不挣钱。所以，一般是在有利可图，而且'所得利润'抵消了'替别人更替交易而承担的风险'的情况下，我才会干这种事，因为我已经从交易的另一方拿到了钱。如果拿不到钱，这一边的股东和雇员就会抱怨：'我们为什么要承担所有这些信用危机？'所以我必须做到平衡，一边是客户的需要，一边是企业、股东的需要。想要做到这种平衡，从来都是不容易的。"

3月28日，博伊德的报道在《财富》上登了出来，披露了高盛写给巴斯的邮件。很快，高盛发言人辟谣，说高盛并没有打算不再当贝尔斯登对手方。但此时谣言已经给贝尔斯登的流动资产问题火上浇油了。高盛发言人说："3月11日星期二晚些时候，我们收到巴斯发来的邮件，请求我们更替海曼和贝尔斯登的交易。按照我们的流程，如果会发生信用敞口的增加就要上报给高层决定。我们上报了，第二天上午高层同意了更替。"高盛还进一步批评博伊德说话只说一半：只说高盛拒绝了交易，却没说高盛第二天上午又同意了交易，尽管执行成本上升了。

谣言在对冲基金业内不胫而走，纷纷传说高盛与贝尔斯登决裂了。于是，贝尔斯登的市场地位受到了严重损害。贝尔斯登高管保罗·弗里德曼说："这只是很多邮件中的一封。高盛、瑞士信贷、摩根大通全都有内部备忘录。这些邮件中充斥着各种声音：总体上应当怎样应对或者不应对这些'代为执行交易'，怎样应对自己的任务，以及怎样应对贝尔斯登。每个人都在努力寻找办法，应对当前的新任务……到周二下午，这些决策开始增多了。说句公道话，信用违约掉期的决策过程完全依靠人工，非常烦琐。那些公司并不能真正掌控它们给我们带来的风险，更不用说怎么应对突如其来的、新发生的交易决策了。一家公司想要停止跟我们交易——假如我是贷方，我就要问，这样停止合理么？我不知道，但这件事没有让我吃惊。我们一天到晚都在灭火，每天都在灭火，服务那些不接受我们决策的企业，或者那些不跟我们在外汇市场交易的企业；还要处理发生在所有层面的这一类交易停止事件，不论是某些部门内部的交易停止，还是整个企业层面的交易停止。假如我是那些对手方，我也会停止和贝尔斯登交易。"

至少两家大型对冲基金开始从贝尔斯登撤出现金了。博伊德说："主要经纪业务的大规模撤离，是从周二晚上开始的。我认为，最早开始撤离的两家大型基金，其中一家是文艺复兴科技公司（Renaissance

Technologies）——吉姆·西蒙斯（Jim Simons）的基金，拥有300亿美元。有两三个人告诉我，他撤了，他应该在贝尔斯登有200亿美元。另外撤出的一家应该是高桥资本（Highbridge）。"摩根大通公司从2004年9月开始控股高桥资本管理公司，这是一家对冲基金，资本总额约为350亿美元。诚然，现金属于这两家公司，而且这些现金不能与贝尔斯登自身的企业资金混淆，分别放在了两个独立且相互隔绝的账户，所以这两家公司随时都可以把钱拿回去。

博伊德解释说："关于主要经纪业务的撤离，就是说，我要是上午9点发出撤离请求，最晚下午4点就能收到现金，打到我指定的账户上。奇不奇怪？好像并没有多少谈判空间。假如张三给了你100亿美元存在专门账户里，你就必须给他100亿美元的资产。不管是5年头寸、IBM股票，还是现金账户或者别的什么，都必须给他。显然，贝尔斯登做的事、华尔街所有企业做的事——这些事，他们不想让你知道太多——就是用保证金账户、对冲基金账户里的证券进行再抵押，用这些来借到更多的钱。"为了满足各个对冲基金客户的资金需求，贝尔斯登面临一个严酷的选择：要么清算自己用现金购买的一些资产，要么动用自身的现金。这个选择相当令人不安。贝尔斯登企业战略负责人叫史蒂夫·贝格雷特（Steve Begleiter），美国费城哈弗福德学院（Haverford College）毕业生，2002年加入贝尔斯登管理与薪酬委员会。他回忆说："我记得周二上午，我们在管理委员会的时候，股票部联席主管布鲁斯·里斯曼（Bruce Lisman）接到一个电话。打完后他就告诉委员会，文艺复兴科技公司撤出了所有余下的主要经纪业务。那个时刻非常恐怖，因为文艺复兴公司是我们极为重要的客户，而且非常忠实，合作时间也很长。在我看来，这件事就把我们面临的客户流失问题彰显到了完全透明的地步。"

在分类账的一边，贝尔斯登的客户们正在全力以赴取走现金；而在分类账的另一边，又有同样大的灾难发生了。

第三章

"贝尔斯登没有麻烦！"

华尔街日常融资的方式之一是所谓的"回购协议融资市场"，把一家企业的证券用作融资抵押品。贝尔斯登的抵押贷款回购交易柜台，大约在每天早上6:30开始工作。弗里德曼说："我们的员工打电话借钱。他们每天大概借来7500亿美元，差不多是这个数字，每天都能有接近这样的数目。我们不会给陌生人打电话。我打电话给昨天借我钱的人说：'你们今天可以吗？今天利率多少？好，好极了，谢谢。'人们需要钱的时候，我就会上下调整；我买卖抵押品的时候，我也会上下调整。基本上，绝大多数交易都按这个正常流程来进行。当然，这很疯狂。正常世界里这么做就是发疯，在金融世界里是真的发疯。可是，我们别无选择。而且不光是我们。我保证，你要是现在去雷曼、高盛、摩根士丹利看看，他们大多数资金也都是这样在隔夜市场上融到的。他们就是这么做事的。"

像这样日常上演的融资大戏，一般在每天早上8:30左右就会结束。关于融资的讨论也一般不会有什么严重影响，而一旦有了严重影响，就是生死攸关的大事。整件事就像呼吸一样简单。上一秒还能呼吸，下一秒就直接走向窒息。弗里德曼继续说："大多数贷款人，在周一、周二还照常借钱给我们。他们周一早上会告诉我：'好，今天的钱就借给你

41

们了，明天再聊哈。'有些人会说：'听我说，钱我借，但我需要更多保证金。'或者说：'我以前借钱给你时接受全贷款抵押品，但现在我只接受机构债券。'要么就说：'我还要利率再高一点，我还要什么什么再高一点。'有些人还会说：'我有多余的现金，你要吗？'"

周一、周二这些同隔夜贷款人的交谈，带来的净效应是：有20家最大的金融企业在为贝尔斯登提供的抵押品估值的时候，采取了越来越保守的立场；而且，给出贷款金额不变，但要求的抵押品更多了。贝尔斯登财务主管罗伯特·厄普顿（Robert Upton）说："人们都能看到，'我们认为我们欠他们的'跟'他们认为我们欠他们的'有差异，而且差异还越来越大。"从某种程度上说，交易者之间关于抵押品价值的争议是正常行为；然而，到了周二，争论却上升到了一个新的水平。争论产生了一个出乎意料的结果——最大的20家交易者相信，贝尔斯登还欠他们大约15亿美元抵押品。但贝尔斯登却不同意市场做出的结论，决定不付钱。厄普顿说："我们没有满足太多这些追加保证金。你想想看，这么做产生了什么结果？只是让各个对手方更加担心了。"

连续几天下午，弗里德曼7楼办公室外面的回购交易柜台，都在继续上午的讨论；交易员会与贷款人接洽，看看第二天的融资还能否进行。弗里德曼回忆说："我会问：'我们情况怎么样？'他们回答：'没问题。我们了解到的情况是这样，但是没问题。'然后我就发现，有几家公司会打电话来说，'我刚参加完一个信贷会议'或者'我刚和老板谈过，明天不能借钱给你们'。周一下午，这种事偶尔发生。到周二下午，这种事就多了起来。到周三下午，这种事就铺天盖地了。每天都在增加。每天上午，我们去借钱都会发现，前一天的贷款人今天不贷款给我们了。我们屏住呼吸说：'好吧，丢了几个客户。'我们多借了很多钱，因为我们预计到可能损失资金，这才进行了超借。我们说：'好吧，我们的缓冲资金消耗了一点，不过没事的。'然后，大约3点钟，负责回购的人就会进来，拿着电子数据表，上面有不少名字，他们说：'这些人明天不会向我们贷款了。'"比如，波士顿市有一家共同基金的巨头，叫富达投资集团（Fidelity Investments）。富达每天都贷给贝尔斯登60亿美元。然而，那一周，富达却停止了隔夜资金的供应。匹兹堡还有另外一家大型共同基金公司——联合投资公司（Federated Investors），周一还贷给贝尔斯登45亿美元隔夜资金，但从周二开始，整整一周，一分钱也不给了。

麦迪逊大街383号，人人都开始抓狂了，特别是交易员，因为交易员最早听到谣言传播。全球证券部（global equities，贝尔斯登的一个部门）的联席主管，61岁的布鲁斯·里斯曼（Bruce Lisman），努力让众人冷静下来。在4楼的办公室里，里斯曼爬上一张办公桌对交易员喊道："咱们都集中精神，抓紧干活。贝尔斯登已经存在多年了，还会屹立不倒。一旦有什么消息，我会马上告诉大家！"贝尔斯登前任董事会主席兼CEO艾伦·格林伯格，也使出浑身解数，想让众人放轻松。

与此同时，德雷克管理公司（Drake Management）宣布，极有可能关闭自己的30亿美元"全球机遇基金"（Global Opportunities Fund）；此前，由于频频下错赌注，德雷克管理公司不得不在2007年12月暂停赎回。德雷克写信给投资者说："当前的金融市场混乱，似乎短期内不会有所好转，（混乱）还将继续一段时间。"3月12日，彭博社报道说，"过去一个月，在银行、证券公司贷款标准收紧的情况下"，总共"至少有12家对冲基金已经关闭、变卖资产，或寻求新资本注入。金融业正在遭遇最可怕的危机，因为次级抵押贷款市场崩溃，导致了1900亿美元资产减记和信贷损失，给银行造成了沉重负担；由此，银行家们在提高贷款利率，要求额外的贷款抵押品"。

不过，3月11日，市场指数恢复到了417点。市场恢复之后，《私房钱》中有一名观众提问："我是不是应该担心贝尔斯登的流动性问题，把自己的钱取出来？"主持人吉姆·克莱默用非常有特色的克莱默式长篇演说回应："不！不！不！贝尔斯登一切都好，不要把钱取出来！如果华尔街只有1家，而不是401家金融机构垮台，贝尔斯登就没有麻烦。

就算有什么麻烦，也更有可能被接管。不要从贝尔斯登撤出资金，那是蠢事！不要干蠢事！"

克莱默的发言是当晚对贝尔斯登的最后评论。而第二天早上，对贝尔斯登的最初评论，来自CEO艾伦·施瓦茨。施瓦茨上次在浪花酒店进行新闻动态直播时，陷入了一场危机。此时，他已经走出了危机的阴影。施瓦茨在CNBC露面的决定，是前一天下午晚些时候做出的，刚好在公众对贝尔斯登流动性状况产生持续怀疑时。施瓦茨上CNBC电视以前，刚刚完成了对维亚康姆大老板萨姆纳·雷石东的拜访，地点是浪花酒店的庞塞·德莱昂四世房间，谈论的是抗氧化剂的神奇药效，以及延年益寿的秘密。

3月12日早上9点刚过，施瓦茨上了CNBC直播节目。他看上去又累又苍白，不过身穿蓝白条纹宽领衬衫，打着爱马仕领带，倒是还算整洁利落。在节目导语阶段（当然是独家新闻），CNBC主持人大卫·法柏提醒观众，贝尔斯登"有持续不断的谣言说公司有流动性问题，公司深受困扰"，因此这一周对公司股票来说，是"艰难的一周"。法柏问施瓦茨的第一个问题是：有些谣言说，华尔街各大企业都不再愿意承担充当贝尔斯登交易对手方的风险，这是真的吗？

施瓦茨镇定地回答："不是真的。市场一直有很多不稳定因素，很多扰乱的现象，这就在管理层方面造成了一些问题，有一些交易需要解决。我们正在全力以赴，解决这些问题。我们一直在跟华尔街上所有的主要交易商和对手方保持对话，现在还没有谁告诉我们，我们已经丧失了作为他们对手方的信用。"

接着，法柏问起施瓦茨，海曼的凯尔·巴斯前一天试图与高盛完成更替的事，但没有提到海曼或巴斯的名字。高盛3月12日上午完成了更替，大约正好是施瓦茨在CNBC露面的时候。施瓦茨回答："对于这种我们作为第三方，而对手方发生更替的具体交易，我实在一无所知。我们与所有的金融机构都是直接交易，而且交易量活跃。而我们作为对手方（对别人造成）的风险从来都不存在问题。"施瓦茨的回答与高盛联合总裁加里·科恩的解释正好相反。科恩提到，他与施瓦茨已经谈过巴斯的更替请求了。

法柏继续问：那么这些谣言都是从哪里来的呢？尤其是，如果这些谣言不是真的，又来自何方呢？施瓦茨回答："这个，你懂的，很难说。谣言为什么会出现呢？要是非让我推测的话，我就会说，上周对抵押贷款业界来说，是艰难的一周。有人在议论GSE的各种问题。"GSE全名为政府授权企业（Government Sponsored Entities,例如房利美、房地美）。施瓦茨继续说："当然，投资到高质量证券而杠杆比较高的一些基金，确实有一些问题，有些人怀疑贝尔斯登也在这些基金方面有问题，因为我们在抵押贷款行业是一家重要的公司。这些怀疑是没有根据的。抵押贷款市场关注的是"——正巧在这时候，CNBC主播艾林·博内特（Erin Burnett）打断了采访，插播了纽约州州长艾略特·斯皮策（Eliot Spitzer）的消息。斯皮策被曝与一些高级妓女有染，本日晚些时候将要辞职。

插播新闻过后，施瓦茨继续说："我不知道谣言是怎么开始传播的，大概可以这么说吧，我觉得问题的一部分原因在于，市场中的猜测带着强烈的情绪，人们很担心不稳定因素，然后就会先抛售，再问问题。这么一来，就让事情自己有了一种发展的动力。我们已经发布了公告——是我发布的，明确表示我们的流动资金和资产负债表都十分坚挺，我大概还应该展开说一下。"施瓦茨的评论不禁让人想起一句老生常谈。这是由1873年《经济学人》（Economist）杂志前任编辑沃尔特·白芝浩（Walter Bagehot）第一次正式写下来的："每一个银行家都知道，如果必须证明自己还有信用，那么不论自己的立论如何完美，实际上他的信用已经消失了。"

法柏鼓励施瓦茨，要努力向全世界证实贝尔斯登依然值得信任；还提醒施瓦茨，两个月前，施瓦茨就任贝尔斯登CEO的时候，二人曾经谈过一次。当时,法柏说："那时候，你对贝尔斯登核算（按市值计价证券）

的行动，持有相当乐观的态度。你一直对资产负债表较为保守，认为核算是必要的。"然后法柏又问："这两个月，事情又起了怎样的变化呢？"

施瓦茨回答："市场显然恶化了，但我们的流动性状况并没有变化。我们的资产负债表完全没有疲软。我就这个只说两句。几个月前，我确实跟你说过，我们公司去年一年一直在努力摆脱对无抵押市场的依赖，转而投资有担保的金融产品，用我们的抵押品借贷；今年，我们完成了这个过程，我们报告说，公司总部存有170亿美元现金，用作流动性缓冲。随着去年的转型结束，从去年年底至今，我们的流动性缓冲基本没有发生变化。所以我们还有很多个亿的现金。大约有170亿元，存放在公司总部的资产负债表上，作为流动性缓冲。此外，我们还有数以亿计的现金和未质押抵押品存放在各家分公司。[1]所以我们的流动性没有面临任何压力，更不要说流动性危机了。"施瓦茨没有提到一个情况：贝尔斯登各个对冲基金客户已经开始要回自己的自由现金余额，贝尔斯登到了履行义务的时候，现金储备也就开始流失了。

然后，法柏与施瓦茨又谈起贝尔斯登对2008年一季度的展望[2]；贝尔斯登已经决定3月20日发表财报。法柏问施瓦茨，是否认为前一天美联储的行动会缓解危机。施瓦茨回答："我认为不稳定因素还会有很多。我认为美联储的一系列行动都显示出他们确实对局势了如指掌，尽管这些行动目前都还没有让局势得到大幅度改善。但是，我认为这些行动显示出他们确实是掌控局面的人。他们清楚，这不只是利率水平的问题，而是市场技术层面的问题，而在技术问题方面一直很困难；我认为，他们在寻求各种各样的方法，以确保所有的交易商都能得到充足的流动性，进而确保我们能正常地为顾客的活动融资。我想我们还会继续这样做，而情况也会随着时间流逝逐渐稳定。"诚然，这是贝尔斯登高管们希望

---

[1] 这部分资产本来可以质押出去向市场借钱的，但现在还没质押出去。这部分要是质押出去可以换到现金，也可以视为流动性缓冲的一部分。

[2] 此时一季度财报还没有出来，因此说"展望"。

发生的事情。施瓦茨上节目之后，罗伯特·厄普顿评论："我认为，所有人都希望风波能平息下去。"

然而，施瓦茨的评论却没有让任何人冷静下来。《华尔街日报》专栏作家乔治·安德斯（George Anders）写道："施瓦茨先生的发言让一些专家望而生畏。他在说话之前眼睛往上看，他在给出几个回答之后紧咬着嘴唇。"安德斯接着引用了一名沟通教练的话："这些怪异的表情让施瓦茨先生看上去很不舒服。"

施瓦茨的合作伙伴们也注意到了。弗里德曼回忆道："所有人都在交易厅。大厅里至少有10个电视屏幕，全都开着。大家都在看节目，业务戛然而止。接着，艾伦说完了，大家就说，'唉，回去干活！'我们希望施瓦茨能够公开收入声明。但他没有。他只说了一句非常无力的话'完全在估计范围之内'，差不多是这么说的。这样一点用都没有，毫无意义，太可怕了，完全没阻止想撤资的人纷纷打电话进来。"

贝尔斯登另一位资深投资银行家也说："艾伦平时办事很有效果，可是他在周三早上的表现有多坏！他在电视上太糟糕了。他周三早上的样子就像腐朽的死人。他没有给任何人提供任何安慰——本来，他在浪花酒店而不在纽约总部，就够糟糕的了，表现还那么差。"

施瓦茨或许没有意识到（更可能他无法公开承认），当时还有一些巨大的势力在和贝尔斯登作对，只要贝尔斯登无法"稳定"下来，这些势力就会继续受益：这些势力包括卖空者、看空期权和信用违约掉期的买家，还有各个指望着捞到贝尔斯登2006年净收益——92亿美元的一部分的竞争对手。到3月12日，这一严酷的赌注已经下了数以十亿计的美元。其他人，诸如记者和研究分析师，若是能够冲破谣言，迅速而准确地向读者、客户们预言"贝尔斯登死期将至"，也会名声大噪而受益良多。

《财富》杂志的罗迪·博伊德心里清楚，贝尔斯登遇上了大麻烦；但同时他也非常了解，自己作为记者的责任并不是用报道来煽风点火。3

月6日与马拉诺的那番通话，让博伊德无比好奇，也十分担忧。博伊德说："我当时想，我还得再多调查一下；后来又想，这太奇怪了。这就像是一种情况，我能够滥用记者的身份。《财富》杂志的工作需要我做事准确；而《纽约邮报》的工作需要我第一个报道，最快报道。《财富》杂志的文章，是历史著作的初稿，必须保证准确，而且必须一直准确。我想：'我并不是真的想要跟这破公司打交道' ——我不想传播谣言，不想成为故事的一部分，不想在不必要的情况下伤害别人。我是个强势的人，敢于对抗任何人、任何事物；但是，要做我的工作，有正确的方式，也有错误的方式。我权衡了一下，究竟是我作为这里雇员的职责重要，还是做正确的事情重要？"

最后，博伊德决定潜伏起来，休了假。这个假期，他已经耽误很久了。博伊德继续说："媒体的严重问题之一是无法追踪并深挖事件，而且如果掉期利差会发生扩大，这意味着什么呢？ 只是表明X是存在的，不会必然导致Y发生，Z就更别提了。于是我心里说：'好吧，我要这么做。'对我来说，谨慎是另一种勇敢。[1]我想：'我要作壁上观。'然后就可能发生两种情况。一种情况是没有事发生。好吧，我只是听见了一些胡说八道。事情会自然发展，那天早上一切正常，生活依然继续。另一种情况更加让人担心，也就是回购市场会发生真正的危机，给他们（贝尔斯登）带来麻烦。所以我就尽力在暗中监视。我在华尔街有些人脉，他们听说的事情也跟我听说的差不多。但是，他们的信贷负责人没有告诉他们'贝尔斯登不行了'，信贷负责人也没有要求贝尔斯登在回购协议上加上更多资金，或者更多抵押品。然而，所有人听到的消息都一样。对我来说，这就相当于一种更为严重的"确认偏误"[2]，这是记者面临的一个问题。我听见五六个我尊敬的人同时在说同一件事，我就知道出事了，但无论如何都找不着证据。我没法证实真的出事了，我只知道有这

---

[1] 此句原文来自英谚discretion is the better part of valor，直译"谨慎是勇敢的主要方面"。

[2] 就是一种倾向，对可支持自己已有观念的证据更为重视。

样一种思潮在华尔街蔓延。我给回购交易柜台打了电话，他们说：'对，看看出了什么事。贝尔斯登——掉期完蛋了，股票完蛋了，我们也听说了这样的事。但我还在隔夜市场上借给了他们10亿美元，现在正在清账。我们并没有向贝尔斯登提出特殊的要求，交易如往日那样正常进行。'一切照旧。"

此外，奥本海默基金（Oppenheimer）还有另一位受人尊敬的研究分析师叫梅雷迪思·惠特尼（Meredith Whitney），38岁，研究范围覆盖多家华尔街的经纪公司和银行。与博伊德一样，她也在试图搞明白那个星期听到的贝尔斯登谣言究竟是怎么回事。2007年秋天，惠特尼独家预言：花旗银行的问题比公众想象得严重得多；后来证实她说得没错。惠特尼因此在华尔街一举成名。3月8日星期六，惠特尼正在东57街（East 57th Street）一家时尚的皮埃尔·米歇尔美发店染头发时，忽然接到一个电话，说为了筹到急需的资本，瑞银的马塞尔·奥斯佩尔正在纽约，打算把瑞银旗下公司——瑞银普惠（PaineWebber）以90亿美元的价格卖给摩根大通。惠特尼知道，奥斯佩尔几乎从来不出苏黎世，这一回他居然在纽约出差，简直是不可能的事。于是，到了周一（10日），惠特尼赶紧跑到摩根大通的投资关系部探听消息。惠特尼很快得出结论：摩根大通确实愿意买下普惠，而且它似乎是金融风暴中经得起考验的少数银行之一，因此是可能的买主。然而，奥斯佩尔希望的90亿美元全现金购买价格实在太高，就算是摩根大通也付不起。

惠特尼跟摩根大通交流完毕，又从自己位于42大街和麦迪逊大街交叉口的办公室出发，前往西57大街的著名日料店Nobu 57吃午饭。一路上，她开始听见有关贝尔斯登、雷曼偿付能力的各种谣言。惠特尼又打了几个电话，打给贝尔斯登、雷曼几家竞争对手公司里她认识的雇员。结果发现，这些交易员非常担心贝尔斯登充当自己公司的交易对手方。当晚，惠特尼飞赴伦敦。纽约证交所开市的时候，惠特尼已经与一个机构客户见了面，听说了美联储为各家投资银行提供的前无古人的贷款便利措施。尽管美联储声明缺乏细节，让惠特尼有点儿担心，但她还是说："我第一反应是——啊，这肯定不会有事的。"

然而，随着各种细节慢慢浮出水面，惠特尼这才发现，资金要等到3月27日才会到位。她还得知，美联储的慷慨解囊，对贝尔斯登几乎没有效力，因为要过好几个星期贝尔斯登才能拿到资金。惠特尼想："该死，到底出了什么事？这怎么也说不通嘛！到了周三，我整天都在见客户，有个客户给我打电话，我说：'这是一种有序解约'，我感觉到了，肯定感觉到了！"惠特尼担心，既然整个金融系统流动资金越来越缺乏，"如果其他企业不想当贝尔斯登交易对手方，就意味着'我不信任你，你也不信任我'，这样一来，体系中就没有流动资金了，我们正在全速冲向严重的经济衰退。如果这种事真的发生，那我们就遭遇萧条了。"

惠特尼又给周一谈过话的那些交易员打了电话。周一的时候，那些交易员还表示自己对"贝尔斯登充当对手方"很是担心，但现在他们三缄其口，好似完全正常一般。惠特尼说："那帮经纪人要是说，'是啊，肯定的，我们还在交易。'我就会说：'你们胡说八道！'跟我一直做生意的人公然撒谎，我就知道恐慌不是一般地严重了。"她飞快地写了一封电邮，问自己的一位消息人士："贝尔斯登就是下一个德崇，对吗？"惠特尼总结说："有可能。看似不可思议，但有可能。"

惠特尼大概称得上是华尔街最悲观的研究分析师。她开始用悲观的眼光看待贝尔斯登目前的遭遇。她知道贝尔斯登很多业务正在萎缩，还知道高盛、摩根士丹利、雷曼兄弟一直在告诉她，自己正在占据贝尔斯登主要经纪业务的市场份额，而在同一时刻，各家对冲基金正在收回现金。惠特尼想："就这样了——贝尔斯登完了。因为贝尔斯登所有的业务都在流失。人们如果开始收回资产，贝尔斯登就没办法做到对债务还本付息了，那样就会违反债务契约，然后就彻底玩完……这种事情太不可思议了，因为太简单了！"惠特尼与博伊德一样，也清楚知道发生了什么。不过，因为2007年秋天她发表了关于花旗银行的研究报告，引起了一阵轩然大波。为了避免麻烦，她暂时压下了报告，没有发表。

她说："到周四，我就了解得像明镜一样清楚了。我有时候会从内心深处感觉到什么，去年这种事发生了好几次。不过，我还是没法相信，只有我一个人做出了归纳总结。"惠特尼给一个朋友打了电话，这人是华尔街历史学家。惠特尼说："这是偿付能力不足，我知道！我知道！我知道得很清楚！"但这位历史学家否认了她的担忧，于是她稍微停了一下说："假如我要做的事会让投资者的钱面临风险，那我必然就会疑神疑鬼。我想要挣钱就必须这样。这是我的责任。"考虑到去年她报道花旗之后的风波，惠特尼决定不发表这份报告了。她解释道："什么也不写是一个清醒的选择。因为我觉得那个局面太过脆弱，我会招来大麻烦……我觉得贝尔斯登垮台这件事太严重了，有序解约比无序解约来得重要。"所谓"无序解约"，就是指她的报告可能导致的混乱。

*

与此同时，这一周内，贝尔斯登高管已经无法在内部对雇员解释当前的局面了，也不知对客户说什么好。艾伦·格林伯格周一对CNBC说，担心流动性问题"真荒唐"，这句话让公众大惑不解。一个银行家问："首先，他为什么要祖护贝尔斯登？"然后，又出现了周二贝尔斯登首席财务官莫利纳罗对华尔街实况记者查理·加斯帕里诺的评论，还有周三施瓦茨的发言。这些发言都完全否认流动性有问题，但贝尔斯登内部却完全没有沟通。一位贝尔斯登高级银行家说："不管老格林伯格还是别的什么人，假如跟大家一块儿坐下来说，'好吧，市面上有这些谣言，这些是真的，这些不是真的，我们应该做什么什么'，能这么做就好了。"他又说："我们有几百号人的销售团队，全都接到电话说：'我听说出了这种事，出了那种事。'销售员要么就寻思该怎么回答，要么就不知道该怎么回答；因为他们压根儿没有准备。黑石公司几个人给我打电话：'我听说你们一次交易违约了，有这事儿吗？'还真有。我要么撒谎说没有，要么就说'不知道'，这回答糟透了，对吧？我们没有内部沟通，完全没有。外部沟通呢？用最好的话说也沟通得不怎么样。那个时候我们太不专业了。回过头来看，让人特别伤心。"

周三下午，媒体见面会之后，施瓦茨从佛州棕榈滩县飞回纽约。与此同时，首席财务官莫利纳罗和财务主管厄普顿与信贷评级机构——穆迪分析公司的人会晤了几个小时，向穆迪说明企业前景的最新动向。厄普顿说："我们讨论了贝尔斯登的商业抵押贷款账目，讨论了本季度可能的损益情况，还有筹资情况、流动资产情况。什么正式的准备都没有，只是即兴就几个话题讨论了一下，话题包括股票回购、固定收益资产回购（即债券回购）、商业票据、银行资金等一些还在坚持的领域。"

现在谣言四起，都说其他华尔街企业的客户告知这些企业不要当贝尔斯登的对手方，并表示他们不想卷入与贝尔斯登的交易。还说，这些竞争对手当中，有一些已经为了客户而拒绝充当贝尔斯登对手方。之前不是有过谣言，说"高盛拒绝为对冲基金做更替，代替他们充当贝尔斯登的对手方"吗？在德意志银行，有些"信用违约掉期"和"衍生证券"的交易者，在贝尔斯登充当对手方的情况下，收取了更高的费用；此外，如果对冲基金客户想让德意志银行取代自己，充当贝尔斯登对手方，他们也会向这些对冲基金客户收取更高的费用。针对贝尔斯登的各种追加保证金也增加了。周三下午，贝尔斯登的回购柜台已经得知，每日需要维持公司运转的750亿美元中有200亿美元将不会在周四上午到位。弗里德曼说："到周三，缓冲资金就基本上没有了。我们开始重弹老调——'希望，就是我们的策略。咱们希望局势不会变得更糟吧。'[1]"弗里德曼开始与厄普顿商议，是否能动用贝尔斯登180亿美元现金中的一部分，

---

[1] 弗里德曼这里引用了一句流行语。这句话比较有名的出处是纽约市市长鲁迪·朱利安尼在2008年9月的演讲："因为'改变'不是目的，就像'希望'不是策略。"（Because 'change' is not a destination, just as 'hope' is not a strategy.）核心思想是：必须有自己的主见，不能随波逐流；必须行动，不能只是盼望好事到来。

填补回购市场筹资缺口。也是在周三下午，弗里德曼问厄普顿："如果需要，你能借给我们多少？因为艾伦的发言一点用都没有，周三下午显示的周四的账目真是太可怕了。"

接着，贝尔斯登发现，自己不得不动用一笔40亿美元信用透支。这笔信用透支是与一组银行发生的，处于未使用状态，之前设定在4月过期；但实际情况是，这笔信用额度已经在2月过期了，目前已经被一笔28亿美元的新额度所取代。贝尔斯登正在等待3月20日的季度收入声明公开，到那时，会把这一资讯公之于众。弗里德曼说："我们从来没想过要用上这笔信用额度。有个笑话，说这笔资金应该命名为'左轮手枪'，因为要动用这笔资金的方式只有一种，就是拿它当成一把枪，对准银行的脑袋说：'听着！贷给我更多的有抵押贷款，不然我就用无抵押的方式让你贷给我40亿美元！'理论是——当时看起来不错的理论实在太多了——你要是能给他们足够抵押品，银行就会贷给你将近无限的资金，不让你发动这把左轮手枪。"贝尔斯登10年来一直在为左轮付钱，却一直没有用过。公司想的是，要重构这笔资金，让它看上去更像"一旦有事就可以用到"。弗里德曼继续说："我们要重构这笔资金，使它随时都可以取出来，但又要避免表现出我们一直害怕风险的迹象——大家都知道，我们一发动左轮就必死无疑。所以，这把左轮一定要更小一些，看起来不算什么大事。"

萨姆·莫利纳罗和罗伯特·厄普顿跟穆迪员工见面之后，过了5分钟，莫利纳罗又打电话给厄普顿，说让厄普顿"找到保罗·弗里德曼"，让两个人马上一起来自己办公室。厄普顿说："我跟保罗·弗里德曼谈过了，弗里德曼说：'回购柜台真是太惨了！所有人都在给我们打电话，要求把放在我们这儿的钱拿回去。'而且，看起来那天好像还有更多的无条件贷款资金撤回去了。"他们决定，必须在下午5:15左右召开全体会议，施瓦茨也要在场。施瓦茨当时刚刚从佛州棕榈滩县赶回纽约。厄普顿说："我们讨论了现金流的情况。情况是我们已经从180亿美元左右缩水到了目前的水平，显著少于180亿美元。"厄普顿拿出一张纸，上面列了贝尔斯登资产负债表上大约150亿美元的证券，这些证券能够相对迅速地卖出，兑换成公司更为需要的现金。过去9个月间，他一直在大声呼吁，让贝尔斯登卖掉这些资产，缩减资产负债表，增长现金，但没有成功。后来他回忆当初，就那个列表是这么说的："好吧，这些房屋抵押贷款不会成为流动资金了。就这样吧。不过，让我们卖掉流动资产，开始筹集现金，缩减资产负债表，让企业变成类似堡垒的形态，对抗那将来临的暴风雨！过去3个季度，我们陆陆续续集合了总共约150亿美元的资产，我们认为可以出售这些资产。我们认为可以卖掉一些抵押资产，尽我们所能卖掉一些。不要死死护着这些资产，想要对冲，想着这些资产回来。只管卖掉，承受损失，活下来，再多生存一天吧！"

弗里德曼完成了非常恐怖的回购融资报告之后，厄普顿又发表了一份吓人的报告，内容有二：一是主要经纪账户的现金流失，二是贝尔斯登已经极度缺乏现金。厄普顿建议尽快出售资产。众人辩论了一阵。厄普顿回忆："最后，施瓦茨是这时候胆子最大的人，他说：'我觉得不能这么做。这是对世人宣告风险。我们不能对市场发出这种信号，我们不能就这么大规模地出售资产，这信号太明显了。'可是，发信号不是问题，也从来不应该是问题。要是现在还有谁不知道贝尔斯登可能有问题，那人一定是住在山洞里的野人，野人反正也不可能贷给我们一分钱。"

尽管厄普顿"出售资产筹款"的提议被否决了，但下午的会议还是决定向回购市场的交易对手追加15亿美元现金的保证金，以暂时解决贝尔斯登与他们的纷争。厄普顿说："可是更加紧急的情况是关于出售资产、筹集现金、筹集流动资金，还有任何其他的能够采取的建设性的行动，这都显示出我们过去9个月是何等麻木僵化。我们一无所得！我是说，谁都有以小圈子为中心的、微不足道的该死的小心思，却从未为整个大公司的利益着想。"

到周三夜间，贝尔斯登高管们越来越担心企业困境。贝尔斯登后来在美国证监会申报档案中承认："当日的一天时间内……有更多顾客表达了从贝尔斯登撤出资金的愿望，还有某些对手方对贝尔斯登表达了关于自身正常交易敞口的担忧。这使得贝尔斯登高级管理层担心，倘若这些情况更频繁地发生，则贝尔斯登流动资产会受到负面影响。"换句话说，一切谣言都是真的。这一夜，贝尔斯登管理层一直在担心，这些谣言会给业务带来什么样的影响。周三整个下午，回购柜台逐渐证实：第二天上午只能获得少量资金。与此同时，公司开始给SEC和美联储纽约分行打电话，呼吁他们赶快明白，目前正在恶化的情况有多么严重。弗里德曼回忆道："传达的信息是，'我们还活着，我们朝悬崖边上走近了一点，但还没事儿'。我不这么认为，但我们跟SEC是这么说的，跟美联储也是这么说的……我觉得，那时候，一切基本已经完了。"回购资金在逐渐消失，客户们也在把他们的权益敞口资金从贝尔斯登撤离到别的投行，"于是就引发了一些融资问题，因为你的客户中不仅有多头，还有空头。他们凭借着自己的仓位与对方展开交易（这本来是完整的一整块），而现在某一部分却丧失了。更糟糕的是，我们的现金也要消耗完了"。

2007年晚些时候，贝尔斯登聘请了一位大人物盖瑞·帕尔（Gary Parr）。他是大名鼎鼎的拉扎德公司（Lazard）的银行家，来到贝尔斯登是为了帮助公司探索潜在的合资企业，或者其他战略组合。曼哈顿有一家堡垒投资集团（Fortress Investment Group），是一家对冲基金，也是私募股权管理公司，10年前成立，拥有340亿美元资产。在贝尔斯登于此前评估、并购这家对冲基金的事宜上，帕尔曾经助了他们一臂之力。堡垒集团的CEO叫韦斯·伊登斯（Wesley Edens），与贝尔斯登多位高管过从甚密。设想的并购一旦实现，合并后的新公司股权有2/3将归贝尔斯登各位股东所有。2007年9月到12月，他们曾经热烈讨论过一阵并购的事。然而，2008年1月施瓦茨就任贝尔斯登CEO之后，否决了并购的提议。这并非堡垒投资集团的意愿，也不是帕尔从中作梗，尽管双方都充分努力过。

周三下午晚些时候，莫利纳罗的会议室里，讨论了贝尔斯登现金仓位这一可怕问题。之后，施瓦茨、莫利纳罗又跟帕尔和另一名大人物讨论了企业的困境。这人是 H. 罗金·科恩（H. Rodgin Cohen），一名金融企业法律专家，在华尔街的苏利文和克伦威尔律师事务所（Sullivan & Cromwell LLP）担任高级合伙人。科恩此时正在曼哈顿北部哈德逊河边，纽约州艾文顿（Irvington）的家中。而帕尔是个莎士比亚迷，正在纽约布鲁克林区的布鲁克林音乐学院（Brooklyn Academy of Music）观看英国演员帕特里克·斯图尔特（Patrick Stewart）主演的莎士比亚著名悲剧《麦克白》（Macbeth）。幕间休息的时候，他叫了一辆出租车，离开剧场，直奔曼哈顿，去参加施瓦茨等人的会议。施瓦茨告诉自己的顾问团，他很担心各家对冲基金还会继续从贝尔斯登取回资金。众人详细讨论了各种援救贝尔斯登的方案，包括考虑私募股权公司或者商业银行能否很快制定解决办法的选项。不过，他们很快总结：答案只有一个。科恩回忆说，他曾对莫利纳罗和施瓦茨说："唯一能起到作用的是美联储。"他继续回忆："于是，我就在那个时候给蒂姆·盖特纳打电话了。当时已是深夜。"科恩催促美联储纽约分行行长加速前一天贷款项目的执行时间，不要再等到3月27日。他还催促纽约联储主席考虑开启"美联储贴现窗口"。美联储已经在直接贷款给商业银行，一旦贴现窗口开启了，美联储也能直接贷款给投资银行。当然，因为美联储直接贷款给商业银行，所以商业银行受到了更严密的监管。科恩对盖特纳说："我认为，我关注局面已经很久了，能够察觉到那些非常严重的问题。现在，这似乎就是一个非常严重的问题。"盖特纳回答："如果问题这么严重，艾伦·施瓦茨不是应该一大早就给我打电话么？"

第二天上午，施瓦茨按照指示给盖特纳打了电话。此刻施瓦茨精神集中，沉着冷静，但也对企业的未来非常担忧。《华尔街日报》报道说，这一天上午，贝尔斯登各个交易对手方，对与贝尔斯登交易都越来越谨慎了。两人谈论了贝尔斯登的各种选项，特别是一个关键问题：能够尽快找到一家金融机构用长期资本资助贝尔斯登，或者直接把贝尔斯登买下来。周四上午，帕尔代表施瓦茨开始到处打电话，看自己是否能发现有哪家金融机构，既有意愿又有能力帮助贝尔斯登应付紧急情况。他联系了好几家公司，包括摩根大通和英国的巴克莱银行（Barclays）。巴克莱银行兴趣不大，摩根大通则回应说，会考虑采取措施，但一整天也并没有真的采取什么措施。

讽刺的是，也是在周四上午，贝尔斯登内部危机正在加重的时候，美国财政部部长、前任高盛CEO亨利·M.保尔森（Henry M. Paulson, Jr.）发表了总统金融市场工作组（President's Working Group on Financial Markets）的研究报告，保尔森把主题叫作"正在恶化的金融市场混乱局势"。2007年夏天，信贷深层危机开始展现的时候，总统乔治·W.布什曾让保尔森和工作组研究问题的根本原因，并推荐解决方案。现在，保尔森的这份报告在很多方面都呼应了盖特纳3月6日在美国外交关系协会（Council on Foreign Relations）上的演讲。保尔森在给布什的附信里说："我们认为，这些推荐措施能够达到我们的目标，那就是提高透明度和信息公开，增强风险意识，改进管理，达到更加严格的监管。总体而言，这些推荐措施会降低整个体系的风险，协助恢复投资人的信心，促进经济增长。"他还颇有预见性地加了一句："显然，市场混乱局面还在发展，所有的市场参与者和政策制定者都在大力解决当下的问题。我们必须在采取这些推荐措施的同时，设法不增加新的负担，不让目前的市场变得更加紧张。"

3月13日刚开始，贝尔斯登资产负债表上拥有的自由支配现金，也就是一位内部人士称为"流动性资源"的，大约是180亿美元，与财年一季度末尾的金额基本相同。贝尔斯登回购柜台担心，长期合作的隔夜贷款人是否还会出现；而且，万一贝尔斯登的对冲基金客户们继续要求提款，施瓦茨希望这180亿美元足够用作缓冲资金。

施瓦茨是一名经验丰富的并购专家，他很小心，不让大多数贝尔斯登高管知道自己有多么担心。前一天夜里，科恩给盖特纳打了个电话，这一天早上，施瓦茨也给盖特纳打了个电话，这两个电话都只有极少数人知道。贝尔斯登的高管们，就连最高层的领导，听说这两件事后，也大吃一惊。尤其是因为施瓦茨在公开场合用尽全力不表露担忧之情，也用尽全力安抚手下的士兵。周四中午，施瓦茨主持了一场午餐会，准备了烤鸡和三明治，招待贝尔斯登总裁顾问委员会（President's Advisory Council，简称PAC）。委员们包括贝尔斯登最高级的专业人才，一共有50人左右。这个委员会人数一直不断增加，因为贝尔斯登典型的风格是，会逐渐接纳新成员，却不会有人告诉哪个成员"你已经不重要了，我们不要你了"。一名在场的PAC委员回忆说："午餐会上，艾伦说一切正常。他是要对我们说谎，说他没法相信有不正常的局势吗？不。但是，他确实想让我们继续跟客户的工作恢复正常。"

还有一名高级常务董事参加了PAC午餐会。这天早上，他在沙特阿拉伯的一位同事给他发了一封电邮，说沙特人愿意立即给贝尔斯登投资。电邮大致的意思是："他们要给我们一大笔钱。我们可以安排。他们马上就要打款，可以快速行动。"这位常务董事把信息转发给了施瓦茨，但施瓦茨却只回信说："你去跟史蒂夫·贝格雷特讲吧。"贝格雷特（Begleiter）是贝尔斯登企业战略负责人。然而，贝格雷特这时却忙得不可开交（情有可原），整个上午都没有采取什么措施跟进沙特人的提议。常务董事回忆说："然后我决定在午餐会上直接去找艾伦。午餐会上艾伦说：'一切正常，不用担心。'午餐会之后，我说：'艾伦，我要跟你说，沙特人要给我们打钱。'他说：'我们不需要资本。'"常务董事相信，假如贝尔斯登在当天下午向大家宣布，沙特人愿意向贝尔斯登注资，这肯定是一步好棋，"可是，公司里普遍有一种感觉，觉得我们用不着宣布了"。

尽管施瓦茨尽力安抚了精英团队，但午餐会结束得还是比较混乱，因为施瓦茨的黑莓手机不断收到新邮件，一封比一封令人不安。贝尔斯登其他高管也收到了这样的邮件。贝尔斯登的一位副董事长费雷斯·诺亚姆（Fares Noujaim）回忆说："大家就都回去工作了。会议快开完了，掌管结算工作的迈克·米尼克斯（Mike Minikes）收到几封邮件后，说有问题要处理，我们就散会了。我们不知道是什么问题。米尼克斯显然接到消息说，有多个账户开始提款了，然后就散会了。"

与会的另一个银行家回忆，后来他也看见米尼克斯了。他说："米尼克斯简直要疯了，因为他正在看黑莓手机，看见各个结算账户就是一个劲地拼命提款，提款，提款！米尼克斯就说：'艾伦，咱们得做点什么才行！'"消息不胫而走：巨型对冲基金德劭集团（D. E. Shaw & Co.）从贝尔斯登提了50亿美元出来。文艺复兴科技公司——詹姆斯·西蒙斯（James Simons）运营的另一家对冲基金巨头也有样学样。有一家金融技术公司叫S3合伙人（S3 Partners），老板是罗伯特·斯隆（Robert Sloan）。过去两个月间，S3也从贝尔斯登主要经纪业务里提了250亿美元出来。于是，贝尔斯登原本的180亿美元缓冲现金，正在飞快地流失掉。弗里德曼回忆说："迈克·米尼克斯打断了施瓦茨说：'你到底知不知道出了什么事？我们眼睁睁地看着公司全套业务走出门了！所有客户都在提款啊！'我来贝尔斯登第一天就认识迈克了，他是我在公司最喜欢的人之一，非常会鼓动人，十分擅长跟客户打交道。而且他的心态也总是积极向上，有时候积极得让人不舒服。他说话要是破了嗓子——当时他就是破了嗓子，脸色跟他的餐巾一样白——就让我，让很多人都非常害怕。他们都想：'好吧，要是连迈克都觉得全完了，那一定是麻烦大了。'很快，会议就匆匆结束了。我想，人们就是在那个时候第一次感觉到'完了'。我还想不出什么人会为那天晚上我们的现金耗尽而感到吃惊。"

午餐会接近尾声的时候，大约下午1:15，外汇交易专柜负责人大卫·舍恩塔尔（David Schoenthal）给弗里德曼发了一封电邮，评论了他们刚刚听见的消息："这声音不太自信。"几分钟后，弗里德曼回信说："对。没什么好讲的。"米尼克斯针对客户提款的评论过后，弗里德曼又给客户关系方面的负责人大卫·罗林斯（David Rawlings）发了一封电邮说：
"哎呀，当着一屋子人的面这么说，可真吓人。"

罗林斯回答："米尼克斯说得没错。"

施瓦茨随后解释："我们当时想要采取的措施之一是从满天飞的廉价谣言中找出事实。我们只要发现一个事实，就立即会有另外一组谣言开始流传。发现事实的速度永远跟不上发现谣言的速度。我这么说，作为一名市场观察家，局面看起来不止是'恐慌'那么简单，更像是'有人故意要引起恐慌'。"但是贝尔斯登一位长期的重要客户反驳了施瓦茨的观点。他了解到施瓦茨决定不对大多数高级伙伴开诚布公，认为这种决定很可怕。客户说："你手下最顶尖的人有30多个，现在可好，出了危机，你怎么能跟自己人说瞎话？！真是奇了，真可以！"

第四章

挤兑

萨姆·莫利纳罗和罗伯特·厄普顿两人都没有参加周四的PAC午餐会。两人当时正忙得不可开交，想要确定贝尔斯登的回购贷方第二天还能不能跟自己合作。他们还与纽约银行（Bank of New York）的高管见了面，讨论了两家公司的整体关系。纽约银行是贝尔斯登的贷方之一。会议大约在3点结束，接着，两人一起回到了莫利纳罗的办公室。回来后，莫利纳罗发现有人给他发来一条留言。这人叫大卫·所罗门（David Solomon），是高盛投资银行的联合主管，之前也在贝尔斯登做过高级常务董事。所罗门问："我，或者高盛，能帮你们什么忙？"莫利纳罗与厄普顿想："高盛如果摆出'想要帮忙'的姿态，就说明华尔街上人人都知道，贝尔斯登出了大麻烦。喇叭正在吹响，这意味着他们想要进来看看我们的情况，这样就可以做空我们，从而挣到钱。"萨姆说："鲍勃[1]，我们成了木薯淀粉[2]了！我和你9个月以来一直没命地工作，就是为了避免这种危机。我一直相信贝尔斯登可以活下来，直到这时我才只好不再相信。大家都在往死里掐我们的脖子，我们快没现金了，客户的钱正飞速流出。"

---

[1] 罗伯特·厄普顿的昵称。

[2] 意思就是我们完了。

　　所罗门联系莫利纳罗，是应了高盛CFO大卫·维尼亚的要求。维尼亚认为，所罗门是高盛最高级的银行家，还在贝尔斯登待过，应该能跟莫利纳罗说上话。所罗门还给艾伦·施瓦茨打了电话，但施瓦茨没回，只有莫利纳罗回了。所罗门回忆说，他在电话里跟莫利纳罗是这么说的："我说：'对你们的遭遇，我非常抱歉。我现在代表高盛给你打电话。大卫·维尼亚不认识你，所以他让我来跟你联系。如果有什么事可以让我们做，有什么仓位[1]你们想让我们知道，有什么忙能让我们帮，我们就会竭尽全力帮助你们，支持你们。这是高盛领导层发来的信息。'萨姆回答：'谢谢，我很感激。我们正在努力解决问题。'"

　　从厄普顿作为贝尔斯登财务主管的角度来看，从那一刻起，别的一切都"不相干"了。厄普顿拿了根雪茄，到外面去抽烟，他说："我这回可算把脸给丢光了！"厄普顿自称"来自新墨西哥州的自耕农"，他唯一的志向就是成为华尔街一家大公司的财务主管。在多家企业工作过后，2006年4月，他终于实现了目标。这些企业包括巨型资产管理企业富达投资集团（Fidelity Investments），还有评级公司第二梯队成员之一惠誉评级（Fitch）。可这个周四下午，厄普顿的梦想在他面前碎了一地。他说："贝尔斯登垮台的时候，我简直就跟被炮弹震到一样吃惊。这消息把我彻底压垮了。我想把毁坏的一切收拾好，可是完全回不到从前了。我给妻子玛莎打了个电话，说：'全完了。'然后把门一关就哭了起来。"这时候，贝尔斯登企业战略负责人史蒂夫·贝格雷特进了厄普顿办公室，问道："你没事吧？"厄普顿回忆，当时他冲贝格雷特大喊："'天啊，我有事！真是太有事了！你这混账东西！你问的什么白痴问题啊？'因为我一直都在全力对抗贝尔斯登里面的小圈子作风，对抗那种不能花费资金修正系统的无能，想办法把多年以来积累的大堆垃圾清理干净。我费了这么大力气，我一直觉得，这些垃圾就是拖垮我们公司的助推器！

---

[1] 估计这里的"仓位"是指不良资产的仓位。让高盛知道，好让高盛帮助解决问题。

我花了那么大力气去清理，但到了那天快结束的时候，我们还是遭遇了一场企业的信任危机。"

当天下午，还有一名高级常务董事要见施瓦茨，告诉他自己开始接到不止一个对冲基金客户的电话，客户说，高盛和德意志银行都不再接受让贝尔斯登充当对手方的交易了。董事说："有两家对冲基金给我打电话说，'挤兑正在发生。我们认为有串通行为，大投行联合要害我们'。这两家基金说：'早在这一周开始的时候，高盛和德意志都在拼命给我们打电话。高盛一直在说，他们不再接受贝尔斯登为信贷对手方。'好，一旦出了这种事，就彻底完蛋了。"董事相信，高盛CEO劳埃德·布兰克费恩在"戏耍"艾伦·施瓦茨。他说："我觉得，施瓦茨相信劳埃德什么阴谋也没有。我实在非常吃惊，我认为，证监会肯定要继续调查这件事。一家大型证券公司A要是开始给人打电话说'我们要拒绝承认另一家大型证券公司B作为对手方的资格'，而这公司A又是高盛，他们就等于在促成一场挤兑马上发生了！怎么不会呢？如果对冲基金主要经纪客户（即贝尔斯登为之提供多项服务的对冲基金客户）在提出把现金余额放到别处去的时候，不用付出任何代价，世上有哪个客户不会试一把呢？"高盛的科恩则表示，高盛尽了一切努力，帮助贝尔斯登改善企业形象。谈到阴谋论，科恩是这么说的："我都不知道该说什么。他们说我们参与了阴谋，跟一群客户想要拼命扳倒一家华尔街的公司。而实际上，我们每天都在跟这家公司做生意，每一天都有巨额敞口；我们主动在国会、财政部、美联储大力支持这家公司，还直接跟这家公司努力沟通，试图帮助它——他们竟然说我们有阴谋！我们只能说，这种指控太荒唐可笑了！"

这位常务董事为了让施瓦茨明白自己越来越担心，就请施瓦茨跟一位大人物通了电话。这人是詹姆斯·查诺斯（James Chanos），著名卖空者，创办了纽约尼克斯联合基金公司（Kynikos Associates）。查诺斯也是贝尔斯登的长期客户，当时也在做空贝尔斯登的股票。施瓦茨问查诺斯，是否同意上CNBC解释一下贝尔斯登一切正常。查诺斯反问："贝尔斯登正常吗？"施瓦茨回答：企业已经准备公开财报，宣布一季度盈利。但查诺斯拒绝了施瓦茨的请求。4个月后，他告诉《时代》（Time）杂志："他们才是发布虚假信息的人！"

贝尔斯登另一位副董事长汤姆·弗莱克斯纳（Tom Flexner），长期经营房地产投资业务。他回忆，那天下午，施瓦茨一直都保持冷静。他说："我觉得施瓦茨有点儿麻木了。他有点像被炮弹震傻了。我看得出来，他脑子里有一大堆东西。他在处理一些非常困难的问题，我一看就能看出来。只是他不会情绪化而已。"

施瓦茨给查诺斯打完电话后，又参加了一系列的内部会议，目的是监控正在飞速消耗的资金，分析企业的各个选项。后来，贝尔斯登在2008年5月的美国证监会申报档案中解释："当天，在一整天的时间内，有异常多的客户从贝尔斯登提款，到了下午，提款的速度有所加快。此外，有大量对手方和贷方不愿按照惯例向贝尔斯登提供有担保的融资，这一情况导致贝尔斯登流动性状况迅速恶化。"

证监会当天一直在监测贝尔斯登的情况，也是在下午4点，证监会人员同正在美联储纽约分行上班的蒂姆·盖特纳召开了电话会议。盖特纳说："当天，我们与证监会进行了多次交流。证监会在努力把握情况，了解情况是否真像表面上看起来的那么糟糕；周四下午，我们跟证监会通了话，证监会说：'我们要等到交易日结束后的贝尔斯登数据，看看我们交易系统里的数据怎么样。拿到了再给你电话。'"[1] 然后盖特纳就下班回家了。他说："我不想说，那个下午我们已经越了界，回不去了。不过，整个局面受伤流血太严重，美国证监会的选项也十分有限。"

---

[1] 上文提到，贝尔斯登认为证监会将要调查此事。贝尔斯登是上市公司，股价一泻千里，属于股市异动。如果存在异常交易的现象，证监会可以选择将其停牌。但证监会想等到这个交易日结束，看看贝尔斯登的交易情况，之后再做决定。

与贝尔斯登正常交易的客户们——那些对冲基金，平日里很愿意将自由贷方余额存在贝尔斯登；那些对手方，平日里很愿意让贝尔斯登充当交易或者衍生产品的对手方；那些向贝尔斯登提供隔夜融资的公司，不论在回购市场上，还是在商业票据市场上都愿意提供（隔夜融资）；那些券商客户，平日里几乎什么也不担心，很希望成为贝尔斯登的客户——这些客户，全都对贝尔斯登或多或少失去了信心。一名贝尔斯登高管形容那天下午发生的事，用了这样的比喻："好像要把一个苹果硬塞进一根吸管。吸管不会变大，苹果也不会变小。又好比一个剧院，人满为患，突然有人喊了一嗓子'着火了'，然后发现剧院只有一个出口，出口不到3米宽。"所有人都要把钱提出来，所有人都要同时提出来。

保罗·弗里德曼说："那个星期的前半段，周一、周二，直到周三中午，我只要醒着，就差不多每分钟都在跟客户谈，跟贷方谈。我把说的话都准备好了。我可以带他们了解贝尔斯登整个流动性状况，优雅地回避掉收入问题，回答他们其他问题，一个小时就能全部搞定。周三上午，我还感觉不错，可以这么总结：'我们还有180亿美元现金。不错，我们确实损失了一些贷方，但也得到了一些全新的贷方。不错，有些客户确实提了款，但不算什么大事。不错，我们确实遇到一些人在信用违约掉期市场上不愿意接受我们的名字，但这也不算什么大事。'可是从周三中午开始，我就没办法再光明正大这么说了，否则就会感觉犯了法。于是，我把先前定好的周三下午的各个电话会议都取消了。我对那些安排电话会议的销售员是这么说的：'我很忙，开不了会了。'因为我实在没话可说。我不能告诉那些销售员真相，又不能对他们说谎，还不如不见更轻松。我把很多时间都花在了回购柜台那边。我花了很多时间跟罗伯特·厄普顿、财政部一起调查，想要弄清楚'我们现在情况如何'。我开了很多会，想要弄明白'这个时候我们该怎么计划采取C方案……'之前和摩根大通、巴克莱银行等讨论过采取战略措施，当时，那些有他们参加的会议，我一个也没参加。"有一个虚构的西方典故：荷兰的海堤发生渗漏，为了阻挡海水，小男孩彼得用手指堵住渗漏，救了很多人。弗里德曼的角色是否就是那个用手指堵住渗漏海堤的小男孩呢？弗里德曼回答："我就是那个堵海堤的小男孩，但我已经没有手指能用了。这局面太奇怪了！周四晚上，我对销售团队做了一次发言，说的基本还是同样的话。我给他们介绍了资产负债表中的流动资金情况，企业现在的情况；我感觉，因为公司几百号人都在听我说话，而我对他们说了实话——我没有编造什么，我不仅仅是想安抚他们。可是，过了24小时到36小时，我就说不出话了。事情会恶化得那么快吗？可能那么快吗？可能，而且确实发生了。真的，周三上午还可以还债，周四下午就死透了。实在是太不可思议了。"

周四晚上6点左右，贝尔斯登高管都集合在萨姆·莫利纳罗位于6楼的办公室。与会人员有施瓦茨、莫利纳罗、弗里德曼、贝格雷特、厄普顿、证券公司财政主管约翰·斯达可尼（John Stacconi），等等。弗里德曼叙述："我们检查了现金状况，有不少问题，主要问题是现金数据的准确度。数据被手写在一个标准拍纸簿上。贝尔斯登并没有准备好实时现金结账——通常来说，大部分公司都没有这种准备。我们一般是上午上班，核对银行账户，了解情况，试图把信息综合起来。而要把这些工作挪到晚上，并且在没有准备的情况下就突然开始做，就好像乱涂乱画一般。然而，要想活下去，最少也得有25亿美元现金。当时，我拿到了回购柜台的电子数据表，他们已经知道第二天会损失一笔钱，有140亿美元。他们知道，最少将会需要10亿美元，所以不得不从现金储备里借。就算没有任何人提款，我们再开市的时候也会一分钱没有。这个开头非常不妙。我们质疑了那些数字，查了好几轮，结果是非常准确。然后我们就说：'好吧，现在怎么办？'"

史蒂夫·贝格雷特回忆："公司还有现金，但是上午必须偿还多笔资金。"比如，要偿还花旗银行几百万美元的现金。他继续说："团队核查完了所有现金情况后，我记得我是这么说的：'诸位，我们需要建议。

我们不清楚是否要给花旗还款。原先我们的责任是为股东工作，可在某个时候，责任变成了为债务持有人工作。这些钱基本是我们剩下的全部家当了，可明天一大早，我们要做的第一件事就是用它还掉一家债主的钱（只够还掉一家的，不够还掉其他债主的了）。'这些情况，人人都知道，我只不过是第一个说出来了。不论我们还不还花旗的钱，周五都很可能接到其他的提款要求。我很清楚，到了这一步就已经完了。我们不再是一家独立的企业，不再是能自立的企业了。要说有什么会议是生死攸关，那就是周四晚上6点在萨姆会议室里的会议；我在那个时候意识到，我们完蛋了。"

莫利纳罗问厄普顿："我们有什么选择？"厄普顿向莫利纳罗汇报：上周五之后，公司现金已从183亿美元减至59亿美元，还欠花旗银行24亿美元。《华尔街日报》报道："莫利纳罗先生双手捂住脸，施瓦茨先生面色苍白如纸，突然离开了。"

证监会与美联储纽约分行的监督员来到了贝尔斯登公司大楼6楼。贝尔斯登员工安排他们进了别的会议室，告诉他们要久等一阵。莫利纳罗给文森特·泰塞（Vincent Tese）打了电话，泰塞是贝尔斯登董事会的首席独立董事，当时正在自己的家乡棕榈滩县朱庇特镇（Jupiter），携夫人在"晚上好"高级餐厅（Buonasera Ristorante）与同事弗雷德·萨勒诺（Fred Salerno）及夫人共进晚餐。萨勒诺是贝尔斯登董事，曾任威瑞森无线通讯CFO。无巧不成书，他们旁边的桌子正好坐着罗科·马拉诺（Rocco Marano）——贝尔斯登通信实验室（Bellcore）的主管。弗雷德·萨勒诺和罗科·马拉诺曾在纽约电话公司（New York Telephone）当过同事。罗科的儿子托米·马拉诺（Tommy Marano）是贝尔斯登抵押贷款柜台主管。萨勒诺回忆："我们坐在相邻的桌子，我把罗科介绍给了文森特。我们刚同罗科说完话，文森特说，托米真了不起，你应该为有这个儿子骄傲。还说了一些类似的话。然后，嘟嘟嘟！文森特电话响了，我们就知道了坏消息。"莫利纳罗告诉文森特·泰塞局势有多么危急。萨勒诺说："谁也没预料到会有一场大乱，而且发生得这么快。我们就全都跑回自己家，那天夜里一直在跟董事会通电话。第二天，我们就坐飞机回去了。"

当晚7点半，盖特纳与证监会召开电话会议，讨论贝尔斯登当天恶化的局势。证监会下午一直在监控贝尔斯登的现金余额，傍晚发布了一份报告，这份报告一点也不鼓舞人心。联邦机构的数据说，贝尔斯登早上还有180亿美元余额，晚上就只剩下了20亿美元。这个数额跟厄普顿之前告诉莫利纳罗和施瓦茨的现金数额差不多。与此同时，对冲基金客户正在"着火的剧院"中彼此踩踏，拼命寻找出口，夺路而逃。贝尔斯登先前一直在用客户的自由现金余额购买各种资产（这种购买是完全合法的）；而今，这些资产难以快速出售，于是贝尔斯登只得用自己的现金满足对冲基金客户的要求了。周四下午，贝尔斯登实际上已经把现金用光了。如果没有大规模资本注入，贝尔斯登在下一个交易日将无法满足提款的要求。那些与贝尔斯登合作的华尔街公司，将不再接受贝尔斯登将国债作为抵押品以换取隔夜贷款——而隔夜贷款是全球资本市场顺利运作的关键。这两个事件，每一个单独拿出来都是致命的；而两个事件汇合则是一场灾难。

盖特纳说，晚上7点半的电话会议，完全改变了局面的发展趋势。如果没有来自回购市场的附加资金，再过12小时，贝尔斯登将会被迫偿还数十亿美元的回购借款。公司如果无法偿还，贷方将会拿走"可用作抵押品的资产"去出售，以拿回自己的钱。这种行动之前从来没有发生过，而一旦发生，就会带来极大的影响，将全球经济拖入一片迷茫；因为贝尔斯登与全球大约5000家企业有交易关系。盖特纳叙述："证监会打来电话说：'我们已经看过了交易日结束后的数据。我们认为，贝尔斯登没有足够资源应对目前正在发展的危机。贝尔斯登相信，只有申请破产一条路。我们也这么认为。'我跟证监会谈了大概45分钟，然后把所有人都叫了回来。我们努力分析下一步该怎么做，才能保护余下的体系；因为我们几乎想不出有什么办法可行了。"

与证监会打完电话后，施瓦茨致电盖特纳。盖特纳回忆："那时候，我说：'艾伦，上午你告诉我你在跟一堆别的人谈融资的事。那些会谈怎么样？'艾伦说：'啊，某某人说，他们有兴趣提供资金，但还没有回复。'我说：'那你怎么不给他们打电话呢？现在可能是个好机会！'"

第五章

深夜军团

　　盖特纳回自己办公室处理紧急情况去了。与此同时，盖瑞·帕尔拨通了摩根大通的董事长兼CEO杰米·戴蒙的手机，问他能不能抽空与艾伦·施瓦茨谈话。戴蒙正在曼哈顿东48号大街一家叫阿芙拉（Avra）的希腊餐厅吃晚饭，餐厅就在他位于曼哈顿中部的办公室南部不远。今天正好是戴蒙52岁生日，他带着父母还有3个孩子中的一个来吃饭。虽然戴蒙一点也不想被别人打扰，但还是勉强同意了。戴蒙后来转述，施瓦茨在电话里说，贝尔斯登"可能没有足够现金满足明天的提款需要了，需要紧急援助"。施瓦茨要多少钱呢？戴蒙回忆说："我记得是大约300亿美元。我回答：'我们帮不了这个忙。'"10分钟内，戴蒙先后致电财政部部长保尔森、纽约联储主席盖特纳，还有美联储理事会主席本·伯南克。戴蒙说："真正的问题在于，贝尔斯登一旦破产，会发生什么情况。"

　　戴蒙很快意识到，像贝尔斯登这样的证券公司破产，将会是一场灾难。他说："这和工厂破产不一样。工厂破产之后可以继续生产，让法庭决定债务、权益怎么分，谁拿到什么东西。可是金融企业一旦破产，就会彻底崩溃。破产第二天，人们就会抢夺数千亿美元抵押品，拿到华尔街去卖。人们会争先恐后逃出一个被疯狂抛售的市场，贝尔斯登也会彻底没了收益。这种崩溃是金融公司的崩溃，而绝不是商业银行的崩溃。"

戴蒙、美联储、财政部全都认为，贝尔斯登最好的结局是想办法撑到周末；到周末，就稍微有一点处理的时间了。

施瓦茨在周四晚上给戴蒙打电话，主要原因至少有4个。首先，戴蒙以前曾表示过有兴趣收购贝尔斯登；至少，在2000年3月至2004年年中之间表示过一次。2000年3月，戴蒙当上了全美第五大银行第一银行（Bank One）的CEO。2004年年中，戴蒙同意把第一银行与摩根大通合并，又很快当上了摩根大通的CEO。这段时间里，他曾找到贝尔斯登时任CEO吉米·凯恩，商量收购贝尔斯登的事。凯恩说，当时他和戴蒙都很快意识到这笔生意不可能实现。凯恩担心，这次合并将会冲减第一银行股东的股票市值，而市场也会做出消极反应，将第一银行可能为贝尔斯登付出的收购溢价全部抹去。

其次，摩根大通同贝尔斯登已经有了多种商业联系，包括：（1）摩根大通是贝尔斯登多个衍生品合同的对手方。（2）摩根大通是贷款给贝尔斯登的多家银行之一。（3）最重要的是，摩根大通还是贝尔斯登的抵押品结算代理商，也就是说，对于贝尔斯登每天用以换来隔夜回购资金的抵押品价值，摩根大通有定期了解，而且随时更新掌握的情报。因此，施瓦茨觉得：摩根大通会非常清楚，要向贝尔斯登贷出一笔快速贷款，能得到什么样的抵押品；或者，另一种情况，如果摩根大通选择整体收购贝尔斯登，也会非常清楚买下的公司的每一个细节。

再次，先前提到，奥本海默公司的分析师梅雷迪思·惠特尼，听说瑞银想要出售瑞银普惠的谣言，就很明白情况确实如此，而且马上想到了摩根大通会收购瑞银普惠。同样，各家银行（而不是投资银行）当中，也只有摩根大通在2007、2008年信贷危机发展得很深的时候依然拥有资金，可能及时发起这么大规模的交易。到2008年3月，金融业已经严重作茧自缚，陷入严重瘫痪，要想解决贝尔斯登堆积如山的问题，在私募市场上只有一个可行的办法：从摩根大通那里弄到一些救援。从美联储到普通投资者，人人都明白这回事。如果戴蒙回避这次交易，不论什么原因，联邦政府都只有两个选择：一是让贝尔斯登面临清算，预备应付各种波及全球金融体系的恶劣后果；二是自己完全控制贝尔斯登，类似1个月前英国政府将大型抵押贷款公司北岩银行（Northern Rock）收归国有的措施[1]。这二者，都不是可以接受的选项。

最后，这也是施瓦茨给戴蒙打电话最紧急的原因，纯粹是因为"距离很近"。摩根大通总部就在贝尔斯登总部的47号大街对面。就算其他银行有一丁点儿兴趣，比如富国银行（Wells Fargo）或者美国银行，它们的决策层也太远了——富国银行总部在旧金山，美国银行总部在北卡罗来纳州的夏洛特市（Charlotte）。戴蒙回忆："我们认为贝尔斯登会跟其他公司接洽，政府也会考虑其他解决方案。但是，我们还是说，我们会尽力而为。我们能够采取措施，原因之一是，我们有资产负债表和资本。不过这并不重要。真正重要的事，人们已经忘却了，那就是人的因素。这因素简直能让我哭出来。我给斯蒂夫·布莱克（Steve Black）、比尔·温特斯（Bill Winters）打了电话（两个人是摩根大通的投行联合主管），他们又通知了全球各地的审计人员、税收人员、交易员、衍生品交易员、期权人员、律师、房地产人员，把他们叫起来，从床上轰起来，让他们回到工作岗位。到周四晚上，已经动员了几百号人通宵工作。我都不知道具体有多少人。"

莫利纳罗说："我们给摩根大通打了电话，因为我们知道，需要一家大银行给我们提供一笔流动性额度。我们知道，贝尔斯登还有很多抵押品。我们觉得，贝尔斯登还有足够的资产。我们觉得，贝尔斯登在财务上还算稳健，只不过是要应对一场流动性挤兑，需要有人提供流动资金……我们认为，杰米·戴蒙强悍且精明，具有丰富的企业经验，如果这样做能够挽救局势，他完全有能力采取行动。"贝尔斯登在全球的确拥有大约60亿美元未曾动用过的贷款额度，但莫利纳罗相信这笔钱并

---

[1] 关于北岩银行的遭遇和下场，后文第三十章还会提到。

不够,而且,一旦减少很可能导致各家银行的忧虑。莫利纳罗接着说:"我们认为,在当前的环境下动用这笔资金,就会跟银行发生冲突,我们当时并不想和银行冲突,而是想让银行跟我们合作。至于向摩根大通求助的决定——考虑到局势恶化如此之快,我们没有时间组建联合集团,还是直接向摩根大通要钱比较快。"

几个小时工夫,麦迪逊大街383号就迎来了一支联军。贝尔斯登主要的外聘律师事务所之一是凯威莱德律师事务所(Cadwalader, Wickersham, & Taft)。此刻,凯威莱德的员工占据了贝尔斯登大楼第6层大部分空间。凯恩和莫利纳罗的办公室都在第6层。还有来自世达律师事务所(Skadden, Arps)及苏利文和克伦威尔律师事务所(Sullivan & Cromwell)的律师,也来到了贝尔斯登。一队律师开始起草文件,预备一场可能实施的金融救援行动,请一组新的第三方投资人参加(如果能找到的话);另一队律师开始起草贝尔斯登破产文件。文件内容主要是两方面:第一,按照美国《联邦破产法》第11章,为贝尔斯登控股公司(Bear Stearns holding company,贝尔斯登全名)制订让其申请破产重组的文件。第二,根据《1970年证券投资者保护法案》(*Securities Investors Protection Act of 1970*),安排作为经纪自营商的贝尔斯登破产后的相关事宜。[1]世达律所有一名负责破产业务的律师叫格雷格·米尔莫(Greg Milmoe),他叙述道:"我们花了大约15分钟认定,按照《联邦破产法》第11章进行的破产,不适合贝尔斯登这种经纪自营商。可媒体却猜测《联邦破产法》第11章的选项非常可行,这让我觉得很滑稽。毫无疑问,只有实在无路可走,异想天开想给自己找出一条路来的时候,才会想到《联邦破产法》第11章。可这条路走不通。"[2]此外,因为几乎不可能找到第

---

[1]《1970证券投资者保护法案》规定:经纪商倒闭后,证券投资者保护公司将替倒闭的经纪商在一定额度内赔偿投资者。

[2]《联邦破产法》第11章明确规定,证券经纪商倒闭不适用于该条款。这种情况下只能走第7章直接破产,不存在破产重组的可能。

三方来融资，所以很快贝尔斯登似乎就只有破产一条路可走，别无他法了。晚上8点35分，贝尔斯登运营主管布鲁斯·盖斯马（Bruce Geismar）问保罗·弗里德曼："情况有多糟糕？"弗里德曼回答："非常糟糕，像世界末日那么糟。"盖斯马还问，第二天的回购信用额度是否取消了。弗里德曼当时告诉他："回购不是问题，无条件信用、商业票据（Commercial Paper，简称CP）、银行信用额度才是问题。"

莫利纳罗和施瓦茨给证监会、美联储、杰米·戴蒙打过电话，就跟跟跄跄地回到莫利纳罗的6楼会议室，向非执委会的高管们通报最新情况。这些高管一直在等，不知道出了什么事。弗里德曼回忆道："萨姆走了，艾伦也走了，剩下的人就坐在那儿说：'我们在干什么？'过了几个小时，屋子里还有点吃的，我们吃了点东西。我不记得艾伦什么时候回来的，也不记得萨姆什么时候回来的。他们说：'好，摩根大通介入了。'等了很久，总算等来一个好消息，看起来像个好消息。"弗里德曼又说："我们的观点是'很快有人要借给我们很多钱。摩根大通来了，太棒了。摩根大通会借给我们一笔巨款'。"可是，又过了几个小时，摩根大通的人没有来到6楼会议室商议情况。蒂姆·格林（Tim Greene）是回购柜台的联合主管，他看到没有人来，就开始策划一切可能的解决方案，试图解决愈演愈烈的融资危机。晚上9点刚过，他给弗里德曼发了一封电邮："你们看明天早上是否该给美联储打电话，看看他们能不能借我们一笔钱，帮忙解决所有贷款问题？"——那可真是一大笔证券抵押贷款啊。电邮还说："或许还有另一个办法，就是请一家银行跟我们一起去美联储的贴现窗口，这样我们就能通过美联储的流动性投放工具获得现金，而这正是明天回购国债所迫切需要的。我知道这有点越权，但我实在想不出别的办法借到无抵押资金了。"弗里德曼很快向格林通报了消息："萨姆·莫利纳罗和艾伦·施瓦茨刚与美联储谈了一个小时。他们不打算给我们贷款。我们还在想办法。"几分钟后，艾伦回复："有没有哪家银行，我们方便请他们到美联储贴现窗口去一趟？我上午可以问花旗银行，但我知道时间不等人，留给我们的时间只剩一天了。只要我们能去贴现窗口，就能拿到数十亿现金！"

过了一阵，摩根大通财务部的几个人终于来到了贝尔斯登会议室。一个是新泽西州南部办公室来的，还有一个是从长岛的办公室来的。但是，弗里德曼不能确定，摩根大通是否打算派决策人过来。不过，贝尔斯登回购柜台的蒂姆·格林却保持乐观。深夜11:17，他写信给弗里德曼："明天我们就能跟往常一样融资了。除非市场对我们的信心衰退，我们计划从现在到6月30日融一笔更大的资金。"几分钟后，弗里德曼发出了一条警告信息："也许吧。跟我们公司董事会与证监会讨论的议题包括，我们明天早上是否需要发一个公告。"夜深了，局势的危急程度也在迅速加深。一名高管说："这天晚上有摩根大通的人在，还有美联储和证监会的人来与我们讨论。天亮了，我们就该有真正的麻烦了。所以那个晚上才那么疯狂。"

午夜时分，摩根大通全球货币及利率交易部联合主管马特·赞姆斯（Matt Zames）终于来到了贝尔斯登会议室。赞姆斯显得很唐突无礼。他曾担任长期资本管理公司（Long-Term Capital Management）交易员，公司在10年前突然倒闭。[1]贝尔斯登高管们开始向赞姆斯说明情况。弗里德曼回忆："谈了大概10分钟，赞姆斯忽然问：'美联储的人在哪儿？'我们说：'他们在另外一间会议室。'赞姆斯说：'我们先跟美联储谈，才能跟你们谈。我们有Reg W问题。'"这意思是说，有一种复杂的规约，限制一家银行与自己的分支机构之间的转账。[2]弗里德曼继续说："过了几个星期，赞姆斯专门向我道歉，说那天他在会上对我很没礼貌。我说：'没有，我们当时已经坐了好几个小时了。你是唯一一个有意义的。'因为我们这些人坐在那间小会议室里，完全没有意义；这种无力感，就促使我们要认真对待美联储。美联储不能借出我们需要的那么多钱，一旦

---

[1] 长期资本管理公司倒闭的过程，详见下文第二十一章。

[2] 摩根大通如果想救贝尔斯登，必须先在摩根大通总部和摩根大通分支机构之间转账。

借出，会引发美联储自己的资本问题。"摩根大通的高管们，全都离开去找美联储代表了。莫利纳罗说："我想，他们会想清楚能否接受我们的抵押品，给我们放贷；如果接受，那么抵押品的估值折扣[1]该是多少？我还猜想，他们会去找美联储拿到一笔资金，用来借给我们。"

*

大约晚上8点，施瓦茨在莫利纳罗平时工作的6层办公室的会议室召开了董事会电话会议，向董事们通报情况。因为时间很晚了，大部分董事都是在家联网的。莫利纳罗找到老A.格林伯格，告诉他，马上要在曼哈顿一家餐厅召开线下董事会。莫利纳罗回忆，他告诉老A的是："我们马上就要召开董事会，我们面临一个问题。老A问：'什么问题？'我告诉了他。我说：'我们要开董事电话会议。我们把摩根大通请了进来。你要么来会议室，要么联网开会。'"

晚些时候，贝尔斯登董事会主席、前任CEO吉米·凯恩在底特律一家旅馆接通了网络。此时他正在底特律参加北美桥牌锦标赛（North American Bridge Championships）的冠军赛。每年他都要花3个星期参赛。他所在的队伍除了自己，还有他的老搭档迈克尔·西蒙（Michael Seamon），外加4名意大利职业牌手。他们是凯恩雇来的，凯恩每年开的工资大概50万美元。3月12日星期三，队伍已经被淘汰，不能参加锦标赛的主要项目了。但凯恩还是留在底特律，同阿尔弗雷多·沃萨斯（Alfredo Versace）一起参加一些小型比赛。沃萨斯是全球顶尖桥牌高手之一，有时与凯恩组队参赛。凯恩在周三失利之后没有飞回纽约，这一点让人们有所怀疑。但凯恩的一名前合作伙伴也承认，凯恩当时能与沃萨斯打牌是一个难得的机会；所以，凯恩不在公司也就多少说得过去了。他说："这就好像在高尔夫的职业业余混合赛上，遇到了著名高尔夫选

---

[1] 在金融学里，"估值折扣"也叫"剃头"，是指从作为担保或抵押品的资产市场价值当中，扣除的百分比估值折扣的数量，反衬出投资者持有资产的风险。但是，贷款人拥有整个资产的担保物权。

手泰格·伍兹（Tiger Woods）。我能理解凯恩（为什么不回来）。"

凯恩说，直到周四晚上参加董事会的电话会议，他才第一次知道自己当了15年CEO、如今还保留着董事会主席职位的公司正面临着什么样的困境。他说："周四晚上，接到施瓦茨电话，说一切都完了。我知道施瓦茨是什么意思。他说尽了最大努力。危机伴随着谣言发生。施瓦茨还提到了危机发生的流程、具体情况。就我看来，我知道，现金头寸是一个什么状况。我知道贝尔斯登严重依赖隔夜回购，只是没有对外挑明而已。在隔夜市场上，就没有什么'担心因市场误解而蒙受不白之冤啊'，什么'担心忠诚度啊'，什么担心'人们在隔夜市场上赚了我们一大笔钱啊'之类的问题。事情的关键在于这不是一笔长期回购，而是一笔隔夜回购。抵押品本来质量很高，突然一下子，嘭！缩水了！我们一旦靠这个来借钱，自然就对抵押品价值的变动十分敏感，对它的承受能力也变得十分脆弱。我们根本就没有机会。所以，我们今天得到的教训也就是1998年长期资本管理公司（简称LTCM）崩溃的教训，就是17世纪前10年欧洲热炒郁金香导致金融危机的教训。"过去40年，凯恩一直在贝尔斯登，并亲手把公司打造成了华尔街第五大证券公司。周三上午，凯恩看过施瓦茨在CNBC的采访，但一直到周四晚上之前，他都不知道先前发生了什么；董事会成员也都不知道。远在佛罗里达的弗雷德·萨勒诺和泰塞一顿饭没吃完就回家了。此刻，他们在棕榈滩县自己的家里接通了网络。萨勒诺说："大家都惊呆了。"他告诉董事会，他和其他高管正在联系美联储、财政部、摩根大通，努力在天亮前找出流动性危机的解决方案。

施瓦茨和莫利纳罗向董事会介绍了贝尔斯登的流动性状况，包括如果没有新的资金"贝尔斯登第二天就可能无法满足流动性要求"的重大危机。贝尔斯登董事会勉强同意：如果迫不得已，就批准破产申请；此外还同意，几个小时过后再重新集合，获取最新动向。莫利纳罗回忆："大家都惊得目瞪口呆。"但施瓦茨依然抱着希望，认为能够找到第三方融资，虽然这希望越来越小了。

在和董事会转来转去、探讨各种选项之后，有人提出了一个最适合凯恩回答的问题。保罗·弗里德曼回忆道："当时有人告诉我说，他们需要吉米·凯恩对某件事发表意见。他们打电话给吉米，问：'吉米，你在吗？'电话里是死一般的寂静。他们派一个人给吉米·凯恩的妻子帕特丽夏打电话，帕特（Pat，Patricia的简称）回答：'吉米已经不听电话了。他去打桥牌了。'他们让帕特去找吉米。我听说，他们把吉米从桥牌锦标赛现场拽了出来，让他马上表态：是否在周四夜间宣布破产？"

贝尔斯登董事会在企业发生金融崩溃的时候，竟如此缺乏措施！在外人看来，这种事能够理解为董事会完全放弃了信托责任，把责任丢给了股东。金融界有不少巨头正是这么看的。黑石集团联合创始人苏世民说："贝尔斯登的毁灭，是一种最深刻的企业管理错误。"贝尔斯登是一家古怪而保守的企业，尽管自1985年11月以来一直是上市公司，运作方式却还是小型合伙企业的方式。董事会不参与处理危机，或者说董事会主席吉米·凯恩不参与处理危机，但在普通员工看来，这并没有多少令人不安或是怪异的地方。保罗·弗里德曼煞有介事地问："吉米什么？[1]我猜，因为我从来没有在真正的'企业'待过。我们一直有这么一句口头禅：'如果我们是一家真正的企业……'我猜，是因为我从来没有在一家真正的企业、一个真正的董事会工作过，我也就从来没有真正明白，在某个时刻、某个人应该让董事会参与一切，或者已经让董事会参与一切。因为我们没有董事会！我们只有这一群狐朋狗友，还有吉米。我想，你要是有真正的董事会，成员有真正的'局外人'，还有真正的运作经验，你就会真正让他们参与进来，他们也可能发挥作用，但这儿的情况却不是这样。他们要做什么？董事会又要做什么？我们就处在危机当中，却想不出来下一步怎么走。这帮小子到底要干什么？不过，

---

[1] 这里表示弗里德曼假装不知道吉米是贝尔斯登的一把手，假装不知道他对企业很重要。这是一种讽刺的说法，表示贝尔斯登的结构很怪异，吉米就算不管事，也很正常。

我明白，在'真实世界'中，这就是古怪的地方。"另一方面，毫无疑问，董事会得知公司陷入了可怕的境地后，就马上采取了行动，做了一切能做到的事情（不管他们的选择余地迅速变得多么狭窄），尽力让这场危机有一个最不坏的结果。

与此同时，位于自由街（Liberty Street）33号的美联储纽约分行总部，盖特纳和手下的团队正在发疯一般地寻找解决方案，应付贝尔斯登最紧迫的问题，应付他最担心的隐患，这隐患可能让整个金融体系面临毁灭性的灾难。盖特纳征用了办公室附近好几间会议室，请来了他手下各方面的专家——法律专家、流动性专家、金融基础设施专家，还有市场监管专家，他们开始合力思索各种可能的方案。

华盛顿也有一群政府官员拼命给贝尔斯登寻找流动资金，这些人至少包括：美联储主席本·伯南克、美联储副主席唐纳德·科恩（Donald Kohn）、财政部部长亨利·保尔森、副部长罗伯特·斯蒂尔（Robert Steel），还有证监会主席克里斯托弗·考克斯（Christopher Cox）。这个金融智囊团很清楚，尽管本周早些时候美联储采取了革命性措施，帮助投行把非流动性资产换成了更容易出售的国库券，但这一融资选项还需要10天左右才能为企业所用。当然，商业银行可以从美联储贴现窗口借钱。这是一种特权，由来已久。不过，商业银行也付出了代价，就是允许美联储直接监督自己和自己的资本需求量，这一需求量一般远远高于纯粹投行。监管投行的机构不是美联储，而是证监会。于是，投行就不能从美联储贴现窗口借钱，而且投行资产负债表上被允许的杠杆水平要远远高于商业银行。例如，杠杆的测量标准之一是资产和权益资本的比率；在投行内部，一个季度的中间阶段，往往会有接近50：1的高比率。但投行在每季度最后公开比率的时候，会采取必要步骤，卖掉一部分资产，使杠杆降到"可以接受的"35：1的水平。而商业银行的杠杆比率就很低，大约是10：1。

美联储依然有可能自20世纪30年代大萧条以来破天荒为投行打开

贴现窗口。伯南克、盖特纳、保尔森正在为此全力奔走。1932年，《联邦储备法案》（*Federal Reserve Act*）制定了修正案，允许"个人、合伙企业、有限公司在紧急情况下"从贴现窗口借钱。从1932到1936年，有12家银行从窗口借了123笔贷款，总额达到150万美元；当时单笔借款最大限额是30万美元。艾伦·施瓦茨一直公开呼吁，应当允许投行使用贴现窗口。2008年1月，施瓦茨刚接任凯恩当上贝尔斯登CEO，新官上任的第一把火，就是拜访政治家克里斯多夫·杜德（Christopher Dodd），推动改革措施，允许投行使用贴现窗口。杜德是康涅狄格州民主党参议员，也是参议院银行、住房及城市事务委员会主席。之前，杜德也为此努力过，乃至请求伯南克允许投行拥有这种特权，但美联储拒绝了。杜德说，他听别人讲："很多人马上拒绝了，认为这么做很不明智。"

1933年大萧条时期，美国通过了《格拉斯－斯蒂格尔法案》（*Glass-Steagall Act*），将投资银行与商业银行的业务严格区分。1999年，这一法案废除了，商业银行又可以经营投资银行的业务，变成了综合银行。从那以来，施瓦茨一直很担心，像花旗和摩根大通这样的综合银行，会在竞争时拥有对贝尔斯登、雷曼兄弟这样的投行的优势；因为综合银行随时能使用美联储的贴现窗口，从而在借贷无门的时候还能到美联储借钱，为抵押品提供融资，而投资银行却没有这一特权。施瓦茨相信，这一优势"创造了一种局面，一种我认为对整个金融体系有不稳定影响的局面"。然而，法案的废除对贝尔斯登等投行也有多种好处，投行很高兴地接纳了这些好处。例如，投行接受的监管远没有之前严格了，而且获得了资产负债表上大规模举债经营的能力，其效果类似于运动员服用兴奋剂。施瓦茨的担心完全无视了这些好处，他的担心更多是花言巧语，而不是出于真心。施瓦茨解释："我做梦也没有想到，事情会发生得那么快；但我一直担心，由于我们无法用手中的抵押品换取任何一种流动性融资援助，如果贷方不肯接受这些抵押品，我们将面临很大的问题。我们作为投行，都要以高质量的抵押品作为担保，向外借贷，再转身使用这种抵押品。我们从来不相信能够依赖未担保的融资。我们一直觉得应当需要一个抵押品池。我确实担心会出现这样一种情况：如果市场认为我们无法继续运作，我们再用那种抵押品借钱就会引发恐慌。老实说，我从来没有明白，也从来没有想到，这一情况会出现得这么快。"

贝尔斯登副董事长汤姆·弗莱克斯纳和杜德参议员交好，有几次还把施瓦茨介绍给了杜德。2008年2月，危机降临贝尔斯登的前一个月左右，弗莱克斯纳还想到过美联储应该打开贴现窗口，允许投行以及其他未受监管的金融实体借钱。他写了一篇短文《流动性》（Liquidity），到处发送。他写道："联邦储备系统现在应该采取更有决定性的矫正措施，扭转信贷市场的病态，促进这些市场部门中的资金流动；这些措施应当马上在市场中实行，收到成效。"他还说，应当按照1932年《联邦储备法案》规定，"启动紧急借贷条款，将信贷扩展到广大金融中介机构，但应避免将损失风险真正转嫁给美联储；这样就会立即使得信贷市场恢复。这并不是紧急财政援助。不良贷款不符合贴现规定，贷方只能自己承担损失。但是，有正当商业理由的流动性，作为一种润滑剂，将最终带来能力和自信，从而让市场恢复正常运作"。

弗莱克斯纳的请求，尽管充满预见性，但也是石沉大海，没有回音。然而，在3月13日那个漫长的夜晚，美联储的理事们，还有财政部的领导们，却面临着一个严峻的情况，严峻到他们考虑要尽快改变规则。盖特纳在附近旅馆订了个房间，做好了一夜不睡的准备。最后，他只睡了大约一个半小时，而别人还不如他走运。

*

夜越来越深了，这个时候，人们一般都要睡觉了。如果还醒着，就需要高度集中注意力，否则就难免精神恍惚。贝尔斯登的高管们也是如此，他们在努力为企业寻找出路的时候，发现精神越来越难以集中了，而且进入了一个悲惨的世界——咖啡因也没那么有效了。他们知道，摩根大通、美联储、财政部、证监会等各方正在努力做事，只是不知道他们在做些什么事。午夜时分，摩根大通全球货币及利率交易部联合主管马特·赞姆斯离开了贝尔斯登6楼会议室，从此再也没出现过。贝尔斯登高管们坐在一起，面面相觑，不知要干什么。弗里德曼想起他偶尔在深夜跟朋友打扑克牌的情景，时间越晚，他就打得越糟糕。于是他看了看表说："已经午夜了。我知道午夜是个什么情况。我支持的东西已经找不到了。我看咱们还是等等吧，看看会发生什么。大家都别回家了。咱们谁都想不出来合适的办法。没人相信摩根大通会贷给我们500亿美元，或者贷给我们需要的不论什么东西。没人知道那个数字有多大，而且不管数字怎么变，结果都是一样的。"

负责破产的律师们还在奔走，努力寻找——按照适用法律，贝尔斯登的350家子公司中，有哪些适用于《联邦破产法》第11章，可以进行破产重组，哪些子公司又必须立即清算。然后，律师们又努力总结资产负债表，以便在早上制作合规的法律文件。

弗里德曼说："我们拼命要找出来，如果没有解决方案，要做什么事，这些事又有什么意义。只剩下了3个选项，3个好像都完全不可能：第一，摩根大通发生奇迹，救了我们。第二，我们直接走向破产，宣布破产。但这些该怎么进行呢？应该宣告哪些实体破产？向全球的哪些司法机关宣告？用什么方式宣告？第三，也是我中意的选项，用贝尔斯登高管杰夫·迈尔（Jeff Mayer）的话说，'把铅笔放下' [1]——停止行动。当时是周四夜间。我们如果能坚持到周末，思考的时间就会充裕很多。周五能让所有人都过来，而且不会让任何人采取任何行动。所以，交易员不会交易了，因为出了大问题——你要是知道自己破产了还继续出去交易，这不是诈骗吗？我们可不想诈骗，不想让自己的人诈骗。所以，我们周五要是开业就不许任何人交易。我们会接受提款的请求，把钱打出去，但实际上什么也不会做。把铅笔放下，停止行动。大家都会来公

---

[1] 把铅笔放下，原文pencils down，意为考试时间到了，教师命令学生全都停止答题，不准继续写了。

司，但谁也不会做事。唯一的解决方案是什么，我们就执行那个方案，因为没有别的办法了。我们要跟员工说什么呢？要这么说吗——'别进来'？等他们真的进来了又该怎么说呢？怎么交流呢？'我们没破产，但你不许交易了'？"

2007年8月，杰夫·迈尔加入了贝尔斯登掌握大权的执行委员会，当上了固定收益部的联合主管。此时，他正在新泽西的家中。凌晨2点，他发电邮给弗里德曼，催弗里德曼"一旦知道结果"就赶快给他打电话。弗里德曼回复：他会打电话，但又加了一句："我们离事情结束还差得远呢。"凌晨3点，又来了几名贝尔斯登高管，包括公关部主管伊丽莎白·文图拉（Elizabeth Ventura）、企业总顾问迈克·索伦德（Mike Solender）、固定收益部总顾问肯·科普曼（Ken Kopelman）。弗里德曼说："我们同很多律师谈了很多。然而，在6个小时里想要让这个企业正常破产，纯属发疯。另一方面，我觉得我们又不得不做点什么。"弗里德曼等人知道贝尔斯登董事会已经在开会了，却不知道是否批准了决议，以及批准了什么决议。他们知道美联储在会见摩根大通，但不知道两家机构在考虑什么。

凌晨，莫利纳罗和施瓦茨每隔一会儿就接到苏利文和克伦威尔律所律师罗金·科恩的电话，以此来获得最新的消息。莫利纳罗说："美联储和财政部的所有人都参与了，所有人都在努力。所以我们想，会发生点什么；有人一直引导我们这么相信。"凌晨两点，盖特纳致电美联储副主席唐纳德·科恩，说他"不确定贝尔斯登破产导致的核辐射可以受到控制"。两小时后，盖特纳致电伯南克，伯南克说"同意美联储介入"。

3点五十几分的时候，弗里德曼给妻子发了电邮："快4点了，我们还在这儿。摩根大通有可能援助我们。他们还有大约3个小时来决定，我估计他们提供援助的概率小于50%。他们要是援助，我们就要对全球宣布他们同意支持我们，我们能活到周末。到时候，我们可能就该把公司给他们了，然后他们就会裁掉大概1万人。可他们要是不援助，我们就宣告破产。我实在不敢相信会走到这一步。这更糟糕。不过，就像你说的，我们会没事。生活肯定会不一样，但我们会没事的。"4:24，弗里德曼给杰夫·迈尔发了一个通知："已经4点了。还是没有决定。摩根大通的人1个小时前走了，我们就坐在这儿等着。如坐针毡，痛苦万分。"过了几分钟，贝尔斯登财务部的马克·福伊尔（Marc Feuer）发电邮给弗里德曼："啊，我们就要一无所有了。"弗里德曼回信："你以为我不知道？"

*

凌晨5点，盖特纳睡了一小会儿，醒来后，恢复了一点精力。他安排了一场跟伯南克、保尔森的电话会议，讨论美联储一旦不介入，不以某种方式援助贝尔斯登，会有什么结果。他们担心，金融体系自去年夏天以来，变得越发脆弱，如果对贝尔斯登的垮台不采取措施控制，将会引发海啸一般的灾难。他们尽力保持冷静。盖特纳解释："央行之所以存在就是为了应付这种危机。那些善于处理这种情况，负责这种工作的人，如果水平足够，就能在这种风波中冷静下来，不会再激动。可是，这种事并没有板上钉钉的规矩。本质上，这些事件总会千变万化。有时候，偏偏就是在一些没人准备好应对方式的领域里会发生这种事。"讨论了1个小时左右后，盖特纳发现，贝尔斯登必须在早上8点之前筹到当天需要在回购市场上融到的资金。他怀疑这能不能做到。盖特纳问："能怎么筹款呢？"美国金融界最有权势的一群人，决定为摩根大通提供一份前所未有的临时融资方案，而摩根大通拿到了钱，就能转而援助贝尔斯登。美联储一位官员告诉《纽约客》杂志："我们研究得越深，就越感觉：'我的天哪！这问题真的需要处理！'有一句老话：'一损俱损，一荣俱荣。'[1]不算非常准确，但也差不多了。"他担心，贝尔斯登一旦垮台，就会"引发整个市场的挤兑，这样又会导致其他投行资金不足"。

---

[1] 一损俱损，一荣俱荣，原文 too interconnected to fail，直译"互相联系太紧密而不能垮台"，与"大而不倒"（too big to fail）有一定关联。中文用的是《红楼梦》里的话。

应该通知贝尔斯登，联邦的救援马上要来了。莫利纳罗说："我记得，凌晨的某个时间，就在危机正式公开之前，艾伦接到保尔森一个电话。保尔森问艾伦'你确定你要这么做吗？'保尔森暗示，贝尔斯登一旦接受援助，很多事情就不由自主了。在我们看来，意思就是我们一旦通过摩根大通从美联储借钱，他们（美联储和摩根大通）就彻底控制了我们。从出售资产的角度来看，不论我们想变卖什么资产来增加流动性，摩根大通和美联储都会参与进来。这是我们预料中的情况。只是我们没有想到，这其实意味着他们在周五晚上会断了我们的后路，说一切到此为止！"[1]

自从大学毕业以来，这一晚是弗里德曼第一次通宵没睡。凌晨5:30左右，他穿过公园大道前往277号摩根大通投资银行部门的总部。弗里德曼的健身俱乐部也在楼里，他打算先去那儿洗个淋浴。他之前加入过贝尔斯登楼里的一家小型健身房，但后来退出了，理由是"要跟我的同事赤身裸体度过太多的娱乐时间"。在公园大道277号的健身房里，弗里德曼遇见了一个朋友，这朋友打算上班之前锻炼一下。他当然不知道弗里德曼经历的事。弗里德曼后来说："我们的聊天很奇怪，因为我的脑子当时还比较散漫。"弗里德曼穿上一条干净内裤，又换了一条领带，其他衣服一件也没换。5:53，弗里德曼发电邮给回购柜台的蒂姆·格林说："还在等摩根大通的消息。"6:15，弗里德曼回到6层会议室，发现伊丽莎白·文图拉已经从邓肯甜甜圈快餐店叫了咖啡和甜甜圈，就要送上来了。弗里德曼说："我们要灌满油箱，预备新的一天。"此时，赞姆斯离开会议室已经6个多小时了，弗里德曼还是没有听见摩根大通有任何消息。

等到弗里德曼回到办公室，董事会已经在另一间会议室开了15分钟的会。弗雷德·萨勒诺一觉醒来，发现竟然还没有达成任何协议，不

---

[1] 此事后面第七章会提到。保尔森和盖特纳分析情况之后，判定贝尔斯登周一无法开业，于是通知贝尔斯登的高管，在周末结束前必须卖出公司，在贝尔斯登高层中引发了巨大恐慌。

禁大吃一惊："我们说，老天爷！这下糟了，我们在亚洲已经开业了！"谁也不知道要做什么，尽管施瓦茨和莫利纳罗知道美联储开了会，讨论了各种可能性。人人都知道，快没有时间了。

到了6:56，贝尔斯登总顾问迈克·索伦德终于宣告他的黑莓手机收到了斯蒂芬·卡特勒（Stephen Cutler）的一封邮件。卡特勒是摩根大通公司总顾问，曾任证监会执行主任。邮件附上了一篇新闻稿的草稿，说的是摩根大通已决定在美联储的帮助下为贝尔斯登提供贷款融通。"今天，摩根大通公司宣布：公司联合美联储纽约分行，决定对贝尔斯登提供有担保贷款，初始阶段这笔贷款的期限将不超过28天。纽约联储将通过贴现窗口向摩根大通提供背靠背贷款，并已同意承担交易带来的对手方风险、信贷风险、价格风险。相应地，摩根大通不认为该交易会使其股东面临任何实际风险。而美联储则表示，《联邦储备法案》23A条款并不适用于摩根大通，即在摩根大通对贝尔斯登的援助行动中，摩根大通总部与子公司的交易可以不受限制。目前，摩根大通正在与贝尔斯登一同探索提供更多永久性资助，或收购贝尔斯登的可能性。"

在度过了一个狂乱而漫长的不眠之夜之后，施瓦茨和手下高管们几乎完全不知道公司是必须申请破产，还是要想办法挺上一天。对他们来说，卡特勒的邮件堪称天上掉下来的救命粮食[1]。贝尔斯登的高管简直要乐疯了。弗里德曼回忆："我们认为，那封邮件基本上等于一次终极的"万福玛利亚长传"（Hail Mary）[2]。摩根大通和美联储要借给我们需要的全部资金，一笔不超过28天的钱。听起来真是好极了。我们终于等来了摩根大通！但我们忽视了不是'摩根大通贷款给我们'，而是'美联储通过摩根大通贷款给我们'，不过这一点没什么关

---

[1] 原文manna，为《旧约圣经》中提到的一种上帝赐予古代以色列人的神秘食物，音译"吗哪"，实际是什么有诸多争议。

[2] 橄榄球术语，是一种绝杀对方的长传球，此处比喻一种在战斗结束之前企图打败敌人的最后一次危急而绝望的努力。

系。我们还是能够得到自己需要的全部资金。而且还有了一个月的时间来计划下一步怎么办。这种好事真是做梦也梦不来。这是古往今来最美妙的事了！我们高兴得互相击掌。"莫利纳罗补充："我们听说这个消息后，都非常非常兴奋。我们觉得我们已经完成了任务，也就是让一笔流动性融资援助到位，这样就能抵抗暴风雨了。"对于新闻稿里那句"不超过28天"，莫利纳罗当时并没有想太多，只是觉得美联储大部分融资援助都用这种标准语言。他说："我猜想的是，这基本就是一笔28天的回购融资援助，而且到了28天时，我们要么最好已经完成了交易，要么最好已经在谈判交易的事。他们想要看到实际的推进——要么是减少头寸，增加流动性；要么是在28天的时间段内成功地把公司卖出去。这样，我们就必须充分参与，跟他们合作。'他们'也就是摩根大通和美联储。但我们很清楚地感觉到这是一次大胜仗。"7:30之后不久，弗里德曼给妻子发电邮："我们还活着！"

过了几个小时，摩根大通发布了最终版本声明："今天，摩根大通公司宣布：公司联合纽约联储决定在必要时对贝尔斯登提供有担保贷款，初始阶段援助期将不超过28天。美联储纽约分行将通过贴现窗口向摩根大通提供背靠背贷款。相应地，摩根大通不认为该交易会使其股东面临任何实际风险。目前，摩根大通正在与贝尔斯登密切合作，以提供更多永久性资助，或为贝尔斯登提供其他选择。"这就跟初稿不一样了。初稿明确提到：（1）美联储"已同意承担交易带来的对手方风险、信贷风险、价格风险"；（2）美联储放弃了对摩根大通的《联邦储备法案》23A条款的一切要求；（3）摩根大通打算收购贝尔斯登。这3条，最终版全都删除了。施瓦茨是老资格的并购银行家，他曾希望摩根大通买下贝尔斯登的文字能够出现在新闻稿的最终版里。然而，这么做会给摩根大通带来压力，迫使他们与贝尔斯登交易，所以他也能理解摩根大通为什么要删除这一句。如果不是迫不得已必须交易，何必当众承诺要交易呢？

第六章

大鱼吃小鱼

　　摩根大通最终发布的新闻稿有点像心理学上的罗夏克墨迹测验（Rorschach test），不同的人能看出不同的东西。在贝尔斯登的高管看来，紧急融资援助，就像从美联储那里拿到了一笔无限额度的贷款；这笔钱能让贝尔斯登通过使用市场中其他人开始回避的抵押品，在接下来的4个星期内继续维持运转。的确，这意味着平日的业务基本终结了，但贝尔斯登还是能用这一个月时间制订长期解决方案：现在终于可以筹到急需的资本并且卖掉一家分公司，或者卖掉总公司。又可以长出一口气了。

　　在摩根大通看来，这笔融资援助是跟美联储的妥协，但在这么早的阶段里，还没有文件规定贷款的使用方式，所以魔鬼还是在细节里。戴蒙解释："对摩根大通来说，这笔贷款的意义有两点：第一点，我们考虑了自己有什么义务，要尽力做到最好，为美利坚合众国服务。其实这一点我对董事会说过很多。不管是谁，都会认为我们有义务（防止美国金融体系崩溃），而不是单纯地"走开"。顺便说一句，如果我接了那个电话，喝杯饮料又把这件事抛在脑后，就什么事都没有了，对吧？因为如果要认真处理这件事，那可真是非常劳神费心。第二点，这么做必须也要对股东有意义。所以，我应该尽力而为，自由发挥，但同时又保证让股东理解我的行动。"最开始的压力一旦消除，人们就看清了，摩根大通给贝尔斯登贷款的具体条件其实非常麻烦。

在美联储看来，紧急融资援助堪称一步好棋，使得央行能走上在过去几个月间小心翼翼架设起来的绳索。美联储刻意没为贝尔斯登和其他投行开放贴现窗口，尽管贝尔斯登不止一次希望美联储开放；然而，美联储的举措实际上加速了定期证券借贷工具的推出。整整3天以前，美联储已经宣告要推出这种工具。美联储这次贷款给摩根大通，摩根大通又能够贷款给贝尔斯登，是20世纪30年代以来一次破天荒的举措，表示总体形势和贝尔斯登自身面临的形势都非常严峻。但是美联储纽约分行并没有针对援救行动本身发表声明，这就给这次几乎马上要大白于天下的交易增加了一抹不确定性。后来，到了6月27日，美联储公布了3月14日审议意见的会议记录，审议的是贝尔斯登"融资困难局面"以及"贝尔斯登破产为金融市场带来的可能影响"。与会的有4名董事会成员，第五名不在场，正坐飞机从赫尔辛基回来。4人一致同意，"考虑到目前各个金融市场的脆弱情况，贝尔斯登在这些市场中的重要地位，以及贝尔斯登立即崩溃将导致的预料中的传染效应，最好的替代方案是提供临时紧急援助"，通过摩根大通贷款给贝尔斯登。记录还说："这笔贷款将会推动解决贝尔斯登困境，而解决措施也会与维护金融稳定的目的一致。"记录还表明，贷款必须是"有担保贷款"，必须"征得美联储纽约分行同意"，期限不超过28天，而且金额仅限于贝尔斯登愿意提供抵押品的额度。

美联储救援贝尔斯登的消息，在周五一早成了历史性的大新闻。《纽约时报》(*The New York Times*)将其作为头条，并强调了这种行动的罕见，以及潜在的、对贝尔斯登毁灭性的影响。《纽约时报》说："美联储的介入，彰显了市场监管部门面临的各种问题。投行背负着次级贷款带来的大量不良证券，正在丧失贷方与客户的信任；而监管部门在认真考虑投行的前景——这堪称是华尔街的'死亡之吻'。在华尔街，信心，一直就是最宝贵的资产。"报道又引用了哈佛商学院投行教授萨缪尔·海耶斯（Samuel Hayes）的话："公众从来没有彻底明白，这些机构的杠杆有多么高。然而，做市商[1]却明白内部的风险。这是一场挤兑，和长期资本管理公司、基德尔与皮博迪公司、德崇证券面临的问题一样。"

周五上午，贝尔斯登自己发了一个声明，与摩根大通的新闻稿形式完全一致，不过施瓦茨也加了自己的说明。施瓦茨解释："一直有大量谣言针对贝尔斯登的流动性。我们努力直面谣言，努力辟谣，将事实同虚构分开。尽管如此，在市场的议论中，我们的流动性还是在过去24小时显著恶化了。我们采取了这一重要步骤来重建大家对我们的信心，增强流动性，让我们能够继续日常业务。"至少他是这么希望的。新闻稿结尾是一条必须加上却十分不祥的警告："公司不保证任何战略替代方案能够成功实施。"

这种模棱两可也许是有意设计的，也许仅仅因为时间太紧而来不及精确化，但不论是哪一种原因，"缺乏细节"这一弊病，几乎马上就显露出来了。最初的狂热过后，弗里德曼来到上一层的回购柜台，把自己认为的好消息告诉这里的同事，而这里正是企业融资部门的核心。弗里德曼说："有趣的是，尽管他们前一天晚上不跟我在一起，但他们那时做出的反应后来却证明是对的。他们惊恐万状。我说：'你们看，这是大好事！摩根大通和美联储贷给了我们所有资金，而且时间也足够了！太棒了！'他们却说：'老天爷，我们倒闭了！'我说：'不是啊，这是好消息！我跟你们讲一讲昨天晚上是怎么过的，给你们说明一遍你们就明白了。太棒了。'他们还是说：'不，这太可怕了！'"回购柜台的员工相信，市场会把这些情况理解为"贝尔斯登的状况比预料的要糟糕得多"。但就在8点刚过的时候，蒂姆·格林给上司弗里德曼发电邮："我们（在回购柜台）筹到了140亿美元中的120亿。"弗里德曼回答："你真

---

[1] 做市商（Market maker），指金融市场上的一些独立的证券交易商，为投资者承担某一只证券的买进和卖出。买卖双方不需等待交易对手出现，只要有做市商出面承担交易对手方，即可达成交易。

厉害！"

9:15，CNBC记者大卫·法柏报道说，新的融资反映出局面非常混乱。他努力解释公告会产生什么结果，他说："摩根大通告诉贝尔斯登'我们为你们服务28天'，美联储告诉摩根大通'我们为你们服务'。"但法柏并没有机会采访任何相关人士，这一点情有可原，因此法柏也不确定会有什么结果。他继续说："这一措施回避了很多问题。你们可能希望我全面了解情况，不过，我在为了你们而默读新闻稿，所以并没有机会打很多电话，努力进一步了解情况，了解贝尔斯登究竟需要什么。这一举措是仅仅为了给市场灌输信心，向大家宣布'我们绝不会让贝尔斯登垮掉，大家不要为了与贝尔斯登交易而担心'吗？还是有可能产生一种潜在损失？我还是必须马上打电话了。"

庞克·齐格尔公司的迪克·博韦（Dick Bove）是一名研究分析师，敢于直言；他也是CNBC喜欢采访的人之一。迪克·伯韦在有线电视网节目播出期间，与电视台进行了电话连线，表示美联储的行动完全是"针对贝尔斯登的紧急援助"。他宣称，这一行动"完全必要，因为贝尔斯登的资产负债表总额大约是4000亿美元，证券价值大约1760亿美元，外加有420亿美元未偿付贷款需要付给持有证券的人。假如贝尔斯登崩溃了，这些证券就会几乎完全成为可出售证券，推向市场"。这些证券的价格会强迫所有证券企业将自身资产重新估值，而新的价格就一定会让结局相当于"相互确保毁灭"[1]，"这就会导致非常严重的金融灾难。因此，美联储别无选择，只能救援贝尔斯登。这是一种'大而不倒'的形势"。

贝尔斯登内部也传遍了美联储融资援助的消息。弗里德曼说："我们出房间把消息告知了交易部门。我跟他们击了掌。哎，我们当时在绕场一圈，庆祝胜利。有一个销售员说：'我们现在是主权信用了！[2]那些不肯跟我们做交易的人！你们看到没有？我们现在可是主权信用

---

[1] 军事用语，表示贝尔斯登完蛋，其他证券公司也都完蛋。

[2] 因为美联储答应救济他们了，有美联储这一主权信用背书，他们觉得万事大吉了。

了！'——是的，那才是贝尔斯登的信用额度。天啊！我们当时觉得棒极了。有人在彭博机上发出这样的消息：'现在有人肯以低于伦敦银行同业拆放利率（London Inter-Bank Offer Rate，简称LIBOR）50个基点的利率借钱给我们了。' 这一切都是因为我们有了渠道，拿到了世界上最便宜的资金，而这个渠道可以满足我们所有的资金需求。"

一开始，受到新闻刺激，贝尔斯登股票上升了大概10%，到了大约每股64美元。然而，过了半个小时左右，众人还在拼命理解美联储行动会有什么影响，股价突然又开始下跌了。莫利纳罗说："一开始的反应似乎很积极。为什么下跌，我就不知道了。我可以这么说，周五上午有不止一个分析师给我打电话。他们不知道为什么股票会那么一路下跌，他们说：'我不明白。这不应该是好事吗？市场怎么会有这种反应？看上去是好事啊。'" 弗里德曼补充："要求提款的电话一个接一个，根本听不过来。"

关于摩根大通贷款会如何起作用，基本上没有任何细节。然而，市场很快形成这样一种观点：既然美联储不得不出来干预，安排这次融资援助，那就说明贝尔斯登的形势用最乐观的话说也是脆弱不堪了。到10:15，贝尔斯登股票已经丧失了之前所有的收益，交易价格跌到了大约每股30美元，下跌了约50%。这时，美联储董事会又发了一个公告，堪称陈词滥调的典范："美联储正在密切关注市场动向，并将持续提供必要流动资金，以促进金融系统有序运行。今早，摩根大通与贝尔斯登宣告的措施，已由美联储董事会投票一致通过。"

弗里德曼有个朋友在巴克莱资本工作，叫彼得·格林特（Peter Glinert）。格林特给弗里德曼发电邮问："你情况怎么样？"弗里德曼回复："我一整晚都在这儿，处理摩根大通的事。精疲力竭，继续奋斗。我真没有料到市场会有这么可怕的反应。"

格林特："市场的观点是，摩根大通想要择优选出贝尔斯登几个部门，然后让其余的部门垮台。在我看来，这是趁火打劫，但如果不接受大通，市场就要害死贝尔斯登。"

弗里德曼："'害死'的说法太轻了。"

格林特："为什么非得向摩根大通求救？我看，他们简直是自己找上门来的，居心叵测。"

弗里德曼："当时实在没时间找别人了。我们需要一家在纽约的公司，有很多钱，而且自己还没什么问题。花旗就基本没法考虑了。而且，摩根大通对我们的敞口最大，可能因我们而失去的资金也最多。没想到他们能对美联储施压，让他们承担风险，发起援救。"

格林特："现在必须有人稳定股市，不然救援行动就跟我们不相干了。"

弗里德曼："同意。我确实没有想到会有这种疯狂的反应，但我觉得我应该想到。不过，他们要是将来为这件事写一本书，我倒可以说，我当时就在场，是一名亲历者。"

15分钟后，施瓦茨给员工们放了自己的一段发言，说自己对这几天的各种事件很失望，但还是请员工不要丧失信心。有记者问老A.格林伯格感觉如何，老A回答："我感觉很好。"但拒绝再回答其他问题。

碰巧，上午11:20，美国总统小布什现身纽约经济俱乐部（Economic Club of New York），就经济问题发表讲话。布什第一句话是观察性质的评论："看来，我在一个有趣时间段的一个有趣时间点出现了。"众人大笑。布什的演讲主题有两个：一是经济衰退是否即将来临；二是政府已经采取了哪些步骤避免经济危机。布什简短地提到了美联储在本周的各种努力，向金融体系注入了额外的流动资金。他说："本周，美联储也宣布了一项重大举措，通过增加流动性来缓解信贷市场的压力。这是美联储一次有力的行动。"

总统的发言很乐观，也不失幽默，却基本没有减轻市场关于贝尔斯登的忧虑。责任当然在于贝尔斯登最高领导——CEO艾伦·施瓦茨，还有首席财政官兼首席运营官——萨姆·莫利纳罗。公司匆匆准备在12:30

召开电话会议，目的是"应对市场中的猜测"。施瓦茨和莫利纳罗已经连续24小时待在公司办公室里了。

毫无疑问，两人都相信，局势虽然还很危急，但已经不像12小时以前那么恐怖了。莫利纳罗在发言一开始就表示，公司决定至少要挺到周一发布一季度财报。显然，这一举措是为了安抚市场，并且表明一个信号：就如同施瓦茨周三说的，对于分析师估计的公司表现情况，他表示"很满意"，这些都暗示公司会再次盈利。

接着，施瓦茨谈到了贝尔斯登的财政危机："我们的新闻稿已经说了，贝尔斯登在过去一周受到了大量谣言和暗讽的困扰。我们会努力为这一局面提供事实信息，但是，考虑到目前的市场环境，谣言有了进一步发展，而且市场气氛相当紧张，可能有很多人想要采取行动保护自己，免得谣言万一成真受到损失；他们也等不及最终结果了。"施瓦茨强调：贝尔斯登的资本比率虽然仍很健康，公司在本周开始的时候流动性也很好，"但各个对手方的担忧、我们客户与贷方的担忧，达到了一定程度，使得很多人想要提现。我们认真负责地处理这些要求，满足了每一笔提现需要。但是，昨天的提现速度加快了，尤其从下午开始。我们今天继续业务的时候认识到一点，以事情发展的速度来看，对流动性资金持续的请求，将会超过我们的流动性资源。有鉴于此，我们认为，需要尽快采取行动。要争取时间，继续正常业务，安定市场；还要争取时间，向市场提供事实信息，让人们有机会评估这些信息"。

依然挥之不去的问题是：贝尔斯登是否正在台风眼中？施瓦茨介绍：贝尔斯登在和拉扎德公司合作，安排摩根大通提供的融资援助；他希望这笔援助"能够让我们达到安定市场的目的，给我们机会，让市场得到事实信息"。施瓦茨说，贝尔斯登会继续和拉扎德推进"替代方案"（经常是推进公司收购的代称），其间"着重确保我们能够处理好业务，保护客户的利益，与此同时让股东价值最大化"。施瓦茨接着开放了提问[1]，说他期待周一收入声明公开的时候与大家再次讨论。

美林公司有一位华尔街研究分析师盖伊·莫什科夫斯基（Guy Moszkowski）问贝尔斯登高管：能否解释流动性紧缩的原因？是回购市场隔夜贷款的贷方无法提供资金，还是各家对冲基金从自己账户中提出了自由现金余额，还是二者皆有？莫利纳罗回答："我想说，这是两者的综合。"

之后，威灵顿管理公司（Wellington Management）的尼克·埃尔夫纳（Nick Elfner）提了一个意料之中的问题：施瓦茨能否就新的信贷融资援助透露更多信息，告知援助将如何发挥作用？施瓦茨没有说细节（很可能因为他自己也不知道细节），只是努力承诺，新的融资将会让贝尔斯登继续尽可能地正常运作。施瓦茨回答："我们得到的融资援助，基本是用我们拥有的大量抵押品作为担保而借入的，实际上，它提供了我们维持正常业务需要的一切流动资金。我们只想说这一点，我们在考虑各种措施后选择了摩根大通，有各种原因，其中一个原因就是，摩根大通是我们抵押品的清算代理。因此，他们很容易发现我们能够提供的抵押品是什么种类，质量如何，因此能够飞快地行动。"莫利纳罗简洁明了地说，新的融资会允许贝尔斯登使用自有抵押品，并用抵押品借款。他说："这是引发困难的真正原因。"

电话会议结束之前，施瓦茨说，他相信这次信贷融资援助能够安定市场，使得贝尔斯登可以制订更加永久的解决方案。他总结道："我认为，就目前的条款和金额来看，我们能够让顾客与对手方相信，我们有能力供应自己每日所需的资金，像往常一样开展业务。不过，坦率地说，这还是一座让我们走向更为永久的解决方案的桥梁。"

施瓦茨还没开完电话会议，CNBC那边的各个专家就开始怀疑，公司能否撑得到星期一。CNBC财经专栏作者鲍勃·皮萨尼反复将贝尔斯

---

[1] 这个会议不是内部会议，是为了安抚市场而向公众开放的公开会议，所以能让外部人士提问，还可能邀请媒体参加。

登比作装满哈哈镜的"镜子屋"，意思是真相被严重扭曲。大卫·法柏发言，说美联储的融资援助是一个"短期解决方案，不涉及长期的信心"，还说美联储一直"努力预先防止大规模挤兑的发生"。他还加了一句非常不祥的话："一般来说，只要出现了挤兑的预言，就会真的发生。"高级经济记者史蒂夫·莱斯曼（Steve Liesman）指责贝尔斯登在经济危机开始后的9个月内，没有采取"足够措施应对最糟糕的局面"。法柏在每天下午的例行评论中，继续了他一贯的尖刻分析："本周，信心危机吞噬了贝尔斯登，公司已经无法阻止危机而陷入了窘境。"法柏预言："公司出售"可能"最早在周一"，并且是"最有可能"的结果；而"首要"买主就是摩根大通。法柏最后卖了个关子，说"我的消息来源之一"透露，贝尔斯登有形资产的账面价值大约是每股75美元，而市价却跌到了大约每股30美元，这次收购"将会是有史以来对买家最有利的一次金融服务企业收购"。《金融时报》（Financial Times）将美联储救援贝尔斯登形容为"9个月堕落生涯的最终屈辱，使得华尔街最顽强的战士之一自惭形秽"，说的是吉米·凯恩。评论还说："救援行动让这位抽雪茄的74岁老人非常难堪。他代表了贝尔斯登在华尔街的声望：一只好斗的败犬。之前，尽管一直有人预言贝尔斯登这只斗犬的灭亡，它却顽强地生存了下来，蔑视了那些预言。"

正当CNBC和《金融时报》对贝尔斯登的问题充满疑惑时，两记来自公共机构的重击又落在了贝尔斯登身上。[1]其一：就在施瓦茨电话会议要结束的时候，奥本海默研究分析师梅雷迪思·惠特尼决定再也不保守秘密了，把她对贝尔斯登的股票评级降到了"表现不佳"，即卖出评级。惠特尼此时刚刚落地伦敦，没有赶上电话会议，但有个同事告知了她美联储的行动。她觉得这件事不怎么重要，尤其因为摩根大通的融资援助还缺少细节。惠特尼写道："贝尔斯登和其他金融企业面临的问题，

---

[1] 后面没有具体说第二重击是什么。怀疑是摩根大通的援助不好用。

是杠杆的大规模解除。舆论认为公司的偿付能力有多大，公司的实际偿付能力就有多大。公司杠杆如果达到30∶1，则会面临流动性和借贷信誉的信心危机，公司将会无法利用抵押品举债经营，其杠杆也会被强迫降为1∶1（惠特尼在这儿还很客气，因为贝尔斯登的杠杆在一个特定季度经常高达50∶1）。强迫抛售会使资产贬值，让贝尔斯登的股权丧失价值，这又会蚕食掉余下的资本。我们的市场环境非常脆弱，目前又面临真正的信心危机，美联储供应摩根大通资金的行动，实际上为贝尔斯登各个对手方提供了时间，让他们能够削减并转让头寸。将要发生的大规模杠杆解除会进一步降低金融企业的股价。"

这个下午发生的重要事件太多，导致惠特尼的降级没有多少人关注，尽管她说股票已经没有价值了（收盘价是每股30美元左右）。她说："这个预测比我之前的一切预测都更为重大，当时却没有产生多少反响。但是，关键的一句话是这么说的：'人们相信你有多少偿付能力，你才有多少偿付能力。'"

惠特尼的预测没有得到肯定，有多种原因，其中一个原因是，她的预测发布的时候，各个评级机构正好也决定调低贝尔斯登的股票级别。惠特尼的降级是为股权投资者做出的，他们去年已经因贝尔斯登股票而受到了严重打击。然而，评级机构的修正是为公司债务持有人做出的，直接威胁到了贝尔斯登的生存能力。就像美联储决定介入提供援助，完全没有消除债务人的恐慌一般。美国标准普尔（Standard & Poor's）指数将贝尔斯登长期信用等级下调了3级，降到了BBB级，而且认为以后还可能进一步降级。惠特尼写道："我们尽管认为针对贝尔斯登的流动性援助是积极的，但也只将其视为对长期问题的短期解决方案，并认为它不会全面影响贝尔斯登的信心危机。此外，我们还会继续关注，在持续不稳定的市场环境中，贝尔斯登产生持续收益的能力。"

穆迪、惠誉评级也降低了贝尔斯登的债务评级。克利夫兰（Cleveland）有一家忠诚资产管理公司（Allegiant Asset Management），首席定息投资主管叫安德鲁·哈丁（Andrew Harding）。他对彭博社说："他们的评级现在怎样，已经无关紧要了。不管是BB级、AAA级还是A级，我都认为这是针对今天的紧急援助做出的反应。"各家评级机构给贝尔斯登降级之后，不出所料，公司的信用保险成本（也即信用违约掉期）显著上升了，从前一天的675基点，一直升到了810基点。标准普尔一位分析师黛安·辛顿（Diane Hinton）在接受彭博社采访时说："正常的市场环境不会出现这种行为，但我们现在的市场环境并不正常。一旦出现谣言，人们的紧张程度就会进一步提高，最终变成疯狂的掠食。"

*

早在下午的降级之前，弗里德曼就知道，他完全误判了局势。回购柜台说得没错。美联储理应提供生命线，结果提供的只是一条止血带，把血流如注的伤口拙劣地绑扎了起来。谁也不想跟贝尔斯登交易了。贝尔斯登变成了谚语中的温水青蛙，逐渐适应了上升的温度，最后被煮熟了。弗里德曼说："到了一天的最后，那时候我们已经被降级了，但哪怕在最后的时刻之前，所有贷方都已经提走了钱，只剩下3家公司。一切都没了。隔夜贷方全都没了。就连有些非隔夜贷方也把钱提走了，比如富达投资集团。我们跟他们大吵了一架。他们有一笔10亿美元的交易想要终结。他们一个劲地说，这不是他们当初签约的目的。这事情发生在我们降级之后，可他们还是说：'你说过会继续做一家投资级别的企业（但现在不是了，被降级了）。我们不愿意再拿着这笔未偿贷款了。我们要把钱拿回来！'实际上，他们在周五一大早就做了一笔交易，贷给我们隔夜贷款，现在他们连这笔钱也要往回拿了。他们想要回所有的钱。"贝尔斯登的另一名高管补充说明了依赖回购融资的危险："在贝尔斯登流动性危机发展过程中，过去一年间，回购融资规模已经大幅度扩展，达到了前一年的两倍多。在同一时间段，雷曼的回购数额在账簿上大约减少了25%。贝尔斯登过度依赖短期融资，这是大错，因此自食其果。对于回购贷方来说，怀疑的情况往往就是事实的情况。最后的参与者什么也得不到，而最先退出的人就能把钱拿回来。"

下午早些时候，贝尔斯登已经看出来美联储的救援不会有效了。弗里德曼说："到了中午，钱没了，客户也没了。客户存款降低到了交易室被迫停工的程度。交易量太大，处理不过来。之前有很多顾客通过我们把钱存入货币基金，我们当时就把钱从货币基金里面拿回来，电汇给客户；但客户太多，根本汇不过来。到周五晚上的最后，我们竟然还余下80亿到90亿美元现金，只是因为我们的钱拿不出来了，必须把交易室关闭。"

施瓦茨的电话会议结束后不久，外汇交易专柜负责人大卫·舍恩塔尔告诉弗里德曼，各个对手方已经不愿意跟贝尔斯登做生意了，弗里德曼必须采取措施。弗里德曼回忆："我无论身体上还是情绪上都一团糟。我开口跟他说：'大卫，我帮不了你。我们什么都做不了。'我发现自己坐在办公桌前哭了起来，头埋在桌子上。真的就是那样。眼泪不停往下流。这一堆事情聚在一起，加上整整两天没合眼，我崩溃了。大卫说：'啊。'他真是个好人，从我办公室出去了。"

周五白天，弗里德曼逐渐发现，尽管美联储和摩根大通的背靠背融资援助看起来是真心的，却没有人知道这援助会怎么起作用。当然，也没有正式文件，只有媒体发布会，而发布会称不上蓝图，没办法用来设计建造一套很多亿美元的贷款援助措施。弗里德曼说："摩根大通的融资援助是真的，但他们花了一整天以此折磨我们。他们坚持要收20%保证金。所以我们每借一笔钱，都需要付给他们100%的抵押品，而他们只会把相当于抵押品市值的80%的资金贷给我们，尽管他们不担任何风险，尽管融资援助本来不应该是这样的。我的回购员工正在对付摩根大通，还把财务员工也叫来对付摩根大通。我们拼命想要拿到钱，实际上却拿不到一分钱。我们的客户存款正在流失，贷方存款正在流失，摩根大通说'我们会帮忙的'。说句公道话，他们并不真正了解情况——或许吧。当然，他们的业务员、财务人员都是走一步做一步。他们向我们表示，他们只会拿走那些'在贴现窗口有效'的抵押品，这样一来，我们能得到的就十分有限了。下午的中间时分，我们拼死拼活才从他们那儿要来几十亿美元，而且是一片混乱。"

混乱，似乎就是那一天的主题。莫利纳罗说："我们一直没有时间弄清信贷额度。事情发生得实在太快了。市场的反应也太坏了。我们在周五发生了严重的挤兑。不仅股票受到压力，而且顾客提现的规模越来越大。主经纪商客户都不愿跟我们做生意了。股票贷方也不愿意贷给我们证券了。一片混乱。我觉得，当天最可怕的事情是评级机构给我们降了级。我觉得这一下就让我们从悬崖边上摔下去了。一切都完了。因为在我们被降级之后，一些货币基金就不能持有我们的商业票据，也就无法和我们做回购交易了。我是说，船快沉了，人们完全是在往外舀水。这么发展下去，我们除了美联储之外，余下的回购能力会非常有限。"

周五下午，又产生了一个问题。波士顿市的美国道富银行（State Street Bank），与其他大型托管机构，一直以来都为华尔街提供后台服务。可这些机构却拒绝为贝尔斯登提供隔夜贷款，贝尔斯登因此也无法平掉公司和客户的空头仓位。施瓦茨觉得很奇怪，因为贝尔斯登已经有了美联储的支持，美联储已经通过摩根大通提供了贷款援助。但他也很清楚，市场并没有对贝尔斯登展现出一丁点信心。施瓦茨致电盖特纳，向他告状，说道富银行的做法毫无建设性。于是盖特纳给道富银行打电话，提醒他们，贝尔斯登已经有了美联储的支持，可道富银行还是不愿意贷出隔夜证券。一名贝尔斯登高管说，施瓦茨得知消息后说了一声："啊，混蛋！"高管还说："施瓦茨马上就知道，我们有大麻烦了。"周五晚上，贝尔斯登估计，可用流动资金已经减至48亿美元，而仅仅4天之前，周一的可用流动资金还有183亿美元；此外，3月17日企业的资金需求将会在"600亿到1000亿美元之间，假设那些'有担保回购融资援助'的对手方不愿意更新融资援助"。

后来，莫利纳罗回顾说，不知当时企业是否应该预料到评级机构的降级。"我认为，降级真正把我们害死了，让企业几乎没办法运作了。降级引发了太多坏事……很多货币基金和其他机构，平时通过回购线路给我们贷款，但我们至少必须有一个A的级别，不然他们就不会跟我们做生意了。我想，我们当初要是没有被降级，遭遇的挤兑规模可能也就不会那么大。我们需要从美联储借的钱会少一些，而且很可能也会以相对有序的方式撑过那一天。"

史蒂夫·贝格雷特也怀疑，摩根大通的融资援助实际上完全帮不到贝尔斯登。他回忆道："周五凌晨，假如有这样一个安排，或者叫情况，不管叫它什么，假如没有降级，我们都能挺过周五。但是，如果周末没有其他的事情发生，我就不知道怎么能挺过下周一了。如果没有美联储的融资援助，我们就极有可能很快申请破产，除非能赶在周末出售公司，或者拿到一笔巨额投资。周一拥有的流动资金已经严重损失。在现金流中有些资金必须及时补充，一旦资金链断裂，企业就完了。我们没有机会这么说：'哎，我们过两天就给你钱，一拿到别人欠我的钱就给你！'一切都是故意跟我们作对。比如，其他企业向我们索要保证金，可是他们欠我们的保证金却不给我们。我们的客户存款需要提出去，存款存在各个互不相同的账户里，但是要放款需要一个流程，这流程必须得花几天时间完成，哪怕客户马上要钱，也不能缩短时间。还有其他很多因素加快了现金流失。一切都发生得太快了。"

贝尔斯登副董事长汤姆·弗莱克斯纳周五的大部分时间都在见客户。当他下午回到办公室后，却发现摩根大通的融资援助的方式并不是贝尔斯登人人都想要的那种方式。他说："财务部告诉我，我们把抵押品给摩根大通，却只能从那里换回市值80%的资金，而摩根却转身把抵押品拿到美联储那里，拿到了98%的现金。这是一笔让我们倒闭的流动性融资援助，而且摩根大通还要从中赚钱。萨姆·莫利纳罗有一次告诉我，为了拿到150亿美元流动资金，我们必须提供市值250亿美元的抵押品。这就叫彻底完蛋。"

古罗马有一位军官叫圣塞巴斯丁（St. Sebastian），他信仰基督教，被乱箭射杀而殉教。周五下午，贝尔斯登的样子越来越像这位军官了。这让施瓦茨十分不安。更恐怖的是，盖特纳游说道富银行无效。施瓦茨决定，最好联系美联储和财政部的朋友，向他们说明最新情况。施瓦茨就给两个人打了电话：一个是罗伯特·斯蒂尔，杜克大学（Duke University）校友，财政部副部长；另一个是凯文·沃什（Kevin Warsh），事发时38岁，前任摩根士丹利并购银行家，后来当了美联储理事。尽管施瓦茨相信还有28天制订解决方案，但也担心周五下午的各种事件会让政府极端紧张，恐惧对整个金融市场的潜在影响。施瓦茨对两个人说："我完全明白你们的情况，你们满脑子都在担心市场和美国经济会出什么事。我明白，我打电话不是为了救贝尔斯登。只是在我看来，我们要是能让公司活着，我要是能让公司以每股40或者50美元的价格卖掉，相比账面价值这是一个很大的折扣，肯定有人想买。比起一大早醒来发现过了两天贝尔斯登被人活活烤熟了，这个结果对于市场要好太多了。我们真的需要一起努力，找出有问题的部分，把事情做完！"斯蒂尔和沃什都回答："我们知道了。"

第七章
全面恐慌

　　周五晚上，精疲力竭的贝尔斯登管理团队陆续回家了。他们知道，尽管形势看起来很严峻，但他们至少还有27天时间努力给融资危机找到更加长期的解决方案。可以松一口气了。摩根大通的融资援助起作用的过程虽然没那么顺利，但至少能让企业继续运转了。施瓦茨觉得，斯蒂尔和沃什理解了贝尔斯登的困境。莫利纳罗说："我们周五夜间下班的时候，还想着周末就跟摩根大通谈判出售公司的事。计划差不多就是那样。我们想，整个周末都可以跟他们谈，商量一个可能的出售方案，并开始运作。"确实，周五下午，方案已经开始实施了。摩根大通北美投行业务首席运营官杰弗里·伍兹（Jeffrey Woods）联系了史蒂夫·贝格雷特，告诉他，如果摩根大通的银行家们"今晚能达成当前能达成的最大共识"，那么"明天将会产生大得多的成果"。周五下午，贝尔斯登已经同意，一旦"我们（贝尔斯登）收到签字的"保密协议，规定好共享的保密信息，就让摩根大通"加入并运作起来"。

　　周五晚上6点左右，弗里德曼在疲劳和抑郁导致的精神恍惚中给一个朋友写信说："我在这儿27年，现在公司只有几天好活了。我关心的几百号人，还有别的几千号人，只能失业上大街了。我处理这场危机太久，（妻子）苏西和我也就有了精神准备，不至于因这个去死。可是，我周围人的生活全都要毁掉了。"

与此同时，美联储和财政部详细检查了贝尔斯登周五最后的流动资金，结果非常不容乐观。高盛前任CEO、财政部部长亨利·保尔森得出结论：贝尔斯登无论如何也没有办法在周一早上开张了。保尔森和盖特纳给施瓦茨打了电话。此时施瓦茨正坐在一辆轿车上往家走，他家住在康涅狄格州格林尼治镇。保尔森告诉施瓦茨："你一定要明白，我们不能把事情拖到周一早上。一定要在周末完成。"施瓦茨请求宽限一点时间，只要有了时间，进程就可以更有序一些。他还希望，这点时间能为股东们争取到更高的卖价。但保尔森完全不为所动："你说的我都听见了。不过，这件事一定要完成。周日晚上你们必须达成协议。"后来，保尔森对《华尔街日报》说："当时很清楚，如果周末结束前还没达成协议，这笔特许资金就会被拆散了。"盖特纳回忆说："那天晚上，我和保尔森一起告诉他（施瓦茨），周日晚上一定要完成，因为我们找不到任何选项，能再争取更多的时间。周五一整天，挤兑都在加速，我不可能让贷款流失在挤兑里。我们既没有权力，也没有能力去为贝尔斯登偿还债务提供担保，或者直接把它买下来。这种情况下，唯一的选择就是让他们有最大的机会在亚洲开市之前被人买下来，受到担保。周五晚上，我和保尔森对他说得清清楚楚，明镜一样。他明白了，相当不爽。周六早上，他一直希望能够再宽限他一段时间——这也情有可原，因为在如此短的时间内很难通过公开程序，让人们做尽职调查。另一方面，这也不是不可能。这是石破天惊的大消息，但不是不可能。我们不知道，究竟什么才是可能的。我们做了两手准备。"

保尔森和盖特纳告知了施瓦茨这个恐怖的消息："周日晚上结束前必须达成一笔稳定交易。"然后，施瓦茨给莫利纳罗打了电话。莫利纳罗也同样精疲力竭。此时，他正在回康州新迦南镇的路上，刚刚在美黎特观光道路沿线的一个汽车站停下来，打算喝一杯咖啡。就在这时，他听到了施瓦茨的消息：贝尔斯登必须在周日晚上结束之前设法找到买家，否则就面临清算。施瓦茨告诉莫利纳罗：保尔森之前曾提醒过他，贝尔斯登已经明白，一旦接受融资方案就失去了控制权。莫利纳罗问："你开玩笑吧？我们不是还有28天吗？"

施瓦茨回答："我也以为还有28天。但现在我们必须在这周末达成协议。"

莫利纳罗回忆："他显然非常难过。我刚听到也目瞪口呆了。完全目瞪口呆！真是没法相信！"

在这个特别的周五夜间，这个消息几乎是疲惫不堪的贝尔斯登管理层最不想听到的。莫利纳罗继续说："老实说，我当时累到这么一个程度：只想回家睡觉，第二天再回公司看看有什么事情必须做。事后想起来，我认为当时之所以做出这种决定，实在是因为这场危机前所未见，而且市场一片混乱。我觉得，人们非常担心还有别的投行也会马上步我们后尘，显然这种结果会十分糟糕。雷曼兄弟也面临同样严重的胁迫。"

另外一些贝尔斯登高管并没有在前一晚密切关注动向。他们一听说保尔森的声明，全都吓傻了。有一位高级常务董事说："人人都陷入了恐慌。大家都在想，'你跟我开玩笑吧？48小时，什么也干不了啊！大家全都三天三夜没睡觉，你们只给我们两天时间制订长期解决方案？不可能有长期方案！'整个公司一片恐慌。"

保尔森给施瓦茨的电话立刻引发了轩然大波。文森特·泰塞是家财万贯的无线通信企业老总，也是贝尔斯登首席独立董事。他见到这种局面后，想到：董事会的独立董事们当初要是保留自己的法律顾问就好了。他用手机给苏利文和克伦威尔律所的律师罗金·科恩打了个电话。自从周三深夜给盖特纳打电话以来，科恩就没有再参与后来的事态发展。这时候，他刚从华盛顿飞到拉瓜迪亚机场，飞机刚刚落地。泰塞说："我们在董事会层面，真的需要你的帮助。"接着，他告诉科恩，贝尔斯登被勒令在周日晚上之前达成协议，根本没有28天时间。科恩决定致电盖特纳，看看美联储是否可能有一个灵活期限。科恩后来说："盖特纳说，已经定了，不可能延期到周日晚上以后。那个时候，枪口已经死死顶在他们的脑袋上了。"

周五夜间，保罗·弗里德曼无论生理上还是心理上都已经到了极限。他乘火车回了纽约州的斯卡斯代尔镇的自家住宅，房子在一条死胡同尽头。在一片安必恩安眠药的帮助下，他倒在了床上，希望能够睡一阵。时间是晚上大约7:30。过去48小时一连串的灾难，让他感到天旋地转。弗里德曼回忆："晚上9点15分，我正睡着，有人敲门。我妻子苏西上楼来说：'蒂姆·格林给你打电话。'蒂姆是回购柜台的联合主管之一。我说：'他给我电话？现在几号了？'她说：'他现在就要跟你说话。他还在办公室。'我接了电话。我就像这样躺在床上，拿着电话，眼睛望着天花板，几乎没法连贯说出一句话来。我说：'怎么啦？'蒂姆说：'摩根大通发过来一份协议，周一就失效了。'我说：'什么叫周一就失效了？'他说：'他们发来的协议说，这笔融资援助在周日晚上失效。'我说：'好，叫律师来！'他说：'我叫了，还给总顾问迈克·索伦德打电话了。'索伦德当时也回家吃了一片安眠药。蒂姆又说：'我们之前正在讨论，索伦德就睡着了。'我说：'好吧。'我的状态也好不了多少。我说：'我们得让美联储参与进来。'蒂姆说：'我们跟法律总顾问谈过了，那个为盖特纳办事的。他说，这是私密交易，细节你们要跟摩根大通谈。'我说：'好，那摩根大通怎么说的？'他说：'摩根大通说，援助在周日夜间截止。援助有效期只有一天。那个不超过28天的援助，结果是一个单日的援助。摩根大通说他们以后再决定是否要延长期限，延长到28天。'我说：'好，那你赶紧叫艾伦听电话！'"

蒂姆·格林紧接着布置了一个电话会议，与会的有他自己、弗里德曼，还有艾伦·施瓦茨。弗里德曼还在半睡半醒，施瓦茨也不比他好太多。弗里德曼回忆道："我们给艾伦说明了情况。蒂姆说：'摩根大通说除非我们今晚签协议，否则他们今晚就一分钱也不贷给我们。没了钱，我们今晚就没现金了。'他还说了好多回购方面的技术问题，我忘了他具体是怎么说的。艾伦说：'那就签吧。'蒂姆说：'协议说贷款周日夜间或者周一早上到期。我忘了哪个时候了。'艾伦说：'都一样了。我们倒闭了。把那该死的协议给我签了！'我对蒂姆说：'行，这下你知道命令了。'"

当时，施瓦茨自己也刚从"上头"得到自己的命令。保尔森和盖特纳已经评估了周五的各种事件，告诉施瓦茨，他必须在周一早上亚洲开市之前为企业"找到解决方案"，这个时间也就是纽约时间的周日夜间。施瓦茨回忆："我们当时相信，纽约联储的贷款和相应的援助措施有效期是28天。我们希望，这段时间足够让我们从混乱中恢复秩序，让我们筹到更多永久资金；或者，如果需要的话，能够有序地处理资产来筹钱。可是，尽管摩根大通发了融资援助的声明，市场的各种力量还在继续起作用，让我们的流动资金减少得更快了。而且，周五下午，3家主要评级机构一致调低了贝尔斯登的长期和短期信用级别。最后，周五晚上，我们又发现，摩根大通的信贷融资援助有效期只到周日晚上为止。我们周五晚上面临的选择非常严酷：第一，周日夜间之前找到愿意收购贝尔斯登的企业；第二，我的顾问都跟我说，周一早上要面临申请破产，这极有可能毁灭我们的全部股东，让我们的债权人和所有雇员全都蒙受损失。"

盖特纳不知道，这笔摩根大通的融资援助，为什么最后会引发这么大的混乱。他说："我其实不太明白究竟发生了什么。我只知道融资援助条款唯一公开的部分，就是摩根大通发表的声明。他们说了'不超过28天'。艾伦也看见了。我们只说了董事会已经投票通过摩根大通宣布的方案，别的一句话也没说。消息发布的那天上午（周五），我就告诉了艾伦，告诉他必须给贝尔斯登找到解决方案。那天晚上，我和保尔森又一起告诉他新的消息——期限必须到周日夜间为止，因为我们实在看不到什么选项能争取更多时间了。"

相对早些时候，莫利纳罗就相信美联储和财政部有一种策略：为了金融体系的利益，怂恿贝尔斯登投进摩根大通的怀抱。莫利纳罗说："我觉得这就是他们的计划——强迫我们在周末跟摩根大通合并。从我在摩根大通员工那儿得到的消息来看，他们当时就依赖美联储来实现这一步。当时，美联储怂恿他们达成交易，怂恿我们投入他们的怀抱，与此同时，又努力确保股东从里面一分钱也拿不到。[1]如果大家愿意，完全可以把这个过程视为破产清算。债券持有者全都获得了救助，拿到了补偿。这只是全过程的一个副产品。摩根大通介入，获得那种地位，就成了受益者。"

*

艾伦·施瓦茨是资深并购专家，对企业出售了如指掌。中学和大学的时候，他都当过棒球的快球投手，差一点进了辛辛那提红人队（Cincinnati Reds），可惜有一次肘部受了伤，只好停赛，之后也就没能进一步发展。因此，施瓦茨了解一点"高压的局面"。保尔森和盖特纳通知他说贝尔斯登要在周日夜间以前达成协议，或者在周一上午申请破产。他一听就知道他几乎丧失了所有谈判的手腕。面对如此严酷的选择、如此短暂的时间，面对市面上贝尔斯登如此糟糕的名声（当时已经成为时代潮流的一部分），施瓦茨怎么可能指望在36个小时内做出'石破天惊'（盖特纳的话）的大事业？他们的处境已经万分危险而恐怖。此外，盖特纳还坚持让施瓦茨推动采取一个"竞争性"的招标过程，确保尽可能多的企业能够参与到交易中来，这就让艰难的局势变得更艰难。盖特纳说："我们命令艾伦必须进行公开招标。我告诉杰米·戴蒙，无论他是否对收购贝尔斯登感兴趣，他都不能独揽这件事（拒绝其他公司的竞争）。但是，贝尔斯登非常有兴趣跟一切能搭上话的人商谈。他们跟好多人谈过。我觉得，'好多人'都很有礼貌，说：'对，我们确实感兴趣。'不过，只有两个人真正在意，而且行动了。"

施瓦茨进入了"交易模式"。他的顾问当中至少有两人［拉扎德公

---

[1] 贝尔斯登如破产，则股东将损失一切投资；贝尔斯登如被政府救援，则股东将会拿到钱，但政府不愿股东拿到钱。——作者注

司的盖瑞·帕尔、苏利文和克伦威尔律所的罗金·科恩]相信，施瓦茨的交易者背景让他有可能在如此短暂的时间内做成什么事情。科恩说："施瓦茨做过很复杂的交易，这些交易的压力很大，'活动部件'很多，要时刻运用智慧，抵抗压力，综合信息，得出结论。也许，他并购银行家的经历起了作用。"前一天的大部分时间，都耗费在美联储的行动和应付市场的消极反应上了。不过，当天拉扎德公司给全球各处打完电话后，终于找到了至少一家摩根大通之外的公司愿意认真考虑跟贝尔斯登达成交易。这家公司就是私募股权公司J.C.弗劳尔斯（J. C. Flowers & Co），老总是克里斯·弗劳尔斯（Chris Flowers），曾是高盛合伙人。周五下午晚些时候，位于麦迪逊大街383号的弗劳尔斯公司开始对贝尔斯登进行尽职调查，研究贝尔斯登的财务记录。弗劳尔斯先生这一年49岁，之前一直在高盛担任金融机构银行家，1998年创立了同名企业。2000年，弗劳尔斯先生做了一件最出名的事：他凭着70亿美元的第二轮融资与拉扎德银行家蒂姆·柯林斯（Tim Collins）一起，收购了日本的长期信贷银行（Long Term Credit Bank），然后改善了长期信贷银行的经营状况，再将其变现，由此一个人获利将近10亿美元。弗劳尔斯从此得了个绰号"投标人A"（Bidder A）。另一个打算与贝尔斯登达成协议的投标人，当然就是摩根大通了。

为了给弗劳尔斯公司和摩根大通提供条件，让他们尽职调查，周六早上大约7:30，施瓦茨和莫利纳罗在麦迪逊大街383号碰面，商议当天的计划。计划包括：马上重新召集麾下那些疲累的银行家和交易员，这些人拥有应付企业各方面问题——现金余额、交易账册、房地产投资数额、证券持有量的专业技能。然后把这些人分别安排到麦迪逊大街383号不同的会议室。摩根大通的尽职调查工作被限制在贝尔斯登12、13层的会议中心。弗劳尔斯公司的调查地点则位于6层的凯恩办公室内部和周围。弗里德曼说："我们那些负责业务部门的人，每个人都被指定了一个地点。我们进去，摩根大通和我们对接的人再进来，然后开始做相关业务信息的交接。周六大半天都在做这件事。我对接的是马特·赞姆斯，还有财务部门、回购部门的人。[1]我相当于从一个小组挪到另一个小组，因为我们并没有跟他们很整齐地配对工作，从融资角度是这样，从业务角度也是这样。与此同时，律师们正在团团转，破产业务律师回来了，他们占据了很多办公室，努力发现，一旦周日晚上没有达成交易，会发生什么情况。"

弗劳尔斯先生彻查了贝尔斯登的账目，离开的时候竟然觉得很值得赞叹。他告诉施瓦茨和其他人："你们的账目情况比我预料的好得多。"然后说起一些之前的"恐怖故事"，说的是有人请求他考虑投资一些企业，然后他发现这些企业的情况极为可怕。接着他又加了一句："我从来没有过这样的经历——我们从了解情况的人那里能得到回答。"但另一方面，他也说，觉得自己身处"飓风的中心"，希望这个过程压力小一些。不过，弗劳尔斯先生还是承诺，一定尽职工作，设法集合起一组银行，提供数以十亿计美元的融资。他还希望，不论可能参与什么交易，他都能够想办法说服美联储为贝尔斯登打开贴现窗口，作为交易的一部分。施瓦茨知道，弗劳尔斯先生的成功概率极小，但他也需要弗劳尔斯先生作为一个有力的竞争对手，让摩根大通保持诚实。

公司也还保留着一点希望，认为德国巨头德意志银行、英国巨头巴克莱银行，甚至高盛、黑石、华平投资（Warburg Pincus）可能会突然急切地要求收购贝尔斯登，但在如此高压的时期，这些企业全都认为这么做毫无意义。德意志银行有一个合作伙伴可能出价，就是上市公司堡垒投资集团，全球对冲基金兼私募股权公司。从2007年8月到2008年1月（2008年1月，施瓦茨继凯恩之后当上贝尔斯登CEO），堡垒集团一直在认真考虑跟贝尔斯登合并，尽管堡垒的规模比贝尔斯登小了2/3，但堡垒集团有名望的CEO韦斯·伊登斯（Wesley Edens）还是想要成为合并后

---

[1] 意思是弗里德曼叫来财务部门、回购部门的人跟赞姆斯见面。

企业的CEO，这一点可能足够施瓦茨在两个月之前就打消合并念头了。伊登斯是贝尔斯登副董事长汤姆·弗莱克斯纳的客户，两人也是老朋友。德意志银行拒绝出价收购贝尔斯登之后，弗莱克斯纳请伊登斯光临麦迪逊大街383号，来观看历史性事件的进行。此外，一旦施瓦茨和莫利纳罗开口求助，弗莱克斯纳还想请伊登斯帮助施瓦茨他们。弗莱克斯纳原本计划周末出城，但在不寻常的周五之后改变了计划。他说："这么重要的事情，我不能错过坐在'剧场前排'的机会，这样我将来就可以告诉孙子孙女，爷爷当时在场。"

尽职调查主要针对两种情况，这两种情况都很重要，难以截然分开：一是贝尔斯登实际拥有的资产及其价值，二是企业的"融资脆弱点"，换句话说，为了让贝尔斯登能在周一继续正常营业，究竟需要多少钱。这一差额很可能就是联邦基金需要提供以达成交易的金额。粗略说来，如果贝尔斯登的资产负债表上有4000亿美元资产、1000亿美元长期资本，那就还有大约3000亿美元要筹集到位，才能支持这些资产。这3000亿美元中，大约1500亿美元是由国库证券组成的，还有大约1500亿美元是由机构证券、房地美、房利美组成的——这一切都可以用作抵押品，在回购市场上借入资金，或者从银行那里得到保证金贷款。前提是，市场已经一定程度上恢复秩序。按照这个逻辑，贝尔斯登在周末的融资缺口大概是500亿美元，但这只是粗略估计。弗莱克斯纳回忆，周六，他们在努力确定资金缺口的大小。"因为如果缺口只有30亿美元，就可以解决。堡垒集团可以签支票。如果有300到400亿美元，就需要大银行支持，可能需要美联储。切记，这一切都在前所未有的紧张时间里发生，我们要在极短的时间里完成合并，在两天之内完成金融史上最大规模的交易之一。一切都很疯狂。"

周六上午，尽职调查工作正在麦迪逊大街383号进行的时候，贝尔斯登全体董事，自保尔森告知那个令人睡意全无的决定之后，第一次召开了全体电话会议。有些董事前一天晚上听说了新闻，有些则没有听说。

罗金·科恩律师回忆说："会上气氛十分低落，因为当时董事会全体成员都听说28天期限缩短到两天半了。"散会之后，大约下午1点，科恩"冲进"贝尔斯登公司，接下来的12个小时都在跟摩根大通、弗劳尔斯集团、联邦政府谈判，看看究竟能做点什么。

*

各方正在集中关注融资需求规模的时候，弗劳尔斯先生提出了一个初步提案，由他的公司出资30亿美元注入贝尔斯登，换取90%的完全稀释股权。弗劳尔斯公司这一项交易计划将贝尔斯登股权估值到了每股2.8美元，远远低于周五下午的收盘价。但这笔交易有两个重要的不确定因素。第一，弗劳尔斯先生认为贝尔斯登要持续运转，需要200亿美元融资，因此他必须集合一批有意愿的银行，向贝尔斯登提供这200亿美元。第二，如果这些钱还是不够贝尔斯登的开销，则弗劳尔斯还需要美联储做出保证，让贝尔斯登能够使用美联储的贴现窗口来获得附加贷款。如果需要，开放时间要长达一年。然而，既有规定是禁止投行使用美联储贴现窗口的，那么弗劳尔斯的第二个条件只有理论上的意义，极为不现实，尤其在那么紧张的形势之下。科恩说："我认为，美联储跟弗劳尔斯等于是这么说的：'瞧，我们不说不行，但我们也肯定不说可以，除非你已经拿到了资金。'"然而，美联储也鼓励弗劳尔斯继续制订提议，提议也可以做出这么大胆的要求。[1]莫利纳罗说："这不是为了我们的利益，只是为了他们的利益。"

弗里德曼说："方案二不具备可行性。我们必须考虑第三个或第四个可能的方案，甚至更多。最难以置信的是——他们竟然要输入几十亿美元，为我们安排贷款，而整个交易的前提是美联储允许我们使用贴现窗口！弗劳尔斯要安排这种事，那就只能说：'好吧……'"

尽管弗劳尔斯的提议有着各种问题，拉扎德的盖瑞·帕尔还是认真

---

[1] 美联储鼓励弗劳尔斯继续制订提议，是为了鼓励和摩根大通竞争，压低摩根大通的要求。

对待了，或者作为一个有用的借口认真对待了。帕尔和贝尔斯登高层一起研究了提议的细节，然后贝尔斯登高层授权弗劳尔斯打出那些必要的电话，看是否能筹到200亿美元资金。但这依然是一项风险极大的赌注。贝尔斯登的一名高级银行家说："因为缺少美联储的贴现窗口，无论注入30亿美元还是60亿美元，都没有用。我们在24小时以内就损失了200亿美元，就算拿到60亿美元又有什么用？一切都完了。弗劳尔斯公司还在继续工作，以筹集更多的钱。他们联系了五六家金融机构，这些机构最后全都拒绝了他们。什么也做不了。一场灾难。这里就是终点。"科恩补充说："我认为，当时的情况就像一个巨大的高压锅。锅里面，尽管弗劳尔斯聪明绝顶，他周围的人也都聪明绝顶，我估计他们的尽职调查算出的金额大概是200亿美元，但是，完全没有可能。"

从美联储、财政部往下，所有人脑子里都毫不怀疑，如果周日晚间必须达成交易，买家必然是摩根大通。原因与24小时之前摩根大通最适合提供融资援助一样。周日下午5点左右，彭博社报道，苏格兰皇家银行（Royal Bank of Scotland）有意收购贝尔斯登。但这个报道错了，有意进行收购的其实是加拿大皇家银行（Royal Bank of Canada）。弗里德曼说：加拿大银行"非常喜欢我们"，但这种局面下，问题太多，时间太短，加拿大银行觉得收购太不现实，无法认真考虑。贝尔斯登一名高级银行家说："整个周末，其余的信息都是噪声。弗劳尔斯公司的收购意向是噪声，高盛的收购意向也是噪声。据我所知，至少还有黑石和华平这两家公司在周四周五给贝尔斯登打了电话，说'我们有意帮忙'，但是太晚了。他们肯定没法采取必要措施了。谁也没有A+评级的资产负债表来应对情况。所以这一切都是噪声。贝尔斯登要么破产，要么被摩根大通收购。"

*

此时，摩根大通有200多名高管正在与贝尔斯登的对口人员进行尽职调查。除了在贝尔斯登办公室的一群人，摩根大通还在公园大道270

号银行总部大楼8层设立了一个作战室，核心是CEO杰米·戴蒙的办公室。摩根大通的银行家们感觉，可能工作做得还不够，因此疑虑重重。周六晚上，他们会见了拉扎德的帕尔，还有贝尔斯登的施瓦茨和莫利纳罗。一名与会者说："杰米·戴蒙对施瓦茨说：'是这样，你们听到这个不会高兴。'然后说了一通，最后说：'我们要是必须在周末收购，每股价格就应该是8到12美元。'然后施瓦茨说：'对，我不会高兴，但我只有周末这点时间。'"会上，摩根大通基于初步的尽职调查，宣称自己愿意考虑同贝尔斯登进行全股份交易，股票定在每股8到12美元。用华尔街的习惯，这就意味着摩根大通打算出每股10美元。这个价钱比周五收盘价低了2/3，但比弗劳尔斯的估价高了很多。此外，公司一旦清算，股东一分钱也捞不着。摩根大通还想要几样别的好东西：首先一项是购买贝尔斯登19.9%股票的期权，以确保股东们会对收购交易投赞成票；还有其他的期权用来购买摩根大通最想得到的一项资产[1]——麦迪逊大街383号贝尔斯登的豪华总部大楼。这幢建筑于7年前由斯基德莫尔、奥因斯与梅里尔建筑师事务所（Skidmore, Owings & Merrill）设计。摩根大通一旦买下贝尔斯登总部，就可以将原先分散的投行业务，还有主要经纪业务集中起来。"主要经纪业务"指的是结算交易、管理对冲基金账户。摩根大通代表们明确表示，自己的"想法"还是"初步的"，因为他们还在等待尽职调查团队的进一步汇报，而且最终价格"可能会低于每股8美元"。关于这桩交易是否有意义，摩根大通内部意见也很不统一。摩根大通资产管理部门的一位高级银行家一直在贝尔斯登调查类似的业务，他汇报说："这纯属发疯！要不是为了什么爱国义务的感情，我们怎么会担起这种责任？"

周六晚上9:15，弗里德曼给固定收益部两位主管各发了一封"机密"电邮，一封给克雷格·奥弗兰德（Craig Overlander），另一封给杰

---

[1] 原文是"两种资产"，但作者说他记不得另外一种资产是什么了。

夫·迈尔。信上说："艾伦和萨姆在跟摩根大通谈判。摩根大通出价是每股8～12美元。我正跟克里斯·弗劳尔斯在一起，但我认为，如果弗劳尔斯公司的计划前提是我们能直接使用美联储贴现窗口，那他们就一点希望都没有。"

然后，杰米·戴蒙致电施瓦茨，说："好，目前局势看上去还不错，咱们明天再谈。不过，你的董事会要是打算否决交易，我就不打算白忙这么一场。我必须知道，你已经打算接受我们制定的收购价格范围。"

施瓦茨回答："我也必须知道你已经做好了准备。我知道你必须召开董事会，才能征得董事们同意，但是我们公司的董事就坐在这儿，你也跟你的主管们谈过了。所以，你们准备得怎么样了？"

戴蒙答："咱们就这么说吧，我们的董事会要是否决了交易，我会非常吃惊的。"

施瓦茨说："好吧，明天早上再说。"

时间和选项都在迅速减少。周六夜间，贝尔斯登召开董事会，让帕尔告知弗劳尔斯公司与摩根大通提出的提议目前状况如何。H.罗金·科恩谈到摩根大通的提议时是这么评价的："我认为，贝尔斯登董事会显然对此非常失望，但艾伦说得很清楚，弗劳尔斯公司的提议，问题肯定严重得多，也没有更高的价值。有人曾讨论，是否可能有别的选项，但时间已经来不及了。而且，贝尔斯登谈判的筹码已经完全没有了。所以我们建议贝尔斯登董事会除了接受对方的估价之外，必须对其他的事也有绝对把握，最终才能够办妥交易。我们回去了，贝尔斯登董事会接受了提议。毕竟，董事们都很现实。施瓦茨很现实，泰塞很现实，弗雷德·萨勒诺也很现实。我觉得，老A也很现实。我是说那些会上具体发言的人。"

莫利纳罗也同意。他回忆说："董事会一听到这个数字竟然这么低，都很吃惊，有一种无助感。但这个数字还是比零强一点，差点就是零了，至少还有个数字。我们的谈判地位实在不太好。"周六晚上6点左右，吉米·凯恩抵达纽约。凯恩听说提议的股价后，又算了算，就搭乘私人喷气机从底特律飞来了。他回忆道："我心里说，我持有600万股，这一下可倒了大霉。但我几乎已经平心静气了，因为对我来说，8美元跟12美元没什么两样。不是170美元，也不是100美元，也不是40美元。受罪的是我的后代，不是我。我要是坐拥16亿美元的财富，就算现在损失了10亿美元，我也不会缺胳膊少腿，对吧？"

然后，董事会同意继续两项交易。还有什么选择呢？保尔森和盖特纳说得很明白，前一天通过摩根大通进行的援助就要消失不见了。贝尔斯登落到如今这个地步，管理层和董事会自然要负几乎100%的责任。但另一件事也同样确定无疑，那就是联邦政府通过发起这一项"不超过28天"的融资援助，强迫贝尔斯登面临一个完全站不住脚的所谓"霍布森的选择"（Hobson's Choice）[1]：要么在24小时之内找到买家，要么申请破产保护。一旦申请破产保护，根据美国现行法律，公司就会遭到清算；股东、债权人、雇员们哪怕还能留下一点钱，也会所剩无几。莫利纳罗说："我们真的需要让弗劳尔斯公司一直参与，董事会也力图确保谈判还会以某种形式继续进行，我们还在寻找任何有可能投标的人，还在非常积极地配合美联储。董事会要确保我们采取一切必要措施，有效维护股东权益，与此同时，促成交易完成。"

然而，董事会会议室里却酝酿着另一种清算选项，后来这个选项被称作"核弹牌"：也就是，拒绝摩根大通收购贝尔斯登的低价，威胁要申报破产，把公司彻底摧毁掉。贝尔斯登深深扎根在全球金融体系当中，因此贝尔斯登一旦灭亡，金融体系也要陪葬。这假设的理念是，联邦政府、摩根大通、其他银行与投资银行——所有人都不想面对这种"相互确保毁灭"的结果。所以贝尔斯登一旦威胁这么做，就足以争取到足够

---

[1] 即"没有选择的选择"。据说这个典故来自16世纪英国车马出租所老板托马斯·霍布森（1544—1631）。为了让每匹马的利用率较为平均，霍布森要求客户只能选择马厩中离门最近的马，否则就不能选。后世用这个说法，表示只有一个选项，当事人只能选择接受或不接受。

的时间，比如真正的28天来进行有序的出售流程，或者让别人拿出一个让大家都有面子的价格。这只是一种理念的萌芽，但这萌芽却非常符合贝尔斯登的企业形象：一群制造骚乱的偶像破坏者。吉米·凯恩是其中最大声鼓吹使用"核弹牌"的一个，他说："我知道贝尔斯登一倒下，极有可能引发体系的崩溃。我知道我手中握着一张核弹牌，但你是不能打的……世界上要是有一个人能打，肯定就是我打！"

　　一整夜的时间，弗劳尔斯公司和摩根大通的团队都在各自进行尽职调查，偶尔向贝尔斯登管理层和帕尔汇报。弗劳尔斯公司发现，越来越难以凑够援助需要的200亿美元，于是报告了拉扎德。实际上，考虑到形势的严峻程度，众人还专门讨论，贝尔斯登和摩根大通都应该非常确定，交易必须完成。这就让高管们决定省去协议里繁琐的成交条件和法律警告，以免律师们把合并协议搞砸。莫利纳罗说，周日的计划是"努力推进到结束，把事情做完"。所谓的事情就是与摩根大通以每股10美元的价格进行交易。他说，尽管大家都为这10美元交易感到"非常震惊"，但也有一种"放弃"的感觉："就这样了。咱们把事情做完吧，该干什么干什么，就在这儿完成。"周六午夜过后，人们陆陆续续回家了，差不多认定在第二天在截止期之前，能够达成协议，与摩根大通合并。

第八章
道德风险之代价——2美元

　　周日早上大约8:30，贝尔斯登50名专家在会议中心13楼重新集合。一名与会者说：施瓦茨的开场演讲是告诉大家"事情会怎么发展"，"但是大家情绪都不好"。贝尔斯登的律师接到了摩根大通的律所瓦克泰尔·利普顿律所（Wachtell, Lipton）发来的并购协议初稿，以及一份期权协议初稿。期权协议允许摩根大通买下贝尔斯登股票的很大一部分。而并购协议初稿，按照惯例并没有包括每股价格。施瓦茨知道，弗劳尔斯公司暂时筹不到这么多钱，而且摩根大通的出价如果变成现实，大概就在10美元。施瓦茨告诉手下团队："我们能够达成交易，但你们肯定不会喜欢。"

　　文森特·泰塞一早就来了贝尔斯登。这位首席董事后来说道："我7点钟到公司的时候，并购协议已经基本成型了。律师们已经看过了。有几个问题，但都不严重。"施瓦茨和莫利纳罗发言之后，泰塞的律师把泰塞带到了公园大街510号的凯恩的公寓，泰塞和凯恩又一起去了91大街和麦迪逊大街交叉口的杰克逊·霍尔餐厅（Jackson Hole Restaurant）。泰塞想要说服凯恩，让他明白事理，不要再想着打"核弹牌"了。他告诉凯恩，最好接受现实，努力达成正在谈判的交易。两人痛痛快快吃了早饭，开诚布公地谈了一次。泰塞回忆道："我开车带上吉米·凯恩去饭店,吃了点儿鸡蛋。我告诉吉米,这个时候绝不能选择破产。吉米说:'是啊,可是他们不会让我们破产的。我们还能要到更多的钱。'我说:'我们已经努力了两天,就为了这个。他们知道我们已经没有手段了。那么做一点好处都没有。你不能等到今天的最后一刻,因为最晚下午四五点钟必须宣告破产。我不介意玩点儿游戏,但你必须明白,到了一天的最后,绝不能选择破产。'"泰塞继续说,凯恩明白了他的意思。"我告诉他:'这关系到所有人的利益,也关系到你的利益。'"泰塞还提醒凯恩,一旦凯恩说服董事会按下"核按钮",导致交易失败,他们就会冲着凯恩来。前CEO把忠告铭记在心。

然而,就在凯恩、泰塞两人吃早饭的时候,事情又发生了古怪的转折。这个古怪的转折与其他转折一起,让周日又变得漫长而极度紧张。摩根大通投行有两名主管叫斯蒂夫·布莱克和比尔·温特斯。施瓦茨和莫利纳罗平时定期跟这两个主管联系。这两个人先前已经同意周日早上在麦迪逊大街383号继续谈判,却没有到场。弗里德曼回忆:"我们全都坐在一起,等着摩根大通的人出现,可是几个小时过去了,谁也没来。"施瓦茨想要联系布莱克,当初在杜克大学的时候,两个人都是兄弟会成员。结果,发现布莱克在跟杰米·戴蒙开会。施瓦茨听说,摩根大通的高管在跟董事会商议,这次"强迫婚姻"究竟有没有意义。莫利纳罗说:"我们猜测,他们在履行必要的程序,判定自己的位置。"在这种极端情况下,认真考虑这样的交易是否明智,而耽搁一定时间,似乎从信托角度和战术角度而言都是谨慎之举。毕竟,摩根大通是唯一认真的投标人,时间非常有限,截止日期也明明白白。这种情况下,为什么还要急着办事呢?

施瓦茨告诉各位同事:"早上我上班,第一件事就是接到斯蒂夫·布莱克打来的电话,他说:'我们至多有一半人同意交易。'我一听:'什么? 怎么搞的?'他说:'我们计算了一晚上。我们把所有数据输入了模型,发现把你们的抵押贷款投资组合高估了60亿美元。'我马上说:'斯蒂夫,我告诉你,这绝对不可能! 我让韦斯·伊登斯算过了,他是抵押贷款专家；我也让克里斯·弗劳尔斯算过了，他也是抵押贷款专家。我不是说我们算的就一点问题都没有，可是你们要是说高估了60亿美元，这些人离开之前，绝对不可能说非常满意我们的投资组合！肯定出了什么匹配问题。咱们处理一下吧。'布莱克说：'你只需要明白这个情况，我们最多有一半人同意交易。你要好好考虑一下。'我说：'好！'"周日早上10点前，弗里德曼给同事群发了电邮，告知了摩根大通突然不同意交易的事，语气比较尖酸："我估计，离他们收购我们还远着呢。"施瓦茨给罗金·科恩打电话。科恩回忆说，施瓦茨告诉他："是这样，我们遇到了一个严重得多的问题。布莱克刚给我打电话说，他们用模型计算了一晚上，结果不确定是否还打算交易。"

*

　　原来，摩根大通的团队整夜都在研究贝尔斯登的证券"账本"，越看就越觉得不安。一开始，摩根大通以为贝尔斯登3000亿美元资产当中有1200亿美元资产的价值可能低于账面价值，还可能进一步贬值。算到天快亮的时候，摩根大通的结论是，有整整2200亿美元资产都属于不良资产。摩根大通一位银行家说："我们等于是枕着不良资产睡了一觉，也可以说没睡，合眼了大概半个小时，然后发现，如果往后退一步，远离这个严重的情况，即贝尔斯登让我们接手的情况，就可以避免一个巨大的风险因素。"《纽约时报》有一位专栏记者叫格雷琴·摩根森（Gretchen Morgenson）。周日的报纸上，她说贝尔斯登"经常在华尔街灰色地带操作，而且做事又经常暗箭伤人"。她公开质疑：美联储怎么能在周五向这种企业提供援助资金？报道一出来，又给贝尔斯登高管带来了不小的压力。然后，摩根森长篇大论地列举了贝尔斯登多年以来的各种劣迹：1998年，美联储为对冲基金长期资本管理公司发起援助，规模达到数十亿美元，贝尔斯登是华尔街"兄弟会"当中唯一没有参与的；贝尔斯登愿意"为斯特拉顿·奥克蒙特（Stratton Oakmont）、A. R.巴伦（A. R. Baron）这样的金融诈骗公司的经纪人业务提供资产负债表，而且大开绿灯"，这件事发生在1996年，贝尔斯登为此被罚款3800万美元，还解雇了结算部门的主管；贝尔斯登是抵押证券的主要经营商之一，而且还是次级贷款的始作俑者。摩根森还说，去年夏天贝尔斯登的两家对冲基金垮台，让投资者损失了16亿美元。摩根森还可以继续历数贝尔斯登在共同基金丑闻中扮演的角色，在投行业务的"吹捧研究报告丑闻"中扮演的角色，但她没有，因为论点已经很清楚了。[1]摩根森写道："20世纪80年代，德崇证券是迈克尔·米尔肯（Michael Milken）把持的垃圾债券公司，做事无法无天。如今，人称当代德崇的贝尔斯登，就这么被抢救了。差不多20年前，德崇被人抛弃，只好等死。贝尔斯登与德崇实在很是相像，而结局却大相径庭。这就证明我们现在的境地，跟80年代晚期非常不同，也比那个时候可怕多了。"

布莱克坚持让摩根大通团队在贝尔斯登8楼住下，认真阅读摩根森的专栏。一位匿名摩根大通银行家想起了杂志《名利场》（Vanity Fair）的报道，说："这篇文章肯定影响了我的看法。我想到的是书里那些有关名声的内容，（贝尔斯登）跟这些人穿一条裤子！"另外一名摩根大通银行家也说到了交易的前景。周日上午，摩根大通高管们反复讨论了交易，结论是："局面并没有稳定，反而更加动荡了。"布莱克致电施瓦茨，告诉他，摩根大通退出了。布莱克说："你不管在做什么别的事，都全力继续做下去。"那时候，施瓦茨并不认为这是"谈判的战术"。他指出，在那种高压情况下，交易员会把"非流动性资产"和"有毒证券"单独挑出来；如果你去问市场情况，他们肯定会告诉你："抱歉，因为没有买家，所以资产价格下跌了15%。"

然后，杰米·戴蒙又给曼哈顿下城的盖特纳打电话告知了消息。考

---

[1] 这些事件在后面都会详细说到。关于贝尔斯登拒绝援助LTCM的事件，第二十一章会详述结果。关于巴伦公司丑闻，第二十一章会详述经过，第二十二章详述结果。关于两只对冲基金的丑闻，第二十五章开始用了几章篇幅详述。关于共同基金的丑闻，第二十二章提到证监会指控。关于吹捧报告的丑闻，第二十二章详述。

虑到各家企业及其遍布世界的对手方深不可测的普遍联系，盖特纳决定绝不能冒险让贝尔斯登被清算，因为全世界也承担不了这么大的风险。一名美联储官员说："破天荒头一次，全世界都在关注一家大型金融机构的崩溃。一旦崩溃发生，可能会影响全球金融体系，发生挤兑。显然，我们不能让这种事情发生。"盖特纳给戴蒙回了电话，催戴蒙继续推进交易。从这个电话开始，摩根大通和美联储一来二去谈了几个小时，关于究竟如何能够在美联储大力协助下，赶在纽约时间周日晚上7点之前完成交易，这是亚洲市场开市的时间。

麦迪逊大街383号开始传出一些消息，说摩根大通已经同意交易，尽管他们同意"继续谈判"和"起草合同"有一个前提，就是设想"美联储会与他们一起设法组织交易"。贝尔斯登董事弗雷德·萨勒诺回忆道："周六我们睡觉的时候，想着大概能跟摩根大通达成交易，每股8~12美元。周日早上一起来，摩根大通竟然退出了。我不知道他们是想要获得更有利的交易，还是真的担心自己，但无论如何，现实就是现实。我要是杰米·戴蒙，也会有些担心自己，因为任何人都不可能只经过一天的尽职调查就完成规模那么大的交易。与坏处相比，收购又会给摩根大通带来哪些好处呢？我想，对戴蒙来说，存有疑虑是明智的。换了我，我也会觉得很难受，尽管8到12美元从经济上来说好像还不错，但我会难受一阵子。我相信，这确实会让他感到不舒服。不过我们也很失望，因为之前还以为能够达成交易。"

贝尔斯登所有人都坐在一起等待着。在莫利纳罗看来，他也不认为摩根大通会在周日早上急急忙忙达成交易。他说："我觉得他们紧张是因为——大家紧张都是因为——担心我们会破产。这就会是很糟糕的结果，因为摩根大通也是一家极为重要的金融公司。他们也有巨额信用衍生品敞口、抵押贷款，我们有的他们都有。他们也有值得担心的对手方的敞口，也可能存在系统性的崩溃问题。我觉得他们这么紧张，是因为市场中一旦有重要的公司突然崩溃，就会变成一片'没有地图的神秘海域'。谁也不知道接下来会怎么样。不管怎么样，都不是好事。我听说摩根大通估计过，我们一旦停业，他们的敞口就会达到数十亿美元。"不过莫利纳罗也说了句公道话，他相信，摩根大通在极短的时间内要分析海量数据，必然十分紧张。他说："他们必须把贝尔斯登抵押贷款账目给摸得一清二楚。摩根大通必须想办法弄清楚市场有没有埋着其他的诡雷。一旦触雷，他们必须知道该如何通过诉讼保护自己不受损失。他们也必须看清我们的流动性现状到底如何。"

普通员工一听交易推迟了，自然大为泄气。弗里德曼说："我们决定把人都送回家，然后再回去应付那些破产律师。我们又开始计划应该怎么宣告破产了。"艾伦·施瓦茨有一位参谋官叫里奇·梅特里克（Richie Metrick）。这时，他提醒施瓦茨要当心，并对人们说："别担心，到7点一定完成交易。"说的是贝尔斯登在亚洲时间周一早上必须开市的事。

泰塞和凯恩在餐厅谈完话，回到麦迪逊大街383号后，就听说摩根大通退出了。泰塞说："大家都感觉这是一种有意逼迫我们的'边缘政策'。摩根大通不是非要这么做，却还是这么做了。"另外一方面，他又说："我们的资产组合该是什么样，就是什么样。时间短暂，摩根大通没有机会像平时那样为我们粉饰报表。他们确实不知道这个市场里最坏的情况能坏到什么地步，所以就算贷款组合真的是贝尔斯登认为的那样（不算太差），贷款组合还是有很大的敞口，因为市场运行的方式就是那样的！"

周日全天，弗劳尔斯公司的团队都在继续起草建议书，但希望越来越渺茫。帕尔和弗劳尔斯先生考虑，是否可能卖掉贝尔斯登业务的一些零散部分。弗劳尔斯先生告诉帕尔：他希望为贝尔斯登的主要经纪业务、衍生品业务找到买家，然后，假设还能找到那笔遥不可及的援助资金，就自己买下公司的其他部分。然而，时间太紧了，弗劳尔斯先生考虑的各种交易全都无法实施。帕尔说："这跟其他的并购流程没有本质上的区别。我们努力让多个流程同时进行，保持可选性。说起投行的核心原则，其中之一就是，永远能够选择。除非事情已经完成，否则永远不要只有一个选项。必须有不止一个选项。所以为了并行推进，我继续给不止一个人打电话。还有一些人会说'可能'，或者说'可能有兴趣收购某个部门，而非整个公司'。有一次，我跟雷曼兄弟的人沟通过，要在抵押贷款领域做点什么事。还有一次，我在摩根士丹利跟约翰·马克（John Mack）谈了话。我们还跟高盛就主要经纪业务沟通过。"高盛考虑过投资贝尔斯登总公司，把这笔投资转化成主要经纪业务的一种股权。可是，尽管这一切构思新奇有趣，但都需要大量时间，而现在绝没有这样的时间。

唯一真正的希望，还是摩根大通。但是，摩根大通已经在麦迪逊大街383号停止了尽职调查的流程。贝尔斯登找到救主的希望破灭了。科恩和一位同事去吃午饭时，哀叹道："我参与过很多救援，这是头一次让我感到这么绝望。"科恩说，摩根大通周日宣布退出交易之后的5个小时，堪称一场煎熬。人们"完全被炮弹震傻了"。

大约下午1点，贝尔斯登财务部的马克·福伊尔给保罗·弗里德曼发电邮，又说了一个假消息："我听说交易完成了。我已经听到3个人这样说了。"

弗里德曼："远没有。摩根大通溜了。"

福伊尔立刻反应："真的？"

弗里德曼："没错。会引发金融混乱。"

福伊尔问："交易完成会引发金融混乱？"

弗里德曼纠正："不是，交易完不成才会引发金融混乱。现在我觉得应该完不成了。我们破产了。"

下午4点，弗里德曼见到了施瓦茨的参谋官里奇·梅特里克。弗里德曼问："里奇，有消息吗？"

梅特里克回答："到晚上7点了吗？没到？那你在盼什么消息？"

周日下午4：40，弗里德曼见还没有消息，大为光火，给福伊尔发信说："乐观的看法是摩根大通早就计划好了：先出价，然后撤回，拖到最后一分钟，强迫美联储承担一切风险，然后用低价把我们偷走，自己一点风险也没有。悲观的看法是，我们错了，摩根大通真的没有兴趣，全球金融体系明天就消失了。"

尽管贝尔斯登大厅里徘徊的那些人没有觉察到，但是摩根大通当时正在忙于向盖特纳、保尔森解释：为了认真考虑同贝尔斯登的交易，自己需要美联储发来一笔前所未有的援助资金。戴蒙先前已经认定，最大的问题是贝尔斯登多余的抵押担保证券和杠杆贷款，总金额为300亿美元。因此，他直接向美联储请求这笔钱。之后，摩根大通不温不火地宣布："美联储纽约分行表示，愿意考虑安排，让自身承担更多与贝尔斯登资产负债表相关的风险。这些讨论达成共识：作为交易的一部分，美联储纽约分行将提供300亿美元无追索权融资，由一组抵押品作为担保；该组抵押品包括抵押贷款证券与其他抵押贷款资产及相关对冲基金。"

为拯救一家证券企业，进行如此大规模的直接干预，具有历史性意义。然而，关键的参与者当时却认为实在没有其他选择。戴蒙回忆："当时人们都说：'你们是摩根大通啊，你们必须救他们！'确实，这么做很明智……摩根大通不应该因为自私或者狭隘就阻止一件好事的完成。"戴蒙后来又阐明了自己的思想："我的主张从一开始就是，我们决不能做任何有损摩根大通健康的事。这对我们的股东会非常不利，对金融体系也会不利。但是，我同样感觉到，为了符合股东的最高利益，我们同样也会做出一切力所能及的事，避免贝尔斯登垮台将会导致的系统性损害。我们，还有董事会全体——我们、管理团队、公司董事会全体成员——把这个看作是摩根大通作为负责的企业公民的一项义务。到了周日早上，我们得出结论：如果完全自己收购贝尔斯登，我们的风险就太大了。我们把这个结论告知了美联储纽约分行、财政部，还有贝尔斯登。这不是专门做出的谈判姿态，而只是纯粹的现实。美联储纽约分行鼓励我们考虑，什么样的援助才能让我们得以完成交易。于是，我们就采取了这样的措施。"

到了这个时候，盖特纳和伯南克也得出结论：如果美联储不取得国会授权做出点实际行动，就没有别的途径可以拯救贝尔斯登了，也就没有别的途径可以潜在地拯救其他公司，比如雷曼兄弟或者美林，这些公司也面临着同样的风险。就连参议院银行业委员会（Senate Banking Committee）的民主党参议员们——纽约州参议员查尔斯·舒尔默（Charles Schumer）、康涅狄格州参议员克里斯多夫·杜德（Christopher Dodd），也说他们支持保尔森、伯南克和盖特纳周末做出的决定。舒尔默说："人们在凝望深渊的时候，就不再唠叨细节。"杜德也补充道："我相信，周末开始的行动是正确的。我认为，如果让它（贝尔斯登）破产，就会引发大规模的系统性问题。"

然而，周日上午，保尔森出席ABC公司《本周》（This Week）节目的时候，却没有提到自从美联储周五早上介入以来，风险已经升到了多高。《本周》主持人、政治顾问乔治·斯迪法诺普洛斯（George Stephanopoulos）问保尔森关于决定的事。保尔森尽职尽责地维护说："我相信，美联储所做的决定就是正确的决定；这个决定也就是推动工作进行，同市场参与者一道努力，把混乱降低到最低程度。"保尔森还说，他"非常清楚道德危机的事。但我们当前的首要关注点——我的首要关注点，是我们金融体系的稳定"。斯迪法诺普洛斯又问保尔森：美联储提供给贝尔斯登的背靠背贷款是否已经解决了问题？保尔森采取了回避战术，但他完全清楚当时的情况万分危急，一触即发。他说："我不打算去预计这个情况会有什么结果，我们正在努力着手处理问题，在进行很多对话。"有一家弗莱肯施泰因资本公司（Fleckenstein Capital），总裁叫威廉·弗莱肯施泰因（William Fleckenstein），格雷琴·摩根森在当天上午的专栏文章里专门提过他，弗莱肯施泰因评论说："贝尔斯登那帮人创造了弱肉强食的最高纪录。我们为什么不让他们看看，我们很强硬，做事也不留情面？这是绝佳的机会，给他们点颜色看看，为后来人树立典型！但他们（美联储）却不想看着贝尔斯登垮台。我们是一个救市国家！"斯迪法诺普洛斯问保尔森，怎么看弗莱肯施泰因的评论。保尔森表示反对，说"每个情况都有所不同"，还说"我们必须就目前面对的场合做出反应"。

当然，不仅仅是弗莱肯施泰因，甚至是贝尔斯登内部也有一些人认为，应该让自由市场来判断一家企业多年来战略战术的选择是否正确，特别是其中这三个决定：一、"用短期借款筹资"；二、"让难以出售、难以估值的抵押贷款证券充满资产负债表"；三、"拒绝从地理和产品种类的角度分散投资"。贝尔斯登一名高级常务董事说："我个人以为，应该采取措施让贝尔斯登受害更深一些。我认为不应该救公司。我不相信整个金融体系会解体、崩溃那一套鬼话，我真的不相信。我觉得救援公司是开了一个恶劣的先例。我觉得美联储根本就不应该担起这样的风险。我认为，让贝尔斯登灭亡，敲响了一记非常好的警钟，警告一切与贝尔斯登一样作恶的人。"

但保尔森、伯南克与盖特纳都不愿意承担贝尔斯登灭亡带来的风险。盖特纳解释道："3月13日，证监会通知我们，贝尔斯登面临马上破产的局面，这就给我们出了一道非常困难的政策题。贝尔斯登目前——曾经——在我们金融体系的典型复杂关系中，占据着一个中心地位。而且，同样重要的是，就在全球金融市场格外脆弱的时候，贝尔斯登来到了无力偿付的边缘。我们判断，贝尔斯登如果发生突然而混乱的解体，就会让金融体系面临系统性的风险，就会让美国的经济增长衰退的风险加大很多。如果我们不行动，还有可能让全体美国人面临收入下降，住房贬值，住房、教育及其他成本上升，退休金减少，失业率增高等问题。我们以'充当最后贷款人'这一经典方式避免系统性的金融风险，并且也取得了国会的授权。我们在当时的特殊情况下，选择了可选的最佳途径。"

伯南克说他在这一周开始关注两件事：第一件是贝尔斯登的流动性恶化；第二件也是更加重要的事是，周五上午美联储提供了背靠背融资援助，而市场却做出了违背常理的反应。伯南克说："这一消息让公共政策面临多个困难的问题。一般情况下，哪些公司幸存，哪些公司倒闭，都是由市场决定，也应该由市场决定。然而，当前出现的各种问题，远不止一家公司命运的问题。我们的金融体系极端复杂，各个部分的联系又太过紧密，贝尔斯登又参与了大量的重要市场的业务。贝尔斯登如果突然垮台，很可能会让这些市场的各种头寸发生混乱的解体，也可能严重损害市场信心。贝尔斯登还有数千家对手方和公司，也有类似的业务，如果贝尔斯登垮台，还可能让公众怀疑这些对手方和公司的财务状况。考虑到全球经济和金融体系已经面临不寻常的压力，贝尔斯登不履行债务所带来的损害将会十分严重，而且极难控制。此外还有一点非常重要：不履行债务的负面影响不会局限在金融体系，而会在实体经济中引发广泛影响，其方式会通过资产价值和信贷可获量表现出来。"

戴蒙显然同意伯南克、盖特纳和保尔森的说法：允许贝尔斯登垮台风险太大，无法实施。戴蒙说："我们不知道会怎么样，但我一直在思考有哪些可能性。我认为，整个系统全面崩溃是非常有可能发生的……所以我认为不能冒那种风险。我们应该用传统的美国方式消除隐患。有很多人整夜不休地努力修复隐患，这应该让我们感到高兴。然后，我们应该回溯一下说：'出了什么问题，怎么解决？'"戴蒙打了个比方：某人一直喝酒，接着去游泳，结果溺水了。他认为：不应该说"啊，道德风险嘛，他要淹死就让他淹死吧，对他是个教训"。他说，这是"很糟糕的主意"。

周日下午3:45，风险正呈指数级上升，时间也所剩无几了。这时候，美联储董事会的5名成员在华盛顿开会，考虑做出两个历史性的决定。一、是否对一家新公司提供300亿美元的担保贷款，以买下贝尔斯登最不良的300亿美元资产，帮助摩根大通的收购顺利进行？这家公司最后起名叫"梅登巷有限责任公司"（Maiden Lane LLC）。梅登巷是与曼哈顿下城自由街平行的一条很窄的街道，美联储纽约分行就在自由街上。二、是否打开贴现窗口允许商业银行之外的证券公司使用？如果真的打开了，那就是大萧条最严重时期以来的第一次。很多华尔街高管也在游说美联储打开窗口。美联储的行动，旨在促进"市场的有序运转"。

美联储在批准300亿美元贷款的时候，说"当前局势非常特殊而紧急"，还评论说："董事会掌握的证据显示，贝尔斯登将难以在下一个交易日履行还款义务。"又说："为了避免金融市场的严重混乱，有必要提供大力支持，例如收购贝尔斯登，或立刻为其还款业务提供担保。"这种风格比平时那种密码一样的说话方式略微直白了些。美联储的声明写道：尽管"很多潜在的投资者"之前有机会同贝尔斯登交易，但贝尔斯登"决定"摩根大通"是最合适的投标人"。为了让交易成为可能，摩根大通"曾请求（美联储）出资建立一个特别资产池。摩根大通预计，靠贝尔斯登自己无法在市面上融到这么多钱以组建这样一个资产池；而如果要收购贝尔斯登的剩余资产，由摩根大通出资组建资产池又未免会给自己带来极大的不确定性和风险"。美联储还批准了两项为期18个月的豁免措施，这两项豁免措施允许摩根大通或摩根大通的子公司可以为贝尔斯登提供担保，或者为其信用进行完全背书；也允许摩根大通在计算贝尔斯登一级资本杠杆比率的时候，将贝尔斯登的"资产和敞口"排除在计算之外。这样，一旦贝尔斯登资产最后的价值低于最初的预期，就有效地让贝尔斯登避免了新的筹资任务。美联储一名发言人安德鲁·威廉姆斯（Andrew Williams）说："完全可以认为，这两项豁免措施很不寻常，而且意义重大。23A条款（限制母公司和子公司之间的交易）的豁免措施曾有过一些先例，但在监督资本上却并无豁免的先例。我们觉得，这些豁免措施，从整个一揽子交易的角度看来，风险还是适当的。23A条款的豁免措施情有可原，因为它的时间很短，资金数额也有限（银行资本的50%），完全抵押品化，每日按市值计价，还有摩根大通的保证。我们还感觉到，资本豁免措施的时期很短，这一点十分重要。还有一点很重要，我们并没有在银行水平提供资本规则的豁免措施。"

现在，美联储的300亿美元到手了，悬而未决的问题也只有一个了：

摩根大通会出多少钱买下贝尔斯登股权？以及谁会做这个决定？美联储如此愿意参加援救，乃至于拿出美国人民的300亿美元，让政府面临着一个不寻常的局面，也关心起了完全不同的另一回事。那就是，除了援救贝尔斯登的债权人，政府还为公司股东也提供了资金，这就有了产生"道德风险"的可能性。有个企业破产了，政府又帮债权人，又帮股东，这么一来，市场会接到什么样的信息？显然，如果美联储想要介入，贝尔斯登的股东们就要倒霉，会遭到舆论抨击。在拉扎德公司必要的公平意见中，帕尔特别指出，既然除了摩根大通，贝尔斯登也没啥好选的，那么不管最后对贝尔斯登的收购价格多么低，只要比一个铜板高，就都是正当的了。于是最重要的问题就来了，多低才算"低"呢？事情既然出现了这样的转折，那么周六摩根大通出的价格——每股10美元，就显得荒唐可笑了。

5:36，贝尔斯登主要经纪业务方面的高管诺埃尔·基梅尔（Noel Kimmel）写信给保罗·弗里德曼，问有什么进展。基梅尔报告说：主要经纪业务的高管们似乎在与高盛、摩根士丹利"讨论一项紧急计划"，目的是"能够移动客户仓位。然后，布鲁斯·里斯曼出来了，他认为应该快达成交易了。他们让周围的人给各个客户打电话。"

50分钟后，弗里德曼回复："最新的传闻是，7点会发布公告说出售给摩根大通。价格比之前预期的还低，不过已经无所谓了。"

6:37，基梅尔又说："听说整个交易的股价是2美元……这简直是明抢。"

弗里德曼回答："你说得对。"

实际上，弗里德曼没听见倒数第二个出价。考虑到这个出价维持的时间非常短，弗里德曼也确实很容易没听见。泰塞回忆："摩根大通回复说4美元。"在同意将贝尔斯登300亿美元风险最高的资产划到美联储资产负债表上之后，保尔森和盖特纳又给戴蒙打电话了。戴蒙把这两位高级监管者的电话设成免提后告诉两人，自己考虑给贝尔斯登出价每股

4到5美元。据称，保尔森对戴蒙说："我觉得这个出价太高了，交易价格应该很低才对。"就在戴蒙和美联储高管聊天的时候，贝尔斯登的董事会成员们正在沉思：每股10美元是怎么变成4美元的？屋子里没有一个人高兴。然后，帕尔的黑莓手机收到一条紧急信息，请他给道格·布朗斯坦（Doug Braunstein）打电话。道格·布朗斯坦是摩根大通正在参与这场交易的并购银行家。帕尔回忆："当时的时间真是太紧了，我们几乎没有时间说报价是4美元。也没有足够的时间讨论这究竟是什么意思，更没有时间让人们表达愤怒或者失望。"帕尔出了门，给道格·布朗斯坦打电话。他回忆道："布朗斯坦表示抱歉，他说：'实在抱歉，我不得不告诉你，出价2美元。'我回答：'你不可能真是这个意思，你在开玩笑吗？你不会愿意让我回到董事会把这个消息告诉他们吧！'一般来说，我这么说的意思就相当于：'你不要这么做。不管你要找那边的什么人，找到他们，告诉他们这主意很糟糕……语气已经够恶劣的了。4美元和2美元不同，结果就是我们拿到的东西一文不值。你付给我们的不是"一笔钱"，而是整个阴谋中的一个材料，所以你需要跟谁说话呢？你不应该这么做。'"

但布朗斯坦是奉命而来。戴蒙之后解释道："我对人说，买下一栋房子跟买下一栋着火的房子是不一样的。所以，问题不在于价值。贝尔斯登的员工建起了一家伟大的公司，其中很多人和危机并无关系。但问题在于，我们能够承受多大风险？很多人都处在这个局面——买东西的时候，也许能以低价拿到，但自己却没有钱；或者拿到了低价却不能把东西拿回家里。这就是我们可能要承受的一切。所以我们需要一个误差范围；而贝尔斯登的处境真是太糟糕了，我们所能承受的误差范围很多已经变成了现实。要记住，那一天，我们签了字的时候就买下了别人的3500亿美元资产。说老实话，这就是我们能做的一切。我们再也没有别的可做了。我们本来可以不做的。问题不在于股价是2美元还是10美元，因为不管什么情况下这两个价格都太低了。问题在于有没有足够的误差范围允许我在一周以后或一年以后，还能有效地走到各位股东面前为他[1]的行动辩解？ 我们需要的只是那个误差范围。一旦没有误差范围，我们就根本做不了这件事。"

帕尔挂了电话，尽职尽责对董事会报告了消息。贝尔斯登的董事们一听新的报价这么低，全都大吃一惊。泰塞说："我们都没有机会问他们怎么报4美元的，他们就又报了2美元！"

莫利纳罗说："我们实在是没法相信。10美元的时候，董事会就已经感觉这交易太不公平了，我们应该按下核按钮，看看破产能有多少运气。"

凯恩则大发雷霆。早上跟泰塞吃早饭的时候，他本已明白把公司炸掉对谁都不会有一点好处。可是现在，摩根大通的交易价是每股2美元，这意思就是他的600万股左右的资产，价值最高的时候超过10亿美元，而现在落到了1200万美元左右。凯恩怒火万丈，手指头又回到核按钮上去了。他想：贝尔斯登的债券持有者一共持有700亿美元债务，他们与摩根大通合并会得到所有补偿；而一旦贝尔斯登破产，他们就会被严重削弱。那么，公司是否应该请这些人为股东拥有的越来越小的蛋糕做出一些贡献呢？ 这个问题当然离经叛道，却非常符合凯恩的风格——他善于从各种角度想问题，然后找出一个角度改善自己的情况。凯恩知道，贝尔斯登和摩根大通达成协议的话，债券持有人获利最多。过去整整一个星期，确保贝尔斯登不会在偿债上违约的成本（就是所谓的信用违约掉期）一直在快速攀升，这种情况下，与摩根大通达成协议就会让这些义务转移到摩根大通的资产负债表上，并立即让这些义务的金额达到账面金额。而在破产状态下，这些债务就值不了几分钱了。凯恩说："我说出了这么一个事实，也许他们应该往罐子里扔点钱，因为这些家伙会得到所有补偿。毕竟他们通过救助管道拿回了700亿美元。"董事会层

---

[1] 怀疑此处的"他"指布朗斯坦。

面很清楚,贝尔斯登债主将会得到救援。一名局内人说:"对保尔森来说,不论出价是4美元,还是2美元,还是别的,这个交易必须看起来不像是救援。保尔森上了电视说这不是救援,但这确实是对债权人的救援,救援那700亿美元。"律师们则告诉凯恩,想让债权人出钱基本不可能,特别是在这么短的时间内。

凯恩回忆:"然后我就说:'好吧,那让我直说了吧。两个选择,要么2美元,要么破产。'对吗?对的。我说:'好吧,散会吧。'我要跟丹尼斯·布洛克(Dennis Block)和托尼·诺威利(Tony Novelly)谈谈!"丹尼斯·布洛克是凯威莱德律师事务所(Cadwalader attorney advising the company)的主管,长期担任贝尔斯登法律顾问,而托尼·诺威利则是Apex石油公司(Apex Oil Company)的CEO,这家公司的总部坐落在圣路易斯(St. Louis),诺威利则是贝尔斯登董事。之前,Apex曾按照《联邦破产法》第11章申请破产,他有过直接的体验。《华盛顿邮报》(*Washington Post*)报道说,在申请破产之前,跟债权人们谈判的过程当中,诺威利忽然做出了这样的举动:"有多人证实,他跳起来对着银行家们做了一个下流的手势,说他们白痴,然后走出了房间。"诺威利也在贝尔斯登董事会上大声鼓吹、推进破产选项。

凯恩和布洛克、诺威利离开了会场。凯恩想知道:"破产对证券公司而言意味着什么?会发生什么情况?如果贝尔斯登破产会有多糟?我内心深处知道,不论我的感受如何,贝尔斯登董事会是不会投票赞成破产的。但是另一方面,我又想知道会有什么样的行动?你不能只是告诉我:要么每股2美元,要么咱俩拜拜,除非我已经研究过。虽然我同意了要么每股2美元,要么咱俩拜拜。实际上,结果是每股20美分也没问题,只要我们不破产。因为一旦破产,1.4万名员工就要受尽折磨。真的是受尽折磨。我的责任是什么?我要对员工负责。我也要对股东负责,但我自己就是股东。我也要对债券持有人负责,但他们都是一群大人物。他们用300、200美元买进,再用100美元卖出。我是说,虽然没有家人，但那1.4万人就是家人。"

一名董事回忆："董事会开得非常紧张。我记得，周六晚上，吉米·凯恩的立场是'见鬼去吧，我们怎么不干脆把这玩意毁了？'我喜欢吉米，但这种'核弹牌的玩家要让整个体系屈服'的做法……不会管用。我们不知道还会发生什么样的情况。我们认为自己有一张好牌……'你想这么整我们？我还告诉你，我们要毁掉整个体系！'可是，我们不知道他们还有什么样的杀手锏——什么样的紧急法规，他们会说：'贝尔斯登要把我们拉下水。我这儿有紧急措施，可以采用了，不要让整个体系崩溃。'他们可以做好收购我们的一切准备，只是最后来一句：'可是我们不会收购你们了。你们要破产了，而且没有破产保护，没有董事会。明天你的员工就要全部扫地出门，没有补偿。对了，联邦检察官要来了，彻查你们这帮混蛋，查起来就没完！'可最重要的，还是那1.4万名员工明天就会失业，上大街了。你要是了解《联邦破产法》，去看看第7章，就会发现门上有个标记，叫你无论如何都别走这条路。电话没了，电脑没了，离职补偿金没了，什么都没了。就因为我们不需要他们那恶心的2美元，就要有1.4万人失业上大街？这是聪明人永远不会做的事——我不是贬低吉米·凯恩。我是说，我知道特定时期的特定情绪。我们认为手里有一张好牌，但实际上，我们什么也不是，就是一个小孩，在操场上让一群小霸王给围住了。人都进了监狱，就别再逞强了。我们已经别无他路可走。所以早在周六晚上报价10美元的时候，我跟萨姆·莫利纳罗说：'你瞧，10美元应该是20、30、40美元，不管多少。但你得明白，如果达不成交易我们会怎么样。10美元还不是最糟糕的情况，等他们出价2美元，10美元忽然就挺不错了。'"

时间回到周四晚上。董事会的独立董事很快发现，自己的利益与两名担任执行官的董事——凯恩和格林伯格的利益并不相同（虽然凯恩3个月前辞去了CEO的职务，不是企业的执行官了，但这只是名义上）。于是，独立董事们决定聘请自己的法律顾问。他们选中了苏利文和克伦威尔律所主管罗金·科恩。周三晚上，就是科恩在自己的家里代表施瓦茨和莫利纳罗给盖特纳打电话，告诉他贝尔斯登遇上了麻烦。如今，科恩再次出山，角色却换成了独立董事的代表。吉米·凯恩在思考要不要投票反对2美元的交易，他声称保尔森想要把价格压到1美元。此时，有一个短暂的时间，以泰塞为首的独立董事们开始与科恩分别会面，讨论这一复杂情况下的信托责任。谈到破产，泰塞说："我知道这不是可行的选择。罗金·科恩也知道。但吉米·凯恩不太确定。银行家当中有很多人，还有很多其他人都不太确定。但我们非常确定。吉米·凯恩十分聪明，别人一解释他就明白。但他也说了：'怎么不直接跟他们说，滚一边去？'还说：'2美元就跟0美元一样。'我说：'独立董事的意见比所有人的意见都重要。'所以，独立董事就独立会面了。有一段比较短的时间，独立董事想要投票表决这项交易……因为我们已经听到解释了，不论是什么都比没有强。而且，我们还必须考虑债券持有人的700亿美元。所以要是吉米·凯恩不想投票赞成交易，那就太糟糕了。"

这是凯恩的关键时刻。凯恩说："我没有法学学位，可以说我什么学位都没有。不过，在我看来，破产是不合情理的。开完会，我进了办公室说：'好吧，1.4万人。我应该走哪条路呢？……我同意每股2美元，我心里说，这人本来应该付我每股20美元，现在成了2美元。我想，完了。就好像我考试考砸了。就这样，有冤无处诉。我花了40年建设的东西就这么完了。'"

泰塞解释了这个决定对凯恩来说有多么困难："我对吉米·凯恩说：'你的信条是要做正确的事，而这就是正确的事，哪怕对你来说非常痛苦……你看着奋斗了40年的事业崩溃。'"但是，凯恩还是开始行动了。泰塞说："吉米·凯恩一明白破产体系是怎么运作的，就投票赞成2美元的交易了。"

不过，董事会成员中还是有人对2美元的交易有相当大的怀疑。莫利纳罗说："我觉得他们很不高兴。我认为吉米·凯恩对这种价格表达了不满，质疑我们面临的低价。但我认为，另外一方面，董事们也基本相信我们已经一点办法都没有了。一旦得出了结论说，我们不能走那条路，就只能尽量争取比较有利的条款、条件，准备好破产文件。"

帕尔还做了一些努力，看看摩根大通是否可能通过添加某种"期待价值权"（Contingent Value Rights，简称CVR）提价。CVR是一种填补买卖双方价值差额的巧妙方式；此外，在面临某些特定困难的时候，也能为卖家提供更多价值。它曾经在华尔街流行一时，最有名的例子是1993年维亚康姆花费100亿美元收购派拉蒙传播公司（Paramount Communications）。但是从那以后，CVR一直用得不多。帕尔告诉摩根大通并购银行家道格·布朗斯坦："你实际上是说，你不相信我们的账面价值。但我相信我们的账面价值，这应当是很容易提供的。你不相信，而我相信，那咱们就搞一个CVR，你要是对了，账上什么也没有，也没什么损失。"

但摩根大通不愿意。帕尔回到会议室，向大家转述道，道格·布朗斯坦告诉他出价只能是2美元。科恩问帕尔，知道为什么吗。科恩回忆道："帕尔说：'政府坚持这个价。'我说：'摩根大通跟你是这么说的吗？'他说：'对。'我说：'那我就要跟政府谈谈。'"科恩走出会议室，致电盖特纳和保尔森。他告诉二人：董事会接到摩根大通的通知，说政府坚持这个低价，还说将来那个希望股东投票赞成合并的"委托声明"也会这么写。科恩回忆："盖特纳和保尔森说'你必须该做什么就做什么。'"委托声明后来说：摩根大通在"与政府官员讨论之后"拒绝把价格升到2美元以上。然而，周日下午，政府的强硬立场是一种新姿态。有一位参与者回忆说："人们都在说'不不不，我们不负责定价，不负责谈交易！那是别人的事！'"除此之外，他们就不说别的话了。此时，亚洲和澳洲市场快要开市了，余下的一点灵活性也在迅速消失。贝尔斯登董事弗雷德·萨勒诺说："戴蒙得到美联储的支持，而当时我生气的原因是价格竟然降到了2美元。显然是道德风险的问题。有人给了他信号，我不知道是谁给的，只能猜。现在降到了2美元，我非常生气……我们没得选，只能接受2美元，因为我们毕竟又多活了一天，债券持有人也没问题。我们那么接近破产的时候，没错，我们就只能代表债券持有人——这是一种惩罚。连贝尔斯登这栋房子都值每股10美元，而贝尔斯登本身居然只值每股2美元！ 这是一种惩罚。在我看来，这么做是出于政治原因。周五，民主党人大喊大叫：'你们怎么能只援助贝尔斯登，却不理会那些受害的购房者呢？' 对吧？ 上帝才知道，怎么会一直降到2美元。其实不必那么低的。"

第九章

美联储伸出援手（仗打完之后）

　　贝尔斯登高管们发现，自己的处境非常不舒服：尽管已经接受了可怕的命运，却还是连"是否能达成交易"这么一个基本问题都不能彻底确定。这种局面，在过去72小时里已经发生很多次了。摩根大通又沉默了，可能是因为在等待美联储会议的结果。只要没有美联储批准的300亿美元，就不可能达成交易。贝尔斯登众人的神经又一次绷紧了。帕尔说："人们有些焦虑。不止一次，公司董事会的人坐在房间里说：'那边怎么样了？他们让我们做决定，我们研究了形势，该讨论的都讨论了，也准备做决定了。可他们怎么样了？'……这段时间非常紧张，因为我们真心觉得就坐在炸弹上，定时器正在滴答作响。我们坐了不知有多久，一直在想：'会怎么样？交易能成吗？交易会是什么样的？他们会签还是不会签？'我们就要到日本和澳洲的开盘时间了。"终于，摩根大通打来电话：董事会批准了2美元交易。但时间已经确实没有了。凯恩回忆："留给我们签字的时间大概只有45秒。"科恩记得有人对他说："没有谈判余地。要么签字，要么什么都没有！"

　　华尔街第五大证券公司贝尔斯登终于迎来了决定命运的时刻。律师们向董事会介绍了董事会按照特拉华州法律应该承担的信托义务。董事会如果拒绝摩根大通的交易而希望破产的话，则法律就会要求董事会考虑为债权人承担的义务。有两种选择：一是股东接受摩根大通的报价，债权人100%收回贝尔斯登的欠款；二是股东一分钱也没有，债权人也只能得到几个铜板。苏利文和克伦威尔律所给董事会的建议是：董事会的信托义务已经从股东变更为贝尔斯登的所有其他利益相关者，特别是其中的债权人、雇员和退休人员。丹尼斯·布洛克在凯威莱德律所为董事会成员讲解了合并协议的实质性条款，包括让人目瞪口呆的每股2美元的股价，还有摩根大通将在麦迪逊大街383号得到的期权——也就是一份协议，规定无论交易是否完成，贝尔斯登都要以11亿美元的价格将大楼出售给对手摩根大通，这一价格比市价低了约4亿美元；此外，还有一项期权是买下贝尔斯登股票的19.9%。协议还有一部分规定，摩根大通将要接手贝尔斯登全球大约200万平方英尺（大约18.6万平方米）的办公空间，包括新泽西州惠帕尼镇（Whippany）的283万平方英尺土地（约26.3万平方米），还有5栋建筑，面积为67.3万平方英尺（约6万平方米）。律师们还说，合并协议要求摩根大通"担保贝尔斯登的交易和某些其他义务"；要求美联储纽约分行提供"最高为300亿美元"的"追加资金"，担保措施是一个"抵押品池"，主要包括贝尔斯登的"抵押贷款证券和其他抵押贷款资产，以及相关对冲基金"。

接着，帕尔为董事会说明了他自周三夜间以来（仅仅是5天以前）采取的措施——满世界寻找潜在的买家，看看他们是否能买下贝尔斯登整体，或者买下贝尔斯登可出售的一部分。帕尔向董事会报告：除了摩根大通极低的出价之外，拉扎德在如此有限的时间内无法为贝尔斯登或公司的资产找到任何买家。他还报告，拉扎德准备好发表"公平意见"；为此，拉扎德在交割时收到2000万美元的费用。意见大致的意思是说：摩根大通出价是2美元，而摩根大通股票周五收盘价是36.78美元；二者的比率为0.05437，也就是"换股比率"，"从金融角度而言，对于贝尔斯登普通股的持有者来说是公平的"。既然一边的选择是1.454亿股贝尔斯登的流通在外股票，价值大约2.9亿美元，另一边的选择是一分钱没有，拉扎德的"公平意见"也就不难给出了。不过，这意见其实也没什么意义。当然，这并不代表帕尔和手下的团队做事不努力，但确实引发了这么一个问题：为什么各个公司的董事会竟然会同意付出这么多钱，买下别人价值这么低的一两页纸呢？

接着，讨论转向摩根大通对贝尔斯登管理者和董事们做出的关键保证。合并协议规定：摩根大通同意"保证并保护"现任与前任贝尔斯登管理者和董事"不因并购完成而产生的事件，或在并购完成之前发生的事件而负责"。此外，"在并购完成后的6年中"，贝尔斯登现有的各个补偿协议依然有效。补偿协议的部分对贝尔斯登管理者和董事来说至关重要，他们知道，到3月16日晚上，他们已经成了多起诉讼的被告，而且之后诉讼还会更多；这些诉讼强烈质疑贝尔斯登个人和集体做出的各种决定和判断，使得局面来到了悬崖边上。董事会还同意修改公司章程，允许贝尔斯登向任何获得赔偿的人支付法律费用和其他费用，"一旦此人要求，则迅速支付"。

企业治理专家以及司法系统，都很可能展开持续多年的辩论，主题是：在危机过程中，以及在危机产生的前几年，贝尔斯登董事会是否合理地履行了受托责任？但是，帕尔坚信，董事会已经尽力而为了。他说："他们问了很多很多问题。他们要我们研究、考虑每一个选项，所以远不只是点头同意说'这是正确答案'或者'那是正确答案'。他们并没有偏见，而是恰好相反。很多情况下，董事会觉得事情发展的方向不好，所以就要确保已经考虑了其他选项，已经跟进了其他事务。"

格林伯格与施瓦茨在商议过程中的表现，让帕尔尤其佩服。帕尔说："老A作为董事，表现非常好。他并不喜欢目前的局势，显然，他也讨厌这个结果。但他非常慎重，而且擅长专注于自己该做的事情。这就为行动设定了基调，对解决问题很有帮助。"施瓦茨长期担任并购银行家，业内俗称"养猫"的能力也发挥了重要作用。帕尔说："他真适合当CEO。很多CEO从来没有处理过并购交易这么复杂的事情，所以会花很多时间……走运的是，艾伦经历过很多次并购，他很清楚怎么吸收资讯，然后准确地分析资讯，说'必须采取这样的措施'。有用极了。"

最后，施瓦茨率领旗下主管进入炼狱的时间到了。他开场说："2美元总好过没有。"然后讲了30分钟。《华尔街日报》报道说，"施瓦茨解释道：2美元的价格应该让股东们投票赞成；因为较之0美元和破产保护，2美元收购还是来得好一些。施瓦茨还指出了破产保护会给全球市场带来的种种后果，这些后果之前并未公布。贝尔斯登的主管们绝不想为这种情况负责"。据称，施瓦茨还曾看着主管们说道："我能说什么呢？总比一文不值来得好。"然后，他请大家投票。他说："大家有谁反对交易吗？"谁也没说话。大约晚上6:30，就在亚洲市场开市的时候，董事会投票一致通过，同意摩根大通的交易。帕尔与科恩紧接着通知摩根大通，贝尔斯登董事会同意了。

一份新闻稿很快发布了，向全世界公开了这项交易。新闻稿说："摩根大通保证履行与贝尔斯登及其分支机构的交易义务，并将为其操作提供管理方面的监督。这一保证立即生效。除股东许可之外，摩根大通收购贝尔斯登不受任何物质条件限制。"戴蒙补充道："摩根大通将扶助贝尔斯登。贝尔斯登的客户与对手方应相信，摩根大通担保贝尔斯登对手方的风险。我们欢迎贝尔斯登的客户、对手方、员工拜访我们的企业；我们很高兴成为他们的合作伙伴。"施瓦茨主持了贝尔斯登的终结，他也附和道："过去一周是贝尔斯登分外困难的一周。这次交易，在目前局势下，代表着对我们所有支持者最好的结局。我为我们的员工感到十分骄傲，我相信，他们会为新企业继续创造极大的价值。"摩根大通投行两位联合主管布莱克与温特斯，也在新闻发布会留下了几句鼓舞人心的话。布莱克说："本次交易以'可管理的业务重叠'[1]，帮助我们填补了事业中的某些空白。我们很熟悉贝尔斯登的领导团队，也期望与他们合

---

[1] 就是说全面收购贝尔斯登后，有些业务是重叠的，收购不带来经济效益，但这个风险可控。

作，让两家公司融为一体。"温特斯补充道："收购贝尔斯登，让我们得到了一组具有吸引力的业务。在尽职调查之后，我们很满意贝尔斯登业务的质量，也非常乐意让它成为摩根大通的一部分。"摩根大通计划当晚8点召开投资者电话会议。

*

周日下午3:45，美联储开会，一直开到晚上7:19。这个时间大约是摩根大通收购贝尔斯登消息公开的15分钟后。美联储在会上做出了另一项重要的历史性决定：自20世纪30年代大萧条以来，首次对华尔街证券公司直接开放贴现窗口，原因是出现了"非同寻常的紧急情况"。讽刺的是，这恰好是贝尔斯登高管几个月以来一直在寻求的关键一步。如今这一步实现了，却太迟了，救不了贝尔斯登。美联储一旦有充分的证据表明，某些地方缺乏"充足的信贷"，就可以供应隔夜贷款，前提是隔夜贷款有着"一组广泛的投资级债务证券"作为担保，并且对借钱的华尔街企业有追索权。美联储就这一历史决定的评价是："金融做市商的角色被广泛削弱；原先，各主要交易商（很多华尔街公司）进行自我融资"，而且"交易商可能面临困难，无法从替代来源中筹到日常运作的必要资金"。3月17日开始，贴现窗口对华尔街开放，第一期开放6个月。此外，美联储还提高了贴现窗口收取的利率。原先是3.25%，现在升到了3.50%。伯南克在一份新闻稿中，就新举措评论道："这些措施将为金融机构利用资金提供更有效的担保。"盖特纳说："这个计划是为了将流动性导向合适的地方，让流动性发挥适当的作用，协助我们应对各种挑战。"保尔森补充："美联储今晚采取了附加行动，增强各市场的稳定性、流动性、有序性。我对此十分赞赏。"

4月3日，国会就3月的事件举行了听证会。会上，伯南克与盖特纳进一步阐述了对美国资本主义历史上这一关键时刻的看法。伯南克说："我们做了决定，在周日开启贴现窗口。当时，我们并不知道贝尔斯登的交易能否圆满完成；我们要有所准备，万一不能完成，我们就必须提供这样的融资援助，以保护之后其他交易者可能面临的压力。至于如果早一些开放窗口，能否起到作用，这很难说。也许盖特纳行长能补充说明。不过，当时贝尔斯登的客户与对手方都在急速流失。周五，贝尔斯登被降了级。此外，我们当然也给他们贷了款，让他们能够坚持到周末；然而，我实在看不出来，这些贷款足以避免他们破产。"

与伯南克一样，盖特纳也为周日晚上开启贴现窗口的决定辩护，理由就是周五贝尔斯登发生的各种情况。盖特纳说："周五上午，我们在万分无奈的情况下，在美联储理事会与财政部的支持下，采取了特别措施，制订计划使得贝尔斯登坚持到周末；这样，就可以争取一段时间来研究是否可能让贝尔斯登被收购并获得担保。"盖特纳还特别强调，贝尔斯登对市场"信心的打击规模"很不寻常。"设法撤离资金的顾客与对手方的数量"，以及"评级机构"调低贝尔斯登信用级别的"各种行动"，"加速了这一动态过程，尽管公司能够得到一些流动性，尽管这也许争取了一些时间，但并未扭转局势"。此外，美联储直到周日夜间才决定开启贴现窗口，这时候贝尔斯登已经不能从中受益了。盖特纳也为这一决定辩护，他说："《联邦储备法案》设计的方式，以及我们考虑贴现窗口对银行开放的方式，都只许可那些健全机构在这一情况下使用抵押品借款。我只能发表个人意见，但是，就我们当时了解的情况，如果是我，会极不愿贷款给贝尔斯登。"盖特纳还说，早些时候的融资援助以及开放贴现窗口这两项措施，"都格外重要，采取这两项措施也极为勉强和谨慎，因为它们对金融体系前进中的道德危机，都会有显著影响。此外，因为贝尔斯登将来可能违约，所以迅速出现了十分恶劣的情况，并因可能的违约而加速恶化。如果没有面对这一情况，我相信，周日晚上我们如果采取行动，将会是极不恰当的"。

几个月后，盖特纳又接受了一次采访，再次为不给贝尔斯登开放贴现窗口声辩。他说，施瓦茨、杜德和其他人之前都希望美联储开放窗口，但他在3个月之前不会采取那种非同寻常的措施。他说："很久以来，人们都在催促我们开放窗口。但我们有意选择不开放，而且我认为根本不应该开放，因为这项举措极为重要。只有在我们认为没有任何其他选项来降低系统风险的时候，才会想到这个办法。"盖特纳重申，周日晚上，贝尔斯登已经不再有信用了："我们如果不是非常满意银行的财务状况和谨慎态度，就不会为他们提供贷款。（因为）这些机构，并没有给交易者提供合格银行必须提供的保护措施。我个人认为，开放窗口不会显著降低贝尔斯登面临的风险，因为贝尔斯登所处的情况是，在市场对住房抵押贷款市场都失去信心的情况下，这家公司显得尤其脆弱。所以我们无论如何都不会无限制地给他们贷款。谁知道呢？时针不能往回拨。但是，对于没有早一些开放窗口，我是完全不后悔的。实际上，我认为，我们开放的某些方式不妥。危机就像一个高压锅，我们用一些方式努力让高压锅里的蒸汽逐渐放出来，降低风险，不让经济受到严重损害。我们不是要用人工的方法干预经济，设定一个'地板'，让经济衰落到一定程度就停止。我们无法保护那些在经济危机中承担风险的人。我们只是想在一定程度上保护经济；一旦高压锅的蒸汽放得太急，就可能造成损害，我们想让经济免遭这样的损害。我们的职责并不是让蒸汽留在高压锅里，继续让人们以危机来临之前的杠杆和风险去操作业务。所以，从一开始，就有很多人怂恿我们，在一切风险的下面，构建起一张更大的安全网；但我们有意不这样做，而且我认为，不这样做有着充分的理由。我们希望，在经历危机之后，金融体系能变得更强大，而不是更脆弱。倘若我们为所有的人都做出轻松的担保，承诺在危机到来之时会来救他们，金融体系就会变得更加脆弱。但是，这个界限是很难划分的。这件事让人十分苦恼。"

盖特纳说，他知道无论采取什么样的监管措施，他和保尔森都会受到批评："批评我们的会有两种声音。有些人说：'哎呀，天哪，你们做得有点过分了！这措施根本不必要。你们应该让这一切灾难发生。你们把避免不良后果的优先度提得太高了。'另外一帮人会说：'你们之前要是再多积极干预一些，就太好了。'但是，坦率地说，我们在货币政策上，在其他一些方面，都是比较积极的；甚至在出台这些货币政策之前，就有不少人对我们说干预得过分了。我们通过十分艰难的判断来操作事情，这是一种'战争迷雾'的状态，无法了解全局，但又必须做出决策。因此会有很多人对我们进行事后批评。"早期的一位批评家是保罗·沃尔克（Paul Volcker），美联储前任主席。4月8日，沃尔克对纽约经济俱乐部的人说："这些重大举措的执行方式，对于中央银行来说很不自然，而且令人不舒服。"

华尔街高管们立刻明白了美联储决定的重要性。有人说："这可真是一剂猛药。流动性已经不是问题了。"不过，总的来说，贝尔斯登高管们还是气坏了。几个月来，他们一直在游说美联储采取这一行动。而在贝尔斯登解散之后15分钟，美联储却仅仅为了一点小报酬，就投入了摩根大通等待已久的怀抱。贝尔斯登的高管中，只有那些外交手腕最灵活的人，比如艾伦·施瓦茨才能传达出一种专业的理解——贝尔斯登的竞争者们将会怎样从贝尔斯登付出的代价中受益，而且能够接受这样的结局。一位高管说："他们开放了窗口，我有些高兴。我不想让雷曼兄弟成为下一个倒台的企业。但是，我也有另外一种想法，这么说可能很不成熟，我想说的是：'真是太复杂了，太复杂了。啊，好吧，完成了，大笔一挥。'但是，那时候就好像吸毒之后恍恍惚惚的感觉，我已经不知道我是什么样的感受了。"

其余的人都是万分惊愕，而且毫不掩饰。贝尔斯登董事会签字之后，弗雷德·萨勒诺正在机场，这时候他接到了一个朋友的电话，知道了消息，他有些生气地说："最让我恼火的是，美联储逼着我们签字之后，才过了半小时就打开了窗口。这么干没有任何借口。我永远都不会忘掉。我在机场听说了消息，差一点气疯了。他们怎么能这样把所有人都给耍了呢？确实，可能提前打开也不会改变局势，可能我们已经没救了，认真研究账目之后也就只能接受交易。可是，美联储至少应该跟我们说一声吧？我当时都觉得恶心……不是因为我自己，是因为那1.4万名员工，因为一个政治阴谋而受到了伤害，我是这么认为的。我永远不会忘。他们没有借口。他们自己嚷嚷透明度、公开……他们不能玩这种花招，不能用人命闹着玩啊！"

有人问吉米·凯恩，如何看待盖特纳的评论，以及他让贝尔斯登被2美元卖掉之后才开放窗口的决定。凯恩一听就大为光火。"这个混蛋在美国人民面前有多无耻！他说他能决定一家企业的命运，还能决定企业有没有资格获得贷款！就好像他是决定因素，就好像一个跳蚤仰面朝天漂过金门大桥，就说：'把大桥升起来！'这小子以为他块头挺大呢！他什么都没有，兴许有个男朋友。我不是个好敌人！我是个非常坏的敌人！不过，有些事真的——真是让我特别不爽！你说，他那么个小职员，凭什么做决定？就凭他一个人的感觉来判断公司信用好不好？谁问你了？你不是民选官员，你就是个小职员！这是大实话，你就是个小职员！我要当众抨击这个混蛋！我只能跟你这么说！"

第十章

守灵中的痴想

周日晚上，贝尔斯登发了个新闻稿，说公司不会按照先前的安排，在3月17日公开一季度财报。这时候，保罗·弗里德曼已经游游荡荡回到了交易楼层。这一层还有大概75名交易员。弗里德曼回忆说，这些人"大多数都把两只脚搁在交易柜台上，想要知道该做什么"。史蒂夫·贝格雷特和萨姆·莫利纳罗告诉弗里德曼，董事会已经批准了2美元的交易。然后，固定收益部两名主管中的杰夫·迈尔把大家聚到一起。弗里德曼说："迈尔从交易柜台跟前站起身，把大家都叫过来，宣布了消息。迈尔说：'大家可以回家了，明天再来公司处理这件事，到时候再看看该怎么办吧。'然后我就跟另外几个人回了办公室，坐下来悲叹了一番，喝起酒来。"有个人拿来一瓶格兰威特威士忌，还有另外两瓶酒。弗里德曼说："我们开了一场守灵会，一边哭一边喝酒，想要喝得烂醉。"他们还呆想着摩根大通的交易员，那些人就在他们对面，在47号大街北面。弗里德曼说："悲哀有5个级别。周日晚上，不少级别我都看见了。我是说，在所有人当中，我是离这场悲剧最近的，现在还回不过神来。"弗里德曼两口子反反复复地跟对方说，"就算出了事，也会没事的"。不过，与其他很多人一样，那一天，他的净资产损失了1/3。

莫利纳罗也回忆说："消息一公布，大家既难过又伤心，既生气又抑郁。这些感情都混在一起了。有人哭了。有人发火了。我也是既伤心又抑郁。真不敢相信。可是我明白我们什么选择都没有了。我们完蛋了。在当时的条件下，我们已经尽力了。不能说我也跟他们一样生气。我没有那么生气，因为我已经度过了先前的危机，活了下来。我还知道，我们是怎么落到这步田地的。"贝尔斯登的股东们必然要向特拉华州法庭提起诉讼，质疑两个问题：第一，董事会是否已经尽了全力？第二，摩根大通要求的交易价格的锁定对股东是否公平？ 弗雷德·萨勒诺还坚持着某种希望（实际上是祈祷），但愿法庭能判交易无效。他带着情绪说道："锁定越多，情况越坏。法庭会判决这该死的整个交易无效。我们那天晚上离开的时候，一直还抱有希望，希望特拉华州法庭能够认真研究，最后决定2美元对股东来说太不公平。但我们不知道的是，他们（摩根大通）竟然搞砸了！"

大概晚上7点，《华尔街日报》网站终于爆料：摩根大通将以每股2美元的价格收购贝尔斯登。舆论顿时哗然，众人大吃一惊。证监会有一位前任执法律师叫罗恩·盖夫纳（Ron Geffner）。他说："这就好像是夏天醒过来发现地上有雪那么不寻常。这价格说明贝尔斯登的问题比客户、公众知道的更加严重！"公众似乎一致认为，价格肯定是打错了。14个月之前，贝尔斯登的股价还是每股172.69美元，现在绝对不可能降到这么低。黑石集团的苏世民此前一直与妻子在加勒比海远离尘嚣的圣巴茨岛（St. Barts）[1]上度假。周五，苏世民跟施瓦茨谈了大约30分钟，问施瓦茨是否需要黑石的帮助。施瓦茨说："我们挺好的，没问题。什么帮助也不用。"周日晚上，苏世民与费城亿万富翁罗恩·佩雷曼（Ron Perelman）在佩雷曼长达188英尺的豪华游艇"创世纪三世"（Ultima III）上共进晚餐。两人刚刚坐下，苏世民的黑莓手机就收到一条消息：贝尔斯登卖出去了，每股2美元。苏世民和佩雷曼都说："肯定是20美元，

---

[1] 全名圣巴托洛缪岛 (Saint-Barthélemy)，法国属地，著名旅游胜地。

不可能是2美元。"摩根士丹利CEO约翰·马克的反应也差不多。然而，并没有打错。贝尔斯登一名中层经理告诉《华尔街日报》："我一直在想，要是破产清算，我们拿到的可能还多一点。[1]我自己的股票，我是不会卖的。这价钱比艾伦·施瓦茨告诉我们的这栋大楼的账面价格还低得多，简直要命！这大楼还价值每股8美元呢！"

晚上7:11，弗里德曼给旧金山富国银行的约翰·什鲁斯伯里（John Shrewsbury）发了一封电邮。富国银行是贝尔斯登的主要贷方之一。弗里德曼写道："我们已经被摩根大通收购了。"接着又化用美国摇滚乐队REM的歌词写道："我们知道，这就是生命的末日，但最后一切都会好的。"[2]

接着，弗里德曼又接到朋友、巴克莱资本高管彼得·格林特的电邮，问他怎么样了。弗里德曼回答："愤怒，伤心，压抑。坐在办公室里喝苏格兰威士忌。"格林特想要打电话，弗里德曼却建议："还是等我大喝特喝以后吧。一屋子人都怒气冲天，我们得发泄发泄。"

30分钟后，弗里德曼又给格林特发邮件。他承认："还在喝。说话不太利索了，气还没消。公司被收购，就像亲人离世，朋友散场。我打赌绝不会给摩根大通打工，这倒挺不错的，反正他们也不要我。"

格林特建议他们收敛一点："另找个时间喝酒吧，怎么样？你明天还得上班呢。"

弗里德曼回答："兴许吧。我要上了班，那就上了。要是不上……爱怎么着怎么着吧。"

当晚从8点开始，弗里德曼跟一帮同事还在一直忙着灌酒，摩根大通召开了电话会议讨论收购的事。摩根大通首席财务官迈克·卡瓦纳

---

[1] 这只是经理因为不满大通低价收购而说的气话，实际上破产清算当然不可能拿到更多。——作者注

[2] 这句话由《我们知道这是世界末日》（*It's the end of the world as we know it*）这首歌里的副歌最后一句稍加改动而成。

（Mike Cavanagh）略带保守地承认："这个周末很漫长。"卡瓦纳为其他人介绍了匆匆拟就的"投资者PPT"，一共只有6页，着重强调了收购贝尔斯登的好处，包括一种观点——"在完全并购之后"，摩根大通年收入会提高大约10亿美元。摩根大通似乎特别为买下贝尔斯登的主要经纪业务、结算业务、能源交易业务还有400名经纪人而高兴。（贝尔斯登的能源交易部门，在周五曾经试图清算自己的天然气实体店，为公司筹款；此外，戴蒙的父亲和祖父都是经纪人，戴蒙自己也一直关注经纪业务，摩根大通原先没有这方面的业务。）卡瓦纳还宣布，摩根大通将马上提供对贝尔斯登的"管理监督"和"担保交易义务"；而且在股权的2.9亿美元购买价格之外，摩根大通估计，为了支付其他相关费用，还需要另外的60亿美元左右（税前）。这些费用包括：（1）贝尔斯登的诉讼；（2）人事（包括支付离职补偿金）、技术、机构的巩固措施；（3）卖掉刚刚获得的资产中的一大部分，3500亿美元；（4）让会计系统合规。卡瓦纳说："我愿意打赌，这对于摩根大通的股东来说，是一次有益的经济转移。显然，考虑到交易发生的速度极快，支付的这一价格给了我们适当的灵活性以及犯错误的余地。"

卡瓦纳指出，并购协议一般会有"重大不利变化"（Material Adverse Change，简称MAC）条款，但这个协议没包括，一部分原因是，要向市场证明协议被执行的可能性。合同里没有了这个条款，一旦贝尔斯登的业务发生更加严重的恶化，摩根大通就基本无法采取法律手段。这个决定让摩根大通面临了一定的附加风险，但目的也是向市场传递一个强烈的信号。卡瓦纳解释："这次交易，我们都希望看到它能结束，也一定会结束。"卡瓦纳还明确表示：之前一周，贝尔斯登的很多对手方担心与贝尔斯登做生意会倒霉，现在这些对手方再也不用担心了。他说："我们也为贝尔斯登的一切交易义务提供了摩根大通的担保，而且立即生效。所以，贝尔斯登所有的对手方都应该明白，在此基础上，他们是在跟摩根大通交易。"摩根大通在交易结束前同意立即担保贝尔斯登的交易义务(指贝尔斯登的日常运营活动,而不是贝尔斯登公司债务的长期持有),对市场发出了一个极重要的信号:贝尔斯登依然能够正常营业,并持续到并购结束。卡瓦纳估计,这个过程需要90天。卡瓦纳在电话里说:"我们已经让贝尔斯登从困境和美联储的大力干预下走了出来。现在,我们预期,与上周四或周五的市场情况相比,周一将会显著不同。"帕尔说,这是交易核心中的一点,双方都意识到了,"否则他们就等于买下了一个飞速融化的冰块"。

但这种一家企业对另一家企业的临时担保,又是这次历史性合并中另一个史无前例的现象,立刻引发了市场混乱。电话会议里提出的头一个问题就是:贝尔斯登还会继续开业吗? 比尔·温特斯回答:"肯定会继续开业。我们提供担保就是为了这个目的。这样做,市场的所有人就应该立刻感到放心:他们只要跟贝尔斯登做生意,就会得到摩根大通完全的信用支持。所以,贝尔斯登今天会开业,而且受到我们全面的信用担保支持。显然,贝尔斯登也希望在市场中保持完全的活跃,一直到我们完成收购的那一天为止。"

下一名呼叫者针对温特斯的回答提问道:如果贝尔斯登股东投票否决交易,那么担保又会怎样? 温特斯回答:"首先,担保措施涵盖今天一切转账和账目,也涵盖担保有效期内发生的一切交易。我们完全相信,贝尔斯登的股东会批准这次交易。我认为,我们目前提供的替代方案是最好的……如果出现更好的替代方案,我们会十分吃惊。而如果贝尔斯登的股东们将来没有批准交易,那么我们的担保措施就不能像预期那样生效。不过,迄今为止在账本上的一切当然都会被担保。"

这时候,斯蒂夫·布莱克又加了一句令人困惑的评论:"贝尔斯登的股东投票是一个渐进的过程。如果最后否决了这次交易,那么就会在12个月的时间段内,再进行一次投票。"布莱克好像是说,即使贝尔斯登股东否决了交易,担保措施依然会持续12个月。

一名叫布兰登·赛沃德(Brandon Seward)的高管为了弄清楚意思,

发问道："如果贝尔斯登的股东们确实否决了交易，那么担保措施的有效期会持续多长时间？"

布莱克再次说明："在股东们批准账目上的所有交易项目之前，以及同意交易项目之后，担保都是有效的。假如股东们选择否决交易，那么接下来的12个月中，他们必须持续地重新投票表决。"

赛沃德又问："也就是说，因为投票必须持续12个月，所以担保措施的有效期也是12个月？"

布莱克回答："不。咱们再说清楚一点。我们全都坚信贝尔斯登股东会同意交易，所以我们认为讨论这个问题毫无意义。实际情况是这样的：如果他们否决了交易，那么到投票过程全部结束，也就是12个月以后，我们就会停止担保措施。"

赛沃德追问："那么担保期限到底是到否决为止，还是12个月以后？"

这时候，迈克·卡瓦纳插嘴了："说明白一点，我们对截至今天账目上的所有业务都提供担保，并一直持续到贝尔斯登股东们否决交易的那天为止，但我们认为那一天并不会到来。这只在设想中。而他们一旦最终否决了交易，那么从那一天开始，摩根大通的担保才会停止。"

赛沃德还是不明白，又问了一次："作为流程的一部分，他们必须在12个月的时间内，一直回去寻求股东的赞成意见？"

温特斯回答："不，我们估计股东们第一次表决就会赞成交易的。但这个决定当然由股东们自己来做。"

看来，卡瓦纳、布莱克和温特斯要么是没有完全理解担保措施要怎么运行；要么是理解了措施的运行方式，却没能清楚地说明，如果贝尔斯登的股东们否决了摩根大通的交易，担保措施将会怎样。3月16日，一份3页的《担保协议》由戴蒙签字生效，同样生效的还有《并购协议》本身，但这两份协议都没有特别说明交易中这一特别重要的部分应该怎么执行。这种混乱很快就在市场中体现了出来。戴蒙公开大骂自己高薪聘请的律师没能想到这个问题。此外，混乱还引发了争议，险些让几个小时前刚刚完成的交易毁于一旦。

然而，政府首先想要确定市场能否把这些事当作积极因素看待，想确定市场是否能够冷静地作出反应。财政部部长保尔森在一份声明中说："上周五我说过，市场的参与者们正在处理问题。我对目前的进展表示满意。美联储今晚采取了追加行动，以增强市场的稳定性、流动性和有序性。对此，我表示赞赏。"美联储纽约分行也要对华尔街的"黑手党"解释，刚刚发生了什么事。周日深夜，就在摩根大通与投资者召开电话会议的时候，盖特纳参加了另一个电话会议。会上，他解释了美联储对投行开放贴现窗口的运作机制，还解释了银行将会接受什么种类的抵押品。《华尔街日报》报道说："盖特纳和戴蒙做了简短的开场发言，说明摩根大通会为贝尔斯登的债务作担保，还说明倘若当初协议没有达成，则可能给市场带来灾难性的影响。问答环节，花旗银行新任CEO维克拉姆·潘迪特（Vikram Pandit）发言了。潘迪特先生一开始没有说明身份。他精明地提了一个技术层面的问题：摩根大通对贝尔斯登业务提供的担保，有效期是否一直到收购交易完成为止？"《华尔街日报》接下来的报道说："（潘迪特还问）这次收购交易会如何影响那些与贝尔斯登签订某些长期合同的交易伙伴的风险？ 这个问题把戴蒙先生激怒了。戴蒙大喊：'你是什么人？'潘迪特先生自称'维克拉姆'。戴蒙先生发现潘迪特竟然专门花时间问起自己心中的'细节问题'，就非常不客气地回答：'别问这种白痴问题了！'戴蒙还加了一句，说花旗银行'应该感谢我们'，因为摩根大通让华尔街避免了更多损害。"施瓦茨当时听了电话会议，但发现自己最终还是"心不在焉"。

午夜刚过，贝尔斯登余下不多的几名死忠分子，陆陆续续地走出了麦迪逊大街383号。全球固定收益部高管詹姆斯·伊根（James Egan）发了一封邮件，收信人是两位上级，固定收益部主管克雷格·奥弗兰德和杰夫·迈尔，还有另外几个人，包括抵押贷款柜台主管托米·马拉诺。邮件里说："我以前一直听说有种工作叫'2美元经纪人'。我从来没真正明白过那到底是什么工作。现在我明白了——就是我们！"

　　第二天，贝尔斯登员工上班的时候，发现面朝麦迪逊大街的一扇旋转门上，不知被什么人贴了一张2美元的账单。这幅画面很快变成了一个隐喻，说明贝尔斯登这家曾经辉煌的企业即将衰亡。贝尔斯登经历了20世纪所有的危机，大萧条、二战、1987年市场崩溃，都没有灭亡，也从来没有在哪一个季度亏损过，却在2007年全球信贷危机中栽了跟头，再也没有起来。证券公司福克斯皮特·凯尔顿（Fox-Pitt, Kelton）有一位经纪行业分析师，叫大卫·特罗恩（David Trone）。他评论说："公司一旦发生挤兑，就会进入一个恶性'死亡循环'，资产就会一文不值。银行与经纪商都是'纸牌屋'，建筑在客户、债权人和对手方的信心之上。一旦信心受到严重损害，局面很快就不可收拾了。"

　　2008年3月17日，周一，是爱尔兰传统节日圣帕特里克节（St. Patrick's Day）。这天早上，曼哈顿也举行了节日游行。《华尔街日报》报道说："穿着苏格兰格子裙的消防员和圣帕特里克节的狂欢队伍经过的时候，贝尔斯登的员工正在公司总部大楼前抽烟。"报道说，贝尔斯登的同胞们不得不动手捡起公司的碎玻璃（比喻公司崩溃，收拾残局）。一位匿名投资银行家告诉《纽约时报》："可以这么说，我们第一个念头是，饭碗还保得住吗？第二个念头是，要是保不住能拿到离职补偿金吗？然后我们就希望，但愿雷曼不会垮，因为雷曼要是垮了，失业的银行家就太多了。"38岁的贝尔斯登行政助理卡罗尔·京特（Carol Guenther），已经在这个岗位上待了13年。他说："我特别特别难过，可以说心都碎了。我估计我很可能会失业。我很喜欢这些同事，贝尔斯登对员工也特别好。我们有很强的团队精神。如今，大家全都懵了。"

　　不消说，贝尔斯登最后一刻向摩根大通投降这件事，成了全球的爆炸消息。纽约、伦敦、香港等重要金融中心的报纸，全都用通栏标题报道，各国电视台也都播出了。公众的反应与苏世民、罗恩·佩雷曼、约翰·

马克，以及贝尔斯登的14153名员工毫无二致——完全不相信。《华尔街日报》发表社论："有一个无可辩驳的资本主义现实就是，责任主要在于贝尔斯登多数高管自身。他们在繁荣时期用自己丰厚的奖金购买了第二、第三套住宅；如今，贝尔斯登投资不当，打赌失利，这些高管也就必须承受损失。贝尔斯登特别夸耀自身的风险管理，但在21世纪最初10年的抵押贷款风潮中，它为了追求更高回报，却把自身的一套标准放到了一边。看到令人仰慕的企业倒闭，当然不是乐事，但金融市场若在前行过程中还打算有规范可言，那么这种事就必须发生！"《纽约时报》专栏作家安德鲁·罗斯·索尔金（Andrew Ross Sorkin）也写道："请不要弄错，这是有史以来最大的企业安乐死事件之一。华尔街本身也扮演了一个幸灾乐祸的角色。"此外，《纽约时报》经济专栏作家保罗·克鲁格曼（Paul Krugman）注意到了同事格雷琴·摩根森前一天早上对贝尔斯登的抨击。他表示道："换句话说，应该允许贝尔斯登垮台。这不仅符合情理，也能给华尔街一个教训——不要指望让别人来收拾自己的烂摊子。然而，美联储担心这家大型投行一旦倒闭，将造成市场恐慌，并破坏更大范围的经济，因此还是出手救了贝尔斯登。美联储官员们知道这样做很糟糕，但别的选择会更糟糕。因为贝尔斯登一旦毁灭，整个金融体系也将毁灭。"

美联储前任董事会主席艾伦·格林斯潘（Alan Greenspan）遭到了很多人的批评，说他在"9·11事件"之后把利率调得太低，从而让信贷泡沫膨胀起来，最后在吞噬贝尔斯登的大火中破灭了。此时，格林斯潘也加入讨论，在《金融时报》发表了一篇观点文章，评论了当前的金融危机。他没有提到贝尔斯登公司，没有提到贝尔斯登的流动性危机，也没有提到贝尔斯登出售给摩根大通，可能是因为报纸文章的截稿期在这一周的事件之前；但他确实以一种晦涩的方式，说到了这一系列前所未有事件的整体风貌。他说："我们永远不可能预料到金融市场的一切不规则性。不规则性必然是出人意料的，而能预料到的事情全都用套利的方式消除了。倘若在发展的过程中，狂热时期很难抑制（而且我强烈地认为确实如此），那么，在投机热因自身原因而停歇的时候，狂热时期也就会结束。矛盾的是，风险管理一旦成功地识别出这种时间段，又会使得狂热时间延长，规模加大。风险管理永远不可能完美，也最终会失败，让我们面对可怕的现实，从而加速市场做出意料之外的、极不合理的反应。"

*

然而，一旦面临这种"意料之外的、极不合理的反应"，并没有多长时间供当事人反思、放马后炮。为了执行合同，摩根大通马上就搬进了贝尔斯登办公室。投行的两名主管布莱克与温特斯提醒同事们，对贝尔斯登的员工一定要客气。两人在一封电邮中写道："我们现在开始了一项重要的工作，把两家公司合并到一起。现在，请务必用最高的礼节欢迎贝尔斯登的新伙伴们，让他们感到在摩根大通宾至如归！"摩根大通的团队接到警告后，也努力表现得善解人意。弗里德曼说："从我的办公室望出去，对面就是他们的窗户、他们的交易楼层。他们贴了一个告示，我们看不太清楚，但我们觉得这应该是好意，就像'欢迎加入摩根大通大家庭'这样的，努力展现他们的善意。我站在窗前，看见他们挥手。他们可能私下里一直在说些坏话，讽刺我们，可能一直对我们嗤之以鼻。不过，当时感觉他们还是要努力当正人君子的。然后他们就过来了，总体来说，还是非常同情我们的。他们的行动十分敏感，他们清楚，这是一场悲剧；他们觉得，我们的遭遇不公平，那咱们就想办法尽力度过吧。考虑到摩根大通其实并没有义务非要经历这些困难，他们做事还是挺成熟的。"

摩根大通承诺给贝尔斯登作担保后，就开始努力掌握贝尔斯登交易头寸的信息，越快越好，越多越好。弗里德曼说："摩根大通很早就开始努力管控风险，因为到了这个时候，他们实际上担保了我们的所有业务。他们立刻想要了解所有头寸，所有的顾客敞口——任何有可能让他们发生损失的东西，他们都差不多马上控制起来了。"摩根大通立即拿到了贝尔斯登全部交易的电子记录，以获取关于贝尔斯登多头和空头头寸的反馈。弗里德曼又说："我觉得，有了18万人还是挺不错的。他们带着他们的定价和对冲模型过来，不停地投入工作，用模型分析数据，跟我们的交易员坐在一起。显然，他们最关注的是抵押贷款头寸。我跟他们一起工作了很久，分析了我们的信贷风险，还有顾客敞口。他们对我们的客户列表并没有特别关注。各项命令都来得飞快。一切实质交易都必须经过摩根大通的批准，而'实质'的定义也越来越窄了。"

凯恩勉强同意贝尔斯登与摩根大通合并。这个协议成功地让他的10亿美元从他自1969年加入公司以来积累的股票价值里蒸发了。周一早上，达成协议后仅过了几个小时，凯恩走进了麦迪逊大街383号办公室。办公室位于6楼，镶着黑檀木的墙板。凯恩发现，一位金融巨头正在等着他。这人叫布鲁斯·谢尔曼（Bruce Sherman），倍思资金管理公司（Private Capital Management）的CEO，美国佛州那不勒斯镇（Naples）出身，是一名活跃的资本经理（activist money manager）。2008年年初，他持有大约550万股贝尔斯登股票，按照年初股价计算，他登门拜访的时候已经亏了大概4.75亿美元，而要是以2007年1月股价的最高值衡量，他亏的钱是4.75亿美元的两倍多。凯恩回忆说："我进到办公室，发现他在接待室坐着。我之前没跟他约见面什么的。他说：'我们让人抢了。'我说：'的确。'他说：'我能待几分钟吗？'我说：'行啊。'我就把他带进来了。他说：'我不想一个人待着。'我就把文森特·泰塞，我们的首席独立董事叫来了。我得有个见证人。我可不知道谢尔曼想干什么。他没准带着窃听器，我完全不知道。"

凯恩和谢尔曼认识很多年了。凯恩说："我跟谢尔曼说过好多话，可是没有一次，哪怕一次，他说'吉米，这事儿你做得不对'或者'你做的事让我不满意'，一次也没有。别说生气了，他就连一个不高兴的电话都没打过。"确实，2006年贝尔斯登股票冲到有史以来最高点的时候，谢尔曼说："贝尔斯登就是一台印钞机！过去10年，公司取得的成就主要归功于吉米的领导。"可到了2008年1月，谢尔曼就开始攻击凯恩，以他为首的一些人终于说服董事会，把凯恩解雇了。

凯恩说："谢尔曼刚进办公室，就开始谈起与摩根大通交易的2美元股价多么荒唐。他就坐在那儿，一直在说股东的行动，股东发起的运动。我说：'布鲁斯，我就跟你直说了吧。我同意，这是抢劫。我同意，美联储捣鬼了。之前杰米·戴蒙来了，弗劳尔斯也来了。可美联储没有支持弗劳尔斯，什么也没干。所以这就是纯粹老式的整人。'他说：'那表决的事呢？'我说：'我要说的非常清楚。我不会讨论表决的事。他们想要每股2美元，就投每股2美元。他们想怎么投是他们的事。我想怎么投是我的事。'他说：'那他们怎么能赢得了表决呢？'我说：'我没说他们赢得了啊。'他说：'吉米，他们不可能赢得这次表决，因为你这边有5个人，持股占了公司的40%。他们都要投反对票。'我说：'我不讨论这个。我想怎么投是我的事。'"两人谈了大概一个半小时，谢尔曼就离开了。后来，别人问起谢尔曼对这次会面有什么看法，他一概不回复。

这时候，贝尔斯登股票已经开始交易了，股价一般维持在每股3.50美元左右，比摩根大通的出价高了75%；当天最高价为5.50美元，收盘价为4.81美元。这传递了明显的信号：市场认为收购价不会是原来的2美元。也可能只是因为这次收购事件中的套利者们下了赌注，期望能多捞一些；也可能有人明智地分析了这场交易的动态。谢尔曼说过5名股东持股40%，全体员工作为一个群体，包括凯恩，持股30%。一年多一点之前，股价高达每股172.69美元，现在却跌到了2美元。这种情况下，投资者一旦投了反对票，就几乎不会损失什么，而且能获得所有利益；尤其是因为，股东若是坚持否决交易，那么贝尔斯登的担保显然会持续一年时间。尽管这个微妙的难题，迄今为止还不太可能有人解决。

与此同时，摩根大通和戴蒙则因为交易的智慧和投机主义的实践，收获了几乎所有人的赞扬。公司名声大噪，媒体的赞誉铺天盖地。摩根大通股价因而上涨了将近10%，达到了每股40美元左右。《华尔街日报》将戴蒙称作"华尔街终极银行家"。《纽约时报》评论说，戴蒙"一夜之间成了当今世界人气最高，也可能是权力最大的银行家"。《彭博市场》杂志（*Bloomberg Markets*）写道："戴蒙的祖父是希腊移民，父亲是股票经纪人。在华尔街因金融危机而抽搐的时候，戴蒙作为现代金融界最为接近政治家的人物，冉冉升起。"周一接近中午的时候，《巴伦周刊》（*Barron's*）记者安德鲁·巴里（Andrew Bary）做了一点分析[1]。他写道："看起来，杰米·戴蒙实施了职业生涯中的一招妙计。与贝尔斯登交易最接近的例子，就是20世纪80年代末，政府主导接管了储蓄和贷款。那次行动，最后为那些有关系的买家送去了意外之财，包括金融家罗恩·佩雷曼，还有德州的巴斯兄弟（Bass Brothers）。"而这次交易会给戴蒙带来多大好处呢？巴里继续说："贝尔斯登之前公开的账面价值是每股84美元，如今，摩根大通只需要付出该价值的极小一部分。此外，摩根大通还拿到了贝尔斯登价值很高的结算业务，去年，该业务的税前收入为5.66亿美元。摩根大通还拿到了贝尔斯登在曼哈顿区麦迪逊大街的公司总部，价值可能高达15亿美元。"巴里还指出：摩根大通预计会从贝尔斯登交易中获得每年10亿美元的税后收入。布拉德·海因茨（Brad Hintz）是雷曼前任首席财务官，现任桑福德·伯恩斯坦公司（Sanford C. Bernstein & Co.）研究分析师。他告诉客户，贝尔斯登的"良性业务"价值77亿美元，合每股60美元。假设交易相关费用为60亿美元（包括诉讼费、遣散费，以及贝尔斯登3950亿美元资产中大部分因销售而付出的费用），就会出现这个每股60美元和2美元的巨大落差。但到了5月14日，贝尔斯登把交易储备金提高了50%，达到了90亿美元。因为，从签约到关闭的这一段时间，运营贝尔斯登的成本提高了，清算资产的成本也就提高了，需要再额外花费10亿美元。

面对至高荣誉，戴蒙努力做到从容不迫地接受。他赞扬了布莱克、

---

[1] 巴伦周刊的汉语音译和巴伦公司相同，但二者实际上没有联系。《巴伦周刊》隶属于《华尔街日报》集团。

温特斯、保尔森和盖特纳,还说:"同样的赞扬还要给予贝尔斯登的团队。只有天知道,他们必须承受什么样的压力。"他又说:"任何交易都会把我们送上情绪的过山车,但这个交易尤其厉害。今天虽然上演了一出好戏,但实际情况还可能糟糕得多。"交易结束了,戴蒙很想睡一觉。他说:"缺觉有两种情况:一种是工作太多了,没时间睡觉;一种是睡不着觉。我是两种情况都有。"

*

然而,针对摩根大通为贝尔斯登义务担保的事,市场已经开始用自身冷静而有效的方式做出判决了。收购的委托声明写道:周一,"贝尔斯登客户们继续提款,对手方们继续拒绝按照惯例为贝尔斯登提供有担保资金。除了摩根大通和美联储之外,所有其他来源的资金都无法到位"。事情越来越清楚:就算美联储和摩根大通公开表示支持,市场依然不会给贝尔斯登提供融资。这就意味着,负担全都压在了摩根大通和美联储身上。人们产生了严重的怀疑:不到24小时以前敲定的2美元交易,究竟能否以这个价格完成? 担保是否长期可行? 莫利纳罗说:"那一周的情况是,就算有了担保,市场还是为这个低价而深受震动。谁也不相信交易会以那样的价格完成。我们永远不可能得到股东许可,因此客户们也就吓坏了。我认为,权威人士圈子显然不认为收购会以2美元达成,因为目前的股价远高于摩根大通的报价。正因如此,客户就不愿意和我们做生意了,尽管我们有了摩根大通的担保。在股票借入圈子,这变成了一个特殊问题,因为道富银行以及各家大型贷款银行,都没有准备好借给我们证券,它们担心证券不受担保!"

客户与对手方很快重新采取了上周四、周五的策略:缩减交易额,提现。贝尔斯登一名高管说:"整整一天都没有电话,也没有交易发生。"就连戴蒙也意识到,即使有了摩根大通担保,贝尔斯登也还是没有摆脱困境。他说:"我们收购贝尔斯登之后,甚至我们在全球对一些交易义务进行担保之后,挤兑仍在继续。我们仍然不得不拿出数十亿未担保资金给他们。"莫利纳罗补充道："就好像市场不相信这次合并一样。"在华盛顿，合并交易背后的白宫团队成员个个都喜气洋洋。布什总统邀请保尔森、伯南克、考克斯和其他一些经济班子的要人，来到罗斯福厅开会。会上，布什特别表扬了保尔森，因为他"向国家和世界显示了美国正在掌控局面"，随后他又加上一句："部长先生，我要对你这周末的工作表示感谢。"布什还说，他的行政工作致力于采取其他必要的步骤缓解金融危机。"我们一定会继续监控当前形势，并在需要的时候采取决定性措施，确保金融市场的持续稳定。"散会之后，保尔森在白宫外面发言，为自己的两项措施辩护：援助贝尔斯登的债权人，以及为股东们批准2美元股价的收购。保尔森说："这个决定很容易，这个结果也很正确。我还要说一遍，请从道德风险方面看看，贝尔斯登的股东们落到了什么地步。"

周一的某个时候，负责收购的律师发现，担保措施的结构存在"严重缺陷"（用帕尔的话说）。帕尔解释："问题在于，我们的股东如果反复否决收购交易，一直否决一年，那么到年底，我们就可以摆脱这次收购交易，而摩根大通承诺的一切担保措施也会继续有效。这就是关键。"贝尔斯登的股东们发现的这种新情况，正是前一晚的电话会议上，卡瓦纳、布莱克和温特斯3个人没讨论明白的。担保措施草稿的质量很低，说句公道话，这也情有可原，因为分配给写作的时间非常受限，而且概念也比较陌生。草稿规定，贝尔斯登的股东有一年免费期权，可以用摩根大通的资产负债表来运营企业。接下来的一年，股东们只要每次都投票否决收购交易，就万事大吉。此外，摩根大通不仅同意担保一切交易义务和对手方义务，还同意在收购交易结束的时候，负担贝尔斯登一切长期债务。这么一来，贝尔斯登的有些聪明人就觉得：既然股东可以否决收购交易，贝尔斯登还可以继续用摩根大通的信用运转，那么贝尔斯登就可以系统地用长期债务取代短期债务。按照这个逻辑，结果就是，摩根大通可能被迫资助贝尔斯登很长一段时间，不论最后收购交易是否完成。萨勒诺说："之前相当于杰米·戴蒙把我们关在监狱里一年，而如今他发现自己也被关进去了，实在是气坏了。"

收购交易还产生了至少两个出人意料的结果。一般情况下，企业合并刚刚宣布的时候，会有很多套利者一拥而上，抢购被收购方的股票，同时卖出收购方的股票。然后这些套利者就会盼望，或者游说，或者既盼望又游说，能够获得更高的价钱。这种交易的发展规律一般是这样的：即使价格只有很低百分比的攀升，只要相对快速地整合，就会产生令人满意的年化收益，如此大家都很高兴，交易也完成了。比如，2008年，英博集团（InBev）收购安海斯–布希公司（Anheuser-Busch）后，每股价格从65美元涨到了70美元。而在贝尔斯登收购案中，却很快出现了一种非常不同的发展情况。贝尔斯登账面股价是每股84美元，卖价却是2美元，因此市场认为，如果能促使交易双方重新达成交易，则会有巨大的潜在好处，尽管此时账面价值已经大打折扣。《巴伦周刊》的分析，更是让这种观点在投资界不胫而走。即使有套利者周一用4美元的价格买下贝尔斯登的股票，那么，只要收购交易把股价重新谈到6美元，名义上的回报就会是整整50%，年化回报还会更高。另一方面，不利的风险则会极小。假设你现在是股东，手上的股票从2美元跌到0美元了，又如何呢？早在股票172.69美元跌到2美元的时候，绝大部分的价值就已经蒸发了。股东的动机十分明确：既然知道了摩根大通会继续背锅，继续运营贝尔斯登的业务，那么未来一年只要每次都否决收购交易，就会比赞成收购交易拿到多得多的钱。这就是一种极为罕见的情况，套利者们相信，拥有所谓"死钱"（套在交易里的钱，不能产生回报）的潜在好处远远超过了坏处。帕尔说："这种情况下，股东们很容易认为，还会拿到100%；而且，即使从2美元跌到了0美元，股东又能损失什么呢？损失也几乎为零。现在的思维模式不一样了。面对贝尔斯登的情况，股东们的表决完全不同了。实际情况是，股东有各种充分理由否决收购交易。考虑到贝尔斯登股价还可能翻倍，或者涨到原先的3倍，就算资金在股市里被锁死一年，这个时间也不算长（资金的时间成本不值得可惜）。"一名套利者告诉《华尔街日报》："你要是股东，为什么不弄出点动静来，看看摩根大通会不会提高收购价格？或者扔个骰子，在破产中试试运气？他们（摩根大通）把公司偷走了。你有什么可损失的呢？"

但有另一种力量，一种同样不寻常的情况，在抑制股东们投反对票的冲动。贝尔斯登有700亿美元的债务，收购交易结束后，那些债权人手中所持有的贝尔斯登发行的债券，将会以100美分的票面价格被赎回，因此他们会极力促使股东们赞成收购交易。债权人开始成群结队买股票，抬高股价，确保自己能够参加投票表决。债权人可能失去的财产比股东多得多，因此一旦收购交易泡汤，就会损失惨重。

传统的并购流程此时有了180度逆转。但是，瓦克泰尔·利普顿律所的律师们（当然得到了客户摩根大通的许可）已经起草了各个合同，预计会有较为正常的反应。帕尔说："现在，当事人都在关注股东了。他们如果明白了这一切的发展规律，就算不明白都可以说：'啊，一边是好处，一边是坏处。要么从2到0，要么从2到10。'"于是发展的方向就是投反对票。贝尔斯登已经受到了保护，有那些担保措施。所以就有很多理由投反对票，这就是问题所在。摩根大通很快意识到："啊，这不是2和0的选择，而是投反对票是更积极的选择。"

这是一个大错误，但似乎没有留下一丝痕迹。周日晚间摩根大通的电话会议上，高管们（至少在公开场合）并没有发现，他们对担保措施有任何误解之处。他们的描述跟草稿上的内容完全一致。尽管如此，摩根大通一意识到草稿的纰漏，戴蒙就立刻指责了瓦克泰尔律所。苏利文和克伦威尔律所的罗金·科恩说："他们（瓦克泰尔）是一家优秀的公司。他们有最好的律师来处理这次收购。或许，如果有人批评他们的话——我不确定有没有——肯定是说，他们应该更谨慎一点，要准确了解客户究竟同意他们做哪些事情。我认为，真正的问题在于，人们把这次收购当作简单的并购对待了，却没有考虑到所有可能的相关因素。他们没有考虑到，一旦交易被否决会怎么样，只认为交易否决的可能性很低。他们也没有考虑到，这一否决究竟会与担保措施产生什么相互作用。谁知道呢？胜利的原因有千百个，失败的原因却只有一个。但不论是什么原因，都是严重的错误，毫无疑问。"有人致电瓦克泰尔·利普顿律所的首席合伙人艾德·赫利希（Ed Herlihy），询问这种事是怎么发生的。赫利希没有回电。

回顾当初，戴蒙认为是他聘请的律所搞砸了，施瓦茨却不这么确定。施瓦茨说，戴蒙之所以怒骂律所，是因为瓦克泰尔想要避免这样一种情况：收购交易宣布之后，突然杀出另外一个投标者，从摩根大通已经同意承担的稳定市场的风险中受益。施瓦茨说，最糟糕的情况是合并协议稳定局势之后，摩根大通突然陷入一场投标战，对手是，比如说美国银行。正因如此，瓦克泰尔才会留一年时间，因为一切行动需要摩根大通批准才能进行。只是没有人会预料到，摩根大通的担保措施没有为市场提供足够的信心，人们还是不愿意跟贝尔斯登做生意。一个非常熟悉施瓦茨想法的人说："如果美银来了，认为贝尔斯登股价应该是80美元，那摩根大通就必须付81美元，不然就买不下贝尔斯登。假设美银愿意出50美元，那么摩根大通就必须付51美元。所以他们为了参与一场公平的投标大赛，就承担了所有风险。这就是一场灾难。"

且不说这场辩论。就在律师们拼命努力修补收购交易的时候，贝尔斯登的普通员工已经没有多少事情可做了，连新主子能不能留下他们都不知道。贝尔斯登另一位高级常务董事叫大卫·罗林斯。周一晚上，弗里德曼写信给大卫·罗林斯说，这一天"实在不可思议"。弗里德曼说："我进了办公室，把一切日程都取消了，因为这些事情跟我再也没关系了。我平日做的事情，不管是开展业务，解决问题，与委托人互动，还是别的什么——一概都不存在了。而移交计划呢，比如在固定收益部的计划，还没有开始。所以我整天就东游西荡。明天兴许还要游荡得久一些。就让贝尔斯登违约吧，只要能让我不那么无聊。"这天深夜，弗里德曼写信给姐妹[1]，打算描述一下自己目前的精神状况。他写道："即使用最保守的说法，这也是不可思议的一周。最晚到上周三的时候，我还兴高采烈地准备迎接第27个愉快的入职纪念日，全世界一切正常。就算金融界一片混乱，我们依然很好，而且正要向全球公布第一季度的良好收益。然而，接下来，我们就被一系列谣言严重伤害了。这些谣言说我们有流动性问题，说法极为离谱，却像真的一样。然后挤兑发生了。到周四晚上，挤兑已经持续了一段时间，我们也就破产了。只不过，我们想方设法把实际的崩溃推迟到了周五。周四晚上，我们全都通宵工作。自就读科尔盖特大学[2]以来，这是我第一次整晚没睡。整个周末我们都在加班，拼命想挽救公司，最后却落得周日被摩根大通趁火打劫的下场！摩根大通是我们最糟糕的并购方，因为两家公司的业务有巨大交集。结果，我们公司的1.4万人可能会裁掉1.2万人。85年历史的企业，一眨眼就没了。从很多方面来说，这种痛苦都相当于亲眼看着一个亲人死去——可能放大了1.5万倍。而且，媒体还不怎么了解实际情况，有一半媒体一直在说，我们罪有应得。这太让人伤心欲绝了！"

"还有一个非常可怕的统计数据：从上周四到今天，贝尔斯登雇员持有的公司40%股票，个人净值加起来损失了40亿美元。我在公司的很多朋友都认为，真正获得财富的途径是持有公司奖励给他们的每一只股票，并以这些股票为退休做打算。他们从来没听说过安然公司（Enron）吗？没听说过德崇证券吗？如今，他们都被扫地出门了。我和妻子苏西还算好运——我们从来不相信，职业风险和净资产风险能放在同一家公司。所以，尽管这周末我的递延报酬[3]蒸发得一干二净，但我早已卖

---

[1] 作者不确定是姐姐还是妹妹，汉语只能笼统翻译。

[2] 弗里德曼1973—1977年就读于该大学经济学专业，第一章提到。

[3] 指在未来某年龄或日期支付给员工的报酬。员工在未来某日期之前的工作酬劳，公司答应在该日期之后支付，目的是让员工退休时有退休金可领取，或死亡时受益人可领取死亡抚恤金。递延给付常常是公司吸引专业、高阶管理人员的福利手段。

出了手头所有的贝尔斯登股票——每次公司发给我的股票一到手，我就立即把它们给卖了。所以，我就享有特权，没必要担心资金问题了。我们活了下来，重新面对新一天的苦战。而我的很多朋友，特别是那些三十几岁、四十几岁，刚开始挣大钱，最后扩张过度的朋友，可就没有我这么好的运气了！"

第十一章

地狱新动向

　　周二早上，贝尔斯登第二大股东，深居简出的乔·刘易斯来到了吉米·凯恩的办公室。刘易斯是全球富豪榜第368名，通过外汇交易挣了30亿美元财产，还有人估计他的财产达到了50亿美元。从2007年夏末开始，刘易斯就一直在买入贝尔斯登股票。他也是贝尔斯登长期的经纪客户。凯恩和刘易斯第一次见面是在2000年，当时凯恩飞到佛州奥兰多市，在刘易斯的豪宅里，两人一见如故，因为都喜欢金罗美纸牌（Gin Rummy），所以一起玩了5年。凯恩说，他从来没跟刘易斯提起让他在贝尔斯登投资的事。2007年9月，刘易斯在提交给证监会的文件里说，他计划购买贝尔斯登的几批股票，已经买入了第一批，并已花8.64亿美元买下了7%股权。后来他继续买入，一直买到最后，直到2008年3月13日，股价在55.13美元的时候，他还买了3140万美元的股票。他总共在贝尔斯登股票上投入了12.6亿美元。去见凯恩的前一天，刘易斯少见地在CNBC发表了一次公开演讲，评论了摩根大通收购贝尔斯登的事："我认为，摩根大通的出价太微不足道了，他们应该买不下贝尔斯登。"

　　刘易斯来找凯恩，是想跟凯恩商量一场公关运动，反对收购交易。此时，刘易斯还是不看好这次收购。凯恩回忆道："我说：'乔，这么说吧。不管你目前有什么计划，不管是推进、公关还是别的什么，我都不参与。

我已经签了字,说我支持2美元。我怎么投票是我的事。我只能告诉你,你要支持的那个价钱跟我的太不一样,虽然我也希望价钱能大大高于2美元,不必非得高到30美元,但我不想谈这个事。'他说:'我明白。'"

周日上午,刘易斯告别凯恩的时候,贝尔斯登股价已接近8美元,是摩根大通出价的约4倍。贝尔斯登的高管虽然理解这种交易会带来什么影响(收购交易被否决的可能以指数形式增加)——但他们更加关注的是收购一旦真的被否决,应该采取什么措施。帕尔说:"股东一旦表示'我们不投赞成票',贝尔斯登的业务就很有可能发生混乱。所以,如果收购交易没法达成,贝尔斯登业务还会继续恶化。"厄普顿也有这种担心。那一周刚开始,他就几乎马上在寻找融资了。他说:"最让我受不了的是,我周一上班之后又开始用公司的名义筹钱。我跟评级机构谈,跟贷方谈,我说:'我们还是AA级银行,对吧? 我们是有担保的啊!'我想以担保措施为论据,告诉他们措施涵盖了哪些方面。我们要想从危机中走出来,就得动手用自己的名义筹款!"然而,就在厄普顿仔细阅读担保文件,试着偿还贝尔斯登一些债务的时候,他发现"47号大街两边的最高领导层,正面临着很多紧张的局面",原因正是"担保措施,以及措施涵盖了哪些,排除了哪些;我们能不能自筹资金;在什么条件下他们(贷方?)可以拒绝我们。人们很快发现,杰米·戴蒙非常不高兴,因为他给了自己一种开放式敞口。凭着目前的担保措施,我们并不能用自己的名义筹到钱,因为贷方会拒绝给钱,我们还是会再次破产"。

周二,股票以高于收购价4倍的价格交易时,市面上还有很多议论。除了"债券持有人要买下所有股票,确保收购交易能批准"的说法外,还有谣言说"贝尔斯登员工大怒,与外部投资者联合购买公司股票,强迫摩根大通的收购价提高到2360亿美元,或诱使一家竞争对手银行提出更高的价格"。《纽约时报》报道了这个谣言。有一位博客作家叫艾米·德·查普罗格(Ami de Chapeaurouge),是个在美国接受教育的德国律师。他写道:"这些勤奋的高级常务董事现在应该发起一次良性的、旧式的管理层收购。他们已经做了临终忏悔。要想拯救贝尔斯登，他们或许就是最佳人选。他们可以提出更高的收购价，重新安排员工和外部股东的利益，重新制定战略方向，不再注重信用增强，而是重组之前劳而无功的项目，使其成为一种更为牢靠的产品结构。"不论这种观点如何牵强附会，都清楚地表达了市场对摩根大通的出价有多么反感。

下午1点，戴蒙召开电话会议，与会的是贝尔斯登大约400名经纪人。戴蒙拼命想留住尽量多的经纪人，除了摩根大通没有经纪人这个原因，还因为贝尔斯登的经纪人是整个金融界最能创造收益的。此外，这也跟戴蒙的DNA有关，他在会上对各位经纪人说："我的血管里流淌着经纪人的血！"

与此同时，律师们正努力把上周末仓促拟就的所有合同里的疏漏一一补上。帕尔说："有些修改工作需要做，是情有可原的。完全有可能出现这样的情况：'我说，这个得改一下'或者'我们不是这个意思'，或者'这儿要充实一下'。"到周二晚些时候，摩根大通已经发现了，这个漏洞意味着，哪怕贝尔斯登股东否决收购交易，摩根大通也要继续提供一年的担保。摩根大通律师让贝尔斯登律师修改，但这并不是简单订正，律师单凭自己是不能解决的。有一位参与者回忆道："他们如果说'这个要改'，也就是说担保措施超出了一年。他们一旦这么说，就是个实质问题，所以我们必须得到回报才能做出实质性让步。"

周三，在律师们无法解决问题的情况下，戴蒙给贝尔斯登发了消息："你们知道，担保措施的问题，谁也不是有意的。我们谁也不想出这种事。我们想完成收购交易，你们也清楚，你们需要我们的担保措施，所以担保措施必须修改。"有人评论戴蒙的语气："戴蒙很严厉。他没有大喊大叫。问题真的很严重，是严肃的商业问题，必须解决。他很生气，不是冲着我们来的，而是生瓦克泰尔律所的气。他只是想要解决问题。"晚些时候，戴蒙给施瓦茨打电话说："你不知道我们出问题了？股东可能会否决收购交易！"施瓦茨是资深并购专家，不打算妥协。他问戴蒙：

"什么叫出问题了？"弗雷德·萨勒诺回忆："杰米·戴蒙是个很乐天的人，但施瓦茨这么说话也太傲慢了。我就对施瓦茨说：'我们什么也不变。我的投票结果就是什么也不变。'"

自从3月7日面临全世界的重压以来，贝尔斯登高管第一次觉得手中握住了真正的筹码，迫不及待想要应用。摩根大通正面临困境，不论是因为起草的法律文书错了，还是因为没有充分解释商业概念（究竟问题出在哪儿，一直不清楚），它现在都急需脱困。贝尔斯登也打算利用这个情况，努力挽回一丁点尊严。尽管摩根大通签订的合同里没有"重大不利变化"条款，但给贝尔斯登的高管留下了这样一个清晰的印象：摩根大通"会采取一切必要措施保护自己"（一名参与者的说法）。也就是说，一旦双方无法达成协议修改担保措施，摩根大通就会撕毁协议，哪怕跟贝尔斯登打官司也在所不惜。这位参与者回忆说，如果贝尔斯登董事会不同意修改协议，摩根大通就明确表示："我们会想办法报复你们，也会想办法保护我们的利益！"比如，罗金·科恩就认为，参与合并的两家公司若是对簿公堂，至多只能为贝尔斯登赢来一场"伤人一千，自损八百"的胜利，因为只有摩根大通还在为贝尔斯登提供隔夜资金，一旦摩根大通甩手不干，贝尔斯登很快就会遭到清算。科恩说："我们认为这场官司不会带来什么好结果。哪怕官司打5年，最后打赢了，贝尔斯登也彻底完蛋了，该有的痛苦与毁灭一样也不会少。"

帕尔也敦促人们谨慎："我们是有一些筹码。大家都想解决问题，所以我们千万不能傲慢。人人都知道，我们必须想方设法增加投票通过的可能性。问题就在于此。而且，我们也想因修正错误而获得一些回报。"但贝尔斯登董事会的有些人，特别是凯恩和泰塞，都认为只有获得实质性的补偿，才能按照戴蒙的意愿修改协议。他们想，如果有实质性错误，那么为了修正这个错误，就要付出实质性代价。凯恩说："不知是这星期的哪一天，我发现摩根想要修改协议。真的？为什么？哎哟，瓦克泰尔·利普顿律所好像搞砸了？就算收购被否决了，摩根还是有义务供应贝尔斯登一年的资金。这种事有谁听说过？"

贝尔斯登董事会听说戴蒙要修改协议，一致决定：除非大幅提高收购价，否则不接受。之前，泰塞和萨勒诺从棕榈滩县来到纽约，参加了过去约一周的紧张事件，周三，两人又飞回去了。这周末是复活节，他们要过节。帕尔说："谈判了一天又一天，他们坚持说：'没有回报，我们就不让步。'"他不敢相信，又要再次经历这种崩溃。他接着说："周日晚上，我们刚完成第一次交易，我完全没想到，没过3天又要谈判修改协议！"

同一天，亿万富翁股东乔·刘易斯向证监会提供文件归档，证明他拥有1220万股贝尔斯登的股票，占到了贝尔斯登在外流通股票数量的8.35%。他想要"采取一切认为必要的适当措施，保护自身投资的价值"。这些措施有：与贝尔斯登或"其他股东或第三方"交流，关注贝尔斯登"采取的行动"；鼓励贝尔斯登"和考虑其他战略交易或替代方案的第三方交易"。换句话说，刘易斯不恶斗一场誓不罢休。他先前已经通知戴蒙，自己对收购交易很生气。戴蒙这一边也已经通知其他华尔街公司的CEO，"恳求他们"不要挖走贝尔斯登的员工。戴蒙还告诉摩根大通的同事，若协议真的被股东否决，他已经准备好"再次让贝尔斯登走上破产之路"。

*

此时，协议的前景，从各个方面来看，都变得越来越不祥。天空下着大雨，戴蒙冒雨穿过47号大街，来到麦迪逊大街383号，会见了贝尔斯登约400名高管。《纽约时报》报道说，贝尔斯登员工"情绪激动，充满恐惧，痛苦地发现他们比一周前穷了很多。"会场里充斥着敌意，一望便知。戴蒙站在讲台上发表演说，布莱克与温特斯站在他的左右。戴蒙说："我并不认为贝尔斯登有一丝一毫的咎由自取。我们表示深切的同情……华尔街上没有一个人盼望发生这种事。有些人觉得我们趁火打劫，我为此感到十分痛苦。你们的感情，我们没有办法真正体会，但我希望大家能给摩根大通一次机会。"他还说，裁员是必然的，但摩根大通打算把最好的人才留下，让他们为摩根或者贝尔斯登效力。摩根大通十分觊觎贝尔斯登的主要经纪业务、散户经纪业务和能源交易业务，因此，这些来到会场听戴蒙讲话的人，大部分极有可能失业。其中一个火气最大的人叫艾德·乌尔夫（Ed Wolfe），是贝尔斯登10年的老员工，也是运输行业深受敬仰的研究分析师。戴蒙讲完后，乌尔夫说话了："这会场里的人亲手建设了这家公司，我们的财富已经损失了很多。你打算采取什么措施让我们成为整体呢？"众人热烈鼓掌。

戴蒙回答："你这么说，好像贝尔斯登出现问题是我们的责任一样。这不是我们的责任。你如果能留下，我们会确保你工作得开心。"

但乌尔夫不为所动。他又说："我认为，你到我们公司来把这种事叫作'合并'，是在羞辱我们！"按照《纽约时报》的说法，戴蒙"穿着体面，身着浅蓝领带，白色衬衫，红光满面"。但戴蒙没有回答乌尔夫的问题。乌尔夫有个同事发现，在乌尔夫问完问题后，戴蒙没办法直视他。乌尔夫火冒三丈。同事们都说，乌尔夫在第一周就提了两回辞职。一名贝尔斯登研究分析师说："乌尔夫的上司们不知道，他是不是完全疯了。我问乌尔夫辞职了没有，乌尔夫说：'这个，我现在不能说，但我绝不为那些不办事的人渣做事！'"（后来乌尔夫拒绝回应此事。）会上，戴蒙继续说，那些留到收购完成的员工，会得到一次性现金补偿；而那些被新公司雇佣，留下来的员工，会以摩根大通股份的形式，获得自己前一年贝尔斯登股权奖励的25%。接着，戴蒙解释说，贝尔斯登与摩根大通的"强迫婚姻"，"并不是我们打算要促成的"。40岁的股票经纪人艾德·莫德沃（Ed Moldaver）站起身来，怒斥戴蒙："我听说有些人管这个叫强迫婚姻。我不会这么说，依我说，这是嫁给流氓的强迫婚姻！不错，不错，你发现女孩子的时候，她确实已经躺在地上昏迷不醒，可你还是对她动手动脚了！"

克莱夫·多布斯（Clive Dobbs）当时也在会场，他说莫德沃"想让听众们全都出去，在麦迪逊大街上与他汇合，还说'把相机都带上'，意思好像是让同事们组织一场街头抗议。结果，这事儿没成"。莫德沃说完之后，戴蒙没说话。

拉扎德银行家盖瑞·帕尔，偶尔会当一回戴蒙的服务商，他见戴蒙忽然身处这样的窘境，多少有些同情。他说："贝尔斯登的人太生气了。我觉得，无论是谁走进会场，不管他们多么真诚，打算表现怎样的善意，都会遭到一样的待遇。我很同情杰米·戴蒙。这不是他的责任。依我说，贝尔斯登可以怪整体市场，可以怪政府，也可以怪自己，但不能怪杰米。我可以证明，那些保住饭碗的人，杰米给他们安排了最好的结果！"

周三下午的这一场闹剧，保罗·弗里德曼决定不参加。他说："这种事太幼稚、太小气了。我个人对整件事非常反感。我不想听杰米·戴蒙进来跟我们说：'一切都会好的，诸事顺利，我们爱你们！人人都有活儿干，新公司是精英体制，就看谁表现最好。'我还可以给他往下编台词：'谁表现最好，就录用谁，不管是摩根大通还是贝尔斯登的人。'全都是胡说八道，永远不可能有这种事。我不想听！"厄普顿在会上多停留了一阵子，刚好听到戴蒙解释，如果贝尔斯登的员工选择留下来，得到一份全职工作，会有什么样的好处。厄普顿说："他一说完，我就走了。因为这一屋子人实在把我气坏了，当初就是这帮人有意使坏，不让我拯救公司！就让他们抱怨、哭诉、哼哼吧，现实就是这样子了。等到这一天到来，那些抱怨、哭诉、哼哼能成得了什么事？我现在关注的范围很窄，反正我走了，上楼去了。我想要多做点事情。"

*

周四晚上，施瓦茨、莫利纳罗、萨勒诺和科恩打电话给泰塞，开了一个会。泰塞回忆道："罗金·科恩说：'他们要修改协议，不然就退出。'我说：'不错啊。他们要是愿意出（每股）10美元，我们就改。'科恩说：'就是这个意思。'我说：'可是他们能怎么退出呢？'科恩说：'是合同的问题。合同写了担保措施。可是，提供资金的义务这方面是空白，因为当初没时间往上写。'双方只是默认，融资和担保措施一起发生，之后再详细写，结果一直没写。到周三为止，摩根一直在给我们打钱，但现在不想打了。这样一来，贝尔斯登就会陷入和以前一样的困境，只不过我们多了一桩诉讼。"不管是摩根大通停止打钱，还是贝尔斯登告摩根大通，都不是令人高兴的事。但周四晚上，莫利纳罗离开办公室的时候，认为这件事能够圆满解决，于是他就飞到牙买加的丽嘉豪华酒店（Ritz-Carlton，又译丽思卡尔顿酒店）去了。他信心满满。

星期五是耶稣受难日（Good Friday）。莫利纳罗回忆："杰米·戴蒙因担保措施非常恼火，我觉得，他最害怕的是摩根大通现在要被困12个月。这段时间，我们可以把公司卖给别人，甚至否决收购交易，而摩根大通脱不了身……如果收购被否决，摩根大通就想缩短这段时间，他们还想要大大提高收购交易完成的可能性。"施瓦茨请泰塞与萨勒诺赶紧从佛州棕榈滩县飞回纽约。眼下，参与者中只有这两名董事仍在外地。萨勒诺是天主教徒，他说："最让我难受的是，坏事全都挤在周末。我一家子都在南方，都在佛罗里达，儿子们、孙子们都在。可谁还管得了他们？1.4万人全都指着我，谁还顾得上家里人？"

破产业务律师们一下子又聚集到了麦迪逊大街383号，预防因双方分歧万一无法达成新的协议，摩根大通就退出。另一方面，施瓦茨意识到他总算有了一点交易筹码。莫利纳罗说："我认为，艾伦已经意识到，为了让收购交易更加笃定，我们就必须争取更高的价钱。他应该跟杰米·戴蒙说了，只有提价董事会才会同意……这是我们要求更多利益的第一个机会。"贝尔斯登的高管们——凯恩、格林伯格和施瓦茨，齐聚在曼哈顿中部公园大道250号苏利文和克伦威尔律所，又电话连线了牙买加的莫利纳罗，佛州的泰塞和萨勒诺（两人周六晚上飞回来），商议是否能与戴蒙达成新的协议。**萨勒诺说："我们讨论了方方面面，现在有一个重要情况，自从收购交易公布以后，摩根大通的总体股价已经上升了120亿美元。因此，我们认为……如果收购交易搞砸，杰米·戴蒙就会名**

声扫地。不过，要是搞砸了，我们也会有我们的问题，因为我们代表债券持有人，如果我们接受交易，是可以让债券持有人以原价卖出债券的。所以这就成了一个两难的处境。"

市场前4天对收购交易的反应证明，几乎所有人都非常不想跟贝尔斯登做生意。于是，贝尔斯登唯一的隔夜回购贷方就只剩下摩根大通。现在，摩根大通也威胁说，要停止扮演这至关重要的角色了。萨勒诺说："摩根大通走了就一切都完了，我们只能关门。"忽然间，贝尔斯登这一边的人全都在考虑，摩根大通一旦停止资助，就把它告上法庭。

周五晚上7:30左右，保罗·弗里德曼听说新情况后，给朋友发了一封电邮，说起了这个"地狱新动向"："到了这个时候，世界再次发生巨变。人们忽然发现，贝尔斯登的股东如果否决收购交易（而且一定会否决），摩根就必须提供一年的担保措施，而它自己却对措施没有控制权。此外，美联储先前同意买下我们300亿美元资产，现在却说，他们的意思是等到收购交易完成后再买。结果就是，摩根大通已经通知我们，周一要向全世界宣布终止担保措施，除非我们保证给他们提供足够的股票，确保交易能最后通过。此外，摩根大通还会停止向我们贷款（目前总额大约100亿美元），要求还款。这么做合不合法另说，但他们无论如何都要做，才不管后果怎样！ 与此同时，贝尔斯登董事会也宣布，如果要把股东的某些权益交出去，就必须得到某些补偿。所以这就成了一个僵局，我们又开始考虑破产的事了。这种事可是不能假装的！ "

贝尔斯登第一次有了一点筹码，公司股票周四收盘价也只是略低于6美元（周五是耶稣受难日，要休市）。于是，董事会层面迅速明确了这一战略。萨勒诺说："艾伦·施瓦茨很厉害，他是百分百的牛人。董事当中，我最佩服的就是他，以及他的事迹。艾伦的利益跟1.4万名员工的利益百分百一致，公司破产比他自己损失两亿美元还难受。我对他无限敬仰，而且永远不会忘记他在最困难时候的表现。他果敢地行动，每次都采取了正确的措施，不是为自己，而且他整个周末（做得）都非常正确。"

周六上午,施瓦茨与科恩在苏利文律所给戴蒙打了电话。科恩回忆:"我们跟戴蒙说,我们要回到每股10~12美元,哪怕9.99美元都不行!我们要两位数!"戴蒙回答,他会考虑为贝尔斯登的股东修改换股比率,让股东们拿到每股10美元的出价,条件是修改担保协议,保证股东投票基本通过。为了这个目的,戴蒙请求让摩根大通买下贝尔斯登股票的绝大一部分,这相当于完全稀释流通股的53%;此外,戴蒙还请求锁定贝尔斯登高管和董事的股份。纽约证券交易所(New York Stock Exchange)要求必须有股东投票才能发行公司股份的20%以上,除非情况紧急。如果遇到紧急情况,则要设法起草并发布弃权书。如今,53%的比例远远超出证交所规定的20%。而且,律师们也担心,法庭很难支持这个比例。萨勒诺说:"周六晚上,我们反复商讨了很多次,但没有达成协议。周六晚上什么结果都没有,毫无进展,还是2美元。"戴蒙的立场是,他既想修改担保条款,又拒绝提价。萨勒诺说:"我们回答,不行。"

周日是复活节(Easter Sunday),贝尔斯登的头头们又聚集到苏利文律所。前一天晚上,他们做出了决定,睡了一觉后,还是坚持这个决定。萨勒诺回忆:"我们都对艾伦说:'联系美联储,告诉他们,我们要打官司!'文森特·泰塞这么说,我也这么说。"接着,泰塞与萨勒诺离开律所,前往圣让-巴蒂斯特教堂(St. Jean-Baptiste)参加复活节弥撒。这是一座天主教堂,位于列克星敦(Lexington)大道和76号大街的路口。两人做完弥撒刚出来,电话就响了,是艾伦·施瓦茨打来的:"他们改主意了!他们决定给我们每股10美元!你要是信教,这种事就会发生,不是因为我们去了教堂,而是因为我们去教堂的时机!"

在施瓦茨看来,戴蒙最后的计算十分简单。施瓦茨对合作伙伴说:"过量阿尔法(华尔街行话,意为利润)是120亿美元或者140亿美元。摩根大通在市场底部[1]和我们达成第一笔交易的时候,这笔钱就进了他们的

---

[1] 意思是贝尔斯登股价到了历史最低,摩根占便宜。

口袋；他们得到了120亿或者140亿美元的意外之财。因此……他们可能为此付给我们30亿美元，而不是20亿美元。比起承担所有的风险，让别人拿钱好多了，好太多了。"

二人一接到施瓦茨电话就马上赶回了苏利文律所。萨勒诺继续说："现在就容易了，把事情做完吧。我想，董事会采取了行动。10美元还是很糟糕，但一眨眼就到了董事会先前得到的报价的5倍。就这么简单，而且这些人本应拿到更高的价钱。人们会议论纷纷说这是紧急援助什么的，可是，假如没有这么做，市场就会一片混乱。"

*

局势发生了短暂变化，或因上帝的干预，或是两者皆有，修改版协议终于通过了。周日下午晚些时候，就在众人全力起草或修订各种文件，以应付如此大规模的企业合并时，摩根大通有人把收购交易的情况爆料给了《纽约时报》的安德鲁·罗斯·索尔金。周日深夜，索尔金在《纽约时报》网站上报道，摩根大通和贝尔斯登已经谈妥，将收购交易价格提升到每股10美元。第二天早上，索尔金又报道说，摩根大通和贝尔斯登的股票又有了新的换股比率。1股贝尔斯登的股票可以换到0.21753股摩根大通的股票，比前一周约定的原始换股比率高了3.97倍。而且，自上一次收购交易宣布以来，摩根大通股价已经涨到了每股46美元左右，所以新的交易相当于每股10美元，是原来的5倍。现在，摩根大通应允出资14.5亿美元购买贝尔斯登股权。一周以前，这个数字还是2.9亿美元。因此，确定能完成收购交易就成了至关重要的问题。摩根大通还与贝尔斯登达成购买9500万股新股票的协议，这相当于贝尔斯登完全稀释流通股的39.5%。这一周内，终于有人说服了戴蒙，让他意识到，原先要求的53%股票占比将违反特拉华州企业法律，还会违反纽约证交所的规章，于是他把占有比率降到了39.5%，认为这个百分比安全一些。戴蒙还获得了贝尔斯登董事会的默许，用自有股份（相当于全部股份的另外5%）投票赞成那份修订后的并购协议，并附加一个警告：这样做的前提是，假定到了股东投票的"登记日"那一天，他们依然拥有这些股份。登记日大约在4月8日后的某天，预计在那一天，摩根大通会买下贝尔斯登的9500万股新股票。这一规定雄心十足，考虑的是董事们会为了自己的股份而投赞成票的"意愿"。这是为了照顾吉米·凯恩，因为他无论如何也不愿意这么做。

索尔金还报道说，摩根大通和美联储就收购协议一事进行了重新谈判，于是，在美联储将会从贝尔斯登购买的300亿美元资产组合当中，摩根大通会承担最初损失的10亿美元（如果有的话）。余下的290亿美元，美联储将会在无追索权的情况下提供。索尔金还提到了那个措辞很糟糕的条款，即：摩根大通即使在股东否决收购交易的情况下，也要继续担保贝尔斯登交易整整一年。更惊人的是，索尔金报道还说，戴蒙发现错误之后"怒不可遏"，想方设法责备高薪聘来的瓦克泰尔律所的律师。索尔金说："面对合同错误，双方开始指着对方大骂。银行家骂律师，律师骂银行家。"大宗并购交易的圈子很排外，但竞争又很激烈。在这样的圈子里，瓦克泰尔律所遭到如此公开的指责，且指责他们的人又很高端，这就是送给华尔街的一颗新苦果，华尔街只能自己品尝。

周一上午晚些时候，摩根大通和贝尔斯登都发布了修改后的协议，跟索尔金的说法一模一样。这次发布还包括了戴蒙和施瓦茨两人的录音发言原话，也跟索尔金文章里的相同。戴蒙说："我们相信，修改之后的条款对各方都很公平，反映了贝尔斯登经营的价值与风险，也为我们尊敬的股东、客户和市场带来了更大的确定性。我们希望收购能尽快结束，作为一家新公司开始运作。"贝尔斯登发行了9500万股新股票给摩根大通，也就是完全稀释流通股的39.5%，引起了很大的争议，因为这么做违反了纽约证交所的规定。规定要求，上市公司发行流通股20%以上的新股票时，必须得到股东们投票赞成才可发行。当然，这规矩当初制定出来，就是为了被打破的。"在为了取得股东赞成而让发行延迟，会严重危害财务可行性的情况下"，则证交所的政策会为该公司"提供例外"。

为了发布公开声明，人们准备了大量的文件，这些文件堆得像小山一样高。但这些文件中，却没有一句话提到那个导致收购交易重新谈判的、疑似错误的法律条款。凯恩说："因为这个错误，我挣得了600万股，每股8美元。"

不会再有其他错误了，各个律师团非常仔细地审查了修改后的协议。这一次，也没有投资者深夜召开电话会议，缠着摩根大通高管索要协议的细节了。为了避免这种情况，律师团专门制作了3页常见问题解答，详细叙述了修改后的《担保协议》的运行方式。如果贝尔斯登股东否决收购交易，合并协议就会在4个月后失效，除非摩根大通将这段时间延长。摩根大通还会在协议有效期内，继续履行贝尔斯登已达成协议中的所有义务，但有效期过后就停止履行。贝尔斯登的客户们可以直接强制要求摩根大通提供担保。

市场对此的反应也同样可以预料。有些犬儒主义者依然怀疑，有幕后主使不让贝尔斯登倒闭。《纽约时报》博客上，有一名观察家写道："这样一来，所有人都是赢家，只有纳税人大吃一惊。贝尔斯登的股东们有许多都是高管，他们让公司一头栽倒在地，却没有被扫地出门。而交易余下的有价值的部分，摩根大通出的价格也很便宜。我们这些其余的人，为了要救援债务人，花掉了290亿美元公共财产。何必搞这些表面文章？干脆在曼哈顿下城人行道上摆一个美联储摊位，哪家公司要倒闭了，就动用公共资金救援他们，不就行了？ 美联储还可以在康州也摆这么一个摊位，给那些对冲基金的仁兄们每一个都发钱啊！ 大而不倒，你懂的！ "不过，这个新协议似乎确实解决了最初协议的不少问题。愿意和贝尔斯登交易的客户和对手方多了起来，虽然增速很慢，却很稳定，因为公众对于担保措施的运作比之前清楚多了。而且，贝尔斯登股价也立刻升高了，3月24日达到了每股13.85美元。在新协议达成之后，买入股票的人依然还有些盲目乐观，认为摩根大通或其他买家有可能给出更高的收购价，且认为能够实现。

　　摩根大通绝不允许另外的投标者出现。3月24日以后，摩根大通继续买入公开市场上的贝尔斯登股票，让自己39.5%的股份又稳步上升。例如，新协议发布当天，摩根大通就以每股12.24美元的价格买入了1150万股股票，持股总金额达到1.4076亿美元。这一措施，让摩根的总股权增加到了略低于贝尔斯登股权1300万股的地步。最后，摩根大通的股份占到了贝尔斯登流通股总额的49.73%，这是为了确保收购交易能被股东大会通过。

第十二章

我们才是坏人

3月25日，凯恩和妻子帕特丽夏卖出了566万股股票，总计6134万美元。摩根大通在新版协议发布之后买入的股份，是否包括凯恩夫妻卖出的这些股份，没有人知道，因为市场里的买卖双方极少会有彼此认识的。凯恩卖出这些股票，不仅证实了他在贝尔斯登股票上损失了10多亿美元，还让他不必为摩根大通收购交易而投票了，不论是赞成票还是反对票。此外，他卖出股票，还有两个意义：第一，向市场说明，不论接下来的哪个季度，都不太可能出现更好的收购交易了，这也意味着贝尔斯登的市场股价不会再涨。第二，他难得地为公众展现出这样一幅图景：他和艾伦·格林伯格之间一直在长期暗斗。格林伯格曾当过凯恩的导师，也担任了15年贝尔斯登的CEO，直到1993年被凯恩搞掉为止。格林伯格虽然不当CEO了，且今年已80岁[1]，但还担任公司交易商和执行委员。人们发现，3月25日凯恩卖掉股份的时候，格林伯格向凯恩收了7.7万美元的"非雇员服务费"。凯恩虽于约两个月前退休了，但依然是董事会的非执行主席。雇员卖掉这样大一部分的股票，服务费最高也就是2500美元。从法律上来说，凯恩已经不是雇员，但格林伯格还是

---

[1] 指2008年。格林伯格2014年去世。

决定按照零售价的全价收凯恩的服务费，尽管凯恩为贝尔斯登贡献了40年。格林伯格在5月7日《纽约时报》上发了一篇怒不可遏的文章，文中，他对记者小兰登·托马斯说："凯恩要是不愿意，往后就去别处做生意！"格林伯格与凯恩都是贝尔斯登垮台的核心人物，这是两人在一系列变故之后第一次公开发表言论。

接下来，格林伯格开始指责凯恩造成了贝尔斯登的灭亡，他说，2007年夏天信贷紧缩开始发生的时候，凯恩没有听取他的建议。"凯恩对我的观点没有兴趣，他是唱独角戏的，谁的话也不听。真正的破坏就是那个时候发生的。"托马斯问格林伯格，能否详细说说给过凯恩什么建议，以缓和企业的危机。格林伯格只说了一句："看看我的书就知道了。"格林伯格还批评凯恩竟然专门花时间造访他位于6楼的办公室："我真不知道他进来干什么，他已经不是这儿的员工了。"托马斯又问，当他听说凯恩因为贝尔斯登倒台而损失了自己的大部分财产，有什么感觉。《纽约时报》报道说："格林伯格先生的眼光变得冰冷，毫无感情地说：'啊，是吗？天啊，真是可惜了。'"说起凯恩造成了企业的根本问题，格林伯格用开玩笑的方式回答，但态度明确："凯恩在做梦呢。我为什么要责备他？我不需要责备他——人人都可以自己下结论。"托马斯问格林伯格，他还当不当凯恩是朋友。格林伯格沉默了很久后答道：'啊，他是我很好的朋友。'"

文章在《纽约时报》商业板块头条，浓墨重彩登了出来。西班牙有一种节日娱乐叫piñata（公共彩陶），人们把一种装着礼品的彩饰陶罐吊起来，让儿童蒙着眼打破。文章中，托马斯把凯恩比作"公共彩罐"，"员工责备他，一位总统候选人也责备他"，说他造成了企业垮台。总统候选人指的是参议员约翰·麦凯恩（John McCain）。2008年4月15日，他在卡耐基·梅隆大学（Carnegie Mellon University）演讲时，把凯恩与国家金融服务公司（Countrywide Financial）前任CEO安吉洛·莫兹罗（Angelo Mozilo）相提并论，说在企业垮台之后，这两人"赚了四五千万美元，跑路了"。文章强调，凯恩"与贝尔斯登的联系，将在6月正式被切断。尽管目前他还保留着总裁的头衔，却过上了相对隐居的日子，平时交往的圈子仅限于家人、两名助理与律师团，此外几乎见不到他的踪影。贝尔斯登股价暴跌时，他个人损失了大约9亿美元"。

凯恩没有因为文章的事跟托马斯谈过话，至少正式记载中没有，但文章中，他的痕迹却无处不在。例如，托马斯提到过2007年晚些时候两人的一次互动："格林伯格先生威胁董事会说要离开贝尔斯登，说他在这里得不到应有的尊重。如果他真的离开，就标志着蹒跚而行的贝尔斯登的公众形象又一次发生了破灭。董事会告知凯恩先生，要他尽其所能地劝阻格林伯格。凯恩坐到格林伯格的办公室里，竭力挽留，还特别提到了自己在贝尔斯登最近一次晚餐会上的演讲，致敬了格林伯格的成绩和树立的传统。离开办公室前，凯恩说：'艾伦，这是不尊重的反义词，所以别跟我说，有人不尊重你！'"[1]一般，人人都叫格林伯格的外号"老A"，只有凯恩一个人称呼他的教名（这是亲密的表现）。其实，谁要当着凯恩的面说"老A"，凯恩就罚他100美元。

听到格林伯格这样公开羞辱自己，凯恩困惑不已，火冒三丈。凯恩说，曾经的导师对自己的指控是谎言，而且歪曲了贝尔斯登遭遇的真实情况。凯恩接受了一系列冗长的采访，其中一次说道："格林伯格的怒气很不正常，几乎是恶意报复。为什么？ 出了什么事？ 我正在尽我所能解释清楚。我不是精神病大夫，可跟精神病大夫也差不多了，因为我听说了太多的事，以及太多思考问题的角度。你们去问萨姆·莫利纳罗，去问艾伦·施瓦茨也行。问他们，问沃伦·斯派克特（Warren Spector）[2]吧，格林伯格什么时候说过要卖掉抵押贷款资产了？ 哪怕只说过一句。有吗？ 有吗？ 这就像有个人跑到台前，站在中心，扯了一个厚颜无耻的天大的谎！

---

[1] 凯恩挽留格林伯格的事，后面第三十章详述。

[2] 沃伦·斯派克特是贝尔斯登前总裁兼联合首席运营官，在危机来临之前被凯恩赶走了；他在本书后面是重要人物。

他还跟兰登·托马斯说什么'看看我的书就知道了'，看什么？有什么可看的？连一句呜咽声都没有！这就是格林伯格的特色！"

对麦凯恩在4月把他跟安吉洛·莫兹罗相提并论的事，吉米·凯恩也相当不以为然，特别是因为莫兹罗长期以来卖出了自己公司的很多股票，而他多年来几乎没有卖出过自己积攒的公司股票。而且，1月退休的时候，他既没有收到离职补偿金，也没有收到任何工资。此外，2000年总统选举的时候，麦凯恩还收下了他的慷慨赠予[1]，共计1000美元；今年2月，麦凯恩还应他的邀请，跟贝尔斯登的最高领导层进行了对话。4月23日，吉米·凯恩给麦凯恩写信："我失去了净资产的90%，还失去了很多贝尔斯登其他的长期股东。你想要表示情况并非如此，就是彻头彻尾的谎话！你用我的名义公开发表对华尔街的意见，但在此过程中，你极不公正地对待了我！"

一开始，吉米·凯恩考虑在《纽约时报》和《华尔街日报》上刊登整版广告，把他给麦凯恩的信登出来。但最后还是决定不公开，而是写了一封私人邮件表达愤怒。吉米·凯恩继续写道："坦率地讲，我十分惊讶，你这种有名望的人竟然会堕落到讲民粹主义笑话的程度。而且，你对这些胡乱抨击，竟然都没有检查一下正确与否。你在公开场合对我恶语中伤，毫无事实根据，给我和家人造成了无法弥补的伤害。今后，人们回忆起这段历史，我就被你的言辞塑造成了罪魁祸首之一，但这是不准确、不公平的！"吉米·凯恩提醒麦凯恩，他2月份访问贝尔斯登时，受到了怎样隆重的接待。最后，吉米说："我先前一直期望自己也能受到你同样的尊重。然而，因为捕风捉影跟含沙射影，我的人格、我所处的状况，都被人利用了！作为一个有尊严的人，我希望你能采取适当的手段，公开澄清真相！"

吉米·凯恩做了详细的规划，想方设法让专人把信送到了参议员手

---

[1] 此处"慷慨"是按政治赞助的标准，而非凯恩收入的标准。

上。他先是请贝尔斯登副总裁唐纳德·唐（Donald Tang）把信送给自己的一个海军少将朋友，这人碰巧也是麦凯恩的朋友。麦凯恩始终没有回复，既没写信也没打电话，这让吉米·凯恩更加恼怒。

麦凯恩演讲之后，吉米·凯恩获得的唯一公开支持来自《纽约太阳报》（New York Sun）。凯恩曾给这家报纸的桥牌专栏写过几年文章。《纽约太阳报》社论说："没有任何证据说明吉米·凯恩曾经有意犯错。（麦凯恩）为了在总统选举的过程中获得政治资本，专门挑出这个74岁的老人公开指责，这么做很不恰当——就如同美国司法部部长艾略特·斯皮策指责美国国际集团CEO莫里斯·格林伯格（Maurice Greenberg）或者高盛联席总裁约翰·怀特黑德（John Whitehead）一般。麦凯恩先生想看到吉米·凯恩先生遭到怎样的不幸呢？莫非要让吉米·凯恩按照董事会与股东批准的合同，以在长期职业生涯中积累起来的最后6%的财富被政府没收，作为惩罚吗？"

*

5月29日，贝尔斯登股东召开最后一次会议。会上充满感伤气氛，所幸时间很短。吉米·凯恩说了一番话，看似肺腑之言，说的却是命运对他最终的裁决。这位衣着整洁的前CEO（当天依然担任董事会主席），站在空空如也的讲台上，拉近话筒，面对约400名的股东，做了3月以来的第一次公开讲话。股东们充当橡皮图章而进行的每股10美元收购交易，让凯恩丧失了过去40年在贝尔斯登积攒的几乎全部家当，包括数以十亿计的个人资产，还有他权倾朝野的王位。凯恩说："这是悲伤的一天，不过，我们全都会挺过去，也希望我们能因此变得更好。"

此时，凯恩的讲话，多多少少有一些合作伙伴艾伦·施瓦茨发言的影子。施瓦茨从一位明星银行家变成了饱经风霜的CEO。施瓦茨也做了即兴演讲，主要说的是他对贝尔斯登员工们一直以来的感激之情。然而，凯恩说着说着，声音却越来越颤抖，思想也越来越个人化。"今年，是我在公司第40个年头。我退休的时候（1月4日,施瓦茨告诉他该退休了）

很悲哀。现在也同样悲哀。什么东西只要杀不死我们，就会让我们更强大。这个时候，我们看上去都好像古希腊的英雄赫拉克勒斯（Hercules）。生活还会继续。我们的公司曾达到极高的高度，如今却遇上了一场飓风。"接着，凯恩面带愠色地论述道：企业成立85年后，导致企业垮台的绝对称得上"一场阴谋"，他希望，当局能够"锁定那些罪魁祸首"。但他最后总结说："我没有愤怒，只有遗憾。1.4万个家庭受了波及，我以个人的名义谢罪。我感觉到无量的痛苦，管理层也感觉到无量的痛苦。事情这么悲惨，我十分难过。我的痛苦，没办法用言语表达。"

　　过了不到1分钟，会议结束了。听众们没有提问，也没有抗议。用他们的话说，这已经是fait accompli[1]。从开会到散会，只有10分钟。其他股东和员工（全都承受了损失）在2层礼堂悲叹命运的时候，凯恩快步回到6层的黑檀木老巢，在曲线形办公桌后面安安稳稳坐了下来。一路上，没有任何人拦住他说话。2001年，贝尔斯登刚刚搬进这座光鲜亮丽的45层总部大楼的时候，凯恩在42层有了一间豪华的办公室，从这间办公室的西南方向往外看，可以俯瞰曼哈顿下城，风景十分壮美。但"9·11事件"后，他就很快搬到了比较低的楼层，原先的办公室变成了一间会议室，还配有一间功能齐全的酒吧。凯恩的新办公室位于6楼，风景平淡无奇，面向东北，而且讽刺的是，正对着街对面摩根大通的大楼。

　　凯恩在办公室里打了几个电话，还陆陆续续地接待了一些支持者。在楼下会场时，他表现得很阴郁，但此时却两眼放光，精神也好像不错。灾难刚刚发生，他却这么兴奋，委实不同寻常。他身边放着惯用的迷你喷灯，用来给自己的私人品牌巨型雪茄点烟、续火（他规定，总部只有他有权抽烟）。大卫·格拉泽（David Glaser）长期负责贝尔斯登投行工作，最近刚刚当上了投行联席主管，这时，他来向凯恩最后致意，他要去美国银行担任高管了。接着，贝尔斯登经纪人泰迪·赛鲁勒（Teddy Serure）

---

[1] 法语，意为：既定事实，木已成舟。

也顺道来访。凯恩曾花了"11个月23天"专门游说赛鲁勒，让他离开美林，加入贝尔斯登。赛鲁勒说："我入职的时候，吉米只做了一个承诺，说这是一家有趣的公司。"的确，赛鲁勒很愿意证实这一点，直到最后。

凯恩还有一个铁粉，叫文尼·迪克斯（Vinny Dicks），是经纪业务高管。他进屋来，动情地向凯恩道别。迪克斯给凯恩的7个孙子孙女写过一封信，赞扬他们的祖父，为此，凯恩衷心感谢他，说：以后"需要帮助的话，你知道要来找谁"。凯恩办公室外面的大房间里，还有几名行政助理，其中一个吃过餐厅送来的鸡肉沙拉当午饭后，哭着进了凯恩房间，感谢凯恩带来的一切美好回忆和美妙时光，而后二人拥抱了一下。

几分钟后，电话铃响了。凯恩发现是新公司老板杰米·戴蒙从意大利西海岸风景区波西塔诺（Positano）打来的。凯恩立刻调整了情绪。两人谈了1分钟左右。这时候，股东刚刚投了票，以84%赞成票通过了收购交易。凯恩曾拼命反对收购交易，但还是作为董事会成员投了赞成票。电话里，凯恩为投票通过的事祝贺了戴蒙，还解释说，股东大会成功举行，没有任何让律师担心的问题（例如，要是某人发声抗议该怎么办）。也没有人讨论，摩根大通持有贝尔斯登的股票数目仅仅比总数的一半略微低一点。正是这些股份早早地敲定了投票结果。

尽管是"奉子成婚"，但这已是二人的第三次结缘。戴蒙还在花旗银行工作的时候，本是CEO的法定继承人。但在1998年下半年，花旗银行总裁兼CEO桑迪·威尔（Sandy Weill），戴蒙的恩师，把他继承人的资格取消了。当时，凯恩与戴蒙长谈了3个小时，说了很多话题，包括戴蒙是否愿意管理贝尔斯登证券公司（Bear Stearns Securities Corporation，贝尔斯登的结算业务）。此时，有一家小公司属于"投机商号"，叫A. R. 巴伦公司，已经破产了。贝尔斯登与A. R. 巴伦的结算关系涉嫌违反联邦证券法律的反欺诈条款，正在接受证监会调查。贝尔斯登后来花了3850万美元与证监会达成和解，了结了与巴伦公司的交易官司；而当时的贝尔斯登结算主管理查德·哈里顿（Richard Harriton）后来也被罚款100万美元，并规定其两年内不得再次申请进入证券行业。[1]戴蒙与凯恩谈得很是投缘，但没有接受凯恩的邀请。他对凯恩说，自己真正想要的，是"坐上你的位子"，言下之意，他有朝一日要当上一家华尔街公司的老总。

几年过后，两人又见面了。此时，戴蒙已经当上了芝加哥第一银行（Bank One）的CEO。第一银行打算收购贝尔斯登，于是他主动登门拜访。不过，凯恩告诉他，这是一笔股权稀释交易，市场会有消极反应，因此无法实现。凯恩说："一旦你公开交易，贝尔斯登的股东本应得到的股票溢价会因收购而消失。"

现在，有了财政部和美联储，还有290亿美元公众资金的大力协助，戴蒙终于如愿以偿了。而这究竟会不会是一场惨胜，还有待观察。5月12日，最初协议签订8个星期之后，戴蒙在瑞银全球金融服务会议（UBS Global Financial Services Conference）上发言说："现在还无法评判。不过，一年之后，你们就能对我们这次收购交易做出评判。我们若是觉得收购没有意义，就不会收购，但我们现在的确面临着极大风险……这么大的风险，让我们睡不安稳。直到把事情做完，直到收购全部完成，再等上几个月，才会有所变化……现在，我们全部的精力都用来度过这段衰退期。"

可是，到了5月29日，凯恩与戴蒙简短的电话交谈将近尾声的时候，凯恩终于坦然承认这一天"是个悲哀的日子，很悲哀"，然后祝戴蒙拥有"全世界最好的运气"。接着就继续跟内部员工道别了。

凯恩把在辉煌职业生涯中留下来的大部分纪念品，都装箱运往了新泽西州埃尔伯龙市（Elberon）的周末豪宅里，其中包括几本非常昂贵的书，如迈克尔·萨尔（Michael Sall）所著的《金罗美：掠食者手册》（*Gin Rummy: A Predator's Guide*），只有一件重要东西例外。自从当上贝尔斯登CEO后，凯恩就一直在办公室里摆放着一辆易初牌（Ek-Chor）摩托

---

[1] 关于巴伦公司丑闻，后面第二十一章详述经过，第二十二章详述结果。

车,当作家具。这辆摩托车是中国洛阳北方易初摩托车有限公司的产品,1993年,贝尔斯登帮助该公司上市的时候,该公司将这辆摩托车当作礼物送给了贝尔斯登。如今,凯恩没有带走这辆摩托车,而是将它送给了副董事长费雷斯·诺亚姆(Fares Noujaim),因为诺亚姆长久以来一直发声支持凯恩。后来,诺亚姆就任美林证券中东北非地区主管,又把这辆摩托车带到了曼哈顿下城的美林公司,但不久之后,他又离职了。诺亚姆说:"这辆摩托车是华尔街历史的一部分。"

*

凯恩最后一次在办公室里主持会议时,保罗·弗里德曼已经打算听天由命,他大声表示:他已经在深爱的贝尔斯登度过了27年岁月,可如今,就在85周年纪念日前,贝尔斯登竟如此快速且轻易地蒸发了? 收购交易应当在第二天完成,但此时弗里德曼还没有接到新工作的通知,于是他沦为"过渡期员工",不知下一步何去何从。弗里德曼说:"完全没有离职过程。5000~7000人,明天就是他们的最后一天,谁也不知道怎么离开,谁也不知道。直接不上班吗? 朝某个人提辞职吗? 我的工作证要上交吗? 我的企业信用卡怎么办? 黑莓手机怎么办? 谁也不知道,我们大家都只能在夕阳下落寞地慢慢走远。我会收到一笔可观的离职补偿金,还有别的什么东西。我必须签一份离职协议,但目前还没有收到,他们说,再过几个星期就能收到了。可是我再也没法跟人讨论了,因为人力资源部的所有人都离职了。整件事都很怪异。摩根大通本来极为擅长企业合并,这都成了传奇,可这次他们从一开始就把事情搞得这么糟糕,让我很吃惊。他们反反复复都是同一套说辞,说他们已经雇了贝尔斯登40%的员工,要么就是说打算雇。这套说辞很聪明,因为这些人包括贝尔斯登在达拉斯一家电话中心的几千名办事员,也包括接下来几个月之内要用的一大堆临时工。还留在贝尔斯登的一共有几千人,所以,现在失业的加上再过3~6个月失业的,就该有1万人左右。整个过程真是烂透了! "

弗里德曼停了一停，从窗户眺望47号大街。重新开口后，他的语气里多了一种坚定感。他解释道："不过话又说回来，这也是我们应有的下场，所以还好。真可笑，你听见吉米·凯恩说话了。他开会时只说了这一句：'我们还在研究这场阴谋究竟是谁干的。我们会看看，他们能不能锁定坏人，能不能证实他们就是坏人。'其实坏人就是我们。我们把自己搞成了这样。我们让自己走到了这个地步。我们放任情况变得这么糟，没有采取任何措施阻止。毫无疑问，这是高层管理失误的经典范例！"

第二部分

起因——
八十五年

第十三章
赛伊·刘易斯

贝尔斯登一朝覆亡，引发了全世界的金融灾难。但无论是贝尔斯登灭亡，还是金融灾难，都不能单凭2008年3月的事件来解释。贝尔斯登的问题深藏在独特的企业文化之中，而这文化是几十年来形成的，由三位传奇人物创造：赛伊·刘易斯（Cy Lewis）、老A.格林伯格，以及吉米·凯恩。

美国历史上的1923—1929年，股市曾连续6年保持牛市，创了历史纪录。就在这6年的开头，1923年5月1日，44岁的约瑟夫·安斯利·贝尔斯登（Joseph Ainslie Bear）联合两位年纪比他小一些的伙伴，35岁的罗伯特·B.斯登（Robert B. Stearns）与28岁的哈罗德·C.梅厄（Harold C. Mayer），成立了贝尔斯登公司。1929年金融危机之后，公司的业务明显减少了，但在萧条年代，管理层依然小心翼翼地让公司保持了盈利，而且还能发出少量红利，也避免了裁员。到1933年，贝尔斯登已经坚持了很长一段时间。公司成立时只有7个人，而这时候已经发展到75人。此外，公司成立时资本是50万美元，这时候也增长了60%，达到了80万美元。

1933年，公司有望开展企业债券业务。此时，新合作伙伴之一泰迪·洛（Teddy Low，原名西奥多·罗文斯坦，Theodore Lowenstein），向公司推荐了一位小伙子萨利姆·L.刘易斯（Salim L. Lewis）主管企业债券业务。这时候，刘易斯满打满算只有24岁，之前当过职业橄榄球选手和鞋店销售员。当时，大多数公司只交易政府债券，理由很简单：极少会有公司发行债券，特别是大萧条使得经济十分困难的时候。贝尔斯登决定聘请刘易斯开始新业务，这预示着变革即将到来。刘易斯的常用名是"赛伊·刘易斯"，他头脑聪慧，野心很大。《纽约时报》后来描述过，他身高6英尺2英寸（约188厘米），"身材高大，声音洪亮"，"体重250多磅（约113公斤），脑袋奇大，脾气火爆"。没多久，赛伊·刘易斯就成了贝尔斯登转型背后的主要推动力。贝尔斯登从一家停滞不前的华尔街公司变为发展中的证券业中一家生机勃勃的实力企业。

赛伊生于1908年10月5日，父亲是马克斯·刘易斯（Max Lewis），母亲是哈蒂·利斯纳·刘易斯（Hattie Lissner Lewis）。马克斯是东正教徒，也可称为信教的犹太移民。赛伊的长子桑迪·刘易斯（Sandy Lewis）介绍道，他"可以说是俄国人，也可以说是波兰人，取决于两国边界设定在哪里"；而哈蒂·刘易斯则是美国公民，生于波士顿。

桑迪介绍，父亲刘易斯在少年时期"得了哮喘，病得很重，有一段时间要爬着上楼，才能进家门"。刘易斯在波士顿大学（Boston University）读了3个学期，但因父母交不起学费，不得不辍学。为了挣点额外的工资，他又当了波士顿一名职业橄榄球选手，加入的可能是波士顿獾队（Boston Badgers），但如今在世的人中，没有一个能确定这一点。桑迪·刘易斯说："那时候，职业橄榄球不像如今的纽约巨人队（New York Giants）和金融巨头拉里·蒂施（Larry Tisch）（曾任纽约巨人队老板）这么风光。一个选手一场比赛只能拿50到75美元，挣的都是门票钱。父亲生活紧迫，急需挣钱。有一次，我看见他参加完比赛，手腕都骨折了。是开放性骨折，骨头都露出来了。他打的是边线，球队没有替补。接下来的事非常确定：别人只是替他包扎好，他坚持打完了比赛。"

1927年，刘易斯看自己的橄榄球事业没有前途，就决定跟着当时的女友搬到费城。很快，他找到了一份在鞋店当销售员的工作。尽管他很讨厌这份工作，却不是个不会卖鞋的半吊子。儿子桑迪说："那时候，鞋店只卖鞋给活人穿。爸爸去的刚好是一家男式鞋店。有一次，进来一个女人，脸上戴着黑纱，显然家里死了人，正在服丧。她刚进到店里，爸爸就问：'您好，需要什么服务吗？'她说：'我丈夫死了，要办丧事，我特别想给他买一双鞋，让他看着体面些。'爸爸说：'啊，说起办丧事，我们店里最好看的一双黑色鳄鱼皮鞋就非常合适。我给您拿一双看看。'爸爸就给她拿了一双鞋。她说：'正合适。'"

接着就遇到了困难，因为这位寡妇显然不知道自己丈夫的鞋码。刘易斯建议，她既然马上就需要买下交给殡葬承办人，那可以考虑买两双鳄鱼皮鞋。桑迪继续回忆："当时，店主正在拼命想办法卖出鳄鱼皮鞋，因为实在卖不动。卖不动的原因很清楚：这种鞋虽然看着很好看，但穿起来不那么舒服。而且，不走路没问题，一走路就糟透了。店主告诉爸爸，如果能大宗卖出这种鳄鱼皮鞋，爸爸就能挣到更多的钱。假如卖出一双鞋的佣金是X美元，那两双鞋的佣金就不是2X，而是3X。爸爸就对寡妇说：'这样吧，您如果只能估计尺码，我就卖您一双尺寸差不多的，再卖您一双稍微大一点的，这样总有一双合适。您先生去世了，您又买了两双，这种情况，我应该可以给您稍微打点折。'"

刘易斯跟店主迅速商量了几句，就给寡妇打了折扣。桑迪继续道："当然，整个情况对店主非常有利：爸爸得到了佣金；寡妇买了鞋，还打了一点折；店主也不止卖掉了一双鞋。大家都很高兴。店主成功把两双鞋卖给了一个去世的人。这个故事很棒，爸爸经常说起。"赛伊·刘易斯在华尔街功成名就之后，他的整个职业生涯以及他的举措，经常遭到伦理道德方面的质疑。这个故事也就成了他行事风格的寓言。[1]桑迪说："他之所以总讲这个故事，是因为他在华尔街的销售工作，关心的是'如何

---

[1] 不是说他本人道德有问题，而是说他善于游走在道德边界上，打擦边球谋利。这或许也是整个贝尔斯登的风格。

把商品卖出去'，而不是'商品对顾客是否合适'。只要商品出了店门，就万事大吉。"

但刘易斯完全不喜欢卖鞋。他唯一的期望就是在华尔街找一份工作。在长岛上的北岸乡村俱乐部（North Shore Country Club），他精心安排了一场会面，终于如愿以偿。儿子桑迪说："爸爸通过一个停车场进入了华尔街。长岛北岸地区有一个犹太人乡村俱乐部，叫北岸乡村俱乐部，爸爸就去了那儿。他能进俱乐部，跟赫伯特·所罗门（Herbert Salomon）有些关系。赫伯特·所罗门是1910年成立的所罗门兄弟公司（Salomon Brothers）总裁。赛伊·刘易斯一直追随着所罗门，希望能在所罗门兄弟公司谋一份差事。最后，通过帮所罗门将车开到乡村俱乐部的停车场，爸爸得到了这份工作——这可真不简单，因为当时爸爸其实不会开车，但这一点也没有给他造成困难，他还是把车开过来了。所罗门就对爸爸说：'孩子，周一早上来我公司，咱们聊一聊。'周一，爸爸一大早就去了，当上了所罗门公司的推销员。"

刘易斯的工作是把债券证书从华尔街公司A拿到公司B，从客户A拿到客户B。当时，华尔街周围到处都是地下通道，专门供这些推销员在天气恶劣的时候工作，刘易斯也在这些通道里穿行。他脑子清楚，野心又大，很快从跑腿的岗位荣升为所罗门兄弟公司至关重要的销售与交易部的一员。

然而，所罗门兄弟公司很快又把刘易斯开除了。接着，刘易斯来到了巴尔·科恩公司（Barr, Cohen & Co），在销售部干了3年，又被辞退了。之后他又去了两家公司，同样被辞退了。儿子说："爸爸是那种会产生想法，也会实践想法的人。他肯定不是犯了错，只是因为他太冲动。他有非常好的主意，而且一定要把事情做成。他会说：'看在上帝的面上，咱们为什么不这么做，为什么？为什么？'而一些老资格的合伙人就会说：'用不着在这胡扯！把他轰出去！'可一天下来如果想要挣很多钱，就必须跟上流社会做生意。我爸爸，不论什么情况，最受不了的就是无聊。

但是他在那些公司的工作,只是坐着不动,等着电话铃响,然后听人家说:'以代理人身份买进100股债券或股票。'这样的工作挣不来大钱,而且当时爸爸已经没钱了。唯一能够挣钱的办法就是用钱生钱,而且必须用别人的钱。这个道理从他进公司的第一天就知道,这是整个交易背后的推动力。但是,他没有别人的钱,这种钱是筹不到的,不可能直接去银行借出贷款,再用贷款投机。这些公司,有着各种各样的保证金要求和规章制度。这些企业,除了所罗门兄弟公司,从来没有用过自己的资本,就连贝尔斯登也不例外。"

刘易斯当贝尔斯登员工的时候,职责是用企业80万美元资本的极小一部分,慢慢零打碎敲,审慎地让企业逐渐盈利。当时,华尔街上几乎没有哪一家公司以自营的方式经营企业债券,即使有也为数极少。桑迪说:"只要爸爸拉到的钱可以增长,贝尔斯登的资本就会随之增长,因为爸爸赚到了钱。他知道怎么赚钱。"

1938年5月2日,赛伊·刘易斯入职贝尔斯登5年后,当上了合伙人。刘易斯作为合伙人的出资额是2万美元,这笔钱是妻子给他的,妻子从第二次离婚协议中得到了这笔钱。这个时期,华尔街发展得很慢,有人认为这时的萧条是最厉害的。股市每天经常连100万股交易都达不到。这个年代,贝尔斯登的客户据说"主要是德国犹太人寡妇,住在公园大街"。桑迪说:"人们觉得1932年经济很糟,但爸爸告诉我,1938年才是最糟糕的。他们从来没有想到,还能从这该死的萧条中走出来。爸爸对大萧条了解很深。"贝尔斯登依然在慢慢稳步前进。自1932年以来,芝加哥的斯泰因·布伦南公司(Stein, Brennan Co.)一直在担任贝尔斯登的代理商行,1940年12月,贝尔斯登宣布收购斯泰因·布伦南公司。

讽刺的是,日本偷袭珍珠港导致美国决定参加二战以后,刘易斯在贝尔斯登的大发展才到来。赛伊·刘易斯和妻子生养了4个孩子,而男人只要当了父亲就可以免去兵役。刘易斯不服兵役,就把全部精力用在为贝尔斯登赚钱上,为一家人赚钱上。儿子说:"打仗了,罗斯福总统需要武装全国，把一切必需的原料送进工厂，把产品运到港口，再从港口运出去。他拼命想要生产飞机、坦克、卡车，成千上万的东西。他们必须控制铁路，不让别人用铁路，确保只有政府才能用铁路运输。这是打仗，一旦需要物资，就必须确保能得到物资。他们打乱了铁路运输系统，采取了信贷控制的措施，人们不能借钱了。"

刘易斯注意到，就在罗斯福为军事目的而征用铁路之前，铁路债券是以票面价值交易的，因为可以获得利息。桑迪说："可是忽然间，他们就不付利息了，开始用一种'无息'方式交易。人们可以随意买卖铁路债券，但是政府却不支付积累的债券的利息，也就是说这债券相当于"死了"。而买债券的意义就在于认为它有'未来'，将来可能会有价值。"铁路债券不再付息后，原先1美元的债券，流通价格跌到了5美分。刘易斯开始思考：是否应该把这些折价严重（市场价格远低于票面价格）的债券买下来呢？他觉得：要么是世界末日就要到了，这种情况下一切都无所谓了；要么是美国会赢得战争，整个国家都拼命想把铁路要回来，用于重建，用于向战胜国进行物资援助。如果是后一种情况，那么在战时用极低折扣买入的铁路债券就会非常值钱。

刘易斯知道，想实践这个想法，就得需要别人的钱，因为乔·贝尔斯登绝不可能从企业资本里拿钱，供给他所需的资金。于是，刘易斯找到了美国海丰银行（Marine Midland Bank）信贷员哈里·T.西亚（Harrie T. Shea），这家银行在百老汇大街（Broadway）140号，离贝尔斯登不远。刘易斯说服了海丰银行，给贝尔斯登贷款，购买铁路债券。尽管在战争背景下，海丰银行只能向贝尔斯登收取很低的利息（向华尔街贷款，是政府允许的资本用途之一）[1]，但刘易斯依然必须一边积累无息铁路债券，一边偿还利息。为了获得足够的资金，刘易斯成了向个人投资者出售战争债券的最大卖家之一。

---

[1] 当时罗斯福政府对资本有管制，银行借贷给华尔街公司收取的利息比较低，因为要鼓励国内投资，减少失业，并为战争服务。

当然，持有无息铁路债券的风险很大，这让刘易斯一家人变得更加恐惧。桑迪回忆说："有些人找上门来问我爸爸：'买了这些铁路债券，我账户里的钱现在怎么样了？'爸爸就会说：'现在是无息交易，但有朝一日会正常的。'[1]家里的气氛越来越紧张，因为这笔钱是必须付利息的。尽管利率受到限制，但还是有利息，有利息就必须付钱。他的情绪压力极大：总是抽烟，总是喝苏格兰威士忌，总是商议，总是紧张个没完。那种压力足以让所有人崩溃。"

刘易斯在铁路债券上押了宝，本来就非常紧张。1944年，一家人又决定在公园大道778号买下一所面积很大的新公寓，花了2万美元，这价格在当时堪称天价，这就让刘易斯更紧张了。之前，一家人一直租住在公园大道1192号的两处公寓，一处面对北方的兵工厂，另一处面对公园大道。刘易斯之所以买下那所新公寓，是因为妻子坚持要买。妻子觉得，他这时候发达了很多，新房子的位置和尺寸与他的社会地位相称得多。桑迪说："这所新公寓大概有18个房间，6个主卧，人人都能分到一个厕所，档次高得没边儿了。不过，这也是一场灾难。爸爸每天回家，情绪都非常压抑，因为世界局势，因为他做出了购买铁路债券这么一个重大决定。债券卖不出去，就是这样。这个战略要么管用，要么就完全走不下去。"

刘易斯不得不转移那些战争债券。桑迪说："爸爸每到一个城市，每到一家银行，都会消失两个星期，管理那些投资组合，把债券从一个人的手里倒腾到另一个人手里。他在全美国都出了名。要是他能不断地找到下家接盘，他就能支持铁路债券市场运转下去。他总是说：'我会帮助你们，我会重组你们的投资组合。'就是在做梦的时候，他的脑子里也能追踪收益曲线。这样他就能获得足够的收入，支持他下的巨额赌注。"

---

[1] 刘易斯说服他的顾客买铁路债券，有些人不放心，问他账户里还有多少钱，是亏损还是盈利。

假如刘易斯赌输了,贝尔斯登就非破产不可。桑迪说:"完了,关门了。一点疑问都没有。他们既不是证券包销商,也不是通过公司合并抽取佣金的投行,他们没有别的业务(因此,一旦债券业务失败,公司就要倒闭)。"

美国和同盟国赢得战争后,局势的发展正如刘易斯所料。桑迪说:"政府决定让铁路系统重新独立。局面变得极好,发展得极快。那些债券一下子就涨到了票面价值。这时候,投资者不仅能获得票面价值,还能获得累积的利息。我只能说,一切都不同了,天啊,我们换了好车,买了高尔夫球杆,重新装修了公寓。什么好事都来了。我们举办了许多宴会——几乎不管走到哪里都是宴会。还雇了6个仆人,1个专门的司机。"

到1945年1月,盟军在欧洲胜算已经很大了。贝尔斯登开始增持铁路债券,途径是从复兴金融公司(Reconstruction Finance Corporation)以面值(1美元100美分)和比面值略高的价格直接买入一些债券。1946年2月,盟军的胜利已经尘埃落定,铁路债券也疯涨到了创纪录的水平,收益率甚至接近于美国国债利率,只比后者稍微低一点。这说明,铁路债的健康程度最终有显著提高,而刘易斯的赌注也获得了丰厚的回报。[1]

借铁路债券大捞一票之后,刘易斯很快巩固了在贝尔斯登的权力。但是,为了做到这一点,他必须先摆脱合作伙伴泰迪·洛的限制。泰迪·洛是品酒骑士团(Confrérie des Chevaliers du Tastevin)的一员,这个团体的总部位于法国勃艮第(Bourgogne),成员都是高级品酒师,致力于研究波尔多葡萄酒(Bordeaux)。泰迪·洛是企业的门面人物,行事精干利落,一直对刘易斯的高超智慧耿耿于怀。桑迪说,泰迪·洛还指责刘易斯"自命不凡、愚昧无知、僵化、势利、靠不住"。泰迪·洛相信,要选择企业的管理合伙人,最关键的标准应该是资历。

桑迪继续说:"泰迪·洛根本没有考虑,是爸爸一手将贝尔斯登建起

---

[1] 一个金融常识:债券收益率越低,说明风险越低,市场价格越高。刘易斯的债券以5美分买进,战后价格为1美元10美分,真是赚翻了。

来的。不过，爸爸的观点可不一样。泰迪·洛在海军服役过，后来，仗打完了，他回来了，想要把企业恢复原状，停止一切做市商交易。两个创始人哈罗德·C.梅厄和乔·贝尔斯登都说：'你疯了？'于是，泰迪·洛的权威就到此为止了。"

*

挟着下注铁路债券获胜的余威，刘易斯在公司巩固了自身地位。这时候，他还需要一次"返场表演"，贝尔斯登也需要。于是，几个合伙人又开始关注其他的"事件驱动型"策略，比如合并套利（同时买入和卖出两家合并公司的股票，以获取"无风险"的利润），比如拿到各家公司的"控制股权"（即股票占有率达50%以上）。实际上，二战之后，贝尔斯登就站在了"私募股权业务"的起跑线上，这个术语，后来才广为人知。桑迪说："你看见的是公司怎么用钱生钱，而且是用公司自己的钱。"这一点，成了他父亲刘易斯战后的要紧事。刘易斯想要沿着成功的梯子步步高升，也想让公司成为众人瞩目的焦点。然而，他偶尔还是必须服从各位创始人的决定。桑迪继续说："梅厄还在当负责人，爸爸做什么决定都要打电话向梅厄请示。梅厄属于那种讨人嫌的人，但是又离不了。"

刘易斯家族虽然富有了，但刘易斯把大部分时间都用来担心一切，同家人很少交流。赛伊·刘易斯的抑郁变得越发严重，给这个家笼罩了一层愁云。桑迪说："爸爸给妈妈一种感觉，让她觉得事情很不好。爸爸总是这样的性格，总爱说：'我很担心！'爸爸这个人，在忙事业的过程中会十分焦虑，把整个企业的焦虑都扛在了肩上。"

而刘易斯的言行对合伙人的影响也很大。桑迪回忆，公司有一位合伙人叫大卫·芬克尔（David Finkle），是赛伊·刘易斯把他从所罗门公司招过来的，他对刘易斯很是尊敬。但后来，刘易斯让芬克尔崩溃了。"有一次，大卫·芬克尔来上班，打了一条新领带。爸爸看着领带说：'这破领带，你小子是从哪儿弄的？喂，我说，这领带算什么玩意？看在上帝的份上，这种领带你们会用眼瞧吗？这领带他花了多少钱啊？'"这也许只是善意的嘲讽，但芬克尔却躲进厕所大哭起来。桑迪继续说："芬克尔个子非常小，而爸爸身材高大，相貌堂堂。爸爸一进来，大家都坐直了一点；而芬克尔一进来，谁也不会注意他。"到这时候，贝尔斯登的各位主管都扮演了特别的角色：泰迪·洛，是盎格鲁－撒克逊裔白人（White Anglo-Saxon Protestant，简称WASP）风格的矫揉造作，以及华而不实的娱乐圈风格；哈罗德·C.梅厄，是慈祥的家长作风；赛伊·刘易斯，是巨大的威胁压迫感。刘易斯想要把公司推到聚光灯下，也想让自己攀上成功的天梯。

第十四章

老A.格林伯格

　　1949年，这家位于华尔街第二梯队的小公司，迎来了艾伦·格林伯格。格林伯格是犹太人，来自美国中西部[1]，意志坚定，有着赌徒的本能和致富的强烈意愿。1928年，格林伯格生于堪萨斯州威奇托市（Wichita），祖父母是俄国移民，据说"怀着美国梦，一无所有地来到了美国海岸"。格林伯格十分敬仰祖父母。他说："他们从俄国来到美国，没有一点钱，没有工作，也不会说英语。这需要很大勇气。最后，他们成功了。"格林伯格6岁那年，父亲西奥多·格林伯格（Theodore Greenberg）把家搬到了俄克拉何马州俄克拉何马城的皇冠岗（Crown Heights），这是一处中产阶级的居民区。1930年，西奥多·格林伯格开了一家服装店，叫大街商店（Streets），位于俄克拉何马城西大街（West Main Street）。第二年，服装店成了全美国第一批提供赊账的商店之一。最后，大街商店在俄克拉何马州开了13家门店，营收达到3000万美元。

　　艾伦·格林伯格非常早熟。2000年，他的母亲埃丝特（Esther）已经93岁高龄（98岁去世），在接受采访时说："这孩子特别优秀，从来不出

---

[1] 美国地理上分为四大区，东北、中西、南部、西部。中西部并非字面意义的"中部和西部"，在地理上位于美国中北部，含12个州：伊利诺伊、印第安纳、爱荷华、堪萨斯、密歇根、明尼苏达、密苏里、内布拉斯加、北达科他、俄亥俄、南达科他、威斯康辛。

问题。但是，抚养他也是个挑战。儿子要是比妈妈还聪明，就很难养……他放学之后，我们在家花上几个小时，造飞机模型；有一次，还造了一台发动机，装在自行车上，让他骑着上学。"8岁那年，格林伯格看了一次魔术师布莱克斯通（Blackstone the Magician）的表演，从此迷上了魔术和纸牌游戏。他从小就对很多事情有强烈兴趣——魔术、训练狗、悠悠球、桥牌、在非洲用弓箭狩猎大型猎物。他下班离开办公室前，从来都是把一切事务料理好，没有后顾之忧。为此，他一直很骄傲。

在哈丁高中（Harding Junior High School）和克拉森高中（Classen High）上学时，格林伯格成了明星人物，全班同学都为他着迷。他还是个王牌运动员，虽然身高有好一阵子都只有5英尺10英寸（约178厘米，对运动员来说不算高大），但他的个性是更接近拳击手的厚重[1]，而不是真正运动员的狡黠。但他还是成功了，当上了一流的短跑选手。他所在的校队曾创下11胜1负1平的纪录

他高中毕业那年，正好在二战期间。很多年轻人都应征入伍了。但他因橄榄球技巧十分突出，获得了全额奖学金，在俄克拉何马大学（University of Oklahoma）打球。大学离家18英里远。二战期间，大一新生也能参加校队，格林伯格在1945年的赛季里打了最早的两场比赛。但在对阵内布拉斯加州的第二场比赛中，他伤到了一个椎间盘，大学的运动生涯从此结束了。学年末，他决定来一次"东游"[2]，转学到了密苏里州哥伦比亚市（Cloumbia）密苏里大学（University of Missouri），那里离家足有500英里。他选择了商科。他说，只有二流学生才会关注体育和女生，"尽管体育不一定排在女生前面"。他说，他的专业就是"出逃"。

在大学争取男女同校权[3]期间，格林伯格拥有了终身外号"老A"。

---

[1] 从后文来看，格林伯格这个人属于做事不张扬的类型。

[2] 原文go East，East大写，表示某个特定的东方地区，这里猜测是历史上十字军东征的典故，因为密苏里州位于俄克拉何马州的东方。

[3] 二战以后，美国各种解放思潮兴起，包括争取男女同校权的运动，格林伯格也参加了。

在密苏里大学，一个朋友给他建议，说格林伯格这名字犹太色彩很重，很难找到女友。“你长得还不错，可用艾伦·格林伯格这个名字在密苏里大学吃不开。”[1]朋友建议他改名为老A.庚斯博罗（Ace Gainsboro）。格林伯格后来说：“我没用庚斯博罗[2]，但老A这个名字却叫开了，而且一直跟我到了纽约。”他喜欢打桥牌，在大学期间也坚持训练牌技。他的舍友阿尔文·艾因本德（Alvin Einbender）说：“要是老A半夜两点还不睡，就是在打桥牌。”后来，艾因本德当上了贝尔斯登首席运营官。

格林伯格小时候有很长一段时间，都在周六打扫家人开的服装店。但他知道，他的志向比经营女装连锁店要大得多。他瞄准了华尔街。2004年的时候，他说：“我就是觉得我兴许擅长这种事。我喜欢玩牌，喜欢——怎么说？——下赌注。我就去了纽约。当时打赌是违法的，我就没什么选择。”格林伯格还说，他从家人身上学到了一些宝贵的人生道理：“我爸爸的智慧多极了。二战的时候，很多人怀揣着大量的现金。我问爸爸：‘怎么那些人都带着现金？’爸爸说：‘他们不想通过收银机做买卖[3]。’因为当时有价格管控。我就问：‘爸爸，你怎么不带现金呢？’他说：‘我永远不想到头来给我的会计员或者秘书打工。’我始终记着这句话。”1999年，纽约作家马克·辛格（Mark Singer）为格林伯格专门写了杂志文章介绍他，第一次披露了这种朴素智慧：“就是这样，一则表面上有着启示意义的逸闻，最后一句话是一句商界格言：若从税吏那里偷钱，就难免被走卒讹诈。”

格林伯格还从零售商父亲那儿学到了另外一课，它后来变成了“格林伯格神话”的基础：“我听他说的一些话，后来在华尔街工作的时候一

[1] 据猜测，当时美国某些地区有种族歧视或反犹的社会风气，因此格林伯格的朋友如此建议。

[2] 格林伯格原文Greenberg，来自中东欧犹太人说的意第绪语，意思是“绿色的山”，因此他的朋友说这名字犹太色彩很重，建议他将姓改成庚斯博罗（Gainsboro）。庚斯博罗也拼写成Gainsborough，来源于约9世纪的挪威。

[3] 这样就可以不打印发票，方便逃税并以想要的价格在黑市上买卖商品。

直记在心里。我觉得，任何生意都适用这些道理。比如，他说你手上要是有些货，行情不好，那今天一定要卖掉，因为明天行情会更糟。我向你保证，证券也是这样。"

大学毕业后，他搬到了纽约，想在华尔街谋生，不在乎能找到什么工作。这时，爸爸资助了他3000美元，为此他终生感激。他条件并不好：不是名校毕业，来自犹太家庭，而且那时候华尔街的工作竞争和现在一样激烈。格林伯格说："华尔街不欢迎犹太人，除非是犹太人开的企业。"他口袋里揣着一封推荐信，是他叔叔的一个业务伙伴写的，他从来没见过这个业务伙伴。凭着这封推荐信，他获得了华尔街6家犹太公司的面试资格。当时他的情况很艰难。

他手里的钱也在迅速减少。这一年，他21岁[1]。终于，贝尔斯登聘他当了贷款部的文员。他在位于华尔街1号的公司新址上班，每周工资32.50美元。

1949年，贝尔斯登的一把手毫无疑问是赛伊·刘易斯。他是管理合伙人，也是企业分红比例最高的人。这是理所当然，因为企业红利大部分就来自刘易斯本人和他的创意。办公室的桌子排列成U形，刘易斯坐在中间宽敞的皮椅上，管理这家快速成长的公司，以及公司的1700万美元资本。当时，这家公司被称为"小伙子城"（Boys' Town），理由很明显，纽约作家马克·辛格在《纽约客》上的文章中作了详细说明："贝尔斯登有一种塞米·格里克（Sammy Glick）[2]式的背景。这是一家擅长'交易'的企业，在股权市场中显得机警、忙碌、咄咄逼人。但这种企业的合伙人不太可能被人请去华盛顿，为总统或内阁成员讲解如何管理美国经济。"

---

[1] 18岁是美国法定成人年龄，拥有服兵役、就业等资格；不过21岁才是真正的成年年龄，例如烟酒、赌场、妓院都不能开放给21岁以下的美国人。

[2] 塞米·格里克是1941年美国小说《是什么让塞米奔跑？》（*What Makes Sammy Run?*）里的主人公，犹太男孩，白手起家，追求个人奋斗。

一开始，格林伯格的文员工作地位很低下。他被安排到了油气部门，因为他是俄克拉何马州人，而石油天然气是俄州的主要资源。他看了各种技术杂志，往一面墙大小的美国地图上按图钉，显示开采石油的所在地。有一次，他略带讽刺地说："我做这工作，准备很充分，手和眼睛十分协调。"他的主要工作之一，就是在地图上来回挪动图钉。他开始在吃午饭的时候去交易楼层转悠，很快迷上了这种工作，觉得这种魔法一般的神秘行动十分吸引人。他因这种年轻人的爱好引起了套利交易部主管、合伙人之一约翰·斯雷德（John Slade）的注意。旧日的华尔街，套利交易是赌徒的天堂，成年人可以计算风险，判断那些已公布消息中的合并或收购是否真会发生，也判断什么时候发生。然而，套利者投资的交易风险，经常超出他们的知识范围，当然也超出了他们的控制范围。因此，这场过山车般的旅途，既新鲜刺激，又令人反胃。

斯雷德很快把格林伯格安排到套利柜台，让他在自己的手下工作。格林伯格也很快发现，这工作有多么令人不安。上班第一天，上午10点左右，在"被斯雷德一通猛烈训斥"过后，格林伯格进厕所吐了起来。当然，斯雷德自己也经常被老板刘易斯怒骂，对此已经习惯了。当初有一次，刘易斯的合伙人在一次债券交易中损失了400美元，虽然与此同时他又在另一次债券交易中盈利了8万美元，结果还被刘易斯大骂一顿。这一次，被斯雷德怒骂之后，格林伯格差一点辞职，但后来还是没有辞，而是被调到了风险套利部[1]。公司有一种谣言，说斯雷德像莎士比亚喜剧《威尼斯商人》（*The Merchant of Venice*）里的残忍商人夏洛克一样，从格林伯格胸口"割下了一磅肉"，从此，格林伯格在职业生涯里，就再也没有过一丝紧张。

实际上，格林伯格只想赚钱，而贝尔斯登的风险套利部所做的正是赚钱这件事。格林伯格解释："从1949年到1950年，美国只有极少几

---

[1] 套利柜台负责做交易，风险套利部负责后台计算，二者职责不同。

个地方能赚钱，套利部是其中一个。"据说，当时套利部在好年景的盈利占到了公司总盈利的30%，而在坏年景的盈利则占到了公司总盈利的100%。

到了1952年，赛伊·刘易斯在华尔街和整个纽约市都名声大噪。他成为后人命名的"大宗交易"的先锋——为机构投资者进行大批股票的买卖。而另一个先锋是高盛一把手古斯·列维（Gus Levy）。和列维一样，刘易斯也成了一名不知疲倦的筹款人，为"犹太慈善团体联合会"（Federation of Jewish Philanthropies）工作。这相当于是一个联盟组织，管理针对100多家纽约医院和社会服务组织的慈善捐赠。刘易斯带头和员工们一起创立了公司的慈善捐赠制度，随着时间推移，格林伯格和凯恩又完善了这一制度。贝尔斯登要求所有高级常务董事都捐出年薪的4%给自己选定的慈善事业，这一点在华尔街独树一帜。

1953年，格林伯格25岁，正当年富力强。这一年，他接任斯雷德当上了风险套利部的主管。《纽约客》杂志报道说：他"正在建立自己的名声，成为华尔街最精明、最冷静的交易员之一"。这一年，他与安·利伯曼（Ann Lieberman）结为伉俪，安也是俄克拉何马城人。

1956年，公司U形办公桌阵列多了一个席位，就在刘易斯旁边。斯雷德建议格林伯格坐到那里去，说如果能接近管理合伙人，对他的事业会有帮助。格林伯格后来说，若是没有斯雷德的建议，他就不会坐上那个空位，因为他原本没有理由自愿坐到刘易斯身边，引起刘易斯的恼怒。作家朱迪思·拉姆齐·恩里克（Judith Ramsey Ehrlich）和巴里·雷费德（Barry J. Rehfeld）合写过一本书，叫《新人群》（The New Crowd），1989年出版。在这本书中提到了格林伯格，他说："坐到刘易斯身边，就意味着要经常忍受刘易斯万丈怒火的全部力量。如果有人不同意刘易斯的意见，那无论哪一方都不会赢。刘易斯的骄傲心，就与他的体格一样巨大。假如错的是你，他会让你永远忘不了；假如你对了，他错了，他就会怀恨在心。"这种不幸现象在华尔街并不少见。不过，两人之间却出现了一种少见的情况：尽管刘易斯有这种性格缺陷，但两人却有效地发挥了各自的才能（刘易斯的大宗交易，格林伯格的风险套利），给企业和自身带来了利益。慢慢发展起来的并购产业，为这两人提供了机会，让他们组合了双方的才能。桑迪·刘易斯说："大宗交易和套利的结合是天经地义的事（因为一宗交易传出谣言或者正式宣布的时候，就是大宗股票进行转手的开始）。在贝尔斯登，艾伦·格林伯格和赛伊·刘易斯一起坐在交易柜台前面，就是从这一刻开始的。"

1957年4月，格林伯格的职业发展遭遇了一个曲折。4月2日，纽约证交所指控格林伯格违反了当时的《交易规则》（*Exchange Rule*）第434条（现在的第345条17款），即："一切成员、公司成员或企业成员，不得准许任何个人定期履行按照惯例只能由注册人士履行的任何义务，除非该人已经注册，能够得到证交所的认可。"于是，他被企业停职两个月，没有工资。这次打击很严重。不论当时还是现在，证交所都要求：大部分华尔街的员工，特别是那些服务客户买卖证券的员工，都必须通过考试，成为"注册人士"。证交所没有透露格林伯格到底犯了什么样的错误，才会受到这么严重的惩罚。格林伯格也拒绝回答这个问题。

不过，这次停职并没有给格林伯格的事业轨迹带来显著影响。1957年6月，他回到了公司。接着，他同时发挥了商业才能与政治才能，在1958年成了贝尔斯登合伙人。这一年，他30岁。他参加的第一次合伙人年会，简朴到了极点：年会在一家本地牛排餐厅的密室里举行，市场收盘之后，他们在这间密室里用大罐子喝啤酒。

一年之后，格林伯格接到了一个足以让任何一个年轻人都惊骇万分的消息：他被确诊为结肠癌，医生说他的存活率大概是25%。当时还没有化疗技术，只能手术。他告诉兄弟梅纳德（Maynard）："概率还不太低，就是风险太高了。"他飞到明尼苏达州罗切斯特市（Rochester）梅奥诊所（Mayo Clinic），动了手术，切除了肿瘤。手术很成功，肿瘤切除干净了，没有扩散。一份资料说："格林伯格的朋友和家人表示，他在几个月的康复期中，从来没有表现出一点恐惧或者抑郁，但确实讲了很多尖酸刻薄的笑话。"他会拿自己开玩笑，说对他而言"未来"就是"下周"；他只会投资短期证券；还决定不再买东西，而是用什么就租什么。不过，他的"生存焦虑"还是很自然地精确聚焦在了他认为最重要的事情上：赚钱，享乐。他说："从那以后，我再也没推迟过任何想做的事。我学魔术，学柔道，去非洲，整个人好像爆炸一样发展起来。"

在华尔街1号的公司总部，赛伊·刘易斯得知格林伯格生病的消息后，非常忧虑。格林伯格已经证明自己是公司的摇钱树了，而公司并没有很多经常性收入来源，始终需要新的方式来以钱生钱。桑迪·刘易斯回忆，在格林伯格生病期间，父亲赛伊·刘易斯说："那样的脑子，不是很多见的。公司面临着极大风险。之后，他的情况改善了，大家都松了一口气。"

*

格林伯格与死亡擦肩而过的经历，不光启发他更积极地活在当下，还让他一旦认为"合作伙伴使用企业资本做出了错误的决定"，就应该更勇敢地与伙伴们交涉。突然之间，格林伯格父亲当初的信条——"尽快卖掉周转缓慢的产品"就成了他从事证券业的座右铭。格林伯格认为，这方面他要面对的头号公敌就是贝尔斯登管理合伙人赛伊·刘易斯。格林伯格在被确诊为癌症之前，若是感觉到刘易斯持有某些证券的时间太久，只要跟其他合伙人说一说就满足了。这时候，他更有勇气，也更愿意直接对抗刘易斯了。他决定，刘易斯如果不愿意卖掉企业的滞销证券，就由他出面强迫刘易斯卖出。有一次他说："如果能有少量利润可捞，人们不会有丝毫犹豫。可是，人们却不想承受损失。我们应该做的恰恰跟这个相反。我错了就是错了，卖出，然后再买点别的。"

他回忆，他跟刘易斯进行了很多次"对决"，尤其是20世纪60年代早期的一回："一天，我来到刘易斯跟前说：'你听说过鲁德-麦理肯（Rudd-Melikian）这个公司吗？'他说：'什么鲁德-麦理肯？'我说：'我们在这家公司有一笔头寸，已经从20点降到5点了。'我举了几个类似的情况，告诉他，如果形势再这么发展下去，我就辞职。"终于有一天，格林伯格跟刘易斯摊牌说要辞职。

刘易斯的反应是："你算什么？"

格林伯格说："我要走了。跟你没什么可说的了。"然后就出了办公室。

当晚，刘易斯给格林伯格打电话，请他到公园大道778号谈一谈。格林伯格不情愿地去了。刘易斯要格林伯格告诉他，为什么要辞职。两人又说起鲁德－麦理肯的事。这是一家自动贩卖机制造商，贝尔斯登持有这家公司的1万股股票。格林伯格说："已经下降了15点，你还不知道我们买了他们的股票。所以我才要辞职，因为你不肯承受损失，买了这些股票就不想卖出。"

第二天，刘易斯请格林伯格到他的办公室，说："好吧，我跟你做个交易。你是对的，我卖出的本事太差了。我必须承认我错了，你想卖什么随时都可以卖。我保证不会干涉。"刘易斯遵守了承诺，尽管这样一来，他在企业的传奇性地位下降了很多。格林伯格很快动手卖出贝尔斯登那些亏损的头寸，包括鲁德－麦理肯公司的股票，再用这些钱投资美国纤维胶公司（American Viscose Corporation），这是一家人造丝纤维制造公司，是个上市企业，位于宾州的马库斯·胡克市（Marcus Hook）。格林伯格用公司的钱下了一笔大赌注：预测美国纤维胶公司将会被其他公司收购。但是，一开始什么也没有发生，格林伯格开始担心，他和刘易斯的赌注可能会让他的投资生涯受影响，他甚至可能丢了饭碗。但是，好运来了。1963年，美国富美实公司（FMC Corporation）出面收购了美国纤维胶公司。美国政府基于反托拉斯立场（又译反垄断立场）试图阻止交易，但失败了，交易完成了。格林伯格聪明地赌赢了。从那时起，他在公司的权力就开始呈指数级攀升。

*

格林伯格的势力越来越大，他与刘易斯的关系也就越来越紧张。此外，刘易斯的个人行为也增加了已有的混乱。刘易斯与妻子的好友之一瓦莱丽·多芬诺（Valerie Dauphinot）长期相好，而且两人的关系"名声在外"。瓦莱丽的丈夫是克拉伦斯·J. 多芬诺（Clarence J. Dauphinot），创立了劲达国际（Deltec International），这是一家拉丁美洲企业集团。1955年12月，刘易斯与好友古斯·列维进入了劲达国际董事会。

20世纪50年代后期，刘易斯也有了健康问题。1960年，他患了乳腺癌（男性中极为少见），切除了右侧乳腺。刘易斯也有酗酒的毛病，据说，在公司餐厅吃午饭时，他每天能喝掉"一大罐马提尼酒"。此外，他性格还极为孤僻。尽管刘易斯的势力依然很大，但格林伯格却开始越来越多地控制贝尔斯登。恩里克与雷费德在《新人群》中写道："只有他能够对抗高级合伙人，并获得胜利。"

第十五章
吉米·凯恩

20世纪60年代后期，格林伯格判断，婴儿潮[1]时期最早出生的人，现在刚刚开始进入收入巅峰期。他们会拥有大量可支配收入，且需要投资。因此，格林伯格想要扩展公司当时新增的零售经纪业务，但这个想法遭到了刘易斯和泰迪·洛的反对。

1969年，在谋求扩展经纪业务的过程中，格林伯格极为偶然地面试了吉米·凯恩。凯恩这一年35岁，是一名市政债券销售员，也是桥牌冠军。当时，凯恩还从来没有向任何人卖出过哪怕一股的股票。凯恩来到贝尔斯登应聘，面试他的是小哈罗德·C.梅厄（Harold C. Mayer Jr），三位创始人之一的儿子。不过，凯恩和梅厄之间似乎并不来电。凯恩起身要走的时候，梅厄建议他去同格林伯格打个招呼，说："格林伯格就要当上公司主管了。"凯恩与格林伯格好像也没有什么共同语言，但格林伯格试图闲聊上两句，便问凯恩有什么业余爱好。

凯恩说喜欢打桥牌。凯恩回忆说，他刚说完这句话，"就看见格林伯格头上好像有个灯泡亮了。他说：'你打得怎么样？'我说：'我打得不错。'他说：'怎么叫不错？'我说：'就是非常不错。'他说：'你不懂

[1] 婴儿潮指美国1946—1964年出生率大幅上涨的现象。

桥牌。'我说：'我懂，非常懂。格林伯格先生，哪怕你这辈子都研究桥牌，哪怕你跟最好的队友一块打，哪怕你充分发挥了潜力，你还是永远达不到我的水平。'"不必说了，格林伯格当场拍板：你来贝尔斯登，我给你一年7万美元！

到这时候，放荡不羁的凯恩已经证明了自己作为销售员的实力。他推销过复印机、废铁、加法计算器、市政债券，但主要还是推销他自己。凯恩来自芝加哥中产家庭，因为一些比较隐秘的缘故，他长成了一条超级自信而特殊的鲨鱼，在贝尔斯登这个混乱的领域中如鱼得水。他是家里唯一的儿子：爸爸莫里斯·凯恩（Maurice Cayne）是伊利诺伊州埃文斯顿市（Evanston）人；妈妈琼·凯恩（Jean Cayne）是家庭主妇，一直努力为犹太人事业在芝加哥北区（North Side of Chicago）筹款。据说，他童年大部分的时间是在玩乐中度过的。爸爸莫里斯是个知识分子，通过看一份又一份的文件来学习，却从没有安排过时间带儿子去看童军棒球赛（Cubs ballgame）。小吉米和爸爸完全不同。他说："我不想读书吸收知识，我都是听别人说话吸收知识。"他真正想当的是一名赌注经纪人，但又觉得从事这一行业会让家人丢脸，于是他改用自己的头脑和打牌技巧获得了成功。

11岁那年，小吉米参加了一个夏令营，认识了一个叫劳里·卡普兰（Laurie Kaplan）的12岁男孩。芝加哥南区（South Side of Chicago）有一家废铁公司，是家族企业，卡普兰就是这个家族的一员。后来，他当上了公司主管，凯恩在他手下干了几年，成了他的大舅子，最后又成了前任大舅子。劳里·卡普兰住在芝加哥南区，吉米住在北区。卡普兰说："吉米非常精明。他以前在13号营房（Cabin 13），跟13岁的孩子们混得很熟。他们会请人来打扑克。"赌注是几个小钱，属于小菜一碟。但卡普兰怀疑，凯恩与大孩子们结队操纵了游戏。卡普兰说："三对一，他非常精明。"而凯恩却说，卡普兰从来没有参加过这些扑克游戏。

后来，凯恩和卡普兰双双考上了普渡大学（Purdue University），又双双参加了西格玛·阿尔法·穆兄弟会（Sigma Alpha Mu），但两人直到加入兄弟会之后才重新见面，从此又成了好朋友。1950年，凯恩考上了普渡大学机械工程专业，因为他的爸爸希望他子承父业，当一名专利律师。但是凯恩不喜欢工程学的严格标准，即使从最好的角度来说，他对学习也漫不经心。两年后，凯恩转到了人文科学专业，但大部分的时间都在兄弟会活动室的一张八角桌上打桥牌。凯恩父母也会打桥牌，但他先前一直没怎么关注，直到上了大学才对桥牌有了热情。他说起社团的兄弟们，这样评论："我马上就知道，我比他们水平高。不过，如果把桥牌水平列成一个量表，完全不懂的水平是0分，顶尖水平是100分，那我也还只有2分，因为没有人教我。"

卡普兰回忆："凯恩不怎么学习，成绩只是中等，因为他把所有的时间都花在了打桥牌上。"有一群兄弟会成员，用卡普兰的话说"老爸比较发达，有点钱的"，包括凯恩、卡普兰二人，常常定期到西拉斐特市（West Lafayette）共进晚餐，因为普渡大学餐厅的饭菜食之无味。卡普兰说："按理说，我们应该费用均摊，但是最后总是缺钱。我们发现吉米没给够钱，我们就给他打电话。他是个骗子，他总是这样！ 他10岁的时候就这样，大学还这样，一直在钓鱼。"凯恩却说他从来没有在支票上作假，从来没有少交钱。卡普兰利用废铁行业的人脉，只花了25美元就为凯恩买了一辆30年代的破车。凯恩开着这辆破车在城里转悠，被父亲发现了。父亲勒令他把车卖了，坚持要他自己挣钱才能买车。

在学习方面，凯恩转到人文科学专业之后，立刻就遇到了麻烦，因为这个专业需要他修满一门外语的学分方可毕业，而这个课程时长两年。凯恩选了法语，通过跟法语教授的女儿谈恋爱，想办法拿了B的平均成绩，挨过了第一年。因为这次B成绩，父母终于奖给这个"目标驱动型的小伙子"[1]一辆破旧的老福特。但大四这一年，凯恩的法语教授换了，

---

[1]"目标驱动型"是好听的说法，其实就是为了目的不择手段。

女朋友也换了。他就干脆不上课了，对学校也彻底没了兴趣。他说："我那时候极端不负责任。"凯恩开始在拉斐特闹市区闲逛，打台球，在莱利俱乐部（Riley's）玩扑克，追女人。凯恩经常造访的恶名宅邸就有7处之多。他说："这就跟《魔鬼暴警》（Action Jackson）[1]一样。"最后，学校只能给他个法语"未完成"的证明。想毕业的话，必须再回到学校读一年。他说："我再回去读一年书的可能性是零！"

在离拿到毕业证还有一个学期的时候，凯恩离开了普渡大学。他感觉，在未来某个时期他会被征兵入伍（当时朝鲜战争局势已经缓和下来了）；于是他为了解决学业问题，做出了一个很不寻常的选择：自愿报名参军。他开车回到芝加哥，把这消息告知了父母。凯恩说："他们惊得目瞪口呆。说他们'很难过'都轻了。"父母把轿车收回，把他扫地出门。凯恩的一个姐妹让凯恩住到她家，条件是听从她的号令，开车带她在城里兜风。凯恩在芝加哥开了两个星期出租车，满足了姐妹的愿望，顺便赚了点钱，然后就去了密苏里州参加基础军事训练。这时候，朝鲜战争已经结束，凯恩原本以为不太可能被派到国外去了。没想到，他还是接到命令，登船前往远东。他给父母打了电话，哭了一场。凯恩来到了驻日美军的座间基地（Camp Zama），位于东京西南25英里（约40公里）处。但是，他分配到了一个轻松的工作：总结那些冗长的军事法庭审判记录。座间基地的样子，就像五角大楼的微缩版，周围环绕着一个高尔夫球场。卡普兰说："凯恩告诉我，他参军的时候，除了打高尔夫球，什么也没干。"

1956年，凯恩回国，决定不再回到普渡大学拿学位。爸爸再次把他轰出了家门。一开始，凯恩又去芝加哥开出租车，住在一个兄弟会的同学家里。劳里·卡普兰有个妹妹叫玛克辛·卡普兰（Maxine Kaplan）。凯恩和卡普兰在普渡大学的时候，玛克辛有一次去学校看哥哥，认识了凯恩。玛克辛曾在莎拉·劳伦斯学院（Sarah Lawrence College）上学，但凯

---

[1] 1988年动作片，有歌女爱上男主角，帮他报仇的情节，凯恩可能是以此来比喻自己的风流。

恩在芝加哥的时候，她已退学在家。凯恩想过要给玛克辛打电话。劳里·卡普兰说："凯恩知道玛克辛很有魅力，也知道她有点钱。"因为凯恩和玛克辛都喜欢跳舞，凯恩就得了一个"曼波舞出租车司机"的外号，两人还彼此互称"腿得儿"[1]。后来，两人坠入爱河，私奔了。不过，1956年，两人还是在芝加哥标准俱乐部（Standard Club）举行了婚礼，这是当地最为奢华时尚的私人俱乐部之一。玛克辛的父亲是哈维·卡普兰（Harvey Kaplan）。哈维一共有7个兄弟，都是M. S.卡普兰公司（M. S. Kaplan Company）的股东和经理。这是一家位于芝加哥的大型废铁金属经纪公司，也是美国同类公司中规模最大的之一。

凯恩还有一个亲家，叫阿诺德·佩里（Arnold Perry），担任美国复印机公司（American Photocopier Company）全国销售经理。靠着佩里的关系，凯恩在美国复印机公司找到了工作，在一条900英里（约1450公里）长的路线上推销复印机，从盐湖城（Salt Lake City）一直到博伊西（美国爱达荷州首府）（Boise）。凯恩和玛克辛结婚后，先是搬到加州，后来在盐湖城安顿下来。这样，凯恩就变成了一名"公路勇士"，在多山的各个州之间跑来跑去。凯恩提到自己飙车："我平均时速为95英里（约153公里）。"

这种推销之旅，十分艰苦。有一次，他在去博伊西（Boise）的路上，来到了爱达荷州双瀑城（Twin Falls）的一个加油站。此时，路面结了冰，但他还是决定继续开车。紧接着，他的福特汽车就撞上了一根电线杆。他从车里直接甩了出去，在夜晚冰冷的空气中落了地。汽车被撞得变了形，方向盘被推进了司机座椅。凯恩说："当时我要是系着安全带，就

---

[1] 原文Twerdle，含义不详，怀疑有拼写错误，应为Tweedle；作家刘易斯·卡罗尔的童话《爱丽丝镜中世界奇遇记》（*Through the Looking-Glass, and What Alice Found There*）中有两个人物Tweedledum和Tweedledee。在西方典故中，意思是两个人半斤八两，做事风格一致；赵元任的中译本《阿丽思漫游镜中世界》将之译为"腿得儿敦"和"腿得儿弟"。这里的中译文借用，恰好有"跳舞跳得好"的意思。

没命了。"凯恩住了两天院，但基本没有大碍，捡回了一条命。面对地方治安官，他用在部队里学到的尊敬口气说起他的所作所为："没有借口，长官。"但法官认为需要给他点儿教训，就对他的执照做了限制，不让他在天黑以后开车。法官说："对世界而言，你是个危险因素。"[1]凯恩的旅行推销员生涯就这么结束了。两口子搬回芝加哥，在杰克逊公园（Jackson Park）附近租了一处公寓。凯恩的大舅子劳里·卡普兰向父亲推荐，让卡普兰家族聘用凯恩，担任废铁产业的推销员。卡普兰说："他有推销经验，风度很好，很聪明，又善于在城市里混。"

凯恩果然是个天才。很快，他的年薪就涨到了3万美元。卡普兰继续说："他成功的原因之一，是他长得不像犹太人。他的名字不是犹太名字，但他的脑子是犹太脑子。我们大多数的客户，还有他电话联系的人、工厂的人、铸造厂的人，都不是犹太人。当时的废铁行业基本上被犹太人垄断，可能行业中有95%都是犹太人。所以客户很想跟非犹太人做生意。"

1960年，据双方的说法，凯恩与玛克辛和平分手，离婚了。[2]玛克辛·卡普兰说："我一直非常迷恋他，现在也是。可我是个传统的家庭主妇，我想要的丈夫，是能在周末带着孩子在家附近散步的那种人。但吉米不是。"罪魁祸首就是桥牌。劳里·卡普兰说："当时，凯恩已经成了芝加哥顶尖的桥牌选手之一。其实他们就是因为这个才离婚的。不是因为凯恩在外面'有人了'什么的。离婚的原因就是桥牌。他把全部时间都用在打牌上了——天天晚上打，不回家。"

凯恩留在芝加哥，在东特拉华街（East Delaware Street）20号租下一处新公寓。离婚之后，凯恩继续为前任岳父打工。他说："这就证明了我销售技巧多么高超。我是说，犹太女婿有多少在离婚后还接着给老丈

---

[1] 治安官负责起诉，法官负责判决。

[2] 几页之前提到，凯恩和劳里·卡普兰"成了前任大舅子"，就是这个意思。

人干活的？"[1]除了担任高薪销售员之外，凯恩还一边跟一位《花花公子》女郎约会，一边磨练桥牌技能。桥牌让他的智力、野心和战术技巧得到了完美发挥。他与搭档巩特尔·波拉克（Gunther Polak）一起，赢得了1961年"中西部地区桥牌锦标赛"（Midwest Regional Bridge Tournament）冠军。两人合作3年，还赢得了很多其他比赛。波拉克回忆凯恩在比赛中的表现："他攻势凌厉，直觉准确。他的才能差不多马上就表现出来了。同高手比赛，自己也会有成就感。他让我进步很大。"但是，凯恩在桥牌上花了太多时间了，于是在卡普兰公司的工作就很不顺利。卡普兰说："他在这儿上班的时候，打桥牌太多，上班睡着了。他对公司业务没兴趣了。"

1964年，凯恩搬到纽约，打算当一名职业桥牌选手，目标工资是每周500美元。凯恩说："那时候，我过着单身汉的日子，没有一点社会责任，全部精力都用来满足自己。"1966年，凯恩和团队一起赢得了世界桥牌跨国混合团体赛（World Bridge Transnational Mixed Teams）后，又拿下了莱布哈尔杯（Lebhar Trophy）。这是他第一次获得全国桥牌锦标赛冠军。纽约东73大街（East 73rd Street）有一家卡文迪许俱乐部（Cavendish Club），现在已经关张。

有大约一年的时间，凯恩一直定期到俱乐部打牌。有一天，桥牌界的传奇人物乔治·拉贝（George Rapee）邀请凯恩作为职业选手，同一些富商参加每周两次的决胜局比赛。拉贝对凯恩说："我还不太了解你，但你似乎跟比较差的选手打牌很有天分。"通过这些比赛，凯恩结识了曼哈顿地产巨头珀西·乌里斯（Percy Uris）、白手起家的亿万富翁兼投资者拉里·蒂施（Larry Tisch）等人。他会跟这些富商在第五大街或者公园大道的家中打牌。拉贝告诉凯恩，这些牌局的规矩很简单：保持冷静，

---

[1] 离婚一般被认为是不名誉的事情，会给亲家带来伤害；尤其是20世纪中期，美国社会还较为保守，因此离婚后丈夫继续给岳父工作的事情很少见，不光是在犹太人群体当中。

不要皱眉，搭档出了昏招也不要责备，而且不要跟牌友拉生意。

全世界最好的桥牌选手，从小就开始学习、训练打桥牌，长大之后也继续打牌。他们像凯恩一样，经常会在其他领域获得很高的成就。菲利普·阿尔德（Phillip Alder）一直是凯恩的对手，也是《纽约时报》的桥牌专栏作家。阿尔德说："在某个阶段，比如说，你已经50多岁了，在挣了几百万美元之后，想要参加比赛，还想要练到那么高的水平，是极为困难的。根本不可能。桥牌必须从小开始学起……像吉米·凯恩这样的人，在职业生涯期间，也一直坚持打牌。你要是真想成为绝顶高手，就必须坚持下去。"菲利普·阿尔德认为，桥牌对华尔街人士很有吸引力。他说："桥牌首先是一种数学游戏，需要逻辑、推断和天赋。打桥牌必须能读懂对手，必须知道对手能做什么，不能做什么；判断他们会在牌桌上做什么，不做什么。"

阿尔德还说，凯恩之所以能轻松跻身全世界百强的桥牌选手之列，原因之一就是他能读懂对手的肢体语言。"他还不是绝对的顶级选手，但很接近了。"又说："打桥牌会上瘾的。能让人投入很大的精力。而且，想要打得完美是不可能的，只能努力尽量发挥。有些时候，我们能到达巅峰状态；有些时候，就不太容易达到。"

但是，没多久，凯恩就厌倦了职业选手的生涯。他说："我喜欢桥牌，但我需要不一样的体验。我的资产净值是零，或者说跟零差不多。我就想：'我不能这么下去了。我成了植物人。'[1]"凯恩只熟悉废铁行业，于是决定重操旧业。然而，十分偶然地，在一次鸡尾酒会上，他和一个人聊天，这人提到一家市政债券经纪公司——莱本索尔公司（Lebenthal & Co.）打算招聘"一名有风度的犹太销售员"，建议凯恩去应聘。凯恩去了，参加了女老板塞雅·费舍尔·莱本索尔（Sayra Fischer Lebenthal）的面试，并通过了。很快，凯恩成了公司的明星销售员，尽管每天只工作3个小

---

[1] 这当然是比喻意义，表示他觉得自己太受限制，不能发挥思想实力。

时左右。女老板塞雅有一个儿子，叫吉姆·莱本索尔（Jim Leben-thal），他从母亲手中接管了企业。吉姆·莱本索尔对凯恩印象很深，说他是"非常正派的人，风度典雅，招人喜欢"，而且"言行也很沉着冷静"。凯恩发现，市政债券是一种安全可靠的投资。吉姆·莱本索尔毕业于道尔顿（Dalton）、安多佛（Andover）、普林斯顿（Princeton）等名校。但他表示，他完全不介意凯恩跟他的背景不一样，不在意凯恩学校教育的短板。

不过，大约5年后，出了一个问题。凯恩想给一名顾客开户，而塞雅认为这顾客是个名誉不好的人。吉姆·莱本索尔回忆说："吉米想要给一个人开户，但这人没有正常的名字、等级和序列号。这种情况，我妈妈很不赞成，于是就干预了。她告诉凯恩，他不能开户，也不能做这笔业务。"凯恩的说法却不一样。进入莱本索尔工作几个月后，他认识了德州著名犯罪辩护律师珀西·福尔曼（Percy Foreman），福尔曼曾为数千名罪犯辩护，其中包括两个名声很坏的凶手：詹姆斯·厄尔·雷（James Earl Ray）和杰克·鲁比（Jack Ruby）。[1]福尔曼成了凯恩最大也最慷慨的客户之一。然而，塞雅的第二任丈夫阿诺德·罗斯（Arnold Ross）却认为，凯恩与福尔曼混在一起没有好下场。于是，按照凯恩的说法，罗斯指控凯恩和福尔曼都是"骗子"。凯恩说，这指控纯属污蔑。但公司还是禁止了凯恩与福尔曼的交易。凯恩很快意识到，自己丢了最大的客户，在莱本索尔也待不下去了。

1968年10月，凯恩在一次桥牌锦标赛上认识了言语治疗师帕特丽夏·丹娜（Patricia Denner）。丹娜美貌动人，1960年毕业于宾夕法尼亚大学（University of Pennsylvania），后来又在哥伦比亚大学（Columbia University）拿下了言语病理学硕士学位和心理学博士学位。凯恩说："我对她一见钟情，彻底迷上了她。"

丹娜的桥牌教练叫比尔·鲁特（Bill Root），是凯恩的朋友。凯恩联

---

[1] 雷刺杀了著名黑人民权领袖马丁·路德·金，鲁比刺杀了杀害肯尼迪的刺客李·哈维·奥斯瓦尔德。

系鲁特，知道了丹娜最近刚刚离婚。凯恩要了丹娜的电话号码，请她出来吃饭。两人在伟克商人餐厅（Trader Vic's）共进晚餐，又打了几个小时的牌。让凯恩大吃一惊的是，丹娜竟然请他去她家做客。凯恩说："我去了她家，就再也没走，永远留下了。"

凯恩和丹娜迅速地同居了。不过，大约3个星期过后，丹娜就有些担心凯恩只是个桥牌呆子——他在莱本索尔一天只工作3个小时，余下的时间都用来打牌。丹娜要求凯恩去法学院进修，或者找一份正经工作，要不然就找个新女朋友。凯恩说，自己大学学业还没结束，上法学院会有困难。于是他开始考虑找工作。1969年，凯恩35岁的时候，利用桥牌界的人脉去了高盛、雷曼和贝尔斯登面试。凯恩以前从来没听说过贝尔斯登，因为贝尔斯登很少交易或者认购市政债券。但凯恩还是去面试了。于是，顺理成章地，老A.格林伯格发现了他的牌技，把他招进了公司。

第十六章

"五一"转型

凯恩进了贝尔斯登，成了华尔街1号办公室里16位零售经纪人中的一员。第一天上班，他不知道做什么好。但之后他就发现，按照法律，他什么实际工作也不能做，除非在公司工作的4个月内，考试合格，成为注册代表，才能正式开展业务。这种考试充满专业知识，难度很高。凯恩一想到考试，立刻就想起了学习、研究给他带来的不安全感。公司给他派了一名辅导员，帮助他复习迎考。但是凯恩又想到4个月什么都不能做，简直要发疯。他说："每天我来上班，什么业务也干不了。我什么也干不了，只能坐那儿看教程录像。"

最后，凯恩通过了考试，开始打电话办业务。然而，他所有的联系人都是他在莱本索尔认识的市政债券买家。当时，证券报价机上有指示灯，股票开市的时候就会闪绿光。凯恩说："我很快就发现，他们很多人对那些绿色小动物一点兴趣都没有。他们不适合股票，只适合市政债券。"凯恩很快发现，他去过好几户人家打牌，而这些人都是金融市场上最大的个人投资者，包括拉里·蒂施——他很可能是投资额最高的人。但凯恩面临一个问题，他之前已经向乔治·拉贝承诺，不会从牌友那里拉生意。他拨通了拉贝的电话："乔治，有件事要你帮忙。我需要你批准我跟拉里·蒂施谈生意。我是经纪人，他是华尔街最厉害的人之一。

他可能会接待我，可能不会，但我愿意试试。可是必须你同意，我才能试一把。"

拉贝批准了，凯恩在贝尔斯登打出的第一个成功电话，就是给拉里·蒂施。他以前经常拜访拉里·蒂施位于第五大道的公寓，但这次的电话跟以前不一样了。凯恩说："就好像儿子给爸爸打电话一样。我说：'我是吉米啊，您还记得吗？就是跟您打桥牌的那个小把戏。'[1]他说：'你怎么样？好久不见了，有什么事吗？'我说：'我才当上贝尔斯登的经纪人。'他说：'不错啊。把文件都发过来，我的账户都让你负责了。'然后他就挂了。"

简直太奇妙了！凯恩高兴得头晕，赶紧打电话给格林伯格，告诉他这件事："这消息你肯定不信！第一个电话没有这么成功的！他是华尔街头号人物拉里·蒂施！他要跟我做生意。"格林伯格一言不发。凯恩回忆："我说：'你这反应可真怪啊。'他说：'好吧，那是赛伊的账户。'我说：'赛伊？赛伊是谁？'他说：'赛伊是公司的高级合伙人。'我说：'你等一下，我复述一下这个情况：拉里·蒂施已经在公司的高级合伙人那里开了户；然后，拉里·蒂施又告诉公司一个销售员，让销售员管理他所有的账户；然后，你又告诉我，现在有问题了，因为这个账户是赛伊·刘易斯管的？'他说：'吉米，就是这个情况。刘易斯会跟你谈。他这家伙又顽固又生硬，打电话可能会噎人，你别生气。'"格林伯格要求凯恩必须告诉刘易斯他联系拉里·蒂施的事，还说刘易斯肯定会打电话给他，说些肆无忌惮的话。

接着，刘易斯的电话来了，然后发生了一系列百年不遇的大场面。凯恩把听筒拿得离自己耳朵远远的，问道："你在那些广告上见过有人打电话会摆出这个姿势吗？我是在芝加哥长大的，我听见过不少骂人话。[2]可是从电话里我还是听见了不少没听过的词儿。这家伙完全是用

---

[1] "小把戏"原文是toy，是凯恩自嘲。这里作本地化处理。

[2] 芝加哥在20世纪前期曾一度成为黑社会盘踞的地方，现在治安形势依然复杂。

语言给我上刑。最后一句是：'你怎么敢挖我的客户？'然后就挂了。"
凯恩把谈话原原本本地汇报给了格林伯格。格林伯格要求凯恩给拉里·
蒂施回电。凯恩说："我给拉里·蒂施回了电话。拉里·蒂施问：'什么事？'
我说：'这个，我们公司的高级合伙人好像觉得你——'拉里·蒂施打断
我说：'吉米，这事儿我来处理。'挂了。"贝尔斯登在华尔街1号大楼有
两层办公室，16层和17层。凯恩说："16层是小人物，17层是大人物。"
凯恩回忆，格林伯格致电凯恩，说的话总结起来就是：千万不要上到17
层。凯恩回忆说："因为拉里·蒂施给赛伊·刘易斯打了电话，大发雷霆说：
'要是那个孩子不管我的账户，我就跟贝尔斯登断了联系！'"

　　最后，尽管刘易斯怒火万丈，拉里·蒂施还是抛弃了他，选择了凯恩。
凯恩说："他成了我能拉到的最大的客户。这还不是一次的业绩，而是
长期的。"短短几个月时间，凯恩就凭着桥牌界的人脉和自己的花言巧
语，成了一个极为出色的经纪人。他的账户只有几十个，都是他从牌桌
上挣来的，其中4个非常活跃。凯恩说："不管出于什么理由，人们都相信：
我要是桥牌打得好，我脑子就灵，他们就愿意跟我做生意。我其实从来
没有过自己的意见。我是要规定拉里·蒂施买什么吗？这种话你听着不
荒唐吗？拉里·蒂施是最成功的投资人之一啊。不过，我负责给他做执
行。"

　　体现凯恩胆识的另一个例子是他要看看能否让萨姆·斯台曼（Sam
Stayman）成为他的客户。萨姆·斯台曼是世界知名的桥牌选手，二战结
束后，前三届的世界桥牌锦标赛，都是他拿了冠军。他也是乔治·拉贝
的搭档，总共获得了19个全国桥牌冠军头衔，还发明了很多种叫牌约定，
其中一种以他的名字命名。他曾拥有罗德岛（Rhode Island）上的一家羊
毛纺织厂，后来卖掉了，创立了最早的对冲基金之一——斯特兰德公司
（Strand & Co.）。凯恩说："我通过桥牌的圈子认识了萨姆。萨姆在牌桌
上是个大混蛋：又臭又硬，蛮横粗野，一点也不可亲。可下了牌桌，就
是绅士中的绅士、社会的栋梁，和蔼可亲，乐善好施，一切好品质他都有。

于是，我们就约了见面。我去拜访了他和他的舅舅。我告诉他：我是贝尔斯登经纪人。然后给他介绍了我能做些什么，因为我知道他们很关注创新。可是，不管贝尔斯登开了什么新业务，他都没有参与，因为他当时跟我们还没有往来。所以我要做的就是把这里所有买了股票的人的额度，在买入价和卖出价之间取一个价格，问他是否能买，于是大家都很高兴。这是我的想法；我认为，我成功了。我回公司了。第二天，格林伯格打来电话说：'萨姆打电话来了。'我说：'好，我什么时候开始？'他说：'你还没准备好。'我不是小孩了，我都35岁了，说我还没准备好？太可笑了。这个混蛋！"

过了几个星期，斯台曼又给凯恩打电话说，他的桥牌搭档在找另外一对选手作为搭档，参加范德比尔特淘汰赛（Vanderbilt Knockout），这是当时全国桥牌锦标赛之一。凯恩的搭档叫查克·伯格（Chuck Burger），底特律人。凯恩转述，斯台曼问凯恩："我觉得你跟查克·伯格应该愿意加入吧？"凯恩回忆说："我说：'我确认一下，您是想让查克跟我加入您和另外一对选手组队参赛？'他说：'对。'我说：'萨姆——'他说：'嗯？'我说：'您还没有准备好。'我挂了。"斯台曼在桥牌界地位很高，凯恩这么断然拒绝，显然十分无礼。不过，很快双方就和解了。斯台曼的斯特兰德公司也变成了凯恩的客户之一，凯恩说，还是大客户，"有一条直通的电话热线"。凯恩与查克·伯格也跟斯台曼组队，参加了锦标赛；几年下来，参加了不止一场。斯台曼也把佣金付给了凯恩。

*

凯恩在贝尔斯登一路顺风顺水。作为华尔街股票经纪人，他强推产品的天资给他带来了很大回报。他终于找到了这一行，使得他应对风险的技巧同作为销售员的天分结合了起来，创造了经济收益。他说，只花了一两年时间，他的年薪就升到了50万到100万美元。此时是1971年，尼克松执政时期，越南战争正在进行，美国正在实行价格管制，于是，这笔钱的数目相当可观。当然，凯恩也在继续打桥牌，他的名字经常出现在《纽约时报》桥牌专栏作家艾伦·特拉斯科特（Alan Truscott）的文章里，被称作"吉姆·凯恩"（Jim Cayne）。[1]1971年4月，凯恩和帕特丽夏·丹娜决定结婚，婚礼只发了一份通知，登在了4月21日特拉斯科特的桥牌专栏上。

凯恩牌技非凡，乃至赛伊·刘易斯最早推荐凯恩加入金融圈时也考虑了这一点，让他在华尔街和桥牌之间做出选择。刘易斯自己也打牌，但水平一般。他认为，凯恩不能两者兼顾，否则就两者都做不好。凯恩无视了刘易斯的建议。据凯恩说，理由非常简单："他错了，他这辈子就没对过。他整个的人生记录全都错得离谱……他这个领袖当得不好。他差不多对谁都不尊重。他是恶霸、酒鬼，吃午饭能喝掉一大杯马提尼，社会名声也不好。"

入职贝尔斯登两年后，格林伯格问凯恩，是否愿意成为合伙人。凯恩说："我是一个重要的销售员，挣钱很多，每年销售佣金大约90万美元。于是那些合伙人就说：'我们最好让他加入合伙人的行列。'"当时，贝尔斯登合伙人大约有30名，每人年薪2万美元，外加企业盈利的一个百分数。凯恩回忆："我瞧着他问：'合伙人？这是什么意思？'格林伯格说：'是这样，你要当上一家华尔街公司的合伙人了。'"凯恩不清楚合伙人的利益怎么计算，也不清楚新的安排怎么会比原先更好。妻子帕特丽夏·丹娜鼓励他接受合伙人的身份，她说："你一定要当合伙人，就应该这么发展。"

但凯恩拒绝了，因为他觉得当合伙人不合算。他说："那些合伙人中，我觉得只有一个人是有价值的，那就是格林伯格。所以我没加入。"

但凯恩很聪明，看出了不好的兆头。凯恩说，他为拉里·蒂施配置股票资产，一开始可以挣得30万美元佣金，相当于每股30美分的佣金。但固定佣金的时代很快就要结束了。拒绝格林伯格后又过了一年，凯恩

---

[1] 吉米正式名字叫詹姆斯（James），Jim和Jimmy都是James的非正式称呼。

决定成为贝尔斯登合伙人，让自己的酬劳与公司盈利挂钩，而不是直接和自己的产出挂钩。1973年5月，凯恩当上了合伙人。他知道，两年之内，也就是1975年之前，经纪人的固定佣金制就会告终。事情发生于1975年5月1日，这一天，后来被人称作"五一节"（May Day）[1]。也正是这件事让凯恩回心转意，决定成为合伙人。他说："我成为合伙人，是因为我担心客户会说：'我们不会付每股30分或者25分，我们什么都不会付，顶多一个铜板。'这种情况下，我怀疑自己是否有能力拿到很高的佣金收入。"

凯恩与公司谈判，决定收取公司收入的2%。但是头几年，这样的安排让凯恩的收入大减。他说："头几年，我犯了大错，一分钱都没挣，企业也是一分钱都没挣，所以我的资本账户没有增值。"在红利百分比的排行榜上，凯恩大约是第20位。格林伯格第二位，5%；刘易斯第一位，7%。

尽管格林伯格成功了，凯恩的地位也在升高，但毫无疑问，贝尔斯登依然是赛伊·刘易斯的天下。1973年7月，公司总部准备搬迁到水街（Water Street）55号，搬迁后的办公室面积会扩大一倍。庆祝公司成立50周年纪念日后（公司于1923年5月1日成立），又过了几个月，《纽约时报》对贝尔斯登做了简评。这也是《纽约时报》首次介绍贝尔斯登："贝尔斯登有800名员工，但实际上只是一个人的企业，就是萨利姆·L.刘易斯，人称赛伊。"

为了突出刘易斯的光荣，《纽约时报》没有提到其他合伙人的成绩。比如，1973年有消息称，公司租下了水街55号更多的办公空间，但实际上用不了那么多。于是格林伯格考虑，可以把这部分空间免费租给另外一些小得多的经纪公司，条件是，这些公司同意让贝尔斯登来安排交易，这种业务叫作"结算"。贝尔斯登收取一定费用，确保这些小公司

---

[1] 美国劳动节并非5月1日，且May Day在英语中有飞行员求救的意思，这里用这个术语，可能暗示危机。

的现金和证券会放在合适的账户里，以及当这些账户发生交易时可以正确结算。这是一种回头客生意，单调而不起眼，但利润极高。接下来的35年中，结算成了公司盈利的重要来源，虽然偶尔会跟法律冲突。对那些小经纪公司而言，让贝尔斯登负责自身的交易结算，可以在给顾客看的经纪人说明中加上贝尔斯登的名字，从而增加声誉和可信度。缺了贝尔斯登的名字，业务看上去或许就不可信了。

*

凯恩有着极大的野心，想当上公司主管。成为合伙人的时候，他负责公司的零售部门。零售部门连他一共4名合伙人，但是显然只有他才能雇佣新的经纪人。当时，企业的战略重点之一，是在婴儿潮的出生者进入收入巅峰期的时候，慢慢发展公司的经纪业务。然而，当时别的大型经纪公司招收经纪人时，都会预先给他们发放一笔奖金。贝尔斯登却不同，不发奖金，这就让招聘变得困难了。凯恩说："雇人是一件不可思议的事。雇人很好玩，有两个原因：一、具有挑战性；二、我没有向谁承诺任何东西。没有预先的奖金。就好像小孩跟别的小孩说'到沙箱里头跟我玩吧'。"凯恩凭借超凡能力，慢慢引来了一些经纪人。更重要的是，在这个时候，经纪业务的利润也上升了，于是凯恩的影响力增加了。

1975年，纽约市出现了财政崩溃，凯恩发现了大捞一票的机会。当时，纽约市政府正在破产的边缘摇摇欲坠，凯恩的一名客户想要卖掉一些纽约市政债券，价值20万美元，两个月之内到期；但没有人愿意买，就连公司的市政债券柜台也不愿意投标。凯恩立刻觉得，这是最极端的风险规避案例，特别是因为纽约市并没有真正违约。凯恩还注意到，其他市政债券就算没付利息，也还在按照票面价格交易。[1]凯恩决定去见纽约市预算主管梅尔文·莱希纳（Melvin Lechner），两人是在桥牌桌上认识的。

---

[1] 纽约还没到该付利息而不付的时候，但是市场反应过度，过于恐慌，就先把纽约市政债券抛售一空了。

凯恩给莱希纳打电话，请莱希纳引荐他去见纽约市采购经理斯科特先生（Mr. Scott）。凯恩说："我就去见斯科特先生。我进了一个巨大的房间，有点像爱达荷州双瀑城的法庭。他坐在巨大办公室里的一张写字台旁边，前面还有一个写字台，一把椅子。我就进去了。"一开始，凯恩想要让斯科特批准，让贝尔斯登独家负责这个他上门讨论的计划，但斯科特犹豫了。凯恩还是说出了计划。他说："我的计划很简单。我问：'纽约市的隔夜资金都用来干什么？'他说：'不过是一夜之间把钱送给需要的人罢了。'我说：'你的回报怎么样？ 2%还是2.5%？ 你想不想拿到50%的年化收益？'他说：'你要怎么让我拿到呢？'我说：'我买下你们的短期债券。'他说：'买下我们自己的债券？ 那你要付什么价钱呢？'我说：'如果让我出票面价格99%的价钱，我会买下很多债券。'"据凯恩说，斯科特马上喜欢上了这个计划，同意让凯恩下"公开订单"，"想买多少买多少"。

凯恩大喜。现在他掌握了很多有利条件：纽约市财政的负面报道，斯科特给出的购买纽约市短期债券的开放订单，还有进一步的判断——全纽约其他市政债券公司（比如莱本索尔），都不能再去银行为自己库存的市政债券而筹款了。凯恩决定，贝尔斯登要创建纽约市长期债券和短期债券的市场。凯恩说，这些小型市政债券经纪公司"再也不能从摩根大通以99美分的价格买到票面价格1美元的纽约市政债券了。当时，信贷紧缩和封锁市场都发展到了极致。谁也不能卖，谁也不能买；而且纽约市还是没有违约。由于市场上没有交易，也就没有价格。"

贝尔斯登债券部的主管是鲍勃·泰伊（Bob Tighe）。凯恩去找泰伊，把计划告诉了他。凯恩叙述："我告诉他，我觉得，贝尔斯登有钱可以增持债券。我这么建议：'打广告说，我们要买纽约市的证券。毕竟还是有市场的。我不用销售团队卖出债券，我自己卖。我可以把手中所有小营业部调动起来，现购自运。比如你想买价值2万美元的债券，假设票面价值2万美元，市场价值为市面价格的50%。你给我1万美元，我给你20张债券，现款交易，万无一失。'泰伊说：'这是我这辈子听说的最蠢的主意。'"凯恩没有气馁，又去找格林伯格。凯恩回忆，格林伯格回答："有点太过分、太奇怪了。不行。"公司的合伙人都担心，贝尔斯登库存中已经有了一部分无息市政债券，怎么能在纽约市似乎面临违约的时候增持呢？这个论点很明智，也完全符合格林伯格父亲告诉他的道理：周转缓慢的库存要尽快卖掉。

然而，凯恩比格林伯格更像赌徒。他看见了能赌上一次的逆势投注机会，而且他知道谁有可能同意：赛伊·刘易斯。凯恩说："我还要跟一个人去谈，就是那个家伙，你还记得吗？因为拉里·蒂施跟我吼的那个。不过那时候我已经是他手下的人了。我是他俱乐部的会员。"凯恩说的是新泽西州迪尔市（Deal）的好莱坞乡村俱乐部（Hollywood Country Club）。"他很为我骄傲，很喜欢我。我说：'赛伊，贝尔斯登发展到今天，你是有功劳的。'因为赛伊在40年代还是50年代处理过铁路改组债券的业务。[1]你要是想知道真相，这个改组债券，有一点像目前纽约的情况，必须有一点胆量，才能挺身而出做点事。我说：'赛伊，我知道，说"你不能输"这句话不太好，但你确实不能输。'他只问了一个问题：'格林伯格怎么说？'我说：'格林伯格说不行。'他说：'那就干吧。'"

刘易斯问凯恩需要什么条件。凯恩回答："我要一个计算器，要卸下一点零售部全职销售经理的工作。还要500万美元。"在刘易斯的协助下，凯恩在《纽约时报》上登了广告，宣布要买纽约市票面价值大于5万美元的债券。广告登出了凯恩的名字和电话号码。凯恩回忆："周一早上，我做好了准备，收拾好了桌子，拿了计算器，找了个相当于苏泽特·法萨诺（Suzette Fasano）（他目前的长期助手）的人，坐在那儿等着电话响。9点钟，有人来电话了，是科罗拉多州丹佛市（Denver）一个信用托管会社官员，他在那里的一家银行工作。他说：'凯恩先生，我看了你

---

[1] 也就是第二部开头，刘易斯冒险购买铁路债券而发迹的事。

的广告,很有趣的样子。我有一名客户想进一步了解一下。'"凯恩确认,
这名客户持有30万美元纽约市政债券,2002年到期;此前,客户以票面
价值买下了债券。但是,这时候很多人都猜测,纽约市政府要破产了,
他现在对回报的事非常担心。凯恩觉得,他可以把这些债券卖给自己的
小型市政债券经纪公司,售价大约在1美元价值35美分。小经纪公司没
有债券库存,非常愿意进行有吸引力的投资,对潜在的客户显示自己的
实力。为了赚钱,凯恩觉得,可以给那个丹佛银行家报价30美分(相当
于银行家客户为这些债券支付了100美分)。

　　凯恩说:"当时,我还没有完成过哪怕一笔的交易。我还什么都没
有做。我跟客户说:'对,我有兴趣。'他说:'什么价?'我说:'27。'
他说:'27什么?'我说:'1美元价值27美分。'他一听就冲我吼:'我知
道你们是什么人,我知道你是什么人。我不该浪费时间! 你们真是名
声在外!'挂了。"尽管这只是第一个电话,凯恩却开始琢磨:这些债券
也许真的没有市场;买卖差价太大,交易做不成了。

　　20分钟后,电话又响了,是凯恩在市政债券柜台那边的合伙人之一
打来的。合伙人问凯恩:他是否愿意为刚才电话里说的那30万美元纽约
市政债券投标? 原来,那个丹佛银行家很可能建议他的客户,去看看
在市场上是否能找到哪个投标商出价高于凯恩报的27美分。凯恩说:"我
说,可以,我出23美分。过了40分钟左右,他们(债券柜台的人)又回
电话说:'好,债券卖不出去,只有你出价。'我就知道,确实没有市场
了,一点都没了。——结果您瞧! 电话又响了,正是丹佛那家伙打来的。
我当然不在那个银行家旁边,但是银行家显然对手下人说:'凯恩报了
一个荒唐低价。我能找到更高的买家。'结果他们一找,发现不光找不
着更高的买家,而且连27美分的买家都找不着。那个农场主说:'你赶
紧给我抛掉纽约市政债券! 快抛掉,他们要破产了! 越快越好!'这
电话有点意思。你知道,这混蛋玩完了。他刚刚骂我是土匪,但如今必
须跟我讲和。他说:'不好意思啊,我刚才可能态度有点差了。'我说:'抱

歉，我已经不做生意了。'他说：'我知道，我当初觉得这价钱太低了。'我说：'不不不，不是太低了，是太高了。因为我最近两个小时买进的债券太多了，我都没想过世上有这么多债券，而且我是唯一的买家。我们今天全都安排满了,这个月可能也没空。'他知道自己处境很不妙，因为那个农场主说了：'赶紧抛掉纽约市政债券！'他说：'是这样，我真的很想卖掉。'我说：'我对你没成见,可是我已经不能出27了。'他说：'你能出多少？'我说：'22。'他停了一阵又说：'你不能照你刚才说的27吗？'我说：'这是怎么说的？没道理嘛。'他说：'哎呀，我等于是犯了个错误。'我说：'我跟你说啊，我会买下债券，出价25，不能再高了。'"凯恩以25美分买下了债券，据他说，一眨眼他就以30美分转手卖给了之前认识的一个纽约市的小规模经纪人，那人愿意买下债券。

凯恩这套业务，成功继续了17个月。其间，市场对贝尔斯登的认知度明显上升了。最后，拉扎德公司合伙人菲利克斯·罗哈廷（Felix Rohatyn）提议创立"市政援助公司"（Municipal Assistance Corporation），偿还纽约市的债务，于是纽约市很多债券的交易价格又回升到了票面价格，凯恩也就停止了业务。凯恩说："格林伯格从来不在意我地位升得比他高，这一点我很佩服他。"因为这次成功的赌注，凯恩在公司的地位和权威都猛然上升，就像30年前的刘易斯一样。

凯恩说，他很小心，不买进太多纽约市政债券，否则就会让公司付出更多资本，面临更大风险。然而，1975年10月30日，美国总统福特告诉纽约市政府,联邦政府不会援助纽约。消息一出,《每日新闻》（Daily News）登了一个著名大标题:《福特对纽约说:去死吧！》（Ford to City: Drop Dead）凯恩库存的债券价值顿时跳水，合伙人们抑制不住恐慌。凯恩说："就像是阀门爆炸了。他们激动万分，给我打电话，想要把我掐死，说的是：'啊,你太伟大了！我们连屁股都要赔进去了！'都是胡说八道，因为不到两天市场就恢复了。"

但是，公司内部有些合伙人对凯恩却更加憎恶。比如，纽约州最高法院（New York State Supreme Court）做出判决，认定纽约市政债券利息的延期偿付无效，这意味着，纽约政府必须支付利息，以及按债券票面价值交易。有一名持有人误读了这个判决，打算卖出50万美元债券，价值68美分。凯恩见到机会，立刻扑了上去。他说："我们直接买下了。我是说，这种事很荒唐。他们把消息的意思理解错了。价值68美分？再过一夜就涨到98美分了。于是我们完成了交易，我乐开花了，高兴坏了。"第二天，凯恩来上班的时候，交易柜台的人告诉他，公司最高级合伙人之一马文·戴维森（Marvin Davidson）中断了他这笔赚钱的交易。凯恩问柜台，戴维森是否下了命令不让他交易。柜台说是的。但凯恩宣称，戴维森并没有对交易下命令，而是他在看到凯恩的交易之后，自己揽过来做了。凯恩说："马文·戴维森是合伙人中的管理合伙人。他自比格林伯格第一助手，是公司的重要合伙人。当然，我不是大人物，我是小把戏。从谁更重要的角度说，我们根本用不着比较，对吧？哪怕我们当中，一个人的表现非常好，而另一个人不知做成过什么事。"

凯恩去找格林伯格，抗议戴维森的所作所为。"我进了格林伯格办公室说：'你必须撤销！这笔交易不能做，纯属狗屁！'他没有下命令。"格林伯格回答，他不能撤销戴维森的交易。凯恩又说："这个结果不可能发生，只是因为格林伯格如果撤销交易，就必须指控戴文森说谎。这样，我就从艾伦·格林伯格身上了解到，他铁石心肠，专捏软柿子。这本领是一流的！"（对此，戴维森拒绝接受采访。）

有一段时间，凯恩确实尊敬格林伯格的智慧与商业头脑，但两人的关系一直很奇怪。他说："格林伯格朋友非常少，我算一个。"以前，凯恩每天开车到格林伯格位于第五大街的公寓，接上他，行驶缓慢地开过罗斯福路，来到地处水街55号的贝尔斯登。凯恩说："就像黑手党，给老大开车的司机成了二把手。只不过，我坚持让他坐在前面，他不能坐后排。"不过，凯恩开车载着格林伯格的时候，格林伯格很少跟这位年轻的合伙人讲话。凯恩说："你要是明白了这个人的伪装，就知道，他没办法跟人交流。他跟别人吃午饭，只能一起吃4分钟，因为只要别人不说话他就不说话。"但是，凯恩认为这是个机会，成功利用了这些尴尬的旅程。他说："其实这种情况最好了。我的车上坐着老板。在25分钟的时间里，他就是我的俘虏。我可以跟他说：'这个人胡说八道，那个人胡说八道。'何其妙哉！"

凯恩喜爱交际，性格外向，善于谋略；格林伯格充满理性，冷酷无情。二人性格有着极大反差。凯恩说："我们是两种人。他是我的反面。对于他来说，别人就是一块肉。我是一块服侍他的肉，帮他享有更好的人生。比尔·蒙哥黎希（Bill Montgoris）当首席财务官的时候，格林伯格一直跟我说，蒙哥黎希是个白痴。萨姆·莫利纳罗当首席财务官的时候，格林伯格又说，萨姆·莫利纳罗是个白痴。我对格林伯格说：'萨姆在干什么，你知道吗？你能不能写个备忘录什么的，列一下他负责的事有哪些？'"

凯恩与格林伯格经常到商业区散步，次数极多，但过程无聊乏味。不过，这些散步，在政治意义上却很精明。一次散步过程中，凯恩决定提起这么一个话题：他想晋升，进入公司位高权重的执行委员会。这时候，他在贝尔斯登已经待了7年，用他自己的话说，这7年的表现"肯定不负众望"。贝尔斯登的传统是每两年设定一次合伙人分红比例；在执行委员会按规定做出审查之后，主要由企业高级合伙人决定比例。作为执委会商议的一部分，每一名合伙人都要在一张纸上写下所有的成功记录，然后索要一个公司税前利润的百分比。贝尔斯登有一名长期高级常务董事叫道格·莎伦（Doug Sharon），据他说，这一制度完全符合贝尔斯登的名声，也即"这个地方，一切都有买价和卖价"。凯恩说："格林伯格决定每个人能得到多少，就这么简单。然后每个人得到一个百分比，白纸黑字。这一套从来没有变过。"

凯恩刚当上合伙人的时候，拿到企业利润的2%。过了两年，他把那张"功勋表"上交给了格林伯格，以及执委会的其他成员。按照他在经纪部门的表现，以及他"全国到处跑，屁股都跑坏了"花的时间，再加上他签下了各家小型经纪公司作为客户，帮助贝尔斯登发展结算业务的事迹，他希望增加分红的百分比。凯恩说："第一年，我是个2%合伙人。两年过去了，他们发布了新的列表，我还是2%合伙人。"

不过，凯恩后来分的蛋糕还是越来越大了。一开始，他只拿企业税前利润的2%（当时企业盈利不多，他实际拿到的就只有每年2万美元的工资）；到了70年代，他就拿到了税前利润的5%～6%。为了这个目标，他一一列举了自己的所有成绩，包括他认为的："贝尔斯登每年80%的利润都是我挣来的。"然后他竟然要求得到税前利润的7.5%——这一举动实在太过放肆大胆，就连格林伯格也有些不信。凯恩说："我觉得我才要7.5%实在是太客气了。格林伯格实在是极端利己。他是这么跟我说的：'我必须告诉你，行内所有人都以为你的申请书是我写的，直到他们看见你要7.5%。然后他们就知道，我不可能这么写，因为实在是太白痴了。'我说：'对啊，没错，太白痴了，伙计。他们真的以为那个表是你帮我写的。'"最后，格林伯格不批，凯恩也就无可奈何了。[1]

一开始，凯恩不想负责管理经纪人，特别是表现不怎么样的那些。但格林伯格坚持让他管理，他对凯恩说："这就是你的未来。"

据凯恩说，没过多久，零售部门的另一个主管刘易斯·拉比诺维茨（Lewis Rabinowitz），决定自己一人负责所有的零售部门。凯恩说："当时我在开车，格林伯格对我说：'那个，刘易斯·拉比诺维茨找我，说要当个明确的主管。我觉得，这事儿你们可以商量好。'我说：'换了你怎么商量？他要当什么的主管？'格林伯格说：'所有零售业务的主管。'

---

[1] 要提高分红比例，必须先向公司申请，得到其他合伙人的批准。但当时格林伯格是企业的负责人，很多事要他拍板，所以向公司提出申请之前肯定要他过目。因此别人以为申请书是格林伯格写的。

我说：'这样如何？你可以告诉他，要么当所有零售业务的主管，只有纽约市的业务除外；要么当纽约市业务的主管，其余分支都不管。让他二选一。'格林伯格看着我说：'这样的话，他要是选纽约呢？你该怎么办呢？'"

凯恩说，格林伯格担心凯恩会离开纽约市，到其他地方去。他的担心是有道理的：一是，凯恩买卖纽约市政债券即将大获成功；二是，凯恩开始教格林伯格提升桥牌水平。格林伯格不想丢掉这两份额外好处。凯恩继续说："我在等格林伯格说：'好，这事我来安排。我确保让他管分支机构，让你管纽约市。'他说：'这样的话，他要是选纽约呢？'我说：'他不会选的。这头衔不如零售业务主管来得光鲜。'他说：'你这是要大赌一次啊。'我说：'对啊，既然这件事你不做决定，而是将我推到了必须做决定的位置，那我干脆赌一把得了。'"

格林伯格按照凯恩的建议，让拉比诺维茨选了。一周以后，正如凯恩所希望的，拉比诺维茨选了除纽约市办公室业务外的所有零售业务。但他选得并不合适。凯恩说："他发现，去了那些分公司，大家都不理他，不跟他汇报。他发现自己只得到了一个虚衔，就找到格林伯格说：'我改主意了，我要管纽约，让吉米来管这一切。'"格林伯格告诉拉比诺维茨，已经太迟了，不能改了。拉比诺维茨就离职了。

凯恩的战术奏效了，但他非常生气，因为格林伯格强迫他下赌注。就在这个背景之下，凯恩提出要加入执委会。凯恩回忆："我开车带格林伯格上班，我跟他说：'你管着一个执委会，我应该加入的。'他什么也没说。我说：'你的地位可以为这事儿做些什么，但到现在都没做，就这一件事，我得跟你说说。'他说：'跟我说什么？你的朋友是赛伊·刘易斯。刘易斯是老板，他会处理的。你去跟他说，跟你朋友说去。'再看看我们俩的历史吧。从合作的角度说，毫无疑问，我们两个人一起创造了一份成功的事业，很成功。可在华尔街看来，却是格林伯格在运营着贝尔斯登。要是问贝尔斯登老大是谁，毫不怀疑：肯定是艾伦·格林伯格。"

凯恩给刘易斯打电话，刘易斯同意在公园大道公寓接见他。凯恩说："他穿着拖鞋，让男管家拿来苏格兰威士忌。我跟他说：'赛伊，你瞧，时间过得真快，我在公司也差不多七八年了。我没有让人失望吧？'他喝了几口，但还是说：'这事情我来办。'"

一个月过去了，刘易斯没给凯恩答复。凯恩说："别忘了，我天天开车带格林伯格上班。我在等待时机。30天之后，我跟他说：'有什么新情况吗？'他说：'问我干嘛？你已经找刘易斯了。'我说：'刘易斯说这事情他来办。'他说：'那他可能没办。'我又找了刘易斯，我说：'赛伊……'他转向我说：'这件事我一定会办。'"

赛伊·刘易斯曾经是精力充沛、头脑聪慧的独裁者。但到了70年代后期，他变了，抽烟很凶，还酗酒。恩里克与雷费德在书里写道："他的鼻子成了酒糟鼻，又红又肿。"一辈子抽烟给他留下了一身毛病，主要包括：严重的血栓闭塞性脉管炎；动脉、静脉、毛细血管的急性炎症和凝血。脉管炎严重影响了刘易斯的脚部，他感到剧烈疼痛，难以行走。

刘易斯的个人生活一直非常混乱，此刻更是彻底一团糟了。1976年10月，他在华尔街最好的朋友、高盛的高级合伙人古斯·列维突发中风，一个月后病故。差不多就在同时，他多年的情人瓦莱丽·多芬诺服过量安眠药自杀了。刘易斯发现了瓦莱丽的尸体，还看到了她留下的遗书。这个男人本来已经非常孤独，此时又堕入了更深的绝望中。桑迪·刘易斯说："在瓦莱丽自杀之前，爸爸已经抑郁很久了，瓦莱丽死后，情况更糟了。"刘易斯的抑郁症加深还有一个原因：据他儿子说，他发现艾伦·格林伯格是唯一能继承企业的合伙人。桑迪·刘易斯说："爸爸憎恶格林伯格。格林伯格太冷酷了，爸爸说他身上流的都是冰水。"

这些打击全都加在一起，把刘易斯击垮了。刘易斯的遭遇，也是二战以后华尔街这些以犹太人为主的企业的共同遭遇。一种自然的力量，使得刘易斯在贝尔斯登，古斯·列维在高盛，安德烈·迈耶（André Meyer）在拉扎德，攀上了权力顶端。他们取得的成就，超过了他们最狂野的梦想。这些人已经拥有了他们想象中的一切。然而，他们在成功的攀登过程中，却失掉了帮助其他人到达山顶的能力，想把山大王永远当下去。桑迪说："在自然界中，这是行不通的；在华尔街上，这也是行不通的。于是，他们越来越虚弱，也越来越无情。爬山的时候，能聚集朋友，聚集冲劲，也能聚集权力；可他们一旦爬到山顶，便意识到了自己不能永远停留，那么，只剩下一个方向可以走了——往下。"

*

1978年4月26日，距离贝尔斯登成立55周年纪念日还有几天，贝尔斯登合伙人在豪曼尼俱乐部（Harmonie Club）召开年会，庆祝又一年的成功发展。这次宴会，也预定为刘易斯退休的聚会。刘易斯这一年69岁，他终于明白，自己无论从生理上还是心理上，都没有能力再继续掌控企业。对刘易斯而言，豪曼尼俱乐部充满了负面意义。他年轻时的恋人的父亲，曾在这里拒绝了他，不让他向自己的女儿求婚。此外，多年以前，这家俱乐部还不让他申请会员。恩里克与雷费德写道："实际上，聚会的安排更多是出于方便，而不是出于致敬刘易斯。在当时合伙人的心目中，刘易斯几乎完全不是重点。很多合伙人都认为，刘易斯已经是他们过往的一部分；或者，更准确地说，是他们都希望静静离去的一个独裁者……这一财政年度结束了，收入比去年有所下滑。与会者全都关注，要怎样才能扭转这个趋势。"

他们为刘易斯举行了一个简短的庆祝仪式。套利部主管约翰·斯雷德回忆说，他刚来公司的时候，每周工资15美元，是刘易斯教导他如何发展自己的事业的。斯雷德告诉其他合伙人，刘易斯帮他致富，他的"一切"都有赖于刘易斯，包括他位于公园大道的公寓里的毕加索（Picasso）、米罗（Miró）、夏加尔（Chagall）等名家作品。斯雷德送给刘易斯一只伯爵牌（Piaget）金表，是专门从瑞士订购的。恩里克与雷费德写道："刘易斯动手拆包装的时候，开始剧烈颤抖，中风严重发作。一辆救护车把他送进了西奈山医院（Mount Sinai Hospital），合伙人泰迪·洛和迪克·费伊陪在他身边。有人说，刘易斯的一名合伙人，把他的新手表拿走了。两天后，赛伊·刘易斯去世。"桑迪说："其他人的死，是由外而内的；而爸爸的死，是由内而外的。他不想活了。来的时候，很少有人诚实；走的时候，所有人都不诚实。"

第十七章

海姆金克·马林兹·阿纳尼科

刘易斯去世当天，老A.格林伯格就接管了贝尔斯登的业务。格林伯格的管理风格与刘易斯极为不同，这在几个月后他给合伙人写的一系列备忘录中体现了出来，虽然有些备忘录明显是半开玩笑。1978年10月5日，格林伯格在第一份备忘录中写道："贝尔斯登正在加速前进，所有人都在做出贡献。对我们来说，至关重要的，是始终与合伙人保持联系。我们所有人都有资格吃午饭，打高尔夫球，度假，但离开的时候务必通知秘书或联络员，告诉他们怎样才能随时联络到你。我们必须随时做出各种决定，为此，你提供的任何信息都很重要！我调查了过去几年消失的200家华尔街公司，发现其中62.349%的公司倒闭的原因是，重要人员离开工作岗位的时候（哪怕离开10分钟）没有给别人留言。这样的愚蠢行为，决不能发生在我们公司！"

刘易斯去世6个月后，1978年11月16日，泰迪·洛也在曼哈顿的勒诺克斯山医院（Lenox Hill Hospital）去世了。一年之内，刘易斯和泰迪·洛两名巨头先后去世，格林伯格认为，这段时间在公司历史上极为重要。他曾评论说：这段时间，公司被迫"小心谨慎，什么蠢事都不能做"。

对凯恩来说，刘易斯的死只不过是一种提醒，提醒自己刘易斯还没有兑现承诺，让他加入执委会。凯恩埋怨格林伯格让这件事搁下了。他说：

"格林伯格从来不敢正面对抗刘易斯。"凯恩下了决心，一定要成为贝尔斯登高级合伙人，不听从命运的安排。刘易斯去世后，过了一段时间，凯恩觉得哀悼期过了，提要求也得体了，就再一次向格林伯格说起加入执委会的事。他说："在车上，我对格林伯格说：'你再也不能用刘易斯当借口躲着我了。这件事你非做不可。我要加入执委会。'格林伯格说："呃，有个问题。'"凯恩之前曾猜测，是马文·戴维森、约翰·罗森瓦尔德（John Rosenwald）等几名高级合伙人不让他加入执委会。凯恩告诉格林伯格说："对，我知道他们是谁，我还知道他们走了公司会更好。我知道他们干的全是烂事。我知道他们一点用都没有。他们要是进了执委会，你还跟我说他们有能力阻止我，那我就来错了公司！"

格林伯格说："什么意思？"

凯恩说："意思就是我来错了公司。"凯恩很擅长隐晦的威胁，并因此颇为自得。他喜欢让辞职的危险飘浮在空气中，就好像他永不离手的进口雪茄上旋转升腾的烟雾一般。

他也确实留了几条后路。凯恩有个牌友客户，通过这名客户，他去高盛面试了。面试官是新任高级合伙人约翰·温伯格（John Weinberg）。面试过后，凯恩打电话给客户问情况，得知温伯格认为"这是他主持的最好的面试"，但"你太难以掌控了"。

凯恩告诉格林伯格，他去参加了温伯格的面试，不过没有说是什么结果。凯恩说："他知道我一走，销售团队也就没了，会发生一堆坏事。于是我就告诉他：'今天事情必须见个分晓。'"[1]格林伯格说了一个凯恩已经怀疑的情况：果然是戴维森和罗森瓦尔德在阻挠凯恩升迁，凯恩只有争取他们的支持，才能如愿进入执委会。不过，据凯恩的说法："戴

---

[1] 原文是D-Day，军事术语，表示作战发起的当日。这里指凯恩逼迫格林伯格有所表示，否则凯恩就要辞职。

维森知道'我(凯恩)曾经想要把他的船击沉'[1];也知道我基本不跟他说话,因为我知道他中饱私囊。我没有必要跟他说话。公司的管理合伙人对我来说就是狗屁。他的什么命令我都不接受。我跟这家伙一点关系都没有。"

凯恩去见了戴维森和罗森瓦尔德,直来直去谈了一次。凯恩对他们说:"我一直在明确要求加入执委会,因为我当之无愧。他们说:'这个嘛,变化总是好事,我们确实要往执委会里加一个人。一周内,我们就要宣布杰里·戈德斯坦(Jerry Goldstein)(当时的零售分支网络主管)加入执委会。'我说:'就这样了?'他们说:'就这样了。'我说:'好吧,让你们明白我的感受。我看见了这个书面决定会做出什么反应,我可不知道。祝你们开心!'然后我就起身离开了。"

过了大概20分钟,格林伯格打来电话,跟凯恩说:"不知你跟那些人说了什么,总之,你加入了。"凯恩来到贝尔斯登才9年,就完全凭借桥牌人脉和推销员的魅力,当上了大权在握的执行委员。这种抢占先机的成功,凯恩认为,主要原因是他对付戴维森和罗森瓦尔德的策略很隐晦。凯恩说:"因为我说'我可不知道我会做出什么反应',这句话并不是威胁说我要辞职。我只是说'我会怎么处理,我不知道',就不跟他们说话了。因为他们已经拒绝了我,我就一走了之。"

很快,凯恩的合伙人分红比例就跟戴维森和罗森瓦尔德持平了。接着,凯恩又跟罗森瓦尔德走得很近。没多久,戴维森辞职了。凯恩说,到1982年,自己成了分红比例第二的合伙人。

但他的野心之火并没有熄灭。为了爬到顶端,他很清楚,必须精巧地同时培养他与格林伯格,他与执委会其他成员的关系。可以说,这是一种极其微妙的操作,凯恩用上了脑外科医生动手术一般的精确度。凯

---

[1] 指的是前文第十六章提到的那次往日恩怨:1975年戴维森购买了一些纽约市政债券,凯恩想要阻止他。

恩还是继续每天开车送格林伯格上班。这些旅程，大部分时间都在沉默中度过，令人很不舒服，但凯恩有时会打破这种沉默，对老板说一些合伙人的坏话，表扬自己。他也开始和公司其他领导拉关系，至少跟那些他没有疏远的领导拉关系。

*

凯恩的职业生涯变迁的同时，格林伯格的私生活也有了转变。1975年，他与结婚22年的妻子安·利伯曼离婚了，后来，安跳楼自杀了。格林伯格位于第五大街的公寓里依然摆满安购买的法国家具；但他也开始积累一些全新的护身符，来自他的财富、重新开始的单身生活，还有各种狂热的业余爱好。一面墙上，挂着他在非洲打来的一只羚羊头，是纯粹用弓箭射杀的。他收藏了海量的魔术书籍，如饥似渴地学习、实践。他在曼哈顿上东区（Upper East Side）参加各种晚宴的时候，都会表演魔术。著名漫画《亚当斯一家》（Addams Family）里有一个人物叫费斯特叔叔（Uncle Fester），是个长相怪异的魔法师。格林伯格跟费斯特有些类似，只是没那么怪异可怕。这个钻石王老五正成为曼哈顿炙手可热的人物，同很多富家女子有亲密关系。恩里克与雷费德写道："格林伯格有一种诚实本分的魅力。尽管他会冷幽默，非常平易近人，但不油嘴滑舌，也不故作文雅精致。"

有一天，凯恩又开车带着格林伯格去下城上班。格林伯格跟凯恩讲了一个自己的故事，让凯恩永生难忘。当时，格林伯格已经离婚了，还没有再婚，直到1987年才又娶了凯瑟琳·奥尔森（Kathryn Olson），她是一位律师。这时候，他经常找女人，但越来越担心染上艾滋病。凯恩说："他决定要结婚了，对方是著名电视主持人芭芭拉·沃尔特斯（Barbara Walters）。但芭芭拉当时与好几个男人有染，格林伯格只是其中之一。她还跟一个黑人相好，这人是埃德·布鲁克（Ed Brooke），麻省人（美国第一名黑人参议员，后来成了贝尔斯登的有限责任合伙人）。她也跟艾伦·格林斯潘相好。格林伯格对我说：'我决定要娶芭芭拉·沃尔特斯了。'……结果第二天，报上就登出消息，芭芭拉和梅尔夫·安德尔森（Merv Adelson）订婚了。我一直没有说话。一般情况下，要是我的朋友发生了这种事，我就这么跟他说："伙计，你说得不错。你要跟她结婚，只是她已经要嫁给别人了。这婚事不可能成真，因为这叫重婚罪！'但是，我一直没有说话。"

　　凯恩之所以能在公司快速升迁，开车送老板上班是一把万能钥匙，把升迁之路上的障碍全都打开了；此外，还有一把钥匙，就是桥牌。早在1969年二人第一次见面，这个兆头就显现出来了。[1]1967年，凯恩在当上公司合伙人的5年前，获得了桥牌"终身大师"的头衔，由北美定约桥牌联盟（American Contract Bridge League）颁发。相比之下，格林伯格顶多是个一般选手，他自己也承认。尽管如此，格林伯格还是怂恿凯恩："教我打牌，我来当你的牌友。"凯恩说，当时他考虑过，如果让格林伯格当自己的牌友，可能会损害自己在公司的事业。据说，凯恩拒绝了格林伯格的邀请。

　　但他很快改了主意，转而认为，让格林伯格躲到自己的羽翼之下（至少在牌桌上）能带来利益。1977年11月，北美定约桥牌联盟在亚特兰大举行了秋季锦标赛，凯恩组建的5人团队，包括格林伯格与吉姆·雅各比（Jim Jacoby）（达拉斯人，贝尔斯登经纪人）在内，赢得了赖辛格（Reisinger）团体赛冠军奖杯。队伍的获胜优势很小，但足以胜出，而且获得了参加1978年的国际团队选拔赛（International Team Trials）的资格；如果这场比赛又赢了，就迈出了第一步，可能代表美国参加1979年世界团体锦标赛。凯恩管这场胜利叫"奇迹"，原因更多在于桥牌的一些微妙之处，而不在于格林伯格的牌技。他说："我们获胜的原因，只有实际打牌的人才能够明白。水平不同的人们编成队，只要低水平的人不妨碍高水平的人就能表现很好。"《纽约时报》记者艾伦·特拉斯科

---

[1] 凯恩与格林伯格因为桥牌而一拍即合的事，参见第十五章开头。

特写到凯恩的胜利，称呼团队为"格林伯格团队"。这是对凯恩的蔑视，肯定让他恼火，虽然凯恩宣称他从来没有受到影响。

*

在华尔街，职业当中已经有足够多的隐患了，但仿佛隐患不够似的，对贝尔斯登一些员工来说，打桥牌也成了一种职业危机，因为公司两名最高合伙人在同一个队伍打牌，而且赢得了国内国际多项大奖。1979年，艾伦·特拉斯科特在《纽约时报》上发表文章说："不论是和老板组队，还是对抗老板，都是很困难的事。比如，可以参考一下今年夏天举行的大苹果地区淘汰团体锦标赛（Big Apple Regional Knockout Team Championship）。比赛中，一位年轻的纽约桥牌专家吉姆·罗森布鲁姆（Jim Rosenbloom）就陷入了这种困境。"因为罗森布鲁姆刚加入贝尔斯登，就在比赛中对决了格林伯格和凯恩。艾伦·特拉斯科特问："他是要努力展现精明的一面，给老板一个优秀的印象，还是更多地考虑自己的前途，让老板开心呢？老板中有人高高兴兴地说：'罗森布鲁姆要是赢了，他明天就不用上班了。'考虑到这一点，第二个选项就显得重要一些了。"罗森布鲁姆的问题很快化为乌有，因为在大苹果地区比赛中，格林伯格的队伍"一路奔驰，轻松取胜"。接着，罗森布鲁姆很快又与格林伯格、凯恩两位老板组队参赛，接连获胜。

到了1982年，特拉斯科特又报道说："在合适的场所，桥牌专家可以像谚语中的兔子那样繁殖，尽管速度比兔子慢了许多。"[1]他引用贝尔斯登作为说明这种现象的例子。1975年，特拉斯科特说：贝尔斯登"有一名专家吉米·凯恩，一名爱好者艾伦·格林伯格。格林伯格想成为专家，于是在凯恩的帮助下很快如愿以偿"。特拉斯科特形容凯恩"热情洋溢，语速很快，获胜欲望强烈"。7年之后，贝尔斯登有了10位桥牌选手，2人获得世界冠军，4人获得全国冠军。特拉斯科特写道："这么一来，那

---

[1] 英谚multiply like rabbits，意为像兔子那样大量繁殖；兔子的繁殖周期很短。

些痴迷桥牌的大学生，就有了完美的答案来应对父母的抱怨。他们可以说自己准备在金融界取得成功。"

1981年，凯恩在以色列的马加比运动会（Maccabiah Games）上，与格林伯格组队赢得了金牌。2年后的1983年，凯恩对外宣称：他已经告诉格林伯格，决定不再参加锦标赛了。但他没有告诉格林伯格，他不参赛的原因是不愿意再同格林伯格组队。之前，他们的队伍在全国桥牌团体赛（Grand National Team Championship）上惨败，特拉斯科特在《纽约时报》专门做了报道。凯恩说："赢不了，就把好运丢了。我赢不了，跟他在一起赢不了。"

凯恩说，这个问题的最终解决方案是，他6年没有参赛。不过，真相却稍微复杂一点。整个20世纪80年代，凯恩的名字都会定期出现在特拉斯科特桥牌专栏上，他有时候与格林伯格组队，有时候与查克·伯格组队，有时候与其他人组队。无论如何，到了1989年，凯恩又带着满腔热情重新参加锦标赛了，这一次，队伍里没有了格林伯格。确实，凯恩专门选在这些锦标赛期间度假；锦标赛每年3次，每次1周左右，地点则选在全国各地。这些锦标赛极为紧张，比赛是下午开始，一直打到深夜。移动电话、黑莓一类的设备禁止使用（当然凯恩没有用）；比赛期间禁止打扰选手。[1]凯恩说："我重新参加锦标赛了，它成了我生命的一部分。每过4个月，我就去什么地方打一周的牌。这就是我的假期。虽然圣诞节我们也会离开十天半个月，去佛罗里达之类的地方，但我在那一个星期当中只是打牌，始终没有休息，也没有做别的事。夏天，我周五会去海滩，一般和刘易斯一块儿去；他死了以后，我就自己去。周四晚上，我会坐直升机去参加夜间比赛；周五上午打高尔夫球，回到我

---

[1] 当时 cell phone 专指后来所说的非智能手机。黑莓在苹果手机普及之前，是智能手机和 PDA 的代表。有些早期黑莓设备只能进行文字交流，而不能打电话，功能与非智能手机明显不同。

在新泽西的家，如此等等。我从来没有一个场合'不能出席'。"[1]

*

先不说桥牌的事，毕竟还有一家大公司需要管理。刘易斯去世以后，格林伯格没有浪费一点时间，立刻用自己的特色管起了公司，他曾对别人说："今天咱们做多少事，明天就要做得更多，而且更好。"一名前任贝尔斯登高级常务董事说："这就是公司的整体战略。不在乎金融市场的行为，不在乎创新发明的产生，不在乎其他人的文化有什么改变，一切都无所谓，这就是我们要做的。"有将近20年的时间，这一策略确实有效。格林伯格用来强化商业战略的措施之一，是发给各位合伙人一系列的备忘录。这些备忘录语气很轻松，但经常批评这个，批评那个。为了达到训诫的效果，他还创造了一个代表自己的虚构人物。当时有两位著名广播主持人叫查理·麦卡锡（Charlie McCarthy）和埃德加·伯金（Edgar Bergen）；在演出当中，麦卡锡经常扮演训诫伯金的角色。格林伯格创造的人物也同麦卡锡类似，叫海姆金克·马林兹·阿纳尼科（Haimchinkel Malintz Anaynikal），身份是"著名哲学家"，任务是提醒大家永远保持节俭朴素。谈起备忘录写作开始的原因，格林伯格说："我们必须开始行动了。公司之前好几年都没挣到什么钱，时运不济，毫无疑问。但我们还是活下来了，开始赚了很多钱。"1979年3月13日，阿纳尼科第一次亮相。格林伯格通知各位合伙人，贝尔斯登刚刚从一家保险公司获得了1200万美元长期贷款，来取代贝尔斯登与芝加哥第一国民银行（First National Bank of Chicago）的贷款。[2]他写道："这份协议的影响，和实际节约的资金，对贝尔斯登有极为重要的意义。"他还说，2月份的财务情况"好极了"。他继续说："贝尔斯登的发展，看起来显然是积极的，而且我们也能够因此而强化对所有岗位与开支的监控。大家明白，我对过于自信的危险很是担忧。目前，我们很可能面对一个多变的未来，只要

---

[1] 这是说凯恩很为自己的外向、善于交际自豪。

[2] 保险公司贷出去的钱利息更低，因而贝尔斯登要这么取代。

我们记住著名哲学家海姆金克·马林兹·阿纳尼科的名言：'记得自己的体味不是香水，商业便可成功。'"一星期后，格林伯格把一篇新闻给其他合伙人，以及"其他潜在的香水爱好者"传看。新闻说的是迪恩·威特公司（Dean Witter）（贝尔斯登竞争对手之一）报告，二季度亏损88.6万美元。

6月15日，格林伯格通知各位合伙人：1979年一季度，公司营收5160万美元，占华尔街总营收的2.1%；税前收入1130万美元，几乎是整个金融业税前收入的5%。传达的信息很明确：公司对开销的严格限制，让贝尔斯登获得了比华尔街对手们相对更高的利润。格林伯格希望公司团队能够再次取得这样的成就。格林伯格写道："我还想说一句，过去3个星期真是太漂亮了。每一个部门都蒸蒸日上，有些招进来的新人也开始做出显著的贡献。因为这个好消息，我觉得，大家应该再次认真学习，深入领会海姆金克·马林兹·阿纳尼科的著作精神。"1980年1月30日，格林伯格再次满面春风地报告了企业财务状况的好消息。他写道："有些成就来自我们自己的努力，但最近一些成就则来自运气。我已经在金融界混了很久，很清楚：鞋子从天上砸到脑袋上的时候，都是最意想不到的时候。"然后他又引用了1979年3月备忘录中海姆金克·马林兹·阿纳尼科的评论。

5月28日，他报告说，1980年5月"可能是贝尔斯登历史上最好的月份"，但"我们在狂欢之前，我还有一件事想要强调。我们现在掌握的资本达到了前所未有的地步，因此，如果有哪怕一个月没有创造新的纪录，我们就可能会懒惰起来。我们还有很大的改进空间，堤坝上也有很多渗漏。实际上，我认为只有一个领域的效率达到了百分之百，那就是错误账户。[1]监管销售员队伍的各位合伙人，我恳请你们，加强对所有人员的监控。我要让交易领域全体合伙人特别注意，我们的头寸不可

---

[1] 指用来校对交易中的错误而开设的账户。

能突然大幅增加；此外还要切实遵守海姆金克·马林兹·阿纳尼科制定的三方面规则：（1）关于承受损失的规则；（2）关于头寸持有时间长短的规则；（3）关于香水的规则。[1]自满、过度自信、傲慢——我们所有人都必须坚持与这些无情的敌人做斗争"。10月17日，格林伯格通知各位合伙人，这一天是贝尔斯登历史上最重要的一天："票据数量和总体佣金收入"增长了20%。然后，他又提醒大家，企业员工都必须学习海姆金克·马林兹·阿纳尼科的"哲学和著作"。

*

格林伯格的管理风格，以及他创造的这个代表自己的虚拟人物，在华尔街独树一帜，也让很多合伙人怀疑他是否精神正常。但是，毫无疑问，华尔街正在发生变革，而且速度极快。20世纪70年代早期的"后台危机"，让很多企业倒闭了，因为交易额大幅增长，这些企业无法有效处理，于是扩大了员工队伍；就在此时，业务突然跳水，极大地改变了业界的面貌。例如，1975年5月1日，固定佣金突然全部蒸发了。很多企业要么直接倒闭，要么被迫与其他企业合并。格林伯格反复提醒贝尔斯登"兄弟会"，公司能在这些动荡之后幸存下来，他感到十分骄傲；此外，他还向各位合伙人证明，华尔街依然是一个充满不确定性的危险所在。

然而，华尔街合伙制企业也遇到了一个最大的变革，这个变革从根本上影响了合伙制的法律架构，将体制从"共享责任合伙制"变成了"公司结构"。先前，责任由合伙人承担，承担的责任大小，取决于各位合伙人的资本投入；现在，责任除了由合伙人承担，还由股东承担，责任大小取决于股东的持股比例。1968年，美林证券率先从伙伴关系结构转变成了公司结构。但另一家公司最先迈出了必然的一步。1970年年初，帝杰证券（Donaldson, Lufkin & Jenrette，简称DLJ）率先向公众发售股票，进行了首次公开募股（Initial Public Offering，简称IPO）。之后，华尔街

---

[1] 格林伯格本人很推崇及时清理库存，滞销证券一定要卖出去。贝尔斯登当时的投资风格，也是不要让证券在手中停留太久，要及时卖出。

各家公司掀起了IPO热潮。由此，历史上第一次，企业能够用公开发售股票和公开发售债券这两种手段，轻易筹集到资本。更重要的是，这些企业的老板鼓励员工们（此时严格地说，已经不是合伙人了），使用新股东的资本去冒比先前大得多的风险。华尔街的运营者们十分清楚：先前，自己冒风险的一切责任由合伙人承担，而此时这些责任却转移到了没有名字、没有面容的股东身上（当然，这些股东有一部分是先前的合伙人）。如今，投资银行业务的主要目标，是得到更多的短期利润和短期奖金，其代价则是企业和股东的长期利益。

1970年，帝杰证券上市；1971年，美林证券上市，美林成为纽约证交所第一家上市企业。此外，贝尔斯登周围的企业几乎全都上市，公开发售股票了。但贝尔斯登依然是一家私人合伙公司，极端重视成本控制和风险控制。有人觉得，这样的重视很奇怪。所有部门中，只有那些的确可以挣钱的部门（比如结算、经纪、固定收益部）获得了更多资本，虽然这些资本还为数不多。贝尔斯登一名长期的高级董事说："我们的企业哲学是，永远不要预期哪些业务会'很好'或者'很坏'，而是要给那些盈利的业务一个机会，将业务的营收进行再投资。是营收，而不是盈利，因为有时候那些部门的盈利来得不太快，但业务会越来越多。因此，企业的某些部门，比如说结算部门，就会突然出现更多客户，这些部门也就能获得更多资源。企业管理，从历史的角度看，就是'不做计划'，没有商业计划。某个时候，贝尔斯登唯一做计划的部门就是高级管理人员餐厅，而且企业为这种状态而骄傲。其余的一切都是机会主义。有一种观点认为，企业文化就是机会主义文化；所谓机会主义，在企业看来，就是真正的机会，是确实可以盈利的事物，而不是理论。确实有这样的观点：你要是为企业挣钱，你就有权命令企业把钱花在哪儿。你要是不为企业挣钱，你愿意怎么想就怎么想，但是企业可能会听，也可能不会听。"这种无计划战略曾奏效了非常久的时间。但2008年3月发生的最后崩溃，这种战略也正是关键原因。

艾伦·格林伯格的父亲在服装业中吸取的教训，儿子一直牢记在心。的确，20世纪80年代早期，格林伯格力劝公司减少开支，卖掉资产负债表上周转缓慢的库存。有一次，别人问起格林伯格，怎样才能做一名优秀的交易者。他回答："啊，我不知道。我认为，证券业最重要的就是承受损失。比如，你犯了错误。如果你手里的东西是证券，你犯了错误，就可以承受损失。如果手里的东西是房地产，就只能去买'此房出售'的告示了。而且我认为，能够承受损失，承认错误，是你应该具备的能力。"

实际上，格林伯格对风险的态度是复杂的。有时候，他鼓励手下的交易者去冒更大的风险；有时候，他阻止交易者冒风险。多年以来，他直接管理了大约200个行使自由裁量权的交易账户，但他采取十分谨慎的态度对待风险，只选择了12只左右的股票长期持有，做法类似沃伦·巴菲特（Warren Buffett）。1981年，发生了一次规模空前的并购，杜邦公司（DuPont）以75亿美元收购了康诺克石油公司（Conoco，又译大陆石油公司）。为成功收购康诺克，杜邦与施格兰酒业公司（Seagram，又译西格拉姆）、美孚（Mobil）发生了激烈冲突，互有损伤。在这期间，贝尔斯登高管罗伯特·斯坦博格（Robert Steinberg）从格林伯格手中接管了贝尔斯登的风险套利业务。斯坦博格设计出了一种他自称"稳赚不赔"的策略。但有一个问题，就是贝尔斯登分给斯坦博格的合并套利投资的配额是有限的，斯坦博格已经把配额用光了。格林伯格要么停止行动，要么提高配额。艾伦·施瓦茨当时任公司小额投资银行部的主管，他自告奋勇，为斯坦博格向格林伯格提出申请。多年之后，施瓦茨回忆说："我去找老A，因为我觉得，再多买一些还会更好。老A跟我说：'你觉得我们有那些配额是因为什么？是为了不让人们买入太多他们不是真正喜欢的东西？'"然而，斯坦博格说，格林伯格经常告诉他："'罗伯特，你最近亏的钱不够多啊。'意思就是：'你冒的风险不够。你已经尽力让收益最大化了么？还是只注意小心谨慎？'"巴里·科恩（Barry Cohen）长期担任贝尔斯登高管,一度曾任风险套利部门主管和对冲基金业务主管。科恩解释说,格林伯格的商业哲学很简单:"亏了钱,从来不生气。可他要是听见公司里有人不回电话,就非常生气。"

格林伯格又开始采取具体手段改造贝尔斯登,贯彻这样一种理念:招收自己和凯恩的"同路人"。所谓同路人是指那种精明强悍的"街头霸王"类型的人物,如果来自美国中西部还能加分[1]。贝尔斯登有些更加出名的竞争对手,创始人的背景相比之下更加高贵,而贝尔斯登却不要求这些所谓的血统和教育背景。1981年5月4日,《时代周刊》登出封面故事《追逐金钱:商学院给我们带来的影响》(The Money Chase: What Business Schools Are Doing to Us),用很大的篇幅阐述了年轻人对MBA学位的需求正在增加,而这种现象对社会将产生什么影响。第二天,格林伯格写信给合伙人:"最近,关于企业招收MBA学生的事,社会上谈得很多。我们的公司从1973年的700人,发展到现在的2600多人,有一项政策功不可没。我认为,如今我们应该着力继续这一政策。我们的首要愿望是,提拔内部人员当高管,而不是从外面直接招进。若有MBA的人来求职,我们自然不会反对,但我们真正要寻找的是有PSD学位的人——贫穷、聪明、想致富。"P代表poor(贫穷),S代表smart(聪明),D代表deep desire to become rich(致富的强烈欲望)。格林伯格继续说:"是这样的人建设了贝尔斯登,而且,这样的人还有很多,因为我们的竞争者似乎只招MBA,所以把PSD忽略了。"

希望招收PSD员工,这一点在华尔街也是独树一帜,格林伯格为此相当自豪。他说:"社会上的聪明人极多,却找不到工作,还因为家庭问题、经济问题等等,连大学都上不了。"贝尔斯登招进的这类人才里,有一个叫雷・谢里(Ray Xerri),来自纽约布鲁克林区本森赫斯特

---

[1] 格林伯格来自堪萨斯州威奇托市,凯恩来自伊利诺伊州芝加哥市,都是美国中西部出身。(我个人对这个imprimatur表示疑惑,因为imprimatur所有例句意思都是认可、赞许。而格林伯格既然想要招一批新人,肯定说明他对企业目前的状态不满意。所以勉强翻译成了"改造"。)

（Bensonhurst），父亲是面包师傅。谢里的业务是，确保贝尔斯登符合证监会的净资本规定。还有一个叫马克·康杰沃（Mark Konjevod），1990年科罗拉多大学（University of Colorado）橄榄球队拿了冠军，他是获得奖学金的学生，在球队里踢中后卫。谈起他为什么在贝尔斯登总体上觉得很舒服，康杰沃说："我在贝尔斯登的心态，就像在球队更衣室里的心态（轻松自在，敞开心扉）。"

　　然而，华尔街并不总是充满着甜蜜与光明。格林伯格有时候也非常尖刻而残酷。这一点，在他的备忘录以及他同其他高级合伙人的关系中，体现得很明白。1982年9月，是"贝尔斯登历史上成绩最佳的一个月"，也是一次历史性牛市的开端。这时，格林伯格依然在告诫合伙人："我认为，与成功相伴而来的是各种消极因素，对此，我们要保持警惕。所谓消极因素，就是指自满，做事凌乱、毫无章法，面对成本过于放松，骄傲，还粗心大意。这段时间，一定要保持高度警惕。如果市场真的称心如意，我就要赚到每一美元，桌子上什么都不要留下。市场还有可能再次恶化，所以，一刻也不要忘掉，伟大的导师海姆金克·马林兹·阿纳尼科在多年以前的教诲：'艰难困苦时，抛售开始日。'"[1]格林伯格还宣称，执委会已经决定，所有合伙人，非经执委会同意，除购买公开上市的股票和债券之外，不得进行对外投资。他说，这一措施"是为了不想让各位合伙人担心或专门考虑贝尔斯登之外的任何业务。我们的最好投资，就是在公司拥有的股东权益；所以，让我们为公司拿出百分百的努力吧"。

　　此外，格林伯格还宣扬了他对合伙人的工作伦理的观念。1982年8月，他写道："合伙人都有权休假，我们从来没有对假期长度说三道四，也没有一直审视一年中的假期耗费了多长时间。[2]但我感觉，合伙人若

---

[1] 此句原文 when the going gets tough, the tough start selling，为谚语 when the going gets tough, the tough gets going（艰难困苦时，唯有勇者前行）之恶搞。

[2] 这里是说他对合伙人休假没什么意见。

不在休假，就应当把周五当成平时的一天，完整地上一天班。海姆金克·马林兹·阿纳尼科终其一生，从未休过一个星期五。"格林伯格自己也确实没有休过哪怕一个星期五。不过，虽然有格林伯格的备忘录，但企业高层还是发展出了一种文化，周五早上（或周四晚间）下班，前往各个度假胜地：泽西海岸、棕榈滩、长岛汉普顿、康州格林尼治、麻省的玛莎葡萄园岛，或南塔克特岛。当然，这种做法在华尔街并不少见。高级合伙人虽然离开了公司，但依然能联系得上。然而，多年以来，周五办公室的执委，经常只剩下了格林伯格一人，他为此而烦恼不已。

就其他合伙人偶尔犯错的情况，他也发表了自己的意见。1983年1月，他写道："我很清楚，人总是有犯错的时候。我之所以生气，是因为没有立刻发现这些错误。很多情况下，这是因为犯错的人太懒惰，导致第二天没有审视工作流程，没有审视结算交易的文件，没有检查月报。员工犯了错误，公司一直非常理解。但如果因为犯错之后的愚蠢和懒惰，导致错误没有发现，公司就不理解了。请注意，你的同事，你的下属都明白这个规矩；因为，如果哪个合伙人被扣了一年工资，我不想看见有人号啕大哭。"格林伯格也会教训员工。在1984年1月的备忘录中，他写道，自己是如何"前所未有地坚定决心，严格遵守商业哲学大师海姆金克·马林兹·阿纳尼科创立的规则：一、坚持做自己的事。二、看好自己的店铺。三、损失要有限度。四、像鹰一般监视开销。五、谦虚，谦虚，再谦虚。六、处理新账户，要了解客户，确保你客户的账户在赚钱"。

除了备忘录的公开言论，格林伯格在其他比较私密的领域也显得高人一等。在他早期担任高级合伙人的某一年，他在决定各位合伙人分红比例之后，召开了执委会的全体会议。凯恩回忆："格林伯格给每个人都打了分。我们坐在会议室里，他拿了一张纸，上面是合伙人的分红比例；他把那张纸扔在地上，让合伙人跪在地上捡起来。他扔纸的时候，我就自言自语：'你就是有史以来最大的混蛋、烂胚、恶霸！'这些人都是成年人，等着自己的赏赐。是啊，他们内心深处可能在说：'我什么都不配拿，我不配拿这个！'可是，这只是个打分游戏，值得这么诚惶诚恐吗？格林伯格把纸扔在地上，让他们卑躬屈膝地去捡。"格林伯格也会因为合伙人闹纠纷而训诫他们。1984年4月，他写道："海姆金克·马林兹·阿纳尼科最近提醒我注意，有些企业比我们公司更聪明，更有钱，规模也更大，却因为公司内部争斗而垮台了。监视这些倾轧的迹象，是我非常优先的任务。公司合伙人一旦超过80人，就一定有一两个人不那么合你的意。多年以来，贝尔斯登诸位合伙人一直和谐相处，此时的合作也令人满意。我在未来将要对一件事变得极为敏感，而且只要我一看见或者听见这种事，就要大发雷霆——那就是合伙人之间的恶语相向。老实人之间，可能会有各种差异；但如果这些差异变成了纠纷，你们就可能有麻烦了。我们的利润好比一只下金蛋的鹅，我绝不能让个人冲突影响这只鹅带来的净利润。"

*

1983年6月的一个周日，《纽约时报》发表长文，全面介绍了贝尔斯登与其博学的高级合伙人的神秘世界。记者莱斯莉·韦恩（Leslie Wayne）专门写到了公司"洞穴一般的"交易室外面悬挂的标语"啥都不挣，只挣钱"，然后公开质疑，贝尔斯登这么做是要往何处去？[1]莱斯莉·韦恩写道："贝尔斯登真正的特色，是愿意投资那些其他公司可能不敢靠近的领域。例如，贝尔斯登会代表持异议的股东参加各种代理战争，如果换了其他公司，就会极力回避这种对抗；又如，贝尔斯登会在破产或陷入财政危机的公司身上大力投资；再如，有一些企业客户，即使贝尔斯登一名合伙人说这些企业'债券评级不是最高级'，贝尔斯登还是为这些企业承保。"

韦恩无法完全剖析贝尔斯登究竟用的是一种什么工作原理。她继续说："这种挣钱的大胆与特别嗜好，不禁让一些人提出了问题：贝尔斯登

---

[1] 这里质疑贝尔斯登不讲道德只认钱。

究竟是什么身份？是客户代理商，收费提供服务，还是只是自身合伙人的交易载体？还是兼而有之？若是强调后者，就会让一些人质疑企业对客户的忠实程度；有些人也经常引用这一点，来说明贝尔斯登客户列表上为何少见蓝筹股公司（在很多年中保持良好业绩的公司）。"韦恩还特别写道：贝尔斯登的赚钱方式之一，是买下某些公司的不良证券，如佩恩中部铁路公司（Penn Central）、克莱斯勒公司（Chrysler）、国际收割机公司（International Harvester）、曼维尔公司（Manville）和莱维尔铜与黄铜公司（Revere Copper and Brass）。此时，莱维尔公司步履维艰，贝尔斯登买下了这家公司接近200万股的股票，使它的股价几乎涨到了原来的3倍。贝尔斯登的全企业营收6.5亿美元，净收入1.6亿美元。尽管合伙人的工资仅有7.4万美元，奖金却高达200万美元。贝尔斯登企业债券交易主管弗兰克·马图契（Frank Martucci）说："在贝尔斯登，谁挣钱，谁地位就高。挣得越多，地位越高。"

这种财务上的巨大成功，自然吸引了华尔街很多人的眼球。哈佛商学院教授萨缪尔·L.海耶斯评论道："世人将贝尔斯登看作由一群睿智、精明的企业家组成的公司。但这些人的动机，更多是为了自我，也就是追求公司内部的个人利益，而不是建设长期的企业实体。"莱斯莉·韦恩举了很多例子，表示贝尔斯登似乎有着利益冲突："例如，贝尔斯登持有某公司股票，在市场上充当做市商，买卖该股；但与此同时，又跟这家公司的管理层进行委托书争夺战[1]。"在这种利益冲突情况下，贝尔斯登却仍然坚持同时推进两方面的业务。韦恩还指出，贝尔斯登很乐意代表那些企业掠夺者办事。例如，加拿大有个贝尔兹伯格（Belzberg）家族，也是一群著名的企业掠夺者，拥有搬家公司贝金斯（Bekins）；另一个企业掠夺者欧文·雅各布（Irwin Jacobs），要把贝金斯抢过来。贝尔斯登代表雅各布，协助掠夺。最后，雅各布成功了。

---

[1] 委托书争夺战即投票代理权争夺，英文为Proxy fight或Proxy battle，就是第三方要透过股东选举的方式，改变现有董事会成员，以达到特定目的。

韦恩还写了一位竞争者对贝尔斯登的猛烈抨击。这人叫乔治·L.波尔（George L. Ball），是培基证券公司（Prudential—Bache Securities）的总裁兼行政长官。他说："贝尔斯登很善于寻找那些细分市场，其他公司觉得这些市场太小了，太专业了，有时候甚至略微让人排斥；有时候，大多数企业会因为直觉而放弃收益；但贝尔斯登认为，所谓合法交易就是能挣得1美元的交易，哪怕这点钱，他们并不愿意拿回家去，在跟妈妈共进晚餐的时候炫耀。"显然，格林伯格从没有忘掉这次羞辱。1991年，波尔在度过连连亏损的混乱9年之后，从培基证券辞职了。他一辞职，格林伯格就给贝尔斯登合伙人发备忘录，提醒他们，波尔是怎样侮辱公司的："海姆金克·马林兹·阿纳尼科经常提到：'天理循环，报应不爽。'他还补充了一句尤其刻薄的话：'走上坡路时遇见的人，走下坡路时也会遇见。'我们始终强调，贝尔斯登不诋毁任何竞争对手。你们的执委会还要再次强调这个立场。若是你对某人说不出友善的话，就不要开口。"

贝尔斯登的经营状况一直很好，特别是20世纪80年代以来以更加迅猛的速度发展的牛市，让贝尔斯登发展更快了。1985年5月（新的财政年度的第一个月），格林伯格报告说，企业"本月相当于在棒球第一局就得分10次"；还说，"我委实不记得，公司历史上曾有5月份不赚不赔的时候，更别说赚钱了"。去年曾有记者问起：贝尔斯登是否考虑IPO？对此，格林伯格明确表示：贝尔斯登将继续保持私人持有状态。尽管如此，贝尔斯登内部"希望企业上市"的呼声却越来越高。企业表现很好，1981年4月底（财政年度结束的时候）总营收为3.93亿美元，1985年4月底总营收就上升到了18亿美元。也是在这4年期间，贝尔斯登净收入从1981财政年度的1.08亿美元上升到了1985财政年度的1.69亿美元。因为多年净收入为正，所以企业的权益资本也从4年前的6000万美元上升到了1985年4月的3.5亿美元。以任何标准而言，格林伯格对公司的管理都值得称赞。

人们认为，以下这些因素可以作为公司上市的理由：公司财务表现很好；同类型公司帝杰证券和美林证券上市后股票升值了；有些比较年轻的合伙人觉得公司的很多高管年纪都大了，格林伯格57岁，凯恩51岁，高级合伙人约翰·罗森瓦尔德55岁，首席运营官阿尔文·艾因本德56岁，如果哪位高管去世了，或者全都去世了，按照规定，公司必须在5年内为了回购他们手中的股份而付出巨大代价。刘易斯和泰迪·洛去世后就是这样。如此一来，从资本角度来说，公司就会面临困难。[1]另外，如果让公司保持私人合伙状态，还将面临"连带责任"[2]造成的隐患。公司合伙人占公司股份越多，那么随着金融危机风险的加剧，这些普通合伙人相应要承担的风险也就越大。若是能公开上市，就能把责任从普通合伙人身上转嫁到企业的股东身上。

到了1986财政年度的起始点（1985年5月），公司执委会的10名成员中，有越来越多的人看好IPO。格林伯格依然坚决反对，但是，执委会很快就召开了会议，讨论贝尔斯登公开发售股票的问题。当时，格林伯格正在纽约州首府奥尔巴尼市（Albany），没有参加。凯恩说："执委会开了会。他们说：'这个议题，我们已经讨论过了。我们觉得应该上市。投票吧。'结果是9比0，格林伯格没参加。格林伯格以前总是说：'这不是单单一个人能决定的事。只要我不在，你们做什么无所谓。'"另外，执委会还通过了新公司管理层的结构，凯恩担任总裁，约翰·罗森瓦尔德担任副董事长。

这段时间，凯恩还是开车带格林伯格去水街55号上班。凯恩回忆："第二天早上，我跟往常一样开车带他。他问：'昨天晚上有什么情况？'我说：'没什么情况，我们投票决定上市了。'他说：'什么？你让他们

---

[1] 格林伯格和凯恩是公司的掌控人，但他们死后，子女就不参与决策，不是公司的合伙人了。而他们留给子女的资产依然是合法的。为此，贝尔斯登需要花费一大笔现金回购格林伯格和凯恩手中的股份，这对公司的成长显然是不利的。

[2] 当责任人为多人时，每个人都负有清偿全部债务的责任，各责任人之间有连带关系。

这么做了？'我说：'艾伦，不这么做很傻，再说了，有谁在意呢？'他说：'好吧，我很吃惊，真的很吃惊。'"格林伯格想知道管理层的名单。凯恩告诉他："你当董事长，约翰·罗森瓦尔德当副董事长，我当总裁。"凯恩说，格林伯格只是坐在车里，一句话都没说。

两天后，格林伯格把凯恩叫到办公室，说是要跟他谈一宗商品交易的事。凯恩回忆："他把我叫到办公室，说了一些关于一宗商品交易的蠢话。我了解他，他不是来跟我谈商品交易的。这个管理层名单把他气坏了。"周六晚上，格林伯格的好友阿尔弗雷德·勒纳（Alfred Lerner）给凯恩打了电话。勒纳是亿万富翁，生于布鲁克林，多年以来，跟凯恩也混熟了。凯恩说："勒纳是个混大街的人。他给我打电话说：'你当不上总裁。'我说：'你胡说！'他说：'格林伯格肯定不让你当总裁。'我说：'他没有别的选择！不行也得行！执委会已经通过了！'他说：'吉米，我就告诉你这一件事。你当不上总裁了。'"

周一早上，格林伯格给凯恩打电话。凯恩回忆："又是那个商品交易的事，然后来了一句：'对了，约翰·罗森瓦尔德从来没有同意自己当副董事长。'我说：'真的？我觉得他当副董事长是个好主意啊。'"凯恩在思考：短短4天，形势是如何逆转的，为什么会逆转呢？周三，公司果然告知凯恩，他当不上总裁了。凯恩说："他们告诉我，我最晚周五必须做决定，如果我当不上总裁，到底赞不赞成公司上市。我简直要气糊涂了。这不光是出尔反尔，这是严重的出尔反尔！他们把我整个在公司的基础都背叛了。"

最后，凯恩投票赞成公司上市。[1]尽管觉得遭到了背叛，他还是妥协了，与罗森瓦尔德一起当了公司的联合总裁。凯恩并不高兴，虽然他当时在公司有800万美元资本，上市以后价值会增加一两倍，但这不是金钱的问题，而是权力的问题。

---

[1] 这时凯恩当不上总裁了，地位变了，所以又投了一次。

6月23日,《华尔街日报》爆料,贝尔斯登似乎已经决定"在两三个月内就公开上市"。《华尔街日报》说,格林伯格"默默无语",还描述了他如何在公司的交易楼层一个位置较高的写字台上办公,以及他如何"将贝尔斯登机会主义交易哲学具体化",方法就是:每次做计划,都只到下一次交易为止,不做长远打算。"每天收盘的时候,我们的交易头寸情况就是我所关心的'长期计划'。"文章还提到,格林伯格在交易楼层附近另有一间办公室,里面放着一张巨大的橡木写字台,是赛伊·刘易斯送给他的。

8月5日,贝尔斯登执委会正式投票,在公司内部通过IPO文件,并准备在1985年9月中旬向证监会第一次提交上市文件。格林伯格自己的贝尔斯登股票,上市后价值将升到5000万美元左右,他的年薪也将在15万美元左右,外加500万美元奖金;一时间,他将成为华尔街收入最高的CEO。(凯恩和罗森瓦尔德拥有的贝尔斯登股票,估计价值都在3500万美元左右。)但是,格林伯格十分谨慎,不想被胜利冲昏头脑。他只是在8月9日的备忘录中简单提了一下即将到来的IPO。后来,这份备忘录,因为出奇吝啬的精神,被载入了华尔街的编年史。他写道:"我刚刚得知了我们一季度的结果,非常好。凡人在发迹的时候,似乎都有一种人之常情,大幅增加开支。而我们要成为例外。我刚刚通知了采购部,不要再购买曲别针。我们所有人每天都会收到夹着曲别针的文件。若是能够省下这些曲别针,不仅自用绰绰有余,还会有很多剩余。我们偶尔还要收集多余的曲别针卖掉。(因为我们的成本为零,所以套利部告诉我,资本的回报将在平均线以上。)这一举动,看起来可能有些小家子气,但只要能确保员工有节约成本的意识,一切行动就都有价值。"格林伯格还决定,不再批准采购"部门之间邮件所用的蓝色信封"和橡皮筋。他说:"我们如能从寄来的邮件中省下曲别针,就也能省下橡皮筋。我希望,这一类有弹性的东西,我们也能拥有很多。"

某种程度上,这些公函属于开玩笑,只不过贝尔斯登真的按照格林伯格的指示做了。华尔街有一个经典笑话：新员工来到贝尔斯登，会得到一个小包，里面装着橡皮筋和曲别针，预备工作的时候用。

跟所有向公众投资者出售股票的公司一样，贝尔斯登的IPO计划书也充满了绝大部分从未公开的揭露式信息。文件显示，贝尔斯登的主业是固定收益业务。对于美国财政部、附属的政府机构、市政府、企业所发行的债券，贝尔斯登参与了它们的购买、出售、交易和认购。但贝尔斯登也有零售经纪业务、结算业务、套利业务，这些业务有"25年以上"历史，而且"每一项业务在过去15年内"都在盈利。此外，贝尔斯登还拥有一个投资银行部门，里面有287名员工，这个部门虽然刚刚成立不久，却在盈利，而且业务还在扩大。1985年4月，上一个财政年度结束的时候，公司营收是18亿美元，其中大约1.09亿美元，即6%，来自投资银行业务；而投资银行业务2/3的业绩，又来自并购的咨询业务。两年之内，咨询业务的营收从3600万美元增加到7300万美元，翻了一番。

计划书还叙述了贝尔斯登1981年怎样成立"抵押贷款相关证券部"，并在政府抵押贷款机构的证券方面"开拓市场，进行交易"。这些机构俗称吉利美（Ginnie Mae，正式名称是美国政府国民抵押协会）、房利美和房地美。贝尔斯登的业务还包括"无抵押贷款产品池"，这是一类由抵押贷款经纪公司发明的贷款，不需要抵押品，但比起有担保的抵押贷款产品更难交易。由于贝尔斯登本身并不经营优先级抵押贷款业务，所以计划书上写道："在公司将抵押贷款产品买进自身账户之前，会有一支抵押贷款认购专家团队负责分析并执行各个步骤，以确认贷款的可靠性。"贝尔斯登也承认，由于证券仓位由市值和流动性决定，所以，公司的一切"本人交易和经纪人业务"会将公司置于风险之中。管理层负责监控"市场风险"，方法是每天审阅多份不同的报告。此外，贝尔斯登风险委员会每周召开会议，由格林伯格主持。

公司还透露："与贝尔斯登在美国政府和机构证券方面的交易活动相关，贝尔斯登也签订回购与逆回购协议，并以此为依据，向那些同意在特定日期以特定价格转卖或回购证券的其他交易者或对手方，卖出或买入证券。"这种融资活动在2008年3月10日之后的一个星期还在持续，直到那些隔夜回购贷方决定停止向贝尔斯登提供资金。然而，早在23年前，贝尔斯登就知道这种融资带有风险。因此，一个有先见之明的警告就落到了纸面上："公司采取各个步骤，确保这些交易得到足够的担保。但这些交易的数额巨大，若各方签订协议后，公司无法履行各项义务，且在公开市场中因平仓而发生损失，则公司可能会蒙受严重损失。"

*

此时，格林伯格已经给贝尔斯登制定了一个规矩，要求各位合伙人至少向慈善事业捐赠薪酬的4%。这个要求使得贝尔斯登年复一年成为华尔街上最持久的慈善捐赠企业。格林伯格自己得了个外号："华尔街上最大的捐赠者。"他向犹太联合募捐协会（United Jewish Appeal）捐出了数百万美元。1986年11月，他向俄克拉何马医学研究基金会（Oklahoma Medical Research Foundation）捐了100万美元，设立了埃丝特·格林伯格生物医学研究荣誉席位（Esther Greenberg Honors Chair in Biomedical Research），以纪念他的母亲埃丝特。格林伯格还向约翰·霍普金斯医学中心（Johns Hopkins Medical Center）、纽约公共图书馆（New York Public Library）、美国自然历史博物馆（American Museum of Natural History）和其他几所科研机构、慈善机构提供了大量捐助。

然而，用凯恩的话说，格林伯格又有一种"自恋精神"，使得贝尔斯登有几次捐助，用最好的话说，也是很怪异的。有一次，格林伯格捐钱翻修耶路撒冷的以色列博物馆（Israel Museum）的厕所，还把他住在俄克拉何马市的兄弟——梅纳德的名字刻在饰板上，来纪念此次捐赠。[1]有些人不确定，这礼物究竟是说明格林伯格喜欢梅纳德，还是讨

---

[1] 中国的习惯是把名字刻在匾额上，挂在门上方；国外是一块饰板，放在门口齐人胸前的位置，方便人们看看是谁捐助了这个东西。梅纳德的住址和本书情节无关，提到住址，只是介绍背景的习惯。

厌梅纳德？ 格林伯格对约翰·霍普金斯医学中心的捐助总额达到了300万美元，还帮助建立了"凯瑟琳与艾伦·C.格林伯格骨骼发育不良研究中心"（Kathryn and Alan C. Greenberg Center for Skeletal Dysplasias），致力于侏儒症的研究和治疗。美国侏儒协会（Little People of America）在年会上，专门给格林伯格发了奖。不过，凯恩的其他一些捐助也很奇怪。例如，苏联有一位国际象棋神童，叫加塔·卡姆斯基（Gata Kamsky），叛逃到了美国。1989年5月，凯恩看了《纽约时报》一篇简短的报道，同意充当这位14岁苏联少年的赞助人。凯恩一直资助了加塔5年的职业生涯，每年付给他4万美元；后来，世界国际象棋联合会（World Chess Federation）的锦标赛上，加塔·卡姆斯基输给了另一名高手阿纳托里·卡尔波夫（Anatoly Karpov），然后突然退赛，凯恩就不再资助加塔了。后来，2004年，加塔再次成为全职选手。现在[1]是竞争世界冠军的四人之一。

格林伯格最奇怪的一笔捐赠，发生在1998年6月，当时他向买不起伟哥（Viagra）的人捐了100万美元，让他们支付药方的账单。大多数人都不禁想到，格林伯格捐这100万美元是为了让无家可归的人能过性生活。面对批评，格林伯格选择为这笔捐款辩护。伟哥的制造商是辉瑞制药（Pfizer），格林伯格对《纽约时报》记者说："我买了辉瑞的股票，所以这不是纯粹利他的行为。你可以引用我这句话。你要是问我，我对这个项目感兴趣多长时间了。可以说，我从十三四岁起就开始感兴趣了。"记者问了一个"不得体的"问题：您自己用伟哥了吗？ 格林伯格说："这个我不回答。"凯恩听说这件事后，气坏了。他回忆："这事情让执委会知道了。我问格林伯格：'你怎么敢不跟合伙人说一声就做决定？ 我们成了华尔街的笑柄了！ 不是因为伟哥，也不是因为无家可归的人，是因为我们是工资最高的管理团队之一，你赚钱这么多，却捐出100万美元让别人寻欢作乐，而且是无家可归的人！ '我跟他说：'这个决定，你

---

[1] 本书出版的2009年。

应该跟我们商议才对！'"

*

　　尽管如此，贝尔斯登的表现却无可指摘。1986年3月27日前的11个月，企业营收接近20亿美元，净收入1.18亿美元；再往前的11个月，营收只有16亿美元，净收入只有7900万美元。1986年5月，财政年度结束后没多久，贝尔斯登管理层就决定，利用企业当前的成功，二次发行股票；这一次发行460万股，定价每股35美元。1986年5月，贝尔斯登进行了史上第二次的股票发行，这也是贝尔斯登各位合伙人最后一次用承销发行的方式卖出手中的股票。1986年7月15日，企业批准了按3∶2进行股票拆分，这也是公司历史上最后一次股票拆分。

　　二次发行的前几周，格林伯格的备忘录充满了狂热，重点几乎全都放在自己喜欢的主题——削减开支上。他甚至惋惜道，公司各部门之间的邮件信封上用的思高牌（Scotch）胶带成本增加了。他在4月18日写道："从今天开始，务必指示秘书，在发信的时候只舔信封盖口的左侧。这么做的原因我一说你就会吃惊，就会思考：为什么我没想到呢？ 如果收信人能够轻轻打开信封，信封就能再次利用，还能再次封口，办法就是，让你的秘书再舔一下信封盖口的右面，而这整个过程无须使用思高牌胶带。我们所有人都习惯这种正确而精准的舔法后，还能进一步升级，那就是：只舔盖口左边的1/3；第二次寄信，舔盖口中间；倒数第二次寄信，舔右边。若某人舌头较小，协调能力又好，则同一个信封能够重复使用近10次。"

　　1986年，华尔街爆发了内幕交易丑闻，牵涉面越来越大。11月，金融巨头伊万·博伊斯基（Ivan Boesky）被捕，连带暴露了一个圈子，包括德崇、高盛、基德尔与皮博迪、拉扎德等多家公司，这些公司都是贝尔斯登的竞争对手。1987年2月，在财政第三季度结束后不久，格林伯格给企业高管写信道："目前，我对贝尔斯登的未来前所未有地乐观。原因只有一个：我现在无比清楚地意识到，过去几年，我们有几个部门一直在盈利，尽管这些部门并没有处在公平竞争的环境里。有些竞争者一直保持着巨大优势，但最近的各种事件却清楚地显示出，这种不平等即将终结。本公司各部门一直在对抗不正当竞争，我对他们的成绩表示热烈祝贺。"最后，他又警告员工们，不要因为成功而"变得骄傲自满"，而且"所有骗子都要入侵证券业，不是现在，就是将来。保持警惕！"实际上，格林伯格还鼓励贝尔斯登员工互相揭发那些"造假""导致浪费"的人。他说："如果某个怀疑被证实了"，员工就会得到现金奖励，还加了一句："我们也永远不会责备某人喊'狼来了'次数太多。我们跟别的企业不同，让我们保持这种不同吧。"

目前，贝尔斯登表现很好，也在快速发展（全球员工达到5700人，比刚上市的时候增长了30%）；因为发展太快，水街55号的总部都盛不下了。1987年3月，贝尔斯登宣布，将总部迁往46号大街的公园大道245号，新址会容纳一半员工。7月13日，格林伯格宣称，在竞争对手亏损的情况下，企业过去一年是"创纪录的一年"。他给常务董事写信说："因为我们的优秀表现，我们或许应该享有某种程度的骄傲，但绝不是骄傲自满。"他还提醒大家，这一年员工人数增加了800人，而把总部搬到公园大道245号，会显著增加企业开支。他写道："金融业有一种周期循环的特性，我们正在历史上最久的牛市中间。如果不坚持高效率，市场突然恶化就会给我们带来痛苦。此外，我刚刚结婚，完全没有心情接受降薪。不论过去的经验如何，我都发现，两个人的生活成本不可能像一个人一样低。"

1987年6月，格林伯格与凯瑟琳·A.奥尔森（Kathryn A. Olson）结婚了。奥尔森当时40岁。《纽约时报》报道说，奥尔森是"一位美得惊人的律师，有一头红棕色的长发"。又说："朋友们说，这次婚姻让格林伯格的生硬直率作风缓和了不少。"接着又引用了凯恩的一句话："我看得见奥尔森对格林伯格的影响。格林伯格变得温和了，愿意听别人的意见了。"1987年，格林伯格其实用不着担心降薪问题，他是华尔街高管当中薪水最高的，年收入570万美元。而且，1987年华尔街高管年薪排行榜的前5名全都在贝尔斯登。凯恩、罗森瓦尔德都是390万美元，托马斯·安德森和小丹尼斯·科尔曼（Denis Coleman Jr.）都是340万美元。

第十八章
抵押贷款之欢乐

贝尔斯登增加股权回报的方式之一,是推进抵押贷款证券部的发展。1983年5月,托米·马拉诺从哥伦比亚学院毕业之后,来到贝尔斯登开始全职工作。他学的是历史专业,来到贝尔斯登之后,先从银团承销[1]柜台做起,负责房利美、房地美和吉利美股票发行等基本承销业务。一般人觉得招股说明书很无聊,他却既喜欢读,又喜欢写。之后,命运之手就开始干预了。他回忆:"有一年,当时的银团主管给我的奖金特别少,我就去找了直接领导。直接领导说:'你应该去跟约翰·赛茨(John Sites)谈,问问他,在抵押贷款领域有没有事情让你做。因为你爱看抵押贷款的书,而这种交易又很复杂。'"(赛茨1981年成立了贝尔斯登抵押贷款部,后来又当了固定收益部的联合主管。)

20世纪80年代中期到末期,美国储贷机构发生了危机,贝尔斯登的抵押贷款证券业务就是从危机过后的灰烬中浴火重生的。当时,很多储蓄银行破产了,拼命想要把非流动资产从资产负债表上弄掉。此时,房利美和房地美债券的交易价差非常高,100美元一张的债券,每宗交易的价差高达2~3美元,有时甚至高达5美元。换句话说,这些债券的

---

[1] 在某公司上市之前,多个投资机构负责给该公司股票定价,并帮助销售证券。

买入价和卖出价之间差额可能高达5%。（今天计算这个差额的时候，以1%的1/32为计量单位。）[1]马拉诺说："当时交易的证券种类极少，也没有现在的分析方法。"贝尔斯登模仿所罗门兄弟的先锋实践，试图帮助这些储蓄银行解决资产负债表的问题，帮它们摆脱这些未能赚得预期利润的债券。马拉诺又说："我们在这个领域做的事，模仿了所罗门兄弟帮助储蓄银行的努力。那就是'证券化'的开始。当时的努力是，想要把这些储蓄银行的不良资产从资产负债表上弄掉，这等于让它们得到了一些流动资产。1987年，贝尔斯登让市场发生了质变。在约翰·赛茨的操作下，房利美和房地美直接发行了所谓的REMIC[2]，也就是房地产抵押投资合同（Real Estate Mortgage Investment Contracts）。在此之前，他们只会发行抵押转递证券或者抵押担保债券。贝尔斯登和赛茨是这一转变的关键；而雷曼兄弟是另一个关键。我亲手为第一份REMIC合同'房利美1987年1号'（Fannie Maes 87-1）定价，完成了交易，交易额是5亿美元。这个市场是全新的，而且还在生长。当时完全没有现在的科技，出价和报价的差距非常大，所以贝尔斯登才会拼命追求这种生意。我们在风险分析和融资上花了很多钱。我们为所有破产的储蓄银行都做了这样的交易，包括美国储蓄和贷款银行（American Savings and Loan），还有加州联邦银行（California Federal）。"贝尔斯登的生意就这么做起来了。马拉诺还说："贝尔斯登、所罗门兄弟、美林、第一波士顿、雷曼兄弟、帝杰证券这几家公司之间发生了激烈的竞争，贝尔斯登和雷曼领头。"

赛茨在马拉诺等人的协助下，一直想在贝尔斯登抵押证券部建设一台有力的"发动机"；1987年11月，这台发动机的燃油来了。当时，贝尔斯登招进来一位著名交易员豪伊·鲁宾（Howie Rubin）。鲁宾是个争

---

[1] 说明这个差额在正常情况下很小。

[2] 房利美等公司发行的REMIC，可能不是由贝尔斯登单独操作的，而是包含了监管机构等很多主体。约翰可能帮助房地美这些公司向监管机构提出了申请，获得了准许，又帮它们卖出了证券。

议很大的人物。1985年之前，鲁宾一直在所罗门兄弟公司担任抵押贷款交易员，他的上司叫刘易斯·拉涅里（Lew Ranieri）。业内一般公认，拉涅里就是华尔街抵押贷款证券的教父，他发明了"证券化"这个术语，指的是批量购买住房抵押贷款，再将这些贷款切成各种小部分，卖给全世界的投资者。拉涅里发现，抵押贷款只不过是一种"数学游戏"，于是他招进来一支博士队伍，负责组织抵押贷款。鲁宾获得了哈佛大学MBA学位，一度还当过专业赌徒。有一次，拉涅里管鲁宾叫"我见过的最有天分的交易员"。1985年，美林证券从所罗门兄弟公司把鲁宾挖走了，条件是把他的工资涨到原来的3倍，高达100万美元。据说，一年之后，鲁宾在抵押贷款证券组合的领域里"超出了交易限额"，导致美林损失了3700万美元。讽刺的是，美林不仅没有惩罚鲁宾，还把他提升到抵押贷款证券首席交易员的位置，让他对部门负全责。1987年4月29日，《华尔街日报》报道，美林损失了2.5亿美元；这一数字后来上升到2.75亿，又升到3.37亿，最后降到8500万美元。亏损原因是抵押贷款证券存在未经授权的交易。当时，鲁宾36岁，美林指责是他造成了损失。在华尔街历史上，这是单笔交易最大的一次损失。美林高管对《华尔街日报》说，鲁宾"买入了大量抵押贷款证券组合。这是一种风险极高的债券组合形式，即将抵押贷款的息票债券与本金债券剥离，分开销售。鲁宾远远超过了交易限额"。

原来，几周以前，鲁宾把5亿美元抵押债券的利息支付资金流卖给了堪萨斯州渥太华市（Ottawa）富兰克林储蓄贷款银行（Franklin Savings & Loan）的欧尼·弗莱舍（Ernie Fleischer），而且保持这笔债券的本金债券的资金流不变。鲁宾试图通过美林那支自夸的销售团队，把自己手中余下的东西卖掉，但当时的市场利率在升高，由于各种技术原因，这些剥离后的本金债券，在利率升高的环境中变得风险极大，找不到买家。有人说，美林把证券价格定得太高了。无论如何，一位匿名的美林高管告诉《华尔街日报》：在亏损每天变得越来越大的情况下，鲁宾"干脆把债券放进了抽屉。我们不知道他持有那些债券"。接着，事情的真相就变得模糊了。据说，鲁宾锁上抽屉去度假了。美林的维修部门为了打开抽屉，拿了一把电锯，把办公桌锯开，发现了这笔交易的成交确认单。接着，美林就把鲁宾开除了，坚持说鲁宾把公司误导了。鲁宾在所罗门兄弟公司有几个前同事，包括刘易斯·拉涅里在内，都为鲁宾说话，说鲁宾倘若真的创造了这些证券，而且还卖掉了，那么鲁宾在美林的上司就一定会知道他的所作所为；毕竟，这些证券是必须在证监会注册的。虽然有记者数次想要采访鲁宾，但都被拒绝了。1990年，他了结了证监会对他的各项指控。最后，美林向鲁宾支付了递延报酬，总额据说约为100万美元。

美林开除鲁宾的同时，贝尔斯登高管邀请鲁宾加入。1987年11月，鲁宾来到贝尔斯登。新闻报道说，他一年的报酬变成了10万美元外加他创造利润的10%。在贝尔斯登，像他这样拿报酬的交易员，一共有14名。比起之前100万美元的年薪，他的基础薪资缩水了90%。凯恩说，贝尔斯登招进鲁宾的决定是他直接参与做出的。赛茨找到凯恩，说："我想把鲁宾招进来。"一开始，凯恩听说公司要招的人涉嫌未经授权的交易，而且还跟SEC有纠纷，态度比较怀疑，就告诉赛茨："我跟鲁宾见个面。"据凯恩回忆："这人直盯着我的眼睛问：'你真心觉得这是我干的？'我说：'我不觉得。'"凯恩说，他认为美林证券拿鲁宾当了替罪羊。凯恩在面试未来员工的时候，经常凭本能做决定。招进鲁宾，是一个最典型的例子。

托米·马拉诺认为，招收鲁宾这件事反映了贝尔斯登的机会主义特色。他说："这件事展现了公司的偏好：喜欢承担风险，甚至愿意相信一些经历复杂的人。"马拉诺是鲁宾的交易员同事之一，一开始有点警惕鲁宾，但很快就对鲁宾刮目相看了。他说："我对豪伊·鲁宾第一印象是，他是我打过交道的交易员当中最冷静的一个，很少有什么情况能把他吓坏。他的数学头脑也十分厉害，计算起来非常快。他做事很有条理，很有创意，而且我认为他最重要的特征是，有一套办法能让所有顾客都放松。"贝尔斯登交易员之间流传过一个笑话：就算鲁宾把顾客性侵了，顾客也会每一分钟都很享受。[1]

马拉诺说，鲁宾让贝尔斯登执委会在抵押贷款证券业务上，"极大地挖掘了营收潜力"；对此做出贡献的还有赛茨、查克·拉姆齐（Chuck Ramsey）等人。拉姆齐是贝尔斯登小额抵押债券柜台主管。马拉诺说："是豪伊喜欢冒险的性格，加上我们在研究、技术方面下的血本，让住房抵押贷款证券，第一次成了贝尔斯登资产负债表上的一类重仓资产。"很快，在赛茨、拉姆齐、鲁宾等人的领导下，贝尔斯登变成了住房抵押贷款界的重要承保商。《华尔街日报》报道说，1986年，贝尔斯登在住房抵押贷款市场上还只是个"无足轻重的小角色"，但到了1988年，在大家密切关注的住房抵押贷款证券投行排名表上，贝尔斯登就排到了第七位；到1989年上半年，更是冲到了第一位，承保了71亿美元抵押贷款证券，比所罗门兄弟公司（长期的市场老大）还多了20亿美元。

*

1987年秋天，牛市依然持续。但10月19日，道琼斯工业平均指数（Dow Jones Industrial Average）发生了有史以来的最大单日下跌，损失了22.6%的市值，约5000亿美元。华尔街一带，很多人的财富瞬间蒸发，人们陷入了巨大恐慌。当天，贝尔斯登股价下跌2/3，交易价格约为每股8美元，比10月1日几乎降低了2/3。贝尔斯登套利部主管罗伯特·斯坦博格回忆："我当时患了紧张症，我这辈子从来没亏过这么多钱。老A问我：'罗伯特，你在采取什么行动？''行动？我只能绝望地坐在那儿。'老A说：'现在应该开始买入了。'然后他就站起来，在交易楼层所有人的面前，开始挥动高尔夫球杆，练习打高尔夫球！他说：'我明天就不来了吧。我去打高尔夫球。'"

---

[1] 译者认为这个笑话很不负责任。性侵是非常严重的违法犯罪行为，不应当用来调侃。
　为保持原貌未加改动。

众人集体恐慌的时候,格林伯格在交易楼层挥舞高尔夫球杆的形象,成了不朽的公司传奇之一。格林伯格在股灾期间,给员工写信说:"实在不可思议,历史总是一再重复。股票和债券市场出现了危险的下跌,但我一点也不难过。为什么? 因为我们又能在一切领域,特别是个人领域,看到各种难得的机遇了! 我向大家保证,从这一刻起,我们会在所有方面力争达到第一的位置。很快,我们就会搬到公园大道,我真心地相信,这就是搬迁的完美时机。记住,短短几年之前,我们的两家竞争对手放弃了结算业务。11个月之前,几家大企业关闭了套利部门。"他还说,他希望自己两周以前就强迫贝尔斯登套利部门的员工去休假,因为10月19日这一天,罗伯特·斯坦博格自己的头寸就让企业损失了大约5000万美元。老A最后说:"我们会成为赢家!"

10月19日这一天,贝尔斯登亏损了1亿美元。这笔钱只是简单地从这一年酌情支付的奖金池的自然增长额中划走了。这意味着,除非事情在该财年结束前出现转机,否则常务董事们的奖金很可能因企业的损失而下降。祸不单行,股灾又让一家来自香港的投资公司——怡和洋行(Jardine Matheson),在以每股23美元的价格收购贝尔斯登20%资产的要约上违约了。根据此前怡和洋行的估值,贝尔斯登的价值约为20亿美元。执委会讨论是否起诉怡和洋行,最后投票以9∶1决定起诉,只有格林伯格反对。最后,案件开庭,得到陪审团审理,怡和洋行的律师意识到,自己败诉了,公司垮台了。贝尔斯登赢得了怡和洋行和股东支付的6000万美元赔偿金。讽刺的是,如今贝尔斯登被摩根大通收购了,这笔资金转而到了别人的手里,成了摩根大通的一部分。怡和洋行最后以每股3.53美元的价格给贝尔斯登做了赔偿,这些钱大部分让高管拿走了,因为高管拥有公司将近一半的股份。格林伯格曾一直反对诉讼,是因为他之前预计公司最多只能拿到1200万美元的赔偿,很可能还拿不到这么多。

第十九章

恶霸总会认输

执委会成员们对股灾的后果，对怡和洋行撤出的出价记忆犹新。这种情况下，凯恩认为，他之前接受的那个安排——与约翰·罗森瓦尔德联合担任总裁，已经完全不可行了。他发现，贝尔斯登此时需要一个单独总裁，再次执行强权政策。凯恩说："我去找约翰·罗森瓦尔德，他碰巧是个很和气的人。他完全不像魔鬼，倒像个传说中的矮人族。他身高也就5英尺1英寸（约1.55米）左右。不过，他口才很好，为人也正直。我对他说：'我们成了华尔街的笑柄。我们连总裁都没有！全世界只有我们一家公司没有总裁！如今，你我都是大股东，咱们应该一块去找格林伯格，说你要当总裁。你就是总裁，我无所谓。公司必须有个总裁。我们不能让一个副董事长、一个总裁，两人变成联合总裁，太荒唐了。'罗森瓦尔德同意了。"

凯恩和罗森瓦尔德就带着计划去找格林伯格，计划是他们二人中要有一人当公司总裁。凯恩说："格林伯格真是气疯了，把上衣都扔到了地板上。"格林伯格拒绝处理两名合伙人的请求，但凯恩不打算接受。凯恩回忆，他在格林伯格发完火之后说："现在这情况，要么交易，要么取消。——我没生气，而是很平静地告诉他：'你不答应，我就辞职。这是你的公司，确实是你的公司，我没有疑问。只是，我早上就不再来喝咖啡了，另外那个人下午也不再来喝咖啡了。'"凯恩争取到与格林伯格达成协议：格林伯格必须在90天内做出决定，究竟由谁当总裁。凯恩并不明白为什么格林伯格要采取拖延策略。他说："90天过去了。周一上午，我又进了他办公室说：'今天就是关键的一天。'他说：'什么关键的一天？'我说：'你还记得之前你说的那个90天吗？现在90天到啦。'他说：'吉米，不能这么做，这样对约翰不公平。'我说：'执委会今晚开会，事情将在执委会会议上宣布。'然后我就出去了。执委会是4:15开会，我4:10到，罗森瓦尔德和格林伯格都站在那儿。他们说：'我们得跟你谈谈。'我走过去。他们说：'到年底，我们就会做决定。'我说：'等一下，刚刚有一个90天的期限已经过了。现在又要等上四五个月了？'他们说：'对。'我说：'很简单，咱们再回到那个房间里头。要么你们发表声明，要么我发表声明走人。'然后我就出了房间，去执委会开会了。"

当然，凯恩永远是个谋略家，他看准了执委会已经被他操纵。他说："我争取到了执委会的同意，进了会议室，冲所有人眨眼睛。就是这样。今天是重要的一天。我不知道格林伯格这小子想要干什么。不过，我关心的只有这一件事——做决定。我很确信要发生什么，但是，很不容易。格林伯格说：'看起来，约翰想做一点不一样的事，他想退居二线，这样总裁位子就只剩一个人选了——吉米。吉米要当总裁，唯一的总裁。'他是这么说的。然后格林伯格转向右边的人问：'好，你是怎么想的？'当时我们正开着会，他（格林伯格）突然发了一个石破天惊的声明。罗森瓦尔德在贝尔斯登一直工作了30年，现在有人跟他说，他要去别的地方了。格林伯格让另外一个人绕着桌子走，问每一个人'你是怎么想的'。罗森瓦尔德说：'等一下！我在公司待了30年，我应得的东西好像不止你轻飘飘一句话'约翰要做别的事了'。我觉得这对我也太不公平了吧？'"

就连厚脸皮的凯恩都觉得，格林伯格对罗森瓦尔德如此傲慢，是很可怕的事。凯恩说："罗森瓦尔德不是我的朋友，完全不是那种密友。

周一晚上，我跟帕特丽夏还有几个朋友出去吃饭，我跟他们说：'你们知道吗？我要给罗森瓦尔德打电话，他的遭遇也太让人难堪了。'帕特丽夏说：'你不是不喜欢他么？'我说：'我知道，可是这明摆着就是不公平。格林伯格就像个杀猪的，对待罗森瓦尔德好像垃圾似的。[1]'"凯恩当晚回到家就给罗森瓦尔德打了电话。凯恩回忆："我说的是：'约翰，你为公司出了很多力，事情闹到这个地步，我向你道歉。'他说：'你这个电话的意义我真的没法形容。谢谢你了。'我也许为人粗野，而且是一路冲杀着成长的；可是，我还有基本的礼貌、基本的良心。我经营公司，有一个理念，就是对谁都和和气气。这理念是管用的。假如我在竞选市长，而且竞选不止一次，我就要让报价员喜欢我，让文员喜欢我，让交易员喜欢我。这样会更好一些。这个组织普及了这种理念——也就是，跟其他人一起好好工作、好好玩，是必然有回报的，而且值得。谁跟别人合作好了，玩好了，谁就能得到奖励。这就是公司文化的一部分。"

*

但公司内部却流传着不止一个经典故事，说的是凯恩怎样恶毒，这表现为他会在公开场合大骂下属。实际上，很多高级雇员都认为，被凯恩痛骂既是一种成人礼，也相当于是对企业文化的熟悉过程。一名高级常务董事回忆，他在负责管理一条重要业务线的一个月后，接到了凯恩的电话。董事转述："凯恩说'马上来我办公室一趟！'连'喂'都没说，就是'马上来我办公室一趟！'我打开了他办公室的门，办公室的墙都是黑的，全都是黑檀木的墙板。我站在房门和那把椅子中间，我要不是在华尔街混了快30年，没准就拉在裤子里了。因为我一只脚刚踏进办公室，他就对我大吼了起来。"原来，这位常务董事犯了一个判断上的错误。但当时，艾伦·施瓦茨和萨姆·莫利纳罗两人也在场。凯恩当着他们的面开始了一场令人生厌的讨论，期间骂了不少脏话。最后"凯恩只

---

[1] 之后罗森瓦尔德并没有被挤走。——作者注

说了一句话：散会"。

1988年5月4日，贝尔斯登宣布，凯恩担任唯一总裁，罗森瓦尔德担任副董事长。大家似乎达成共识：54岁的凯恩应该接替60岁的格林伯格经营公司。凯恩对《纽约时报》说："这变化其实不太大。人们之前干什么，现在还是干什么。就是和往常一样的业务。"格林伯格所有的内部备忘录，都没有提一句凯恩任命的事。

占先策略成功之后，凯恩紧接着又开始逼迫格林伯格交出更多权力。凯恩说起那位高级合伙人（格林伯格）决定其他合伙人酬金的事："80年代后期，我就发觉，谁能做'点数分配'，谁才是真正的老大，谁才是操纵这一整套表演的人。我不在乎报纸头条说什么，我不在乎谁负责，给人发钱的人就是老大。我说服了执委会两个人去找格林伯格，告诉他：'你不能自己决定点数。你得跟一个二号合伙人共同决定，那个人就是吉姆。'"格林伯格对这个主意很不喜欢。执委会里一位和格林伯格一派的成员（用凯恩的话说是"他的手下那帮人之一"）表现得尤为明显，认为凯恩在工资方面可能对格林伯格不公。格林伯格一开始拒绝了。凯恩说："他对我说'你在恐吓别人，让别人心生恐惧'。我说：'你正好说反了。我没有恐吓别人。你可能说得出有1个人被我吓坏了。我呢？我说得出6个人被你吓坏了！'"最后格林伯格再次妥协，同意让凯恩参与决定高级常务董事们的分红比例。

*

两人的关系，已经出现了一种明显的模式：凯恩一次次威胁格林伯格，于是格林伯格就一次又一次地更改了之前看似铁板钉钉的规矩。每一次，凯恩都攫取了更多的权力。当初，赛伊·刘易斯请凯恩继续监管桑迪·刘易斯亲家那边人的经纪账户，凯恩也是这么跟他争权的。对凯恩来说，掌控这些巨头很简单，他说："我只要挺起胸来对抗恶霸，恶霸就趴下了。我一直是这么想的。站起来的那一刻，他们就倒下了。恶霸总会认输。"但凯恩的合伙人却都认为他才是恶霸。一名合伙人说："凯恩是个怪人，也是恶霸。他经常教训人，却从来不听别人的。而且，他比公司里任何一个人都更贪得无厌，更喜欢追逐权力。"

80年代后期，华尔街经常出现这样的情况：银行家变得越来越像摇滚乐歌星和演艺圈名人。格林伯格与凯恩的权力之争，也登上了全国报纸和杂志的商业板块。

1989年6月，一个周六的下午，《纽约时报》记者在纽约一家熟食店"鲁本家"（Reuben's）的一间密室里，遇到了格林伯格，当时他正在一些老顾客面前表演魔术。格林伯格对记者说："我表演的不是魔术，是奇迹。"接着他就说了一连串的经历，讲自己是如何用怀柔奇诡之术，把公司从有1000人、资本4600万美元的私人合伙企业，发展成有6000名雇员、资本14亿美元的上市公司。报道指出，贝尔斯登利润以每年13%的速度攀升，股权回报仅次于受人尊敬的摩根士丹利，高居第二。贝尔斯登还深深扎根于交易业务，基本上避开了并购业务和杠杆收购风潮，而这风潮的主要领导人是贝尔斯登的同行，私募巨头科尔伯格-克拉维斯-罗伯茨（Kohlberg Kravis Roberts，简称KKR）公司。报道说，格林伯格依靠的"更多是乡村商店的传统价值观，而非华尔街的时髦价值观"。不过，文章也指出，格林伯格不再是乡巴佬。他不仅身价数百万美元，而且跟第一任妻子离婚后，他还越来越频繁地出现在八卦新闻栏目里，八卦说的都是他在同琳恩·雷夫森（Lyn Revson）约会。琳恩是美国化妆品巨头查尔斯·雷夫森（Charles Revson）的前妻。此外，格林伯格还有一名绯闻对象芭芭拉·沃特斯，报道引用芭芭拉·沃特斯的话说："他这几年打扮得精致多了。我估计，有些朋友把他拉到一边说：'艾伦，把小拇指那个戒指摘了吧。'"[1]

就在文章发表的前几个月，格林伯格庆祝了自己在公司的40周年纪念日。庆祝仪式一如既往地古怪，持续了14分钟。节目包括：格林伯

---

[1] 小拇指的戒指代表单身，摘掉这个戒指，就是要他找个人结婚。

格表演魔术的几段录像；向他赠送一大盒雪茄的仪式；格林伯格自己的一段讲话，如"从来没有过这样，想要迫切地工作"。文章回顾纪念活动之后，很自然地将话题转到：继承格林伯格运营贝尔斯登的人是谁？"61岁的格林伯格并没有一点走下坡路的迹象，而且公司也没有强制退休年龄。但他的权力实在太大，对公司的运转又至关重要，很难想象贝尔斯登没了他会是什么样子。"《纽约时报》没有提到凯恩与格林伯格之间酝酿的权力之争，只是认为格林伯格、罗森瓦尔德与凯恩三人年龄很接近，因此公司下一位领导人可能会是他们的下级。在文章里，凯恩只作为客串人物露了个面。

4个月之后，《华盛顿邮报》登出了关于凯恩的专门报道。这是除了《纽约时报》特拉斯科特的桥牌专栏外，第一次有长文专门写凯恩。不过，这一篇的核心当然还是桥牌。文章披露，1988年凯恩挣了将近400万美元，拥有的贝尔斯登股票价值超过3000万美元，而且在大多数情况下，仍可以"下午5点之前下班回家"去打桥牌。成年之后，他基本上过的都是这种日子。文章引用了凯恩长期搭档查克·伯格的评论，解释凯恩成功的秘诀。"凯恩很顽强。一手牌打得不好，就把苦果咽下去，再打下一手。他从来不认输。这是打仗。"

但《华盛顿邮报》也承认，不是人人都"喜欢凯恩、尊敬凯恩"；此外，他"精于算计的政治家风格"，与强硬的"利润第一原则"，使他用不正当的方式得罪了很多人，让很多人从企业离职了。不过，文章继续说，凯恩与格林伯格的"良好关系"乃是毫无疑问的，甚至很直接地说："今天的凯恩，被人看作一名对格林伯格没有威胁的二把手，起的是补充作用。"

*

当时有一本杂志《M》，办了没多久就停刊了。1989年12月，《M》又发表了一篇宣传凯恩的侧记文章，但是这篇文章的政治意义就没那么积极了。凯恩发表了很多言辞，批评桥牌界跟华尔街的职业女性。他说：

"桥牌在竞赛级别上，是属于男人的游戏。虽然打牌的人60%～70%都是女的，但是所有的顶尖选手都是男的。我不是沙文主义者，这只是记分牌上显示的结果[1]……再看看华尔街。华尔街的工作十分紧张、情绪化，充满了被别人拒绝的情况；我们必须扛得住才行。可能正是因为如此，女人在其他领域创造的纪录，在金融业就还没有被创造出来。我们看不见多少女人会去卖证券。男人A对男人B在电话里说'我觉得你这人太蠢了，你别来打扰我'，要是听这话的是个女的，估计就没法处理得很好，她可能会躲进女厕所哭天抹泪。桥牌也是这样。在特定的情感水平上，女人的表现不如男人。"凯恩的言辞在贝尔斯登周边造成了很大恐慌，特别是因为贝尔斯登最高级的高管中从来没有（也从来不会有）女性，华尔街其他很多公司也是这样。这篇文章一发表，凯恩就立刻进入了止损模式，给企业员工们写道："这篇文章造成了完全虚假的印象，为此我对所有人表示诚挚道歉，并保证我完全不同意文章的内容。"他还说，文章引用的他的发言"经过编造、扭曲、断章取义"。但记者邓肯·克里斯蒂（Duncan Christy）却告诉《财富》杂志，凯恩的评论是从录音转写的，"准确得丝毫不差"。

从那以后，凯恩的整个职业生涯里，就一直有各种他伤害妇女的指控追着他不放，媒体也穷追不舍。1993年，《华尔街日报》报道："今年，有客人访问贝尔斯登的时候，公司在公园大道总部配备了一群身着短裙、穿着暴露的女模特，陪同客人去开会。这些模特，人称'艺伎女郎'，这主意是高管们去了一趟亚洲后想出来的。一些女性高管提出抗议之后，公司给模特换了衣服，穿得更保守了。"贝尔斯登有一位女高管莱斯莉·戈德瓦瑟（Lesley Goldwasser），是公司极少数女高管之一。2007年年底，凯恩在办公室与戈德瓦瑟和两名私募股权大公司高管客户开会。会上，凯恩瞧了瞧戈德瓦瑟，对两名客户说："她这模样也不算太难看嘛。"

---

[1] 意思是凯恩认为客观情况就是如此。

作家兼调查记者维姬·沃德（Vicky Ward）是《名利场》杂志的作者。贝尔斯登倒闭两个星期后，她在《伦敦旗帜晚报》（*London Evening Standard*）上发表文章，评论凯恩说："凯恩的爱好多种多样，他尤其痴迷网上扑克。我6年前第一次见凯恩的时候，就发现他是个独裁者，喜欢自我吹嘘。当时，我正在写一篇报道，采访了他。他就跟我非常厚脸皮地撒谎，还跟我调情，向我展示贝尔斯登那些奢华的办公室。后来我把文件拿出来跟他对质，证实他撒了谎，他就大发雷霆，开始骂人。"维姬觉得凯恩"有魅力，招人喜欢，但显然是个流氓"。她无法相信，凯恩这种人居然能当上一家华尔街证券大公司的CEO。她说："他有无穷无尽的时间跟我相处，而且在电脑上玩扑克，一玩就玩几个小时。"凯恩却说，维姬·沃德关于他们见面的描述"完全虚假，故意骗人"。

*

1987年股灾之后，信贷紧缩开始了。两年后，华尔街试图筹集60亿美元收购美国联合航空（United Airlines private）的员工股份[1]，结果失败，信贷紧缩加速了。1990年年底，华尔街已经被信贷紧缩严重损害。德崇、所罗门、第一波士顿等公司，先前一直用自己的资产负债表制作一些价格昂贵但有利可图的过桥贷款，把贷款借给那些利用杠杆来收购别家公司的企业，为它们解决融资问题。但现在，这些公司发现自己的生存都成了问题。贝尔斯登却没有这种问题，因为之前彻底回避了过桥贷款的风潮。公司1990年度财务业绩说明，这一决策十分明智。

当时，贝尔斯登也是华尔街利润最高的企业之一。顶层高管，特别是格林伯格与凯恩，挣的钱足以令人咋舌。1991年6月，是贝尔斯登财政年度结束的时候（贝尔斯登总是把财政年度的结束时间变来变去）。公司13名高管拿到的工资平均数为280万美元，比上一年增加了25%。格林伯格上一年的现金工资是420万美元，这一年增加到了530万美元。

---

[1] 指一家公司中大部分或所有员工结合在一起，以共同营运或是运用员工持股计划模式，买下公司50%以上的股份。

1991年，贝尔斯登股价上升了一倍还多，达到每股15.50美元，很多高管卖掉了股票。格林伯格以920万美元价格卖掉了大约18%股票。凯恩没有卖。他说："卖掉股票的人，持有的股票还是很多，再说他们卖掉这些股票只是为了分散投资。即使现在股票价值大约是票面价值的1.5倍，我还是觉得很低，我觉得还会升得更高。"

下一个财政年度还会更好。6月30日，财政年度结束，公司报告收益2.75亿美元，创了纪录。格林伯格写道："这个数字打破了纪录，我们大家都应该感到骄傲。贝尔斯登从来没有像现在这样强大，从来没有获得这么高的地位。这个地方好极了，我们的工作就是让它运转下去。一切都如愿以偿地向我们走来。"格林伯格没有提到，他与凯恩即将拿到的工资都是天文数字；他的工资是1580万美元，凯恩的工资是1470万美元。这样一来，他们的工资达到了高盛联合CEO的水平，还比美林CEO威廉·希瑞尔（William Schreyer）高了25%。当然，有一个不同之处，那就是高盛和美林当年的净收入都超过了10亿美元。有一位管理层薪资专家叫格雷夫·克里斯托（Graef Crystal），他说尽管他个人很喜欢格林伯格，但他觉得格林伯格1992年的工资"有点太高了。他们拿到这些打包工资的时候，也从企业拿走了海量的盈利"。然而，格林伯格却没有歉意。他接受《今日美国报》（USA Today）采访时说："我不能道歉，交易已经完成了。你想让我怎么样呢？想让我吃药吃坏了脑子，不为公司挣钱吗？"

舆论一直在批评这些高管的打包工资。几个月之后，格林伯格和凯恩终于决定修改执委会工资制度，若公司盈利继续增加，则高管薪水会切实减少大约15%。格林伯格说："我们觉得这种措施是合理的。"凯恩管这种变化叫"微调"，因为"看起来工资可能比合理水平高了"。不过，这种变化其实无所谓。尽管计算公式变了，但是1993年，凯恩与格林伯格还是双双拿到了1580万美元，为什么呢？公司的净收入为3.624亿美元，比创纪录的前一年还高了23%。格林伯格说："我们调低了计算公式，因为我们要做正确的事情，但我们却有一个问题——总是在赚钱。"

*

到1993年夏天，格林伯格65岁，贝尔斯登日进斗金。公司没有强制退休年龄（有一次格林伯格说退休年龄是"92岁"）[1]，但是凯恩（当时59岁）却认为，格林伯格应该让贤由自己来当CEO。两人之间爆发了一场恶斗。凯恩说，格林伯格很清楚，董事会与执委会都一致同意让他接盘。凯恩回忆："我说'我本来应该去泰国谈一笔交易，但只有你做了决定我才会去。你要是决定不下台，那肯定咱们做的交易就不一样了，就该打仗了。我建议，你就下台吧。'最后，格林伯格下台了。尽管不是那么有风度，但还是下台了。"

7月13日，贝尔斯登发布消息，凯恩要当CEO了。《纽约时报》注意到，凯恩的简历"讲他在贝尔斯登的成绩花了10行字，讲他的桥牌成绩花了13行字"。然而，就华尔街标准而言，这个让位计划是很不寻常的。因为老国王格林伯格没有彻底退休，依然在执委会担任委员，而且还保留了风险委员会主任、公司董事会主席的职位。《纽约时报》说，格林伯格"用咆哮和笑脸"统治公司，而且"在贝尔斯登保留了终极权威"。

华尔街有一条金科玉律：只要搞政变，就必须坚持搞到底。1991年第一次海湾战争，老布什决定不入侵巴格达，干掉萨达姆·侯赛因（Saddam Hussein），是一个重大失策。同理，凯恩本来有机会将格林伯格"斩首"，却没有这么做，这么一来也会出现一些后果。凯恩说，格林伯格之所以留下，是因为二人之间存在一种"协同增效作用"，终极的投机销售员需要无情的交易员来配合。就这一年贝尔斯登盈利增加的情况，凯恩评论："这样的荣誉，不应归我。我觉得，综合来看，格林伯格身上表现出了两种特质的协同。第一，他是个商人，就像在美国中

---

[1] 2014年，格林伯格因患癌症去世，享年86岁。

西部开鞋店的商人。他干了这一行，他爸爸也干了这一行。第二，他遵守一个准则，那就是'承担自己的一切损失'。在纸面上，这个准则没什么意义；但是在现实里，就有很大的好处。不过，没有一个人会告诉你，格林伯格是个'老实人'。没有一个人会告诉你他真诚。没有一个结婚会选他做伴郎，他们也不会让他成为最好的朋友，也不会主动跟他吃午饭，一块儿旅行，常来常往什么的。这种人是不存在的。格林伯格只有一个朋友，就是我。"

凯恩当上CEO的全过程，从头到尾，格林伯格在内部备忘录中一句都没提。但是，格林伯格在公司依然随处可见。一名前任贝尔斯登高管说："公司高管，也就是高级常务董事，每月开一次例会。只要开会，凯恩一定会站起来，坐到众人前面讲话；老A也会起来，坐在他旁边，只有这两个人。格林伯格的做法，跟他先前担任董事长兼CEO的时候完全一样。他不肯让权。有一次，吉米·凯恩不让他上去，老A就特别生气，非要上去不可。"某人对格林伯格和凯恩都很熟悉，认为两个人简直就是完美的对立面。他说："老A的性格很特别。他的正规礼节做得很好：称呼别人很到位，给女士开门，回电话也及时——但他是'热心人'的反面。他的正规礼节很好，就像美国总统的正规礼节很好一样。然而，那些非常了解他的人很清楚，他不是个很热心的人，连有礼貌都算不上。不过，这都无所谓。他在商业方面靠得住。他总是准时来上班，准时吃午饭，及时回电话，不喜欢听别人的意见，但是一些正规礼节还是会做。吉米·凯恩就正好相反。他如果想要有魅力，就可以表现得魅力十足；而且，他始终倾听别人说话，政治上也很精明。老A就很冷酷，在私人场合总是高人一头，在公开场合又表现得很有才华。"

*

凯恩苦心钻营，跻身公司高层的同时，也开始按照自己的意志改造公司。凯恩自己非常讨厌"苦心钻营"这种说法,更喜欢"步步高升"。不过,凯恩当上CEO,让执委会中很多年纪比他小的委员梦想(或曰期望)破灭了。《纽约时报》1989年为格林伯格做过专题,提到委员们原本指望公司的"政治局"会打开上升途径,在他们当中选一个新领袖,而不是选择凯恩或者罗森瓦尔德,毕竟这两个人都仅仅比格林伯格年轻几岁。这类似英国人的一种期望:英国女王伊丽莎白二世(Queen Elizabeth II)一旦去世,很多人希望她的孙子威廉王子(Prince William)继承王位,而不是她的儿子查尔斯王子(Prince Charles)。凯恩就任CEO的前几年与后几年,公司都有很多人因梦想幻灭而离职了。

迄今为止,贝尔斯登营收最高的部门是固定收益部,小丹尼斯·科尔曼(Denis Coleman Jr.)、比尔·迈克尔切克(Bill Michaelcheck)、约翰·赛茨都在不同时期担任过这个部门的主管。于是,固定收益部的一把手,不论是谁,都肯定认为自己有机会能当上公司的最高领导,或者完全有资格当上最高领导。这些年轻高管们为企业营收贡献最大,而且他们挣钱的方式、行话,凯恩都几乎完全不懂。作为零售经纪人,凯恩觉得受到了这些年轻高管的威胁,那简直是天经地义的事。一名长期任职于贝尔斯登的高管说:"执委会的规矩非常严。只有极少数人能进入公司的核心圈子,而且他们要想被提名为高层领导,就必须拥有一种彼此很相像的思维模式。如此一来,就有人对自己晋升的速度感到不满,认为自己升得太慢。与此相对,高盛的模式是这样的:员工的地位上升,当了高管之后,会离开公司,进入政府或其他服务机构,为新人腾出地方。贝尔斯登的模式则正好相反:员工进入了执委会,拿到了企业利润的20%作为佣金,然后就会拼死守卫自己的宝座。守卫的途径也多种多样,其中一个途径就是:阻碍那些地位稍微低一点,但很有才华的人,不让他们成功。"1989年,科尔曼离职,成了一家折扣经纪公司的副董事长。1992年,迈克尔切克离职,创办了马里纳资本公司(Mariner Capital)——价值数十亿美元的对冲基金。1995年,赛茨离职,理由是要"多花点时间陪陪家人"。迈克尔切克离开之后，凯恩任命两个人当了固定收益部联合主管：一个是约翰·赛茨，另一个是年轻的交易员沃伦·斯派克特（Warren Spector），一颗冉冉升起的新星。赛茨离职后，斯派克特就成了固定收益部的唯一主管。科尔曼等人都是才华横溢的高管，这些人究竟是被挤走的，还是自己选择离开的，就不知道了。凯恩说，他从来没有逼迫任何人离开。

关于这些在贝尔斯登体系中快速升迁，又黯然离开的人，其他人另有一种解释，有些微妙的不同。一位前任高管说："吉米和老A认为，总是会有另一个人（威胁他们），总会有另一个人。先是丹尼斯·科尔曼，然后是比尔·迈克尔切克，然后是约翰·赛茨，然后是沃伦·斯派克特……老A和吉米两个人当中，没有一个人相信，有什么其他的人很重要，或者有哪个辞职的人很重要；当公司里有员工辞职离开，或是当员工失去一个潜在机会的时候，他们也不相信，自己犯了错误。"另一名前任合伙人补充说："我们都发财了。我喜欢老A，老A贪婪吗？当然，他很贪婪。吉米也很贪婪。对吧？第三号人物？从来没有什么第三号人物。有人出来，马上被他们弄走了。"

贝尔斯登垮台之后，保罗·弗里德曼目前在马里纳资本公司就职。当初，科尔曼等人先后当过弗里德曼在固定收益部的领导，但都被凯恩逐一干掉了。如果将凯恩那冷酷的清除行动比作一个拳击台，弗里德曼就在拳击台的场边坐着，目睹了全过程。弗里德曼说："这些年，凯恩逼走了一连串十分聪明的人，他们本来可以发挥巨大的领导力；就是因为他们威胁了凯恩的位置。我的第一位领导是丹尼斯·科尔曼。我入职的时候，他担任固定收益部主管。很多人觉得，当时老A和吉米在台上，可他们一下台，科尔曼就肯定是第一继承人。不过，那时候吉米已经开始掌权。科尔曼挡了吉米的路，就被吉米赶跑了。我那时候还太年轻，一直没有太明白。我只知道当时我在丹尼斯手下工作。有一天早上，他进来说：'我退休了。'我说：'怎么回事？'他说：'不跟你说了。'当天他就离职了。接任主管的是比尔·迈克尔切克。后来他跟凯恩大闹了一场，是因为工资？团队合作水平？等级制？继承人？谁知道因为什么。反正凯恩把他客客气气打发走了。不管谁当上固定收益部一把手，凯恩都会控制二把手，加强二把手地位，用二把手挤走一把手。然后二把手就成了一把手，凯恩再找一个人，挤走新的一把手。倒数第二个是约翰·赛茨。凯恩用沃伦·斯派克特赶走了约翰，最后约翰也走了。然后，沃伦就当了主管。不知怎的，他和吉米搞出来一个休战协议，因为沃伦肯定之前跟吉米说了，他愿意当二把手，一直当到吉米自己准备退休为止；这期间，他们会一块儿管理公司。结果一直到最后，吉米做的一切都只是加强了沃伦的地位。吉米一直都很痴迷于沃伦，直到他对沃伦的看法出现逆转为止。"

凯恩先是确保自己知道，公司的政治有什么动向，然后才会采取行动。弗里德曼说："沃伦是个神童，明星交易员，抵押贷款部主管，前途无量。有一段时间，约翰·赛茨和沃伦·斯派克特实际上担任了固定收益部的联合主管，彼此也是对手；约翰比较偏老A阵营，沃伦是吉米的徒弟，这两人合不来。当时的局面很紧张，最终结果怎么样，还很不确定。周五，吉米在办公室开始给我打电话。凯恩说：'下来，咱们聊聊。'（那还是）10年以前，当时，我跟凯恩地位相差太大，完全没有理由跟凯恩聊天。我们说的话题是'最近怎么样？交易楼层有什么情况？'过了一段时间，我才发现，他在打听沃伦和约翰纠纷的内部消息，我就非常不舒服。因为我觉得沃伦这人挺不错的，我们关系也非常好，比较铁。不过，当时我的上司不是沃伦，是约翰·赛茨，而且赛茨对我也特别好。这就让我特别尴尬。我想办法脱身了，不参与这个纠纷。做得可能很不漂亮，但是，我等于是再也不回答凯恩的问题了。有一天，他表现比较唐突，我再也没接到他电话。他就不再问了，不再请我下去抽雪茄了。"（弗里德曼不抽烟。）

第二十章

数学天才与棒球明星

　　华尔街的舞台布景，包括在伦敦西区萨维尔街（Savile Row）定制的高档西服，私人喷气机；跟它们一样重要的，还有雪茄烟。在贝尔斯登，格林伯格提倡"贫穷、聪明、想致富"（简称PSD）文化；萨维尔街的高档西服，在这种文化中不算太主流。然而，私人喷气机和雪茄烟，在执委会成员中却无处不在。的确，格林伯格在办公室周边一带抽雪茄。《雪茄发烧友》（*Cigar Aficionado*）杂志列出20世纪100位抽雪茄的名人，格林伯格排在第71位，前边是作曲家乔治·格什温（George Gershwin），后边是电视喜剧《宋飞正传》（*Seinfeld*）的演员迈克尔·理查德斯（Michael Richards）。杂志说，格林伯格"做成的最好的交易，是让富商罗恩·佩雷曼（Ron Perelman）给他供应了很长一段时间雪茄烟"。然而，对吉米·凯恩来说，雪茄仿佛是他的第六根手指，是不可或缺的。CNBC记者查理·加斯帕里诺在《交易员月刊》（*Trader Monthly*）上发表文章，谈到凯恩："华尔街CEO当中，数凯恩抽的雪茄烟最多。"1992年3月，格林伯格提醒全体员工，注意公司的禁烟规定，写道："贝尔斯登全公司禁止吸烟，只能在自己的办公室吸烟，而且房门必须关闭。这条规定没有例外，除非你在贝尔斯登已经工作43年以上。"尽管有这条规定，但还是有不止一份报告说，凯恩与格林伯格都在走廊、电梯里抽雪茄，甚至走出电梯的时候还把烟灰弹在地板上。2003年,纽约市市长迈克尔·彭博(Michael Bloomberg)发布规定,在所有写字楼和餐馆全面禁烟,只有凯恩一个人在办公室和周边地区继续抽烟。保罗·弗里德曼提到进入凯恩办公室的感觉:"凯恩抽烟,我进屋就吸进了烟;我出来身上就一股烟味。"弗里德曼说:"在抽烟的人当中,我觉得他是非常慷慨的一个,喜欢分享。"

凯恩对关注的一切都有热情,对雪茄也不例外。贝尔斯登有一位副董事长费雷斯·诺亚姆。有一天,凯恩决定会见诺亚姆的一位高中校友,作为对诺亚姆的奖励。这个校友来自黎巴嫩。诺亚姆对凯恩说:"他十分了解贝尔斯登,十分了解吉米。他想要见你。"诺亚姆的朋友与凯恩谈了30分钟,谈得"十分愉快"。之后,这位朋友送给凯恩一份最不可思议的礼物:一根雪茄,但是没有标签,看不出来品牌和产地。凯恩回忆:"我抽了一口,真的从来没抽过这样的东西。"雪茄味道极为顺滑,滑得像丝一样。凯恩立刻来了兴趣,拼命要发现这雪茄的产地,而且更重要的是保证自己的稳定供应。凯恩给诺亚姆打电话。凯恩对诺亚姆说:"你我交情不错。咱们这一辈子,你问我的问题不计其数,我也一一都给了你答案。现在我只问你这一个问题:这雪茄是什么牌子的?"凯恩觉得,如果知道了牌子,就可以从瑞士买到这种雪茄;瑞士有很多爱好者购买古巴雪茄。

过了两个星期,诺亚姆告诉凯恩,这雪茄是从黎巴嫩总理的私人存货里拿出来的。诺亚姆说:"我找不到这雪茄叫什么名字,不过我去一趟黎巴嫩,说不定可以谈成交易,买一些回来。"凯恩着了迷,坚持要求诺亚姆买回来。凯恩记得,公司日用品部有一位员工是古巴人,家里人开了一处烟草农场,便把那位员工请到了自己的老巢。凯恩说:"他吸了一口就说'我从来没抽过这样的雪茄'。我说:'是古巴产的吗?'他说:'对,是古巴产的,不过,吉米,这顺滑性真是厉害!你从哪儿弄来的?'我说:'说来话长了。'"凯恩请这位员工调查所有的古巴雪茄制造商,却找不到来源。但他依然痴迷这种雪茄,通过黎巴嫩的货源定期采购。这种雪茄每根150美元，相当于普通高级古巴雪茄售价的4倍左右。凯恩说："这么做有点傻，不过，他们等于是钓到我这条鱼了。我不知道他们在世界上有多少个像我一样的主顾，不过肯定有那么几个。他们只能从这一个货源弄到这种雪茄。这雪茄的口感就像石油一样顺滑，不论价钱有多高，不论多高！"

*

凯恩有一种凭借感受做出预测，或者寻觅喜爱之物的天赋，而且总是以此自傲。凯恩面试某人，感觉不错，就立刻让他入职。凯恩注意到某员工有特殊的能力或天分，就会在公司内部提升他，让他获得更大的权限。这么一来，这些人就会对凯恩忠心耿耿，有时候忠诚得还会有些过分。凯恩把"忠诚度"当成化学石蕊试纸一般的东西，他认为：忠诚的合伙人绝不会卖掉哪怕一股的股票，忠诚的合伙人绝不会为工资而跳槽到另一家企业，忠诚的合伙人一定会尊重凯恩的决定。凯恩当领导，与人交流的方式，不是用备忘录，也不是走来走去。他很为自己的特殊方式骄傲：专门花时间（一般是在办公室）与合伙人建立个人联系，以帮助他们解决自己注意到的那些问题。战争给非军事目标造成的损害，有一个术语，叫"附带损害"；凯恩这个办法，当然也会给一些长期员工造成一些不可避免的附带损害。例如科尔曼、迈克尔切克、赛茨等人，先是被提拔，紧接着就离开了公司。一名前任高级常务董事说："凯恩的最大问题就是，他的权力越大，就越把自己关进了一个泡泡，于是就必须更仔细地分析问题。他接受信息的渠道不一样了，必须对信息有一种更敏锐的理解，理解别人说话的意思。可是，他没有做到，他只愿意凭着本能办事。"

沃伦·斯派克特，当初在中学拿过全国桥牌冠军，富有理智，拥有高度自信。他是凯恩发掘培养的人才之一。凯恩认准斯派克特会出人头地的时候，斯派克特正在固定收益部当交易员。凯恩说："这个人挣钱特别多，把我吸引了。我要看看他在干什么。我发现，他在抵押贷款部，不论在哪个柜台，那个柜台表现都是最好的。这人肯定有能力。他很走运，遇上了像我这样的人，能够慧眼识英才，让他提高在食物链中的地位，而且我也真的这样做了。"

斯派克特在马里兰州切维·蔡斯镇（Chevy Chase）的郊区长大，在中学同时参加数学队和桥牌队，而且初中高中都担任了队长；此外，他还加入了国际象棋队和乒乓球队。大二那年，休学了一年，专门打桥牌。1976年，北美定约桥牌联盟授予斯派克特"学界桥牌之王"（Scholastic King of Bridge）荣誉称号。当年秋季高中毕业后，他被普林斯顿大学录取，但仅仅一学期之后就转入马里兰州圣约翰学院（St. John's College），加入了学院的"巨作教学体系"（Great Books curriculum），这是一种全面深刻研究西方各类经典的教学项目，他对此十分热衷。此外，他还学了拉丁语和希腊语，但不再打桥牌了。原因是他不想当桥牌教练，也不想当职业选手，只想过普通人的生活。

1983年，斯派克特在芝加哥大学（University of Chicago）获得MBA学位，然后入职贝尔斯登。他选择贝尔斯登原因有两个：一是因为受到了公司优秀人才的吸引，特别是科尔曼与迈克尔切克；二是因为公司答应他不必从分析师做起，可以直接从交易柜台做起。斯派克特之所以喜欢科、迈二人，是因为两个人都很聪明，而且做事亲力亲为。斯派克特会直接告诉别人："我喜欢他们，与桥牌无关。"

斯派克特的选择很明智，而且他经常提起，没多久他就"用坐火箭的速度"，进入了企业高层，在别处他肯定没办法升迁得这么快。彭博社报道，斯派克特在贝尔斯登工作到第四个月头上，一个意外收获的"时刻来临，造就了他的职业辉煌"。当时，小额抵押债券柜台主管查克·拉姆齐刚刚完成了一项大宗交易，正跟迈克尔切克讨论。后来，拉姆齐告诉彭博社，"迈克尔切克接着做了一个果断的决定，四下看了看房间，看到沃伦·斯派克特在旁边站着，就说：'沃伦，过来。' 沃伦走过来，迈克尔切克说：'你在查克手下干吧。' 斯派克特就这么来到了抵押贷款柜台"。一到新岗位，斯派克特马上大放异彩。来到公司才4年，他就当上了高级常务董事，年仅27岁。这么一来，他几乎成了华尔街的传奇。1990年，高层邀请他加入了管理委员会（当时还叫报酬委员会）；1992年，年仅34岁，又加入了执委会，成了华尔街最年轻的高管之一，也是最富有魅力的人物之一；此前，他与电影《大联盟》（*Major League*）和《爱你九周半》（*9½ Weeks*）的女明星玛格丽特·惠顿（Margaret Whitton）结了婚。[1]

公司风险委员会每周开一次例会，斯派克特在例会上认识了格林伯格，但他直到1990年加入管理委员会，才见到了凯恩。斯派克特有一次说："凯恩给我打电话，因为我在高中打过桥牌，而且我在贝尔斯登很有名，他见过我的名字。不过，他当时不知道，我是不是依然在打桥牌。他打电话问：'你现在打牌吗？'我说：'以前打过。'桥牌是他、老A、我三个人的共同经历，也是共同话题。"凯恩说起第一次发现斯派克特，带着几分骄傲："贝尔斯登债券柜台，忽然冒出来一个桥牌选手。"

*

凯恩还认为，艾伦·D.施瓦茨也与众不同。施瓦茨体格强健，双腿瘦长，以前当过职业棒球投手，在贝尔斯登很多岗位上待过，最后成了贝尔斯登草创时期的投行部门主管，也是整个部门最高调的并购银行家。施瓦茨生于纽约布鲁克林的湾脊区（Bay Ridge），父亲是犹太裔旅行推销员，母亲是新教长老会（Presbyterian）教徒，家庭主妇，堪萨斯人。施瓦茨小时候，一家人从纽约搬到长岛西南部旺托村（Wantagh），接近莱维敦镇（Levittown）。施瓦茨在十几岁的时候，父亲继承了一笔财产，成立了一家金融公司。但在美国总统卡特执政期间，利率飙升，对金融公司很不利，结果企业倒闭了。母亲在社区打零工，有时当图书管理员，有时在当地保龄球馆当经理。

---

[1] 玛格丽特·惠顿于2016年12月因癌症去世，享年67岁。

施瓦茨在高中当过棒球投手，被捧得名气很大，考虑过在毕业之后马上去当职业选手。最后，因为棒球奖学金，去了杜克大学；在此期间，拒绝了加入棒球职业总会的第一个机会。

施瓦茨自己承认，不太喜欢学习，但他是优秀的棒球投手，能投出不可思议的快球，时速超过95英里（约152公里）。不幸的是，施瓦茨也很容易受伤。他有一次肘部韧带拉伤，只好去做康复治疗。不过，他在杜克大学上完大一，还是被辛辛那提红人队招进了队伍。红人队被施瓦茨的快球本领迷住了，相信他会大有可为。但是为了确保施瓦茨能进入大联盟，红人队让球探监视他投满9局，才跟他签合同。就在这时，施瓦茨的投资银行本能发挥了作用，他开始跟红人队谈判：他想知道自己的签约奖金是多少，这样就可以决定，是否值得他专门花时间投满9局。双方达成协议，签约奖金是1.5万美元左右（施瓦茨还是在校学生，这一点减少了他谈判的优势，因为红人队知道，他想要打专业比赛）；施瓦茨同意在北卡罗来纳州达勒姆市（Durham）的一个职业棒球次级联盟投满9局，花费大约1小时。

他把精彩的投球一直保持到了第九局，击球手朝他把球直接打了回来。他想要截住球，球却打到了他脸上，正好打在两眼之间，鲜血四溅。施瓦茨只得退出比赛。人们先把施瓦茨火速送到当地医院，当地医院完全不能处理；人们只好再花一个小时把他送回杜克大学医院，修复面部骨骼。刚刚事发的时候，施瓦茨想过要回去接着投球，算是兑现给红人队的承诺；又转念一想，放弃了，因为他很清楚，自己整个夏天反正也没法投球了。他回到杜克大学，上完了大四，又开始投球，觉得毕业之后还会有机会进入大联盟。

然而，他再次受伤，这次伤了手臂，导致他投了几局之后手臂就会肿胀。假如第二天消肿了，他就可以在最后几局充当优秀的替补投手。然而，肿胀每次会持续四五天，只要不消肿，不管哪支球队都不会用得上他。有一次，他在从医院回家的路上，做出了决定：自己的条件不适合当职业棒球选手了。

在杜克大学，施瓦茨业余时间偶尔会把保险单卖给一些个人，挣点零花钱。毕业之后，他想过全职卖保险；然而，全职就会面临这样一个前景：只要走进一个房间，大家都马上怀疑他要推销保险。这种场面，他并不喜欢。出于同样的原因，他也决定不要当零售股票经纪人。他觉得，卖给投资公司，要比卖给个人来得好，于是渴望进入华尔街。

施瓦茨先后在一些小公司工作过，最后，1976年，在达拉斯加入了贝尔斯登分部。施瓦茨在达拉斯混得不错，因为当时的经济因为石油而繁荣兴旺，让很多人暴富，施瓦茨希望这些人能当他的顾客。然后，格林伯格给他打了电话，说："我希望你到纽约来。"施瓦茨回答他喜欢达拉斯。格林伯格坚持说："我知道，但我想让你回来负责研究项目。"施瓦茨先前已经注意到，如果对某家公司或者某个行业有一份策划周密的研究报告，就会让客户的印象很好。他还发现，问题在于客户们盼望看到其他公司写的报告，却不盼望看到贝尔斯登写的报告。贝尔斯登一名合伙人说："我们的研究做得太差了。"施瓦茨告诉格林伯格，他必须重视研究工作，贝尔斯登总体上才会重视研究工作。格林伯格回答："我说了，我会过问研究的。我已经过问了，我会想出办法。你知道客户想要什么，你怎么不来纽约，给客户提供高质量的产品呢？"

施瓦茨担负起了撰写投资组合战略的任务。这种战略可举一例：当利率有所升降，或者通货膨胀程度很高/很低的时候，投资者应该如何行动。然后，施瓦茨在1984年招进了拉里·库德洛（Larry Kudlow）。之前，此人在里根第一任总统期间[1]，在美国行政管理和预算局（Office of Management and Budget）当经济学家，后来辞职。施瓦茨和库德洛一起穿越整个国家，谈论经济问题，谈论如何盈利。他们受到客户的热烈欢迎，且应酬总是应接不暇，特别是因为他们的咨询服务完全免费。有一

---

[1] 美国第40任总统里根，任期从1981年到1989年，第一任为1981—1985年。

名合伙人发现了，告诉格林伯格："天啊，艾伦和拉里要累死了！到处都有人请他们去，太辛苦了。"格林伯格打电话请施瓦茨、库德洛来自己办公室。二人觉得，格林伯格是想跟他们说一些赞美和同情的话。格林伯格对两人说："哎呀，我听说你们俩很受欢迎啊。"二人都眉开眼笑。格林伯格继续说："你们当然受欢迎，因为免费啊。还是向请你去的那些人收费吧，这样就能发现，究竟是谁真正想邀请你们。"二人照办了。虽然减轻了负担，可是长期奔波还是给他们造成了损害。库德洛染上了毒瘾，酗酒，为此变得名声很坏。后来有一次，贝尔斯登要跟几家投资公司召开一次很重要的会议，库德洛缺席，被开除了。之后，他接受《纽约时报》采访，眼泪汪汪地承认了错误，后来成功戒毒戒酒。施瓦茨则对长期旅行感到十分厌倦，每次演讲都重复一样的内容。

接着，施瓦茨又来了一次头脑风暴。1985年夏天，公司决定上市之前的几个月，施瓦茨建议凯恩与格林伯格，让自己加入投资银行部，当时投资银行部的主管是罗森瓦尔德。两名高级合伙人都认为这主意不错；后来，另一位合伙人格伦·托拜厄斯（Glenn Tobias）决定退休，凯恩与格林伯格就请施瓦茨单独管理投行业务。这时候，贝尔斯登的投行业务，比起别的公司，规模相对较小；但施瓦茨下了决心，一定要让投行业务发展起来。他的第一要务是监管贝尔斯登负责的IPO项目，而且他很快就让充满刺激的并购业务迷住了。

凭着在研究部门积累的经验，施瓦茨认定，可以研究某种产业，预测这种产业将来会在什么地方出现并购。施瓦茨知道，在像高盛、摩根士丹利、拉扎德、第一波士顿这样的公司里，并购银行家一般以并购战术和估价能力作为"入场资格"，在各种交易、各种产业之间快速移动，开展业务。贝尔斯登目前在并购市场上还是个小角色，就像雷达屏幕上的光点那么小；也没有几个足够重要的客户，能够实现这样的交易。然而，施瓦茨还是决定，公司可以在这方面出手一搏，方法就是关注少数几个产业，比如健康、媒体、电信、技术、国防，跟这些产业的高管定期会面，给他们提供一些聪明有见地的主意，告诉他们哪些公司值得考虑收购，以及为什么值得考虑。施瓦茨把这种业务开展了很久，竞争对手才意识到。他的业务做大了，虽然速度缓慢，却踏踏实实。

1986年下半年，施瓦茨迎来了第一次突破。当时，A. H. 罗宾斯（A. H.Robins）制药公司因为生产的一种避孕药引发了多起诉讼，最后宣告破产。施瓦茨发现，罗宾斯将会成为另一家药物和消费品公司极好的收购对象，那就是美国家用产品公司（American Home Products）。施瓦茨给美国家用产品公司提建议，指导他们应当如何救援罗宾斯，还介绍两家公司CEO认识。最后，美国家用产品公司退出了交易，并允许施瓦茨代表另一名客户（商量收购问题）。然而，对施瓦茨不利的是，过了一年，美国家用产品公司又回来收购了罗宾斯。虽然施瓦茨的这笔交易没有做成，但得到了美国家用产品公司极大重视，乃至聘请他代表公司商谈另一个收购项目：收购斯特林药业公司（Sterling Drug）。最后这笔交易也没有成功，斯特林药业被柯达收购了。

1987年股灾之后，施瓦茨在加州尼古湖（Laguna Niguel）地区的丽嘉酒店组织了第一届年度媒体产业会议，把一些大型、中小型企业集团CEO请到一起。后来，这个会议先后召开了21届。美国有一位著名时事类主持人查理·罗斯（Charlie Rose），经常采访名人；施瓦茨也会像查理·罗斯一样采访这些CEO，或者让他们加入座谈小组，讨论产业动态，这些都是在为贝尔斯登的客户、银行家、投资人服务。当时，华尔街还没有形成为投资人专门举办产业研究会议的习惯。施瓦茨这个创意显然来自他在贝尔斯登研究部门的经验，也来自他获得并购授权的战略。当时有一个活动，与施瓦茨召开的研究会议最为类似，那就是艾伦公司（Allen & Co.）从1983年开始，每年夏天在爱达荷州太阳谷村（Sun Valley）举办的度假活动，它同样也会邀请一些大人物。因为这两个盛会都很热闹，有很多相似之处，施瓦茨也就得了个外号"艾伦公司"。

最后，施瓦茨把贝尔斯登媒体会议迁到了佛州棕榈滩县的浪花酒店。[1]

1995年8月，在艾伦公司的太阳谷活动上，迪士尼花了190亿美元的惊人价格，买下了首都通讯公司/美国广播公司（Capital Cities/ABC）（1989年前者收购后者）；以此为开端，施瓦茨真正开始了职业生涯。这次收购，一共有三家金融企业参加：贝尔斯登、艾伦公司、沃尔芬森公司（Wolfensohn & Co.）。尽管三家企业没参与什么谈判，只在事实出现之后提供了公平意见，但它们毕竟还是参与了这么重要的行动，因此获得了极高的声望；更加不可思议的是，这次收购竟然没有聘请任何一家大型并购权威集团作为顾问。

施瓦茨获得了极大的成功。很快，他和手下的团队就参与了有史以来最大也最重要的并购之一：时代华纳公司（Time Warner）和威瑞森电信。施瓦茨一位同事说："他刚刚开始采用这种策略的时候，谁都不敢相信他。他接手的那些大人物，谁也不想在大盘股企业上耗费一点时间，觉得纯属浪费。[2]从贝尔斯登的历史声望来看，的确是这样。施瓦茨的说服能力不太强，但我们慢慢发现，大宗交易开始让我们作为并购顾问参加了，因为我们参与过传媒业，参与过医疗卫生行业，都获得了好名声。"1989年，施瓦茨加入了贝尔斯登执委会。

*

1993年11月，迈克尔·西科诺尔菲（Michael Siconolfi）在《华尔街日报》上发表了一篇头条文章，约2700个单词，充满了各种小道消息，揭露了贝尔斯登一种古怪的企业文化——以结果为导向的文化。西科诺尔菲当时担任《华尔街日报》驻华尔街记者，后来影响了《华尔街日报》新一代记者，如查理·加斯帕里诺、凯特·凯利（Kate Kelly），他们对贝尔斯登展开了猛烈抨击；这一点让凯恩非常失望，也非常愤怒。文章里，西科诺尔菲将贝尔斯登那种机会主义的好斗特性，比作橄榄球联

---

[1] 参见前文第二章；2008年最后一次会议，正好在贝尔斯登崩溃之前。

[2] 那些大人物不想关注大盘股企业，因为并购大盘股的成本不高，风险太大。

盟的"坏小子"奥克兰突袭者队（Oakland Raiders）。文章描述的首要兼重点人物是豪伊·鲁宾。当初，他因为3.77亿美元（这是西科诺尔菲定的数额）被美林解雇了，却又让贝尔斯登挖走了。西科诺尔菲说："贝尔斯登的赌注有了报偿。"据称，在到1993年6月为止的财政年度，鲁宾的抵押债券交易柜台盈利1.5亿美元，使得公司利润达到了创纪录的3.62亿美元；凯恩与格林伯格两人各拿了1590万美元，斯派克特拿了1170万美元。凯恩对报纸说："鲁宾是超级巨星！"西科诺尔菲说，贝尔斯登骨子里就有这么一种倾向，专门选那些出人意料的地方下注。因为这一点，贝尔斯登还招进了唐·马伦（Don Mullen），马伦之前在现已倒闭的德崇证券担任垃圾债券销售员。贝尔斯登还招进了穆斯塔法·希克-欧比（Mustafa Chike-Obi），此人之前在基德尔与皮博迪公司担任抵押贷款交易员，因为受到性骚扰指控，被开除了。贝尔斯登还招进了第一波士顿的柯特·威灵（Curt Welling）、所罗门兄弟的丹尼斯·鲍文（Dennis Bovin）、第一波士顿的迈克·恩菲尔（Mike Urfirer）。恩菲尔带来了一项20亿美元的任务，代表马丁·玛丽埃塔（Martin Marietta）公司谈判收购格鲁曼（美国安全公司）（Grumman）的事宜；鲍文和恩菲尔组队参加雷神（Raytheon）公司以23亿美元收购E系统（E-Systems）公司的项目，挣了1400万美元咨询费；然后，马丁·玛丽埃塔公司又聘请鲍文和恩菲尔双人组合，参与100亿美元并购洛克希德（Lockheed）公司的业务，两人挣了1700万美元咨询费。威廉·迈尔（William Mayer）是第一波士顿银行前任CEO，他评论道："贝尔斯登愿意承担更大风险，不像其他公司那样在意名声或者形象。贝尔斯登这样做，一直很成功，就好像奥克兰突击者橄榄球队多年以来的做法一样。"

贝尔斯登在风险管理体系上十分热心，对此展开了周密研究；这一点，西科诺尔菲的文章也谈了很多。每周一下午，风险委员会会召开例会，由格林伯格主持。会上，为交易员们说明情况，质问他们的头寸额度有多么高，为什么还在企业账上留着，让交易员们都出了一身冷汗。

格林伯格收到报告，说明贝尔斯登的证券清单在90天之后仍然没有出售——这显然违反了他父亲关于存货的告诫；格林伯格自己，原则上也坚决不允许。斯派克特说："可能会这样。我进去宣布，这一周是我这辈子最顺利的一个星期；然后老A就会说：'你账上有5000万美元债券，已经4个月没卖掉了，太可怕了！完全失控了！不许你翘尾巴！'"就连鲁宾也承认，在美林的感觉"很像在一个孤岛上"，不容易见到高层；但是在贝尔斯登，却"只要拿到的头寸多一些，就能见到高管"，跟他们讨论。"他们瞬间就能知道，我在处理什么样的风险。"前任德崇交易员唐·马伦，在贝尔斯登负责高产的不良债券业务。马伦说："他们给了我，我一直想要的——自己的业务。只要挣钱，自己的业务，想怎么做就怎么做。"最后马伦评论了风险委员会的周一例会："我们每周一都必须开会，让那些人直接盯着我们的眼睛。这可不是别人的钱，是他们自己的！他们盯得可紧了！"

此外，还有公司的商业间谍，格林伯格在内部备忘录中偶然会提到（比如1987年2月的备忘录）；迈克尔·西科诺尔菲的文章也披露了这一点。格林伯格管这些间谍叫"白鼬"，每一个都有外号：肯·科温（Ken Cowin）叫"窥探者"；肯尼斯·艾德罗（Kenneth Edlow）叫"鹰"；迈克尔·温切尔（Michael Winchell）外号"头领白鼬"，以前是抵押贷款交易员。温切尔自己的孩子，管爸爸叫"黄鼠狼"，因为他在贝尔斯登的职责。温切尔说，他的团队必须"富有洞察力"而且能"凭借本能"发现公司的不良行为，或者疑似不良行为。温切尔说："从人脸上就能看到风险，就能看到问题。只要真有问题，我手下的人十次有九次能发现。"贝尔斯登首席财务官比尔·蒙哥黎希，有一回从另一名合伙人那里把一张支票存进了自己的账户。肯·科温要求蒙哥黎希解释，最后发现，那合伙人欠了蒙哥黎希的钱。还有一次，白鼬队协助高管抓住了迈克尔·斯多提（Michael Sidoti），此人是贝尔斯登的交易员，8年的老资格员工，被指控把一项期权持仓量错标了20万美元之多，然后想要掩盖错误。格林伯格说："所谓好的交易员，就是可以承受损失的交易员。所谓前任交易员，就是想要掩盖损失的交易员。"对于斯多提的情况，格林伯格说："不许求情，什么都不许。你滚蛋，滚——蛋——！"

文章传达的最重要的信息是，贝尔斯登唯一的目标就是为自己挣钱，为高管挣钱，为股东挣钱。迈克尔·西科诺尔菲总结说："在贝尔斯登内部升迁的途径很容易——挣钱。"格林伯格与凯恩多年以来发现，最好的挣钱方式之一，就是极力节省成本。斯蒂芬·坎宁安（Stephen Cunningham），曾担任贝尔斯登国际投资银行的联合主管。他回忆，有一次他随着格林伯格去墨西哥出差，飞回纽约肯尼迪机场时，安排秘书包了几辆车，来机场接他们。斯蒂芬·坎宁安告诉格林伯格："我秘书给你叫了辆车。"格林伯格回答："叫车干什么？纽约出租车罢工了？"

第二十一章

"我们都去野餐，门票一张2.5亿美元"

克林顿第一任期的末尾，美国经济开始迅速恢复；华尔街银行家、交易员、高管赚的钱也开始飞速增加。与此同时，凯恩对贝尔斯登影响的痕迹，逐渐浮出水面。格林伯格的公众形象，是一个爱交际的杂耍人；但实际上他的性格与此完全相反，他冷酷无情，简单粗暴，总显得高人一等。凯恩则不一样，无论人前人后都很强势，只是被一种大学联谊会的友情粉饰了起来。格林伯格会等着赛伊·刘易斯过世，好继承他的企业；而凯恩则分析了所有政治方面的因素，知道自己胜算很大，就主动出击，向格林伯格猛扑了上去。格林伯格会避免走法律途径，比如1987年怡和洋行退出要约收购[1]，格林伯格不愿起诉；凯恩则倾向于确定，一旦交易或者形势恶化，总能采取法律手段威胁对方。凯恩不怕堂堂正正与对手冲突。凯恩认为，格林伯格是个恶霸（而且可能一直都是恶霸），但他自己的恶霸特征也一点都不少。诚然，如有需要，二人都能够把最坏的言行，用漂亮的礼物包装隐藏起来；然而，只要形势需要，二人都可以残酷无情。公共关系方面，格林伯格是公认的世界级魔术大师；媒体的说法始终一致，都说他是慈爱的长者，一直到最后才改变说法。与

---

[1] 此事参见前文第十八章末尾。

此相反，凯恩则冷酷地认为自己可以操纵、恐吓记者，让记者用凯恩的方式看问题。这一观点屡次碰壁，特别是两种情况下：凯恩做不到自我审查的时候，以及凯恩觉得自己个人魅力足以安抚媒体的时候。

然而，到这个时候为止，两人最大的不同却在于：凯恩首先是零售经纪人（虽然工作的时间相对较短）；然后在贝尔斯登职业生涯的大部分时间，才是管理员工的人。他为自己的能力骄傲——能够发现谁应在什么时候升迁，能拿到多少工资；而且精于此道。格林伯格总是坐在交易柜台跟前，坐在风险委员会的头把交椅上，在某种程度上把握市场脉搏；凯恩却不一样，对于市场、对于市场越来越复杂的状况，他只能依赖直觉。当然，买卖一只股票的时机这种简单问题，凯恩能够决定；然而，要让他理解一些复杂问题，比如担保债务凭证（collateralized debt obligation，简称CDO，这种抵押产品的担保措施不是债券和贷款池，而是CDO的各个部分）的风险微积分学，对他而言可就太困难了。当然，华尔街顶级高管当中，凯恩这样的绝非他一个。另外，凯恩的学习，是靠听别人说话，而不是读书，所以他也不会像格林伯格那样撰写各种训词式的备忘录。凯恩统治的时期，格林伯格那种怪异的备忘录逐渐减少了。凯恩的风格，类似洋基棒球队（Yankees）教练乔·托瑞（Joe Torre）在巅峰时期的风格，倾向于认为，自己手下是一群精挑细选的超级巨星，希望他们自己做出优秀的表现。还有，格林伯格原先鼓励"白鼬"间谍队伍打小报告，凯恩把这种传统也逐渐废止了。其中一名间谍说，凯恩依然喜欢听取白鼬们提供的信息："吉米还是会去跟那人讨论，但我觉得，间谍跟老A汇报，可以被保护得很好；间谍跟凯恩汇报，凯恩对他的保护可能就没那么好了。"格林伯格与凯恩，性格与管理方式都大相径庭。对贝尔斯登来说，这些差异的结果（有好有坏）很快就要显现出来了。

古希腊作家埃斯库罗斯（Aeschylus）很久之前写道："战争中第一个倒下的是真理。"而在贝尔斯登，1995年7月，约翰·赛茨就和真理一样，成了凯恩掌权之后第一个倒下的牺牲品。各方面广泛认为，赛茨把抵押贷款证券部建设成了"强大集团"，占有华尔街市场份额的20%。然而，在15年之后，赛茨却突然辞职，留下一句有名的委婉说法："要多花点时间陪陪我的家人。"1994年，赛茨薪水是1460万美元；1995年，降到了850万美元，反映了企业收入的减少。赛茨提出了辞职，凯恩、格林伯格、斯派克特都公开表示对赛茨的决定很失望。实际上，赛茨离开，是因为凯恩选定了斯派克特，让他出任执掌大权的固定收益部唯一主管。赛茨有一名前任合伙人说："沃伦很聪明，但也很紧张，爱咬指甲，一直咬到肉根。"贝尔斯登为了显示企业团结，作了一场了不起的秀。各方都坚持说，这一切无伤大雅，就连赛茨本人也这么说。赛茨说，有谣言说他离职是因为与斯派克特发生摩擦，这是"最荒谬绝伦的说法"，还说"我离职是因为要陪家人，就这么简单"。赛茨说，凯恩与格林伯格一听他要辞职，都"十分震惊"，让他再考虑考虑，但他主意已定。格林伯格说，所谓权力斗争的说法"绝对是假的"，而且造谣者"想要夸大，把这件事说成沃伦和约翰之间的某种权力斗争，这说法真是太荒唐了"。另一些人也离职了：1995年，固定收益部销售主管马修·曼库索（Matthew Mancuso），还有结构式交易部门联合主管R.布莱恩·罗伯茨（R. Blaine Roberts）都离开了。

*

后来，到了1995年9月，公司执委会又一名委员"文尼"文森特·J.马东（"Vinny" Vincent J. Mattone）突然离职，理由是"追求他自己的发展"。文尼自从1979年起就一直在贝尔斯登，负责企业的销售和交易业务。贝尔斯登股东里，凯恩与格林伯格占的股份最大，紧接着就是文尼和赛茨。文尼一位前任合伙人说："他块头很大。个子也大，地位也很重要，而且真正言行一致。"文尼一直向别人炫耀着自己的大号腰带、金链子，还有戴在小拇指上的戒指。辞职前两年，他想要加入一家新成立的对冲基金——长期资本管理公司（LTCM）；这家公司是他之前在所罗门兄弟公司的几个同事构想的产物。LTCM总部位于康涅狄格州格林尼治，创始人名叫约翰·麦利威瑟，在所罗门负责债券交易，享有盛誉。LTCM的合伙人当时有5名，麦利威瑟想让文尼成为第6名合伙人。凯恩说，文尼来找他，说自己有机会跟麦利威瑟共事。凯恩回忆："我说：'文尼，你疯了？你在贝尔斯登是执委会委员，一年挣1000万美元（实际上1993年凯恩给了文尼900万美元）。你神经搭错了？你小子当初在所罗门是个文员，现在你加入了贝尔斯登执委会，当了固定收益部联合主管。你说你要赌一把？谁也不能这么打赌！'文尼说：'好吧，你说得对。'"

两年后，凯恩直接把文尼扫地出门了。1995年，因为债券价格下跌，企业收入下降了38%，达到2.41亿美元。文尼是这一年离职的第8名固定收益部高管。保罗·弗里德曼说："年底，吉米把文尼叫到家中，告诉他，他的股份要减少了。文尼就抱怨。吉米说：'你想怎样？离职？'文尼说：'我想是的。'吉米说：'我听见你说要离职了，对吧？'等于是刺激文尼，让他提辞职的事。这一番话说完，文尼就等于辞职了。在所有离开的人中间，只有文尼告诉了我事情的经过，其他人完全不知道怎么回事。但是，文尼跟我说了。他说，他真的回到自己家去了，特别生气，喝了几杯。吉米刺激他，逼他自己说离职。这是文尼跟我说的，又经过我叙述的版本。文尼完蛋了。我不知道这说法是真是假，但反正文尼就是这么说的。"

*

时间倒回1993年，凯恩说服文尼留在贝尔斯登，不要加入LTCM。这件事过了一周，文尼又来到凯恩办公室，告诉凯恩，麦利威瑟想见凯恩，商议LTCM是否可能聘请贝尔斯登，负责为LTCM筹到数以十亿计的融资，而且在这家对冲基金开业的时候，为对冲基金进行交易结算。凯恩回答，他很乐意会见麦利威瑟（此前两人从未见面）；贝尔斯登也很乐意为LTCM进行交易结算。凯恩说他告诉麦利威瑟："给LTCM进行交易结算，能够让结算企业获得最高的声誉。所以，我肯定会在职权范围内，尽我所能，促成这次合作。"凯恩继续回忆："麦利威瑟说：'啊，这只是我们想做的其中一件事，另一件事是我们想筹到一笔钱。'我说：'好吧，首先，LTCM拥有华尔街上最豪华的阵容。这家伙（文尼）在贝尔斯登当了你们的业务经理，监管LTCM的账户，他还是贝尔斯登固定收益部的主管，或者是联合主管。他会谨慎对待你们，会让你过得很愉快，而且我们会提供最好的资产结构、最好的平台、最好的利率，如此等等，应有尽有，因为我们了解你们。他觉得你们是亲人，我觉得很好。至于另外一件事，融资的事，我们不会做。约翰，最后的决定得由你来做。你为什么不去找美林？美林一点都不在乎结算业务。他们会乐意给你融资，并且擅长给你融资。他们手里的客户不计其数，要是他们往某人的账户里放几个LTCM的东西，谁也不会知道。他们会给你筹到几十亿美元。这种事对我们来说，不是费心费力，而是根本就办不成。所以，这两件事，你得去找两拨人，才能做到最好。'他说：'你说得对。'就这么简单。"

然后，凯恩与麦利威瑟商议结算协议的事。凯恩告诉麦利威瑟，不管美林为LTCM筹到多少钱，只要LTCM净资产价值一降到5亿美元以下，贝尔斯登就会马上停止为LTCM提供结算交易服务。凯恩回忆，他告诉麦利威瑟："'这一条必须写进协议。'他说：'我们不能接受。'我说：'你们必须接受。'他说：'我们不能接受。'我说：'那咱们就达不成结算协议。不过我们可以建立一种'机构—客户关系'，我还得强制实施这个5亿美元的标准。'他说：'好吧，过一阵我们大概可以说服你。'之后他们再也没有成功。"

凯恩自己往LTCM投了1000万美元。华尔街有大约80名巨头，制度允许他们个人投资，凯恩是其中之一。他预测，LTCM会赚很多钱，甚至费用极高也无所谓。1994年2月，LTCM从投资人手中融资12.5亿美元，正式开业。然而，打从第一天开始，LTCM就要求有跟其余客户不一样的待遇。他们不想为交易支付"初始保证金"，这一制度要求客户存入现金，其金额相当于被买卖的证券价值的5%左右。LTCM一分保证金也不想付。贝尔斯登衍生品柜台一听这消息，赶紧打电话报告凯恩。凯恩说："什么？ 就连英格兰银行都付我们初始保证金，LTCM竟然不交钱？"凯恩感觉自己被耍了，但最后还是愿意只从LTCM获取"刀刃那么薄"的利润，还为LTCM"铺下了红地毯"，"因为第一，这业务很好；第二，这声望很高；第三，不管未来华尔街的潮流是什么，通过这项业务你总能预先发觉"。也就是说，通过为LTCM提供结算业务，华尔街各大企业能够预先看到他们想做什么样的聪明交易，然后就可以有样学样。凯恩说："我们不要自欺欺人，这就是华尔街的一部分现实。"但是，凯恩说，贝尔斯登并没有担负起LTCM的交易。他说："我们从来没见过他们的流水，也没见过他们的掉期。一丁点都没见过。我们只管结算，只坚持做结算。"贝尔斯登为LTCM做结算业务，一年挣得3000万美元。

作家罗杰·洛温斯坦（Roger Lowenstein）写过一本畅销书《营救华尔街》，又译《赌金者》（*When Genius Failed*）[1]，书中详细记录：麦利威瑟应该有着交易经验；诺贝尔斯登奖经济学家罗伯特·默顿（Robert Merton）与马尔隆·斯科尔斯（Myron Scholes），这两人有着技术经验，斯科尔斯还设计了应用广泛的布莱克-斯科尔斯期权定价模型；美联储副主席戴维·莫林斯（David Mullins）有着监管经验，竟然从美联储辞职，加入了LTCM——LTCM把这三种经验综合到了一起。LTCM的合伙关系，其目的是尽量减少对潜在投资人的诱惑。不消说，LTCM是华尔街的宠儿。当时对冲基金还没有遍地开花，各家企业都蜂拥而至，纷纷与对冲基金开展业务。LTCM受计算机驱动的投资策略，是开展所谓的"收敛交易"。这种交易针对的是市场上以不同价格交易的同一种证券，操作手法是在交易的低价一面采取多头头寸，在高价一面采取空头头寸。最初两年，这一战略效果极好。投资者回报在这个阶段约为40%，其管

---

[1] 作者和书名取自上海远东出版社2003年孟丽慧译本。

理的资产也膨胀到70亿美元。原本的合伙人与投资者甚至拿到了更多的钱。

随着市场在20世纪90年代中期有所好转，贝尔斯登的表现也非常良好。1996年6月结束的财政年度，贝尔斯登重新达到了收支平衡；净收入翻了一番还多，达到了4.906亿美元，前5名高管的奖金池也达到了惊人的8130万美元。凯恩的工资也增长了一倍还多，达到2040万美元。斯派克特是1950万美元，格林伯格是1900万美元，都增长了一倍还多。施瓦茨的薪水几乎增长了两倍，达1460万美元。迈克尔·西科诺尔菲在《华尔街日报》上发表文章，介绍这种管理带来的意外之财。他注意到，贝尔斯登的5名创始人，在工资方面，比NBA冠军芝加哥公牛队（Chicago Bulls）全体成员12人还要多拿2330万美元。他写道："这一点可能说明，就算在今天这个创纪录的市场，熊（Bears）[1]有时候也能打败公牛。"11月，贝尔斯登举办股东年会。格林伯格对迈克尔·西科诺尔菲的篮球隐喻做了发挥。一名股东问他：管理层的工资是否有"天花板"，也就是最高限价？格林伯格回答：没有。格林伯格反问："你知道沙奎尔·奥尼尔（Shaquille O' Neal）[NBA明星中锋，外号"大鲨鱼"，属于洛杉矶湖人队（Los Angeles Lakers）]挣多少钱吗？湖人队可是一点钱都不挣。"[2]会后，格林伯格说，有两名股东就管理层的打包工资而质问他，他详细解释了工资体制，成功安抚了两名股东，而且让他们"看起来非常满意"。他还强调，那些不是员工的股东进行过投票，结果是91%的人赞成这个工资体制。第二年，贝尔斯登顶层5名高管分走了更多的钱——8780万美元；凯恩又拿了最多的份额——2320万美元。

*

然而，1997年快到年底的时候，贝尔斯登的假面具上出现了裂口。

---

[1] 此处为双关语，Bears既指熊，也指贝尔斯登，因为贝尔斯登简称为贝尔斯登（Bear）。

[2] 格林伯格这里是为了突出贝尔斯登挣钱极多而做得夸张。现实中，湖人队当然也挣很多钱。

先是《福布斯》(*Forbes*)杂志登了一篇长文，作者正是格雷琴·摩根森，后来入职《纽约时报》。摩根森猛烈攻击贝尔斯登，质问贝尔斯登在一家"投机商号"经纪公司倒闭事件中扮演的角色。这家公司名叫 A.R. 巴伦公司(A. R. Baron & Co.)。华尔街的行话中，"投机商号"的意思是一类名声不好的经纪公司，用骚扰电话推销的手法卖出证券；这些证券都是这家公司拥有而且想不顾一切抛售的，一般属于不良的投资机会，或者是低价股票。摩根森写道：1996 年 7 月，这家规模很小的巴伦公司倒闭，让顾客赔进去 2200 万美元；而且更严重的是，公司倒闭"揭露了证券业的一个角落，很少有人看到这个角落，但利润极高，那就是为其他公司处理交易"。摩根森用大量细节，记录了针对贝尔斯登结算部的多项严厉指控。当时结算部的主管是理查德·哈里顿，这一年他 61 岁，一天能结算 10 多万笔交易。摩根森说，哈里顿以前为潜在客户做自我介绍，是这么说的："我负责贝尔斯登利润最高的部门，我是华尔街结算业务方面权力最大的人。"摩根森叙述，除了巴伦之外，贝尔斯登还有一大堆名声不好的客户，例如鲁尼-佩斯公司(Rooney, Pace，1987 年被监管部门查封)，D. 布雷希公司(D. Blech & Co.，一家投资公司，1994 年倒闭，让投资人赔了 2000 万美元)，还有斯特拉顿·奥克蒙特公司(Stratton Oakmont，1997 年年初被监管部门查封)。摩根森写道："目前，贝尔斯登负责结算业务的客户当中，有 15 家经纪公司，就算不是完全的'投机商号'，也差不多了。"

摩根森认为，巴伦彻底垮台之后，贝尔斯登还让巴伦活了一年多，使得投资人因为不良交易损失了数百万美元。她还写道，巴伦公司曾是贝尔斯登的一部分，1992 年被扫地出门。之后，理查德·哈里顿又同意为巴伦做结算，是为了讨好一个贝尔斯登的经纪客户，该客户在贝尔斯登有"不止一个巨额账户"，在巴伦也有投资。巴伦总裁是安德鲁·布雷斯曼(Andrew Bressman)，布雷斯曼曾经带哈里顿去看 NBA 纽约尼克斯队(New York Knicks)篮球赛，两人在前排座位坐在一起，挨着著名电影导演斯派克·李（Spike Lee）。摩根森还在文章里暗示（采用了一个匿名来源的消息），哈里顿从巴伦拿了回扣。巴伦进行IPO的时候被炒得火热；销售的收益，就变成了回扣，让哈里顿拿走了。贝尔斯登发言人汉娜·伯恩斯（Hannah Burns）说，因为未决诉讼的关系，贝尔斯登对此不予置评。摩根森总结："结算是一项非常注重所有权的交易，贝尔斯登高管不想让公众了解。整个形势都非常恶劣。"《福布斯》登出文章之后几个月，1997年5月13日，曼哈顿地方检察官办公室（Manhattan District Attorney's Office）控告巴伦公司"是一家犯罪企业，使用谎言、未经授权的交易、偷窃等手段，从1991年到1996年，骗取了投资者至少7500万美元"（《纽约时报》报道）。检察官办公室逮捕了13名巴伦高管，这些人要么认罪，要么被判有罪。贝尔斯登和哈里顿迅速陷入了巴伦官司的漩涡，并面临与之相关的无数派生诉讼。副地方检察官约翰·W.莫斯科（John W. Moscow）还支持检察官办公室发起了一项大陪审团调查，要查清哈里顿作为结算主管都做了些什么，这项调查时间长达两年；证监会也开始调查，贝尔斯登在巴伦垮台事件中究竟扮演了什么样的角色。多年以来，各种事件都让凯恩"迎头而上，直面困难"的能力大显身手；巴伦案和证监会调查，又给了凯恩一次炫耀的机会。[1]

*

然而，如果说巴伦案显示了凯恩顽固不妥协的一面，那么，凯恩也能够凭借其超人的魅力、洞察力和谈判技巧，获得一份令人垂涎的大奖。凯恩这些能力，最典型的表现，就是他为了夺取一个方形街区控制权而进行的两年奋斗。这个街区位于麦迪逊大街383号，46大街与47大街之间；距离贝尔斯登公园大道245号的总部只有一条街。在这个方块上，凯恩在未来将会建造起一座大楼。他认为这大楼是一座纪念碑，纪念的是公司在他关怀领导下，获利越来越丰厚，在华尔街地位越来越高；然

---

[1] 巴伦案的结果，参见第二十二章。

而，到头来，大楼只是一座镀金的纪念碑，纪念了凯恩无与伦比的傲慢。

到了1997年，公园大道245号总部已经不堪重负。1997年6月贝尔斯登员工总数已经达到8300人，比1993年6月增加了32%。大楼租约2002年到期，最近公司又在公园大道245号增加了10万平方英尺空间，但这只是一个临时解决方案。公司在这一带还有些比较小的办公室，其中一处坐落在列克星敦路575号。凯恩在房地产圈子里发布消息，说要在曼哈顿中城建设一所新总部。但他还有其他的选项，例如对公园大道245号进行改造，将总部留在这里，或者另找一栋现成的写字楼。

为了建设新总部，贝尔斯登考虑了好几处选址，最后选定了麦迪逊大街383号。这里位于曼哈顿最中心，被第一波士顿投行部和执掌沙特阿拉伯大权的巴卜廷家族（al-Babtain）以合伙形式拥有。凯恩说："大楼里住满了无家可归的吸毒者，是一个贫民窟，但却是完美的地址。"在某段时间内，英国房地产商霍华德·朗森（Howard Ronson）曾经拥有这栋楼的优先购买权，但在他为这栋楼找到主要租户前，他的优先购买权就失效了。于是第一波士顿就给贝尔斯登打了电话。贝尔斯登副董事长兼房地产部门主管汤姆·弗莱克斯纳说："我跟吉米相处了很长时间，我们就像战场上的战友，因为他现在完全被房地产的事迷住了。于是，这栋楼也许就开始成为他的纪念碑了。我说这话是从尊敬的角度说的。我们就开始跟第一波士顿谈，我记得我们是谈了一个买楼的价钱，是5300万美元。"计划是拆除原址的曼哈顿储蓄银行（Manhattan Savings Bank）大楼，让斯基德莫尔、奥因斯与梅里尔建筑师事务所，设计一座新的摩天大楼。凯恩给第一波士顿CEO阿伦·惠特（Allen Wheat）打电话商议。凯恩对惠特说："是这样，我自己不是房地产圈子的人，你也不像是房地产圈子的人，但我明白，你有一处地产要出售，我明白你有兴趣以5300万美元价格出售。你现在还有兴趣吗？"惠特回答，有兴趣出售。凯恩问："这么说，可以成交了？"双方以5300万美元价格达成了交易。

然后凯恩又给弗莱克斯纳打电话，把消息通知了他。

弗莱克斯纳问："你付了多少钱？"

凯恩回答："我付了多少钱？ 你告诉我是5300万美元。"

弗莱克斯纳又说："对，可是吉米——"

凯恩打断他："啊，我知道你要问什么。我能不能用5190万美元买下？ 我能不能表现出色？ 不能。你把价钱告诉我了，我用这个价钱成交了。就这么定了。"[1]

谈判最后阶段，第一波士顿提到，沙特人有针对财产的优先否决权，但向贝尔斯登保证，沙特人不会行使优先否决权，因为"他们多年以来一直在给这栋大楼送钱，现在想要摆脱了"。然而，1996年2月，沙特人还是行使了否决权，把5300万美元行使价格中自己的部分，付给了第一波士顿。事情本来应该就此结束了，但是，凯恩又想出了一个聪明的主意。他和弗莱克斯纳设法打听到，沙特还没有获得中央车站（Grand Central Station）附近的"空间权利"；只有获得这一权利，才能在原址兴建新的摩天大厦。于是，贝尔斯登就从亿万富翁卡尔·林德纳（Carl Lindner）手中，花了1000万美元左右"或有负债"，购买了空间权利的期权。这笔交易取决于贝尔斯登能否获得这片土地的控制权。弗莱克斯纳说："这是一项真正的'互相确保毁灭'的交易。我们如果买了空间权利，就永远不能跟大楼的所有人终止交易；否则就会100%丧失之前为空间权利而支付的资金，因为这些资金只对这座大楼有效。但是，空间权利的价格没有那么高，我们可以买下期权，有效期可以是几周、几个月什么的。可以用这种空间权利的期权，作为谈判的筹码。"

沙特人的律师们大发雷霆。律师们告诉弗莱克斯纳："这是操纵行为，这是不对的。我们要起诉你们！ 这些权利只能赋予我们这片土地，这片土地的控制权归我们！ 这是侵权干涉！"律师威胁之下，凯恩破天

---

[1] 从语境判断，应该是弗莱克斯纳觉得还可以比5300万美元再降低一些。而凯恩在谈话中随便说了一个5190万美元作为反面例子，意思是不要拖泥带水、锱铢必较了。这也显示了凯恩与格林伯格的不同。

荒地让步了。他决定，用1美元把空间权利赋予沙特人，而且再也不必支付林德纳1000万美元了。弗莱克斯纳说："吉米的做法，获得了中东投资人的赞许。"沙特人拥有了空间权利，就可以修建高楼，但还需要一家主要租户来入住。自然，贝尔斯登成了第一个谈判对象。曼哈顿房地产圈子获利丰厚，十分"舒适"；圈子里的人都知道，贝尔斯登在公园大道245号的租约马上就要到期了。凯恩与沙特人一直在谈判。有一次，凯恩找到沃那多房产公司（Vornado Realty）创始人史蒂夫·罗斯（Steve Roth），问他：要想争得沙特人支持，最好的策略是什么？弗莱克斯纳回忆说："史蒂夫说：'再扔给那家伙20美元[1]，他们就会同意了。'这就是他的原话，我喜欢。我永远不会忘了这句话——'再扔给那家伙20美元'。"凯恩又把出价提到6000万美元，沙特人一下子净赚700万美元。凯恩觉得，事情又进展了一步。

然而，接下来沙特人却不回凯恩电话了。原来，大通曼哈顿银行（Chase Manhattan Bank）总部就位于麦迪逊大街383号北面的公园大道270号，他们先前已经联系了沙特人，想把地皮买下来。弗莱克斯纳说："大通曼哈顿银行规模大得多，可能出价会更高，信用更好，是一家全球公司，所以中东投资人对大通曼哈顿的了解要多得多。吉米觉得自己和卖家已经建立了很好的关系，然而，这种关系却好像中途夭折了。吉米认为他已经失去了这座大厦，而且非常害怕告诉别人，因为吉米一般说的是：'哎，我要这么干，我们要把这座新楼买下来。'他不是那种对理想秘而不宣的人，他一直很高调。现在他想的是：'哎呀，我太丢人了！这可太惨了！'"

贝尔斯登丢掉了麦迪逊大街383号，不得不重新考虑同布鲁克菲尔德资产管理公司（Brookfield）接洽，商谈改建公园大道245号的事。[2]

---

[1] 这里的20美元，不是字面意思，而是指蝇头小利。

[2] 布鲁克菲尔德现在是价值约2000亿美元房地产的拥有者和运营商，服务遍及全球20个国家。

弗莱克斯纳说："不管哪种情况，沙特人和我们的交易肯定是吹了。"然后，按照弗莱克斯纳的叙述，完全出乎意料地，沙特人又给凯恩打电话，说想继续谈判。双方很快达成协议：贝尔斯登获得99年租期，价格9000万美元。使得贝尔斯登扳回一局的契机是，先前沙特人来到公园大道270号，与大通曼哈顿当时的CEO威廉·哈里森（William Harrison）共进午餐。据弗莱克斯纳说："哈里森自己没来，派了一个小人物来。"沙特人觉得受了侮辱，终止了交易，回过头来又找贝尔斯登，而且还成了贝尔斯登的私人客户。

凯恩聘请了一名外部顾问弗雷德·威尔朋（Fred Wilpon），咨询租用麦迪逊大街383号的事宜。威尔朋是开发商史特林资产公司（Sterling Equities）董事长，也是纽约大都会棒球队（New York Mets）的老板。1993年以来，威尔朋一直担任贝尔斯登董事会成员。[1]凯恩说："（在沙特人那番态度之后）我自己也想不到，公司还会搬到别处去。"1996年，贝尔斯登支付22.5万美元给一家威尔朋控股的合资公司，提供与麦迪逊大街383号相关的咨询服务。第二年，贝尔斯登又支付200万美元给威尔朋合资公司，此外还同意支付给麦迪逊大街383号的开发商（也是一家威尔朋控股的合资公司）1200万美元，进行项目开发；此外，如果一切顺利，还可能支付2000万美元自由决定红利。1999年，威尔朋合资公司拿到了380万美元；2000年拿到440万美元；2001年拿到540万美元；2002年，又多了几百万美元。

贝尔斯登之所以聘用威尔朋担任顾问，有一部分原因是，威尔朋和他同在贝尔斯登项目的合作伙伴——休斯顿开发商杰拉德·汉斯公司（Gerald Hines），之前已经在列克星敦路450号建造了一座大楼，作为达维律师事务所（Davis Polk & Wardwell）的总部；这座大楼，正好位于进出中央车站的铁路上方。贝尔斯登的建筑也需要同样的工程技术。凯恩

---

[1] 如果某人手中持有很多股票、满足一定条件，此人即可进入董事会；但威尔朋本人在贝尔斯登没有职务，不负责贝尔斯登的任何业务，故而是外部成员。

对这个项目的具体细节表现出了浓厚的兴趣。他之前在废铁行业的经验，让他能够计算钢材的成本，于是他一直在监控，贝尔斯登能否拿到最便宜的价钱。凯恩还专门雇了一个人，检查项目所有支票；但是这个检查员跟所有人都合不来，凯恩不得不又把他开除了。项目接近尾声的时候，大楼最顶端几层出现了发霉的问题。凯恩说，这是因为一根木材暴露在雨水中导致的。公司解决了发霉问题，但凯恩依然不开心。据凯恩说，大楼建成之后，威尔朋对贝尔斯登首席财务官萨姆·莫利纳罗挑明了：他还要那笔2000万美元的自由决定红利。

凯恩告诉莫利纳罗，让他告诉威尔朋，死了这条心。凯恩告诉首席财务官："这不是说'我造了一座大楼，按时交付，工作做得比有史以来任何开发商都更好'。要是这种情况，大概还能给他红利，哪怕他跟一个人签了份不经过投标的合同，造成了我们该死的发霉问题！我要追究总承包人的责任。我可不应该负责爬到楼顶，给木材盖一块防雨布！你回去见威尔朋，告诉他，要他给我们写一封信，让他对我们做出承诺——只要他的公司还存在，就要保证我们的大楼不发霉，我们就给他发红利！记住，是要他的公司还存在，不是这个老不死的还活着！"凯恩相信，写这封信对威尔朋很容易，因为发霉问题应该已经彻底解决了；但威尔朋再也没写信来。凯恩说："结果，我就不发红利了。我们说的可是2000万美元，我可不是开玩笑！"2003年7月1日，威尔朋退出贝尔斯登董事会，与凯恩绝交。

2001年，威尔朋完成了麦迪逊大街383号的建设，建筑主体成本大约5亿美元，内部技术和装修另外花了2亿美元。建筑有75层，高755英尺（约230米），呈八角形，外包花岗岩板材和玻璃；顶端是一个75英尺（约23米）高的玻璃顶，用于夜间照亮。大楼被提名为2001年最佳新建摩天楼，但遭到了一些评论家的猛烈抨击。《纽约》（*New York*）杂志说："参加鸡尾酒会的时候，谁都不愿意靠近这座大楼。大楼从头到脚都覆盖着阴郁的花岗岩，几何形状也方方正正，呆板得极端无聊，简直要令人昏倒。大楼与SOM（斯基德莫尔、奥因斯与梅里尔建筑师事务所的简称）目前作品的性格完全不符，让人想起事务所10年前短暂采用的、那种不幸的后现代风格。"但凯恩却很喜欢。对他来说，这大楼是一个运动场，是他多年以来让贝尔斯登盈利与日俱增的事业累积，已经变成了他自己的纪念碑。凯恩评论大楼："这楼酷毙了，是全世界最好的地方，最好的建筑，是城中之城。"而且，大楼距离他在曼哈顿的公寓只有13个街区。

*

1997年年底，凯恩已经宣布了麦迪逊大街383号的交易，同时，贝尔斯登很快会破土动工，建设高耸入云的全球总部，这栋大楼相当于凯恩的"孩子"；然而，凯恩的另一个"孩子"LTCM却发生了崩溃，严重牵连到凯恩自己。9月份，LTCM尽管在收入最高的一个月内挣得了3亿美元，"然而，长期资本基金的远景依然稳步黯淡下去"（作家罗杰·洛温斯坦语）。因为市场在变化，LTCM很难再找到赚钱的交易了。9月22日，麦利威瑟写信给投资人说，基金手中拥有超额资本，他想要把投资者1994年赚到的所有利润，外加1994年之后投入的全部资本及其利润，一次性全部退还给投资者；这部分钱一共有70亿美元，占了全部基金的一半左右。LTCM合伙人及员工不在此列，他们保留了基金中自己的所有款项。投资人并没有把这个看成飞来的好运（从今天的角度看是难以想象的），而宁愿看成在沙漠里被人把水夺走了。他们嚷嚷，一定要保持在LTCM的满仓投资，因为创立LTCM的那些精英正在日进斗金。然而，LTCM拒绝了。当然，对"比较大的战略投资者"，还是有些例外，比如台湾银行（Bank of Taiwan），还有时任LTCM结算经纪行主管的吉米·凯恩。1997年，LTCM扣除各种费用，给投资人的回报率是17%，这个数字还是相当可观的。在LTCM短暂的一生中，这一年的表现最差，但完全不致命。按照约定，投资人每投入1美元，LTCM就返还1.82美元——也就是承诺回报率为82%，尽管他们的原始投资1美元还留在企业基金里面。

到了1998年，麦利威瑟关于市场和LTCM前景的忧虑被证实了。8月17日，俄罗斯宣布让卢布贬值，并延期偿还135亿美元国债。过了4天，这一决定开始全面影响国际市场，大量资本立刻从风险投资（例如新兴市场的债务和股权）领域流出，流进了美国、德国国债市场，这些领域的风险应该小一些。罗杰·洛温斯坦写道："长期资本基金每时每刻都在发生巨额亏损，每分钟以数百万美元计。"1998年8月21日，星期五，一天之内，LTCM亏掉了5.53亿美元，占企业资金总额的15%。年初，LTCM资本有46.7亿美元；而在8月21日巨额亏损之后，资本已经下降到29亿美元了。去年12月，美林高管迈克·阿历克斯（Mike Alix）刚刚入职贝尔斯登，在美林的时候，他曾经帮助LTCM向亚洲投资人筹款；此时在贝尔斯登负责监控LTCM信贷风险。阿历克斯的一名同事说："阿历克斯刚来到贝尔斯登，每次谈话肯定提到LTCM。这不是说我们一听到某种风险就会关注，但我们关注的情况是，LTCM规模太大，是很大的结算客户，而且我们公司并没有任何专职人员，负责研究贝尔斯登与LTCM交易而承担的风险。"阿历克斯第一个任务是在贝尔斯登建设一支队伍，监管贝尔斯登与LTCM的往来。阿历克斯的同事又说："在这个巨大而繁忙的十字路口，我们担任了交通警察的角色。我们想要穿上一点盔甲。"1998年8月，LTCM的亏损额每天都在上升。阿历克斯对整个操作越来越担忧，给LTCM首席财务官打电话。财务官安慰阿历克斯，说一切正常，还说如今证券价值下跌，正是买入的好时机。阿历克斯表示很怀疑。同事说："8月有一段时间，我们每天都跟执委会开会，检查我们拥有的LTCM各种头寸，了解各种现金流会怎么样、各种抵押品资金流会怎么样。"

整个8月份，LTCM的亏损一直在增加，有时一天亏掉数百万美元。麦利威瑟给老朋友文尼·马东打了电话。这时候，凯恩已经把文尼·马东挤出了贝尔斯登。

文尼·马东直截了当地问麦利威瑟："你们现在情况怎么样？"指的是LTCM资本。

麦利威瑟回答："我们跌了一半。"

文尼·马东说："你们完蛋了。"

麦利威瑟不相信："你说什么呢！ 我们还有20亿美元。我们还有一半。"他还告诉马东，他在跟别的潜在投资者商谈向LTCM注入新鲜资本的事，其中包括亿万富翁乔治·索罗斯（George Soros）。文尼·马东回答："你已经跌掉一半了，别人一定会想，你会一路跌下去。他们现在只会落井下石，怎么可能让你有机会重整旗鼓（再融资）呢？ 你们真的完蛋了！"

尽管LTCM在真正倒闭前还要拖上几个星期，但马东说得一点不错。9月中旬，LTCM巨额亏损的消息流入市场，"自我实现的预言"法则见效。9月10日晚些时候，LTCM在贝尔斯登"存到盒子"里的资产，第一次降到了5亿美元之下，触碰了凯恩规定的低阈值。沃伦·斯派克特致电麦利威瑟，通知他，周日，贝尔斯登会派遣查账队前往LTCM位于格林尼治的办公室查账，并且决定是否停止为LTCM提供结算业务。一旦业务停止，LTCM也就倒闭了。

麦利威瑟陷入了绝望，去找了凯恩。凯恩回忆："我问麦利威瑟，他还有没有一丁点资产？ 他说：'我在大通还有5亿美元信贷额度。'我说：'拿出来。'他说：'这额度10天就过期了，他们知道，我们还不上这笔钱。'我说：'我知道，但你可以拿出来。'他说：'你怎么知道？'我说：'我不知道。你去跟律师谈。不过在我看来，你要是有一份额度，就拿出来，别管别人怎么看，别管别人做什么。这就是救命稻草。'"LTCM先是让自己派驻大通的银行家了解了情况，然后听了凯恩的建议。大通没有办法，只能让LTCM取走了这笔有承诺的资金；最后LTCM还给大通的，只有2500万美元左右。凯恩说："大通慌忙找到美联储说：'疯了！ 我们刚才不得不给了LTCM整整5亿美元，赶紧开会！'"

　　这时候，麦利威瑟已经奔波了几个星期，想要筹到额外的资本。他找了索罗斯、沃伦·巴菲特、高盛董事长乔·科尔津（Jon Corzine）等巨头。尽管麦利威瑟的对冲基金基本上处于无监管状态，但他还是把情况告知了美联储纽约分行，特别是告知了行长威廉·麦克唐纳（William McDonough，又译麦克多诺），还有副行长彼得·费舍尔（Peter Fisher）。LTCM此刻陷入了死亡螺旋，资金大量流失。潜在的新投资人，原来就很警惕，这时候更是越来越恐惧了。与此同时，麦克唐纳和费舍尔检查了LTCM的交易头寸，对LTCM所有交易的相互关联、华尔街各家领头企业的相互关联越来越担忧。华尔街不光在LTCM投了钱，而且很多公司还背负了LTCM的交易，这一点凯恩也注意到了。这些公司还互相担任了对手方。美联储并不关心投资人可能的亏损（投资人都是大人物），但十分担心体系的崩溃。洛温斯坦写道："LTCM一旦崩盘，而债权人又草率无序地纷纷套现，整个金融体系就会受到极大的危害，而这种危害不可能只发生在几家大的参与者身上。……威廉·麦克唐纳也同样担心，这么多的市场出现亏损，而蒙受巨额损失的参与者数量又那么惊人，一旦LTCM崩盘，就很可能引发一场极其惨烈的杀跌惨剧，从而导致利率出现巨幅波动，进而引发又一轮巨额亏损。'市场就可能出现一两天，甚至更长时间的停摆。'"

　　是时候采取行动了。时任美林总裁的赫伯特·艾利逊（Herb Allison）拟定了一份银团合作大纲，让LTCM最大的对手方总共16家银行，每家银行拿出2.5亿美元，总共40亿美元，注入LTCM，换取公司原先合伙人拥有的那些海量的股权。LTCM原来投资者手中的股权将被清零，但艾利逊希望，他的计划能让LTCM头寸得到有序清算，避免出现系统性崩溃。9月22日晚上，费舍尔和麦克唐纳请16家银行的主管来到自由大街美联储纽约分行大楼，商议联邦组织的救援计划，拯救LTCM。费舍尔允许每家银行派两名代表参加。贝尔斯登自然是凯恩参加，凯恩又带上了斯派克特。这一天早些时候，凯恩通知费舍尔，自己判断LTCM还能撑过周二（23日），但撑不过周三，这让费舍尔变得更为焦虑。凯恩说："周二晚上，他们把这些人全都请过去了，传达的信息就是：我们都去野餐，门票2.5亿美元一张。第二天早上9点，说的是：'我们回头见。'"

凯恩与斯派克特出来上了车。凯恩告诉斯派克特，明天早上8点召集执委会开会（美联储第二次会议是早上9点）。凯恩还说，他无法想象贝尔斯登会参与救援。说起第二天早上8点的执委会会议，凯恩这么告诉斯派克特："会议应该4秒钟结束，因为我们不参与。为什么要去美联储？为什么要拿过去2.5亿美元？做什么？这笔钱可能要亏掉。我已经看了LTCM的净资产值，从50亿美元一直降到5亿美元。简直像银行挤兑！"

第二天早上，贝尔斯登执委会开会了。不出凯恩所料，委员立刻投票决定，贝尔斯登不参加LTCM救援。凯恩说："一个说参加的人都没有，一个人都没有。他们为什么要说参加？太蠢了。"执委会没有一个人质疑这个决定，这一点凯恩说得倒是没错；但其他人质疑了，只是他们的意见没有影响决定。一名高管说："我之所以反对，并不是因为LTCM崩溃给我们带来多大的金融风险，而是因为贝尔斯登本该成为金融业解决这次危机的方案中的一部分。我认为，LTCM一旦毁灭，局势会变得非常险恶，我们投资组合的其他部分也会变得很险恶，但不会有致命的危险。不过，我只是个小人物，碰巧又很清楚局势怎么样——从金融角度，或者体系后果的角度。我表达了意见，觉得他们感谢了我，然后原谅了我。"

投票之后，凯恩与斯派克特立即赶往曼哈顿下城的美联储。凯恩说："我觉得，嗯，美联储有个我认识的人（彼得·费舍尔，美联储纽约分行副行长），因为他之前每天给我打电话，问我LTCM头寸的事。你要记住，LTCM的净资产值在下降，全世界都知道。费舍尔问我：'吉米，你怎么样？'我回答：'比昨天更差了。'每天我都说比昨天更差。我还说：'看不见获救的希望。'我记得特别清楚，彼得·费舍尔对我说：'我说，你有责任保护你的股东啊。'我说：'谢谢，彼得。感谢你的帮助。我正计划着采取保护措施。'我现在还记得这一场对话。"

车上，凯恩与斯派克特给美联储的费舍尔打电话，让他不要按字母顺序逐个询问列表上的银行，让他们支持援救LTCM的计划。[1]之前，巴菲特、高盛、美国国际集团（American International Group Inc，简称AIG）的CEO汉克·格林伯格（Hank Greenberg）曾经试图拿出2.5亿美元买断LTCM股权，然后向LTCM注入40亿美元；与此同时，让LTCM变成高盛自营交易的一部分。这个计划被否决了。凯恩说："我们去开会了。赫伯特·艾利逊主持，他说：'这些公司都落空了。巴菲特、汉克·格林伯格、高盛都落空了。我想知道，大家是什么立场。''信孚银行（Bankers Trust），你们加入吗？'结果，我们还是按字母顺序表决了。"

显然，凯恩之前建议费舍尔不要按字母顺序表决，这个建议被忽视了。凯恩回忆说："我知道，快要叫到我们了。按英语字母，信孚之后是巴克莱，然后就是贝尔斯登。我不知道应该说什么，我只知道我说的话他们肯定不爱听。费舍尔问：'信孚？''我们参加。'又问：'巴克莱？''我们参加。'又问：'贝尔斯登？'我说：'彼得，我来的路上已经电话告诉你了。贝尔斯登不参加。'这本书[2]说：全场顿时一片混乱。实际的情况刚好相反。大概有30秒钟，谁也没说一句话。主持人都没叫下一家公司。完全的寂静。可能是30秒钟，可能是5秒钟。感觉好像10分钟。然后有人开始嚷嚷，说的是：'我说，你们还知道什么我们不知道的？你们是结算企业！'我说：'我们知道的，你们都知道。他们的交易是合规的，没有什么信息遮遮掩掩不给人看。不管他们净资产值说的是多少，已经公开的数字都是真实可靠的。他们没有违约，

---

[1] 按照字母顺序，贝尔斯登排在最前面几个，如果一开始就说不参加救援，场面就会非常尴尬。

[2] 凯恩具体说的是什么书不详。《营救华尔街》中文版250页说"会议室陷入了一片令人窒息的沉默"。

他们合规。'彼得·费舍尔问：'你之前不是说，你会考虑吗？'我说：'对啊，没错。我们肯定会考虑。'下一个人都没表态，只是说：'既然贝尔斯登这么说，我也要跟总部桑（商）议。'这是个法国银行家，他说的英语有口音。会议终止了。费舍尔和比尔·麦克唐纳[1]过来说：'我们得跟你谈谈。'"

凯恩与斯派克特跟着费舍尔、麦克唐纳二人来到一间密室，密室的奢华程度，连凯恩都吃惊。凯恩说："这是一个小小的房间，是大人物开碰头会的地方。跟这房间一比，美联储那个大会议室，就跟碎猪肝一样难看。这密室就像黄金镶嵌的一样。我是说，比那个样子还厉害。"凯恩回忆，在密室中，费舍尔和麦克唐纳对他说："'大家都很生气。大家都要气疯了。'我说：'谁呀？'他们说：'比如大卫·科曼斯基（David Komansky）（美林CEO）。'我说：'让他进来。'科曼斯基进来了。他平时很有礼貌，但这时候全都抛在脑后了。他说：'吉米，你这家伙到底想干什么？'我说：'大卫，首先，我们不是合伙人，不是你做什么我就得做什么。其次，很清楚，我已经把话挑明了。我们对这些人没有任何对手方的敞口，我们没有看见他们的掉期。大家都是被人邀请，来到格林尼治，看看他们是个什么东西。我们不是。[2]说真的，底线是这样的：美国电话电报公司（AT&T）跟我们一样有权利来这儿开会。他们是摆摊卖东西的，我们也是摆摊卖东西的，我们在华尔街摆摊卖东西。AT&T没来，我们为什么要来？'"

科曼斯基坚持让凯恩回到会议室说点什么，安抚大家的情绪。凯恩继续回忆："我说：'我已经说了。'科曼斯基说：'那你得再说说。'我说：'好吧，咱们做个交易。我会回到会议室，因为显然那帮人不高兴了。

---

[1] 怀疑凯恩说错了，应该是美联储纽约分行行长威廉·麦克唐纳，不是比尔·麦克唐纳。这里保留原文。

[2] 凯恩的意思是贝尔斯登对LTCM已经有了极大敞口，再救援LTCM，则敞口将继续增加。凯恩不允许这种情况发生。——作者注

我会非常清楚地说明两个情况：第一，他们履行了义务，没有违规；第二，他们根本没什么危险。但是想让我说话，你必须告诉他们：我是谁，你跟贝尔斯登什么关系，你对贝尔斯登什么态度，你对我什么态度。因为我不想进了会议室，给人一种替罪羊的印象，让他们觉得我刚刚被叫出去了。我要你说，我是堂堂正正的人，我们是堂堂正正的公司。'"

凯恩回忆，众人往会议室走的路上，"所有人的眼睛都瞧着我们。谁知道发生了什么！这些人全都投资了这些无用债券。我们又回去了。科曼斯基站起来。我让他说的话，他照着说了。他说：'我认识吉米很多年了，关系非常好。我跟贝尔斯登关系也非常好。'我对他们说：'我之前已经说了一遍，现在我再说一遍。他们（LTCM）履行了协议，也就是说，他们的净资产值还是正数。所有的钱，他们都及时付了。所有的钱，我们都替他们及时付了。我看不见一丁点安全隐患，什么也看不见。可是，我也看不见我们公司有什么责任要参与跟我们无关的事。'他们不接受，说：'可是，你毕竟也是华尔街的一员啊。'我说：'各位，少来这一套。你们有两个共同点：第一，你们都给LTCM提供了无初始保证金条款；第二，你们都被绑在了一条船上。谁骗谁呀？你们都是一条船上的人，在出口堵住了。所以，你们想让我们交2.5亿美元，我们不会交的。'他们这一下全都气疯了，因为我是负责结算的，他们本来就有点紧张，结果我又说：'我们不参与。'这是什么意思？是说他们一参与，他们的钱就会打水漂？"

凯恩又对他们说："在目前这些开过的会上，你们都同意了，你们会在这些头寸上站定不动，因为好像赛跑，谁抢跑，谁就能拿到比较好的价钱。所以你们可能马上就用反垄断把它否决了，方式是同意什么也不卖，这是你的事。我可能也会这么做。我跟你不是一类人。贝尔斯登并没有你们这样的处境。现在我们发现，有这么一个事实，那就是，我们做了一笔结算业务历史上最可怕的结算业务！"

接下来的4个小时，众人猛烈抨击凯恩，强迫凯恩和贝尔斯登参与救援。首先当然是因为如果贝尔斯登不参加，别的企业每家必须多拿钱，数额因能力而高低不一，最多要拿出5000万美元，共计3亿美元。其次，贝尔斯登不参与，说明众人没有形成统一战线，合力阻止可能的系统性损害。

科曼斯基最后想要说服凯恩参与，他威胁说，凯恩如果不参与，贝尔斯登就会丢掉LTCM结算业务。凯恩一听，大发雷霆。凯恩回忆："我说：'大卫，我已经丢掉结算业务了！你已经满意了！这业务我们不要了！'我心知肚明：一家企业（关于对冲基金交易）的磁盘数据，全都转到另一家企业的磁盘上，需要6个月的时间。我把（继续提供结算服务的）价钱当场提到了原来的3倍。我说：'我们再也不做结算了。你说，我们不能做了。我同意！的确不能做了！对了，你要是想重新聘请我们，费用是原来的3倍！'我还不是要退休的人，有义务做事情。可是，一堆人冲我嚷嚷4个小时，说'你是社会的弃儿，你要这样了，你要那样了'，这肯定不公平吧？"

*

最后，只有贝尔斯登没有参与救援LTCM；LTCM最后被清算了。（雷曼兄弟只拿出了大约1亿美元；有人说，这一行动引起的憎恨，与贝尔斯登引起的憎恨差不多。）然而，用那个荷兰小男孩伸手堵漏的典故来说，银团确实已经集体伸出"手指"，堵住了"海堤的渗漏"，避免了金融体系的垮塌。[1]几年之后，麦利威瑟又建立了一家对冲基金，在2007—2008年的信贷危机中再次损失惨重。[2]艾伦·格林斯潘，时任美联储主席，为美联储发起的救援辩护。2008年10月1日，他对众议院银

---

[1] 这个典故第四章开头曾提到。

[2] 在美国，投资人普遍认为，只要他们相信有赚钱的机会，就可以原谅被投资人的严重错误；而且麦利威瑟十分聪明，业界名气很大，因此人们依然愿意给他投钱。这种局面，就让很多人质疑了华尔街的运行机制，从而产生了后来"占领华尔街"的运动。——作者注

行委员会（House Banking Committee）说："LTCM倒闭，如果触发'市场失灵'的话，就可能给很多市场参与者带来显著损害，还可能潜在地损害很多国家的经济，包括美国。"麻省代表巴尼·弗兰克（Barney Frank）批评格林斯潘，说他让美联储发起的救援，使得"美国一些最有钱的人，光景比不救援的情况更好了"。格林伯格反驳："没有任何一家联邦储备基金面临风险，联邦储备没有做出任何承诺，也没有任何独立企业被迫参加。"

凯恩显然不同意格林斯潘"被迫"的定义。将近10年后，贝尔斯登也倒闭了。有人说，这是华尔街同行们对当年凯恩拒绝救援LTCM一事做出的报复。凯恩对此极为敏感，情有可原。凯恩说："他们说什么报复，可我早就听过这些了，就像电视上那些白痴说的一样：'对啊，吉米把那些人惹火了。现在保尔森跟他扯平了，这个那个的。'胡说八道，纯属胡说八道！当年的这群人全都不知所终，不复存在，他们根本就不记得当时被谁搞了。保尔森？贝尔斯登倒台这种事，兴许对保尔森是好事。乔·科尔津兴许就是因为这个被高盛开除的。保尔森一直想当这种人（给当年LTCM事件中的每一个人带来厄运）。他们口中的保尔森一定就是这种人，因为乔·科尔津就是由于LTCM事件而被开除的。"[1]凯恩总结保尔森的性格："保尔森不留情面，是个残暴的竞争对手。"

2008年，有些高管回顾当时情况时认为，凯恩就LTCM问题与华尔街金融集团之间的那场戏剧性的对决，没有给他自己，也没有给贝尔斯登带来一点好处。一名前任贝尔斯登交易主管提起1998年夏天的情况时说："所有这些公司的交易业务都遭受了严重打击。我们在想，究竟怎么才能还上别人钱呢？我们一直在亏钱。要明白这世界已经多么颠倒了。金钱像鲜血那样从贝尔斯登流失出去。不管我们做什么，都必须靠

---

[1] 凯恩估计，别的与贝尔斯登有往来的华尔街银行，依然为他当初拒绝救援LTCM而耿耿于怀，因此凯恩说了一些比较口不择言的反驳话，并不代表这些企业真的全都不存在了。——作者注

点直觉和经验。因为所有的模型，不论是脑子里的、纸上的、计算机里的，全都不管用了。然后，我们去开会，吉米说起LTCM，说起现在这该死的局面，说人们都要救援LTCM，说高盛带头行动，说这些人全都发神经了，说有哪个正常人想朝这里面投钱！顺便说，我们早在去见凯恩之前，就已经被市场揍了一顿，鼻子流血了，耳朵扯成菜花了，一只眼也发青了。他说：'你们想救援LTCM吗？'我说：'我们可不想让人恨我们，因为这些烂事儿我们已经受够了。'谁想跟他争？我们每天都命悬一线，随时可能掉进地狱。这就是我们的态度。我们就像是选择了一场战斗。如果凯恩错了，华尔街因此恨上我们，我们应该在事后弄明白。因为，之后的10年有很多机会，我们可以让事情变得更好，不论是华尔街的事，还是公司自己的事。我们可以决定不参与救援LTCM，但至少可以在事后宽宏大量一点；可是，凯恩却大吹特吹，一吹就是10年。他要是宽宏大量，舆论对他的看法就完全不一样了。比方说，两三年过后，他接受第82次采访[1]，记者问他，他为什么没参与救援。他要是能说：'听我说，我当时非常担心自己的公司。我们跟所有人一样，都觉得，美联储和别的华尔街公司出钱救援是好事。可是，显然我们当时出不起这笔钱。我们很庆幸，别人都出钱了。'这么说怎么样？稍微宽宏大量一点，稍微谦虚一点，就不一样了，就大不一样了！"

当时贝尔斯登很多员工认为，凯恩在LTCM危机中表现出的"男子气概"是一个关键点，决定了公司的余生。一名高管说："我觉得，他最傲慢的一刻，他回不去的一个转折，就是LTCM。那一刻，他觉得自己的智慧胜过了华尔街所有CEO。他自己认为的他那一套道德标准，就在那一刻，浇筑在了混凝土里，再也不能回头了。"高管认为，凯恩自己本质上并不了解风险，也不知道多大的风险才算太大，因为他只当过经纪人和执行经理。另一方面，格林伯格的风险处理方式，极大影响了凯

---

[1] 82这个数字，可能是高管随便说的，表示凯恩接受的采访很多，而且凯恩在现实中每次都吹嘘自己，让高管非常反感。

恩对这个领域的看法。高管说："我觉得这些道德标准当中，有一些是老A对他长期影响的结果。我是说，老A不管为谁都不会冒一个铜板的险。"LTCM之后，解读贝尔斯登遭遇的关键，是要理解一条家族传承关系，从格林伯格，到凯恩，再到沃伦·斯派克特。某人曾经担任贝尔斯登长期合伙人，他补充道："沃伦和吉米决定，他们不愿意跟华尔街其余公司一起承担责任。然后他们（在华尔街上）就永远觉得自己最牛了，特别是吉米，因为他傲慢得没边儿了。他是全球顶尖的桥牌高手，他干什么都好像在打一手桥牌。"

第二十二章

鱼从头先烂

格林伯格1949年入职贝尔斯登。1999年，为了庆祝格林伯格加入贝尔斯登50周年纪念日，《华尔街日报》必不可少地发了一篇文章，作者是查理·加斯帕里诺。文章简短描述了格林伯格职业生涯的价值标准，还说，1998年，格林伯格的工资是1850万美元。当初格林伯格刚入职的时候，工作是文员，负责往一张油气田分布图上按图钉。当时他一年的工资数目极少，按照他1998年的挣钱速度，只花11分钟，就能挣出来这个数目。格林伯格告诉加斯帕里诺，他在华尔街长期屹立不倒的秘密十分简单，4个字："我会挣钱。"格林伯格还上了电视，参加了福克斯新闻台（Fox News）尼尔·卡夫托（Neil Cavuto）主持的商业节目。卡夫托问了格林伯格一些问题，最重要的是，格林伯格为什么在华尔街身居高位的时候，这么关注节省成本的事？格林伯格回答："我只是觉得，我要为经商的方式奠定一个基调。马克·吐温（Mark Twain）说过，'鱼从头先烂' [1]；高级领导要是能注意节约成本，这个理念就能渗透到全公司。我十分相信这一点。"

把公共关系放在一边，要是真如马克·吐温所说，鱼从头先烂，那

---

[1] 原文是 fish stink from the head，比喻一个集团出问题必然先从领导开始，类似中国的俗语"上梁不正下梁歪"。

么贝尔斯登的确已经散发出了一些可疑的气味。1997年，格雷琴·摩根森在《福布斯》杂志揭露贝尔斯登与巴伦公司的黑幕之后，贝尔斯登就卷入了与巴伦的官司。1999年8月，两年之后，官司到了紧要关头。这两年时间，曼哈顿有一个大陪审团一直在调查，贝尔斯登结算主管理查德·哈里顿是否参与了巴伦公司及其CEO安德鲁·布雷斯曼的犯罪活动。约翰·W.莫斯科，时任副地方检察官，也在调查这个案子。莫斯科紧咬理查德·哈里顿不放，采取了各种措施要将哈里顿定罪，向哈里顿的前同事乃至前妻施压，要这些人作证控告哈里顿。

最后，大陪审团没有裁定哈里顿有罪。然而，到了这个时候，莫斯科又开始跟证监会合作，对贝尔斯登与哈里顿提起民事诉讼。美国证监会想要通过这起诉讼，还有当时刚刚修正的规则，让华尔街的结算服务商，为它们客户的可疑行为负责。一名贝尔斯登高管说，他偶尔会劝说公司，不要为某些名声不好的顾客提供结算服务了。在一次会议上，高管说起某位客户："我觉得，他在自己某项交易的上市表现中获取了不正当利益。我认为最好还是离他远点。"然而，别人对这个建议却充耳不闻。高管回忆："他们把我叫出去说：'你觉得酒店对客房里发生的事应该负责吗？'我回答：'要是这种事出得太多，酒店名声就该不好了，也没人愿意住了。不过，你是不是在问我，他们对发生的事该不该负法律责任？我回答，很可能不该。但你要是问我'有没有后果'，那就很可能有后果。"

证监会调查期间，有好几次，证监会提出要与贝尔斯登了结诉讼，让贝尔斯登缴纳500万到1000万美元。贝尔斯登一名高管说："但是，吉米·凯恩这个顶尖桥牌大师，只要了结官司的费用在100万美元以上，一概拒绝。"1999年8月5日，贝尔斯登终于决定，与证监会了结诉讼。这一次，凯恩赌输了。了结诉讼的费用让人大跌眼镜，达到了3850万美元，包括：（1）一笔罚款；（2）一笔用于建立赔偿基金的资金，以满足客户需要；（3）支付曼哈顿地区检察官办公室的费用；（4）向纽约市政府、纽约州政府各支付100万美元费用。证监会发现，贝尔斯登的结算业务"在与巴伦公司的结算关系中，发生了违背联邦证券法律反欺诈条款的行为"；特别是，证监会发现："尽管贝尔斯登已经得知，巴伦参与了顾客账户中未经授权的交易，但贝尔斯登仍因未经授权的交易，向巴伦客户收取费用，而不是向巴伦收取费用；贝尔斯登从顾客账户中提取资金和证券，支付未经授权的交易费用；此外，贝尔斯登拒绝归还自己索取的客户财产，甚至在巴伦承认某些交易未经授权之后，依然拒绝归还。"[1]证监会还发现："贝尔斯登在明知巴伦缺乏必要的资本开展业务，并正在参与伪造行为的情况下，协助巴伦继续开展业务。贝尔斯登就未经授权的交易收取顾客费用，而这些交易费用本应归巴伦所有；通过这一途径，贝尔斯登协助巴伦掩盖了其长期资金不足的问题。"贝尔斯登一名高管对巴伦结算业务也表示怀疑："吉米对所有情况都十分了解。他在办公室里开了很多会，都是讨论当时情况的。"

证监会执法部主任理查德·沃克（Richard Walker）再三强调，证监会的看法是，结算公司应当为客户的不法行为承担责任："贝尔斯登采取的各种行动，直接促进了巴伦范围很广的欺诈行为。企业作为结算经纪人的身份，并不能免除其为参与造假产生的后果应负的责任。相反，结算公司或任何其他市场参与者，一旦参与了违规行动，使得巴伦一类欺诈性证券公司骗取投资人数百万美元，则必须为自己的所作所为承担全部责任！"凯恩说，一开始约翰·莫斯科与曼哈顿地区检察官罗伯特·摩根索（Robert Morgenthau）捏造了"阴谋论，谎称贝尔斯登与花旗银行参与坑害巴伦公司客户"，并且向贝尔斯登与花旗勒索"7亿美元"。凯恩说："我有一整个班子的律师。他们去见了摩根索和他的手下，回来

---

[1] 关于应该向谁收费的问题：如果是客户授权，说明是客户要进行这项操作，那么应当向客户收费；如果没有得到客户授权，说明是巴伦向贝尔斯登提出请求，那么应当向巴伦收费；当时华尔街还没有举报的义务，贝尔斯登是否举报巴伦违规，就凭良心了。

给我一份报告。我说：'现在，不管在什么业务上我们都取得了成绩。只有你们这帮饭桶，连成绩都没有。这结果太烂了，你们没成绩！'然后我就出去了。"最后，凯恩说，了结巴伦公司诉讼的事，就好像"跟棒球比赛的裁判争吵。录像显示我滑垒成功，安全上垒，可是裁判却说我出局了！就是这样！"证监会给了贝尔斯登一晚上时间，考虑签不签和解协议。最后，贝尔斯登签了。

巴伦公司事件显示，贝尔斯登对结算业务监管不力。一名高管说，巴伦让公司面临的真正问题在于："这个局面，很像有人（比喻贝尔斯登）跟着几只狗一块儿躺下睡觉，醒过来发现身上就长了跳蚤（比喻巴伦公司一类的小骗子）。这些跳蚤的所作所为，对人的身体健康一点都没有好处。跳蚤在公司业务中并不重要，反而像是一笔债务，从跳蚤身上我们赚不到什么钱。我觉得应该制定一些政策，以避免这些不到1%的顾客给我们带来官司，从而为公司节省一大笔钱。可是，贝尔斯登并不愿意仔细管理那些成功的生产者。"

格林伯格是结算主管理查德·哈里顿的老朋友。一开始，格林伯格鼓励哈里顿，正面对抗证监会的指控。因为贝尔斯登之前雇来取代哈里顿的理查德·林赛（Richard Lindsey），是美国证监会的一名前任官员，与本案有潜在的利益冲突问题。不过，过了8个月左右，到了2000年4月，哈里顿还是跟证监会和解了。一如既往，哈里顿对自己的罪过，没有承认也没有否认；但证监会发布了一份19页的判决令，里面列出了许多哈里顿在工作岗位上的犯罪行为。哈里顿同意支付100万美元罚款，并且服从禁令，两年内不得参与证券业交易。后来，哈里顿再也没有回到华尔街。

巴伦公司崩溃之后，紧接着，贝尔斯登又陷入了两起非常严重的华尔街丑闻。2000年3月前后，网络泡沫破灭，华尔街有大量系统性违规行为浮出水面。第一起丑闻是华尔街股权研究部门和投资银行部门之间的冲突。投资银行家对研究分析师们施压，让他们给自己的客户写出吹捧的报告，指望赢得将来的承销和并购业务。当时，研究分析师的工资，有一部分来自投资银行业务的营收，而这些营收是研究分析师协助创造的；于是，银行家就能够依赖分析师，写出吹捧自己的报告了。显然，这一冲突对投资者是有害的，因为投资者将不能确定，报告究竟是反映了分析师对某公司的真实看法，还是在强迫之下完成的。

这种行为再次证明"不加约束的贪婪压垮了道德准则"。当时，华尔街到处都是这种行为，贝尔斯登也参与了，而且随着华尔街企业的规模日益增大，企业也越来越难以控制，难以管理。这种不当研究，有一个典型的例子。1998年8月和12月，贝尔斯登先后两次担任数字河（Digital River）公司IPO和二次上市的联合经理人。贝尔斯登通过3名连续工作的分析师，将股票的评级评为"买入"级，时间从IPO持续到2002年4月。2002年4月1日，负责数字河公司的研究分析师，给数字河公司的银行家写了这么一封电邮："我不得不告诉你，今天我感觉有点被连累了。过去几个月，我已经打电话告诉每一个客户，不要买这只股票，或者要做空这只股票。我一直远离DRIV（数字河公司的股票代号），主要是因为这家公司的融资前景不佳，而你和另一名银行家已经注意到这件事了。今天，这只股票显然已经跌了很多。股票的"买入"评级是人工硬加上的。虽然我知道是人工硬加上的（不是我个人技术有问题），但在投资者心中这肯定破坏了我的形象。之后我想在评级上有一定的选择余地，即使是像数字河这样，我们在银行业务上有关系的公司，也不例外。我相信，这对所有人都有好处。"

这些吹捧报告的丑闻，让全球花了14.35亿美元才平息下来。贝尔斯登同意支付其中的8000万美元。凯恩别无选择，只能赔偿，了结官司。跟别的公司比起来，贝尔斯登算是付出代价很低的；所罗门美邦（Salomon Smith Barney）公司付了4亿美元，美林付了2亿美元。当时，证监会还对贝尔斯登提出证券造假指控，罪名是在1999年到2003年9月之间，"协助多只共同基金的顾客，以及共同基金之'介绍经纪人'的顾客，进行非法的延迟交易和欺骗性的市场时机选择"。凯恩感到别无他法，只得花费2.5亿美元了结官司。证监会说："贝尔斯登提供了技术、建议、多种欺骗工具，使得'择时交易的顾客'和'介绍经纪人'参与延迟交易，并通过共同基金逃避侦查。"通过延迟交易，贝尔斯登及顾客今天实际上就能够拿到明天的《华尔街日报》，让他们在收盘之后依然能够进行交易，赚钱。凯恩说："我和解了很多官司，大部分都是以和解告终，极少对抗。我假装对抗，但其实宁愿和解。"

*

话虽如此，但凯恩实际上在大多数情况下选择的仍是打官司，这很符合他那种"拳击家"的本能。有一次，他坚持打了几年的官司，最后上诉成功了。这场官司的中心人物，是一名波兰难民，名叫亨利·德·科维亚特科夫斯基（Henry de Kwiatkowski），当年为躲避纳粹而逃到美国。凯恩简称他为亨利·德·K。亨利参与了大量货币交易，他当时是贝尔斯登经纪业务的客户。从1994年年底开始，在不到5个月时间内，亨利通过货币期货交易，打赌美元在将来的汇率如何；结果有赢有输，总额高达数亿美元。1991年1月，亨利从以色列列岛银行（Bank Leu）的一个账户，转了4000瑞士法郎的空头交易合同到贝尔斯登。此前，亨利已经填写了所有必要的表单，表示清楚自己会面临的很多种风险。亨利宣称，他之所以这么做，部分是因为贝尔斯登一位高管阿尔伯特·萨比尼（Albert Sabini）"曾经夸耀，贝尔斯登有能力给亨利提供所需的全套服务和资源，以进行大规模的外汇交易"。亨利最重要的打赌，是赌美元相对其他货币会升值。凯恩说："亨利是个赌徒，专门赌美元。他从来没做过交易，只有一种头寸；而且还是多头，赌的是美元针对5种货币的汇率。"

1992年9月，亨利与贝尔斯登首席经济学家拉里·库德洛会面，库德洛鼓励他这么做；然后，他就开始下巨额赌注。1993年1月，他给自

332

己的头寸做了平仓[1]，在4个月内盈利2.19亿美元。之后，他没有为美元汇率再打过赌，一直到1994年10月，阿尔伯特·萨比尼给他打了电话，告诉他"现在该买入美元了"，还说"这一次，美元一定会按照科维亚特科夫斯基一直预期的方向发展"。到1994年12月21日，此时他在贝尔斯登重新开始货币投机还不到两个月，已经盈利2.28亿美元。凯恩说，亨利·德·K一度盈利5亿美元。凯恩给亨利打电话，让他把账户的保证金增加到2.5亿美元。亨利回答："没问题，你要是想要，我存进5亿美元。"

过了一周，美元开始下跌，亨利12月28日一天损失了1.12亿美元。1995年1月9日，美元再次下跌，亨利又损失9800万美元。10天后，1月19日，他又损失了7000万美元。然而，哪怕有了这些损失，亨利的钱还是比1994年10月28日多了3400万美元。这一年冬天，亨利一直在亏钱。最后，1996年3月5日，他在前几天亏了数千万美元之后，清算了一切头寸。狂热的投机行为结束之后，他依然赚得2500万美元，尽管比起最多的时候已经少了几亿美元。凯恩说："他一直遵守保证金账户的规定，没有违约。因为他没有违约，我们就算想把他赶走，也赶不走了。我们警告他一千次了。我自己亲自跟他谈了一千次了。"实际上，凯恩看见了账户里的亏损在增加，有一次还看到账户有200万美元资金短缺，他就告诉贝尔斯登经纪人，亨利要是不履行承诺，这钱就由经纪人自己来出。还好，亨利履行了承诺。凯恩说："现在，一切都结束了。就像一场旅行，从零到5亿美元，再到2500万美元。这就是他的旅行。"

尽管如此，亨利还是把损失怪到贝尔斯登和萨比尼头上。1996年6月，亨利起诉了贝尔斯登和萨比尼（还有另外几家贝尔斯登企业实体），指控他们玩忽职守、违反信托责任。2000年5月，曼哈顿下城一家联邦法院的陪审团裁定，支持亨利的请求，认为贝尔斯登确实玩忽职守，应赔付亨利1.115亿美元。这是经纪客户从华尔街企业赢得的单笔最高裁

---

[1] 买入后卖出，或卖出后买入了结原先所持的头寸。交易者为了结手中的合约进行
反向交易的行为，被称作"平仓"或"对冲"。

定额之一。判决之后，贝尔斯登向地方法院提交了一系列申请，主张亨利的经纪账户属于"不可任意支配账户"，采取任何行动都要事先征得亨利同意；此外，陪审团认为贝尔斯登违反了咨询义务，但贝尔斯登对亨利并没有任何咨询义务。这一次，与巴伦案一样，司法部门似乎在华尔街开创了一种新判例：企业需要为客户的行为负责。贝尔斯登也像巴伦案一样，强烈反对这种判例。

2000年12月29日，地方法院判决贝尔斯登败诉。法院认为："本案中，各方关系存在多种特殊事实及情况，使得陪审团能够合理地认为，贝尔斯登负责为科维亚特科夫斯基提供的服务，超出了不可任意支配账户在一般情况下的服务范围；此外，有足够证据表明，贝尔斯登在玩忽职守的情况下，提供了这些服务。"之后，法庭下了狠手，在陪审团判决的1.115亿美元基础上，又增加了5300万美元的判决前利息，从1995年3月6日起开始计算。如今，贝尔斯登对亨利·德·K的欠款数额达到了1.645亿美元。凯恩说："我们拿到第一次判决，说我们败诉的时候，我记得好像是下午4:15左右，是公司总顾问马克·雷曼打来电话通知的。我在桌子旁边坐了两个小时，一动不动。我整个儿都傻了，就像让人狠狠踩了一脚似的。我们怎么会输？怎么会输了这个案子？太荒唐了。这是全球历史上最容易判的案子！"

不出所料，凯恩决定向美国联邦上诉法院（United States Court of Appeals）第二巡回法庭（Second Circuit）提起上诉，请求推翻地方法院的判决。凯恩说："执委会还出了一件小事。他们跟我说：'你是打算和解吗？'我说：'不，不可能和解。'"一如往常，执委会顺应了凯恩的意愿，提起上诉，不接受和解。

跟地方法院的流程一样，2002年1月7日，凯恩主动参与了上诉法庭召开的听证会。凯恩说："我发现，他们的首席律师是一个体重300磅（大约136公斤）的同性恋，长岛人。他特别让人恼火，对我反复盘问，还想在低级法庭庭审的时候把我修理一顿。我们回到上诉法庭的时候，他们正在审另一个案子，不得不等到他们审完。我拦住了这家伙。但我尿急，就先去了趟厕所。回来刚坐下，这个仇家也站起来要去厕所。我等着他先过去，再跟在他后面进去，厕所里就我跟他两人。我跟他说：'胖子，你今天要被揍了！'他就跑出去了。他以为我马上就要在那儿揍他。"

9月19日，上诉法庭做出了判决。凯恩说："上诉法庭的终审判决，他们给我送来了。我现在还留着。我们扳回了一局，太棒了。我当时在办公室里都要乐疯了。我高兴得直蹦。法院判我完全无罪！当然，钱也不是不重要。"（改判的原因不详。）

*

到这个时候，贝尔斯登谁当老大，已经确定无疑了——吉米·凯恩。格林伯格还是每天上班，来到交易楼层那个位置比较高的写字台，对员工吆五喝六，给客户做交易。他也继续担任风险委员会主席、董事会主席。然而，毫无疑问，真正掌权的是凯恩和两个副手：沃伦·斯派克特和艾伦·施瓦茨。这两个人也被提名加入公司的九人董事会。这个董事会的成员的整体工资，在华尔街的排行榜上是最高的。1999年6月终结的财政年度里，当时72岁的格林伯格，工资比去年降低了约30%，减少到1300万美元；前一年是1850万美元。1999年，凯恩工资2140万美元，比前一年1990万美元上升了8%。斯派克特工资2040万美元，比前一年1900万美元有所增加；施瓦茨工资1700万美元。贝尔斯登有一种"资本积累计划"，简称CAP。斯派克特对企业的前景很有信心，于是决定按照计划，拿出2020万美元的工资，让他在企业的股份达到了2.36%，仅次于凯恩的4.2%。CAP开始于1990年，目的是为公司崭露头角的新人积累有意义的所有权股本。高管们拥有一项期权，即：要么立即拿到全部工资；要么暂时不领工资，但5年之后，按照略低于现在市价的价位，以对等现在工资的金额，从公司拿到贝尔斯登股票。然而，正是这种"资本积累计划"种下了斯派克特与凯恩日后反目的祸根。

20世纪90年代末到新世纪初，是华尔街经历一系列巨变的时期，甚至可以说是华尔街的黄金时代。华尔街公司财源滚滚。1999年，贝尔斯登净收入7.09亿美元，摩根士丹利净收入55亿美元，美林净收入33亿美元，高盛净收入30亿美元。而且，这些公司的股票交易价格，几乎都达到或接近了有史以来的最高点，此外市盈率倍数也达到了最高：摩根士丹利19倍，高盛17倍，美林16倍；因而这些公司的价值，以及高管的资本净值都火速攀升。高盛、美林、摩根士丹利，每一家的价值都接近了1000亿美元。贝尔斯登缺乏多样化的收益流，遭到了市场的惩罚。饶是如此，执委会全体成员还是越来越富有。除了每年拿走的现金之外，凯恩在公司4%的股份，价值约3.6亿美元，斯派克特的股本价值约2亿美元，格林伯格的股本价值约9000万美元。假设凯恩和其他高管能够有效发展企业的投资银行业务（当时规模相对很小），发展企业在欧洲的业务（当时几乎没有），发展资产管理业务（当时管理的资产大约150亿美元，比起美林6000亿美元的规模只是个零头），而且市场又能保持良好，管理层又能有效执行决议，那么，贝尔斯登向上的潜力就应当很大。斯派克特之所以决定把工资的大部分投入企业股票，原因之一，就是看好这种发展的潜力。

新千年的开始，让计算机的"千年虫"问题引起了一定恐慌，所幸这对华尔街损害不大。2000年年初，大家刚刚稳定了心神，华尔街的"合并游戏"就迎来了重大突破。一开始，交易额相对比较小。1999年9月，大通曼哈顿银行（Chase Manhattan Bank）收购了汉博奎斯特创投公司（Hambrecht & Quist），这是一家科技投资银行，总部位于旧金山，收购价格是13亿美元。大通曼哈顿希望以此来参与互联网承保业的爆炸性发展。2000年1月，花旗银行22亿美元买下了德国施罗德银行（Schroeder）的投行业务。2000年4月，大通曼哈顿又花69亿美元买下了位于香港的英国投资银行——富林明集团（又译罗伯特·弗莱明控股公司）（Robert Fleming Holdings）。过了几个星期，普惠花6.2亿美元买下了地区经纪公司J.C.布拉德福德（J. C. Bradford）。[1]6月，大联资产管理公司（Alliance Capital）花35亿美元买下了桑福德·伯恩斯坦公司（Sanford C. Bernstein & Co.）。然后，7月13日，瑞士巨头瑞银宣布，收购普惠，交易额在120亿美元左右。

市场上很快就谣言四起，纷纷猜测，贝尔斯登会不会被卷入这一场合并狂潮。格林伯格与凯恩都没有透露贝尔斯登要出售的迹象，只有一些可以预测的噪声说，如有公司认真考虑要收购贝尔斯登，则贝尔斯登必须对股民履行保护义务。考虑到贝尔斯登的结构有多么离奇诡诈，这种说法一点都不奇怪。的确，贝尔斯登利润率极高，而且保持了很久，公司高管每年挣得天文数字；但贝尔斯登赚的钱，有太多来自单调乏味的交易和结算业务，而不是投资银行业务；因此，外国买家想要进入美国投资银行市场，就会觉得贝尔斯登不是有吸引力的收购目标。国内企业也对它没有兴趣，可能唯一的例外是大通曼哈顿。很少有人相信，贝尔斯登与大通曼哈顿能够实现"文化联姻"，而"文化联姻"却恰恰是大多数合并能够成功的秘密武器。

当时，所罗门美邦公司（Salomon Smith Barney）有一名研究分析师，名叫盖伊·莫什科夫斯基，研究金融服务业。他评论道："贝尔斯登在股票业务上并没有什么声望，公司大部分动力，还是来自固定收益。"瑞银宣布收购普惠之后一段时间，莫什科夫斯基去公园大道245号凯恩办公室见了凯恩，这是他对金融服务业的研究工作的一部分。他说："办公室里有他，有我，还有摩托车。"莫什科夫斯基一直猜测，凯恩对华尔街不停变幻的动态有没有应对计划。莫什科夫斯基问："当前的环境下，市场发展已经开始略微放缓了。大家都看见，有些交易，以非常高的价格成交。你们既然没有国际业务，也没有股票业务，你们为什么不考虑跟另一家公司合并，用现有的资源做出更大的事业呢？"（后来回顾的

---

[1] 此时普惠还没有被瑞银收购，因此没说瑞银普惠。

时候，莫什科夫斯基说：贝尔斯登的企业文化中，有很多阻碍合并的特征，我当然没有提到这些特征。）凯恩回答："这不是我们的市场，因为现在市场看重的只有股权，只有并购；我们这些业务开展得还行，但是，这不是我们业务的重点。只是，相信我，再过一段时间，这一切都不会像它在过去18个月、过去两年当中那么重要。这段时期是泡沫时期（泡沫正在戳破）；固定收益业务会重新兴旺起来。我们会表现得更好，也会用那种相对强势带来的收益，进行投资，开展其他一些种类的业务。"

凯恩说，公司目前保持独立，他对此很满意。凯恩告诉莫什科夫斯基："我完全没有要出售企业的压力。我们公司产生的股权回报可能不像高盛那么高，25%什么的。（当时，贝尔斯登净资产收益率约为15%。）可是，这就是我们的表现，股东认可这样的表现。在整个周期当中，这个表现更加稳定，我们也看不出，有什么理由要放弃自己的独立。另外一方面，我不是个疯子。我必须代表股东，必须履行保护义务。要是有人找上门来，提的价钱合适，我们又确实认为，从长远看，能够为股东创造更多的利益，那我当然会考虑。"莫什科夫斯基禁不住问凯恩：他的价钱是多少？凯恩反问："我不知道。你觉得普惠的价格是多少？"

莫什科夫斯基回答："票面价值的3倍。"

凯恩说："那我出4倍。"（事后，莫什科夫斯基说："这个4倍，好像完全没有科学根据。"）

莫什科夫斯基对凯恩说："我这就回去了，把这次会面写成一篇文章。我能把4倍这个说法写进去吗？"

凯恩回答："当然，写吧。"

2000年7月，莫什科夫斯基写了一份报告，解释了凯恩对他说的话：只要凯恩能够拿到票面价值的4倍，贝尔斯登就破天荒头一次考虑出售了！报告里说到出售贝尔斯登的可能性：凯恩"发了信号，说明态度有所转变"，"清楚表明，收购也不是不能考虑"。凯恩已经引发了一场森林火灾，这时候，他又加了点燃料。他对《华尔街日报》说："世界总在变化，我们意识到，协同作用的组合，也许对股东有利。"然而，公司票面价值当时大约是每股30美元，这么一来，凯恩实际要价就是每股120美元，企业总价格会达到190亿美元，远远超过了贝尔斯登之前最高交易价格每股46美元。交易价格与凯恩的要价相差太大，使得凯恩的评论更多是一种光说不练的闲言碎语；这种出价，买家几乎不可能接受。万一这种小概率事件真的发生了，凯恩770万股的价值，就差不多涨到了10亿美元。真要有人乐意买的话，他怎么可能拒绝呢？

报告中，莫什科夫斯基预测，汇丰控股（HSBC Holdings）、美国国际集团、法国巴黎银行（BNP Paribas）、法国兴业银行（Société Générale），或者几家德国银行中的一家，有可能买下贝尔斯登。他写道："我们不认为近期会达成特定的交易，凯恩也注意到，迄今为止，大多数洽谈都差不多要结束了（无果而终）。"但是，报告产生的结果之一，是将贝尔斯登的股价提高了。莫什科夫斯基说，股价从40美元升到了70美元，大大超过了两年前的最高值64美元。

莫什科夫斯基的报告发表的时候，凯恩正在加州。凯恩说："我记得去加州不是为了桥牌锦标赛。"周二上午，凯恩接到一个电话，让他下楼去酒店的商务中心。此时，贝尔斯登礼堂已经聚集了700名高级常务董事，凯恩要通过闭路电视，向这700人发表实况演说，解释他那一番"考虑出售公司"的言论是怎么回事。凯恩说："我当时说：'你小子跟我开玩笑吧！'但我必须照办。我下楼去了商务中心。有一个屏幕，我就坐在那儿看这个屏幕。没有任何反馈。我不知道人们在大笑还是大叫，完全不知道。我只是说：'姑娘们，小伙子们，都回去工作吧。我只是跟一个分析师聊了几句天，不算什么"会谈"。他认为我们现在股价是30美元，想要120美元。谁要是相信这是真的，谁就是浪费时间，我也在浪费我的时间。再见！'"

没多久，银行业合并狂潮就达到了顶峰：2000年8月，瑞士信贷第一波士顿（Credit Suisse First Boston）以115亿美元价格收购了帝杰证券；大通波士顿花330亿美元收购了J.P.摩根的全部股份；此前，高盛试图收购J.P.摩根，但失败了。一连串的合并，引得凯恩去见了一位大人物——时任摩根士丹利添惠（Morgan Stanley Dean Witter）总裁的麦晋桁（John Mack），了解贝尔斯登有什么可能的潜在交易。凯恩说："我跟麦晋桁说：'贝尔斯登不会聘用你；贝尔斯登会直接过来，对你说——吉米想知道这边什么情况。你让我跟谁合并，我就跟谁合并，但我现在还不会付钱。'不过无论如何，麦晋桁得到了我的保证，也就是，如果并购成功，他将从我这儿拿到并购单子。"

麦晋桁把凯恩介绍给了盖瑞·帕尔，时任摩根士丹利首席金融机构银行家。两周过后，他们又聚了一次。他们有了一个小小的纲领，已经把并购情况调查清楚了。潜在买家有3个：德累斯顿银行（Dresdner Bank）、美国国际集团、沃伦·巴菲特。凯恩大笑道："我不需要他们去找沃伦·巴菲特（巴菲特是凯恩的老牌友），我也不需要他们去找汉克·格林伯格[1]。再说，德累斯顿是德国银行！"贝尔斯登是一家犹太企业，而德累斯顿银行曾经资助臭名昭著的奥斯威辛集中营，凯恩当然不愿意把公司卖给这家德国银行。麦晋桁很快发现，凯恩无意马上支付并购费用。

2000年8月，《巴伦周刊》记者埃琳·阿维德兰（Erin Arvedlund）写了一篇3000单词的文章，猜测谁会买下贝尔斯登，因为"枯燥的业务以及丑闻，玷污了这家古老的华尔街公司"。阿维德兰专门提到，莫什科夫斯基的研究报告发表之后，贝尔斯登股价"一路狂飙"了60%以上，然而，距离每股120美元还差得太远。阿维德兰说："近期，华尔街弥漫着一股合并狂潮，这种情况下，也许有人会站出来付钱收购，但不要为此而打赌收购一定会发生。实际上，只要打赌贝尔斯登可能被什么人收购，大概都是不明智的。"阿维德兰的论点是，贝尔斯登在各种业务（资产管理和投资银行）方面，都没有足够的进展，能够在此刻赢得买家的

---

[1] 汉克时任美国国际集团CEO，2005年被撵走。

青睐。阿维德兰写道："或许，问题之一是格林伯格与凯恩过度迷恋一类做法，这类做法曾经在贝尔斯登坚决地实行了数十年；那就是为有钱的客户，为自己的账户，进行证券交易。格林伯格是一位精明节俭的交易员，为此而名声大噪，至今还流传着说法，说他定期在公园大道公司大楼的交易楼层，严厉盘问交易员，为什么他们在这只股票上有头寸，在那只股票上有头寸，如此等等。"但阿维德兰又主张："投资人不喜欢那些过度依赖固收交易的企业，因为固收交易很难产生持久的回报。有些人把交易比作赌博。"

《巴伦周刊》也表示，如今凯恩已经66岁，格林伯格73岁；投资人之间，弥漫着一种焦虑的情绪，不知企业下一代领导人是谁。当然，首先提到的是41岁的斯派克特和49岁的施瓦茨。阿维德兰写道："有格林伯格与凯恩的阴影笼罩，就很难看清楚，斯派克特与施瓦茨会成为什么样的领导人。他们拥有各种积极品质，其中包括：从企业之外引进高级人才；利用股票期权奖励外部执行者；开展欧洲业务；将企业流程现代化，以节省成本。"阿维德兰最后评价了"闪闪发光的崭新写字楼"，这栋楼"建在中央车站西面仅仅一个街区"；这栋楼的成本，最后升到了5亿美元左右。文末，阿维德兰是这么说的："我们的基本投资规则，是哪一家金融公司建造新的总部大楼，就要卖出那家公司的股票。[1]短期内，特别是如果显然没有人有意买下贝尔斯登，这就可能是好的建议。至于长期的情况，如果贝尔斯登可以避免将来的丑闻，更加有力地参与华尔街各种前景很好的业务，请老人家让到一旁，给新一代一个闪耀的机会，那么，贝尔斯登就还有很大潜力。"

---

[1] 可能的原因是：第一，建大楼要花费巨额资金，会给公司造成负担；第二，隐喻"由俭入奢易，由奢入俭难"的道理，公司建大楼，意味着开始走上奢侈道路，可能发展到了阶段性顶峰，之后可能就会衰败。类似的判断标准还有，一部分创投公司，如公司A，在投资的公司B上市之后，就会卖掉公司B的股票，认为公司B的表现已经到了阶段性顶峰。当然，其余创投公司也可能认为公司B在建大楼或上市之后会发展得更好，这是投资风格不同，不代表公司B在建大楼之后必然衰败。

此时，尽管格林伯格削减成本的备忘录的"慈爱光环"还依然存在，但贝尔斯登还是花费5000万美元左右聘请了麦肯锡公司（McKinsey & Co.），不顾格林伯格对外部顾问价值的质疑。贝尔斯登请保罗·弗里德曼与麦肯锡公司合作执行"卓越计划"（Project Excel），这个计划耗费了弗里德曼大量时间，他回忆起来，并不开心。他说："我觉得，这只是浪费了我两年的生命。"莫利纳罗说，麦肯锡公司的研究目标是"努力促进我公司某些业务发展，刺激业务增长，削减成本"；还说"因此这是一个双管齐下的战略，刺激增长，削减成本"。然而，弗里德曼说，没有什么办法能增加营收。弗里德曼说："他们来了，做的只有削减成本一件事。我们在营收方面，也几乎什么都没有做。他们削减了数以亿计的IT预算，有些削减是必要的，因为千年虫的恐惧持续了一年，之后，IT预算大幅膨胀了。我们裁了1000人，与此同时，建起了这座漂亮的大厦。我们削减了很多成本，而削减IT投资也意味着我们在抵押未来，而我们也真的这么做了。我们裁撤了几百名文员，完全没有减少执委会的工资池；也完全没有改动企业的运作方式；也没有改动管理结构；也没有改动高管的工资结构。我认为这一切都给企业造成了一种缺乏真正增长的局面，因为这些就发生在我们不再吹嘘净资产收益率之后，因为我们从领先变成了落后，只是从已有的业务当中榨取钱财。"2001年3月，企业宣布裁撤信息技术部门的400名员工。之后，莫利纳罗说："这是成本合理化项目的一部分；这个项目，我们已经进行了6个月。"然而，即使在1987年股灾之后，贝尔斯登还是在自吹"我们招人而没有撵人"（格林伯格的话）；因此，这时裁员就是一个重要信号，显示企业发生了怎样的变化。

正如凯恩所料，2000年、2001年这两年，网络泡沫破灭，电信泡沫出现之后，华尔街重新崛起的业务，是固定收益销售、交易和结算业务（恰好是贝尔斯登的两个主业），而不是投资银行业务。贝尔斯登从资本市场业务中的营收，自1999年到2001年都没有什么变化；但投资银行业的营收，从百分比角度来看，却发生了显著下降，从1999年的29%，降至2001年的20%。贝尔斯登的银行家杰里米·瑟勒姆（Jeremy Sillem）说："贝尔斯登在市场中经历了一次蜕变。之前是拖后腿的，忽然一下子成了宠儿。其他所有企业的估价，都在一路稀里哗啦往下跌。它们（高盛、摩根大通等公司）从票面价值的4倍，跌到了1.5倍。一下子，贝尔斯登在整个华尔街的投行当中，成了股票表现最好的。这种情况造成了什么结果？这些人的脑子里，会强化这样的观念，也就是贝尔斯登的老信条：战略是愚蠢的！制订战略计划的人是白痴，贝尔斯登的方法总是对的。"

贝尔斯登2001年关注的重点之一，是吉米·凯恩。6月26日，企业把一直以来的实情，变成了正式规定：凯恩兼任了董事会主席和CEO。公司大权从格林伯格到凯恩的让渡，早在大约10年以前就已经开始，如今终于完成了。然而，73岁的格林伯格却再一次保留了一些头衔：全职交易员、执委会主席。在企业历史上这么重要的时刻（从粉饰太平的角度来说），凯恩与格林伯格互相赞美有加，而没有提到一丁点两人之间长期的不和，也是天经地义。凯恩接受《商业周刊》（Business Week）采访时，说的话有真有假。真话："这是华尔街历史上最为平滑无缝的权力让渡。"比较假的话："我32年来从没有同艾伦·格林伯格有过一点争论。我们就像好朋友一样。我是他最大的拥护者。"就在凯恩彻底执掌大权的同时，他还宣布，将会任命斯派克特和施瓦茨为联合总裁、联合首席运营官。凯恩对《华尔街日报》解释说，"这是自然过渡"，又加上一句，他在遥远的未来内退的时候，继承的人选"没有内定"。记者加斯帕里诺问他，施瓦茨和斯派克特当中，有一个人有望当上新领导人的时候，二者有多大可能性会发生冲突？凯恩否认了这种可能。加斯帕里诺在书面文章里，首次怀疑斯派克特更有可能继承凯恩，因为他"是公司执掌大权的债券部门主管，地位举足轻重"，还因为他"是公司衍生品业务的先锋"。

每一次华尔街权力更迭，都会带来"伤亡"。这一次贝尔斯登权力的更迭，使突如其来的离职，落到了唐纳德·马伦（Donald Mullen）身上。此人当年42岁，一直担任销售与交易部主管，这个部门产出很高。他离职后，加入了高盛。早在1997年，马伦的前同事大卫·所罗门（David Solomon）从贝尔斯登离职，也去了高盛；这么一来，马伦和所罗门又在高盛相遇了。马伦和所罗门先后一起就职德崇、所罗门兄弟、贝尔斯登；从这个意义上看，马伦的离职也是意料之中。然而，这依然给企业造成了严重打击。平时贝尔斯登有高级常务董事离职，凯恩只有很少几次表现了真正的失望，这是其中一次。

有些观察家，熟悉高盛与贝尔斯登。他们认为，两家公司员工的素质差不多，但公司的语言则大相径庭。一位熟悉两家公司的人士说："贝尔斯登人与高盛人之间的不同，是词汇的不同；这种不同的形式，类似概念艺术，或者生物界的共生现象。就好像意大利作家翁贝托·艾柯（Umberto Eco）的观念：语言导致文化。高盛的语言远没有贝尔斯登那么放肆，也没有那么粗野，这一点十分明确。比如说，销售员和交易员讨论，怎么跟客户做了一笔交易，假设他们认为，这笔交易带来了很好的商业机会，贝尔斯登的人就会这么说：'我刚把那个小子的脑袋拧下来了。这笔生意要赚一票大的！真是乐疯了！'可是高盛呢，销售员和交易员就会这么说：'这个机会非常好。你买入那些证券的价格很有吸引力，非常合算。我觉得在比较近的未来，我们应该会有不错的商业机会。'说的事情，其实一样。可是，语言的用法不同，就产生了文化的不同。贝尔斯登是拼命想维护企业的声誉（虽然用词极为粗俗）；高盛则是让企业表现得更有智慧，追求思维过程并在法律上保护自己。贝尔斯登可能什么错事也没做，但是贝尔斯登说的话，让人们怀疑它，觉得它不可信。这个问题在贝尔斯登无处不在。公司的名声是很放肆，但公司的行为从来都没有那么放肆；可是，公司的语言、文化、虚张声势，让它承担了更大的风险，而它的行动本来没有那么大的风险。"

贝尔斯登那种虚张声势的小圈子文化,有时也因为一些离奇的犯罪,而让自己担了风险。比如,贝尔斯登有一名长期高管,名叫伊莱·瓦赫特尔(Eli Wachtel)。2001年8月,瓦赫特尔34岁的秘书安娜玛丽·詹布罗内(Anamarie Giambrone)和丈夫塞尔瓦托(Salvatore)被指控巨额盗窃罪、伪造罪等13项罪名,因为两口子从瓦赫特尔那里盗取了80万美元。安娜玛丽·詹布罗内认罪了,承认策划了阴谋——她在瓦特赫尔要求的多张支票上,用隐形墨水写字,瓦特赫尔则用永久墨水签了字。隐形墨水字迹消退之后,安娜玛丽·詹布罗内又重写了支票,开成了现金支票,去提了现。詹布罗内为瓦赫特尔工作了8个月,其间盗取了80万美元,用来度假,还给丈夫在纽约皇后区的法拉盛地区(Flushing)买了一家比萨店。最后,她被判了7年监禁。

第三部分

第二镀金时代
的终结[1]

---

[1] 镀金时代（Gilded Age），从1870年到1900年，其间美国财富突飞猛进；"第二镀金时代"是指从里根执政（1981—1989）到2007或2008年金融大危机之前的20多年，经济再一次持续繁荣。

第二十三章

"双十"战略

　　2001年9月11日上午，纽约发生了震惊世界的"9·11事件"。第一架客机撞入世贸中心双子塔的时候，凯恩正在公园大道245号，离自己办公室不远的一间会议室参加薪酬委员会的会议。凯恩说："电话响了，萨姆·莫利纳罗去接电话，说：'我的天啊，出事故了！有一架飞机撞了世贸中心！'那时候我们还不知道是恐怖袭击。"会议匆匆结束，凯恩回到办公室，打开办公室里的小电视，与很多人一样，瞠目结舌地看着第二架客机撞上了世贸中心南塔。当天，贝尔斯登没有一名员工丧生，而其他很多公司都有员工不幸遇难。纽约证交所停牌。当天晚些时候，凯恩接到一个电话，是当时担任纽约证交所主席的理查德·格拉索（Richard Grasso）打来的。格拉索告诉凯恩，美国政府要尽快让股市重新开市；为了商议措施，所有华尔街企业高管第二天早上要在证交所开会，讨论怎样才能最出色地完成这个任务。

　　凯恩第二天早上醒过来，看见新闻说，纽约市政府已封锁曼哈顿下城15号大街以南地区，证交所也包括在内。凯恩在家里给格拉索打电话，提议把会场设在贝尔斯登。格拉索很快同意了凯恩的提议。这一天是周三，下午2:00，会议在公司大楼7层的董事会议室召开。凯恩说："金融界所有人都来了。一个都不差。这可是件大事。"会议室太挤，有些高管不得不站着。凯恩请所有人默哀片刻。两个小时之后，传来了可怕的消息：交易基础设施遭到破坏，员工们垂头丧气，通信设施短缺。会议决定（当天停止一切交易），从第二天开始，恢复美国政府债券交易；但股票交易则依旧暂停。凯恩说："我从来没见过这些人，这些大企业的主管，坐在同一个房间里，却不彼此相恨的。"

袭击之后的几周时间，凯恩竭尽所能恢复公司业务。例如，至少《华尔街日报》是这么说的：公司很快就要迁入麦迪逊大街383号新址，因此，凯恩要紧张地决定，是否把他那辆紫红色的易初牌摩托车搬到新办公室（最后搬了），也在努力决定，哪些人有资格使用新址的健身房。《日报》说："请读者不要嘲笑，使用健身房的申请太多，CEO吉米·凯恩不得不亲自批准每一份申请书。"

9月26日，凯恩发布2001年三季度公司财务业绩。这时，他的语气也更为清醒了。他说："我们对2001年9月11日的悲剧事件的受害者，表示诚挚的哀悼和慰问。几个星期以来，我们一直努力帮助公司客户、员工、金融业应对这一悲剧。我们向在紧急关头，对纽约市和金融业伸出援手的人，表示无与伦比的感激之情。"第三季度财务业绩涵盖的时间，是8月30日之前的3个月，显示了贝尔斯登正处在转型期间。与前一年三季度相比，公司的所有主要部门（投资银行部、结算部、资产管理部、机构股权部）业绩全部有所下降，这一现象有着深远的意义。只有一个部门除外：固定收益部。固定收益部的净营收为4.161亿美元，比前一年三季度的2.333亿美元上升了78.4%。公司宣布："尽管比起上一个季度创纪录的业绩而言，本季度业绩有所下降，但固定收益部的营收，年度同比依然优秀；抵押贷款证券领域、高收益领域、信贷衍生品领域，均表现良好。"没过多久，贝尔斯登固定收益部的营收，就占了2001年前9个月企业全部营收的1/3，这个比例，比2000年前9个月上升了18%。

10月18日，《华尔街日报》报道，贝尔斯登也将随着其他华尔街公司一起裁员，人数是830人；此时贝尔斯登员工总数为11147人，830人相当于7.5%。这一举措，说明华尔街的市场情况越来越不好了；6个月前，公司已经决定裁撤后台部门的400名员工，这一次是第二波裁员。在不景气的年月里，贝尔斯登终于加入了裁员风潮。历史车轮滚滚向前，贝尔斯登原先拥有的各种独特个性，也开始消失了。贝尔斯登在一份证监会申报档案中预测："这次裁员，将节省约1.2亿美元年度开支。"凯恩同意，执委会的5名成员，2001年奖金要减半。凯恩在给员工的电邮里说："对于我们所有人，今年都是富有挑战的一年。因此，执委会自愿表决通过，将本年应得的奖金数量减少一半。以目前的工资水准衡量，这次表决相当于年度同比减少了70%。"凯恩2000年报酬3160万美元，2001年减为1520万美元。

盖伊·莫什科夫斯基是所罗门美邦公司的研究分析师，曾经找凯恩打听，是否有意出售贝尔斯登。2002年1月，凯恩接受《首席执行官》（*Chief Executive*）杂志采访，重新探讨了他当初对盖伊·莫什科夫斯基的不明智的评论——愿意考虑以票面价值的4倍，也就是每股120美元出售贝尔斯登。据称，2000年11月，雷曼兄弟表示对贝尔斯登的结算业务有兴趣，与贝尔斯登商谈过。凯恩回答："这些都是胡说八道。我打过交道的人里，只要是愿意跟贝尔斯登有关系的，没有一个人把我说的那些话当真；谁当真了，我就不会跟谁谈判。"记者又问，贝尔斯登作为独立的企业还能存在多久？凯恩回避了这个问题。"自从我加入贝尔斯登，跟贝尔斯登竞争的人里面，有95%的人都不再竞争了。这个统计数字可不太寻常。"凯恩说的这番话，是格林伯格多年以来一直说的话的翻版，他提到了一份证券发行公告，列举了各家已经倒闭的、与贝尔斯登竞争的公司。凯恩说，这就是华尔街"大美之所在"，因为"没有人知道接下来会怎么样"。

然而，《首席执行官》杂志文章并没有提到这样一件事：2000年3月以来，杰米·戴蒙当上了位于芝加哥的第一银行的CEO。戴蒙曾经来过麦迪逊大街383号，跟凯恩商谈收购贝尔斯登的事。戴蒙提议，按照股票交易价格，加上一大笔股价溢价[1]。全股份收购贝尔斯登，在当时相当于出每股65美元左右的价格。但凯恩拒绝了戴蒙的提议，因为凯恩担心，宣告消息之后，套利者会压低第一银行股价，导致这笔期权在宣告消息之后会在股票交易中损失掉。凯恩说："这件事办不成，他也清楚。不是因为其他，不是因为我们太骄傲。不管他给多少溢价，套利者只要一秒钟就会吃个精光。所以我当时要做的，就是把这个基本事实告诉他——这也是我本来应该做的。我错了，当时没有告诉他。"[2]

2002年2月，《美国银行家日报》（*American Banker*）发表短文，说有谣言称，第一银行考虑收购贝尔斯登。这一想法是从贝尔斯登金融服务分析师肖恩·瑞恩（Sean Ryan）那里传出来的。之前，高管强迫瑞恩写报告吹捧他不想吹捧的银行，瑞恩辞职了。短文作者保罗·穆洛（Paul Muolo）认为："这个谣言，从最好的角度说，也是无凭无据的。不过，这个想法却不坏。尽管我们认为合并商业银行与投资银行很不明智，但第一银行收购贝尔斯登，却可能不是坏主意。"

穆洛认为，这一合并之所以能够被接受，是因为戴蒙有经营投资银行的头脑，他曾经负责所罗门美邦与花旗的投行业务，此外，还当过一位钻营者的有力助手。这位钻营者名叫桑迪·威尔。后来，1998年，威尔把戴蒙解雇了。

穆洛写道："贝尔斯登是一家好斗的公司，利润很高，关注成本管理，与威尔的行事风格很像，与戴蒙的风格也可能很像。贝尔斯登与商业银行的组合，将会非常合适，因为贝尔斯登出名的业务是固定收益业务，还有获利丰厚的结算业务。"后来，2004年，戴蒙将第一银行的股权以580亿美元的价格卖给摩根大通；2005年1月，戴蒙出任合并后的公司的CEO。

---

[1] 比市场价高的部分。

[2] 贝尔斯登当时如果被第一银行收购，应该就能在2008年金融危机中幸免于难。

*

2002年4月4日，贝尔斯登正式启用麦迪逊大街383号的新址。凯恩和一群要人，以及800名贝尔斯登员工、客户出席了启用仪式。要人当中，包括纽约州州长乔治·帕塔基（George Pataki）、参议员查尔斯·舒默（Charles Schumer）。此时，"9·11"的余波仍在回响。帕塔基说："贝尔斯登与它雄伟壮观的新总部，恰好象征纽约的力量，永续、光荣。是贝尔斯登这样成功的企业，帮助我们，为纽约赢得了今天'金融之都'的地位。"凯恩也试图把这栋新建筑，与贝尔斯登的坚不可摧等同起来。他特别提到了顶层一处7层高的玻璃结构；作为启动仪式的一部分，这个结构也被点亮了。他说："我们相信，贝尔斯登的王冠将会让我们始终牢记，我们的公司在这里诞生，而且会始终为这座伟大的城市服务。"这栋大厦宣称采用了当时纽约最先进的技术。整座建筑有着北美地区最大的电缆结构，使用了1.8万吨钢材，成为纽约最沉重的建筑之一。大厦还有4台应急发电机，1个大得"足以进行海洋馆的表演"的水箱，1个独立的电话网络。这些不仅是为了宣扬凯恩的荣耀，也是为了将来防范停水、停电和电话线路瘫痪。

*

也是在4月，贝尔斯登公布了季度净收入。在固收业务的驱动下，季度净收入高达1.81亿美元。凯恩在证监会申报档案中特别强调："我司抵押贷款证券部的表现特别出色，居于产业领军地位。"收入发布之后不久，凯恩决定为《纽约太阳报》（New York Sun）（后来倒闭）的桥牌专栏写文章。他找了一位搭档，名叫迈克尔·莱丁（Michael Ledeen），就职于美国企业研究所（American Enterprise Institute）。莱丁富有争议，曾在里根总统第二任期内的"伊朗门"事件（Iran-Contra scandal）中起到一定作用。莱丁自己的牌技也很高超，只是赶不上凯恩。莱丁写了一本书《马基雅维利论现代领导》（Machiavelli on Modern Leadership），探讨意大利学者马基雅维利的哲学对现代商业领袖有什么意义。凯恩非常喜欢这本书，这是他看过的少数几本书之一。2002年6月4日，凯恩和莱丁在《纽约太阳报》桥牌专栏发表文章，题目是《充分利用坏局面》（*Making the Best of a Bad Situation*）。两人说："桥牌就和人生一样，也要应对各种突发事件和障碍。牌桌上，输赢之间的一大不同，就是赢家懂得如何利用艰难的局面。人生中大多数竞争环境也是如此。""9·11"之后，以及公司搬进麦迪逊大街383号"凯恩之塔"以后的几年，凯恩正是应用了这个原则。媒体和市场忽然都认准了一个道理，之前从来没有这样认为——凯恩把一手糟糕的牌给打好了。

2002年10月，《福布斯》发表文章《桥牌选手》（*The Card Player*），专门写了凯恩。文章立刻造成一种印象：贝尔斯登多年以来成功避免了其他公司的投资银行家和研究分析师所做的不正当行为。文章说："这家公司没有进入纽约州检察官埃略特·斯皮策（Eliot Spitzer）的打击名单。"这种说法完全无视了这样一个事实：贝尔斯登与所罗门兄弟、美林一样犯下了很多罪行，而且正是有投资银行家和研究分析师参与的罪行。《福布斯》认为："有人说，桥牌选手的技巧在于怎样把一手糟糕的牌打好。熊市为所有华尔街公司都发出了一手糟糕的牌，正是在这种情况下，贝尔斯登的技巧展现出来了。"文章叙述，贝尔斯登的净收入怎样在2002年的前9个月，比2001年同期增长了21%。文章最后说："功劳要归于……凯恩。"2003年3月初，《福布斯》还让华尔街大跌眼镜：杂志竟然将贝尔斯登评为2002年度"最受尊敬的证券公司"，排在高盛和摩根士丹利之前。2001年排行榜上，贝尔斯登仅仅占据第七位，2002年就出现了如此的飙升。

之后的3月28日，《纽约时报》与《华尔街日报》都发表文章，盛赞贝尔斯登在恶劣市场中成长的能力。《华尔街日报》把文章放在头条，题目是《贝尔斯登逆风飞扬》（A Contrary Bear Stearns Thrives）；《纽约时报》所发的文章的题目则是《贝尔斯登独特的企业文化使其在严峻市场中领先》（Distinct Culture at Bear Stearns Helps It Surmount a Grim

Market）。凯恩拒绝接受《华尔街日报》采访，但斯派克特评论道，公司从2000年起决定削减3亿美元成本，这个措施"发出了一个信号，那就是，我们是注意底线的。人们也明白了这个信号。"萨姆·莫利纳罗补充道："我们总是对'从众心理'保持怀疑，不愿盲从别人。这就意味着，我们可能会在短期内丢掉一些生意，但从长期看会更有好处。"《华尔街日报》认为，贝尔斯登的成功，部分是因为走运，因为公司从未参与大型并购或者股权承保业务（这两种业务都在2003年显著放缓），也从未迎合小型投资者。此外，"公司未能在债券、股票结算、其他特殊服务之外，在更加广阔的领域开展业务，赢得收入；90年代中期，公司曾经尝试过，但失败了"。如今，"只关注一件事"的做法，看来得到了回报。《华尔街日报》写道："在债券市场迅猛发展的同时，在斯派克特先生的监督和领导下，贝尔斯登债券业务稳步回升。如今，在火爆的抵押贷款承保业务当中，贝尔斯登是最大的玩家；在市政债券市场上，贝尔斯登排在第四。而三年之前，在抵押贷款业务方面，贝尔斯登只排名第三；在市政债券方面，贝尔斯登只排名第八。"2000年，贝尔斯登承保的抵押贷款债券是220亿美元；2002年，上升到了980亿美元；2003年有望超过1000亿美元。斯派克特认为，公司的前景会十分光明。他说："要是再回到1999年、2000年那种（股市大涨，债市萧条的）疯狂形势，我们的业务表现肯定不如现在好看；不过，如果现在股市回暖，在股票结算业务和财富管理业务的带动下，我们也会表现得与华尔街其他公司一样优秀。"

在一些争相赞美吹捧贝尔斯登的文章中，《纽约时报》兰登·托马斯（Landon Thomas）却是这样写凯恩的："凯恩一边踢着半圆形老板桌后的转椅，一边表示，他之所以熬夜，是因为交易厅里的交易员下的大额赌注。"他告诉托马斯："我告诉你，是什么在烦扰我——我们可能正在做蠢事。"凯恩似乎同时既警觉又骄傲。警觉的表现："我们差不多快做到能做的极限了，所以必须问自己，怎样才能做得更好。我无法决定，应该采取什么措施。" 骄傲的表现："人人都说，市场一变，我们就吃亏。不过，我告诉你，这一回，我们要让一些人吃惊！谁能加入贝尔斯登，谁就是幸运儿。" 2002年，凯恩的报酬是1800万美元，其中1000万美元是现金，这个数额在华尔街高管当中是最高的。同过去一样，他也拒绝为此道歉。施瓦茨和斯派克特的报酬，都是1700万美元。凯恩甚至为整个华尔街报酬体系辩护。这个体系，在当初企业是私人合伙状态的时候，债务由合伙人一起承担；后来企业纷纷转型，体系也就鼓励银行家和交易员用别人的钱来承担短期风险，期望着能够获得没有附加条件的巨额红利。凯恩告诉记者托马斯："这不是一般的业务。我爸爸是专利律师，他一辈子的年薪从来没有超过7.5万美元。可是，我要是不给手下100万美元，就会有9家竞争企业愿意付给他400万美元。" 当时凯恩已经69岁了。托马斯不可避免地问道：谁会做你的继承人？什么时候？他在文章里写道，凯恩"步伐有一种轻快的动作，掩盖了他的年龄"，而且贝尔斯登高管有"一种传统，要工作到70多岁"；尽管真正工作到70多岁的只有一个人，就是格林伯格。托马斯问：继承你的人，是施瓦茨，还是斯派克特？凯恩说："要我回答这个问题，你得先给我6.4万美元。不过我可以告诉你，贝尔斯登这儿既没有阴谋集团，也没有政变。这些人并没有不安得像马匹在咬嚼子，没有那么急不可耐。"

*

这些报道虽然连篇累牍地赞扬贝尔斯登，但主题还是包含了一个尖锐的问题：贝尔斯登太过重视固定收益和结算业务，凯恩为什么没有让企业收入变得多样化？的确，在"9·11事件"的余波当中，在2001年1月由格林斯潘发起的降息运动中，这一单纯重视固定收益和结算业务的决定，被证实为利润丰厚。（2000年5月到2003年6月，利率下降了13次，从6.5%降到1.00%；这13次降息，有11次发生在2001年。）经济学家格伦·哈伯德（Glenn Hubbard）曾一度担任白宫经济顾问委员会主席，后来辞职。2008年12月，他说："美联储宽松的货币政策使得住房市场和其他领域的交易搭上了顺风车；于是，我们现在就承受了苦果。"格林斯潘的货币政策带来的各种戏剧性结果，很快就在全球金融市场显现了出来。摩根大通的前任投资银行业务联席主管威廉·T.温特斯（William T. Winters）正从事如今十分盛行的衍生品开发工作。温特斯说："投资者们对股市毫无兴趣，而且总是抱怨债券头寸没有回报。于是发生了两件事：他们的杠杆越加越大，而且追求那些风险更大的资产类别。他们都在嚷嚷着'给我收益，给我杠杆，给我回报！'"这些后果像一场地震，而贝尔斯登把自己放在了这些后果的"震中"，因为公司太过依赖固定收益（特别是抵押贷款证券和其他资产担保的证券）。这样做的原因之一是利润高，原因之二是公司有过很多机会让业务多样化，但都失败了。

企业未能实现业务多样化，产生的后果直接压在了企业的肩膀上。这一点，凯恩如今也承认了。从这个意义上说，凯恩变成了古希腊作家索福克勒斯[1]笔下的悲剧式英雄，被他自己做出的可怕选择毁掉了。比如，2001年，斯派克特提醒凯恩注意，说有一个机会，可以买下资产管理公司纽伯格·巴曼（Neuberger Berman）公司；当时，纽伯格·巴曼是上市公司，负责管理的资产约为560亿美元。贝尔斯登自身的资产管理部门负责的资产只有这个数额的一半左右。好莱坞电影界常说"这本来可以是一次美好的联姻"，但凯恩不想推进这笔交易。最后，2003年7月，雷曼兄弟用26亿美元现金买下了纽伯格·巴曼公司。当初，贝尔斯登本来可以只花16亿美元左右收购，但凯恩还是没有做决定。凯恩说："并购不是我的特长所在。纽伯格·巴曼公司有47名交易员，仅此而已。雷曼为47名交易员付了30亿美元。人们做梦也想不到这种事。47个交易员，不值得我付一分钱。"

贝尔斯登还有好几个机会买下潘兴（Pershing）公司，这是一家大型

---

[1] 古希腊悲剧作家，代表作是《俄狄浦斯王》（*Oedipus the King*）。主角俄狄浦斯被预言要杀父娶母，便试图避免这个命运，但后来还是因为主动选择而落入了命运的窠臼。这里是借古讽今。

结算公司，当时隶属于帝杰证券。买下潘兴公司的第一个机会，发生在贝尔斯登前任结算主管理查德·哈里顿离职的时候。哈里顿一直与潘兴公司主管交好，两人制订了一个计划，将潘兴并入贝尔斯登的结算业务，然后让贝尔斯登和帝杰证券都私有化（退市）。这个计划有点太大了，但哈里顿当时相信贝尔斯登可以花2.5亿美元买下潘兴。哈里顿把计划拿给施瓦茨商议，施瓦茨很是赞同，但又告知哈里顿，公司已经决定放弃收购了。

不止一次，斯派克特和施瓦茨这两名联合总裁都认为非常有意义的收购，全被凯恩拒绝了；二人因此非常沮丧。对于收购纽伯格·巴曼公司的计划，凯恩与格林伯格马上否决了。一名贝尔斯登高管说："他们干脆地否决了计划，跟我说：'这会给我们的企业带来干扰。我们不会让他们的人来插手我们的私人客户服务业务（Private Client Services，简称PCS）。'"对于扰动贝尔斯登固有体系的事情，凯恩与格林伯格从来都不屑一顾。施瓦茨毕竟是全球一流的并购银行家，他看这个问题要更客观一些。一位匿名人士非常了解施瓦茨的看法，他介绍："假设贝尔斯登可以做10件收购业务，一般来说不可能都非常圆满。只有两件浑然天成，还有两件看着不错，几件基本凑合，肯定还有一件不怎么样。要说那两件浑然天成的，就是纽伯格·巴曼公司和潘兴公司了。如果连这两项业务都不愿意做，更何况那些比浑然天成还要次一点的业务。于是，施瓦茨意识到，收购不会发生了。如今凯恩承认，应该收购纽伯格·巴曼公司；但收购潘兴的好处，凯恩一直没有想明白。不过都无所谓了。关键是，我们公司那时候绝不会收购别的公司，就这么简单！"

如往常一样，凯恩继续专注于企业已经开展的业务，让这些业务有组织地发展。凯恩的一位最高级合伙人说："我们喜欢现在手里的这一手牌；之前，我们实际上并没有权力，像现在喜欢这手牌一样喜欢它。"以同样的风格，2003年，凯恩把注意力转向了改进相对较小的资产管理业务。贝尔斯登在金融公告里面，对于资产管理业务没有透露太多信息，因为资产管理业务实在太小了；但是，从透露的一丁点信息中也足以看出，当时这个部门的表现并不好。资产管理公司的负责人是多妮·福代斯（Doni Fordyce），高管中为数很少的女性之一。到5月31日，贝尔斯登管理的资产数额下降到210亿美元；2002年、2001年，这一数额都曾高达240亿美元。资产管理的营收（大部分是管理费）也从2001年的1.68亿美元下降到2002年的1.54亿美元。至于资产管理部的利润率，公司没有在公开的文件里透露。但是，资产管理和私人客户服务（经纪人）的盈利能力，在2002年都发生了显著下滑，从2000年的1.26亿美元下降到2002年的1160万美元。显然，贝尔斯登的业务出了问题。于是，6月24日，凯恩任命理查德·A.马林（Richard A. Marin）为贝尔斯登资产管理公司（Bear Stearns Asset Management，简称BSAM）新董事长兼CEO。马林的父亲是联合国职业外交家。他自己从康奈尔大学（Cornell University）毕业；在信孚银行工作了23年，后来1999年信孚银行被德意志银行收购，他就当了德意志银行资产管理部主管，管理3250亿美元资产。马林上任，意味着多妮·福代斯降级当了BSAM总裁。她宣称"我期望着与马林有活跃的合作关系"，但私底下很是沮丧，4个月后离职。

马林发现，有一项业务，产品质量高，一些人员的工作能力强，但缺乏资本和管理。斯派克特告诉马林："贝尔斯登只要认真对待什么事，总会成功。既然我们还没有真正在资产管理方面取得成功，就说明我们还没有认真对待。我们现在要认真对待了，想要让你负责。我们也要让你扩展资产管理业务，让它发展得比以前更快。"二人讨论了一个重要问题：斯派克特评判马林表现好坏的标准应该是什么。他们回顾了历史：BSAM和高盛资产管理公司都是1984年起步的；不过，将近20年过后，高盛资产管理公司的资产数额达到了4000亿美元，BSAM却还只有不到200亿美元。这些资产包括60%对冲基金，30%传统资产管理；余额还包括一点小型私募股权和风险资本基金，与贝尔斯登成功经营的商业银行基金互不相关；主管是约翰·霍华德（John Howard）。二人思考：为什么BSAM对贝尔斯登的意义，不像高盛资产管理公司对高盛的意义那么重要呢？ 这次"头脑风暴"式的讨论，催生了一个战略，贝尔斯登内部把这个战略命名为"双十"（10 in 10，后一个10代表2010年），也就是，将来到了2010年，BSAM在贝尔斯登总营收和总利润的比例，都要占到10%；这会成为一个标准，斯派克特以此来判断马林的表现好坏。无疑，马林面临着巨大的挑战，因为在2003年，BSAM占公司总营收比例只有1%，利润比例则是负数。

马林入职贝尔斯登的第一天，还没进入自己的办公室，就接到了第一个与贝尔斯登有关的电话，是贝尔斯登高管巴里·科恩打到马林手机上的。科恩在贝尔斯登多年，负责合并套利基金，为自己跟合伙人都挣了很多钱。科恩也是罗伯特·斯坦博格的门徒，斯坦博格负责监控企业的风险函数。科恩是贝尔斯登经纪自营商公司（Bear Stearns & Co.）（不同于贝尔斯登上市母公司本身）董事。公司认为，能加入经纪自营商公司董事会，是很光荣的事。科恩表面上负责企业的对冲基金业务，但实际上是贝尔斯登经纪自营商公司的成员，不是BSAM成员，而贝尔斯登的对冲基金有很多在BSAM。这本来就令人有些费解。此外，斯派克特之前曾经试图让科恩与多妮·福代斯共同担任BSAM联合主管，多妮·福代斯拒绝了，这个计划没有成功。这么一来，局面就更让人费解了。

马林入职第一天上午，巴里·科恩跟马林只是略微认识，就打通马林的电话说："你来了，你会干得不错！"几天之后，斯派克特又给马林打电话说："是这样，我已经搞来了巴里·科恩，公司非常喜欢他，他很善于风险管理，还擅长运营自己的对冲基金。你或许应该认真考虑让巴里·科恩翻过墙头。"意思是，让巴里·科恩加入BSAM，运营对冲基金业务，向马林汇报。巴里·科恩不想放弃在贝尔斯登经纪自营商公司的董事席位，但最后还是加入了BSAM。马林与斯派克特决定"双十"战略之后，科恩对马林说："公司里的一位大人物就要到我们这边来了。6个月之前，沃伦·斯派克特开始为他负责的基金注入了资金，他做得非常好。他名叫拉尔夫·乔菲（Ralph Cioffi）。你去见他吧。他正是我们想请来的人才。"

乔菲体格结实，为人热情，1985年加入贝尔斯登，最早担任的是机构固定收益业务销售员，特长是结构性金融产品。此前，他曾经就职美林、添惠证券投资（Dean Witter Reynolds）、机构指挥公司（Institutional Direct）。乔菲在佛蒙特州南伯灵顿（South Burlington）长大，此地位于尚普兰湖（Lake Champlain）附近。1989—1991年，乔菲是贝尔斯登纽约地区固定收益主管；接下来3年担任全球产品和销售经理，销售高评级信贷产品。一份证监会归档文件这么描述他："他参与创立了贝尔斯登结构性信贷产品。此外，在结构性金融证券、担保债务凭证、秘密资产支持证券方面，贝尔斯登能够成为行业领先的承销公司当中名列第二的交易公司，乔菲也起了主要推动作用。"

保罗·弗里德曼说："我们都是跟着拉尔夫成长起来的。拉尔夫是我见过的最聪明的人之一，而且绝对是我见过的头号销售员。我是交易员的时候，他是销售员，而且已经出了大名。他极有风度，极聪明，有创意，踏实肯干。"乔菲担任销售员，负责的是俄亥俄州公务员退休基金系统（Ohio Public Employees Retirement System）的账户。弗里德曼说："这个账户真是妙极了。公司和退休基金系统的关系很好，他们喜欢我们，他们跟我们做了不少生意，而且谁管理这个账户，谁就能挣很多钱。"乔菲当时作为销售员，每年都能挣到400万美元。一名高级常务董事说："他在贝尔斯登是固定收益销售员的一把手，而在贝尔斯登，固定收益部是最牛的。"后来，乔菲升到了机构销售经理；然而不幸的是，他在这个位置上却成了一场灾难。弗里德曼说："乔菲患有成人型注意力缺陷障碍（Attention Deficit Disorder，简称ADD，大致症状为难以集中注意力）。进行销售和交易业务时，员工都是先认准了一项工作，一直到做完，然后改做下一项工作。一天的班上完了，记录完手里的票据[1]，然后继续。至于管理业务则是这样的：早上来上班，昨天没做完的工作今天继续做，把某人招进来，或者开始某项业务。明天还要继续做今天的工作，还可能延续到后天。这种工作，拉尔夫·乔菲做得不好。他确实能招进销售员，但一年下来，我们会发现他之前取消了某些交易，却忘了把这个情况记录下来。还有，他根本记不清对手方给自己的担保品是什么。他就不是个真正的好经理。"再后来，乔菲调到贝尔斯登的结构性产品部，当了一名"准资产担保银行家"（弗里德曼语）。弗里德曼继续说："在这个岗位上，乔菲还是非常有创意，但他很难管理。情况还是一样，乔菲会跟评级机构接洽，商谈一些他负责的交易，谈完了就忘了把这件事告诉别人了。结果呢，公司有一队人马沿着这条路工作，拉尔夫·乔菲沿着另一条路工作，当那支队伍将项目开展到一定程度，才发现乔菲已经把事情搞得面目全非。"

与巴里·科恩一样，拉尔夫·乔菲也是经纪自营商公司董事，在自营商公司里人气很高。斯派克特、弗里德曼等人想要给乔菲找到一个能发挥他技巧的岗位。乔菲自己决定，要当对冲基金经理。为了满足乔菲的要求，2003年3月，斯派克特从公司拿出1000万美元，专门成立对冲基金给乔菲负责，并投资抵押贷款证券。这只对冲基金，后来在华尔街被人称作"射程基金"[2]，成分包括一小部分股权，大部分都是债务。支付的证券利息，比买证券所用的借款的利息少的那部分，就变成了"活跃基金"，也即给股权投资者的回报。弗里德曼说："斯派克特给了乔菲一点钱，这些钱就生长了起来。公司里有很多人怀疑乔菲，他们觉得，乔菲很聪明，但从来没管过钱，现在乔菲要怎么才能管钱呢？乔菲完全

---

[1] "记录"，原文write。很早以前没有电子交易系统，交易时要记录凭证，就是要在票据上签名留下记录，就有write这个动作。

[2] 证券获得的实际利息，减去基金借贷的成本，就形成了"射程"（carry），也就是基金股份投资者们的利润。

不知道风险管理，活了一辈子，还从来没有记录过手中的一张票据。但这些我们都做过。我自己的钱，我肯定一分钱也没给过他，但他开始做了，而且做得很成功。"

公司内部原先有人讨论，是应该让乔菲继续待在自营商公司，还是应该把他推荐给BSAM？乔菲成功之后，这个问题自然也就不存在了。合规官员们决定，需要把乔菲调到BSAM，向马林汇报；马林再向斯派克特汇报。弗里德曼说："我们把乔菲送到了BSAM，在BSAM，理查德·马林以浓厚的固定收益投资风格，负责着这个资产管理部门的运转。BSAM做着传统的资产管理业务，买的都是长期、主流的股票；可是忽然间，马林接手了这个令人兴奋的抵押贷款专家，而且完全不知道该怎么用他。每一次马林和BSAM风险管理员工觉得拉尔夫有问题，拉尔夫就会把沃伦找来，在沃伦办公室里开大会。沃伦就会对BSAM说：'你们不知道自己在说什么。不要干涉拉尔夫了，他没问题。'最后，马林他们就基本不管拉尔夫了。这虽然不太礼貌，但也不算大错特错，因为马林他们确实没有一个人真正明白拉尔夫在干什么。"马林接受《纽约时报》采访时说起乔菲："他制定了一种交易那些资产的办法（这些资产主要指的是抵押贷款证券、担保债务凭证等），这个领域的专家认为，这是一种稳妥而有趣的办法。"

*

到了2003年，全球金融市场都掀起了对冲基金狂潮，这很像10多年前私募股权基金的情况。当时，华尔街最强大、最聪明的银行家，都变成了私募股权巨头；而今，华尔街最强大、最聪明的交易员，都变成了对冲基金经理。对冲基金财源滚滚的同时，华尔街有很多公司开始大笔投资对冲基金管理公司的股权，并从对冲基金的利润中获取一部分收益，也用来为本公司那些有才华、有志向的交易员提供岗位，而不用让这些交易员跳槽。摩根大通、雷曼兄弟、摩根士丹利等公司都投资了对冲基金管理公司的股权。很多最成功的对冲基金经理，都离开了高盛，去寻找更大的名誉、更多的财富。很多人相信，高盛自身已经变成了一家大型对冲基金。

贝尔斯登与这些公司都不一样，几乎是单枪匹马走上了另外一条路。贝尔斯登从未买下任何对冲基金公司，也没有拿下对冲基金公司的股权，尽管它有很多机会这样做。公司的独特发展道路，就是努力培养自身的对冲基金经理。类似乔菲这样，在公司内部人气很高的专业人才，都表达过有兴趣担任对冲基金经理。这些人才偶尔也会得到机会，实现自己的愿望。对贝尔斯登而言，给这些人才机会，就能几乎不花什么代价，将那些有才的销售员、交易员、银行家保留在公司内部。而若是投资对冲基金，或直接买下对冲基金公司，保留人才的目的就无法实现了。

2003年10月，巴里·科恩向马林推荐，让乔菲调到BSAM，用外部投资者的钱设立一只对冲基金。当时，马林在公司还属于新人，但因为有上司的明确推荐，因此马林同意把乔菲调到BSAM，设立了"高等级结构信贷基金"（High-Grade Structured Credit Fund，以下简称高级基金）。乔菲一名同事说："人们觉得他在结构性的交易中非常专业。显然有些人想：'哎，他做什么交易！ 他是销售员啊。'沃伦最了解他，巴里·科恩也最了解他。两个人都说：'听我说，这没关系。乔菲了解市场，而且很有水平。这不是问题。'"乔菲有一名助手，帮助他管理对冲基金。此人名叫马修·丹宁（Matthew Tannin，又译坦宁、坦丁），比乔菲小6岁。丹宁生于新泽西，毕业于旧金山大学法学院（University of San Francisco law school）；1994年加入贝尔斯登，7年来一直负责建立担保债务凭证的结构。2001年调到研究部门，研究交易，以及担保债务凭证（Collateralized Debt Obligation，简称CDO）的价值。

高级基金于2003年10月对外部投资者开放。乔菲和丹宁告诉投资者：这只基金投资低风险高等级的债券，例如几笔担保债务凭证；前提是评级机构把这些分支评为AAA级或者AA级。这只基金努力用杠杆产生回报，方式是从低成本、短期回购市场上借钱，用来买入各种利润更高的长期担保债务凭证。收到利息和支付利息之间的差额（差额又被借款的使用扩大化了），就成了基金的利润。

接下来整整40个月，乔菲的对冲基金从未亏损过一个月。在此期间，高级基金实现了50%的累积回报。凯恩说："拉尔夫是华尔街最大的顾客之一。不论对谁，他都是最好的客户。我告诉你，连续40个月，基金的表现都非常好。"彭博社报告，乔菲挣的是"八位数的报酬"。典型的对冲基金模式下，BSAM拿取基金利润的20%，加上管理的净资产的2%费用；而高级基金，单单费用，就占到了BSAM在2004—2005年营收的75%。贝尔斯登反过来又发给了乔菲数千万美元的奖金。当然，乔菲的生活条件好极了。2000年，乔菲和妻子菲丽丝（Phyllis）在新泽西州特纳夫莱自治区（Tenafly）花81.5万美元买下了一栋豪宅，2007年这栋豪宅估价260万美元。乔菲在佛罗里达州那不勒斯还有一处宅邸，价值93.3万美元；他在佛蒙特州勒德洛（Ludlow）也有一处宅邸，价值220万美元。乔菲在罗德岛朴次茅斯（Portsmouth）买了一片土地，又卖掉了，赚了一点钱。他在曼哈顿第五大街斯坦诺普（Stanhope）大厦有一套公寓，在长岛南安普敦（Southampton）还有一处价值1070万美元的住宅，面积6500平方英尺（约603平方米）。住宅有6个卧室，7个浴室，1个游泳池，1个网球场。他还有一栋独立的招待所，面积约11万平方英尺（约10000平方米）。一个朋友谈到他："乔菲喜欢大房子。"

不过，乔菲真正的狂热，还在于法拉利跑车（Ferraris）。乔菲一度有两辆法拉利：F430"蜘蛛"（Spider）敞篷车，售价25万美元；V-12"超级美国"（Superamerica）前置引擎跑车，售价30万美元。有一天，纽约州洛克兰县（Rockland County）斯普林瓦利镇（Spring Valley）的法拉利经销商给乔菲打电话，说有一辆行程低的法拉利恩佐（Enzo）要出售，问乔菲，是否愿意用乔菲的两辆法拉利，加上一部分现金，交换这辆恩佐。2002年到2004年间，恩佐只生产了399辆，原价每辆65万美元。如今要是能找到一辆，售价已经升到了120万美元左右。乔菲接到电话，就给贝尔斯登波士顿办公室主管道格·莎伦打了电话。莎伦长期担任贝尔斯登经纪人，也是车迷。

乔菲问莎伦："你觉得我应该做这笔交易吗？ 卖家想让我做。"

莎伦回答："拉尔夫，据我所知，这问题实在是太容易了，你应该做交易。两辆车加现金换恩佐？ 恩佐太难找了。"

乔菲说："我其实不太想开着恩佐去高尔夫俱乐部。"对莎伦而言，这场关于恩佐的对话"可能是末日的开始，当拉尔夫想要买上百万美元的法拉利的时候"。[1]乔菲打算买下湾流飞机公司（Gulfstream）生产的一架喷气机的合伙所有权，还担任了2006年独立电影《类似父子情感》（*Just Like My Son*）的执行制片人，电影主演是罗西·培瑞兹（Rosie Perez）。

---

[1] 言下之意是：乔菲越来越高傲自大了，风险也就越来越大。

第二十四章

凯恩CAP斯派克特[1]

到了2004年,沃伦·斯派克特主管的三项业务(固定收益、机构股权、资产管理),成了企业收益增长的助推器。尤其重要的是固定收益的急速增长,而固定收益是沃伦的专属领域。2004年,贝尔斯登固定收益部的营收为31亿美元,占了总营收68亿美元的将近45%;比2002年的19亿美元增加了63%左右。公司的证监会文件归档报告说:"这些业务受益于低利率、陡峭的收益率曲线,还有信用利差。抵押贷款证券营收显著增加;与此同时,本年度住房抵押贷款再融资也达到了创纪录的水平,使得新发行活动也达到了创纪录水平;高质量固定收益投资的需求也在持续增长。"企业没有专门夸耀斯派克特负责的固定收益部的利润,但是,投行(施瓦茨负责的)、机构股权、固定收益,这三个部门加在一起,2002年总体税前收入为13亿美元,2004年总体税前收入就达到了20亿美元;完全可以说,税前收入的增长,很大一部分来自固定收益部的营收增长。

慢慢地,市场和媒体都自然认定,斯派克特就是凯恩的继承人,因为斯派克特负责了贝尔斯登很大一部分业务。不过,就继承人问题,凯恩非常小心,总是态度暧昧,让人猜不透。年复一年,凯恩给斯派

---

[1] CAP含义双关,指"胜过",也指贝尔斯登内部的CAP机制,因无法直译,此处保留原文。

克特和施瓦茨的工资数额基本一样。2004年，二人工资都是1870万美元；2003年，都是2050万美元；2002年，都是1720万美元。凯恩还采取了谨慎的措施，每一年付给这两个人的薪酬，都差不多是自己薪酬的95%，作为一种方式，消除可能的"政变"隐患，不让二人推翻自己。但是，外界却一直认为"斯派克特会继承凯恩"；这印象，有一部分也是斯派克特自己造成的。尽管如此，凯恩仍完全无意让贤。虽然斯派克特在业务、桥牌上都很精明，凯恩还是明确表示：并没有指定斯派克特当继承人。凯恩说："因为斯派克特很聪明，很能干，所以我对他特别失望。他有一个态度问题，对手下人总是一副精英主义的态度。总有人报告，在他手底下工作很不舒服。不过，从公司角度看来，他是一个宠儿。我从来没跟他说，让他当我的继承人。他要求了很多次，我从来没答应过。这不是出于私人恩怨。实际上，我要是必须做出选择，就好比我快要死了，不得不选一个继承人，那也不会是他。很多时候他是对的，他个人的缺陷我们也可以承受，所以加加减减，总体说来，他还算值得。"

凯恩与斯派克特的关系，带有一种古希腊英雄俄狄浦斯的必然悲剧色彩，而且越来越明显。贝尔斯登有一种"资本积累计划"，简称CAP机制。这是一种内部机制，只有一个目的：为公司高管创造足够的长期财富，不让他们离职。斯派克特对CAP机制非常熟悉；讽刺的是，正是这种熟悉，导致两人的复杂关系出现了很多裂痕。CAP的运作方式是这样的：高管可以选择把自身报酬的某个百分比（最高可以是100%）投到公司股票当中。选择百分比的当天，高管必须按当时的股票市价买下股票，没有折扣。但是，这个机制有一个不透明的好处：每一年，参与CAP的人都会从公司拿到一定数量的附加股，股票数量取决于当年企业的收入和股价。随着时间流逝，员工可以拿到附加股的价值渐渐稳定在当年薪酬的7%到8%之间，有些年份还会更多。每次CAP持续时间是5年，在此期间，100股的投资，加上7%的年化收益，可以达到140股。这个情况，还不考虑股价的上涨，而实际上在整个阶段中，股价一直在快速上涨。因此，某人的最初投资价值变为原来的3倍，也完全有可能。

企业高管当中，专门花时间阅读，并且完全领会CAP微妙之处的人极少，斯派克特是其中一个。他明白了，只要企业收入和股价一直增加，这个计划就能带来丰厚的回报。每过一段时间，斯派克特就决定把年薪的100%投入CAP。此外，CAP还允许他选择推迟投资，包括一切延迟纳税的组合，直到退休。斯派克特1955年生，这时候40多岁，而且贝尔斯登从来没有规定强制退休年龄；于是，企业对斯派克特的潜在债务就可能巨大。按照美国法律规定，公司对高管的薪酬变动和负债变动，需要写入年度委托书。这样一来，投资者和研究贝尔斯登的研究分析师就注意到了这一情况；他们的注意又使得问题的规模似乎更大了。CAP使得贝尔斯登的委托书包括了一栏名叫"所有其他报酬"的栏目，意思是："按照CAP计划，以CAP途径发放给投资者的优先盈利。这笔报酬是投资者凭借同等数量的普通股获得现金红利后，公司额外再支付给投资者的。"换句话说，这一栏也就代表着除了能拿到普通股带来的现金红利之外，投资者每年还将通过CAP获得7%的年化收益。

而因为斯派克特以CAP形式拥有的股票在公司员工里是最多的，所以他拥有的"其他报酬"中的代理权数量也就越来越大，在外人看来，斯派克特挣的钱比凯恩还要多。比如：2003年的委托书显示，凯恩拥有480万股的普通股，此外通过CAP还拥有240万股股份。2002年，凯恩与CAP相关的"其他报酬"是1020万美元；他的总报酬，包括CAP相关报酬，是2840万美元。与此同时，斯派克特拥有789,482股的普通股，还拥有350万股CAP股份。2002年，斯派克特的CAP相关"其他报酬"是1390万美元，使得其2002年总报酬达到了3120万美元。2003年，斯派克特与凯恩的收入差距还拉大了：斯派克特是3850万美元，凯恩是3390万美元。

*

斯派克特的收入竟然似乎超过了凯恩！这么一来，老板凯恩大为光火。首席财务官莫利纳罗、战略主管史蒂夫·贝格雷特先后跟凯恩讲了情况,说明问题越来越严重。凯恩决定,强迫CAP参与者把股票卖了。贝格雷特、莫利纳罗想要跟凯恩达成妥协,让CAP计划慢慢取消;凯恩却坚持要直接停止计划,强迫参与者出售股票。按照公司规定,凯恩完全有资格一个人终止计划。凯恩说:"CAP的规定有一个小附录。附录说,公司如果想要停止计划,也就是这个'直到退休'的计划,随时都可以停止。有一次,萨姆·莫利纳罗和史蒂夫·贝格雷特来找我,跟我说:'吉米,你不知道,股价要是这样(相对平稳),就没有损害,没人捣蛋。可是,股价要是这样(持续升高),沃伦再过四五年,就该挣到三四亿美元,公司也就完蛋了;因为这钱得让我们出。只要股价还在涨,我们就必须给他钱。从信托角度讲,必须叫停,赶快叫停。'"

斯派克特也怒了,他怀疑凯恩决定终结CAP机制是冲着他个人来的。他怀疑得没错。凯恩说起斯派克特:"他英勇搏斗,就像猛虎一般。不过,这就像是跟死亡搏斗,没有用的。假如我告诉你,你得了晚期癌症,你尽可以搏斗,你赢不了的。他把这事儿拿给所有董事会成员说。他只需要跟一个成员(凯恩)说就够了;那成员会告诉他:'你是浪费时间。'公司必须终止这个计划。要是不终止,公司就会被责任拖垮了。"2003年9月,凯恩做了决定。到11月,凯恩、格林伯格、施瓦茨、斯派克特一共卖出了价值2.63亿美元的股票,每股大约74美元。斯派克特卖出了价值7400万美元的股份,施瓦茨卖出了价值7450万美元的股份。凯恩做决定之后几年,贝尔斯登股价继续上涨,于是斯派克特对凯恩的愤怒也就与日俱增。

凯恩认为,这不仅是他与斯派克特关系的转折点,也是斯派克特对公司态度的转折点。凯恩说:"这一下子,他就大吃一惊,再也不认真工作了。他变成了抵押贷款部库存管理员,而不是'经理人'。我相信,这就是主要原因,让他开始变得不负责了。他开始全权负责对冲基金业务,在乔菲周围建了一个真正的栅栏,不让信贷人员进来,也不让回购人员进来。他把BSAM做成了一场独角戏，而且演得不错。你要记住，乔菲连续40个月盈利，这是很轰动的事。这件事过后，人们就很容易说：'啊，你当初没想到这会有什么问题？'没想到。我当时认为什么问题也没有。每个月都看得见盈利。为什么？我难道比他们聪明？"

华尔街的人，但凡财富增长，就经常会迷上总统级别的政治；斯派克特也不例外。他支持比尔·克林顿。斯派克特在玛莎葡萄园岛的齐尔马克镇（Chilmark）西南部有一处大宅子。克林顿有时候会来岛上，斯派克特偶尔能看见克林顿。克林顿一家人，过一段时间就会来波士顿地产商迪克·弗里德曼（Dick Friedman）的特别领地上度假，迪克·弗里德曼和斯派克特交情很好。斯派克特在贝尔斯登的合伙人汤姆·弗莱克斯纳，以前在迪克·弗里德曼的地产上租过一套房子，后来也在玛莎葡萄园岛上买了一处房子。

斯派克特会打高尔夫球，拿到过一家高尔夫球俱乐部的冠军。有一次，克林顿一家又来玛莎葡萄园岛上度假，弗莱克斯纳安排斯派克特跟克林顿打球，同时参与的还有一个人，巴里·施德利西特（Barry Sternlicht），他是弗莱克斯纳的客户之一，担任喜达屋酒店及度假村国际集团（Starwood Hotels & Resorts）CEO。弗莱克斯纳说："对巴里、沃伦来说，这是一次全新的体验，他们从来没有跟总统打过球。"还有一次，弗莱克斯纳又做了安排，在葡萄园岛上跟斯派克特，还有另一家私募股权企业的CEO打球。弗莱克斯纳说："沃伦不管做什么都很投入，不论是业务、高尔夫还是桥牌。我们跟这家企业做了不少生意，也把这些情况跟沃伦简要说了。我们在高尔夫球场的果岭[1]上，沃伦走出果岭，轮到他推杆了；CEO背对着沃伦，不管CEO在想什么，他忘了沃伦正在专心推杆，就跟我大声说了一句话，不是大喊大叫；时间恰好就在沃伦瞄准30英尺外的目标推杆的那一刻。结果他就远远偏离了球洞，偏离大

---

[1] 高尔夫球术语，音译，指球洞所在地。

概也是30英尺。沃伦走到CEO跟前，很严肃地说：'在别人推杆的时候说话很没礼貌，你不知道吗？'后来，我跟沃伦说了这事。沃伦说：'天啊，这是我说的？我那么没礼貌？我得给他打电话道歉。'他是真心想要道歉的。我不觉得沃伦是那种坏人，有恶意，总是想着报复别人。"

凯恩终止CAP这个严重事件过后，2004年7月，沃伦又一次跟凯恩发生了冲突，起因是7月8日沃伦决定参加一次高管电话会议，支持美国民主党参议员约翰·克里竞选总统。根据媒体报道，斯派克特此前向民主党候选人及其参与的活动捐了6.5万美元左右。电话会议上，斯派克特又批评布什政府的政策"是非常短期的政策，眼界狭窄"；还说克里的经济政策"在经济方面很负责任"。不幸的是，凯恩正好支持共和党与布什，因此对斯派克特的公开评论很不高兴。整整12天，凯恩没有就斯派克特对克里的评论发表意见。当时，两人正在纽约，参加一年一度的斯平果尔德淘汰赛（Spingold Knockout），这是一项全国桥牌冠军锦标赛，从7月12日到7月18日。2004年8月，《华尔街通讯》报道说："凯恩和他的精锐队伍在四分之一决赛中被淘汰了。"7月18日，又报道说，"斯派克特指导一群新手杀入决赛"。过了两天，7月20日，斯派克特不在纽约的时候，凯恩给员工群发了一封备忘录邮件，议论斯派克特："他的评论方式，让外界认为代表了整个贝尔斯登。这样的印象是不应该产生的。他的意见只代表他自己个人，不代表企业。如果你们有谁因为这些媒体报道而感到不快，或者感到被冒犯，请接受我和他的道歉……言论自由是一回事，而直接或间接用公司名义代言政治观点或计划，又是另一回事；二者不能混淆。"《华尔街通讯》报道："一名桥牌界人士说，人们认为，这封群发给全公司批评斯派克特的邮件，有一点酸葡萄心理。因为在淘汰赛中，凯恩被斯派克特的团队超越了。"

又一次，斯派克特对凯恩无比怨恨，甚至对一个同事说，他希望"吉米去死"。这是二人口角最严重的一次。一名熟悉二人的消息人士说："吉米跟沃伦是这么一种情况，吉米觉得他需要沃伦，但并不怎么喜欢沃伦。

于是，每隔一段时间，吉米就猛批沃伦，批得还有点过分；这就太过分了，太愚蠢了。"

公开责备之后，斯派克特的一个同事在玛莎葡萄园岛上找到了他，他正在这里散心。同事给斯派克特打电话说："沃伦，有句话我得跟你说。吉米和你的事，你就先忘掉一秒钟吧。你想让吉米去死，这个念头，只会伤害一个人，就是你。不会伤害他的。他正在什么地方喝鸡尾酒，也不会感觉到被人下了咒。可是这种怨念正在把你吞噬掉！我告诉你，让它过去吧。这是你反应过度了。吉米反应过度，现在你也反应过度。可是，你得忘掉这件事一秒钟。就算不是反应过度，能给你什么好处？为了你自己好，你必须摆脱这个念头。"这时候，艾伦·施瓦茨正在附近，在南塔克特岛的住处。为了冷静下来，打完电话之后，斯派克特去跟施瓦茨打了几局高尔夫球。

贝尔斯登另一名高级常务董事认为，凯恩公开指责斯派克特，这一行为十分恶劣。董事说："回过头来看看，就能看见各种模式；但有时候事情就在眼前摆着，却看不见。我心想：'天啊，这反应太过头了。'吉米的反应过头，其实很符合他的性格，他就是这么个人。沃伦的反应过头，就不怎么符合他的性格，只是给我提供了一个了解沃伦的窗口。不过，现在我回头看看，吉米责备沃伦，是否让沃伦在民主党人面前丢脸了？沃伦是不是这么想的：'我是个大人物，是贝尔斯登台柱子。我竟然当着公司全体员工的面被人打屁股，还不能还手！我就想，我不是一把手，对吧？'所以沃伦才有这么激烈的反应。而且，还不光是公开场合导致的问题。这个公开场合，是当着那些民主党人的面，他们都是沃伦的朋友。不管沃伦是想当财政部部长，还是只想当民主党内的大人物，对他都是很难堪的事。"

另一名贝尔斯登高管经常思考斯派克特与凯恩的关系。高管说："这种关系非常像莎士比亚的作品。老A和吉米的关系很不好，吉米跟沃伦的关系很不好。要说我有什么事情很后悔，就是局面演变到今天这一步，我有很大责任。我不是说要自吹，完全不是。但是，我当初有能力让事情看起来一团和气，因为我跟这些人关系都很好。我知道他们关系紧张，但是当时我看这种紧张，心里想的是：'我们都在一起待了20多年了，我们是一家人。'不管是谁，只要从内部看起来，都会说：'什么玩意！'可是，我肯定，美军的参谋长联席会议（Joint Chiefs of Staff）就是这样，美联储也是这样。不过，事后我回想起来，还是觉得这关系并不健康，因为我们不是一家人，而是一家公司。变化本来应该更大一些的。假如说，抓来10家投资银行，把管理层团队给冻结起来，让团队20年不变，也会重复很多这些糟心事。我以前说，管理层的延续，是一件好事。可是私下里，我会跟妻子说：'过去几年，我必须扪心自问：我究竟处在一种什么状态？'我是因为有了这个平台感到很快乐，可以随心所欲，代表公司做事，还是在拥护正确的事物呢？我始终不能确认，自己是不是把事情合理化了，因为我一旦得出结论，我在拥护一个不可能成功的体制，我就必须走人了。但我一直不打算走人。不过我确实想过退出管理层，部分原因是其实我也没怎么参与过管理。我就像其他的客户。很多次，我都留在房间里，不让这些同事自相残杀。"

*

凯恩公开羞辱斯派克特，还终止CAP（斯派克特认为CAP是公司对他的最重要的财务激励措施），给斯派克特带来了致命一击，很可能也给企业带来了致命一击，因为这时候，企业最需要斯派克特的经验和干预；尽管凯恩未必完全认识到这一点。过去10年，在斯派克特的严密监管之下，贝尔斯登变成了制作、发行各种奇异证券的头号企业。这些证券都有缩写，看起来就像字母大杂烩：MBS（抵押贷款证券）、CDO（担保债务凭证）、CDO的CDO、CMO（担保抵押凭证）、CLO（担保贷款凭证）等等，没完没了。贝尔斯登财源滚滚，执委会如今减少到了5人，成员们富有的程度不可思议，但同时，执委会也同样不可思议地依赖沃伦·斯派克特的职业技能，而斯派克特却变得越来越专横、疏离了。斯

374

派克特是一项战略的建筑师，这项战略是为了扩张固定收益部（当然，他的行动都经过了执委会批准）；而且，也正是在斯派克特的帮助下，拉尔夫·乔菲建立起了一只专注于奇异证券的巨型对冲基金。当时，贝尔斯登固定收益部门正全力制作奇异证券一类的产品。凯恩之前当过经纪人，对这些奇异的金融工具（都是斯派克特手下的销售员和交易员创立的）不过略知一二；凯恩的管理风格，并非对库存了如指掌的风格。施瓦茨很聪明，他是并购银行家，为客户提供世界一流的服务。施瓦茨承认，他很愿意把企业的权力越来越多地让渡给斯派克特，这样他就有空做自己的事了。萨姆·莫利纳罗是首席财务官，有会计背景，然而对于企业的奇异证券存货越来越多这种局面，他实在没办法拥有什么观点。而且，贝尔斯登的风险主管罗伯特·斯坦博格，并不能从斯派克特那里获得全面的情况汇报。至于老A.格林伯格，此时已经年近八旬，还担任执委会成员、董事会成员、风险委员会成员；他曾经关注并购套利，现在已经转而关注把客户的钱和自己的钱用来投资了。对于21世纪前10年，斯派克特有着自己的观点，凯恩的观点与此却大相径庭。2003年开始，信贷牛市已经发展到前所未有的水平，所有资产当中，只有一种资产的价值被持续低估，那就是风险。这种情况下，贝尔斯登最需要的是斯派克特能够全身心投入企业经营；然而，凯恩之前的两个决定，恰恰对斯派克特的投入造成了最严重的打击。

企业之外，以及企业内部几乎所有人都完全不知道，企业毁灭的种子已经种下了，而表面呈现的，却都是与毁灭相反的迹象。外部人士看到的，是贝尔斯登一路高歌，名声和地位都发展到了前所未有的水平。凯恩却还嫌游戏玩得不够尽兴，他十分骄傲（不仅没有对此感到谨慎），甚至还鼓励外界突如其来的吹捧。

2004年8月，《巴伦周刊》发表封面专题，说贝尔斯登股价自从2000年3月股市最高点以来，已经上涨了一倍。与此同时，金融巨头摩根士丹利的股价却下跌了42%，高盛的股价也下跌了20%。萨姆·莫利纳罗说："公司的表现一直很好，赢得了人们的信任。"文章提到了企业的老问题——业务缺乏广度和深度，而且，"作为一家交易商，贝尔斯登的风格就像一群出手凶狠的雇佣兵，以此在业界闻名。与其交往的人们也十分可疑"。但是，文章也承认，贝尔斯登固定收益的赚钱机器正在全速运转，过去3年，营收增长了2倍。

文章披露的信息，最好玩的一点，不在于贝尔斯登本身，而在于斯派克特的一句话。斯派克特曾经接受全国公共广播电台（National Public Radio，简称NPR）的采访，谈论美国政治家，参议员约翰·爱德华兹（John Edwards）。爱德华兹刚刚接受了提名，在约翰·克里的竞选班子里担任副总统。据说，斯派克特告诉NPR："共和党把约翰·爱德华兹称为某种极端主义者。可是，我跟他打交道，发现他思维很开阔，也愿意了解各种职业问题，比如关注司法改革，关注保健行业；不只是从个人观点来看，还是从事业角度来看。"尽管凯恩公开责备斯派克特，斯派克特却已经决定，他不会那么容易被凯恩压制住。

这篇文章发表后，2005年1月，行业杂志《投资交易商文摘》（Investment Dealers' Digest）又登了一篇文章，吹捧贝尔斯登如何如何有洞察力。2004年，贝尔斯登股票收盘价是每股102.31美元，同比增长29.2%，远远超过一切竞争对手。凯恩在采访中说，诀窍在于避免犯下其他公司已经犯下的错误。他说："所以，我们才能躲过俄国1988金融危机、日本金融大改革（Big Bang）、亚洲金融危机（Asia Crisis）。公司的文化制止了我们轻举妄动。"[1]两个月之后，《财富》杂志将贝尔斯登评为2004年最受尊敬的证券公司（2003年是第二名）。还有一份行业杂志《华尔街上》（On Wall Street），发表了一篇长文讨论公司的经纪业务；说公司"每个季度都盈利"，部分原因是公司的"稳定性""公司高层……管理企业将近30年"。

---

[1] 金融大改革（Big Bang），又称"金融大爆炸"，特指发生在1986年伦敦金融城的政策变革。该变革旨在大幅度减少监管。

第二十五章

乔菲之泡沫

尽管贝尔斯登前景似乎一片光明，但遥远的地平线上，已经涌起了风暴的乌云。前任美联储主席保罗·沃尔克（Paul Volcker）2005年2月在斯坦福大学发表演讲，这一年他77岁；沃尔克相当于在恳求政治家和监管部门开始采取行动，给经济的"气球"放掉一点气。这番演讲在当时几乎没有人重视。沃尔克说："过去几年，有很多好消息。"话锋一转，"但我必须告诉大家，我的血管里还流着当年中央银行的血液。至少我认为，在平静的表面下，有各种不祥的趋势：严重失衡、失调、多种风险——你们怎么称呼都可以。总体来说，当前的形势跟我回忆中的很多形势一样危险、一样棘手。我最担忧的，是人们几乎没有意愿，也没有能力来真正处理这样的形势"。沃尔克演讲的4个月前，格林斯潘也在华盛顿发表演讲，声称：尽管"住房部门内部面临着严峻的资金压力……这依然令人担忧……依然值得关注"，但是"房价泡沫"发生的可能性看似很小。

此时，沃尔克表示很担心美国人储蓄率过低的情况，还说，住房泡沫膨胀的危险越来越大（虽然没有明确使用"住房泡沫"这个术语）。沃尔克说："房价上涨的情况下，我们购买了很多房子，但房屋所有权已经沦为了人们借钱的工具和金融市场发行证券的来源，想借多少钱，人们就能借多少钱。我认为巨大的市场调整将不可避免，而且会在我们的社会保障盈余耗尽，甚至联邦预算减半之前发生。就目前情况而言，金融危机本身（而非政治决策）更有可能导致这种改变……我觉得，我们正在滑冰，而冰层越来越薄了。"过了1个月，美联储理事伯南克（Bernanke）宣布存在一种"全球储蓄过剩"的现象，特别是中国与其他发展中国家，这些国家消费水平较低，使全世界都燃起了对美国国债的强劲需求，也让利率保持在低水平。摩根士丹利亚洲区执行主席史蒂芬·罗奇（Stephen Roach）说："事后回想起来，实际上并没有全球储蓄过剩，而是'美国消费过剩'。这两样与伯南克和美联储犯下的严重政策失误都脱不了干系。"

过了8个月，到了2005年10月，受人尊敬的金融服务研究分析师梅雷迪思·惠特尼发表了一份报告，宣称"10%的人口面临衰退风险"，还说"借方和贷方同时面临流动性受限，这将成为一种催化剂，引发信贷与经济的下滑……请务必记得，在历史上，利率提高从没有引发过衰退，不论是信贷市场衰退还是其他方面衰退。大多数信贷危机的催化剂都是流动性受限，不论是对企业，还是对消费者而言"。惠特尼警告投资者：在抵押贷款市场上，各家信贷评级机构为了给各个抵押贷款证券保持更高评级，开始收取更多抵押品。这一现象表明，基础资产的信贷质量下降了。

整条华尔街，只有惠特尼一个人注意到：1994年之前，美国房屋所有权水平一直相当稳定，保持在所有人口的64%左右。她报告说："1994年之后，这一水平发生了剧烈变动。在1994年，个人能够申请抵押贷款的各种标准，以及要求的首付标准，变得自由多了。因为指导方针的这种变化，新出现了150万户主，房屋所有率也相对迅猛上升，上升到了69%，也就是今天保持的水平……这增加的5%新业主，在1994年之前，本来是没有资格获得抵押贷款的。"报告发表之前几个星期，惠特尼还做了一次演讲。演讲中，惠特尼指出，格林斯潘之前说过，他担心这新增的5%业主，其贷款价值比超过了90%；还担心，这些新业主的杠杆水平最高。

伦敦《观察家》（*The Spectator*）周刊有一位保守派撰稿人，叫丹尼斯·休厄尔（Dennis Sewell）。休厄尔研究了克林顿第一任期的开始阶段，试图解释这次戏剧性（最终也让人十分不安）的住房所有率攀升的原因。1993年，社会活动家罗贝托·阿琪顿伯格（Roberta Achtenberg，又译艾婷堡）担任了住房和城市发展部（Department of Housing and Urban Development，简称HUD）的公平住房和平等机会助理秘书（Assistant Secretary for Fair Housing and Equal Opportunity），然后开始执行克林顿政府的计划，目的在于"提高贫困人口，特别是黑人和拉美裔的住房所有率"。摆在罗贝托·阿琪顿伯格面前的障碍是："各大银行的贷款政策过于保守；政策上非常不便；以及过时的条件，例如现金账户、定期还款等，贫困人口、少数族裔往往不能满足这些条件。"于是，"克林顿总统命令银行采取更加创新的政策"。阿琪顿伯格设立了一组地区办公室，让调查员和律师负责，任务就是调查抵押贷款贷方做出的任何歧视性贷款措施；与此同时，办公室还监控贷方，有必要的话，只要贷方有不良行为的风吹草动，就会起诉贷方。休厄尔说："从20世纪90年代中期开始，银行逐渐放弃了此前相对严格的贷款标准。只要银行账户中有相当于住房价值3%的存款，银行就发放抵押贷款（就是说借给购房者97%的贷款）；最后，银行干脆取消了存款要求，贷给购房者100%的款项。抵押贷款银行一家接着一家开始为低收入家庭提供贷款，特别是为少数族裔客户提供贷款。"

然后，针对1977年的《社区再投资法案》（*Community Reinvestment Act*，简称CRA），克林顿政府也做出了各种修正，规定银行评级的指标是银行给低收入住户提供了多少贷款。休厄尔说："银行若是想要向监管部门申请合并、扩展，甚至新的分行开业，都必须有较高的CRA评级。一旦评级很低，银行的商业计划就会面临灾难。"与此同时，克林顿政府还逼迫房利美、房地美扩展抵押贷款范围，让那些之前不够资格的人也能获得抵押贷款；还实行了新规定，允许这两家公司参与"次级贷款的证券化"。1995年，通过CRA所谓的"强化措施"，银行贷款新增额度的80%都贷给了中低收入家庭。

1997年10月，次级贷款第一次证券化，总金额是3.85亿美元；由贝尔斯登与第一联合资本市场银行（First Union Capital Markets）承保；后者后来被美联银行（Wachovia）收购，美联银行现在又被富国银行收购了。房地美及其持有的AAA评级，为证券的偿付提供了担保。公司为此举行了一次新闻发布会，庆祝这一历史性事件；这次发布会，就成为一个经典瞬间，标志着无法无天的乐观主义，以及用理想主义包装的贪婪。第一联合银行（First Union）有一套"社区再投资与公平贷款项目"（Community Reinvestment and Fair Lending Programs），负责人是常务董事简·亨德森（Jane Henderson）。亨德森评论："这些可以负担的抵押贷款的证券化，让我们能够重新部署资本，帮助我们的社区，并扩展自身能力，为中低收入居民提供信贷。"亨德森又说："第一联合银行致力于在那些传统上服务不够的市场中，通过各种抵押贷款产品来实现提高住房拥有率；这些产品构成了一条完备的产品线，拥有高度竞争力、高度灵活性，而且人们负担得起。这项业务，让我们能够继续为市场提供激进的服务。"亨德森的同事欧文·威廉斯（Owen Williams）负责银行固定收益业务，他也为这些证券大唱赞歌，因为证券的投资者需求，似乎是无边无际的。威廉斯说："这项业务深受投资者欢迎，证券的很多部分，都接受了显著的超额预订。对此，我们表示非常满意。这次出售，进一步证明，投资者对很多种类抵押品都有着强烈的兴趣。"结构性部门常务董事布莱恩·辛普森（Brian Simpson）也补充道："将这些资产证券化，使得第一联合银行能够继续扩展贷款业务，与此同时，产生新的费用收入，这种收入在业内俗称'圣杯'；我们也一直为客户提供创新资产金融服务，而且相当成功。我们相信，有机会把公司的CRA贷款证券化能力，扩展到市场上的其他公司。"

CRA 贷款证券化就这么成功了；第一次交易，以及之后的很多次交易，订购的金额都超过了证券本身价值的好几倍。自然，这样的成功，使得类似的交易暴增。1998 年 5 月，贝尔斯登高管戴尔·韦斯特霍夫（Dale Westhoff）写了一篇关于抵押贷款银行业的文章，说贷款的买家"是钱商和保险公司，购买贷款纯粹是因为投资兴趣"；这些买家，提供的年化收益率超过 7.5%；此时市场正处在低利率环境下，这种收益率吸引力很大。休厄尔认为，HUD 的政治压力，直接导致了 10 年之后信贷市场的炸裂。休厄尔说："于是，我们就这么从那里走到了这里；从克林顿第一任期内，早期那些在兴奋的日子里制定的粗糙的社会改造措施，来到了今天华尔街的混乱当中。"

休厄尔写下这篇抨击文章之前，并没有联系罗贝托·阿琪顿伯格。后来，罗贝托·阿琪顿伯格看到了文章，接受采访的时候，她说休厄尔"这些主张对我来说太可笑了"，"别出心裁，荒唐至极"。阿琪顿伯格说，用"最谦逊的态度讲"，她只是在 1993 年到 1995 年之间在 HUD 担任了助理秘书，敦促那些未受监管的抵押贷款贷方自愿改进他们"最好的实践"，确定在抵押贷款方面没有歧视与被歧视，所以她"起的作用很小"。她说：抵押贷款贷方或银行，其承保标准的恶化，与 HUD"毫无关系"；还说她"不知道恶化是怎么发生的"。她说：提高住房所有率的目标，是两党共同的努力，而且指向小布什总统的"美国梦首付计划"（American Dream Downpayment Initiative）；这一计划在 2003 年 12 月成为法律，提供多达 2 亿美元资金，致力于在中低收入首次购房者当中，提高住房所有率；方式是帮助他们支付过户费用和首付。小布什的"第一首席经济顾问"叫劳伦斯·林赛（Lawrence Lindsay）。2008 年 12 月，劳伦斯·林赛告诉《纽约时报》：布什以下的所有官员，都完全不想试图限制住房所有率。劳伦斯·林赛说："谁也不想阻止泡沫，否则就跟总统自身的政策相矛盾了。"但阿琪顿伯格希望当初有人能出来阻止。她说："这是一次严重危机，需要认真分析。我认为，很有必要弄清楚，危机的哪些部分是什么行动造成的，包括监管的失败、管制解除的失败，这些失败如何造成了影响。就承保标准改变的程度而言，知道这些是很有必要的；但这些不是我的工作范围。"

其他评论者，那些同意休厄尔保守政治观点的人，也提供了自己的分析。比如，乔治·梅森大学（George Mason University）经济学教授拉塞尔·罗伯茨（Russell Roberts），在《华尔街日报》发表文章说，1996年，HUD为房利美、房地美制定了"清晰的目标"，要求两家公司的抵押贷款融资中的42%必须贷给"收入在当地的中位数以下的借方"。目标是在2002年将这一百分比提高至50%，2005年提高至52%。罗伯茨指出：1997年10月，贝尔斯登承保第一笔CRA交易之后，公司在接下来10个月当中，又另外发行了19亿美元CRA抵押贷款，由房利美或房地美作担保。1998年8月，贝尔斯登在一次新闻发布会上说："我司正在努力推广并支持为中低收入购房者发行的贷款，并积极促成CRA贷款组合在将来的证券化，包括那些规模小到2500万美元的贷款组合。"

罗伯茨另外接受了一次专访，他说：1995年CRA政策的调整，改变了"政策执行的方式，将一部分权力交给了民间组织，让民间组织能够惩罚那些它们觉得不够关心穷人的银行。这些民间组织到处分发零首付抵押贷款给穷人，这虽然是出于好心，但结果却不算美妙"。

罗伯茨又写道：这样的改革，又同格林斯潘的低利率政策，还有1997年《纳税人减税法》（*Taxpayer Relief Act*）综合了起来。《纳税人减税法》规定，价格50万美元以上的住宅在销售时，会享有更多的资本收益减免。[1]于是，HUD政策使得住房需求、住房价格都迅速上升。"1997到2005年，美国住房价格平均翻了一番还多。这并不是投机性质的泡沫。房价上升主要是因为公共政策导致住房需求上升。房价如果不上升，次

---

[1] 指的是卖房子赚来的钱有了更多的税收减免。

贷市场肯定发展不起来。"罗伯茨与惠特尼都正确地指出，美国增加了数以百万计拥有住房的人。罗伯茨写道："这种现象主要是那些低收入、高风险的借款人导致的。克林顿和小布什都在国会支持下，为买房者增加的现象摇旗呐喊。"

*

　　然后，一些贪婪的抵押贷款贷方和经纪人，就开始公开造假，想要在那些没有警惕心的潜在借款人身上大捞一票，迅速致富。为了卖出更多的房子，收取更多的佣金，抵押贷款贷方和房地产经纪人伪造贷款申请并不是什么稀罕事。受害者多达数十万人。其中一个小小的例子，是两位平民：一个叫凯莉·S（Kellie S），一个叫格雷戈里·C（Gregory C）。两人要在马里兰州巴尔的摩（Baltimore）市中心的北波托马克街（North Potomac Street）123号买一所房子。当时，凯莉31岁，患有癫痫，每月拿伤残救济金，一共600美元。格雷戈里有哮喘病，也靠着每月的伤残救济金过日子。

　　在某一个房产销售开放参观日，凯莉认识了一个房地产商艾丝美拉达·J.维拉里尔（Esmeralda J. Villareal），她是巴尔的摩市"荣富地产"（Long and Foster）的人。维拉里尔让凯莉看了一所巴尔的摩的房产，维拉里尔代表这所房产的卖家，但维拉里尔没有对凯莉提起这一事实。凯莉告诉维拉里尔，凯莉和格雷戈里能够合力负担抵押贷款，每月还款的数额在900~1000美元。维拉里尔回答："我帮你申请贷款。我知道有个地方，能帮你申请到这个贷款。"然后，维拉里尔就给凯莉看了巴尔的摩市北波托马克街123号的房子。最后，尽管似乎并没有证据表明各方讨论或者商定过一个买价，但凯莉还是同意了买房。此外，这所房子需要修缮，凯莉和维拉里尔也讨论了修缮的事情。

　　过户的时候，各个地产商和律师问凯莉是否有工作。凯莉回答没有，然后又问了一次：抵押贷款的每月还款数额是不是在900~1000美元？地产商们回答：他们会检查格雷戈里的信用，看看是否"能做出什么来"。然而，格雷戈里的收入和财产净值，绝不可能让他符合获得每月还款数额为1000美元抵押贷款的资格。然后，地产商们又检查了凯莉的信用，最后决定：如果降低房子的买价，凯莉的信用就能让她得到"担负得起的贷款"。当凯莉再次问起关于抵押贷款每月还款的事情时，经纪人终于说："对，它将在你的偿还能力之内。"凯莉没有看文件就签了字，这一举动给她带来了更多的麻烦。

这些文件，关于凯莉的生活情况，存在很多重大错报。凯莉实际上无业，然而，贷款申请书宣称，凯莉在签字的日期，有一份工作，是马里兰州兰德尔斯敦地区（Randallstown）"永远精致"（Always Exquisite）公司的办公室经理。凯莉老板的电话是一个手机空号。申请书把凯莉的月薪标成5000美元，尽管她每月的伤残救济金总计只有600美元。申请书宣称，凯莉的流动资产有15.8万美元，流动资产包括M&T银行（M&T Bank）的两个账户，埃克森石油公司（Exxon）股票或债券31200美元，还有一辆2001年版福特金牛（Ford Taurus）轿车，价值6000美元。除了流动资产，还有未偿负债5039美元。凯莉的资产净值接近15.3万美元。申请书宣称，凯莉同意抵押贷款的每月还款数额为1811.94美元（凯莉说她没同意）。申请书宣称，凯莉为该房屋支付了7.5万美元首付，1.2万美元过户费用（实际上凯莉只付了500美元过户费用），并同意获得28.5万美元抵押贷款。实际上，凯莉并没有为房子付过一分钱，甚至连大约1.2万美元的过户费，都是靠银行的抵押贷款来付的。房子估计的买价是36万美元；尽管这栋房子先前的3次出售，价格从来没有超过15万美元，同一街区的其他房子平均价格高一些，但也只有19.1万美元。"抵押IT公司"（Mortgage IT, Inc.）最开始发放了28.5万美元贷款，然后将贷款卖给了通用汽车金融服务公司（General Motors Acceptance Corp，简称GMAC）；GMAC当时已经被泽普世（Cerberus，原译"瑟伯勒斯"）收购，这是一家大型对冲基金兼私募股权基金，位于纽约市。泽普世接着又把这笔贷款卖给了富国银行住房抵押贷款部门（Wells Fargo Home

Mortgage）。

过户之后，因为房子还需要修缮，所以凯莉和维拉里尔讨论了修缮的各种费用。二人对话的录音显示，维拉里尔同意支付所有修缮费用。但是，修缮工作一直没有完成。还不到3个月，凯莉就担负不起抵押贷款的还款了。还款中止5个月之后，富国银行把凯莉的抵押贷款卖给了EMC抵押贷款公司（EMC Mortgage），这是贝尔斯登的一家分支机构，负责设计各种抵押贷款产品并提供服务，同时把这些贷款卖给投资人。很快，这栋房子又重新开始出售，卖家又是"荣富地产"；售价是22.5万美元，比凯莉向银行借的30万美元的抵押贷款（凯莉买这个房子的时候，房价被超乎寻常地高估了）还低了7.5万美元。这次出售是按照EMC的一份协议，协议允许一种叫作"卖空"的情况出现，售价须低于抵押贷款数额。凯莉还告知EMC，假如买卖发生，她将担负不起7.5万美元的差额。有一份档案详细记载了凯莉经受的磨难："凯莉记录了自己每一次癫痫发作。记录显示，她在抵押贷款过程中，经历的发作次数增加了。凯莉还出现了背叛、恐惧、紧张、羞辱、挫折感等一系列负面感情。抵押贷款过程中，凯莉与格雷戈里的关系出现了严重的紧张。格雷戈里的哮喘发作频率和程度也上升了，为此他变更了服药的方式。格雷戈里说，哮喘的恶化，是紧张导致的。"

乔治·梅森大学经济学家拉塞尔·罗伯茨还认为，政府的命令会自然导致这样的副产物——欺骗行为（虽然这可能只是故事的一部分）。罗伯茨说："这并不太算是悲剧，人们说起这种事，是为了政治利益。然而，有很多失去住房的人，其实从来没有得到过住房。很多美国人，没有首付就买了房。实际上，各种全国范围的新闻发布会，都在吹嘘自己向市场提供了特殊的服务——借给购房者103%的抵押贷款：'我们不光会贷给你抵押贷款，还会贷给你过户的费用！'借款人住进了房子，6个月之后，就因还不起贷款而'失去了房子'，但他们没有失去产权。他们之前是租户，现在还是租户。我不想贬损失去抵押品赎回权这种事，让人很难为情，是一种羞辱，很可能会让人难堪、绝望。我可能以为自己当上房主了，但实际上没有。然而，这些人并不是在丧失产权之后，被轰到街上去了。这些人一开始就没有拥有过这些房子的产权。这种情况十分奇怪。"

亨利·西斯内罗斯（Henry Cisneros）曾任德州圣安东尼奥市（San Antonio）市长，1993—1997年担任克林顿政府HUD秘书。2008年10月，金融危机当中，《纽约时报》采访了亨利·西斯内罗斯，问他：目前有一种情况，有些人本来当租客更符合经济利益，然而政府却鼓励这些人提高住房所有率。他对此起到了什么作用？他说："我一直等待着，有人会把所有的指责放在我的前门台阶上。"亨利·西斯内罗斯好像并不是开玩笑。他在《纽约时报》文章里认为，"不可能一开始就知道，联邦增加住房所有率的措施，会带来这么糟糕的后果"；还说，一旦住房市场的繁荣开始，监管部门就没有办法阻止了。他说："我们自认为有了一种精确的工具，使用之后就能说：'停！我们的住房所有率已经到69%了，不能再涨了。还有些人，就让他们继续租房吧，别让他们买房了。'但实际上，我们手里的工具，只有一把大锤、一把斧子。这些工具太粗糙了。"他还说："那些不应该买房的人"受到了"金融市场不道德玩家"的引诱；这些人包括"银行家、经纪人、二手市场交易商……整个国家都为此付出了代价，因为我们这个社会没有划出红线，从而让很多家庭蒙受了损失"。

2005年10月，惠特尼写研究报告的时候，为增加住房所有率而降低信贷标准的措施，终于迎来了恶果。惠特尼写道："1996年以来，次级贷款增长了489%，从900亿美元增长到了5300亿美元；主要手段是把贷款范围扩大，贷给那些首次借款人。我们相信抵押贷款市场至少有5%的份额面临风险，因为住房权益资金比例[1]极低。格林斯潘最近的各

---

[1] 原文为equity position，这个术语在不同场合有不同中文表述。此处按语境理解，推测意为投入住房首付的实际资金。住房权益资金比例过低，就是一套房的首付太少，贷款太多；如果这些贷款是不良贷款，就会有极大隐患。

次声明也与这一估计一致。他认为，5%人口的住房权益资金比例极低，到了危险的水平。"惠特尼说，泡沫持续期间，承保标准已经恶化到了可耻的水平，表现有四：（1）允许那些信用分数更低的人拿到抵押贷款；（2）让他们购房款中的贷款比例上升；（3）创造新的抵押贷款产品，推迟其本金的还款时间；（4）减少要求的收入文件、资产文件的种类。可变利率抵押贷款的引入，只是恶化了这一灾难性的趋势。这种贷款让借款人能够从大量杂乱的还款方案中选择，其中一个方案是每月还一小笔钱，延期的利息和本金还款全部增加到贷款余额的最后，这就使得贷款增加到了认不出来的水平。惠特尼评论："如利率上升，则借款人的整笔贷款余额，以及每月还款额度，会有更大的攀升，从而增加借款人的总体金融负担，以及违约的可能性。"

惠特尼的总结有如一枚炸弹："我们相信，这些住房过低的权益资金比例，高速周转的债务余额，商品的高价，构成了信用崩溃的要件；尤其是在消费周期的这个点上。结果，我们相信那些对住房抵押贷款市场有敞口的债权人（主要是次级贷款的贷方），将会经受巨大的损失，其损失程度，不仅会显著降低盈利水平，还会让资本状况陷入困境。然而最重要的是，我们相信，为了提高资本比率而制定的监管方针，会导致流动性受限；而流动性受限又会造成多米诺骨牌效应，使得企业的偿付能力不足，情况类似1998年之后我们看到的那些企业。"惠特尼富有洞察力的报告，事后看起来，只揭露了问题的一小部分。然而，英语中有一句谚语：森林中一棵树倒下了，附近却没有人，听不见倒下的声音。惠特尼的报告也是这样。此时，房地产泡沫在继续膨胀，谁参与，谁就能大赚；于是，不光贝尔斯登，整个华尔街的企业都在拼命赚钱，谁也顾不上停下来注意惠特尼的报告。

联邦存款保险公司（Federal Deposit Insurance Corporation，简称FDIC）是一家政府机构，负责监管银行系统，为保证金提供保险。FDIC确实注意到了惠特尼的报告。惠特尼说："写出这样的报告，并且受到FDIC注意的，只有我一个人。我从来没见过别的报告，像我这么清楚地指出了潜在危机。"FDIC有一位高级经济专家，名叫理查德·A.布朗（Richard A. Brown）。他说，惠特尼的报告"让FDIC人员叹为观止"。2006年1月19日，布朗请惠特尼在FDIC论坛发言，讲述自己的各种发现。惠特尼为FDIC讲述了自己的报告，还发布了一个针对华尔街银行的观察结果，新鲜而有趣。惠特尼说："这些银行需要创造一些新的投资产品。银行业当前最严重的问题之一，是存款大幅攀升，而资产增值却几乎没有。于是，就出现了很多机构，他们借了很多钱，但买到的资产却少得可怜。因此只要一有机会，就把什么都往资产负债表上堆。[1]过去5年左右，抵押贷款一直是资产增长的主要运载工具。"

2005年11月30日，贝尔斯登固定收益部2005财年的营收结果出炉。2004年营收为26亿美元，本年度营收下降12%，为23亿美元。然而，业务的利润依然很高。公司给证监会的归档文件说："发行抵押贷款证券的营收，相比2004财政年度的高水平，发生了下降；原因是收益曲线变得平缓，市场情况发生变化，产品结构也发生了变化。抵押担保债券（Collateralized Mortgage Obligation，简称CMO）数额也有所下降，原因是非机构性抵押贷款制作数额上升了。"尽管固定收益部经历了曲折，但贝尔斯登还是宣布，2005财政年度盈利为创纪录的15亿美元；2004年净收入为13亿美元，今年上升了9%。从2006年年初开始，公司股价上升将近25%，4月17日收盘价为每股143.50 美元。凯恩2005年收入2510万美元，拥有680 万股贝尔斯登股票，这些股票当时价值9.72亿美元。

*

保罗·弗里德曼很清楚，拉尔夫·乔菲作为销售员名声远播，但管理的技巧就很差了。弗里德曼亲眼见证了乔菲作为固定收益部经理的工

---

[1] 就是不看风险，乱买证券。

作模式。乔菲管理的基金——名字尴尬的"高等级结构信贷战略基金[1]"（High-Grade Structured Credit Strategies Fund），在交易（买卖证券）时，交易的双方，一方是对冲基金，一方是贝尔斯登投行和经纪自营商。2006年，战略基金在进行这些交易的时候，对法律文件的管理变得十分懈怠。贝尔斯登关于对冲基金的建立，做了一份备忘录，里面对基金的投资者保证：在乔菲与贝尔斯登交易的时候，"在交易完成之前，基金的操作步骤需要公开、同意、许可"。为处理贝尔斯登的问题，马萨诸塞联邦政府（Common-wealth of Massachusetts）（马萨诸塞州的正式名称）提出了一份行政申诉，申诉里面引述了备忘录的这一规定，然后说："投资者不知道，那些为了保护其利益而制定的控制措施和步骤，在每日的交易、管理、加杠杆的过程中根本就不存在。那些看重贝尔斯登独特的风险管理名声的投资者会发现，自己身陷一种极为复杂的对冲基金投资项目，该项目依赖一些劳累过度的低级人员，管理一个冲突报告过程；联邦法律要求必须履行这一过程。"问题在于，乔菲在基金从贝尔斯登分支机构买入证券之前，并未得到基金的外部独立董事许可。2003年，乔菲进行的所有交易中，有18%没有得到这种许可。到了2006年，乔菲与分支机构的交易中，竟有79%没有得到这种许可——严格来说，这只是一个技术性细节，但也是违反联邦法律的行为，而且正好违反了"对投资人必须合理公开信息"的原则。

弗里德曼说："2006年夏天，是一个转折点。合规人员警告拉尔夫·乔菲：'你的交易没有获得许可！'这个问题又分成两个部分。第一是说'你同贝尔斯登的交易没有预先得到批准'，第二是说'对了，你压根就不准同贝尔斯登交易！'又是晴天霹雳。拉尔夫已经同贝尔斯登交易数百次，结果把一件小事忘了，就是得到官方批准！拉尔夫就是这样的人。拉尔夫不擅长处理细节，而且还有一件事同样可怕，那就是BSAM竟然

---

[1] 全书中这只基金的全名均为"高等级结构信贷基金"，此处多出"战略"二字。中译文分别保持原状，不加改动。

也没有一个人注意到这种问题的工作流程，因为拉尔夫还真的没有责任监督自己。BSAM怎么会整整一年都没注意？那可是几百次交易！怎么会没注意？我说什么也不明白！"

根据马萨诸塞政府的申诉，问题在于，乔菲将公开这些交易并申请许可的工作，"布置给了低级助理人员，而且优先度很低"。2003年10月，乔菲基金成立的开始，就由一位1986年入职的老员工，名叫乔安玛莉·普萨特里（Joanmarie Pusateri）的，负责基金的管理和操作任务，包括拿到基金与贝尔斯登分支机构交易的书面许可（这些机构很可能发生利益冲突）。普萨特里知道，自己必须及时拿到许可；但她不知道，如果没有拿到许可，就是违反了联邦法律。1940年《投资顾问法》（*Investment Advisers Act*）规定，在与客户交易的情况下，如果"交易完成之前，未对客户以书面方式告知其进行交易之数额，并得到客户对此交易之批准"，就是违法。无论是乔菲还是丹宁，都没有告诉普萨特里这一规定。

普萨特里也不知道，乔菲的对冲基金和贝尔斯登之间的交易，为什么必须得到基金独立董事的许可。2004年的某个时间点，普萨特里会见了一位BSAM合规官员。合规官员通知普萨特里，说她有10~20笔同分支机构的交易没有拿到强制许可。普萨特里赶紧采取措施补上许可。普萨特里没有完全理解为什么要拿到这些许可，于是"在她的代表中间引发了混乱"。代表之一，名叫杰西卡·博伦坎（Jessica Borenkind），是销售助理。普萨特里安排博伦坎负责拿到许可。然而，博伦坎拿到强制许可的能力，并不比普萨特里更强。BSAM合规部门每月给博伦坎发送一次电子数据表，显示她有哪些交易没有得到强制许可。当然，到了这个时候，列表上所有的交易，已然结清完成了；于是，博伦坎每一次文书工作的失败，也就代表一次违法行为。2006年11月20日，博伦坎与贝尔斯登"协商一致"，离开了。2005年秋天，乔菲又招了一个叫理查德·比尔鲍姆（Richard Bierbaum）的人，任命为交易助理，让他负责申请交易许可。比尔鲍姆之前从来没有做过这种工作。他后来说："一开始我不相信，申请交易许可，这个任务很重要，排在所有任务前列。"2005年年底，比尔鲍姆因"劳累过度"以及无法及时完成工作，转入"两个月试用期"。博伦坎离职前3天，比尔鲍姆也自愿离职了。

2006年年初，博伦坎和比尔鲍姆离职之前，见了BSAM合规人员玛莉索·法利（Marisol Farley）。玛莉索·法利通知两人，《投资顾问法》规定他们必须在交易完成之前拿到强制许可。2006年夏天，BSAM合规人员召集乔菲团队开了一个"恐吓会议"，进一步施压，要求团队遵守规范。直到这时候，博伦坎才知道，就算只有一份许可没拿到，"也会产生严重的法律后果"。从基金成立到2006年，一共完成了2300次需要许可证的交易，其中47%没有事先申请到许可证。

为了尽量减少乔菲团队在关联方交易中未能获得许可证的现象，贝尔斯登决定暂停BSAM与贝尔斯登经纪自营商交易的资格，并且雇来了威凯律师事务所（WilmerHale），确定在此过程中是否有客户蒙受了损失（当然没有），以及公司是否需要自愿向证监会报告违规操作（显然也没有这种必要）。一名BSAM高管说："因为没有客户蒙受损失，所以我们就修改了步骤，变了做法。我们把它重建了。乔菲觉得，这么做就可以了。"

9月7日，暂停命令开始执行。乔菲手下还有一个人，名叫阿历克斯·雷诺尔德（Alex Reynolds），负责及时获得客户同意。雷诺尔德给乔安玛莉·普萨特里写信说，BSAM管理层已经批准与贝尔斯登的交易，但在批准之后，贝尔斯登合规主管却"砸烂了交易……禁止跟贝尔斯登交易，除非另行通知"。暂停与贝尔斯登交易的命令一下，乔菲和马修·丹宁就怀疑：是不是高级基金的流动性出问题了？当时，高级基金里面，投资者的钱一共有15.27亿美元，其中贝尔斯登自己投了大约2500万美元，乔菲和丹宁也投了几百万美元。贝尔斯登是高级基金最大的交易方，如今，不可能有其他交易了，高级基金的证券流动性，就在理论上降低了。暂停命令还产生了另外一个结果：贝尔斯登交易员一直在监控乔菲的行动，因为乔菲是这些交易的对手方；命令一下，监控就停止了。弗里德曼说："之前，交易柜台会时不时找到沃伦，或者找我，或者找别人，报告说：'听着，你知道拉尔夫刚买了什么东西吗？你最好来看一下。'斯派克特有一种非正式的观念，认为抵押贷款人员会监控拉尔夫。可是现在，不让监控了。在此之前，所有负责监视乔菲的人都会定期找到沃伦，报告说：'你看，拉尔夫的杠杆太高了！拉尔夫做这种事了！拉尔夫的策略没有意义！'不让监控之后，这些人一般就会被明褒暗贬，然后被轰出去。不过，也不是所有人都被轰走了。沃伦不傻。但一般沃伦就会跟他们说：'没你的事。不需要你监督。乔菲已经不是我们的顾客了，别管他。'他和贝尔斯登的主营业务已经没什么关系了。"然而，直到2006年11月，乔菲还是不太明白，已经不能跟贝尔斯登做交易了。11月9日，乔安玛莉·普萨特里给乔菲发电邮："我不想跟你争辩，但上头下了命令，我们绝对禁止与贝尔斯登发生一切回购行为，不论是否PTL[1]。"

＊

每月，高级基金都会发布投资者回报摘要，明确声称："通过资本市场套利，以及借出和借入款项产生的利差，来获取全部年化收益。高级基金主要投资的是'高质量可变利率结构性金融债券'。一般地，高级基金的总资产的90%会投资到AAA级或者AA级的结构性金融资产当中。"2004年，高级基金的回报率（不含各种费用和其他开支）为16.88%。2005年，净回报为9.46%。2006年1月底，基金公布本月净收益为0.86%。此时，基金的抵押品有30%投入了"资产担保证券"，很多投资者认为，这些证券，要么是高质量的信用卡应收款，要么是汽车贷款应收款；还有15.2%投入了次级住房抵押贷款证券。当时，乔菲还想出了一个主意，建立一只新的杠杆基金，以"更好地适应一些投资者的要求，因为投资者可能在寻找更高收益的可能性，与此同时又想不离开

---

[1] 应该指的是一项业务，具体不详。

基金原有的投资参数"。乔菲鼓励有兴趣的投资者建立"备用容量"。新的"杠杆基金"（Leveraged Fund，此处为专有名词）的理念是：进行与高级基金类似的投资，只是所用的钱，有更大一部分是借来的钱。2006年3月，乔菲和丹宁与一些感兴趣的投资者召开电话会议。两人认为，2005年高级基金回报的9.5%，如果换成新的杠杆基金，回报就可能达到15%~22%，收益率的高低取决于杠杆率。2006年4月，有一次，丹宁和一位感兴趣的投资者通电话。投资者问丹宁：这只杠杆基金在什么情况下会发生"完美风暴"[1]？丹宁回答："关键在于，完美风暴并不会导致资产清算。"

　　丹宁还谈论了自己和乔菲的一个观点：对2007年经济环境的展望。丹宁认为，经济发展会放缓，美联储会降低利率，利差会加大。丹宁说："我们已经做好准备应对更大的利差，因为我们正在卖空次级贷款，同时我们也得到了适当的对冲。"丹宁解释说，人们担忧2006年发行的次级贷款，是因为"承保标准放松了"；而承保标准放松的原因是"无收入证明贷款、贷款／价值比率较高，还有美国信用评分（FICO）分数的'较大散布范围'"。丹宁说，高级基金"避免了购买这种账龄的抵押贷款"，这里指的是2006年发行的"净空头"抵押贷款；而且，"数据并没有显示，有全国范围的地产泡沫"，只有"各个不相关的区域性麻烦"。丹宁说，如果2007年跟2006年一样，那么高级基金收益率就会从10%升到11%，而且新建的强化杠杆基金（Enhanced Leveraged Fund）回报率至少会达到14%。

　　2006年7月底，高级基金报告的（本月）净收益率是0.83%，此外还对投资者公布，基金的50.5%投入了资产担保证券，6%投入了次级贷款。乔菲致信投资者："尽管住房市场有显著衰退，次级贷款信用基金也有恶化，但总体结构性信用利差依然保持坚挺，高级基金的各类资产

---

[1] 指一些事件组合，独立发生时没有危险性，但合并发生时会带来灾难性后果。

的信用表现也仍然良好。此外，我们并未在任一特定资产部门观察到明显的市场价格疲软现象。"这时候，高级基金投资者当中，已经产生了相当的混乱，不知哪些种类的证券才属于"资产担保证券（Asset-Backed Securities，简称ABS）"。2007年1月、3月，投资者们先后召开了两次投资者电话会议，会上都讨论了这个问题。比如，2007年1月，一名投资者问乔菲，投资者月报中"ABS CDO"一栏，包含哪些资产。然而，实际的报告，只说了ABS，并没有说ABS CDO。这一不同，让很多投资者困惑不解，乃至于在一次会议上，丹宁专门为一名投资者在印着ABS一栏的上面手写了"ABS CDO"。这名投资者和乔菲谈了很长时间，谈话有时候也令人费解。不过，乔菲的回答却明确宣称，"ABS CDO"一栏中，存在多种次级贷款。乔菲说："我要非常明确地表示，我们拥有的结构当中，包含了次级风险。我们不相信，住房泡沫会带来世界末日。"[1]这里要提一句：2007年9月，对冲基金海曼资本的管理合伙人凯尔·巴斯在国会作证。巴斯曾因为做空次级抵押债券而大赚了一笔。有些人说，是巴斯要求高盛更替交易，充当贝尔斯登对手方，引发了2008年3月对贝尔斯登的挤兑。凯尔·巴斯在国会作证时说，ABS CDO这一分类，是在20世纪90年代后期产生的，包括多种资产，如"飞机应收款、抵押贷款等"。然而"到了2003年下半年，ABS CDO几乎全部都是次级抵押贷款了"。

2008年6月针对乔菲、丹宁的一份起诉书声称：到了2006年8月，"高级基金的表现开始下滑。投资者感觉受到了威胁，从高级基金提款。为了应对表现下滑，应对投资者提款"，乔菲和丹宁在沃伦·斯派克特支持下，又成立了第二只基金——强化杠杆基金（Enhanced Leverage Fund），主要投资各种CDO，而且"采用的杠杆规模（比高级基金）大大增加"，与此同时，承诺更高的回报，但只存在"有限的附加风险，部

---

[1] 参见前文第二章，给贝尔斯登的名声带来了严重损害。

分是因为强化杠杆基金投资的证券当中，含有的风险最小的证券比例升得更高了。杠杆增加，会导致利润增加"。8月1日，高级基金分成两只基金，其中36.74%的款项（约合5.6亿美元）转入强化杠杆基金。《金融时报》盛赞了强化杠杆基金，理由是乔菲"在业内享有盛誉，而且贝尔斯登是抵押贷款业务的巨人……抵押市场因高风险借款人违约增加，而面临越来越大的混乱局面。人们认为，如果有什么人能够收拾抵押市场的混乱局面，那就非贝尔斯登和乔菲不可了"。

9月17日，丹宁担忧与贝尔斯登交易的暂停会损害高级基金的流动性；丹宁还担忧，新的强化杠杆基金要怎么为头寸融资。公司还有一位负责两只基金的高管，名叫雷·麦加瑞格（Ray McGarrigal）。第二天，丹宁给乔菲、普萨特里、麦加瑞格写信，说了他认为应当"如何处理回购"的事。丹宁说："我认为，我们已经得到明确授权，尽快消除与贝尔斯登的回购。变更主要经纪人是一个选项，但不能即时完成，而且有多种困难。"丹宁提议，应获得"一定量的"无负担资产，这些资产必须能够从贝尔斯登之外的途径融资。丹宁还问几位合伙人，他们有什么意见。

9月19日，雷·麦加瑞格回答丹宁：如果今后再也不能与贝尔斯登交易，就会损害两只基金。雷·麦加瑞格在回信里说："贝尔斯登是第一号抵押贷款证券公司，也是CDO发行者的前5名。我认为，我们应该努力完成一切必要的合规步骤，好继续到目前为止的操作。"然而，这件事此后却石沉大海，没有实施。而BSAM禁止乔菲与贝尔斯登交易的禁令也一直有效。

*

好像乔菲两只对冲基金的一切阴谋诡计还不够让人糊涂似的，乔菲跟同事们又决定进一步让局面复杂化：他们成立了一个新的实体，以持有两只对冲基金那些流动性较低的CDO，金额达到数亿美元。这个实体原来叫防卫墙（Rampart），后来改名无尽使命金融（Everquest Financial）。乔菲的两只对冲基金，通过把缺乏流动性的证券卖给这家新公司，就能用一种新的方式，从市场里筹到现金。这家以盈利为目的的防卫墙公司，会向其管理的资产组合收取管理费。另外，防卫墙公司进行IPO上市，由贝尔斯登承保的时候，对冲基金的投资者们，也会从他们在防卫墙公司拥有的股权中受益。乔菲在防卫墙公司的合伙公司是"石塔"（Stone Tower），这是一家拥有77亿美元资产的对冲基金，主要投资结构性信贷证券。

防卫墙公司花费5.488亿美元，从乔菲两只对冲基金购买了CDO：防卫墙股票1600万股，每股25美元；还有1.488亿美元现金。然而，就连雷·麦加瑞格和丹宁自己，都很质疑防卫墙公司交易的功效如何，于是对乔菲提出了这个问题。9月5日，雷·麦加瑞格给乔菲和丹宁写电邮，表示担心卖给"防卫墙公司"的证券"可能是我们曾经拥有的最好的东西"，而且"已经给了我们的投资人一笔非常划算的买卖"。雷·麦加瑞格还担心两件事：（1）为了换取"石塔"公司的证券，两只对冲基金不得不放弃一部分管理费。（2）资产管理的方式将会跟迄今为止的方式不一样。

丹宁回信说：对防卫墙公司，"我也有着担心。我们把很多大号鸡蛋放在了一个篮子里，包括我们的'特色之蛋'"[1]。丹宁还担心防卫墙公司的"流动性和永久资本。我们是否真的知道，在我们卖出公司股票之前，有什么特殊的披露规则必须遵守？我担心，我们的一切卖出行为，都会引发其他股东猜疑，并产生价格波动风险。我从纽卡斯尔公司（Newcastle，另一家公开上市的房地产投资公司）知道，投资者想要知道，管理层把自己的钱投到了交易当中。这一点，似乎与我们的希望——堡垒公司会给对冲基金提供更大流动性——是互相冲突的。我们的对冲基金将会完全暴露在市场波动之下。我们要是在一个头寸中有问题，问题

---

[1] 指的是最要命的CDO资产。

影响了分配，我们就会面临未知的价格行为了"。

第二天，乔菲回信了，告诉同事们，他们提出的问题很好，"另外，天知道，我在过去3~6个月中，质疑这笔交易10多次了"。但乔菲还是觉得，好处要大于隐患。主要的好处是"因2亿美元现金的注入，能够增加我们对冲基金流动性；还能减少CDO头寸[1]"。乔菲接着写道，"IPO对流动性，对以市价核算的收益，都有明显的好处"。乔菲说，贝尔斯登银行家认为，两只对冲基金在防卫墙公司的股权，比乔菲为股权付出的价值，会立刻高出20%~30%。他认为，这一差额在下一年将会使对冲基金收益增加4%~5%，这一增加量是很可观的。乔菲还确信，随着防卫墙公司的发展，在支付给对冲基金的"零风险资产管理费方面，也具有明显好处"。在"IPO能筹到4亿美元"的情况下，乔菲把管理费定在了一年500万美元。最后，乔菲写了一篇银行业的官样文章，充满各种行话。他写道，防卫墙公司的交易，将会允许两家对冲基金从多种风险更大的CDO（它们在回购市场中更难以融资）当中，创造出一项价值1.4亿美元的风险更低的CDO。乔菲说："我们是一家结构性信贷基金，对外宣传说，我们会参与资本市场套利。这是我在很长时间中看见的比较好的套利行动之一，所以，马特，我认为我们的投资者会欢迎这笔交易，也会信任我们的判断。"

雷·麦加瑞格也给乔菲回了信，说只要乔菲能与石塔对冲基金达成划算的交易，自己就支持与防卫墙公司的交易。乔菲回答："我会坚持，求得成功。"又写道："我在努力保持我们的企业精神，对抗BSAM的官僚和制度的影响。我并不是要反对这一切，我知道，官僚和制度是需要的，也富于智慧，但我想让双方都有这种感觉；我想让官僚和制度符合我们的目标，而不是损害这种目标。"

乔菲迅速形成了创立防卫墙公司的计划。他回复了丹宁9月17日的

---

[1] 原文为equity position。推测指CDO经营产品的负债端的权益层。负债端分为3个层面——优先层、中间层、权益层，其中权益层风险最高。减少权益头寸就是减少风险。

电邮，回答了流动性问题。乔菲说："至于流动性问题，我们可以凭借防卫墙公司股权在回购市场上融资；另外，如果我没记错，在防卫墙公司上市之后，我们的流动性会超过2亿美元。所以，除非我们在短期内完全解体，否则不会有流动性问题。我们需要发现的是，如何劝我们大多数有限合伙人往强化杠杆基金投钱。这需要一定的时间，但我们一旦做到，就能够轻易从巴克莱银行获得流动资金。"此时，巴克莱银行刚刚为新成立的强化杠杆基金提供了4亿美元信用额度。后来有不止一个人起诉BSAM、乔菲、丹宁，其中至少一名原告相信，乔菲在2006年9月给丹宁的电邮就是证据，证明他们那时候已经知道"高级基金的长期前景非常悲观，为减轻这种悲观，只能将大部分高级基金投资者的钱，转移到新的强化杠杆基金里"。

*

讽刺的是，早在2006年春天，丹宁和乔菲正忙着游说巴克莱银行给强化杠杆基金提供4亿美元贷款的时候，这两个对冲基金经理想尽了一切手段，告知巴克莱银行，这些结构与投资怎么怎么安全。4月6日，丹宁致信巴克莱银行："我们也十分乐意与您讨论基本投资组合的信贷及组合限额。这样，如果发生严重的信用恶化，我们就可以将其计算在内，降低杠杆。我不想反复讲同样的话，但这项交易的价值，在高质量信用标的资产的信用透明度中，展现得清清楚楚。我们手中有详尽的信用标的资产数据，随时可供贵公司调阅。我们甚至可以对这些数据进行详尽分析，为贵公司定制分析报告。请看这些投资组合评级的稳定性吧。"5月1日，与巴克莱的谈判正在进行的时候，丹宁给银行的联系人发电邮，安抚他们说，强化杠杆基金不会投资那些有风险的资产，会符合那些已经达成协议的投资方针。丹宁介绍：基金要投资的那些"AA级、AAA级的资产"，有着"极低的波动性"。丹宁还说，新的"强化"结构，将会"继续如高级基金一般，在资本结构最优良的部位运作"；将会"关注对那些收益率浮动最大的产品的最终敞口"，并且"为投资者产生谨慎的回报，这一回报允许我们的组合经理和结构性团队，全身心投入市场那些流动性最高、价值最大的领域"。

2006年9月底，乔菲准备正式成立防卫墙公司。他计划完成3个任务：（1）卖出两只基金的"高产出、低流动头寸"；（2）成立一家能够上市的公司，该公司的股票，能以超出未上市前价值的价格在市场上流通；（3）提供"一种永久的资本运载工具，能够持续接触资本市场"。防卫墙公司的管理费，有6%将要汇入乔菲的两只基金。出于各种原因（例如，贝尔斯登将为防卫墙公司投资2500万美元，乔菲正在卖资产给防卫墙公司），两只基金的独立董事，需要在第三方陈述"公平市场价值过程的合理性"之后，再批准交易。然而，9月29日，乔菲却面临一个问题：两只基金当时并没有两名独立董事。这个缺失正是乔菲运营对冲基金的特色——大大咧咧，不重视法律细节。乔菲一听人说，就在29日发了一封电邮，找到了"吉尔摩（Gilmore）和吉尔伯特（Gilbert）"（电邮里关于两人的身份，就只有这么一个名字），还催促一个同事"让这两个人最晚周二必须指定正式的董事会成员"。周二是10月3日，原定当天必须有独立董事批准交易。于是来了一场典型的"最后一分钟营救"，指定了独立董事，批准了乔菲的交易。然而，有一件事好像无可怀疑，那就是，到2006年9月底，在他们所重仓的复杂抵押贷款证券的作用下，金融市场正在走向干涸。

这种形势，迅速影响了两只基金本身的表现；买家少于卖家，必然导致证券价值降低，这就意味着基金投资者的回报也会减少。不仅如此，乔菲和丹宁当初宣传两只基金的时候，还对投资者吹嘘，投资有多么安全："高级基金的目标是为投资者提供一个适度、安全、稳定的回报来源。"还加了一句，说投资者"能够期待10%~12%的年化收益"。这只基金的设计目标，并不是打出"本垒打"；理念是，"风险只比货币市场基金略高"。而这一理念，在每月发给投资者的业绩申报中都会重申。

乔菲每月都对投资人重复自己的投资理论。两只基金的一位投资人说："这是一段创纪录的话。大致的意思是说,基金的90%投资在AA级、AAA级的结构性金融资产,目标是通过'射程交易'创造利差。我们正在迎来经济增速的减缓,我们认为抵押贷款违约的现象会增加。我们认为,人们买入住房抵押贷款证券的兴趣会降低。我们尤其关注2006年抵押贷款的账龄。我们正在缩减基金中的杠杆。"

2006年8月到9月,乔菲发表一篇评论说,这几个月来,两只基金的表现是正面的:8月,高级基金上涨0.69%,强化杠杆基金上涨0.62%;9月,高级基金上涨0.99%,强化杠杆基金上涨0.96%。此外,预测住房部门将持续低迷。乔菲说:"我们在先前的邮件和电话里讨论过,我们正在密切关注这一局势。过去几年,房地产一直在拉动经济;该部门增速的放缓,也会拖慢经济。"乔菲还说,这些基金是"监控系统的监视器",只要"违约率"有一点增加,就会"预先"警告他们;此外,这些基金还是一个"早期预警系统",让他们能够"对冲这些风险"。乔菲重申了自己的信念:"我们拥有的证券组合,主要是AAA级、AA级、A级证券,因此进一步降低了风险。我们相信,风险最高的抵押贷款是在2006年出现的。我们十分小心,只买了少数2006年发放的抵押贷款。"乔菲还告诉投资者,防卫墙公司拥有"重新打包的工具"。他打算马上向美国证监会递交上市申请材料,启动上市程序。预计6~9个月内,防卫墙公司就能上市。

这位投资者收到了2006年12月的声明,还附了一份2007年的展望。投资者回忆,展望是这么说的:"2006年年初,我们曾告诉您,住房抵押贷款证券的市场将会恶化,抵押违约率将会上升。我们已经把敞口从55%缩减到22%。"投资者又回忆道:"如果您连续18个月投资了乔菲的产品(之前收益率很高),您就会告诉自己:'我选对人了! 他告诉我应该这么做,他已经为这样投资做好了准备。他要么赔不了钱,要么就能在机会来临的时候赚很多钱。'"投资者说:"白纸黑字,就那么写着。"高级基金12月的声明,不光显示了1.22%的月回报,还显示了10.67%

的年回报，而且显示基金的抵押品有67%投入了ABS（资产担保证券），只有6.2%投入了次级贷款。2006年12月，《纽约时报》发表文章，进一步强化了"住房市场出麻烦"的理念。这篇文章说的是佛州那不勒斯市举行的一次为了尽快把一些住房卖掉的拍卖会。报道说，拍卖会的结果"显示拍卖的住房自从2005年以来，丧失了大约25%的价值"。记者大卫·莱昂哈特（David Leonhardt）在文章的最后，做了一次有预见性的评论："过去数十年间，全球金融体系，每隔三四年就会爆发一次危机。1987年有股市崩溃；20世纪90年代有亚洲危机、墨西哥危机；2000年有网络股的崩溃；最近一次是2001年9月11日以后发生的危机。我们现在可以说，用的全是借来的钱，借来的时间。"

到2007年1月，高级基金声明宣称，基金月回报为1.09%，77%的抵押品投入资产担保证券。乔菲向投资人汇报，2007年2月，基金的净回报为1.38%，高达81%的抵押品投入资产担保证券，6.1%的抵押品投入次贷。

月报中，乔菲承认，2月很艰难——对别人而言。他说："2月，结构性信贷市场的波动很大。特别是与次级贷款相关的信贷。整个2月，次级贷款发起者中有很多人遭遇了失败，而且2006年次贷证券化的早期违约率达到了创纪录的高水平。大众传媒报道了很多次贷市场潜在的灾祸。由此让次级信贷衍生品指数迅速飙升，这又引发了抵押担保资产在整个资本结构中的、范围更广的利差扩大。"虽然别人的光景很糟糕，但高级基金却"为这种利差扩大做好了充分准备"，因为"2006年下半年的对冲措施已经到位"。

＊

问题在于，这些话没有一句是真的。乔菲在月报里对投资者说，他采取了措施避免投资住房抵押贷款证券，但实际上并没有。他做的事情正好相反，而且恰好在错误的时间点，买入了大量不良证券。因为乔菲已经不能跟贝尔斯登做交易了，所以乔菲一直在做什么事，贝尔斯登也就不知道了。保罗·弗里德曼说："我觉得，不能从贝尔斯登买入、借钱，这本身并没有损害拉尔夫。有很多人愿意为了跟拉尔夫做生意，互相打得头破血流。通过向拉尔夫卖出，借给拉尔夫钱买资产，很多人在事业上取得了成功。拉尔夫的事业就像一个气球，气球升起来的时候，他们有140亿美元回购资金，还有足够的附加容量。什么损害了他们呢？一旦他们不当我们的交易对手方了，贝尔斯登作为交易方的人，也就全都不注意他们了。先前，信贷部门经常对他们进行评估，抵押贷款交易柜台要是觉得拉尔夫可能在做一些可疑的事，也会时不时过去看看。可一旦我们不再做交易了，那么谁都不知道他们在做什么了。"

第二十六章

"次贷市场整个叫人煮了"

保罗·弗里德曼不知道乔菲在对冲基金里干什么；吉米·凯恩很可能也不知道。贝尔斯登在乔菲的对冲基金组合里的投资只有2000万美元。这种相对小额投资的对冲基金组合的具体情况，华尔街大型企业的CEO原本就不该了解。贝尔斯登的业绩依然辉煌耀眼。2006年8月30日之前的9个月中，贝尔斯登收入接近15亿美元，超过了2005年全年收入14.6亿美元。

9月，贝尔斯登决定重组多个部门，主要包括股权衍生品部门、结算部门、股票交易部门，让这些业务全都向斯派克特汇报。重组之后，似乎一切股权业务都向斯派克特汇报了，这还是破天荒头一次，实际上等于将企业收入90%的控制权都给了他。普通员工很困惑：施瓦茨怎么会听任这种事情发生呢？ 一位高级常务董事回忆说："开完会，有些人去找施瓦茨说，跟他说：天哪，沃伦掌权了！ 施瓦茨回答：伙计们，不会有什么变化，我们只是要把业务集中起来让一个人负责。"消息发布之后，又开始有人议论说，斯派克特要继承凯恩大统了。一名高管评论斯派克特："继承人之类的身份，他十分喜欢。他要是当不上CEO，就会让全世界知道，吉米只是名义上的头领，他斯派克特才是赚钱机器。他还想要在表现上超过吉米。他想要公司在这个财季有个好的表现，还想让股价上升，这样他就能变成更大的富翁了。"公司股票好像坐了火箭，2006年飙升到每股150美元，让凯恩的财富数以十亿计。《福布斯》列出了美国富豪前400位年度排名，也提到了这个情况。2005年，凯恩排名在384位，财富9亿美元；一年之后，升到了354位，财富11亿美元。凯恩财富增长的绝大部分，要拜那680万股贝尔斯登股票之赐。实际上，到2006年年底，在华尔街证券公司巨头当中，身价超过10亿美元的只有凯恩一个。这个殊荣给他增添了一份趾高气扬，不是因为他那帮兄弟买不起的东西他买得起，而是因为，大学辍学、白手起家的人向来不少，凯恩却以自己的方式成了他们当中最优秀的人。多亏了《福布斯》杂志和贝尔斯登，凯恩1998年在LTCM崩溃事件中突然反叛的记忆，似乎已经很遥远了。

于是，2006年11月，《机构投资者》（*Institutional Investor*）杂志给凯恩做了一期封面专题，似乎也就天经地义了。文章除了历数贝尔斯登的诸多辉煌之外，还提了一个问题：贝尔斯登在抵押贷款证券行业投入了巨资，而住房售价会不可避免地随着住房价值而下降。这个时候，贝尔斯登的投资会不会让自己变得很脆弱？ 文章作者名叫皮埃尔·波尔登（Pierre Paulden）。他指出，贝尔斯登曾用2600万美元买下安可信用公司（Encore Credit Corporation），这是一家次级贷款产品开发商；2005年，贝尔斯登又成立了贝尔斯登住房抵押贷款公司（Bear Stearns Residential Mortgage Corp），通过一个名为Beardirect.com的网站（现已废弃）在29个州制造抵押贷款产品。在2006年三季度，这家公司负责设计了贝尔斯登发行的31%的证券化抵押贷款产品，几乎是2005年数量的两倍。贝尔斯登还拥有EMC抵押贷款公司（EMC Mortgage Corporation），这是一家贷款合并与服务企业。这些小型收购，目的是组建一条完全独立的抵押贷款生产线，一切步骤自己完成。这条生产线能够发放贷款，提供服务，将贷款打包成可以出售的证券，然后卖出。皮埃尔·波尔登说："直到最近，贝尔斯登一直在走下坡路；但眼下贝尔斯登的路又开始往上倾斜了。"皮埃尔·波尔登发现，住房市场在降温，美国发放的抵押贷款，在2004年为2.7万亿美元，2005年降到了2.4万亿美元，2006年还可能进一步减少15%。时任庞克·齐格尔公司分析师的理查德·X.波弗说："抵押贷款业一旦衰退，将衰退得格外厉害。住房市场如果如我预料的那样低迷，抵押贷款业就不会是住房市场盈利的助推器了，而是会让市场进一步恶化。"然而，斯派克特却依然很有自信。他被皮埃尔·波尔登称为"固定收益圣人"。他说："我们不怕熊市。我们在这些循环当中，已经占有了自己的市场份额。"

现在，贝尔斯登的股价已经超过了票面价值的4倍。2000年，凯恩曾经告诉分析师，股价在票面价值4倍的时候，凯恩就会出售公司。于是，也就不可避免地出现这个问题：是否应该选择合并对象了？皮埃尔·波尔登认为，贝尔斯登对摩根大通来说，"将会是完美的收购对象"，因为摩根大通一直想买下贝尔斯登主要经纪业务，还有抵押贷款证券化的业务。研究分析师布拉德·海因茨（Brad Hintz）说："这可能会是天作之合。"贝尔斯登大股东布鲁斯·谢尔曼则认为，成与不成都有可能。谢尔曼说："对于买家来说，贝尔斯登的规模比较合适；如果贝尔斯登表达了要出售的意思，摩根大通给的售价肯定能让他们满意。不过，贝尔斯登也证实了，在当前环境下，他们独立经营也能做得很好。"

这篇文章，凯恩非常讨厌。为了某种一定是嘲弄的理由，凯恩命令斯派克特给杂志社写一封信，想让杂志社把皮埃尔·波尔登开除。波尔登在文章里犯了几个小错误，凯恩一一反驳。例如：凯恩当初在普渡大学退学的时候，还差一个学期没有拿到学位，但波尔登说成是凯恩入学后两年退学；凯恩第一次结婚之前当销售员的时候出了车祸，波尔登说成是结婚之后出的车祸。

尽管凯恩鸡蛋里挑骨头，却丝毫没有阻止投资者对贝尔斯登的惊险游戏前赴后继。[1]2007年1月17日，贝尔斯登股价冲到了空前绝后的日内最高点：每股172.69美元。此时，凯恩持有贝尔斯登703万股，仅此一项价值就高达12亿美元。凯恩到处旅行，一般都是为了参加桥牌锦标赛；不是坐私人喷气机，就是坐直升机。凯恩在新泽西州埃尔伯龙市修建了一所木瓦式的宫殿。每周四下午，他在这里坐直升机出发，经常去的地方是新泽西州迪尔市（Deal）"好莱坞高尔夫俱乐部"（Hollywood Golf Club），飞机就降落在俱乐部球场的第一个高尔夫球钉旁边。此外，他还想在曼哈顿售价更高的住宅楼，买下一套更大的公寓。凯恩有冷酷无情的能力，创造出这么大规模的财富，于是，麦迪逊383号似乎有很多人真心崇敬他，大楼外面似乎也有很多人不得不佩服他。毕竟，有一句老生常谈：华尔街的比赛当中，得分的终极手段就是财富。执委会其他成员，也毫不羞涩地积累财富的符号，并展示出来。斯派克特也很迷恋私人喷气机，他在玛莎葡萄园岛上有一处夏季的房子，在佛州棕榈滩县有一处冬季的房子。冬季的房子是一栋西班牙风格的豪宅，有5间卧室。他在2001年迷上了这栋豪宅，就买了下来。平日，斯派克特住在一栋复式公寓里，公寓位于第五大街和西11大街路口西南角，第五大街40号。

凯恩想在曼哈顿买一所更大的公寓，斯派克特也这么想。2006年11月，斯派克特签了合同，花了3314.8万美元，买了一栋宽55英尺（约17米），面积1.5万平方英尺（约1400平方米）的宅子，位于第五大街40号拐角的另一侧。凯恩和大多数华尔街高管都青睐曼哈顿上东区（Upper East Side），斯派克特却不这么认为。1985年，斯派克特搬到曼哈顿下城，后来跟一个女演员结婚，将大部分精力投入纽约公共剧院（Public Theater）的管理工作中，2005年7月当上剧院董事会主席。他自己承认，他既不是嘻哈潮男，也不向往农村生活。的确，他很爱担心，经常咬指

---

[1] 如果摩根大通要收购贝尔斯登，肯定是溢价收购。既然存在这种可能性，市场肯定就要做出反应，买入贝尔斯登股票。可惜凯恩完全不想卖。

甲咬到肉根。当然他也很有钱。当初凯恩逼迫高管卖掉CAP股票，于是他在2005年、2006年卖掉了数以亿计美元的股票。2006年，斯派克特还考虑过离职，因为他意识到自己的影响力在减退，而且凯恩很可能已经堵死了他爬到最高级的途径。斯派克特的一位同事说："他以前开玩笑说，他40多岁，凯恩70多岁，他却不知道，谁在公司可以撑得更久。"

凯恩与斯派克特两人，不日即将迎来莎士比亚笔下"李尔王"（King Lear）式的转折，由盛转衰。一名前任高管说："我真的相信，正是因为贝尔斯登股票的表现那么好，公司才受到了最严重的打击。股价坚挺，让凯恩就敢于不听别人劝，而他真正擅长的只有这一件事——听人劝。他往上爬的时候，巩固权力的时候，总是听人劝。从政治角度，他总是能理解目前的情况。而他一爬到顶层，想得更多的，就不是领导公司，而是巩固自己的权力。他开始依赖那些更弱的人，比如萨姆·莫利纳罗，但萨姆并不称职。[1]莫利纳罗当财务总管不错，当CFO也不错，但他还想当风控经理，还想主管业务。老A非常讨厌莫利纳罗：'这个白痴会计怎么冲我们指手画脚？他以为自己是谁？'我觉得，如果在合适的岗位上，莫利纳罗可以发挥很大价值。但老A会说：'这个白痴会计知道什么啊？'"[2]斯派克特的转折点，是在凯恩终止CAP的时候。斯派克特在盛怒之下，以每股100美元的价格卖掉了大部分股票。如今，股票涨到了每股170美元，当初的这个决定就更显得糟糕了。一名贝尔斯登高管说："他现在觉得，当初能赚的钱没到手，于是特别生气。这样就更让人生气了……如果当时他仍然把全部资产投在贝尔斯登股票里，不卖出去，那么他得到的就都是正面的收益，毫无资产缩水的风险。这一点，对我们来说，本来应该是一个重大信号，说明他已经变了。因为我们既然知道沃伦·斯派克特完全是一个金钱利益驱动的人，那么，见到他卖了那么多股票，就应该惊叹：'哎呀，他这变化可真大！'但有时候我们会把

---

[1] 事实上凯恩的威望已经被斯派克特超越了，凯恩这是想借萨姆去打压斯派克特。

[2] 老A对风控十分在行，所以看不上莫利纳罗。

这个信息过滤掉，对自己说：'啊，沃伦还是沃伦，他手上还有很多股票。'但是，沃伦原本做事非常有条不紊，用数学思维看问题，凭着直觉，就能像电脑一样精确地了解情况。他会卖掉这么多股票，这转变不可谓不小。"

*

1月17日，贝尔斯登股价涨到空前绝后的高度。才过了几个星期，承受杠杆巨浪的堤坝就出现了裂缝。有一家房地产投资托拉斯，也是主要的抵押贷款公司（主要贷款给信贷评级不高的借款人），名叫新世纪金融公司（New Century Financial Corporation）。2月7日，公司宣布，从借款人手中买回的住房抵押贷款，入账出现了问题。这么一来，上一年的大部分收入，就被揭露了是虚报现象。第二天新世纪金融公司本来要举行的财报电话会议，也取消了。新世纪金融公司的股票下跌了37%，为每股19.24美元，是52个星期以来的最低点。在同一天，横跨欧亚的银行巨头——汇丰控股（HSBC Holdings）发表声明，称自己正在为变成坏账的抵押贷款增加准备金；豪宅建筑商托尔兄弟（Toll Brothers）宣称自己的经济前景正在迅速暗淡。

两天后，《纽约时报》发文吹捧美联储纽约分行行长蒂姆·盖特纳，文章标题《暴风雨前的宁静》（Calm Before and During a Storm）。盖特纳越来越担心的信贷衍生品市场，目前规模已经达到26万亿美元，而且还在继续增加。盖特纳说："我们已经看到，金融系统出现了重大变化。出现了一个庞大的杠杆私募基金的世界；有些金融工具结构更加复杂，流动性不强，这些工具正在迅速增多；而且这些情况，都发生在波动性很低的阶段。这意思就是，我们对于紧张条件下的市场动态，了解得更少。"文章最后说："当然，真正的考验，是危机降临的时候，不论什么危机。"

贝尔斯登有一位高级常务董事吉安·辛哈（Gyan Sinha），负责资产担保证券和担保债务凭证的市场研究。2月12日，吉安·辛哈召开投资者电话会议，与会者有900人左右。他在会上阐述了自己的想法，他认为，对新世纪金融公司与汇丰控股的消息，市场反应过度了。有一系列同次级抵押贷款相关的信用违约掉期，统称ABX指数，让人们可以为这些抵押贷款的价值打赌。吉安·辛哈说："现在正是买入ABX指数的时候。"他还说，按照他的模型，"市场反应过度了"，公众对所谓抵押贷款市场问题加剧的言论，应当"十分怀疑"。2007年4月17日，吉安·辛哈曾经在国会就次贷市场问题作证。他要不是人气那么高，舆论本来不会那么关注他的表态。前任房利美经济学家托马斯·罗勒（Thomas Lawler）看了吉安·辛哈的研究报告后说："看见贝尔斯登放出来的报告，会想到可能有两种情况：第一，他们对严峻的局势，不像别人领会得那么快；第二，他们真的想用吹捧的方式把市场再吹起来。我不知道哪一种情况才是真的。"

2月14日情人节，新世纪公司宣布了两个消息：（1）众多股东已经对公司提起诉讼。（2）高盛有一笔贷给新世纪公司的信用额度，本来应该2月15日到期，然而，经过两周的艰苦谈判，高盛同意将这笔信用额度延期3个月。但高盛坚持，"一旦有风险的苗头"，就能够终止协议，因此高盛等于是从新世纪公司胸口挖出了一磅肉，就像莎翁笔下的残忍商人夏洛克一样。

讽刺的是，当天晚上，黑石集团两名联合创始人之一的苏世民为庆祝60大寿，在公园大道"军械库"（Armory）大楼，举办了花费400万美元的盛宴，邀请了350位曼哈顿名人参加。宴会由著名演员马丁·肖特（Martin Short）主持，蓝调歌后帕蒂·拉贝尔（Patti LaBelle，又译佩蒂·拉贝尔）献唱。菜单有龙虾、阿拉斯加烤鳕鱼，还有一瓶2004年路易亚都雪内拂（夏山－蒙哈榭一级园）白葡萄酒（Louis Jadot Chassagne-Montrachet）。凯恩也去了。《纽约时报》后来报道："苏世民先生是一位身价数十亿美元的富翁，活跃的共和党支持者，华盛顿肯尼迪中心（Kennedy Center）主任，影响力深入金融界、政界、艺术界。这次宴会，相当于苏世民先生的加冕典礼。"

有一家"新星金融公司"（NovaStar Financial），业务类似新世纪公司，也贷款给那些信用记录不良的人。2月21日，新星宣布四季度亏损达到惊人的1440万美元，还告诉股东，可能接下来4年都不会赚到足够的钱支付红利了。消息一出，新星股票下跌近43%。

3天后，2月24日，《华尔街日报》采访了刘易斯·拉涅里（曾任所罗门兄弟公司高管，手下管着交易员豪伊·鲁宾）。拉涅里是抵押贷款证券的教父，20世纪60年代在所罗门兄弟公司的时候，曾率先进行抵押贷款证券交易，直到1987年被挤走。《华尔街日报》报道："这位满脸皱纹的60岁老人说，他十分担心不良抵押贷款的增值，担心那些为贷款融资的晦涩方法。不明白风险的投资人太多了……拉涅里说，问题在于，过去几年，业务发生了巨大变化，导致美国住房市场若是再出现一次突然衰退，参与者就会全都尸骨无存。他在最近一个研讨会上说：'我不知道应该怎样才能理解，目前整个体系这种牵一发而动全身的效应。'有一个越来越严重的问题：瑞士信贷集团（Credit Suisse Group）统计，2006年，次级贷款的借款人，有40%无需支付会计存根或其他资产净值的凭证，而且贷方越来越依赖计算机模型为住房估值。拉涅里说：'我们并不真正确定，借方收入是多少……我们也不确定，住房价值是多少。因此，我们有些人会紧张一点，也就天经地义了。'拉涅里还进一步担心，有太多抵押贷款被华尔街公司打包成CDO，又分成小块，出售给全世界的投资者。这种情况下，美国住房抵押贷款就被分散到了一个'远不那么成熟的社会'当中。"对此，《华尔街日报》明确宣称："拉涅里先生并不是在预言世界末日。抵押贷款当中有一些比较新的种类，在违约方面可能会表现'极差'，给一些投资者造成损失。但是，拉涅里先生也说，未偿还抵押贷款'绝大部分'有更坚实的贷款原则作基础，不会引发问题。"2月28日，路透社发了一篇文章，讲述次贷市场隐含的危机，文章引用了新世纪公司与汇丰控股的问题。乔菲告诉记者："我们所见的这些市场还不太成熟，正在度过生长期。市场会通过疏泄疗法，通过清理的过程而实现改善。"文章还引用了乔菲在最近一次债券会议上的发言："直到最近为止，不管是什么CDO经理，都能做成CDO；尤其是那些用人模式简单、技术含量几乎为零、能力又不均衡的新任CDO经理。"[1]乔菲告诉各位投资人："我认为这个野蛮生长模式不会再继续了。但我们仍然准备继续在这个领域赚钱……市场上现在所说的那些话，我们是不相信的。"

3月2日，新世纪公司的危机加重了。表现之一：上市公司必须每年向证监会提交一套备案年度报表，简称10-K报表；然而，新世纪公司却宣称，无法按时提供2006年度10-K报表，除非有"超乎寻常的努力和开支"。这是非常明确的信号，说明灾难正在酝酿当中，特别是已经出现重大错报的情况下。表现之二：新世纪公司的回购贷方提出了追加保证金。花旗先前已经要求新世纪公司为花旗的各种贷款和资产进行7.1亿美元再融资。3月2日，新世纪公司又宣称，摩根士丹利已经为花旗再融资，并已经提供另外2.65亿美元融资，用公司的"贷款组合与某些剩余资产"作担保。然后就出现了一个十分可怖的声明："公司目前正在与各家贷方与其他第三方商议再融资与其他获得附加流动性的替代方式。公司不承诺以上任何商议能够成功。"也是在3月2日，新世纪公司宣布，对冲基金经理大卫·埃因霍恩（David Einhorn），绿光资本（Greenlight Capital）总裁，辞去了绿光董事一职。

大卫·埃因霍恩的辞职也相当讽刺，因为不到一年工夫，他就对新世纪公司高调发起了一场代理权之争，为了拿到公司董事会的3个席位。大卫·埃因霍恩会打桥牌，也会打扑克。2006年3月15日，他同意终止代理权之争，拿到董事会的一个席位。大卫·埃因霍恩与新世纪公司妥协，使得绿光资本在新世纪公司的股权比率上升到了19.6%。当时，大

---

[1] 乔菲的意思是，抵押贷款市场过去是粗放式、野蛮式生长，傻子都能赚钱。

卫·埃因霍恩说："新世纪公司是一家很独特，也很有价值的具有专营权的企业。我希望在董事会监管下，将公司的资本有效地配置到最有吸引力的、经过风险调整的机会上。此时，我很期待同大家分享自己的观点。"才过了几天，新世纪公司就宣称，停止接受新的抵押贷款申请，并且因股票交易中的违法行为接受调查。然后，公司信贷额度全部被冻结，各个回购贷方要求公司买回贷款中的84亿美元。但公司没有这么多钱。在1996年，新世纪公司开始搭上抵押贷款的金融顺风车，第一笔贷款贷给了洛杉矶的借方。10年后，2006年2月，公司拥有7100名员工，在全国有222家销售处，每年贷款产品的复合增长率达到64%，2005年抵押贷款达到561亿美元的极限，而1996年仅有3.57亿美元。4月2日，新世纪公司申请破产保护，遭到清算。大卫·埃因霍恩很可能把新世纪公司的投资赔得一分不剩了。这投资曾经一度价值1.09亿美元。

3月7日，《商业周刊》宣称，次贷行业的麻烦正在迅速蔓延。杂志认为，"煤矿中探查毒气用的金丝雀正在一只只迅速倒下"，还强调"至少25家次贷公司"已经倒闭，宣告破产，挂牌出售，或者宣布亏损严重。《商业周刊》说："现在有证据表明，痛苦已经蔓延到了一大片对冲基金、商业银行、投资银行；这些机构全都在买卖高风险次级贷款，为它们重新打包，向里面投钱。"《商业周刊》引用了一名专家的话，此人就是詹姆斯·格兰特（Jim Grant），《格兰特利率观察家》（*Grant's Interest Rate Observer*）半月刊作者、出版人。格兰特说，市场"开始觉醒过来，意识到问题的严重性"，并且进入了"清醒阶段"。有一家抵押贷款咨询公司的主管，名叫特里·韦克菲尔德（Terry Wakefield），说话更直接："这会是一次巨大的崩溃，崩溃的规模前所未有。人们损失的美元会数以十亿计。"

*

到《商业周刊》发文，新世纪公司申请破产的时候，抵押贷款市场的问题，与抵押贷款相关联的证券的问题，已经开始波及贝尔斯登的乔菲对冲基金。当然，公司发布的消息，把这些问题说得十分遥远，好似在火星上一般。2007年2月中旬，贝尔斯登公布了2006年财报，主题是"盈利83年"，以及"上市20年"。2006年营收92亿美元，净收入20.5亿美元，历史上第一次达到20亿美元的里程碑，利润比2005年增加了40%。凯恩满脸堆笑，在报告第3页宣称："过去20年间，我们看到贝尔斯登的蓬勃发展，超越了创立者想象的极限。这一成就，有着坚实的基础。我们当前的资产负债表，已经超过3500亿美元，而贝尔斯登坚挺的信贷质量，也继续得到了股东与评级机构的认可。2006年，标准普尔将贝尔斯登的信用评级上调至A+级，并且带有'稳定展望'；我们相信，这一评级反映了我们对风险评估、管控的努力。这样的努力，使得我们能够谨慎而保守地扩张。"年报骄傲地宣称，贝尔斯登的抵押贷款证券承保业务、整体贷款业务、可变利率抵押贷款业务，在美国均为首屈一指。2006年，《欧洲货币》(*Euromoney*)杂志将贝尔斯登评为北美最佳投行，还评论说："贝尔斯登的战略，在近未来可能会成为新建投资银行最佳的商业模式。"就连BSAM，也在马林领导下表现不俗：2006年的净营收增加了47%，达到3350万美元；管理的资产也增加了25%，达到525亿美元。《欧洲货币》杂志评论，贝尔斯登的哲学"基石"就是关注"重新打包的风险"，或是"更好地理解风险，理解投资者的风险偏好，理解风险与回报之间的平衡"。年报里还登了一张大幅照片，放在讨论BSAM表现的那一节的开始，拍的是身穿定制西服、不苟言笑、威风凛凛的拉尔夫·乔菲。

贝尔斯登吹嘘各种抵押贷款证券的成功，一点也不低调。年报说："(乔菲)这位有着抵押贷款特许经营权的巨子，正在继续引领金融业。在美国抵押贷款证券承保业务方面，我们连续3年名列第一，坐稳了'可变利率贷款证券化'的头把交椅；此外，还在全球担保债务凭证（CDO）业务方面跻身前5名……我们的'垂直一体化抵押贷款特许经营'使得我们能够参与抵押贷款流程的每一步，其中包括设计、证券化、发行、服务。"2006年，贝尔斯登CDO业务增长了50%。贝尔斯登吹牛说："我们在CDO市场的所有门类均取得了成功；在欧洲与美国的发行也获得了成功。这反映了我公司10年来参与该业务的光辉成绩，也反映了市场总体的强势增长。我们领先的承保业务，包括担保贷款凭证、夹层融资的资产担保证券化债务凭证，还有各种CDO，包括那些与商业化抵押贷款证券相关的CDO，信托优先证券，以及CDO的CDO。"

就在贝尔斯登的公开股东们还在消化年报中的疑似好消息的时候，乔菲也在消化一个不良的事实：2007年2月，乔菲的两只对冲基金遭遇了极大困难。高级基金的总回报1.5%，这一数字当然不错；然而，强化杠杆基金却损失了0.08%，这是在乔菲2003年开始对冲基金业务以来，两只基金第一次出现亏损。丹宁对巴克莱银行报告了强化杠杆基金2月的表现，却并没有提到亏损的事。2月19日，丹宁给巴克莱银行发电邮："我们高兴地向您汇报，2月的表现是有史以来的最高水平。我们的两只对冲基金都十分出色。1月份增长了1.6%，2月迄今为止增长了2%。"2月21日，丹宁又给员工群发邮件。对于市面次级贷款的死亡与肃杀气氛，丹宁依然显得很乐观。他引用了一家对手对冲基金的经理的报告，说："这份报告大部分内容没什么帮助，而且非常误导人，危言耸听。我一般看到这种东西就会大光其火，然而现在我看到它却很高兴。我们需要市场中存在一点谨慎，几个唱反调的人，这样会把差距拉大。所以，这份报告发布出来，我非常欣慰。"

2月27日，巴克莱银行要求丹宁提供书面的每月业绩声明。丹宁回答："强化杠杆基金的相关信息如下。您可以看到，尽管次级抵押贷款市场中存在甩卖现象，但我们的强化杠杆基金表现依然很好，实际上是极好。有几点情况我想告知您：(1)我们两只对冲基金的表现，完全按照我们所讨论的进行。我们资产的质量极高，甚至比我们对冲基金的质量还要高；于是，这个市场中，我们在这个月为止，获得了显著的按市值计价的收益。(2)我们所持有的金融资产对市场的波动性不甚敏感，这一点我们也讨论过了。（3）我们同所有的回购对手方都保持联系，这些对手方对我们的头寸全都非常满意。简而言之，我们对自身的业绩十分欣慰；然而更重要的是，我们对自身的理念也十分欣慰——关于怎样把自身风险结构化的理念，关于怎样限制自身波动性的理念，又一次被市场证明是谨慎有效的。"丹宁在2月27日将报告发给了巴克莱银行。报告第一页显示，2月23日当天，BSAM计算的总回报是5.5%，净回报是4.3%。丹宁发邮件的前一天，普萨特里请求巴克莱银行增加1亿美元，用于强化杠杆基金的债务投资。过了几个星期，又发了一次增加1亿美元的请求。这两次请求，巴克莱银行都同意了，部分是因为丹宁3月8日发来的一封电邮："尽管结构性金融市场存在戏剧性的波动，但我们的强化杠杆基金却极端稳定。"2007年3月底，巴克莱在用于强化杠杆基金的债务中已经投入了总共4亿美元。

2月28日，乔菲致信团队说，他在考虑"在当前的价位上，非常有选择性地买入"，因为"这一行为自身就能稳定市场"。丹宁回信，认为这主意不错："恐惧＋流动性缺乏＋CDO整装待发＝良好的交易。"这时候，本·伯南克已经当上了美联储主席。也是在2月28日，伯南克在美国国会山（Capitol Hill）作证说，他相信，"住房市场由盛转衰"并不是"金融界需要广泛关注的问题"，也不是"评估经济形势的主要因素"。3月1日，乔菲命令一位在两只对冲基金工作的经济学家："不准同任何人谈起两只基金2月的业绩，不然我就毙了你！"乔菲还说，他觉得两只基金本月可能会第一次亏损，对此相当失望。3月2日，乔菲与丹宁和另外两名基金管理人进行了非正式会面，讨论2月份对两只基金都是"极为艰难的一个月"，尽管乔菲公开表示两只基金"避免了灾祸"。乔菲周围环绕着团队成员，他"举起一杯伏特加，庆祝基金活过了这个月"。然后他"要求在场员工不要与其他人谈论两只基金面临的困难，包括团队中其他不在场的员工"。

乔菲越来越担心两只基金对次贷市场的敞口，尽管发给投资者的每月财报宣称，两只基金的钱只有6%投入了次贷。乔菲之所以担心，是因为他自己清楚，两只基金的钱，实际上有接近60%投入了次贷。3月3日，乔菲告诉丹宁，至少"我们还拥有健康，拥有家庭……不是派到伊拉克的19岁海军陆战队小伙子，随时面临死亡威胁"。同一天，乔菲又对丹宁说："我担心的是次贷损失会比人们之前用一切模型算出来的都严重得多。"到3月11日，乔菲很清楚，3月的业绩也不会好了。他总结："我们将会面临巨大的压力，要求我们盈利。"3月15日，乔菲给同事发电邮："我相当恐惧这些市场。马特·丹宁说，情况要么是崩溃，要么就是最佳的买入机会。我觉得更像是崩溃。我们之前讨论过，可能不是总体经济的崩溃，是我们这个专业领域的崩溃。"到3月底，乔菲专门花时间在办公室里到处走，告诉同事们："我对咱们3月份的业绩感到反胃！"

然后，两只基金的回购贷方又开始要求追加保证金，于是乔菲被迫试图低价卖出资产。3月14日，乔菲告诉一位员工："我们确实需要对高级基金作减仓了。我们收到一大堆追加保证金的要求。"乔菲和丹宁甚至讨论，是否能把高级基金和强化杠杆基金合并，以增加高级基金流动性。尽管乔菲越来越担心高级基金流动性，但他还是在3月给一家回购贷方发了一份"虚假宣言"，说两只基金"流动性应付任何状况都绰绰有余"。另外，越来越担心的同时，乔菲还一直在鼓励人们向两只基金投资。

3月7日，乔菲告诉贝尔斯登一名经纪人："两只基金给我们带来了惊人的机会。"这位经纪人有40多名客户在两只基金中投了钱。同一天，丹宁又告诉这个经纪人："我觉得，我和乔菲都认为，将来几个月，会出现各种了不起的可能性。不知你现在把钱投在哪儿了，但我建议，咱们可以谈谈继续给基金投钱的事，我现在就是这么想的。"3月15日，乔菲告诉一位投资者："我们发现了机遇，对这种可能性感到兴奋不已。我还要再往基金里投钱。你们要是有头寸也能投钱，我觉得这机会不错。"还加了一句："现在可不是赎回的时候！"丹宁再也没给两只基金多投一分自己的钱。

3月底，丹宁给同事斯蒂文·凡·索尔科玛（Steven Van Solkema）发了一封电邮。丹宁之前一直在办公室周围走来走去，戴着耳机，跟潜在的投资者说话。丹宁想，自己说的那些话可能让斯蒂文·凡·索尔科玛觉得不安了。丹宁写道："希望我那些咆哮怒骂没有吓到你。信不信由你，我一直能够说服别人往里投钱，我也确实在说服别人往里投钱。目前我还没看见有谁赎回了。只要你觉得我有任何事情没说清楚，只要你觉得还有什么必须说的情况我没说，请务必务必必告诉我。真抱歉不得不跟你说这些，万一这些话让你分心，我也必须跟你说对不起。不过，只要你能把所见所闻的'市场情报'持续提供给我，就会大有助益！"然而，就在同一时间，乔菲依然十分担心两只基金的流动性。两只基金"必须不再在资产端增加投资；高级基金要继续筹集现金，强化杠杆基金要努力保住现金"。乔菲还告诉投资者："2月份，我们如果买入次贷产品，或者对次贷产品敞口太大，就不可能挣到钱了。"

尽管次贷市场出现了很多裂缝，但贝尔斯登还是继续日进斗金。3月15日，凯恩宣布，公司2007年一季度收入5.54亿美元，比去年一季度上升了8%。他说："我们对这样的优秀业绩感到十分满意。"但他没有提到，对2006财政年度自己4000万美元的工资是不是满意。这个数额让他的工资赶上了雷曼兄弟CEO迪克·福尔德（Dick Fuld）。贝尔斯登股价曾在1月17日达到最高点，此时已经跌到了大约每股145美元，但一季度财报发布之后，因为企业表现良好，股价又回升到了每股149美元左右。研究分析师菲利普·古兹艾克（Philip Guziec）写道："尽管历史上贝尔斯登主要收入来源一直在固定收益部门，但考虑到住房抵押贷款市场发展放缓，会让抵押贷款证券的需求降低；因此，贝尔斯登信贷衍生品和不良债务产品将变得很难收拾，我们还是认为这一表现很优秀。"标准普尔分析师马修·阿尔布雷特（Matthew Albrecht）写道，尽管他依然"因贝尔斯登对次贷市场的敞口而担忧……但是，我们相信，最近新闻报道的抛售行为是过分的，我们也看到了行业中有很多积极的催化因素"。他估计贝尔斯登股票在12个月后能涨到每股157美元。

同日，加州帕萨迪纳市（Pasadena）一家储蓄银行——印地麦克银行（IndyMac Bancorp）宣布，该银行对次贷敞口非常小，而且该银行"被很多媒体来源错误地归类成次级贷款贷方"。（2008年7月12日，联邦政府通过FDIC接管了印地麦克，印地麦克因此成为美国有史以来倒闭的第二大银行。）

3月23日，乔菲对两只对冲基金的情况越来越紧张。他个人之前在强化杠杆基金里投了600万美元，现在开始采取行动，把200万美元取出来，投入了另外一只贝尔斯登对冲基金"结构性风险合伙人基金"（Structured Risk Partners）。乔菲从4月1日开始，对这只基金负起了监管责任。为了面子上好看，对冲基金经理应该往自己管理的对冲基金里投钱。有些人为乔菲辩护，他们认为，这是乔菲转移资金的唯一的原因。3月22日，乔菲告诉理查德·马林："至少结构性风险一直在变好。"乔菲对两只基金3月份的表现很担心。这种担心有着充分的根据。3月，高级基金损失了3.71%，强化杠杆基金损失了5.41%。尽管2007年3月两只基金的投资者声明都显示，抵押品86%投入了资产担保证券，只有6%投入了次级抵押贷款，按理说不应该出现这么大的损失，但乔菲还是为损失找出了两个理由：第一是"对次级抵押贷款有敞口的CDO产品持续走弱，导致了我们长期资产敞口的附加减值"；第二是"随着许多投资者做空次贷违约指数以对冲他们的头寸，我们的空头头寸价格不断上涨"。乔菲补充说："我们在3月份的亏损令人沮丧。我们已经看到，这些资产类别给我们带来的亏损正在扩大，而且不会以同样的速度迅速减小；但是，这种市场混乱也创造了很多机遇。"

*

这些损失非常严重，贝尔斯登高管也和乔菲、丹宁一样十分担忧。一名贝尔斯登高管说："在市场缺乏流动性的情况下，……我们必须等到月底，从交易对手方——华尔街那里，得到估值。给我估值的人，一般是跟我交易的人。我们是有工作流程的，一切都有存档。贝尔斯登有一个估值委员会，委员负责估值的工作。只有出现问题，才往上汇报。流程对我们的要求是，拿到尽可能多的交易商的独立估值，然后将这些估值平均。2007年，市场开始有点不确定了，当然想要获得其他公司给我们的估值也就困难了。大家都不想估值了，担心自己的估值会带来什么问题。但我们的估值原先是1美元（100美分），现在降到了大约98美分。数值在往下降，不过幅度很小。"然而，这些资产杠杆很高，损失被杠杆放大了。贝尔斯登联合总裁沃伦·斯派克特，面对次级抵押贷款市场当前的局势，并不感到紧张。3月29日是"投资者日"[1]。他在当天说："最大的问题是，次贷会不会广泛影响住房市场。我目前认为不会。"他还告诉投资者："我们为自己风险管理的方式而十分骄傲。这是我们企业文化不可分割的一部分……我们的文化有一个很强的理念，就是：没有什么值得惊讶！"

丹宁和乔菲都将抵押贷款市场的乱象，看作对冲基金的买入机会。3月31日星期六，丹宁给乔菲写了一封电邮，说他怀疑那些唱反调的人。丹宁说："我实在不相信那些给评级机构泼脏水的人。这些事我以前都见过。聪明人太自以为是了。"丹宁说，对冲基金团队"要做出一些重要决定"，还说"自己的经验倾向于认为，面临不确定的形势，大胆行动，会有积极效果。这个时候我们本可能束手束脚，现在却处于一个随时都能弄来一笔钱的奇特处境"。然后，丹宁给乔菲列出了一组交易，认为这组交易可以赚钱。丹宁说，他想要"给投资者看看，我们在大胆行动。我认为，投资者会用时间回报我们——眼下，时间至关重要。我最害怕的，是几个月表现平平，经济形势也持续恶化。我们面临这样的一种风险：投资者不会失望，而会失去耐心……我认为，不论做什么，都必须大胆

---

[1] 这一天贝尔斯登要向投资者解释公司的近况，谈论对最近经济的看法和投资建议。

行动"。

4月4日，西方的逾越节（Passover）[1]当天，丹宁又致信乔菲，说他依然"相信，有多种可变因素，最后将促进次贷违约的增加，并且不受'传染'的影响……我认为，正是这些因素，构成了住房价格的非泡沫现象……总而言之，是一组非常复杂的可变因素，导致了AAA级CDO的违约，或者抵押贷款的违约。AAA级CDO的评级波动性，将会大于其他AAA级产品的评级波动性；不过，只要认真选择信贷产品，融资工具又运行良好，就应当能够降低损失"。12分钟后，乔菲回信，赞同丹宁的观点。乔菲说："有些AAA级产品比较好，有些AAA级产品不那么好。我们的任务就是找出那些比较好的。"4月13日，瓦乔维亚证券（Wachovia Securities）研究分析师斯蒂文·托德（Steven Todd）写了一份报告，题目是《CDO（悲伤之地）：何其怪异！市场变化正从大变小》[CDO（House of Blues）：How Strange the Change from Major to Minor]。这份报告，评论了租客们普遍悲观失望的氛围和"房地产市场将崩溃"的观点。托德为投资者指出，与某些抵押贷款相关的CDO在"市场中不寻常的价值"。托德说："最近ABX指数稳定下来，可能意味着此刻正是好时机，钟爱打折货的买家应该买入了。"这份研究报告，是乔菲、丹宁，还有两只对冲基金的其他专家的必读之物。他们觉得，报告支持了他们的观点——赚钱的机会就在眼前。

4月底，BSAM主管理查德·马林参加了执委会的会议，讨论沙特正在进行的一个资产管理项目。马林做完演讲之后，格林伯格问马林，BSAM是否还有其他动向，值得让执委会注意。马林提到，有一名资产经理快要离职了。然后，根据一名与会者的回忆，马林又说："还有一个问题。具体情况，我们要拿到4月的交易执行价格，才会知道。但我认为，我们的高级基金可能面临第二个月的亏损。这可能会让一些人赶

---

[1] 犹太教和基督教的宗教节日，按照犹太历法确定日期，因此每年的公历时间不固定。

紧赎回。我们必须密切监控。"这并不算什么惊人的想法,但是,凯恩听了马林的话,却突然爆发了。凯恩说:"什么? 你这话说得也太难听了吧?"马林问为什么。凯恩继续说:"我在两只对冲基金都有不少投资。我要是连着30个月盈利,然后两个月亏损,我是不会赎回的,不会把钱拿出来。你为什么这么担心?"

但是,有些投了很多钱的人却紧张起来。有个人投了5700万美元,4月18日,此人告诉乔菲,打算赎回。乔菲说,资产组合经理们一共投了800万美元,相当于流动资产净值的1/3。但乔菲没告诉这个投资人,乔菲自己把200万美元提了出来,投进了自己另一家对冲基金。第二天,4月19日,投资者告诉乔菲、丹宁,要提款了。同日,两只基金的管理团队出具了一份报告,显示两只基金内CDO价值"显著低于"之前报告的价值。4月20日,丹宁召开投资者电话会议,说2—3月份"市场的混乱局面"是因为"市场对那些在2006年发行的次贷产品上有敞口的CDO产品的评级失去了信心"。但是,两只基金对这一抵押品的敞口都很小。

4月22日,丹宁用自己的Gmail邮箱给乔菲妻子的Hotmail邮箱发了一封信,标题是"要考虑的一些事——第一部分和第二部分"(Things to Think about—Parts I and II)。丹宁有时候写东西会带着很强烈的情绪,抒发个人感情,可能因此他才决定不用贝尔斯登公司邮箱。丹宁是哲学专业出身,显然在通信里掺入了自己的哲学思想。丹宁说:"2003年1月,我兴奋地接受了你的邀请,成了你的合伙人。那时候,你对我们将要发展的方向可能有着清楚的认识,我却没有。我只知道,我信任你,尊敬你;我只知道,我非常喜欢跟你合作(也非常喜欢跟所有同事合作)。因此我感觉,得到了你给我的机会,十分幸运。过去4年,变了的很多,没变的也很多。从一切能想到的角度衡量,我们都已经很成功了。我们筹到了很多钱,赚到了很多钱,招进了很多优秀人才。不过,在我看来,最重要的,还是我们让时间物有所值;而时间,才真正是我们这一辈子永远拿不回来的东西。"丹宁说，他对两只基金目前的情况"满意得要死"，因为他确定"我已经做到了我力所能及的最高水平。对，我确实犯了一些错误，但这些错误并不像多年前那样困扰我了。所以见鬼去吧！人只能做到最好而已。我做到了"。

接着，丹宁提出，是否应关闭两只基金，或者大规模重组。丹宁说，"过去几个月"他已经相信，两只基金应当关闭或者"采取非常激进的行动"。关闭基金的依据有二：第一是目前市场的情况，第二是4月19日一份复杂的内部CDO报告，这份新的分析报告，丹宁在过去几天才第一次详细审阅。丹宁说："次贷市场的局势，看起来非常险恶。我们要是相信，这份新的CDO报告有一点准确，我们就应当关闭两只基金了。因为，CDO报告一旦准确，就说明次贷市场整个叫人煮了……如果各家AAA级债券被人系统降级，那我们就根本没法子挣钱了——永远没法子！"丹宁说，他相信"我们必须非常认真地考虑新报告的准确度，就是现在！我们要是有一点奢侈的空余时间，可以等一等（或许确实有这点时间，这是另一个话题了），但我认为，现在根本没有空余时间"。一种可能性是"崩溃的概率"。丹宁总结说："谨慎的态度会让我们做出结论：CDO报告准确，而我们的状态也非常糟糕。"

有一名住房抵押贷款证券分析师叫安德鲁·利顿（Andrew Lipton），富有经验。丹宁还说，另一方面，他跟安德鲁·利顿谈过了。"周五，请利顿坐下来，问他觉得形势有多严重。利顿冷静地告诉我，舆论认为有多么糟糕，形势就会发展得那么糟糕……我们应该尽力从利顿那里获得一切信息，因为我不知道还有谁比他更了解情况。"不过，丹宁说，他对利顿也有怀疑，"整个过程，利顿有点太冷静了"。丹宁还说，他觉得合伙人雷·麦加瑞格"已经对结构失去了信心。不久之前，他还信心十足。雷不会胡乱办事，他一直密切注意局势。他是我相信的人"。最后，丹宁提出了问题："这些事情，我们跟谁讨论呢？马林？斯派克特？外部咨询机构？我们必须十分小心，因为我们的外部咨询机构是BSAM

的机构，不是我们的机构。这又是一个非常严重的问题，我们至少应该考虑考虑。"当晚，乔菲、丹宁、麦加瑞格在新泽西州特纳夫莱自治区（Tenafly）乔菲住处见了面。乔菲说服丹宁，新的计算机模拟结果实际上"对我们有利"而不是"对我们有害"[1]；丹宁担心次贷市场可能的崩溃，这种担心用错了地方。当晚之后，丹宁回到董事会，主张的战略是将这一时刻视作可以买入的机会。4月23日，丹宁叮嘱乔菲，不要把两只基金的麻烦告诉其他员工。丹宁说："我觉得，我们在柜台上，应该谨慎发表类似'要是有人肯出价，我们就出售一切资产'的声明。我们有不少任务，而且会完成这些任务；但我认为，务必让其他人尽可能集中精神。"4月24日，乔菲和丹宁通知"BSAM高级人员"，二人"相信，两只基金状态良好，会持续盈利"。

第二天，4月25日，乔菲和丹宁召开两只基金投资者电话会议。两人的表现堪称奥斯卡影帝。会议开始，乔菲评估了两只基金一季度业绩。高级基金一季度累积亏损0.34%，1—2月盈利之后，亏损在3月出现；强化杠杆基金本年度迄今为止亏损4.74%，大多数亏损发生在3月。乔菲说："目前，强化杠杆基金有充分的流动性。"然后，乔菲又评估了两只基金的融资策略，这是一种"无追索权长期融资"策略，目的在于避免追加保证金，或者避免回购额度"被取消或被终止"（选自会议录音转写文本）。尽管乔菲和丹宁私下里担心局势恶化，但乔菲还是对投资人说："回购市场表现坚挺，流动性充足。我们的估值折扣（剃头）实际上没有增加，回购市场利率也没有增加（也就是融资成本没有增加）。我们能够轻易满足追加保证金的要求。我们并没有被迫卖掉任何资产。之所以关注这一点，是因为，某人要是相信自己的资产状态良好，而且会持有到期，得到回报，那么只有当他们在财务上出问题，被迫出售资产的时候，市场波动造成的'按市值计价'损失才会成为现实。所以我

---

[1] 华尔街的金融产品都是要经过各种程序和模型来算的，这里的意思是，调整参数后，出现的新的模拟结果。

们在这个前沿领域，非常小心，非常谨慎，也非常勤奋。"接着，乔菲开始了一段充斥行话的讨论，说的是他多么希望在5月完成一笔50亿美元的CDO融资，由"美国银行"提供；他说"我相信这是本年度迄今为止最大的CDO融资"。他说，这笔融资将会允许强化杠杆基金向银行卖出26亿美元资产，允许高级基金向银行卖出14亿美元资产。乔菲说："这笔交易会为两只基金带来显著的流动性"，途径是向强化杠杆基金注入"超过"2亿美元的"现金和流动性"，向高级基金注入1.25亿美元"可能还稍微多一点"的现金和流动性。乔菲说："注入之前，我们曾在'当前正在审视的CDO领域和结构性信贷领域'赚了大约1亿多美元。"接着，乔菲预测，强化杠杆基金的年回报将是14%，高级基金则是11%。美国银行也会另外向两只基金再注入10亿美元，以此来购买资产，同时减少回购市场上贷方可能认购的额度。乔菲说："在市场的一片动荡与混乱中，有一些明显的交易机会，我们应该抓住。所以我们会增加弹药，并且会在这个领域的空头交易方面有所行动，增加基金的总体回报率。"丹宁致信乔菲说，成功拿到美国银行融资，会给两只基金带来"确定的按市值计价的收益"，还加了一句："就这样对投资者显示，我们能做到什么——只要正回报率再持续几个月，我们就没事了。"

第二十七章

"要是有造假，我们就得付出代价"

到2007年早些时候，那些与美国住房市场相关的证券加速恶化了。原因很多，以下原因排列不分先后：第一，有一种新鲜的自动化软件广泛应用，使得抵押贷款贷方[新世纪金融公司、全国金融公司（Countrywide）、第一富兰克林金融公司（First Franklin）等等]在处理越来越多的抵押贷款申请的时候，大大提高了速度。过去，收集评估借款人的文件，工作流程很陈旧，属于劳动密集型工作；现在，这一流程被新的软件代替了。虽然这一变革，并不是承保标准降低的原因，却使得这些申请的处理变得更加快捷了。第二，房价下跌了。保罗·弗里德曼说，房价下跌开始"在全国范围内广泛蔓延开来，让人大跌眼镜"，还打开了一扇窗户，让人们看到"2006年次贷和Alt-A级抵押贷款的情况有多么糟糕，贷款出现了多少造假现象"。弗里德曼说，人们也开始注意到"整个次贷证券化模型的基本概念之一，那就是分散投资（也叫'多元化投资'，该理论认为有很大一批借款人提供了针对降价和违约的内部保护措施）。然而，这一理念却有着根本性缺陷。实际上，美国在出现全国范围价格下跌的时候，显然有一大批互不相同的借款人完全没有做到多元化投资"。

这个问题，又被标准普尔、穆迪、惠誉等评级机构的行为进一步加重了。这些机构向投资银行收费，然后为证券提供理想的评级，从而让证券能够卖给全世界的投资者。国会议员亨利·韦克斯曼（Congressman Henry Waxman）负责的监管及政府改革委员会（Committee on Oversight and Government Reform），2008年10月举行了一次听证会。韦克斯曼发言说："信用评级机构的故事，就是一次重大失败的故事。这些信用评级机构，在美国金融市场上拥有特殊地位。数以百万计的投资者都依赖这些机构做出的独立客观的评估。这些机构打破了信任纽带，而联邦监管机构忽视了各种警告信息，没有采取任何措施保护民众。"这种信任的破坏，有一个例子：韦克斯曼的委员会公开了一组内部邮件。一方是标准普尔抵押贷款评级主管弗兰克·L.赖特尔（Frank L. Raiter），另一方是标准普尔常务董事理查德·古利亚达（Richard Gugliada）。之前，弗兰克·L.赖特尔接到了委托，让他给一只名叫"细条纹"（Pinstripe）的CDO评级；赖特尔要求古利亚达提供每一笔个人贷款的详尽数据，名叫贷款等级记录，用来评估此证券的信誉度。

古利亚达回信："一切索取贷款等级记录的要求，都是无理取闹！绝大多数投资人根本没有这些数据，也提供不了这些数据。提供信用评估是你的责任，想个什么法子提供信用评估也是你的责任！"[1]

赖特尔回信："这是我在职业生涯中收到的最了不起的邮件。"

监管及政府改革委员会还公布了两名标准普尔分析师在2007年4月的聊天记录。两人一个叫拉胡尔·沙阿（Rahul Shah），一个叫香农·穆尼（Shannon Mooney）。沙阿对穆尼说："对了，那笔交易可真荒唐。"

穆尼回答："我知道，那个模型显示的风险，连实际风险的一半都不到。"

沙阿："我们不该给它评级的。"

穆尼："每一笔交易，我们都会评级。"

---

[1] 古利亚达的信可能有两种意思：（1）我没有数据，不能发给你；（2）我有数据，可是我没有义务发给你。不管哪一种意思都严重不符合常理，因此赖特尔回信讽刺他。

沙阿："就算是牛做的交易，我们也评级。"

穆尼："可是关联的风险太大了。我个人觉得，作为委员签字保证，很不舒服。"

2007年9月，海曼资本的管理合伙人，曾在贝尔斯登工作过的凯尔·巴斯在国会作证。巴斯准确地定义了这个问题。他说："不幸的是，债券发行者同评级机构之间的关系，呈现出了一种根本的利益冲突；因为评级机构的营收依赖债券发行者。债券发行者，是卖出风险的人。他们有动机看到自己出售的风险，让标价尽可能地便宜；在市场中，这就意味着拿到尽可能高的评级；因为他们一旦成功卖出这些债券，就摆脱了一切风险。还有一个实际情况：债券发行者与评级机构密切合作，向评级机构提供资金。于是，发行者的动机，加上这个实际情况，使得评级机构提供的评级客观性出现了问题。风险最终要由债券的买家承担；买家在准确为风险定价方面，最可能受到损害；但买家却又依赖卖家买下并为之付钱的机构所做出的评级。这种情况，就好比牧场主交钱给美国农业部（Department of Agriculture），让农业部给牧场主的牛肉质量和安全性评级。最终买家要依靠评级制度来保证自身不受损害，而目前的做法，会让人怀疑评级制度，从而削弱整个体系的完善程度。不过，情况正在一个月一个月变得更加清楚，次贷已经变成了结构性金融体系的'疯牛病'。没有人知道，究竟是谁消费了有毒的产品；也没有人真正信任那些给有毒产品颁发检疫证明书的评级机构！"

保罗·弗里德曼认为，乔菲在市场中的"购买力"减退，也导致了市场流动性的减退。[1]弗里德曼说："市场对那些结构性真正良好的产品，而不是层层嵌套的CDO产品，有着深度需求；然而，对于那些赶时髦的产品，市场就没什么深度需求可言了。一旦需求放缓，就会反过来影响到复杂CDO产品原材料的定价，致使价格下降，让民众恐慌。"

---

[1] 这里说到了市场流动性减退的两个原因：一是评级下降；二是投资抵押贷款产品最厉害的乔菲，也开始不怎么投钱了。

使得住房证券形势恶化的最后一个因素，是2006年1月创建的一个指数，人称ABX指数。该指数第一次允许投资者为次级抵押贷款市场的表现打赌。ABX是一个证券指数，基于贷给信用记录较差者的住房贷款而制作。弗里德曼说："过去，如果市场遭到抛售，人们并不会知道市场恶化到了什么程度。现在有了一个公开发表的指数，人们就可以观察市场情况了。最重要的是，这是当时做空次贷市场的人唯一能真正用到的产品。于是，人们在寻找对冲途径的时候，ABX指数就被拉得越来越低，远远低于优先债券。接着，潜在的买家就要求，在ABX指数要求买家交易的那些水平，买入债券；可是，这个时候，在那些水平上，却没有人愿意卖出。于是就出现了这样的一段时间，比如说，ABX指数要在90美元的价位交易，可这时，优先债券却在95美元的价位交易。结果，就不可能有交易了。"

2007年3—4月，乔菲的两只基金出现了严重问题。乔菲把这些问题的一部分归咎于被做空后ABX指数出现的反弹。（之前，乔菲曾经打赌，次级抵押贷款在那段时间会贬值，而次级抵押贷款升值，被ABX指数的升高反映出来的时候，两只基金就会贬值。）4月25日，乔菲召开投资者电话会议。他在会上说，ABX指数回升，是因为抵押贷款违约数量略有减少，此外，市场还在讨论政府出手救援，展开再融资的可能性。乔菲继续说："很明显，现在市场正在出清。（能留下来的）这些交易，由一些优秀的经理们管理，它们拥有高质量抵押品，尤其是那些经理经验老到、没有在2006年次贷产品上重仓的产品。——2006年的次贷产品正是大多数问题所在。"乔菲说，他认为市场在4月底变得比2月、3月都"明显更好了"。"市场好转，有一大部分原因在于，交易者将手中囤积的库存卖出去了。"说完，他告诉投资者，4月份的回报率，高级基金应该是-0.06%，强化杠杆基金应该是-0.07%（这两个数字都错了。4月，强化杠杆基金下跌了10%）。乔菲还补充说，ABX指数最近也下降了，这对两只基金是有好处的。乔菲重申，强化杠杆基金的年回报率是14%，高级基金的年回报率是11%。

然后，乔菲让丹宁发言。丹宁说："目前，我们对大局的理解，关键在于，我们相信，结构性信贷市场，特别是次贷市场，迄今还没有出现系统性的崩溃。二三月份我们看到的市场乱象，是许多次贷产品早期的高违约率所致。人们对评级机构、金融设计师以及投资者此前用来评估这些产品的数据感到怀疑，对次贷产品的评级波动性感到恐惧。不错，人们害怕，过去的形势在今后几年之内将不会持续。"然后，丹宁解释，"早期违约"是因为"相对无力的那些借款人"在2003年、2004年、2005年，因住房升值能为自己的抵押贷款进行再融资。这些年，住房如果没有升值，这些借款人早已从体系中被清除了。丹宁说："房价停止上涨的时候，这些无力的人，已经到了违约的边缘；他们就是那些抵押贷款违约的人。我们相信，总体而言，这些贷款组合不会与过去10到12年之间的历史数据相差太远。"丹宁评论：市场中"存在一种恐惧心理"，认为那些评级机构评为AAA级的证券（风险最小的一级）"实际上的质量只有一个A"，也就是比表面的风险大得多；这种心态，造成投资者要求更高利率，以补偿这种更高的风险。

然而，丹宁还是乐观的。他说："我们相信，这种情况绝不是真的。虽然会有一些不良交易，虽然目前比过去更有必要关注结构和抵押品，但这并非整个结构性金融市场的系统崩溃。"的确，这两个经理实际告诉投资者的意思是：市场存在一个买入机会，他们想要用自己刚刚获得的流动性，充分利用这个机会。乔菲刚才是拐弯抹角地说，丹宁现在是公开直说。丹宁还说，2005年、2006年"并不适合冒很大的风险"，但是现在"是时候冒风险了。所以，之前几个阶段，我们一直那么谨慎，意味着现在我们有足够的资本和灵活性，来利用大得不可思议的利差"。至于两只基金迄今为止的亏损，将会减少，而且随着市场的恢复，"价格上涨也会在一段时间之后到来"。丹宁说，他和乔菲在两只基金创立之初的4年，都在为"混乱局面"做准备，以确保到时候自己肯定不会成为"被迫卖出资产的人"。丹宁说，"基金结构的表现，与当初设计时的预期完全相同"，还说尽管"一个月的亏损让人沮丧"，而且"身处这样一个行业，人们每天都写文章说要怎么怎么世界末日了，也很让人沮丧；但我们拥有历史经验，而且之前经历过这些情况，所以我们选择相信我们的信贷模型，而不相信那些动不动出现的标题，说什么次贷市场被完全误导了"。

发言的最后，乔菲呼应了丹宁的乐观主义。乔菲说："我们的乐观，是理性的乐观。我们有成形的计划，会让两只基金回到正轨上来，创造出正向的回报。最重要的是，我们有资金来源，也有足够的流动性。"

发言之后是提问环节。有一次，针对一个问题（可能是问证券市场是否要有大灾难），丹宁是这么回答的："这取决于人们相信什么。是相信谨慎的信贷分析会有作用呢，还是相信这只是一场大灾难？大灾难的想法是没有根据的。"会议中间，乔菲还谈到了投资者赎回的问题，但没有提到"大宗投资者之一"（Major Investor #1，某人代号）要求提出5700万美元的事；4月18日，乔菲会见了此人。乔菲只是说，6月30日的赎回金额只有"几百万美元"，也没有提到4月30日和5月31日安排了6700万美元的赎回。实际上，乔菲已经知道6月30日又要赎回4700万美元；其中就包括那个"大宗投资者之一"要赎回的5700万美元的一部分。乔菲也没有提到他自己4月1日赎回了200万美元。另外，丹宁虽然告诉投资者，他自己会投钱，但他实际上没有投钱；他也没说为什么。

*

电话会议还说了一个无关痛痒的信息：贝尔斯登已经决定，5月1日向两只对冲基金再投入另外2500万美元，让贝尔斯登在两只基金的总投入达到4500万美元。在整个计划当中，这个金额的规模，相对还算比较小的。（这笔投资与贝尔斯登投在"防卫墙公司"的那2500万美元是两笔不同的资金。)[1]用斯派克特同事的话说，斯派克特用自己的权限（执委会之前给他的），决定为资金做一次"机会主义投资"。斯派克特的决定，恰好做在各种赎回请求出现的时候；也是在乔菲告诉他，市场混乱导致潜在机遇出现的时候。所以，这个决定似乎是冲动之下做出的。另一方面，某人很熟悉斯派克特的想法，他说："目前还看不出地球爆炸的迹象。而且，投了钱，就显示我们对基金有信心，人们也会觉得，我们一定能赚钱。"这件事，最早是在一次周三早餐会提起的，当时斯派克特正与CFO萨姆·莫利纳罗和战略主管史蒂夫·贝格雷特吃早饭。忽然，BSAM主管理查德·马林出现在门口，说有要紧事跟斯派克特商议。马林进屋跟斯派克特说起了乔菲的两只基金的事，建议斯派克特让贝尔斯登给基金投入2500万美元。（马林一开始建议的金额要大得多。）与会者之一说："沃伦·斯派克特当时并没有分析师在身边，向他说明我们为什么应该有自信，认为这笔投资会很划算。理查德·马林跟拉尔夫谈过之后，说自己认为这些东西很便宜。"斯派克特告诉马林，可以投这2500万美元，为的是在赎回请求出现的时候"对市场显示我们的力量"。一般情况下，执委会（斯派克特是其中一员）都会批准这笔投资。有一个熟悉执委会流程的人说："只要金额比较小，执委会从来不管沃伦在资产管理部门想做什么，也不管其他人在自己部门想做什么。"实际上，贝尔斯登在两只基金上的投资，加上其他"种子基金投机项目"的投资，总计超过了5亿美元；这些投资，很多也是斯派克特用自己权限做出的。

虽然斯派克特批准了这笔2500万美元的投资，但有些知道这件事的人，却并不认为这是个好主意。讨论当中，至少提出了两个理由，说明为什么不应该投资。一名贝尔斯登高管说："理由之一，我们要是一再向这个基金里面砸钱，或者不赎回砸进去的钱，结果投进去的钱亏在里面，那么就安抚不了任何人；我们这样做只会增加对投资者的债务[2]，

[1] 此事第二十五章结尾提到："贝尔斯登将为防卫墙公司投资2500万美元。"

[2] 基金里有些钱就是投资者的钱。

因为我们这么做等于是为了展示信心。我们在创造一个虚假的幻象。理由之二，我们告诉公众我们投资，因为想要安抚他们的情绪。这样，投资者就更有理由不投资了。我们并没有做足够的分析工作，证明目前市场对次贷产品的估值很便宜。另外，这2500万美元是我们股东的钱，这些股东的钱要面临风险。而且，基金要是有问题，这2500万美元也没用。真要是需要往基金里投钱，不管是为了满足保证金的目的，还是什么别的目的，2500万美元肯定都不够。差不多，还得加上四五亿美元。而且我们在动手一点一点投资以前，先得弄清楚，到底需要多少钱吧？"然而，正如乔菲向投资者汇报的那样，贝尔斯登还是向基金投了2500万美元，5月1日生效。

*

4月25日电话会议上，乔菲和丹宁把形势说得十分乐观。然而，到了5月初，二人预计，两只基金4月份的业绩，将会十分糟糕。一名贝尔斯登高管说："等到快进入5月份，我们在等待4月次贷产品买卖价格的时候，现金交易全都可怕得没法看了。这个情况就告诉我们：'哟，这市场恶化得好像石头落地那么快！'可是，我们在等待4月估值的时候，拉尔夫·乔菲和马特·丹宁就说：'不，咱们看看它们最后怎么样。我们觉得是会下降的。但是，应该不会暴跌。'结果，确定无疑，那些价格我们全都遭遇了。数值是99、98、97，还是大概不出所料。连续第二个月亏损，已经够了。下跌了大概6%，但还不是灾难。局面不好，但还不是灾难。"乔菲发布消息称，4月强化杠杆基金的NAV下跌了6.5%。

高管说，过了一个星期，"在高盛完全明白我们已经发布了我们NAV的情况下"，高盛把4月证券估值用电邮发给了乔菲。高盛是两只基金的交易对手方，有义务每月汇报自己对两只基金内部证券价值的看法。高管继续说："证监会有个奇怪的小规矩：哪怕我们得到一个在时间上非常靠后（也就是特别新）的估值，也必须考虑在最后的资产估值内。突然间我们就收到了这些非常靠后的估值。只不过，这些估值并不

432

是从98到97，而是从98突然到了50、60。你明白的，是吧？他们给了我们这些50、60的价钱。我们从其他对手方那里得到的是98。证监会规定，在这种情况下，我们有两种选择：第一，取平均值，但平均的是97、98，不是50、98；第二，去问问这些数值是不是错了。但是，不能问低数值，去了只能问高数值。大家都知道流程。所以我们也只能问高数值。我们去问了那个98的，也是另外一家华尔街大公司，你知道他说什么吗？别忘了，他知道现在他的出价太高了。他说："你说得没错，我们错了。应该是95。"换句话说，他给了自己一个误差幅度，还说："我要大幅度调低。"仔细审查了一番，说是95。这下，我们什么办法都没有，只能取50、95，再算出平均数。必须重新对外公布我们公司的NAV。现在呢？我们从−6到19，准确点说，是−18.97；于是彻底玩完。对了，那个将我们手中每单位资产估值为50美分的该死公司（高盛），2007年竟然做空市场，结果赚翻了！"

高盛给乔菲两只基金制定的新的估值，马上带来了灾难性的后果。高管继续说："我看看能不能给你说清楚：这一周宣布的是−6%；哎哟，下一周是−19%。首先，19%这个数字实在太大了。我们宣布了−19%，这说明了什么呢？主要是两件事：第一，自由落体，跌了19%；第二，这些人一个个全是弱智——这周−6%，下一周是−19%。怎么会这样？"高管还说，更难以理解的是，高盛对我们手中次级贷款产品的估值，上一个月还是98美分。高管十分怀疑地问："98一下子跌到50？怎么可能！上个月还是98。没有任何现金交易暗示会有这种情况，没有，绝对没有！你猜怎么样？在流程上我们无话可说，只能一个劲地表达自己的惊讶和愤怒。"

事情过了几个月，这位高管对高盛的怒气依然没有平复。他说："要是海啸来了，大家都淹死了，只有不多几个人发了横财，至少就应该仔细看看，出了什么事，这几个人为什么能发财？有时候是因为这几个人比别人聪明。你猜怎么样？当前的这种情况，也是因为他们假定自己比别人聪明。不过要是你来问我，我会告诉你这简直就是像硝化甘油（一种能引发爆炸的危险化学物质）一样可怕的事。"

针对贝尔斯登高管指控的各项罪名，高盛联合总裁加里·科恩也有几个论点想要表达。首先，科恩明确表示，舆论认为高盛2007年靠打赌抵押贷款市场会衰退而赚了很多钱，实际上远没有那么多。他说："我们并不对外发布公司各个部门的业绩。不过，市场要是看见我们去年抵押贷款的真正业绩，就会非常失望，因为他们以为我们赚了很多钱。"至于估值本身，科恩说，高盛在调低次级贷款证券上的做法非常激进，特别是在2007年三季度；这种做法对高盛自己的资产负债表也带来了损害，同时也影响到了那些高盛手中不得不考虑到他们极低估值的用户。

然后，科恩说了一个八卦，是他和尼诺·凡洛（Nino Fanlo）的一次谈话。有一家私募股权巨头科尔伯格·克拉维斯·罗伯茨集团（Kohlberg Kravis Roberts，简称KKR），建立了一家独立金融企业——KKR金融控股公司（KKR Financial Holdings），尼诺·凡洛是创立的合伙人之一。高盛把50～55美分这个区间的估值发出去之后，尼诺·凡洛打电话给科恩说："你有点跟市场脱节了。别人全都是80、85美分。"接着，科恩提出，以自己55美分的价格，卖给尼诺·凡洛100亿美元的证券，还怂恿尼诺·凡洛将这100亿美元，在市场上卖给所有其他经纪自营商，按照他们为证券估值的更高价格卖出。换句话说，科恩要给尼诺·凡洛一笔意外之财：55美分买进，80美分卖出。科恩告诉尼诺·凡洛："你可以选择这些交易商中任何一个卖出。卖80，卖77，卖76，卖75；一直把价格降低到60美分。我会按照我的估值——55美分卖给你，因为我想要退出这个市场。你要是能这么做，马上就能赚50亿美元！"科恩想用55美分卖掉这些证券，已经有一段时间了，但是别人一听这个提议就挂了电话。几天之后，尼诺·凡洛给科恩回了电话。科恩转述："尼诺·凡洛回了电话，说：'我觉得你的估值可能是对的。现在市场对次贷证券的估值已经跌到30美分了。'"

科恩认为，这一年，市场有了戏剧性的变化。他说："我们尊重市场，并将自己的证券定价到一个我们认为可以交易的水平，或者我们已经完成交易的水平，因为这些东西有一部分没法交易。我们不愿意误导自己，也不愿意误导我们的投资者。另外，我们这么做，受到了批评。我们并没有误导那些本月一日从我们这里以98美分买入证券的人，我们也没有觉得'啊，天啊，我们以98美分卖给这些投资者了！'我们怎么能让定价低于93呢？我们98卖掉，一个月之后估值到了55。人们很不高兴。我们的客户也很不高兴。他们气坏了。"

问题来了：高盛改变这些证券的估值，究竟是在什么时候？是像那位贝尔斯登高管说的，在5月初回顾4月份的时候呢？还是在7月3日，科恩在KKR金融控股公司跟尼诺·凡洛会谈的时候呢？科恩说，高盛对每只证券的每个估值都有记录，然而早在5月的时候，这些估值的变动，高盛并没有记录。这些证券的买卖差价，一旦扩大到竟然需要这么一场令人生厌的、有关价值的争论，末日就要开始了。一名贝尔斯登高管说："我的常识告诉我，要是我需要两三个星期才能知道这些金融资产应该值多少钱，我就相当于对估值一无所知。可能贝尔斯登其他人会认为'花了两三个星期，终于了解了准确价格，我们很清楚价格是多少'；但我觉得，这种常识真是太基本了，就连一个擦皮鞋的小孩都明白这个道理，他会说：'是啊，你要是花了两个星期来计算，才告诉我这东西值多少，那无论价值多少都有可能，一文不值也有可能。'"

*

4月的灾难，到了5月第二周，乔菲已经看得很清楚了。然而，他还是决定，与石塔公司创始人迈克尔·莱维特一同办理证监会注册声明手续，让防卫墙公司（现在改名"无尽使命金融公司"）发起股票IPO。考虑到目前抵押贷款市场一直衰退，他们竟然还敢决定推进"无尽使命"IPO文档申报（实际上只是给越来越有毒的抵押贷款证券做了垃圾填埋处理），实在是胆大包天。周六，4月21日，乔菲写信给莱维特，报告了S-1申报档案（IPO档案）最新情况，还问莱维特想不想第二天去打高尔夫。乔菲写道："理查德·马林只是在等着德勤会计师事务所（Deloitte & Touche，简称D&T）给他发邮件。"德勤是一家审计公司。乔菲又写道："马林说，无尽使命公司不需要在2006年12月31日公布自己的财务状况后，再次发布财务报告，以反映对冲基金的资产变化（此时资产已经从乔菲的两只基金转入了无尽使命）。德勤已经明确宣称，财务状况不需要重新公布，这是非常好的消息。我们一旦收到这封邮件，BSAM就会拿着这份文件，继续无尽使命的上市计划。"

5月8日凌晨1:58，丹宁给乔菲发了一张电子表格，上面是无尽使命将要从基金接管的所有头寸，他需要一笔调整费用而且这笔费用"比我们之前以为的要高得多。我一开始大吃一惊"。最后丹宁说："我很沮丧，很累。"第二天，5月9日，无尽使命申报了登记声明。因为只是一个预先声明，所以没有包括价值信息。不过，有整整21页的针对交易的警示，标题是"风险因素"，包括一个很重要的情况：无尽使命买下的CDO，大部分来自乔菲的两只对冲基金，而价值评估有一部分是贝尔斯登做出的，这部分价值评估"没有按照公平原则进行谈判"。提交的文件还说，花旗银行之前付给公司（应指无尽使命自身）2亿美元信用额度，为了购买证券；还有，乔菲两只对冲基金收到了无尽使命1600万股的股份，外加1.49亿美元现金，以此为交换条件，把自己的一组CDO卖给了无尽使命。贝尔斯登是交易的主要承保人，而且贝尔斯登的作用只不过是为乔菲那些流动性最差的抵押贷款证券充当中转站。尽管如此，却发生了一个十分诡异的情况：保罗·弗里德曼，贝尔斯登固定收益部的顶层高管之一，对S-1提交文件的事却毫不知情，直到当天办手续的时候才知道！弗里德曼说："直到消息公开，我才第一次听说。我不清楚沃伦是否知道，交易柜台的人是否知道，但我非常确定，除BSAM之外，我们这些管事的一个也不知道。我不能代表别人，也不能代表公司；但是我个人认为，他们把最不透明、最复杂的证券，打包成一个复杂结构，然后通过IPO卖给全世界的孤儿寡母，这是我听说过的最最古怪的想法之一！"其他人也都同意弗里德曼的看法。递交IPO申报文件的两天之前，《商业周刊》发表了作家马修·戈德斯坦（Matthew Goldstein）的一篇文章，里面说："这次交易，看上去像是一家华尔街公司摆脱抵押贷款赌注的尝试，规模之大，前所未有。但是，无尽使命的产品组合，可能是一枚定时炸弹。CDO的'绝大多数'都是由抵押贷款作为担保的，这些抵押贷款贷给了信用风险很高的住房买家……麻烦在于，次贷市场今年已经发生了崩溃，几十家住房贷款公司倒闭，住房抵押品赎回取消的现象也越来越多了。"4月份，乔菲的两只基金表现非常糟糕，从而产生了一个意料之中的结果：5月份，需要提款的投资者明显增多。一名贝尔斯登高管说："这种情况一发生，我们显然就得开始忙于文书工作了。我记得，好像连着有11天，我们都在《华尔街日报》上了头条。不管用什么标准衡量，这都是不可思议的事。要么就是最近没什么新闻，新闻更新得慢；要么就是大海啸就要来了；要么就是两者兼而有之。媒体不停骚扰，要我们回答问题，因为我们要是给所有投资者发这么一个公告：'哎呀，NAV下跌了19%！'就会马上成为爆炸新闻；实际上，这也确实成了爆炸新闻。我们马上就收到了大量的赎回噪声，让我们坐立不安。"赎回的请求涌进来的时候，乔菲开始明白，他在5月1日、6月1日、7月1日要支付的金额有多少了。

仅仅在3月1日到5月3日之间，就有13名投资人，包括两名投资额最高的投资人，还有乔菲自己要求赎回。尽管如此，丹宁还是告诉一名回购贷方"两只基金不会面临大规模赎回的情况"。5月13日，乔菲写信给丹宁和雷·麦加瑞格："我认为……强化杠杆基金必须清算，考虑到现在的赎回情况，基本可以确定，必须清算了。"乔菲虽然自己这么想，却还是继续催促美国银行完成CDO融资。交易定于5月24日完成。为了促进交易达成，5月22日，美国银行同意从乔菲的两只对冲基金买入28.9亿美元资产，这些资产将会证券化。从这一刻起，万一交易完不成，美国银行就承担了持有资产的风险。当然，美国银行宣称，对乔菲、丹宁担心两只基金可行性的事，完全不知情。5月23日下午，也就是CDO交易原定完成的前一天，乔菲给美国银行一名员工打电话说：出于礼貌，BSAM会给美国银行发一封邮件，说明强化杠杆基金的赎回请求。但乔菲没有提到高级基金的赎回请求。

下午6:30，BSAM一位常务董事帕特里克·弗莱明（Patrick Fleming），给美国银行发了一封邮件，说明了赎回情况，邮件署名乔菲。乔菲说："于是，我们估计6月、7月强化杠杆基金的赎回金额大约是3.24亿美元，占基金权益资本总数的49.92%。我们还没有确定应该怎样满足这些赎回请求，但我们在考虑所有可行的方案。"这些方案包括：出售资产，关闭资金闸门（也就是暂停赎回），或者让资金有序解体。乔菲又说："我们相信，上述发展情况，不会实际影响我们作为抵押品经理（为CDO）而履约的能力；我们还相信，上述发展情况不会给我们的业务、财产、财务状况或前景，带来实际的不良影响。"

第二天，是美国银行CDO交易原定完成的日子。乔菲召集公司（BSAM）手下的银行家开会，承认"他知道赎回请求已经有一段时间了"，但没有向银行提建议，因为"投资者可能撤回请求"。乔菲还重复了自己的信条；BSAM将会"解体或清算强化杠杆基金"，还说前一天发送的邮件说强化杠杆基金会被清算，是"把风险说得过头了"。乔菲在会上还同意，签署一份"单边保证函"，授予美国银行某些权利，可以自行选择购买哪些资产。乔菲一直没签署这份文件，但是，美国银行得到乔菲代表的保证，说乔菲会签文件，于是美国银行完成了交易。美国银行大约2.9亿美元的实收款项被用于偿付贝尔斯登一个月的回购贷款；但乔菲没有告诉任何人，这笔回购贷款给了强化杠杆基金，用来提供急需的流动性。弗里德曼说："回购是一种典型的暂时行为，有一个非常确定的截止日期。乙方和甲方的合同似乎是坚不可摧的，所以我们就认为，作为贷方，我们并没有风险。"

5月30日，乔菲告诉一位投资者，自己成功说服了别的投资者"撤回先前提出的重要的（超过500万美元的）赎回请求"。然而，实际情况正好相反。一份控告乔菲、丹宁的诉状说："他们在赎回问题上撒了谎，因为他们知道，赎回消息一定会引发投资者更大规模的赎回，也会引发回购贷方的追加保证金，这些情况会使得两只基金崩溃。"

5月31日（这时候，丹宁和乔菲早已知道强化杠杆基金跌了19%），丹宁致信乔菲："我给另外一名主要投资人打了电话。问题是，咱们告诉他们4月跌了6.5%，还是告诉他们4月跌了更多呢？"

8分钟后，乔菲回答："啊，没错。我觉得应该给那人打电话（坦白我们亏了19%）。"

丹宁："我也觉得，告诉他们损失的来源，可能会有帮助；也就是，告诉他们有多少债券造成了我们承受的损失。一方面，这样会让人们关注这些债券的情况变得多么糟糕，还会让人们怀疑我们最初的策略，那个过度扩大债券杠杆的策略。但是，另一方面，这样可能会解释严重的损失，告诉人们，我们做了很多好的决定，但只是一个很糟糕的决定，就造成了这样的结果。而且，这样还会支持我们的论点——现在是挣钱的好时机；我们一定会挣钱的！"

一名参与者说，5月第三周，"在NAV开始跳水，市场极度疲软之后"，BSAM和贝尔斯登那些关注两只基金问题的团队（主要成员包括：理查德·马林、乔菲、丹宁、合并套利基金主管巴里·科恩、史蒂夫·贝格雷特、首席风险官马尔克·阿历克斯、贝尔斯登套利主管罗伯特·斯坦博格；阿历克斯与斯坦博格都是风险管理部的主管）想出了一个主意：贝尔斯登应该为两只基金投入5亿美元，因为"两只基金有崩溃危险，需要公司的财政援助"。高盛之前也援助过自己的一只不良对冲基金，贝尔斯登团队就以此为模板，希望斯派克特能够照葫芦画瓢。也是在5月，瑞士银行巨头——瑞银宣布关闭旗下对冲基金——德威资本管理（Dillon Read Capital Management）。这只基金对次级抵押贷款市场有巨大敞口，已亏损1.23亿美元。然而，参与者又说，众人与斯派克特开会的时候，斯派克特却"立刻拒绝了"贝尔斯登注资5亿美元的计划。参与者说，斯派克特"把我们扔回了烂摊子，让我们自己解决问题。就我所知，这个提议从来没有提交执委会讨论，尽管我推测，沃伦确实告诉执委会要有麻烦了"。

两只对冲基金完全失控了。一名贝尔斯登高管回忆："那些赎回请求都涌了进来。我们就自言自语：'我们应该能够用手头现金对付这些请求。'然而，我们要是满足了这些请求，就等于把钱从大门送出去，而那些回购对手方也就会说：'等一下！'[1]这个时候，已经看得很清楚了，我们会崩溃、陷入恐慌。局势忽然就变成了这样：对投资者最有利的选择，反而是先保证自己不被回购市场上的对手方送进"坦克"，也就是，被人捅刀子，得到极差的结果。回购市场本质上极端缺乏管理和监控；就像一笔活期贷款，他们想干什么就干什么，无法无天。就算我有一笔所谓的'常青额度'，这也不能让他们改变估值折扣，那又怎么样？他们将我们手中的资产价值估计得更低，然后要我们追加保证金。你猜怎样？他们总是对的，永远是对的！这就是回购市场的厉害之处，也是脆弱之处，取决于我们看问题的角度。一切都在于信心。"

周六，5月26日上午，丹宁给乔菲、雷·麦加瑞格发邮件，信里透着对3个对冲基金经理深陷绝境的恐惧。丹宁在想着"制订计划"，期待能挽救危局。3人一直在反复讨论，想让泽普世公司[2]采取行动，要么参股，要么直接买下两只对冲基金。有一只债券基金叫太平洋投资管理公司（Pacific Investment Management Company，简称PIMCO），CEO是比尔·格罗斯（Bill Gross）。邮件写道："两年前，拉尔夫去见了比尔·格

---

[1] 这句话的意思是，如果贝尔斯登答应了回购请求，相当于把手中的钱白白送给了投资者。同时，随着次贷产品贬值，作为抵押品的价值也缩水，回购市场能够借给贝尔斯登的钱也在变少，这样，贝尔斯登就可能遭遇流动性问题。

[2] 大型秘密私募股权对冲基金，曾收购克莱斯勒。

罗斯，格罗斯告诉拉尔夫：参与交易，就要看看屋子里的人，看看谁是白痴；如果不清楚谁是白痴，就假定自己是白痴。于是，我坐在这里，想着那个我们要提交给泽普世、沃伦、马林，也提交给你们的计划；这时候，我很容易看出，我自己就是白痴。结果，我必须假定，我不论思考什么，理解什么，这些除了我之外的人，思考、理解这些事的水平，都比我高。"

把两只基金卖给泽普世的提议，一直没有什么进展。一名贝尔斯登高级常务董事说："拉尔夫追求的（出售两只基金），就好像橄榄球里的绝杀长传'万福玛利亚长传'，风险太大了。沃伦对此非常生气，想让拉尔夫停手，专注于卖出资产，尽力缩减杠杆。沃伦在一个问题上很不现实，那就是，只要市场允许的手段，拉尔夫都要用。拉尔夫开始拼命寻找各种拯救的机会，尽管这些机会风险极大。拉尔夫想要拯救业务，并不是只管业务不管资产价值；而是既想要资产价值，又想要业务。他有着巨大的既得利益，必须这么做。"

两只基金面临的选择极少。唯一似乎有逻辑的选择，就是不让赎回发生；就好像琥珀把昆虫完好地保存起来一样，把两只基金完好地保存起来，这样过一段时间，就能够实现价值，不给投资者带来损失。一名贝尔斯登高管说："忽然间，我们面临的问题就是，我们能满足这些提款要求吗？如果要支付追加保证金，那我们怎么才能满足余下的现金要求？我们开始关注流动性问题了。我们能卖的东西有哪些？从哪儿筹到现金？能做点什么？我们认为，暂停赎回，实际上能让回购对手方更加舒服。因为他们会想：啊，好吧，你们终于为了债权人的利益，停止让现金流失了。"[1]

6月7日，乔菲宣布，不论投资者是否已经提交赎回请求，强化杠杆基金都停止赎回了。两天之后，据报道称，乔菲说："我要是不能让

---

[1] 暂停赎回会降低贝尔斯登的流动性风险，对贝尔斯登回购市场上的债权人有利。

两只基金翻盘，我就等于让30年的职业生涯打水漂了。"6月26日，高级基金也不让投资者赎回了。两只基金的大门都被封死了，局面彻底失控。

*

自从当初马林和其他BSAM高管暂停乔菲与贝尔斯登交易之后（此事发生在2006年9月7日），贝尔斯登固定收益部的一些主管就担心起了乔菲做的事；但他们没有权限，只能干着急。弗里德曼说："所有监管他的成年人，都被推到了一边。而那些负责管理他的人都是一头雾水，压根不知道什么是对冲基金，当然也不知道什么是抵押贷款。结果，他就用自己的策略把产品做得越来越复杂，杠杆越来越高。最后，崩溃就不可避免了。乔菲总是跟我们说：'别担心！我把一切融资都保护起来了，10年期，无追索权。绝不可能被人收追加保证金。他们从我这儿拿不走一分钱保证金。不会有事的。'我们也就心想：'哎呀，太棒了！'乔菲确实有100亿美元是这样的，但他还有另外140亿美元，是每月融资的。"据说，乔菲想出了一个办法，为自己的两只基金获得一些长期融资。这个办法就是创建一个"实体"，从金融票据市场借来短期资金，然后用这些实收资金购买长期抵押贷款证券。这个计划，名叫"克里奥融资法"（Klio Funding）。弗里德曼说："每次问起，拉尔夫就会说：'对，又完成了一笔克里奥交易。我又从德累斯顿银行弄来了20亿美元，10年期；还从花旗弄来40亿美元，5年期。漂亮不？'我们就很嫉妒，说：'哎呀，我们要能这么拿钱就好了！'"

6月5日，斯派克特走进隔壁弗里德曼的办公室，扔下了一枚炸弹。斯派克特说："你赶紧去一趟BSAM，拉尔夫好像有流动性问题！你去看看，能不能帮上忙。"弗里德曼后来评论说："这是我这辈子听见的最轻描淡写的话。"这时候，BSAM已经从麦迪逊大街383号搬到了公园大道237号46大街南部的独立办公室。弗里德曼说，他知道乔菲已经停止了一只基金的赎回，但别的就不清楚了。弗里德曼说："我过去了，看见拉尔夫正跟手下的BSAM高管在一起。之前拉尔夫一宣布停止赎回，自然而然就有14名贷款人要求追加保证金，调低对抵押品的估值，并且开始拼命要拉尔夫还回贷款。我跟拉尔夫一块坐下来，我说：'你给我说明一下情况。我相信你一定没问题吧。你所有的基金都锁定了，投资者们无追索权，所有的项目都不需要你追加保证金，没错吧？'拉尔夫说：'对，差不多。'我们就查了一遍资产负债表，他有140亿美元资产是从回购市场上借来的，对手方大部分是些高质量的金融机构，但不全是；他平均的融资周期大概是一个月。我问拉尔夫：'你卖掉这些证券要花多长时间？'拉尔夫说：'这个，6个月兴许能卖掉1/3。'我问：'要是回购市场上有人要你追加保证金，你该怎么办？'他说：'这么，我已经从这个债主名单里找出了一批同样的人，向他们借了更多的钱，来追加别家的保证金。'我问：'有多少？'他说：'几个亿。'我说：'你死定了。绝对不能出现这种事的！'那几天，我们就这么来回核对基金的现状。"

二人决定致电黑石合伙人蒂姆·科尔曼（Tim Coleman），科尔曼是黑石公司重组业务的负责人，是马林的朋友，也是一个专业领域的领导人物，专门为资金困难的企业在破产前和破产过程中提供咨询。弗里德曼说："我们向科尔曼说明了情况，不过，基本上已经没希望了。"二人决定把基金债权人都叫来开会（债权人主要是其他华尔街公司的回购贷方），向债权人做出一个提议。二人希望，这个提议能够遏制追加保证金的狂潮，使得两只基金能够有序清算。债权人会议最后定在6月14日举行，计划由马林和乔菲在会上做出提议。

乔菲定在6月7日给投资者群发邮件，告知基金赎回暂停。6月6日，就在发邮件的前一天，美国专业期刊《对冲基金重磅新闻》（Hedge Fund Alert）爆料说，贝尔斯登的对冲基金想要阻止投资人提款了！报道说："有限合伙人们想要在6月底（下一个赎回日）从基金中拿出3亿美元左右。然而，贝尔斯登已经通知投资人，公司暂停提款了。贝尔斯登想通过暂停赎回，而不是限制赎回的方式，阻止强化杠杆基金发生挤兑。"

就在这时，难以置信的事发生了：负责基金管理的乔安玛莉·普萨特里竟然致电美国银行的回购部，通知他们，报道很快就会出来，"但是这篇报道是假新闻，赎回不会暂停！"乔安玛莉·普萨特里还给巴克莱银行打了电话，说的话也差不多。

也是在6月6日，贝尔斯登谈论两只对冲基金情况的时候，发布了一份文档供投资人阅读，标题是《焦点话题》(Talking Points)。文档说，4月基金单位净值之所以发生变化，其原因是"基金内相对较少的资产，发生了幅度相对较大的估值下调；另外，我们的对冲基金升值速度，慢于我们资产的贬值速度⋯⋯原先的估计值和预期的估计值的差异，是因为交易者对证券的估值比之前低得多"。备忘录说，强化杠杆基金6月30日有2.4亿美元要赎回。备忘录说："通过卖出流动性最高的证券，我们能够满足这些赎回要求；然后，基金就剩下了流动性最差、表现最差的资产。这对那些余下的投资者是不公平的，所以，我们不会这么做。"于是，6月30日开始，强化杠杆基金的赎回就会暂停。备忘录宣称，高级基金的赎回请求，金额总计1.07亿美元，高级基金打算"有序地"满足这些请求。备忘录还提到了《对冲基金重磅新闻》的文章："我们可以推测，关于这个话题，还会发表更多文章；这是很不幸的。"后来他们又召开了一次投资者电话会议，重申了以上这些论点，还说"交易者之前在4月对自己手中的资产给出了错误的估值"。

6月7日给投资者的信，不仅承认了强化杠杆基金在4月下跌了18.97%（就在3周以前，5月15日的一封信还说，下跌只有6.5%），还承认，这只总额6.42亿美元的基金，发生了大约2.5亿美元的赎回请求，而这些赎回请求将会暂停，理由是"投资经理相信，公司的流动资产将不足以支付投资者"。第二天召开了一次投资者电话会议，讨论基金的糟糕业绩。会上，乔菲和丹宁拒绝回答投资者的问题。一名投资者说："他们什么也不想说。"投资者越来越愤怒，终于不可避免地将这一局面公开了。显然，乔菲也在为强化杠杆基金5月的业绩拼命编故事。6月7

日，乔菲告诉美国银行，基金"5月份上涨了大约1.7%"，6月8日又告诉巴克莱银行，基金5月份上涨了"2.7%"。（实际上，基金5月份下跌了38%）。大约在6月8日到6月12日之间，巴克莱银行代表至少跟丹宁谈了两次。这两次谈话中，丹宁说，4月份业绩糟糕，是源于强化杠杆基金投资的双层CDO[1] "定价异常"。丹宁告诉银行家们："基础信贷质量一直没有任何显著的下滑。市场正在稳定中。"

*

6月12日，《华尔街日报》经过大量研究，报告称：强化杠杆基金1—4月已经下跌23%，而且基金阻止了投资者赎回。《华尔街日报》说："目前，基金发生了显著下跌，很难确定实际损失会有多少，因为如果发生几次很好的交易，就会把基金拉回到纯利润状态。[2]但是，抵押贷款市场有一角正在恶化，在这里，人们正拼命挣扎，偿还住房贷款。而基金对这一部分市场的敞口太大，所以这并不是好消息。"《华尔街日报》认为，虽然强化杠杆基金的损失将会给乔菲和丹宁造成严重打击，但是"基金的损失给贝尔斯登的影响则较为有限"，因为贝尔斯登在基金只投了4500万美元，其中包括原先的2000万美元，还有5月1日斯派克特批准的2500万美元。6月12日，《商业周刊》记者马修·戈德斯坦也报道了强化杠杆基金的各种问题。马修·戈德斯坦引用一名投资者的话说："一天下来，我希望有个人能老实告诉我，到底出了什么事！"

也是在6月12日，贝尔斯登的交易员们，开始出售两只对冲基金中的150个品种的高质量抵押贷款证券，面值约为38.6亿美元，用以筹集现金，应付追加保证金，也支付一些之前达成协议的赎回。《商业周刊》记者马修·戈德斯坦报道，证券的拍卖会定于6月14日上午10点举行。就在同一时间，贝尔斯登也宣布，2007年二季度盈利4.86亿美元，比2006年二季度收入5.39亿美元有所下降，"部分原因是次级抵押贷款市

---

[1] 怀疑是"嵌套型CDO"产品。

[2]《华尔街日报》的意思是，抵押贷款市场如果回暖，基金就有救。

场的崩溃"。业绩显示，公司的固定收益引擎转速明显减慢，营收9.62亿美元，比去年同一时期下降了21%。在一次关于二季度盈利的电话会议上，萨姆·莫利纳罗说，两只对冲基金的问题"在这里得到了严重关切。我们致力于将客户资产价值最大化，而且会采取力所能及的一切行动，确保获得成功的结果"。

同日，大约在中午，丹宁与贝尔斯登驻波士顿分部主管道格·莎伦召开了一次电话会议，开了45分钟。莎伦的客户往乔菲的两只对冲基金投了数千万美元。莎伦自己也投了不少钱，大约在50万美元。几个月之前，莎伦有一名客户因为税收问题，发出了赎回请求。但是，客户与丹宁谈了45分钟以后，觉得丹宁对情况的解释和对未来的展望非常安抚人心，最后说："既然我在这里听到了这一切，我觉得我们可以撤回赎回请求了，应该把钱留在基金里面。"莎伦与丹宁、那名客户开完会之后，又去了斯派克特的办公室，定在下午1点与斯派克特会面。莎伦跟斯派克特不是很熟。莎伦在贝尔斯登待了20年，只同斯派克特面对面见过6次。莎伦回顾时评论道："大部分人都觉得斯派克特有点对人爱答不理，要么就认为，斯派克特觉得老子天下第一。不过，他对我倒一直很是彬彬有礼，除了有一次我在监管方面遇到点麻烦（他对我态度不好外）。我相当不喜欢他的处理方式。"

会议时间还没到，莎伦等在斯派克特办公室外面。莎伦回忆说："当时我还不知道两只基金要崩溃，几个星期内价值就会跌到零。我正在等着进去见沃伦，等在他办公室外面，就听见'砰'的一声，又听见'该死！'我就想：'哎哟，可能现在不适合见他。'然后，我看见一个男的急急忙忙跑了出来，这个人我不认识。我就朝沃伦的两个助理走过去，我说：'这个，今天这日子不太好。我的事情可以等一下。我今天可真不想跟他说话。我的事可不是非要今天解决。'一个女助理说：'不不不，没事儿的。只不过今天这日子不太好。'我又坐下。过了几分钟，女助理说：'您现在可以进去见他了。'我进去，沃伦面无表情。我不知道刚才什么惹到他了，不过，我看见他的时候，他脸上肯定没有带出来。"

莎伦向斯派克特说明了自己客户投资的规模。有一个人在对冲基金[1]投了400万美元，另外一个在贝尔斯登的商业银行基金投了500万美元，还在市政债券投了2亿美元；另有两家客户，是全美排行前50名的私企。莎伦觉得，因为BSAM对斯派克特汇报，所以自己十分有必要把情况告知斯派克特。莎伦回忆，自己告诉斯派克特："我之所以告诉你这件事，是因为有些人说，两只基金可能面临潜在的严峻风险。而一旦有这种风险，我的这些客户绝不会一拍大腿说'哎哟，坏了！'然后走人的。这些人压根不需要风险代理律师。他们自己就雇了成群的律师，而且他们还会大发雷霆，因为我不知道哪儿出了问题。有些人说，两只基金真的会崩溃。真要这样的话，我的客户就会把我们告得倾家荡产！斯派克特回答我说：'这些人都不是小孩子了。这基金是杠杆基金，杠杆双向运作，既可能给你带来巨大盈利，也可能给你带来巨大损失。'我说这个我知道。不过，这基金销售、宣传的时候，说的是波动性很低，风险很低；人们在做资产配置的时候，也是把它当作低风险资产来配置的。有些上市公司把自身的一小部分现金投到了基金里面。资产组合经理完全了解，因为他给这些公司做过演讲。'斯派克特却说：'我能跟你说什么呢？老A当初怎么说的来着？要是飞得像老鹰那么高，拉的屎就不可能像金丝雀那么少。'"[2]

斯派克特对问题竟然这么不屑一顾，让莎伦大吃一惊。莎伦事后说："沃伦跟我这么一说，我就想：'你知道吗？贝尔斯登有些好客户，有时候，我们能从他们那儿赚很多钱，有时候赚不到很多钱。但是，这可不意味着我们的意图不够好！'我看得很清楚，沃伦没有明白，而是采取了非常轻慢的态度，他觉得'坏事反正一直有。他们是成年人！喂，这可是杠杆基金，杠杆是双向的！'然后还跟我说老A那句话。我就出去

---

[1] 这里没有说哪一只，估计是强化杠杆基金。

[2] 要想取得很大成功，就必然伴有痛苦和失败。——作者注

了，我这辈子从来没有这么沮丧过。"

*

保罗·弗里德曼和BSAM高管们正在加班加点，努力延缓两只对冲基金的崩溃。尽管如此，还是发生了意料之中的事：强化杠杆基金停止赎回，并没有安抚回购贷方。回购贷方并没有觉得"基金不会把我们的钱拿给投资者，而是会为我们保留"，从而感到安心；相反，回购贷方原先有些人昏昏欲睡，不知道基金出了什么问题，而基金一停止赎回，这些人就全体惊醒了。一名BSAM专家说："暂停赎回，就好比在愤怒的公牛前面挥舞红旗！"另一名高管说："整条华尔街，所有有目的的、有意图的企业，所有大大小小的企业，不论国内国外，都参与了这场游戏。"所有的回购贷方，全都一下子大喊大叫起来，为他们投在乔菲的两只基金中的短期贷款索取更多抵押品。各个贷方似乎一夜之间都开始要钱了。高管说："他们对我们说：'我们要给这些资产重新估值。我们需要6000万美元保证金！'"高管又叙述："贷方一开始的态度是：'我不知道你口袋里有多少钱，那今天就算你有5块钱吧，明天就10块了。'好吗？然后一下子态度忽然变了，问我们：'你手头现金有多少？还有别人跟你要追加保证金吗？'然后一下子又变成：'把我的300万美元还给我！我不管了！我拿200万也行，快点把钱给我！'"当天，一名巴克莱银行家十分担忧，给乔菲发邮件："你们基金的回购对手方，有一家显然就要终止额度了。我相信，这只是一时的谣言之一，但我想要证实一下，这只不过是谣言而已，这样就能避免恐慌情绪蔓延。"

6月13日，BSAM发表了一份备忘录，关于怎样回答投资人的这个问题："我之前以为我投资的基金等级很高，可是现在看来好像两只基金在次级抵押贷款投入了很多。"这份文档可能是第一次白纸黑字承认（虽然被各种胡言乱语反复掩盖），基金的实际情况与宣称的完全不一样。"截止到2007年5月31日，强化杠杆基金的资产，90%以上投资到AAA级与AA级证券。支撑这些AAA级与AA级证券的基础抵押品，很多是由次级抵押贷款组成的。因此，尽管基金里的证券90%以上是AAA级与AA级证券，但因为这些证券一部分由次级抵押品担保，所以媒体一直将这一证券组合称为次贷基金。根据我们管理层的分析，在我们的投资等级结构中，'次级'抵押贷款占基础抵押品的比例约为60%。"这个数字，比之前告诉投资者百分比的10倍还多！

在黑石集团帮助下，BSAM决定于6月14日召开乔菲两只对冲基金回购贷方的会议。贝尔斯登战略的基本依据是，恳求债务人能够宽限一段时间，这段时间一开始是一年，后来缩减到3个月；有了宽限，就能等市场稳定下来，这样就能在压力比较小的环境里实现有序清算。黑石对局面的看法是，两只基金的那些回购贷方，同样为乔菲拥有的那些流动性较差的抵押贷款证券忙得焦头烂额。因此，没有一个人有动机去促成这样一笔交易——向一个缺乏流动性的市场卖出证券，将所有人都能接受的证券估值再降低一点。一名参与战略的人士评论："这就是所谓的'墨西哥僵局'（Mexican standoff），也就是各方互相对峙，进退两难；要是大家手里都有枪，一齐开火，最后就只能全都倒地身亡，没有赢家了。我们认为：'你们所有人都有这个问题。要是把这样的证券大批卖到市场上，对谁都没有好处。投资者要是把所有的资产从两只基金撤出，刚一拿到资产，就马上倾销给市场，那绝对没有一点好处。'不过，这就跟所有让人恐慌的事件一样，及早抽身就可能是好事。比如说，有个电影院着火了。我要是第一个出了门，那这个战略就很好。但是，我要是站在银幕前面，跳着脚，大喊'着火啦！'我就出不去了。这个战略就很糟糕。这算一个比较恰当的比喻，因为市场参与者全都有这个问题。而且，还不是他们回购的资产的问题。这是绝对的冰山一角！"

回购对手方大会在麦迪逊大街383号大楼2层的礼堂举行。与会者大约60人，代表大约12家贷方。尽管贝尔斯登是乔菲两只对冲基金的主要经纪人，外加衍生品对手方，但组织者却做了决定，贝尔斯登证券分支机构的人都不许参加会议。[1]但是，保罗·弗里德曼实在想要观看这场好戏，于是就坐到礼堂后面的音像控制室里，从监视器上看实况。

乔菲在BSAM有一个名义上的领导，叫格雷格·肯塔尔（Greg Quental）。弗里德曼说："拉尔夫不相信他要向肯塔尔汇报。"会上，肯塔尔第一个发言，对银行家们介绍了基金本年度前4个月的糟糕业绩，还有糟糕业绩如何引发了赎回的雪崩，让请求的赎回金额达到了基金投资额6.5亿美元的一半。肯塔尔说："这显然是业绩导致的。这个时候，我们实际上还有足够的现金，能够满足6月份的赎回请求；但是，要这么做，我们就必须卖掉很多流动性较高的资产。"肯塔尔还说到基金内部余下的资产，"形态就会与人们买入时的很不一样了。于是，我们这时候做出了决定，暂停赎回。我们还知道，如果现金不从基金里流失，满足那些人的赎回请求，大家就都会感觉更舒服一些，这也是我们决定考虑的重要因素。"弗里德曼听到这儿，嘲讽地说了一句："我们这么做是为了你们好啊！"又严肃地加上一句："我们这么做其实是因为别无选择。不过，这倒是个好办法。"

然后，肯塔尔又说到了与会者提出的追加保证金要求。肯塔尔说："当然，我们现在已经收到了大量追加保证金的要求。这一点，大家都知道。我们一直在满足这些要求，直到昨天为止，昨天我们请大家暂停一下，直到我们现在开会。我们现在还有一些没有满足的要求，拉尔夫马上就会说到。我们已经尽力满足了过去几周内的所有要求，但是，这些要求的数额非常高。高级基金也同样面临大额的追加保证金要求。最后，资产组合团队正在努力变卖资产，并将精力集中在可以较快卖出的证券上。此外我们还有一些长期资产，正在努力卖出，拉尔夫将会谈到这些计划。现在我把麦克风交给他。"

乔菲向与会者介绍了两只基金拍卖资产的情况，这时候，他想通过

---

[1] 可能是怕被人说裁判当运动员不公平。

贝尔斯登卖掉资产，筹到急需的现金。乔菲说："我们看到了前所未有的投标数量，而他们报出的价格，让我们非常欣喜。我们得到了华尔街很多人的道义支持和鼓励，人们将会争先恐后，支付很高的价钱，买下我们的抵押品。"乔菲在演讲PPT的第7页，告诉了与会者一个他们可能已经知道的消息：在满足强化杠杆基金1.45亿美元的"公开追加保证金要求"之后，乔菲目前手头还有1400万美元现金。乔菲预计，在7月底1.45亿美元追加保证金要求到期后，基金的现金余额将会达到1.77亿美元。

弗里德曼把乔菲编造的鬼话翻译成了通俗语言。弗里德曼说："乔菲不光禁止赎回，还在会上对债主们说，如果他达不到追加保证金要求，债主有权力废了他。所以乔菲就告诉贷方：'坐着别动！我这就去卖资产，会拿到足够的现金。'这时候，满屋子都是人，有些人清醒了，已经在要求追加保证金了。另一些人也突然意识到其中有各种问题，于是调低了对抵押品的估值，也要求追加保证金。还有些人说："该死！别人都在要求追加保证金，我们还没提出要求呢！'我们刚刚要求债主不要索求追加保证金，结果却导致追加保证金要求像洪水一样涌了进来。"乔菲请求所有人都不要再要求追加保证金这一战术产生了完全相反的效果。弗里德曼继续说："末日就这么开始了。假如乔菲的基金不是第一个倒下的，这只基金垮台产生的影响就会小得多了。可是，当时大家脑子里对这件事还糊里糊涂的，对冲基金此前也从来没有出现过什么严重问题；于是这就成了晴天霹雳，就好像把一块鹅卵石扔进了池塘，又好像一根松弛的线突然绷紧。用什么比喻都行，总之，末日开始了。"

第一次会上，乔菲的要求，总体而言还不算过分。乔菲说："我们请求宽限30天，方便执行计划。一天下来，我们差不多在为你们所有人而奋斗。我是说，我们的任务是，用一种有序而有效的方式，筹集流动资金，同时减仓。要么直接出售，不管是不是竞标出售；要么通过其他手段。这是一个30天的阶段，我们认为，我们可以娴熟地展开工作。我们要是崩溃了，大家的利益就全都无法得到满足了；就会出现10个或者12个交易者想要将抵押品卖给一个目前十分脆弱的市场。"

乔菲的演讲开始了一个多小时以后，有一名回购贷方，摩根大通风险管理部主管约翰·霍干（John Hogan）问，贝尔斯登是否愿意向两只对冲基金注资，从而扮演想要解决问题的角色？霍干认为：（1）BSAM "将险恶的局势说得轻描淡写"。（2）"两只基金要想出办法，如何支付追加保证金"；以及，如果这意味着从贝尔斯登拿钱，"我们建议你们这么做"。马林作为BSAM的CEO回答了这个问题。马林说："首先，那些有资产管理单元的人，我向你们保证，这些资产管理单元被保护得很好，同企业的经纪自营商部门是隔绝的。BSAM的隔绝措施很好。实际上，我们连办公都在独立的办公楼，我们甚至都不在总部。所以我们的隔绝措施很好。有不少监管方面的因素，禁止我们作为对手方同贝尔斯登交易。我们已经有了一年的禁令，禁止贝尔斯登充当我们主要的交易对手方，而自从禁令生效以来，我们也一直没有交易过。我们最近解除了这个禁令，以便让那些'操作这些特定工具非常熟练的'交易柜台，能够帮助我们进行清算。我们认为，这会让局势变得更好。但是，贝尔斯登现在并不是我们的主要回购对手方，也从来不是我们的主要回购对手方。直到现在，他们才成为我们的主要交易伙伴，而且在帮我们做这件事。我觉得，我们不应该把贝尔斯登当成最后一根救命稻草，让他们给我们贷款。基金的所有权、运营权都是BSAM的，BSAM在整个过程中都会自己负责。"

有些与会者，听到马林这么说，就想起了9年之前那次不愉快的回忆：贝尔斯登拒绝救援LTCM对冲基金。摩根大通投行联合主管斯蒂夫·布莱克听到马林的回答，气坏了，会后分别给斯派克特和施瓦茨打了电话。布莱克与施瓦茨都加入过杜克大学兄弟会。布莱克问施瓦茨："贝尔斯登会给你的资产管理公司撑腰吗？"[1]根据《华尔街日报》的报道，

---

[1] 从语境判断，应是电话留言。

1小时后，施瓦茨给布莱克回电说："贝尔斯登的律师团建议，贝尔斯登不参与。"难以置信的是，就在回购贷方开会的同时，有个BSAM高管致信巴克莱银行，还在吹嘘基金表现良好；还抄送了一份给丹宁。邮件附了一张电子表格，表格"显示截至6月12日，强化杠杆基金的收益将近6%"，还说"基金资产净值在9.5亿美元以上"。

6月16日，《华尔街日报》报道，6月14日乔菲与美林高管会面，请求提供30天的宽限期。美林无视了这个请求，还从两只基金提出了4亿美元抵押品，预备周一中午在市场上将这些资产拍卖。根据6月14日的说明会，美林在两只基金中投了14.6亿美元回购贷款。这么一来，美林拿走的4亿美元抵押品，就相当于是美林对基金敞口总额的25%左右。此外，花旗投入18.62亿美元回购贷款，德累斯顿银行投入14.87亿美元，这两家银行是乔菲两只基金最主要的贷方。总计有16家华尔街公司贷给两只基金回购融资，总金额高达111亿美元。《华尔街日报》说，美林拍卖自身抵押品的一部分，可能会"触发强化杠杆基金解体"并且"促使其他贷方提取基金资产"，导致"乔菲先生的两只基金毁灭"，但没有说为什么。人们认为，美林拍卖的资产流动性要低于乔菲本周早些时候卖出的资产流动性。华尔街弥漫着一种恐惧，各大公司都害怕，美林卖出资产的价格，会使得各家公司被迫将自己持有的类似证券价格也调整到新的低价。

整个周末，乔菲一直恐慌不已。他总算说服了美林推迟拍卖资产，等他可以拿出新的提议再拍卖；这份提议会包括一份新的短期贷款计划，会在6月18日下午1点提交给债权人。此外，强化杠杆基金在巴克莱银行已经有4亿美元的信用额度；乔菲希望能够说服巴克莱，再提供2500万美元现金，用作抵押品，满足不断增长的追加保证金的需求。周末，乔菲给团队发电邮："我们必须去找他们，没有时间等待了。"周日一天，乔菲都在忙乱中度过，但总算说服了巴克莱提供附加资金。

6月12日，道格·莎伦见过斯派克特之后，回到了波士顿。莎伦对斯派克特的反应十分不满，开始有了这样的想法："我了解某些情况，可这些人怎么不明白呢？他们不知道情况怎么样，我也不知道沃伦·斯派克特是不是跟他们说了。因为，按照我对沃伦做事风格的了解，他只会盼着问题自动消失。"莎伦自己也投了钱，所以每月都能拿到月报。他把乔菲发出的每一份月报，汇总在一起，分析之后，决定自己必须回一趟纽约见凯恩，让贝尔斯登CEO理解，问题已经变得多么严重。此时，从凯恩招进莎伦算起，两人已经认识了20年。

6月18日，周一早上，莎伦给凯恩打电话，说自己正在机场，要飞到纽约见他，"商量对冲基金的事"。平时，贝尔斯登员工想见凯恩，总是能见到，凯恩为此十分骄傲。这一次，凯恩也同意周一下午3:30会见莎伦，但想让莎伦先跟贝尔斯登总顾问迈克·索伦德见一面。莎伦同意下午1点同索伦德见面。

莎伦来到索伦德的办公室，发现除了索伦德，在场的还有贝尔斯登诉讼主管丹·陶布（Dan Taub）。莎伦告诉二人："我到这儿来，是作为一名贝尔斯登合伙人，告诉你们，我为什么会担心。我来是因为我觉得问题非常严重，如果不马上直接处理，局面就该失控了。我们的忠实客户中有很多大人物，他们觉得我们的基金风险和波动性都很低，所以投了钱，但现在面临巨额亏损的风险。不光这个，我还得说一句，各位，我也给这只基金投了钱！"

莎伦把那一沓他收集的月报拿出来，给这两名贝尔斯登律师看。月报里说，乔菲每一个月都十分担忧市面上各种抵押贷款证券的高风险，还说乔菲因此而远离了这些证券。莎伦对索伦德与丹·陶布说："你们一定要弄明白！乔菲这小子每个月都在月报里预言世界末日，说他要避开2006年的次贷产品，说个没完没了，没完没了。最后才发现，这小子跳了火山口！"每一份月报都列出了该基金所投资证券的细目，莎伦给律师们看了月报后面的"抵押品总结"那一部分。莎伦回忆说："22%是高收益率资产，12%是高评级资产，这些全是冒烟的枪口！ 2006年3月的抵押品总结显示，只有6%的次级抵押贷款敞口。"莎伦甚至还记得，他的一个客户在2007年4月同意在两只基金投入25万美元，因为2007年3月的抵押品总结显示，两只基金只有6%投入了次级抵押贷款。但实际情况却大不一样。6月，两只基金价值快速蒸发的同时，贝尔斯登发布了一份文档，名叫《焦点话题》，指导经纪人应该怎样与投资两只基金的客户谈话。文档列出了一些典型问题，还有问题的答案。有一个很可能被问的问题："我以为基金多样化程度很高，现在才发现，基金对次级抵押贷款市场的敞口好像很大。敞口究竟是多少？"答："60%。"莎伦说："真相大白，基金对次级抵押贷款的敞口是60%！"

莎伦说，他尽可能详细地告知了索伦德与丹·陶布：基金对外宣传时一直说自己如何安全、如何低风险，而实际上，乔菲却在基金里塞满了大量高风险证券。根据乔菲的月报，莎伦告诉两名律师："资产担保类型的证券，占基金总资产的80%。跟你们说，我当初在债券市场的时候，资产担保证券都是信用卡、汽车贷款。结果才发现，这个资产担保证券里面，全是次贷担保的CDO，而且还没有加上次贷的标签，因为我在跟律师开会的时候，这一点还不为人所知。可是，我在跟他们解释，这一整篇评论都在说世界末日时，他们说：'可这些报告全都印着这么一行字：仅供内部使用。'我说：'报告印这行字是因为我今天早上才刚从我的电脑上打印出来。客户每个月接到的就是这样的报告。这都是我们一直在告诉客户的原话。'索伦德说话不多，但我认为，丹·陶布明白了局势有多严重。"

*

就在莎伦和索伦德、陶布开会的同时，麦迪逊大街383号礼堂内，乔菲、马林、黑石公司的代表们，正在跟两只基金的回购贷方召开新的会议，他们要展示一个新计划。乔菲希望这个计划能阻止各个贷方做出美林威胁要做的事——拿回抵押品，拍卖。根据乔菲的新计划，贝尔斯登要为两只基金提供15亿美元回购信贷额度，从而将两只基金现有回购贷方的敞口减少15%左右。此外，现有的回购贷方还会再提供给基金5亿美元的无担保资本，作为"新鲜血液"分别注入两只基金。新的资本当中，2亿美元由巴克莱提供，余额3亿美元由一家匿名"财团"提供，据称以花旗为首；这5亿美元资本将用于提供现有贷方的保证金需求，也用于资本营运目的。计划还有第三部分：在新的一年"以有序形式卖出基金资产，并减少信贷敞口"。然而，接下来就是乔菲对回购贷方"喊停"的要求：贷方要同意，在一年内，不再要求基金追加保证金，也不提高贷款利率。贷方还要同意，在一年内，不向市场卖出自己持有的任何抵押品。乔菲还想让贷方同意，在6月20日之前给予基金"临时性宽免"待遇，满足基金此前提出的所有请求。此外，所有贷方还要同意从市场"撤下现有的投标名单"，终止一切正在进行的资产抛售，这个要求毫无疑问是针对美林的；乔菲希望，贷方能够马上签署这份临时性宽免协议。从6月18日到7月2日，提案将被缩减为法律文件并进行谈判，预计在7月9日前完成签署。保罗·弗里德曼说："真是疯了！这等于是说：'我们要甩卖点东西，但不告诉你是什么东西；我们要终止一些能给你们带来现金的交易，而且你们必须在一年内老老实实坐着不动！'"《华尔街日报》说，美林和摩根大通一听说这份一年期的中止协议，都"大吃一惊"，但花旗、巴克莱、德累斯顿则"比较愿意"。一名与会者说："对于什么事情最重要，人们有不同的理解。"

*

莎伦和两名贝尔斯登律师开完了会，又按照事先的约定见了凯恩。莎伦想要给凯恩看两只基金的月报。莎伦回忆："我问凯恩：'你见过这些东西吗？'凯恩说：'没有，是什么东西啊？'我说：'这些都是月报。你应该看看。'凯恩说：'我不想看。'我说：'拉尔夫告诉投资者的一些话，你应该听我念念。'我就开始念：'我们预测违约会增加，预测住房价值会下降'——那一整段。我向凯恩介绍，投资的客户都有哪些种类，这些人有成群的律师大军，随时准备为他们服务；我告诉凯恩，我们必须采取行动才行。我跟凯恩说明情况，说了大概45分钟。凯恩说：'是这样，那些人现在都在礼堂呢。'我说：'谁在礼堂？'他说：'债权人都在，我们想让他们接受一份协议。但我要是他们，我就不接受这个协议。'我说：'协议内容是什么？'他说：'一年不索要追加保证金。此外，乔菲负责的公司正在提议，用某种方式再往基金里投入10亿美元。'"

莎伦见凯恩的时候，史蒂夫·贝格雷特进了办公室。莎伦问贝格雷特，他看见乔菲的月报了没有。然后莎伦拿一支黄色荧光笔，把误导人的"抵押品总结"部分划出来给贝格雷特看，特别是那些胡扯：什么两只基金只在次贷领域投了6%的资产，乔菲又是怎么说他看见了"这场崩溃的到来"。然后，莎伦和贝格雷特讨论，乔菲的总结是怎么说明的，乔菲已经把两只基金大部分的钱投入了资产担保证券——信用卡和汽车贷款，这两类证券被认为比CDO安全得多；而实际上，乔菲投资的领域正是CDO。莎伦告诉凯恩和史蒂夫·贝格雷特："我一看见'抵押品总结'那一部分，就总是有这个印象：哇！拉尔夫原来在一块金子里头藏了那么些东西！"莎伦给他们介绍完了月报，凯恩说："看，要是有造假，我们就得付出代价。"凯恩还奇怪，"我们拼命给律师送钱，让他们写那些招股说明书，给人们解释风险是为了什么？"然后又重复："要是有造假，我们就得付出代价。"按照莎伦的说法，紧接着，凯恩转身冲着长期助手苏泽特·法萨诺大喊，让他给理查德·马林打电话。凯恩在电话里告诉马林："今天晚上召开高级常务董事会议，你最好做好准备，说说两只对冲基金的情况！"

第二十八章

极蠢之决定

最后，乔菲6月18日的提议失败了。乔菲请求宽限，好让基金有序清算；但很多回购贷方完全不理，好像电影院起火，人们都涌向出口逃命一般。6月19日，美林再次改变主意，决定从两只基金手中没收8.5亿美元抵押品，卖给市场，金额比最初的计划增加了一倍多。但是，买家却很少，而且压价情况严重。于是，这8.5亿美元抵押品，美林保留了大部分，没有低价卖出；而且，还对自己大规模的抵押贷款证券组合进行了资产减记。一名对冲基金经理对《纽约邮报》讲述美林的决定："他们这样在市场中抛售债券，一定会给自己以及大部分客户造成大量的损失。"美林决定没收抵押品，让华尔街很多公司觉得极不寻常。一位匿名交易员告诉《全国抵押贷款新闻周刊》（*National Mortgage News*）："我从来没见过一个交易商会这样没收另一个交易商手中的资产。"[1] 另外，还有人不可避免地将此事与LTCM事件比较，说，将来在贝尔斯登急需帮助的时刻，华尔街不会有人伸出援手。德意志银行一位前抵押贷款债券研究分析师安东尼·桑德斯（Anthony Sanders）告诉彭博社："那些公

---

[1] 说明两个情况：（1）贝尔斯登旗下的这家公司问题严重；（2）美林不留情面。

司，只要看到巨大的利差，他们就全是贝尔斯登的朋友。[1]现在，既然市场发生了逆转，贝尔斯登就像一头孤独的灰熊。[2]这些借钱给贝尔斯登的机构曾看着次贷产品拥有高收益率，看着这个市场不断成长，却忘记了风险和回报成正比这个基本概念，最后终于作茧自缚。"

另外，整个周二，乔菲都在与高盛、与美国银行分别就双边协定进行谈判。这两份双边协定，允许高盛和美国银行获得22.5亿美元偿付，代价是"帮助遏制抵押贷款证券在更大范围市场中危机的恶性传播"（《华尔街日报》报道）。以及，在美林之前，已经有两家公司没收了抵押品，卖到了市场上。一家是雷曼兄弟，往乔菲的两只基金里投了6.5亿美元回购贷款；另一家是瑞士信贷（Credit Suisse），敞口为2.63亿美元。据报道称，雷曼兄弟每1美元拿到了50美分。摩根大通往两只基金里投了5.58亿美元回购贷款，本来想要没收抵押品，但又改了主意，参与了跟乔菲的双边谈判，与高盛、美国银行跟乔菲的双边谈判一样。《纽约时报》报道，摩根大通可以将自身的4亿美元抵押品卖回给乔菲换取现金，但卖价保密。一名对冲基金高管研究过乔菲对冲基金的头寸，他告诉《纽约邮报》："乔菲基金的价格还没有跳水，因为这两只基金常常被错误估值，或者根本不在市场上交易（因此价格不能反映真实情况）。今天下午4点，美林拍卖会结束，这一情况就要发生巨变了。"

平日，华尔街投行人士普遍认为，一般的乱子是常态，只有天大的乱子才称得上"混乱"。然而，就算用这个特殊标准衡量，2007年6月的贝尔斯登也称得上发了疯。两只对冲基金的麻烦在酝酿的时候，凯恩、莫利纳罗和财务主管罗伯特·厄普顿请了穆迪评级机构的一小群主管，来到高管食堂，参加午餐会。贝尔斯登主管们的意图，是想让穆迪考虑提高贝尔斯登的信贷评级。如果能提高信贷评级，就能降低企业的借钱

---

[1] 利差就是"把钱借给贝尔斯登所需的成本"和"贝尔斯登拿到钱后可得的回报"之间的差额。利差巨大说明有利可图。

[2] 贝尔斯登的"贝尔斯登"有熊的意思。这里的孤独，是说朋友们全都走了。

成本。此外，用厄普顿的话说，信贷评级还是"一件有力的武器，特别是在衍生品发行方面；而且，评级能够持续上升，总归是有利的"。厄普顿说："这次午餐会计划办成一次与吉米的友爱的聚餐，而且，我和萨姆·莫利纳罗，在业务上有一些关键点要表明。"然而，因为贝尔斯登正在与各家回购贷方谈判，所以莫利纳罗就时不时接到关于对冲基金的疯狂电话，离席去打电话。厄普顿努力想为莫利纳罗掩饰过去不断说起贝尔斯登各种业务的长处，但是穆迪的团队总是将话题拉回到对冲基金。厄普顿说，局面让人难堪起来。"这简直是漫画一样的场景。贝尔斯登是华尔街最成功的公司之一，吉米是CEO；现在，两只对冲基金要炸了，莫利纳罗却不得不经常去接电话。所有电话都是打给他的，他就只好一会儿出去，一会儿进来。上帝保佑吉米！他说起一些人，一些事。可是，这是贝尔斯登关键的转折点，转折点最后变成了一系列死亡打击的开端。我们正在拼命让各家评级机构转移注意力，想要最终让他们相信，我们这家信贷企业不光健康没问题，而且还在进步。可就在这个时候，CEO还有那个至少应该明白各个领域基本形势的人（莫利纳罗），却完全错失了良机。他谈到的唯一话题，就是他以前跟化学银行（Chemical Bank）主管沃尔特·希普利（Walter Shipley）吃饭的事，完全没有提到我认为接下来9个月要发生的事。"[1]

*

一名参加债权人会议的人士透露，一开始，两只基金追加保证金的要求，在会议期间、会议之后提出来的时候，有一种像在玩"老鹰捉小鸡"游戏的味道，也就是双方会争论抵押品价值多少，以及需要多少追加保证金。这种大男子主义持续了几天之后，基金有一家回购贷方，直接找到BSAM，要商谈买回抵押品的事；这样两只基金就能得到急需的现金，回购贷方也能通过交一些不至于让自己赔本的钱，拿回抵押品；等时机

---

[1] 指2007年7月到2008年3月，也就是贝尔斯登最后存在的9个月。

成熟，再把证券卖到市场上。在黑石集团的建议下，BSAM通知了所有贷方，关于双边谈判的机会。

一名贝尔斯登高管说："一下子，忽然所有人都想做交易，就连美林都想做交易了。这些双边交易都开始了谈判过程。问题在于，这些双边交易涉及的次贷产品，其估值都已经被降至票面价格以下了，而且每做一笔交易，新的估值都会比票面价值更低一些。有很多可变的部分——衍生品，这些衍生品很难估值，而且这些现金工具本身就很复杂，一些贷款组合总金额有几亿美元，有时候超过10亿美元。这一切，都要通过一个漏斗的瓶颈。所谓瓶颈，就是拉尔夫和马修·丹宁要做的估值——你们可以想象，这场闹剧有多么糟糕！"然后又出现了另外一个瓶颈：马林下令，只有BSAM和贝尔斯登都签了字，乔菲才能同意任何一笔双边交易。某人一直在观察这场集体表演，他说："马林跟沃伦成天商议，沃伦又跟拉尔夫成天商议。"越来越多的回购贷方要求举行双方单独谈判。于是，斯派克特决定，不能单指望马林与乔菲完成工作，打算让手下的王牌交易员托马斯·马拉诺也参与进来。

马拉诺是经验丰富的交易员，喜欢美国摇滚乐队"感恩而死"（Grateful Dead）。他过来参与了高级基金解体的工作，这就让固定收益部缺少了重要的人才。但是，公司认为，目前形势下这么做是有必要的。斯派克特指定马拉诺与保罗·弗里德曼合作。先前，斯派克特已经让弗里德曼去处理两只基金了。公司发表声明说，会把莫利纳罗临时调派给两只基金。贝尔斯登还让公司首席风险官马尔克·阿历克斯监管BSAM。贝尔斯登还进一步声明，马林会在运营两只对冲基金方面扮演"更强势的角色"，但乔菲不会退出。

接着，两只基金的办事员又承受了极大的压力，因为一笔笔转账发生得极快，他们有任务，必须迅速而准确地核对每日的现金仓位。一名BSAM高管说："正常情况下，这些员工本来完全有能力做到这些。可是，那种情况，就好像民航飞行员突然要面对激烈的空战；他们完全没有经验，不知道该怎么应对接踵而至的各种变量。要想在一天24小时内把仓位全都核对好，根本不可能。"所有人的压力都在上升。一名高管说："现在是非常时期，到处都有炸弹开花。员工正在拼命阻挡债权人，而一旦要阻挡债权人，一旦所有人都要提款，我们还努力想要有序办事，就会有人打电话过来说：'我一个小时以前就给你电话了，你没回我电话！'他可不知道，这一个小时，我接了50个电话，而且同时还在做核对工作。真是一场噩梦！"

在舆论高度关注下，两只基金开始与各个回购贷方分别达成双边交易。一名贝尔斯登高管解释道："在所谓自由落体的市场上，人们如果要做大宗交易，最好的推进方式就是像我们这样。先完成一笔交易，再完成第二笔、第三笔。就好像在院子里摆摊买东西，趁着警察还没来，多卖一点是一点。而且我们还眼看着基金的NAV——资产净值跳水。但至少这还可以确定。"

然后，开始有压力强迫贝尔斯登总公司站出来，取代对冲基金的各个回购贷方。此时，贝尔斯登唯一的敞口是4500万美元的股权投资，华尔街其余公司都在等着贝尔斯登，一起制订一项切实的援助计划。上一章结尾提到，凯恩决定召集贝尔斯登20名主管开会，这些人包括执委会成员，还有管理与薪酬委员会的成员。开会有两个目的：（1）想要获得乔菲的两只对冲基金的最新情况，（2）决定是否让贝尔斯登成为两只基金的回购贷方。开会之前，凯恩问战略主管史蒂夫·贝格雷特：贝尔斯登往两只基金里投了多少钱？凯恩说，他认为总额是2000万美元，尽管两只基金开始崩溃以来，媒体已经发了不少文章，说总额实际上是4000万美元。贝格雷特告诉他，公司实际上投了4500万美元。凯恩回忆："我说：'什么？'贝格雷特说：'4500万美元。'我说：'4500万美元？不是2000万美元吗？那2500万哪儿来的？'他说：'我不知道。'我说：'你不知道2500万美元哪儿来的？'他说：'不知道。'我们进了屋，开始开会。我说：'咱们讨论怎么办之前，我先问一句，有谁知道，最后一分钟投进去的那2500万美元吗？'斯派克特说：'我知道。对不起。'不对，他没说'对不起'，他说的是'我搞砸了'。他要是说了'对不起'，就该不一样了。他说的是'我搞砸了'。一片沉默。人们都估计我会说：'你以为你是谁，你干什么吃的！你没得到批准就自己拍板，给一家快要倒闭的企业投了2500万美元？'我没这么说，但我也足有一分钟什么都没说。我只是让大家都听见他说'我搞砸了'。"

凯恩就这么直截了当地责备了斯派克特，关于他授权往两只基金额外投入2500万美元的事。之后，凯恩又问众人，对两只基金应该怎么办。凯恩回忆："我说：'好吧，你们有什么办法？我觉得最好的办法是毁掉两只基金。这么一来名声就会冒风险，但我们反正也免不了用名声冒风险，而且这样就能避免糟心事了。'谁也不说话。格林伯格说：'不行，不能这么做，会把企业害死的。'又有人说：'对，这样对企业名声损害太大了。'我却没想到会有那么一天。如果真要毁掉这两只基金，你还不如直接对所有投资者们说：'你们全都滚！高盛刚出了30亿美元，用于救援自己的基金。我们可不是高盛！'"

关于贝尔斯登是否应该采取措施，采取什么措施，决定是很复杂的。一名贝尔斯登高管："我们的问题是，这两只对冲基金的资本结构很不一样。其中一只有巴克莱参与投资，并得到了巴克莱的信贷援助；另外一只没有。其中一只杠杆更高，另外一只杠杆比较低。就好比我有两个孩子都站在铁轨上，这时候，一列货运列车开过来了，没办法同时救两个孩子。那我是应该救一个呢，还是想救两个？要是救两个，两个没准都死了。我是说，换了你，你会怎么做呢？还可能把你自己的命也搭上。这就是我们要做的决定。"

*

关于应采取什么措施，执委们大吵了一通。弗里德曼说："坦白讲，mea culpa（法语：我错了/我有罪）。执委会开了几次会，讨论应该怎么办。有一次，吉米，上帝保佑他，他说的话是对的。当时吉米大叫：'我们不管了，让那两只基金玩完！又不是我们的钱！总公司可没给他们贷款！让那些银行损失吧！不是我们的问题！'他这么说是正确的。另外有一帮人也大叫：'不能这么干！我们是有股权的！我们得努力做点什么，原因有两个，一是这么做能帮助投资者，二是我们一旦让银行全都滚开，我们就得罪了所有的银行，在这个圈子里就混不下去了。1998年我们这么做了一次（没有救援LTCM），这已经够倒霉了。那些银行至今都对我们恨得咬牙切齿，不能再这么干了！'我，也是这么嚷嚷的人之一。老A也主张要救。最后一次执委会会议上，老A说了一句话：'我们不能把这两只对冲基金拿起来，扔到人行道上，然后自顾自地走开。'最后，还是老A赢了。老A还说服了沃伦和其他人，必须采取措施。于是，我们就保了其中一只基金（高级基金）。至少当时我们可以这么做。因为我们真的相信，基金里面还剩下不少资产。"

面对各种艰难的情况，凯恩采取了纯战术、无感情的应对措施。弗里德曼说："凯恩根本不在乎我们的名声。凯恩认为，既然美林、花旗、摩根大通等公司愚蠢到贷款给拉尔夫，而我们又聪明到不贷款给拉尔夫，那我们为什么要保拉尔夫这两只基金，只是因为那些公司愚蠢到以极低的利润给拉尔夫贷款吗？这可不是我们的问题。投到基金里的钱也不是我们的钱。我们不是他们的贷方。就让摩根大通、摩根士丹利、美国银行，让这些银行把基金掐死得了。见鬼去吧！谁在乎？这就是凯恩的观点。"弗里德曼介绍了凯恩的观点，又说了自己的观点："但是，我当时错误地认为，从名声的角度，我们需要行动；此外，我还认为，摩根大通、花旗、美银、德意志、德累斯顿那些大银行，我们要是让他们全都滚一边去，他们就会掐死我们，把我们的贷款工具完全收回。自从1998年拒绝援助LTCM以来，大家就恨上了我们。我们一直在重建自己的形象，而且已经取得了成绩。这10年以来，银行重组大量发生。最后，所有贷款给拉尔夫的机构，我们都向它们借了钱。把问题甩给它们，说一句'太糟糕了'，在我看来，就是自杀。吉米当时不这么觉得，他不管这些。后来我才知道，是我错了。"之后的形势果然证明，凯恩没错。

有两周时间，执委会一天开会两次，为了商议公司是否应充任两只对冲基金的"有担保的回购贷方"。执委会得到马林、乔菲关于2楼债务人会议的消息反馈，然后在6楼凯恩办公室集合，商量怎么办。这次会议可谓是巨头云集，从BSAM的马林、乔菲，到贝尔斯登固定收益部主管——克雷格·奥弗兰德、杰夫·迈尔、托马斯·马拉诺，还有保罗·弗里德曼。弗里德曼说："这个团队的阵营构成十分出彩。到这个时候，吉米已经允许沃伦·斯派克特和老A.格林伯格主持会议了。吉米只是坐在那儿抽雪茄，让老A、沃伦两人争辩。其实，此时的吉米在许多情况下，都在会议中中途进入，又中途退出。所以这一次我们讨论这些问题的时候，吉米并不发号施令，因为他平时一般就不发号施令。但是，我不知道他究竟是聪明到把接力棒交给老A、沃伦的地步了，还是老A、沃伦正在努力把接力棒抢过来。"

弗里德曼说，执委会的5人，就类似一个政治局，"自身带有一种漫画色彩，因为他们几乎用不着开会，反正在开会之前也早就知道要说什么了。特别是那些重复进行的事项，都可以写出剧本了。完全可以预测到人们要说什么话"。弗里德曼继续说："我把这几个人分一下类：老A.格林伯格是那种苏格拉底式的银行家、谈判专家，性格平和。他典型的台词是：'咱们把事情都摆在桌面上，彻底做完。'沃伦·斯派克特是交易天才，很快就能弄清楚局势，并很快找到答案，告诉我们说：'咱们应该这么办……'吉米总是不能专注，因为他老是进进出出。我们谈的债券这些话题，不是他最精通的。老A比他宏大、开阔、立意深远、懂哲学；动不动就说，我们有75年历史的企业如何如何。这些人都各司其职。"关于怎样处理两只对冲基金，众人意见不一。弗里德曼说："萨姆·莫利纳罗在这个问题上，坚决反对援助。萨姆总是说：'两只基金崩溃，就像一把刀子掉了下来，我们为什么要故意去接呢？'在整个讨论过程中，萨姆特别爱说这句话。他说：'由他去吧，让刀子落地，咱们再把剩下的东西捡起来。'萨姆和吉米的观点一样。会上，大家进行了一连串很严密的讨论，可是，就快没有时间了。没办法再讨论了。到了最后一天，大家全都威胁要毁掉我们，我们现在必须做决定了——该怎么办呢？吉米和萨姆·莫利纳罗的办法是'咱们就放弃吧'，最后他们的主张没有实施。抵押贷款部的人很确信，我们可以做点什么。我们兜兜转转，想要达成一个折中方案。大家都在寻找折中方案。"据说，老A相信企业的"名声"还如日中天，认为"我们有很大可能把钱拿回来"。据一名与会者说，斯派克特虽"勉强赞成"提供回购融资，但"因为必须这么做而感到非常非常不愉快"。

斯派克特发表意见之后，虽然凯恩看得明白，竭力反对，但众人还是拍板决定，贝尔斯登应该同意充当高级基金的回购贷方，让强化杠杆基金倒闭。贝尔斯登决定贷款给高级基金，于是问题焦点迅速变成了：贷款给哪些证券才值得。为此，一位参与讨论的人士回忆："执委会说：'这些基金，价值多少？'交易柜台最优秀、最聪明的人，全都坐在这儿……他们当中，没有一个人的年薪低于1500万美元，比我的工资多得太多了，却没有一个人站出来说出价值——没有一个人！这些人整天在这个市场里工作，而且只为这个市场工作！我跟托马斯·马拉诺谈了，我跟杰夫·迈尔谈了，我跟所有这些人都谈了。他们谁都不愿意给基金估值。太难了。而且，他们都很精明，他们都清楚，在一个自由落体的市场中，一把刀子落下，绝不能伸手去接。"

要想弄清楚抵押品的价值，有一种可能的办法，就是查看各项双边交易的结果。这位参与讨论的人士回忆说："便利之处在于，大家都说过这么一句话'多少多少钱能让我做交易'，对此，我们有一些了解。有了这个数据，就能估计出一个价值。"于是，与会者对双边交易的数据进行了快速的整体分析，得出了结论。这位人士继续说："最后，强化杠杆基金的价值会是这么多（手势），不是零。高级基金的价值是这么多（手势），比零高得多。这难道不是我们估计出的最准确的价值吗？"

执委会探索完了这一说法的逻辑，就批准一支别动队，去尽可能多地谈判双边交易，越多越好。

此时，贝尔斯登也已经获悉，美林试图卖掉8.5亿美元证券，但很不顺利。弗里德曼说："美林有大量债券滞销。对于这东西的流动性来说，这个数据点很有意思，但也令人不安。不过，这件事也进一步强化了一个观念：谁都不可能把这种东西在12小时以内拍卖出去，不会有人出价的。"两只基金的形势变化极快，贝尔斯登高层根本没有时间仔细考虑该怎么办。赎回请求来得极为凶猛。为了避免全面崩溃，贝尔斯登认为，最好还是自己出钱，取代所有的回购贷方，使得基金能够腾出时间，有序清算。凯恩谈到贝尔斯登决定拿出16亿美元，是这么评价的："全完了。投标的价钱是50美分。美林把我们卖了。有一半的产品没人出价。就在这个时候，全世界都清醒了。那个追加保证金的请求，就好像是叫人起床的电话。他们说要'把你活活掐死'！"保罗·弗里德曼说，公司"必须在48小时内确定这东西（高级基金）的价值。现实点说，要想真正弄清楚价值，得花上三四个星期。我们估计，我们要给高级基金提供12亿美元贷款，高级基金本身最少价值15亿~16亿美元。我们认为，这只对冲基金本身应该有几亿美元的资产。结果发现，其实没有。当时看起来，这笔贷款似乎很安全。理论上，如果我们是唯一的贷方，如果这东西里面真的有股权，就可以进行有序清算，保住股权。这样，就会有更多的钱，能够偿还给投资者，减少诉讼，降低损失，也减轻对市场的破坏。——这理论不错，但仅仅是理论。那时候，我们还真的相信，AAA评级就真的是AAA评级；我们也都相信，这些东西的结构是合理的"。

贝尔斯登实在没有时间仔细研究高级基金的基础资产了。弗里德曼和其他固定收益高管在巨大压力之下，认为贝尔斯登不太可能因为这笔贷款而亏掉一分钱。弗里德曼告诉执委会："看，我们真的不知道这些资产究竟价值多少。假如我们真的错了，就可能损失几亿美元。我们估计，自己还有4亿美元缓冲资金，亏掉了这4亿美元，还可能亏几亿。"这种规模的亏损，好像是根本无法理解的。弗里德曼说："这个数字，好像很荒唐。我们说这个数字好像漫不经心——'哎，我们可能要亏几个亿。没事。我们要是亏了这几个亿，能避免名声损害，避免诉讼风险，那这买卖就还挺划算的。'我们早在6月就认为，不管这些对冲基金损失多少——可能不是全部亏掉，但十分接近，这种情况，肯定是要打官司的。所有投资者都会把我们告上法庭，他们要的钱，我们无论如何都要赔很大一部分。所以，我们只要承受几亿美元损失，就能摆脱这些人的纠缠，避免为了和解而付钱给这些投资者，就能把这损失的一大部分捞回来。我们就算是在最可怕的噩梦里，也没想过，我们把亏损金额少估计了6亿、7亿、8亿美元！"

最后，格林伯格、斯派克特、施瓦茨否决了凯恩和莫利纳罗的意见。公司做出了决定命运的选择：充当高级基金的回购贷方，融资金额一开始就达到了32亿美元。

*

6月21日早上8点，马林向债权人提出了一个新建议：如贷方同意不再向高级基金请求追加保证金，则贝尔斯登将会为高级基金提供32亿美元融资，取代所有回购贷方。债权人并不认可这个建议。到下午3点，马林决定让步，无条件提供这32亿美元融资。当晚，沃伦·斯派克特跟其他华尔街高管一起，在华盛顿参加私人晚宴，与总统候选人、时任参议员的巴拉克·奥巴马（Barack Obama）见面。斯派克特自我介绍说，他是为贝尔斯登做事的，是"华尔街当下的灾星"。这当然是开玩笑。另一方面，苏世民的黑石集团就要进行IPO，金额为47.5亿美元，舆论对此十分关注。就在斯派克特参加宴会的时候，黑石集团把IPO的价格定在了每股31美元。这一定价，从黑石集团的角度来看，是一个巨大的成功，让苏世民的身价在一个很短的时间段内升到了将近80亿美元。交易的两名主要承销商是摩根士丹利和花旗，它们拿到了2.02亿美元承保费用里的1亿美元左右。贝尔斯登是交易的联合承销商之一。

　　第二天，6月22日下午，斯派克特回到了纽约的办公室，跟另外一些华尔街高管打了几个小时电话。斯派克特告诉他们，贝尔斯登终于决定采取重要措施，援助对冲基金。然而，市场却并没有料到这一步。斯派克特告诉华尔街同行，贝尔斯登会成为高级基金新的回购贷方，贷款总额高达32亿美元；但对强化杠杆基金则不会采取措施。这相当于发出了信号，说强化杠杆基金一定要倒闭清算了。6月22日，黑石IPO开始交易，股价涨了17.5%。同日，贝尔斯登召开新闻发布会，凯恩说："关于这两只基金，市场存在很大不确定性，使得有序的去杠杆化变得很困难。我们相信，这笔贷款能使融资稳定下来，减少市场的不确定性，并使得高级基金能够有序完成去杠杆化。"对另一个决定——不支持强化杠杆基金的决定，凯恩一句话也没说。后来，强化杠杆基金果然倒闭清算，巴克莱银行投进去的4亿美元几乎亏得精光；于是双方（巴克莱与强化杠杆基金）打起了民事官司，巴克莱指控基金造假、欺诈，还有其他罪名。这是后话。

　　贝尔斯登宣布那半生不熟的基金援助计划的当天，另外一个决定也不出所料地默默出现了：无尽使命IPO中止，注册声明从证监会撤回。弗里德曼说："无尽使命这笔怪诞的生意，终于没有做成，从而避免了成为有史以来世界上最愚蠢的计划。我是说：'咱们把CDO股权、剩余误差，这些东西全都拿走，打包，做个交易，然后卖给爸妈。'人类历史上，就没有人想出过这么白痴的主意。要是两只基金没崩溃，这些东西真的有可能会往市场上卖的！这又是一个证据，证明看店的人里头，就没有一个大人！"

　　当时，有人向财政部部长亨利·保尔森问起贝尔斯登两只对冲基金的情况。保尔森回答："我曾经努力说明，我们处理次贷问题会花一段时间，其间会有各种损失。这是在我们所见的住房市场，以及某些贷款实践中自然而然出现的副产物。随着抵押贷款市场不断洗牌，这段时间，整个体系都会受到影响。但我依然相信，这种风险，大部分得到了控制，不会对总体经济造成严重威胁。"

*

到了6月26日，高级基金已经把附加资产卖给了市场，从而让贝尔斯登为基金提供的回购工具的价值降到了16亿美元。但强化杠杆基金却没有得到一分钱。贝尔斯登决定取代高级基金的各个回购贷方，这一决定导致了一种有趣的反应。那些已经没收了两只基金的抵押品的公司，比如美林，在试图卖出这些证券的时候，遭遇了严重的损失。贝尔斯登发表声明之后，美林赶紧求贝尔斯登将自己完全取代，不管用。另外的公司，例如康托·菲茨杰拉德（Cantor Fitzgerald）公司、德累斯顿银行，本来反应迟钝，没能及时了解问题的严重性，结果反而全身而退了。[1]弗里德曼说："我真是太吃惊了。康托·菲茨杰拉德公司、德累斯顿银行这两家贷给拉尔夫的数额都远远超过了10亿美元，可是，两家银行都没有抵押贷款柜台，都不知道抵押品是什么！抵押品需要估值，才能确定是否要追加保证金。他们估值的办法，就是给拉尔夫打电话，问他这些抵押品值多少钱！真正讽刺的地方在于，贝尔斯登终于同意干预，取代那些贷方，因为我们担心我们关注的那些人——摩根大通、别的银行、民众，会憎恨我们；而且我们觉得，可以进行有序清算，从而帮助两只基金的投资者。实际上，那些银行已经把我们'吹灭了'。康托获利了，谁在乎呢？我们救援了康托，也救援了德累斯顿。然而，德累斯顿马上就终止了跟我们的一切关系，告诉我们'把电话号码删了吧'。[2]我们救援了花旗，然后花旗对待我们，却好像我们得了麻风病，想尽

---

[1] 投资人损失了大部分投资款项，债权人在贝尔斯登同意全额偿还之后拿回了所有款项。——作者注

[2] 凯恩不愿把贝尔斯登出售给德累斯顿发生在CEO的层面；而在企业更低的层面，贝尔斯登依然在与德累斯顿交易，只是在对冲基金倒台之后，德累斯顿不愿意继续和贝尔斯登交易了。高层不愿出售，低层继续交易，二者不矛盾。——作者注

一切办法毁掉我们，把15亿美元的次贷产品全塞给了我们。"

这时候，艰难的工作开始了——为贝尔斯登刚刚同意购买的抵押品估值。这工作可一点都不容易。弗里德曼说："6月到7月，我们一直在拼命计算抵押品的价值。定价要花上两三个星期。他们花了一周，给对冲基金头寸的大概1/3定了价。然后又花了两三周，给余下2/3定了价。抵押贷款柜台的12个人，真的是夜以继日地干，我们还有很多研究员，也是夜以继日地工作，周末也不休息，整整3个星期，就为了给这东西估值。这下你们就明白，这玩意流动性有多差了吧！"

等到贝尔斯登真正算出基金大部分抵押品的价值的时候，发现之前的计算错得十分离谱。弗里德曼说："交易柜台正在把基金定价到真正的水平，而这个定价却越来越低了。我们以前相信，头寸里有股权，基金里也有股权。结果发现都没有。我们以为有大概4亿美元的缓冲资金，结果我们在15亿美元当中算错了大概10亿美元。金额差了十万八千里。我们以为错误可以限制在10亿美元之内，而且亏损的很大原因在于市场在那五六个星期里恶化得很多。不过，这只是我们以为而已。"

*

就在员工没日没夜计算高级基金资产价值的时候——这个很不幸的时候，6月28日，《纽约时报》爆料，过去两年半，理查德·马林一直在写一个私人博客，写的都是他怎样热爱骑摩托环游美国，热爱家庭，热爱电影。还有很多照片，拍的是他2007年6月初去中东（沙特、约旦、以色列）的经历，表面上似乎是出差，要见那些阿拉伯企业家，他们属于一家与BSAM合资的企业。还有马林与同事乘坐私人喷气机的照片，飞机是他们一名合伙人的。马林写道："我们搭了顺风车！"还写了别的一些休闲活动。他说："快傍晚了，终于合了会儿眼，还去了一趟健康会所，做了一次这辈子最舒服的印尼/瑞典式按摩。踉踉跄跄回了自己房间，又出去，到一名合伙人家里聚餐。"6月23日，马林总结过去几周在公司的工作："就好像古代希腊与波斯的战争，我要保卫斯巴达，击退华尔街的波斯部落。没日没夜没休假的仗，打上几个星期。这就是最能提醒我的东西，提醒我为什么选择了现在的生活。好消息是，两周的苦战过后，我和忠心耿耿的团队还屹立不倒，能准备明天的战斗。"

马林警告过斯派克特，《纽约时报》的文章就要发出来了。文章是6月28日上午发表的。马林来到斯派克特的办公室，斯派克特告诉他，他作为BSAM主管的职责已经被解除了。有关马林私人博客的那篇文章发表得太不是时候，也让这个不可避免的解职决定，有了一个充分的借口。斯派克特请马林继续当企业顾问，马林当到2007年年底，离职了。马林还是继续拿工资，但企业不给他奖金了。马林的U5表格显示，他不是被因故开除的。

*

同日，也就是6月28日，公司宣称，杰弗里·B.莱恩（Jeffrey B. Lane）会接替马林的职务。莱恩65岁，长期担任华尔街高管，是纽伯格·巴曼公司的董事长。后来，纽伯格被雷曼兄弟收购，莱恩又当上了纽伯格的副董事长。莱恩说："能加入贝尔斯登，我很高兴。我也盼望能与BSAM团队合作。我相信公司是一家完善的实体，我想到能继续建设BSAM的组织，也十分激动。"莱恩与斯派克特都喜欢打网球，偶尔还是双打的搭档。斯派克特考虑招莱恩已经有一段时间了。对冲基金的崩溃，正好让这个决定浮出了水面。斯派克特还考虑过招进另外一个人——艾威资本（Avenue Capital）CEO马克·拉斯里（Marc Lasry），运营资产管理业务，但没有成功。莱恩告诉《华尔街日报》，BSAM的好转将会很慢。莱恩说："这个过程，就好像给韦拉扎诺海峡大桥（Verrazano Bridge）刷漆，动手开始刷，然后一直刷下去。"[1]凯恩说，招进莱恩的

---

[1] 韦拉扎诺海峡大桥位于美国纽约州纽约市，是一座双层结构的悬索桥，横跨纽约湾海峡，来连接纽约市的史泰登岛与布鲁克林。大桥以意大利探险家乔凡尼·达·韦拉扎诺（Giovanni da Verrazano）命名。莱恩的意思是：给大桥刷漆的工作量巨大，所以好转会很慢。

目的是"重建投资者对BSAM的信心"。莱恩花了几天时间盘问马林，两只基金的发展情况，但他很快发现，他基本用不上马林。

接着，《纽约时报》记者小兰登·托马斯采访了凯恩，问他对强化杠杆基金的溃败有什么看法。托马斯写道："詹姆斯·E.凯恩[1]满腹牢骚。而且，凯恩先生过去一年瘦了20磅（约9公斤），并不是因为节食减肥的缘故。"凯恩告诉托马斯，他之所以瘦了，是因为远离了"早餐的红酒、培根、三文鱼；还有博比·凡（Bobby Van）牛排店的深夜外卖"。凯恩还说，对冲基金的亏损是"大规模的重挫"。凯恩又加上一句："我很生气。我们先是声名在外，人人都认为我们是最勤奋的风险分析师、估价师、风控师。结果，现在这些名声全都毁了，公司员工肯定难受死了！这是我个人的想法！"凯恩好像十分沮丧，仿佛企业盔甲上出现了裂缝，他个人的自尊也出现了裂缝一般。凯恩说："过去15年，无论我走进哪个房间，参加哪个晚宴，始终觉得人们看我时觉得我很不错，很成功，很敏锐。但现在恐怕已经不是这样了。我觉得，现在人们看我，目光里带着问号。"凯恩没有提到，马林已经被草草降了级，乔菲也不再负责基金的日常管理，他也没有提到斯派克特的命运，这时候，斯派克特当然是BSAM的主管。之前，凯恩曾邀请斯派克特参加托马斯的采访，但斯派克特没来，凯恩为此很生气。

凯恩也没有提到，这时候他已经恢复了夏天每周四下午的一项"仪式"：从曼哈顿东区花1700美元坐直升机，来到新泽西州迪尔市的好莱坞高尔夫俱乐部，匆匆忙忙打上一局高尔夫球。6月14日、6月21日，凯恩这么飞了两次，都是在紧张的谈判期间。档案显示，6月9日到7月15日之间，凯恩在好莱坞高尔夫俱乐部打了20局高尔夫球。他周五上午也打球，在家乡——新泽西州埃尔伯龙市出差的时候，打完高尔夫球，

---

[1] 詹姆斯是吉米的正式名称。

回家和家人待了一阵。

*

贝尔斯登两只对冲基金的混乱局面，引得市场极为紧张。桑福德·伯恩斯坦公司研究分析师、雷曼前任CFO布拉德·海因茨说，危机"不仅是贝尔斯登的问题，还是金融业的问题。还有多少对冲基金持有类似的证券——深奥难懂，流动性极差？这些证券的真正价值是多少？要是还有基金崩溃，又会怎么样？"对此，太平洋投资管理公司CEO比尔·格罗斯好像给出了回答。6月30日，比尔·格罗斯接受采访。他说："次级贷款违约，就好比我家后院番茄菜地里的杂草，会不断生长。这种有毒废料，金额高达数千亿美元；不论是CDO，还是贝尔斯登对冲基金，它们的不同，仅仅在于解体的先后。世上有很多无法避免的东西，比如死亡，比如税收；此外，还有这么一种情况也无法避免——次贷危机，它不是孤立的个案，也不是在《纽约时报》连着上几天的头条就能控制的。而且，打个比方，科幻故事里的疯狂科学家会在实验室里用培养皿培养细菌；在金融界，疯狂科学家培养的就是金融衍生品，而这些衍生品可不是细菌，不可能用一个培养皿，干净利落地关起来。"还有一件"小事"[1]：针对两只对冲基金的崩溃，证监会已经开启了调查。尽管贝尔斯登的光景越来越糟糕，名声也很差，但股价依然坚挺，7月2日收盘价是每股143.16美元，比最高的时候下降了18%左右。

7月17日，凯恩宣布了似乎不可避免的消息：两只对冲基金关闭了。[2]凯恩写道："6月，两只基金的资产价值出现了显著下滑，导致资产净值下降。两只基金发布的业绩，有一部分，反映了诸多高等级（AA级、AAA级）证券估值的下滑。"然后，凯恩说出了可怕的消息："初步估计，到2007年6月30日，强化杠杆基金实际上已经没有价值留给投

[1] 证监会开始调查，说明事情极为严重，这里说成小事，是反语。

[2] 贝尔斯登曾救援两只基金，最后两只基金都被清算。此时，贝尔斯登已经偿还了大多数债权人和少数投资人的钱。大多数投资人亏了很多钱。——作者注

资者，高级基金也几乎没有价值留给投资者。考虑到这样的情况，我们会设法让两只基金逐步而有序地解体。这一动向，对两只基金的投资者而言是很艰难的，当然也不符合BSAM总体上的优秀表现。"凯恩在公开信的最后，还想要唱唱高调，重新获得客户的信任："我们最优先的任务，是继续获得您每日的信任与信心；这种信任与信心，与公司一直以来的光辉业绩相辅相成。"

第二十九章

主管之缺席

　　7月18日，贝尔斯登宣布两只对冲基金关闭的第二天，凯恩和斯派克特两人，都前往田纳西州纳什维尔市，参加了斯平果尔德淘汰赛——全国冠军桥牌锦标赛。当然他俩不在一支队伍，但两人接下来10天都不在办公室了。之前提到过，锦标赛非常紧张，而且比赛时禁用任何普通手机或黑莓类型的设备，所以公司有时候难以联系上他们；不仅如此，这么关键的时候，两人都不在纽约总部，这一点还违背了凯恩对斯派克特宣称的说法——两人不能同时离开公司去打牌。赞助商支持的团队，参赛时间是几个月前就定好的。因此，凯恩听说斯派克特也参赛，基本是不可能吃惊的。

*

　　凯恩与斯派克特在纳什维尔比赛的时候，道格·莎伦再次孤身一人从波士顿飞到纽约，通报对冲基金垮台给他的客户带来了怎样严重的影响。贝尔斯登哪个高管能听他汇报，他就跟谁汇报。莎伦有20来个客户，给两家对冲基金投了6500万美元；此外，公司还负责管理这些客户另外的6.7亿美元资产。莎伦还说，这些客户有26亿美元其他可投资的资产，并非由贝尔斯登管理。这些资产，可能是贝尔斯登的潜在生意。这一次莎伦送来的信息，跟上一次通报给凯恩、索伦德、斯派克特的差不多：

公司需要保护所有在对冲基金投资的客户。这年夏天，只要太阳一出来，外面就会热得受不了。7月25日，就是这样一个酷热的日子。上午9点，莎伦跟莫利纳罗开会，商议应该如何与客户一起应对当前的局面。在麦迪逊大街383号附近，大街上的星巴克咖啡馆里，莎伦偶遇了约翰·霍华德。霍华德是贝尔斯登私募股权基金主管，业绩相当好。莎伦短短抱怨了一阵，说贝尔斯登似乎并没有服务好这些对冲基金客户，导致莎伦对企业的运作方式开始丧失信心。莎伦告知霍华德，他已经卖出了很多股票。当时股价是每股120美元，但莎伦说，他估计，很快就会跌到每股60美元左右。霍华德说："但愿你错了，因为我还持有70万股呢！"

偶遇之后，莎伦给老A.格林伯格打电话，说："我来纽约了，能顺便拜访一下吗？"莎伦回忆："我跟他见了面，每次出了房间，都会感觉：天啊，他真是个公正贤明的人！"大概一个月之前，莎伦同格林伯格出席了一个会议，莎伦为一个对冲基金客户介绍了格林伯格。莎伦的客户对格林伯格说："有件事要跟你说。对于你商人的身份，我怀着最崇高的敬意；但是，我不得不告诉你，你跟客户的交流实在是太惨了。"莎伦回忆："他说的原话就是这3个字——太惨了。老A回答客户：'是这样，我们当前的问题是，该做什么，不该做什么，都是律师说了算。'客户的年纪跟老A差不多，可能年轻几岁。客户说：'我是公司老板，我有成百上千的员工。我们的交易额一年有几十亿美元。我有很多律师，给我提很多建议。有时候我听律师的，有时候我不听。有时候必须硬着头皮，把事情做对。我觉得你们这些人停滞不前，对信用的损害非常大。'"

7月，莎伦见了格林伯格，问他是否看见了"拉尔夫基金"（Ralph's Funds，企业内部称呼）的月报，是否知道，声明暗示乔菲用方式A投资，其实在用方式B投资。格林伯格回答，他没有看见月报，但想知道，莎伦通知斯派克特，要他为保护基金的客户而努力的时候，斯派克特是怎么反应的。莎伦转述了斯派克特对自己说的话："老A当初怎么说的来着？'要是飞得像老鹰那么高，拉的屎就不可能像金丝雀那么少。'"格林伯格简直不敢相信，大发雷霆。他当着莎伦的面给莫利纳罗打电话，命令莫利纳罗推迟与莎伦的见面。格林伯格冲着电话大吼："马上召集执委会开会！"[1]

莎伦不知道会议结果，但是，到了11点，他终于见到了莫利纳罗、索伦德、贝格雷特，讨论应付莎伦客户的事。莫利纳罗问："你觉得要让客户满意，要付出什么代价？"

莎伦答："我认为，客户每投资1美元，我们至少要让他们拿回去50~60美分。除此之外，还要给他们税收减免（补偿他们要交的税），这样他们才会认为，买卖是公平的。"

莫利纳罗问："我们跟这些客户一共做了多大数目的买卖？"

莎伦答："我不清楚。也许是每年500万美元。"

莫利纳罗问："还有，你给我看的这帮客户，投资基金的损失额一共是多少？"

莎伦答："大概3500万美元。"

莫利纳罗问："你觉得给他们一半到2/3，和解得了吗？换了我，一定不愿意花2000万美元，去买账面价值仅为500万美元的资产。"

莎伦表示怀疑："萨姆，你不明白。可能你最后无论如何都要付出2000万美元。这些人没个完。他们一定会告贝尔斯登，要把钱拿回来。他们觉得，自己被误导了。我把他们收到的文件全都给你看了。他们会把这些文件带上法庭，这些文件证明拉尔夫在过去18个月里一直在误导他们！拉尔夫让他们以为一切正常，用另外一种方式投了资，给了他们一种虚假的安全感！"

凯恩与斯派克特在纳什维尔参赛的时候，两只对冲基金的形势急转直下，逼得他们不得不决定，是否宣告两只基金破产。但是这个决定

---

[1] 咨询了作者老A为什么没有直接联系斯派克特，并指责他。作者回答：具体原因已经不清楚了，而且现在老A已经去世，死无对证。但是，基本原因在于，当时公司一把手是凯恩，不是老A；这件事情如果要做，也是凯恩做。

在法律上很复杂，因为两只基金为了避税，把注册地点选在了开曼群岛（Cayman Islands），而资产、投资人、员工的大部分却在纽约。这时候，贝尔斯登决定召开一次特别执委会会议，专门讨论两只基金宣告破产的事。会议是莫利纳罗安排的。凯恩出席了会议，但斯派克特没有顺应大家的要求出席。斯派克特从纳什维尔给莫利纳罗打了电话。莫利纳罗说："我以为他要把我宰了，他简直要把我的脑袋拧下来。他说：'我没法出席。我那时候肯定出席不了。到底要商议什么事？'我说：'沃伦，我们要宣告基金破产了。有一大堆事情必须讨论。'我就联系了吉米，吉米有空。我告诉沃伦：'你要是没空，就让我们来制订计划，但是你必须参加电话会议。'沃伦肯定在打牌什么的。我不知道究竟出了什么事。最后，我们在开电话会议的时候，沃伦终于参加了。"7月30日，两只对冲基金各自的董事会都批准，按照《开曼群岛公司法》（Cayman Islands' Companies Law），并在开曼最高法院（Cayman Grand Court）监督下，申请破产清算。随后，一家美国破产法院和一家美国地方法院都驳回了基金在开曼群岛申请破产的合法性。基金又换了一个地点申请破产，这一次成功了。申请破产的结果是，贝尔斯登没收了13亿美元的基础抵押品（乔菲的全部无流动性抵押贷款证券），这些抵押品都是贝尔斯登之前资助了整整一个月的；贝尔斯登把这些抵押品，全都划到了自己的资产负债表上。

当时，一名贝尔斯登高管对之后将要发生的事情做了展望。高管说："吉米不在，这是正常情况。他不在，不是什么大问题。公司外面的人，关注公司，可能会觉得吉米不在是很糟糕的事；但我们清楚公司的运作规律，就认为这不是大问题了。但是，沃伦不在，却是个大问题，因为沃伦是负责拍板的人。当然吉米也负责拍板，但是，我们公司的机制，让我们最后能够达成一种观点。我们会找到吉米，告诉他我们要干什么，讨论各种利弊，然后让他做决定。但是，沃伦是主要执行人，当时我们正深陷危机，那两只基金完蛋了。我们要做决定，让这两只基金破产。

那一周，我们有很多重要决定要做，可是沃伦不在。坦率地说，我真正的想法是：'沃伦，你小子可是公司总裁！这是你的一亩三分地！你必须负责，因为所有人都在给你干活，不是给我干活！我身陷这烂摊子，是因为我不得不进来。你身陷这烂摊子，是因为这烂摊子本来就是你管的。现在你不在，这叫怎么回事？'"

*

凯恩在纳什维尔待了10天之后，于7月30日，返回了麦迪逊大街383号6层的老巢。他已经准备好要大战一场了。斯派克特去了纳什维尔，给凯恩带来了无穷无尽的愤怒。凯恩尽管在纳什维尔跟斯派克特什么也没说，但觉得斯派克特应该在7月第二个星期回到纽约，领导公司对当前局势做好推演和准备，以防不测。凯恩说："我要是在纳什维尔看见他，他一定会吓得落荒而逃！"第二周的周末，两人都回到了纽约，坐的是不同的班机。凯恩七窍生烟，斯派克特也暗暗觉得，自己已经成功把老板气疯了。确实，这时候两人彼此的憎恨已经到了这么一种程度——据《纽约时报》报道，两人同时进了公司电梯，坐电梯的时候，两人目光盯着相反的方向，一个字也不说。

凯恩决定，斯派克特必须滚蛋了，理由有三：（1）斯派克特7月中旬离开纽约去了纳什维尔；（2）斯派克特5月1日单方面做出决定，朝两只对冲基金投入2500万美元（公司制度规定他有权这么做）；（3）两人越来越不对付。凯恩的决定是在冲动之下做出来的。斯派克特等于是贝尔斯登这座大厦的建筑师，现在大厦将倾，凯恩却要把建筑师撵走，当然会引发严重后果。这些后果，凯恩几乎一点都没有考虑过。凯恩说："我没法再跟他共事了。我再也不信任他了。我告诉了施瓦茨，告诉了萨姆·莫利纳罗，也告诉了格林伯格。萨姆没有意见。萨姆一点都不喜欢斯派克特。斯派克特把萨姆当成狗屁。施瓦茨想要等30天，他什么事都愿意等上30天。格林伯格拿不定主意。我说：'瞧，差不多无所谓了，因为我就是没法跟斯派克特共事！你要是告诉我，你不赞成他滚蛋，你就是赞成我滚蛋！这就是你的选择！我再也不跟他共事了！'"

　　除了斯派克特本人，执委会其他成员都很担忧凯恩的决定。一名贝尔斯登高管说："吉米跟沃伦实在合不来。我觉得他说'沃伦要滚蛋了'是在冲动之下说的。我和吉米谈这个谈了3个钟头，我说：'吉米，首先，现在不是时候。其次，不管开除沃伦是对是错，我都不愿意处理。我不相信这是对的；但我也不能坐在这儿，盯着你的眼睛，告诉你这肯定是错的。'"很多贝尔斯登高管都认为，企业的形势非常危急，当前最重要的是维护团结。

　　对同事的话，凯恩一概不理。凯恩说："我看见他就受不了！我不能每天这样上班！"施瓦茨、莫利纳罗都力劝凯恩留下斯派克特。一名高管说："但是，凯恩不听，就像一场灾难。"别的高管还认为，首席独立董事文森特·泰塞会同情斯派克特，把他留到危机放缓的时候。其中一个人说："可是，文森特却支持吉米。关于应该怎么处置斯派克特，我的看法是：我们是一家上市企业。现在我们遇到了问题，但我们还雇了一家法律公司，由他们来为我们提供建议和参考。我现在还不知道这群法律顾问会怎么说。那么，为什么我们不努力工作，把这该死的问题解决呢？告诉法律公司，我们把所有的因素都摊开，明着解决。沃伦是不是应该长期留在这儿，我不能下断言，绝不能。考虑到目前的形势，我持一种开放态度。但我觉得，应该让调查结束，获取所有信息，然后再讨论所有结果。"

　　还有人劝凯恩，说斯派克特为凯恩提供了缓冲，让凯恩不至于直接面对那些逼近的敌人。凯恩要是现在开了斯派克特，接下来几个月再出点别的事，那么众矢之的就该是凯恩而不是斯派克特。凯恩一名合伙人对凯恩说："事情会怎么发展，谁知道？你现在要是把沃伦干掉了，我们就不能再拿沃伦对外界的回答做挡箭牌了。沃伦一走，所有人的注意力都会集中到你身上。"众人讨论了3个小时。最后，凯恩说："最让我生气的是这么一件事，沃伦从来没有为他造成的烂摊子说一句对不起。"

高管告诉凯恩，自己听到消息后很难过。高管说："他对自身情感有着更深的体会。[1]因为公司的局面非常严峻，沃伦不管有没有直接责任，公司是他建的，人是他招的，局面是他负责的。"

高管认为，发现斯派克特批准向两只基金投资2500万美元，是压垮凯恩的最后一根稻草。高管继续说："2500万美元，这个数字本身，是可以忽略不计的。然而，老A和凯恩却勃然大怒。这等于是说：'等一下！要是有麻烦，你（指沃伦，这里是高管设想自己对沃伦说话）就别管自己是不是投了2500万美元了。既然他们认为这很重要，这就说明，投钱的事应该报告执委会。你的错，不在于投了2500万美元，而在于你没告诉我们有问题就自己投了2500万美元。'"另一名贝尔斯登高管也这么看。他说："2500万美元是事情发生之后的一个借口。吉米需要一个原因，告诉别人，他为什么把沃伦开了。"

有很多贝尔斯登高管还是不确定，斯派克特是否明白，对冲基金崩溃对贝尔斯登损害有多大。一名高管说："对冲基金的崩溃十分严重。沃伦似乎并不明白……我觉得直到现在沃伦都认为，按照贝尔斯登的计划（发展次贷业务）和他所负责的职权来看，不论是谁坐在他这个位置上，都会遇上这种事。吉米抓住这件事，要把沃伦扫地出门。这种事很不可思议，但我觉得就是这样。沃伦不像后悔的样子，出了这种事，他也没觉得难过。他感觉：'诸位，有什么大不了的？'他不明白，这问题让我们一下子成了整个业界一种毛病的代表人物。这就好像走进迪士尼乐园，然后说：'你们的观光车上有人正在跟未成年人发生性关系。只是一个小孩，有什么大不了的？只是玩玩嘛。'"

8月1日星期三，凯恩把事情都安排好了。他把斯派克特叫到楼下自己的办公室，当天室内所有窗帘都拉上了，所以显得特别暗。凯恩对他说："我认为，为了企业的利益，你应该辞职了。我必须这么做。我

---

[1] 意思是他现在的心情不是不难过，而是比所有人都了解当下的局势。

再也没法跟你共事了。"斯派克特说他一下子蒙了，因为他觉得自己一直在努力解决BSAM和固定收益部的问题。斯派克特每次想要同凯恩讨论，凯恩都只是重申一遍，已经对斯派克特"丧失信心了"。凯恩启动了"超速赶人模式"。[1]

*

当凯恩、斯派克特从纳什维尔回来后，在麦迪逊大街383号6楼激烈争吵这些问题的时候，贝尔斯登财务主管罗伯特·厄普顿休了几天假，去了麻省的南塔克特岛。7月31日下午，厄普顿开始在南塔克特岛上给纽约各家评级机构打电话，告诉他们，贝尔斯登就要停止另外一只对冲基金的赎回了。这只基金叫"贝尔斯登资产担保证券基金"（The Bear Stearns Asset-Backed Securities Fund），拥有大概9亿美元资产。尽管这只基金的资产中，次级抵押贷款仅占投资资产的1%不到，而且大部分投入的是信用卡应收款和消费者汽车贷款，然而，投资者还是怀疑，基金在7月有亏损，而且一直担忧未来还有潜在的损失。于是，投资者开始提款了。就在这时，贝尔斯登喊停了提款。厄普顿要通知各家评级机构。厄普顿说："当然，另外的基金刚刚宣告破产，自然会有针对贝尔斯登的这种大规模的审查和担忧。"

当晚，厄普顿飞回纽约，第二天8月1日回到办公室。当天的日程安排，包括给评级机构——标准普尔公司打电话。厄普顿说："标普在认真考虑将贝尔斯登的'优先债务评级'评为'负面展望'。这虽然不算世界末日，但在现在这个市场环境下，显然发出了一个很糟的信号。特别是，标普只这么评我们一家公司，却不评其他的公司。我们非常担心，也在努力。"所谓的努力就是说服标普改变主意。周三和周四，同标普的讨论一直在继续。厄普顿说："贝尔斯登所有高管都知道，这个评级可能很快就会公布了。我们都在绞尽脑汁，商议出一个应对办法。我们

---

[1] 凯恩尽一切努力撵走斯派克特，而且要确保斯派克特不能因为凯恩撵走他而告凯恩。如果斯派克特不走，贝尔斯登可能最后不会落得这么悲惨的下场。——作者注

知道，这肯定会带来麻烦的。大家都看着我，问我：'评级公布，会不会在3号周五？'"标普有一名常务董事，叫斯科特·斯普林泽恩（Scott Sprinzen）。周四下午晚些时候，厄普顿与斯科特·斯普林泽恩通话，商议标普有无可能改变贝尔斯登评级展望的事。当时，斯普林泽恩正要下班走出办公室。厄普顿回忆，斯普林泽恩说："这个决定我们暂停了，要暂停到下周早些时候。"厄普顿回答："好，太好了。我们会给你们提供更多资讯，下周再谈。"厄普顿当时确信，贝尔斯登躲过了一颗子弹。

第二天早上，厄普顿6点半来到办公室上班。过了10分钟，斯普林泽恩打来电话。斯普林泽恩说："对，今天你们要被列入负面展望了。"厄普顿大吃一惊，后来回忆说："这可真是一场灾难。"当时厄普顿回答："你昨天不是跟我说，你们要等到下周吗？"

斯普林泽恩说："是啊，不过当时可没有别人听电话啊。"

厄普顿后来评论："他的话，翻译过来就是：'我的确是跟你这么说的，但是你小子没有证据证明我就是这么说的，所以见鬼去吧！'我赶紧找人。给弗里德曼打了电话,给莫利纳罗发了电邮。我说：'快帮帮我！标普今天早上要把我们列入负面展望了！'"7:30，标普给厄普顿发了一份新闻稿的复印件。过了一个小时，厄普顿说："施瓦茨和莫利纳罗进了我的办公室；我们跟这个斯普林泽恩大战了一场，想让他不要发这个新闻,告诉他一旦发出去，就会给市场发送一个糟糕的信号。市场会认为，我们的资产负债表上出现了巨大漏洞，我们就要粉身碎骨了。斯普林泽恩说：'啊，不不不不不不，我是个邪恶老狐狸。'然后把新闻发了。"

8月3日标普的声明公开怀疑贝尔斯登的对冲基金可能为公司的财务健康带来长期的损害。声明一出，立刻在众多市场引发了震荡。标普把贝尔斯登的信用级别从"稳定"改成了"负面"。斯普林泽恩有个同事，分析师，名叫黛安·辛顿（Diane Hinton），对此发表了解释。根据黛安的说法，这一改变"反映了我们对于最近局势发展的担忧，以及对于局势损害贝尔斯登长期业绩的担忧。贝尔斯登管理的多只对冲基金，出现的问题被广泛报道，贝尔斯登的名声由此受到了损害。我们相信，这种损害，可能会让那些损失惨重的投资人起诉贝尔斯登"。标普还提到了贝尔斯登对抵押贷款、抵押贷款证券的"实际敞口"——贝尔斯登接管乔菲13亿美元证券，进一步扩大了敞口；此外，贝尔斯登还受到了尚未卖出的高杠杆金融贷款产品以及高收益率承销证券的拖累。辛顿说："接下来几个季度，如果发生严重亏损，或者收入无法稳定到令人满意的程度，评级还可能进一步下降。从最积极的角度说，我们也认为，这种下降会给贝尔斯登造成很大困难。"

一家公司的信用评级，就好像航海时用的旗语，显示的是这家公司的财务健康度和总体健康度。对某些企业（比如华尔街公司）而言，这种评级尤为重要，因为华尔街公司不光依赖贷款生存，还依赖信心生存。厄普顿说："股票大跌，就好像石头自由落体。CDS（信用违约掉期）利差又开始崩溃了。大家都忧心忡忡。我们的固定收益投资人、回购对手方、银行，全都打电话问情况。大约10点半，莫利纳罗冲进我的办公室，嚷嚷：'我们得做点什么！'"

为了他们的声誉，莫利纳罗与凯恩拼命阻止那些针对公司健康度的怀疑；这些怀疑随时可能膨胀起来。他们发了一个消息，说公司下午2点召开分析师电话会议。厄普顿说："股票崩了，一整个上午都在跳水。我们发了新闻，却得了门多萨式的成绩。"美国人喜欢打棒球，这里指的是棒球队员、前游击手马里奥·门多萨（Mario Mendoza）。他的打击率曾达到十分糟糕的0.198，因此其他运动员用门多萨的例子说明情况很差。[1]一共有2200人参加了电话会议，他们全都盼望知道公司出了什么问题。不幸的是，电话会议并没有朝着凯恩和莫利纳罗希望的方向发展。厄普顿说："那会议真是一场大祸！"

---

[1] 打击率是棒球运动中评价打者成绩的重要指标，计算方式为选手击出的安打数除以打数。一般而言，职棒选手的打击率在0.280以上，才算称职。0.198的成绩是不合格。

*

凯恩首先发言，介绍了公司面临的越来越艰难的市场条件，华尔街的人都喜欢这么说。凯恩宣称，每一家金融机构，都面临着极有挑战性的市场环境，贝尔斯登也不例外。他说："我参与证券行业40多年了，见过了各种各样的市场混乱。20世纪80年代末的股灾，90年代中期的固定收益危机，还有2001年网络泡沫的破灭。华尔街和金融界会挺过困难，这不是第一次，当然也不会是最后一次。市面上针对操作环境，有很大的疑虑，特别是针对我司的疑虑。对此，我是理解的。我向大家保证，我们正在认真面对局势，尽一切我们在市场中积累的能力和经验，应对目前的问题。我还想补充一句，我对同事们处理问题的方式，表示非常满意。"凯恩在电话会议上没有提到，他对斯派克特处理危机的方式一直非常不满。

然后，莫利纳罗又针对6月、7月公司预期的利润率发表了几段评论，说"市场条件有着特殊的困难，但6月显然比7月好得太多了"。他还说，8月也会很艰难，市场如果能恢复一点正常状态，贝尔斯登就能够盈利，尽管利润是在预期范围的最低端。然后，莫利纳罗请信贷风险主管马尔克·阿历克斯谈了谈公司之前是怎样对冲了资产负债表上风险证券的敞口的。阿历克斯说："我们的抵押贷款业务，是安排各种对冲基金，以降低住房抵押贷款库存的内在信贷风险。"然后阿历克斯把话筒交给厄普顿，讨论公司的流动性和融资来源。

厄普顿利用发言机会，努力安抚市场，宣称贝尔斯登的财务状况没有问题。厄普顿说，贝尔斯登母公司手中的现金大概有114亿美元，在大家合力减少对无担保商业票据融资的依赖之后，未偿债款从230亿美元降到了115亿美元。厄普顿说，企业还拥有超过112亿美元"受到承诺的有担保银行额度没有使用"，另外还能提取40亿美元无担保资金。此外，还有180亿美元"从未经过质押的抵押品"，能够抵押出去换取附加融资。公司融资期限的延长，当然有代价——利率更高，厄普顿也因为公司内斗而让"后背"伤痕累累。厄普顿总结说，公司的财政基础"极为坚实，尽管当前市场情况很艰难"。贝尔斯登传递的信息，说的是一种有准备、有自信、有定力的状态，不管什么银行，都希望有这样的状态。

然而，贝尔斯登感觉到有必要发出安抚人心的声明，这一点，本身就让人们非常紧张。下面是问答环节。第一个提问的，是美联银行的道格拉斯·司普金（Douglas Sipkin）。他问：莫利纳罗能否解释一下，6月到7月，为什么债务市场出现了流动性快速下降的局面？ 莫利纳罗回答："围绕固定收益市场的违约水平，围绕次级抵押贷款市场的亏损预期……乃至范围更广的抵押贷款市场，都有很大的不确定性。"换句话说，全球风险正在迅速上升。司普金问：那么，信贷市场什么时候才会正常化呢？ 莫利纳罗回答，究竟什么才会成为变化的契机，他也不知道。莫利纳罗说："我们陷入僵局，已经很久了。看起来，每一天，每一个月，都会有新的资讯到来，告诉我们，又出现了哪些违法和违约情况。"

司普金又问凯恩：贝尔斯登股价2007年下跌到了很低的水平，所以，凯恩是否考虑过回购股票？[1]片刻沉默之后，莫利纳罗说，凯恩"已经出了房间"。后来，新闻报道这次会议，整天都在炒作一个情况：凯恩压根没有在屋子里开会。有些人甚至猜测，凯恩出去是为了继续跟斯派克特谈判，商议斯派克特马上要被开除的事。斯派克特也没有参加会议。真相是，尽管莫利纳罗告诉各位分析师，凯恩已经出去了，但莫利纳罗只不过是为贝尔斯登CEO打掩护。因为司普金的问题，凯恩完全不知道怎么回答。保罗·弗里德曼回忆说："屋子里的主管全都看着吉米，吉米当时还坐在屋里，跟萨姆一块。吉米一听这个问题，就好像汽车头灯前面的鹿，被车灯照傻了。萨姆赶紧挺身而出，救了他一命，说吉米有要事，已经出去了。吉米这个CEO，让媒体这么大吹特吹，却回答不了这一个单独的问题！ 我忘了具体是什么问题，大致好像是说'你觉得市

---

[1] 虽然凯恩没有回答这个问题，但是作者认为，凯恩如果了解情况，就不会真正回购贝尔斯登股票。

场的情况怎么样？'这种问题只能回答'没有看法'。吉米根本张不开嘴，所以他就没张嘴。"厄普顿补充："凯恩并没有太了解公司业务。就连流动性是什么，他都不明白，一直到出现了潜在的流动性问题才明白。他不知道我是谁，真的不知道，直到这段时间出了麻烦。然后他就天天给我打电话，一个劲地问：'情况怎么样？情况怎么样？'所以我认为，优秀的领导必须熟悉业务，必须理解真正的风险问题，必须在需要做出艰难决定的时候，挺身而出做决定。这几个方面，吉米都做得不太好。退休，不做决定，阻挠议事，高谈阔论损益（P&L）的影响，这些事情就容易得多了。我们是一家'阻挠议事的传统议院'（House of the Legacy Filibuster）——不论做什么，我们必须让一切做到完美，否则就不做事情，而是争个没完没了。这一直是我们的行事风格。我们不想毁了已经精心制订好的计划，那样会让我们付出更高的代价，浪费更多的钱。参议院的阻挠议事[1]，是什么呢？是一种迫使大家无法决定的手段，无限期延长议事过程；最后，就连精力最充沛的人也会疲惫不堪，于是放弃。凯恩就只做了阻挠议事这么一件事。"后来凯恩接受采访，也说他当时出去了。

*

片刻之后，电话会议出了一件大事，真正把莫利纳罗送上了大头条。德意志银行有一位分析师，叫迈克·马佑（Mike Mayo，又译梅奥），为人直言不讳。之前，凯恩说，目前市场面临的危机，与华尔街历次危机类似。马佑就问莫利纳罗，对凯恩的表态有何评价。马佑问："我们能把贝尔斯登目前经历的危机，与那些更明显的危机相比较吗？"

莫利纳罗回答："我认为，那些危机，对于固定收益市场是很严重的。我在固定收益市场待了22年。2007年到2008年间，固收市场发生了危机，目前的情况，几乎是这段时间以来最糟糕的。过去8个星期，我们看到

---

[1] 原文Filibuster，特指在西方议院中，某些人用长篇大论故意阻挠某项议案通过的行动。厄普顿认为凯恩这么做，对公司有不利影响。

的市场环境十分危急。另外回答你的问题——可以，我们认为可以这么比较，这么比较是合理的。"

莫利纳罗回答问题之后，电话会议又开了20分钟左右，但损害已经造成了。

厄普顿说："莫利纳罗那小子让市场炸了！"

莫利纳罗认为：诸多抵押贷款证券的价值，其跳水幅度相当于一场危机，其规模超过了1987年危机，超过了网络泡沫的破灭，也超过了LTCM的崩溃。而此时，华尔街只有极小一部分企业开始关注问题所在。莫利纳罗身为一家大型华尔街企业的CFO，说出这种话来，要么是因为口无遮拦，行事冲动，要么是一个了不起的预言。无论如何，市场对他发言的反应十分消极。弗里德曼说："他说话的同时，你可以关注一下我们的股票。每一分钟都在下跌！"当日，贝尔斯登股价一度跌至每股106.55美元，跌幅近8%；最后收跌6%。这一股价，远远低于在2007年1月达到的最高值每股172.69美元。贝尔斯登未偿债务违约的保护费用比2007年年初上涨了7倍。莫利纳罗的发言，还让道琼斯工业指数（Dow Jones Industrial Average）下跌了281.42点，达到了13181.91点。雷曼兄弟也关注固定收益，很多人觉得雷曼兄弟在这个方面只是一个大号的贝尔斯登。雷曼股价当天也下跌了8%，达到每股55.78美元。马佑之后告诉《华尔街日报》："他们认为，固定收益市场的局面是20年以来最差的，认为现在的危机与1987年股灾和网络泡沫崩溃是一样的。还说，他们盼着8月份有所好转，但是利润也仅仅能达到他们历史回报范围的最低端。"

第二天是周六。《华尔街日报》报道了这次不同寻常的电话会议，主要叙述的是厄普顿融资的努力，还有贝尔斯登对短期债务的依赖的减少。不过，《华尔街日报》第二段也报道说："贝尔斯登计划赶走沃伦·斯派克特"，董事们周一要开会，"讨论斯派克特先生离职的事宜"。当时《纽约邮报》的记者罗迪·博伊德，在同一天报道，斯派克特已经被开除了，

"直接原因是他的管理措施"导致两只对冲基金崩溃。一名消息人士告诉博伊德："沃伦从来没有在一线管理对冲基金。实际上，对冲基金每天都在恶化，最后让企业面临了风险。"[1]

*

这个周末，麦迪逊大街383号分外忙碌。忙碌原因之一：贝尔斯登的资产负债表越来越臃肿，流动性也越来越差。总资产5250亿美元当中，只有一小部分股权——120亿美元；杠杆比率达到了44倍。这一情况引起了证监会的注意，证监会决定周日派人来跟贝尔斯登商谈，怎样尽快把杠杆比率降下来。问题在于，贝尔斯登无法轻易向证监会说明企业资产的形态，也无法轻易说明融资结构。周六，凯恩去好莱坞高尔夫俱乐部打球，打出了88分的成绩，在他的成绩里面算是比较好的。当天，弗里德曼召集回购柜台全体员工来办公室，让他们拟定一份报告，预备第二天提交给证监会。弗里德曼回忆说："柜台所有人都来了，在我的办公室待了一整天，写融资报告。这么一说，你就知道我们的各个体系有多惨了。报告分类列出了贝尔斯登各种资产，每日融资的形态，以及未来几个月融资要如何完成。"弗里德曼说："展示出的情况还可以，但能看得出来我们目前面临的压力；我觉得，证监会非骂我们不可。"周日下午1点，弗里德曼与证监会的人见了面，努力安抚他们，算是暂时消除了证监会的担忧。

忙碌原因之二：周末，贝尔斯登战略主管史蒂夫·贝格雷特组织了另一场"消防演习"，向私募股权公司KKR"脱个精光"，接受他们的调查。该公司的创始合伙人都是前一代在贝尔斯登工作过的。先前，贝格雷特指定德瑞克·莫恩（Deryck Maughan）担任KKR亚洲分部董事长。莫恩之前当过所罗门兄弟CEO，2005年加入KKR。这时，贝格雷特又安排莫恩和手下20人的团队，开始对贝尔斯登做初步调查，准备对贝

---

[1] 作者认为这只是一个借口。凯恩开除斯派克特是因为现在的糟糕情况需要一个替罪羊，而且斯派克特先前在纳什维尔锦标赛上赢了凯恩，为此凯恩十分不爽。

尔斯登进行大规模投资。KKR会议在周日早上开始。与此同时，贝尔斯登董事们正在开会，商议斯派克特的命运。凯恩和施瓦茨都顺便来访，跟莫恩打招呼。双方的计划是，KKR对贝尔斯登注资几十亿美元，换取20%的股本。弗里德曼说："他们要给我们盖一个章，表示认可，章上显示的是'优秀管家'的称号。理论上是这样。我们周日一天都在跟他们谈。"贝尔斯登的几支团队先后跟KKR见了面，商议贝尔斯登的融资、抵押贷款头寸、固定收益业务。弗里德曼说："他们派来了20人，准备需要谈多久就谈多久。这样，不到一个星期就能得出结论，是否投资。这不是紧急的事。"

8月5日下午，贝尔斯登董事会13名成员批准斯派克特降级，成为一般的高级常务董事，直到公司与斯派克特就离职事宜达成协议为止。公司对外宣称，斯派克特已经"辞去"公司其他职务，立即生效。贝尔斯登说，施瓦茨会成为企业的唯一总裁，莫利纳罗在CFO之外，还会当上COO——首席运营官；斯派克特在执委会的位置，由固定收益部联合主管杰弗里·迈尔（Jeffrey Mayer, 杰夫·迈尔的正式名字）取代。施瓦茨力劝斯派克特保留一些职务，例如企业顾问。施瓦茨甚至还请杰弗里·迈尔为斯派克特求情。但斯派克特完全不考虑这个请求。斯派克特一个同事说："一方面，我们牺牲了一个了不起的人；另一方面，我们失去了一个非常可怕的人。"

周一的时间都用来宣传和控制公司的负面消息了。首先，标普发布声明说，市场对标普给贝尔斯登降级的反应可能过度了。厄普顿说："'邪恶老狐狸'斯普林泽恩公开承认，市场反应过度了，贝尔斯登根基稳固。股价又回升到了每股113美元。市场完全是反应过了火。不过，这确实显示，股权投资者有多么敏感；那一段时间，债权人更敏感。"凯恩还给其他华尔街高管打电话，例如花旗的查克·普林斯（Chuck Prince）、美林的斯坦·奥尼尔（Stan O'Neal），一方面告诉他们贝尔斯登的健康度没有问题，另一方面也是因为市面上流传着一种谣言，说华尔街CEO

要聚到一起，讨论贝尔斯登。凯恩要问问这谣言有没有根据（现实中，显然没有这回事）。凯恩还接了一些对手方的电话，也安抚了这些对手方。凯恩又给一些向贝尔斯登投钱的机构投资者打了电话，这些投资者也因为贝尔斯登股票下跌而忧心忡忡。

凯恩还跟CNBC记者查理·加斯帕里诺谈了两个小时，谈话没有播出。市面上流传起了另一个谣言，说美联储给贝尔斯登打了电话，"帮助贝尔斯应对即将到来的流动性危机"。凯恩对加斯帕里诺慷慨陈词，粉碎了谣言。凯恩说，周五的电话会议，其目的在于终结谣言的传播。至于为什么炒了斯派克特，凯恩解释说是因为两只对冲基金崩盘之后，他对斯派克特"丧失信心了"。凯恩还说，达维律师事务所（Davis Polk）的小罗伯特·菲斯克（Robert Fiske Jr.）调查了两只基金，发现"初步调查有风控问题"[1]。因为两只基金是斯派克特的责任范围，所以"斧子就落在他身上了"。后来，小罗伯特·菲斯克在一次短暂的采访中说，他完成了调查，对贝尔斯登审计委员会做了口头汇报，说明两只基金的情况，但汇报内容保密，只对有特殊权限的人公开。

还有一些人盼着，斯派克特一走，凯恩自己到年底也就该辞了CEO的工作。凯恩说："告诉那些说我要辞职的人，我到2018年再歇着！"凯恩还重申，想要让公司"保持独立"。

有些研究分析师不相信凯恩的谎话。庞克·齐格尔公司的理查德·波弗说："吉米·凯恩的信用很差。如果不得不吹嘘自己的流动性怎么怎么好，就表示公司已经极度虚弱了，而且这也不符合贝尔斯登一个季度接着一个季度发布的收入记录。凯恩一年挣3500万美元，还说自己对公司一切情况了如指掌，然后，出了这种事，凯恩就突然来了一句：'都是沃伦的错！'这是根本不可能的！"理查德·波弗还说，凯恩应该辞职，投资者应该卖掉贝尔斯登股票，因为谁也不知道贝尔斯登是个什么情

---

[1] 这个基金的问题太多了，一时也搞不清楚。

况。《市场观察》(*Market Watch*)作者大卫·韦德纳(David Weidner)认为,斯派克特被开除,是凯恩这个华尔街CEO老了,觉得自己快死了而做出的一种典型的举动。大卫·韦德纳说:"斯派克特可能会笑到最后。斯派克特离开那个叫作'家'的地方,被扔到荒野,已经24年了。但他还足够年轻,能够重返金融业,去一个更好的地方。他在华尔街最顽强的领导人之一的手下待过,将来的胜算很大。与此同时,贝尔斯登、凯恩,还有凯恩的新继承人艾伦·施瓦茨,名声全都受到了严重损害,需要修补。而施瓦茨本人可能也想修改一下他的简历,上位当总管了。"

周一上午,贝尔斯登50名最高领导集合在12楼的餐厅。艾伦·施瓦茨,如今凯恩的唯一继承人,对他们发表了讲话,说"我们现在所面临的这些(充满风险和挑战的)市场,向来都是贝尔斯登能取得卓越表现的地方"。

集合的人们,包括凯恩,全体起立,对施瓦茨鼓掌致敬。有很多听众认为,这一刻,接力棒已经非正式地传给了施瓦茨。施瓦茨如果当上CEO,就是贝尔斯登历史上第一个荣登宝座的投资银行家。约翰·罗森瓦尔德也在贝尔斯登长期担任银行家和副董事长,他高兴坏了,对《纽约时报》说:"我不光是喜欢施瓦茨,我爱他!"

《华尔街日报》8月3日报道了电话会议,还有斯派克特周末被炒的事;此外还提到,华尔街"纷纷猜测"贝尔斯登可能会寻找一名战略投资人,以充实自己相对较小的资本基础。报道没有提到KKR访问贝尔斯登的事,但的确认为贝尔斯登可能会寻找中国中信集团的投资,这是中国规模最大、最有实力的投行。《华尔街日报》提到,前一年,贝尔斯登曾与中国建设银行讨论建行购买贝尔斯登股份的事,但讨论无果而终,因为建行总裁在谈判期间退出了谈判。贝尔斯登副董事长是中国人唐伟(Donald Tang),也是负责与中信谈判的人。

凯恩努力安抚市场,宣称企业的资本基础和流动性用来应付危机绰绰有余。这努力过了没几天,8月8日,CNBC报道,凯恩正在安排一次旅行，前往中国，"寻找合伙关系，还可能会寻找中国企业的资本注入，这资本注入正是贝尔斯登急需的"。

原来，前一年凯恩与中国建行讨论交易的时候，中方代表是常振明（Chang Zhenming）。常振明在去建行之前，曾在中信集团当过高管。1993年，凯恩第一次访华，曾经与常振明在人民大会堂打过桥牌。最近，常振明被中国政府调回了中信集团。凯恩就想：可以让讨论重新开始。

*

8月9日，美国次贷危机的国际影响，在法国最大的银行——法国巴黎银行（BNP Paribas）显现了出来。巴黎银行停止了3只投资基金的提款，8月7日，这3只投资基金一共有大约20亿美元。因为此前，"美国证券化市场某些部位的流动性彻底蒸发"，所以银行不能"公平地"为这些资产估值了，这才中止了提款。巴黎银行采取行动之前，8月3日，德国第三大共同基金管理公司——联合投资管理公司（Union Investment Management）宣布，停止旗下一只基金的提款；当时，投资者已经提走了基金资产的10%。也是在8月9日，欧洲中央银行（European Central Bank）向隔夜贷款市场注入了950亿美元。彭博社报道："次贷危机扰乱银行，银行突然急需现金"，这是"对这一需求做出的前所未有的回应"。

厄普顿认为，8月9日的事件，是一个分水岭。"忽然间，银行间市场和总体流动性状况都失灵了，而且这种局面断断续续一直保持着，烈度高低不一；从8月9日，一直到美联储对投行开放窗口，开放的日子，正好是贝尔斯登崩溃的日子，或者是崩溃的日子前后。坦率地讲，我不认为这是纯粹的巧合。这个决定，肯定会让某人体验到一些痛苦。贝尔斯登与监管部门有过一些摩擦，这种情况，谁都不那么喜欢。"

8月17日，美联储开始采取最初的措施来止血。央行意识到"金融市场局势已经恶化，信贷条件紧缩，不确定性上升，使得经济增长有了受限的可能性"。之后，央行把利率降低了50个基点。美联储承诺"尽快采取必要行动，减轻金融市场动荡引发的对经济的不利影响"。美联储还宣称，各家银行可以从贴现窗口借款，还款期限最高"为30天"，而且到期"可由借方续期"；这是为了让各家银行"对融资成本和方便程度有更大的把握"。新计划将会一直有效，"直到美联储决定市场流动性有实质性改善为止"。这一措施，双管齐下，既降低利率，又有效地将美联储的资产负债表，替换为国家各个金融机构的资产负债表，来应对愈演愈烈的危机。有些人觉得这个措施很混乱，有些人不觉得。但无论如何，这个措施不是在美联储内部制定的，而是2007年8月第三个星期，在美联储之外的怀俄明州杰克逊·霍尔镇（Jackson Hole）制定的。美联储纽约分行行长盖特纳，将这一新措施称为"伯南克主义"（Bernanke Doctrine）。

*

在凯恩准备中国行，KKR还在思考向贝尔斯登投资（KKR这家收购公司很快就决定不投资了）的时候，其他投资者正站成一排，观察向贝尔斯登投资是否有意义。一名贝尔斯登高管说起KKR："我希望贝尔斯登能够努力跟他们做出一番事业。我们相当于退步抽身了，他们也退步抽身了。吉米觉得跟别人合作会使贝尔斯登看上去显得很弱，因为只有自身不够强大，才需要跟别人合作。他不喜欢做那些看上去很弱的事，而且他一旦认为什么事很弱，就不会让公司去做。我认为，这是不幸的事，因为我觉得一旦合作，对公司会有帮助……一旦KKR决定入局，他们的资金就会在贝尔斯登保留很多年，也许会帮助贝尔斯登渡过难关。"8月中旬，克里斯·弗劳尔斯先生，就是开了同名私募股权公司的那一位[1]，造访了麦迪逊大街383号，为计划中的一笔投资来探探虚实。这笔投资是为了他自己，此外，他还宣称是为了美国国际集团。他见了莫利纳罗、贝格雷特、弗里德曼。但是，弗劳尔斯先生似乎并没有严肃的投资意向。

---

[1] 参见第七章。

贝尔斯登还与沙特人的主权财富基金（sovereign wealth fund）进行了合作商议。弗里德曼说："我们跟沙特人讨论得很深入。我们以为，他们会贷给我们100亿美元，拿20%股权。"但是，这种情况也同样没有发生。然后，贝尔斯登又跟太平洋投资管理公司商议合作。太平洋有几个人是贝尔斯登高管的校友。弗里德曼说："太平洋想要给我们投上100亿美元左右，也打算拿点儿股权。当时，太平洋对贝尔斯登的敞口已经很大。他们旗下的基金买了我们很多债务。资产管理方面，他们也是我们的一个重要对手方，因此有很大的对手方敞口。他们在贝尔斯登有不少朋友，所以就早早谈上了。我不知道那次谈判最后怎么样了。很多媒体猜测，差一点就成功了。我觉得差了不止一点。我不太明白太平洋能怎么在结构上完成这笔交易。"

8月后半段，贝尔斯登财务状况继续恶化，因为公司已无法卖出任何非流动资产，也没有对手方愿意借给贝尔斯登任何期限超过隔夜的资金了。弗里德曼说："我们所有融资的期限都在变得越来越短；非流动资产就像硬邦邦的石头，一点没有变化。"但是，8月底，公司还是想办法在机构债务市场筹到了25亿美元。弗里德曼说："我们当时认为这是有史以来最可怕的交易，但我们还是大大庆祝了一番。"与此同时，公司跟第三方还有很多讨论，商议给公司投资；之前，弗里德曼和贝格雷特一直在笑话这些讨论。弗里德曼说："我定期问史蒂夫·贝格雷特，第一句话总是：公司卖了吗？我记得第二天我又去了，揪住他说：咱们现在能卖公司了吗？有谁能把这要命的公司卖了吗？"

公司有过很多战略讨论，其中一次，谈到了是否能跟堡垒投资集团合并。堡垒的主管是韦斯·伊登斯。堡垒是一家对冲基金，也是部分私募股权基金，2007年2月完成IPO。到了9月，堡垒的市场资本约为80亿美元，规模是贝尔斯登的一半。贝尔斯登副董事长汤姆·弗莱克斯纳把韦斯·伊登斯引荐给了凯恩。弗莱克斯纳说："凯恩对合并很有兴趣。首先，我们的对冲基金崩溃之后，资产管理业务也就崩溃了，而堡垒集团当时管理着380亿美元另类资产。他们带来了一种基本思路,我认为,吉米开始明白,我们也需要用这种思路,运营自己的核心业务,给资产负债表带来好处。吉米很欣赏这种思路,但他也很担心,艾伦会怎么看。我跟吉米观点不一样。吉米想的是:'一旦合并,韦斯·伊登斯就不会只管一个小部门,会当上CEO什么的,艾伦就该气疯了。'"

在凯恩保佑之下,弗莱克斯纳开始跟施瓦茨讨论贝尔斯登与堡垒合并的事。弗莱克斯纳说:"一开始,艾伦不太热心,觉得这样会把账面价值冲减得太厉害。但是我说:'拉倒吧。当今世界,不可能只根据账面价值做生意,也要看挣钱能力。不光看账面,也看挣钱能力。'" [1]

*

9月初,劳动节(Labor Day)[2]周末期间,凯恩、唐伟、凯恩妻子帕特丽夏3人从新泽西州埃尔伯龙市凯恩住处南部的阿莱尔机场(Allaire Airport)登上凯恩的私人喷气机,连夜秘密飞往北京。唐伟说"我们去了北京几家商店",然后与凯恩前往建国门附近的北京瑞吉酒店(St. Regis Hotel),与中信高管在安静的气氛中共进晚餐。唐伟说:"我们讨论了中信证券和贝尔斯登建立全面经济往来的事。"基本计划是:中信对贝尔斯登进行股权投资,贝尔斯登以可转换债券形式投资中信。贝尔斯登会贡献出自己的所有亚洲业务,中信会贡献自己在中国境外的一切国际业务,成立一家新公司,归两家公司共同所有。这家合资企业,主营中国境外的国际业务。唐伟说:"两家公司的品牌影响力,能够让我们计划在亚洲进行的金融业务,获得很多授权。我们在亚洲和纽约的技术经验和能力,都会注入这家合资企业。"唐伟还说,那次晚宴对两家公司都有里程碑的意义。"不要再考虑我们交换的资金了。[3]贝尔斯登

---

[1] 贝尔斯登与堡垒合并的继续讨论和结局,参见之后第三十章开头。

[2] 美国的劳动节不是每年5月1日,而是9月的第一个星期一。2007年劳动节是9月3日,作者指的是9月3日之前的周末,因此是9月初。

[3] 指他们互相交换的股权。

当时在中国乃至全亚洲的业务都很失败，我们应该关注的是，这一举措能够让贝尔斯登转型，与中信一起变成一家强大的公司，变成中国投行界的老大，因此有着深远的预见性、战略性价值。"

晚宴之后，唐伟几乎把所有时间都用来将口头协定提炼成一份有约束力的合法合同。中信派出的团队奔赴纽约和洛杉矶（唐伟的家）谈判交易条件，并达成谅解备忘录。唐伟还一周飞一次北京，力促协议达成，对外公布。纽约舆论对与中信的交易有一些合理的怀疑。弗里德曼说："我们为这笔交易耗费了成百上千个小时。我们派人过去，他们派人过来。我跟不止一个庞大的中信代表团开了一个又一个会议，向他们介绍我们赖以为生的固定收益业务。要是还有5年时间，这兴许就能变成很好的交易。2007年之后，再过几年，中国在金融交易方面就会越来越成熟了。理论上是这样，如果什么事也没发生，而我们得到中信的某些交易流，那么这笔买卖就会自己回本。长期看来是好事，短期看来是发疯。在我看来，这很像一个骗局，哪怕他们确实要给我们10亿美元，我们也确实要把10亿美元还给他们，还是很像骗局。这概念真的很棒：中信是中国最优秀的经纪自营商，我们毫无成本地就从他们那里拿到了风险投资。他们要拿我们的钱，用我们的钱，跟我们合作。但是，风险投资覆盖的是中国之外的亚洲。中信在日本有业务吗？没有。那么，在台面上他们能提供什么东西呢？什么都没有。我们现在做的事情，是把贝尔斯登的日本员工转到跟中国合资成立的公司中去，可中日之间什么都没有，只有长达千年的仇恨。[1] 我从来不明白这一部分。从结构上说，这个合资企业非常怪异。直到贝尔斯登完蛋，我们都没有想好，新公司应该叫'贝尔斯登中信'还是'中信贝尔斯登'。管理层的结构也没有确定。计划设立两个联合CEO，贝尔斯登派一个，中信派一个。可是，我们要将贝尔斯登整个复活的希望，寄托在这次与中信的交易中。这给人的感觉

---

[1] 此处弗里德曼并非真正在说日本的历次侵华战争；他的意思是文化差异巨大，不能保证合资公司良好运转。

就像是完全不知道自己住在哪儿一样；这么做毫无意义。不过，谈判还是在继续。”

8月以来，尽管市场一直有传言，说中信与贝尔斯登要有经济往来，但凯恩还是希望访华的事情能够尽可能保密。凯恩估计，劳动节那个周末，华尔街高管都在海滩上度假。要是能趁这时候飞过去，再马上回来，就能躲开金融媒体的关注。凯恩成功了。访华的时候，报纸连一丁点暗示都没有透露。凯恩说：“我们躲开了雷达的监测。”

*

贝尔斯登还想掩盖另一个情况：凯恩从北京回来之后，差点丧了命。9月11日早上6点，帕特丽夏·凯恩给丈夫的私人医生杰·梅尔策（Jay Meltzer，又译梅尔泽）打了紧急电话。杰·梅尔策是哥伦比亚大学临床医学教授，在公园大道开了一家私人诊所。帕特丽夏告诉梅尔策，凯恩非常虚弱，没有食欲，吞咽液体有困难，还发生了排尿困难，就是排尿变慢或者伴随疼痛。帕特丽夏说，前一晚测过体温，没有发烧迹象。凯恩有高血压的毛病，梅尔策已经开了药让凯恩定期服用。梅尔策说：“我知道一定出了很严重的问题，因为凯恩不喜欢得病。”梅尔策住在中央公园西街（Central Park West），7点左右，他来到凯恩的公园大道住所，为凯恩量了血压。“我刚到的时候，凯恩静坐血压是133，脉搏104；但他一站起来，血压就落到116，脉搏升到了112。凯恩呼吸很快很深，说明他在呼出二氧化碳；肾衰竭导致酸中毒，就会有这种现象。没有颤抖或水肿的症状，有睡意，但对别人的问话有反应，皮肤很干燥。”梅尔策怀疑凯恩患有败血症，尿道一旦发生这种感染，往往是致命的。他决定，立即把凯恩带到急诊室，全面检查。他说：“目前病因不明，体检的效果也有限。”凯恩似乎很平静。梅尔策说：“即使凯恩心里紧张或者害怕，也没有显示出来。他还说‘我其实用不着治疗’。很多像他这样坚强的人，都不愿意承认实际的病情，而且要劝很久才能让他们去医院。”

梅尔策决定不打911，也不叫救护车：“他自己有司机，而且我觉得，应该可以把他安全送到纽约市医院（New York Hospital），也能及时做好必要的检查。我没有对外公开。"[1]他们用凯恩的黑色轿车送他去医院。路上，梅尔策安排肾病兼急救医生马克·派克（Mark Pecker）负责治疗凯恩。梅尔策说："我知道，马克会尽心尽力照顾凯恩的。"早上8:30，他们抵达了急诊部门。"所幸马克刚好有时间，就来了急诊室。我们商议了一下，让重症监护室接收了凯恩。后来查出来，凯恩的症状有：发热（即白细胞增多）、肾功能不全、脱水，需要输入抗生素和盐水。医生还为凯恩插入了弗利导管，以'导尿并输入抗生素，治疗急性前列腺炎'。"梅尔策说："凯恩还出现了前列腺特异性抗原升高的症状，水平是我见过的最高的，为43毫微克/毫升[2]；证实感染部位在前列腺内部。"后来，感染得到控制以后，前列腺特异性抗原水平回落到了0.4。梅尔策说，医生终于发现了导致感染的细菌是大肠杆菌，通过静脉注射抗生素治疗，"过了几天，凯恩就好转了"。

凯恩对这场急病的回忆，比梅尔策回忆的要严重得多。他记得从中国一回来，上床睡觉，"醒来就在医院里了"。他说，医生告诉妻子帕特丽夏，自己的死活概率是一半对一半。凯恩回忆："我刚进急诊室，当时血压是75，大夫就对帕特丽夏做了这么个手势（把拇指往下一指）。[3]帕特丽夏说：'他会没事吧？'大夫又这样（把拇指往下一指）。我不知道大夫为什么会这样，为什么不说：'有可能，上帝保佑，一切会好起来'……接下来7天，帕特丽夏的精神受到了严重打击，一直处在类似休克的状态。"

凯恩进了ICU 3天，终于开始恢复，转到了单间，能看电视了。他

---

[1] 另一份资料说是纽约长老会医院（New York Presbyterian Hospital）。

[2] 正常值为0~4.0毫微克/毫升。这个指标一般用于检测癌症，越高则说明癌症风险越高。但其他感染也有可能导致这一指标升高。

[3] 古罗马角斗士战败后，命运由一名女巫用拇指表示，如拇指向上则能活命，拇指向下就会被杀。这个手势的文化含义，可能来自这个古代传统。

拨到CNBC频道，看见查理·加斯帕里诺正在报道说，凯恩还在去中国的路上，"手里握着帽子，毕恭毕敬"。当然，这报道完全失实。此外，7月13日，加斯帕里诺报道，凯恩涉嫌7月4日在好莱坞高尔夫俱乐部的高尔夫锦标赛中作弊，正在接受调查。凯恩听说了这个报道，很不高兴。之前，凯恩给加斯帕里诺起了个绰号叫"二百五"（Looney Tunes）[1]。这时，加斯帕里诺正在生凯恩的气，因为凯恩接受了《纽约时报》小兰登·托马斯的采访。与此同时，凯恩想的是，能活下来可真幸运："我已经去过中国了。我得到了命令，对此很满意。可是我现在就想：我怎么会有这种遭遇（重病）的？"凯恩又住院一周左右，总共有10天没上班。这件事当时被严格保密。凯恩说："时机非常不好。当时的情况，让我必须隐瞒住院的事。"凯恩还没有全好，就去上班了，害怕加斯帕里诺把他长期没上班的事捅出来。凯恩在麦迪逊大街383号办公室接了加斯帕里诺的电话，没有让记者以为他不在。

凯恩出了ICU之后，唐伟回忆："我在医院待了很久，很多个小时，一天一夜。每次他醒过来，都问中信交易，问股价，问公司员工士气如何。他除了贝尔斯登，别的什么也不想。我不愿意详细说他病得有多严重。他身体完全不正常，痛苦极了。但是，他想的只是能采取什么措施，完全没有想到他正在面临死亡的风险，而是全心为公司着想。"

*

凯恩与死神搏斗的同时，那位白手起家、深居简出的英国亿万富翁乔·刘易斯，外号"拳击手"（the Boxer）的，开始在贝尔斯登积累大量股权。刘易斯向证监会提交了一份报告，说他拥有的贝尔斯登股票接近810万股，折合公司股票将近7%，在单一股东里占比最高。刘易斯在7月20日开始大批购入股票，支付每股约145美元；8月、9月，股票下跌，刘易斯又加快了买入速度，9月7日以每股104.93美元的价格买入了120

---

[1] 美国动画片名，直译为"疯狂的曲调"，表示凯恩认为加斯帕里诺半疯了。

万股。刘易斯一直是贝尔斯登经纪人库尔特·布顿霍夫（Kurt Butenhoff）的忠实顾客，也是凯恩的密友。很多媒体人猜测，凯恩之前曾经在牌桌上鼓励刘易斯买入贝尔斯登股票。

凯恩承认，确实造访了刘易斯在佛州奥兰多市的豪宅，但否认自己说服刘易斯投资贝尔斯登。根据CNBC的报道，说服刘易斯的人似乎是库尔特·布顿霍夫。其他人怀疑，凯恩在说服刘易斯的过程中，可能起了更直接的作用。总之，刘易斯相信，贝尔斯登股价已经跌到了足够低的程度，能够严肃考虑买入了。一名贝尔斯登高管说："我确实知道，财报公开之前，吉米·凯恩总是愿意自信满满地跟重要股东们谈话。我也跟吉米说起过这个领域的法规。乔·刘易斯可能在投资之前，也被吉米游说过。库尔特·布顿霍夫是经纪人，乔·刘易斯是布顿霍夫的顾客。吉米非常喜欢库尔特，库尔特把乔·刘易斯带到了吉米跟前。3人一块打高尔夫球，抽雪茄。"

一开始，刘易斯表现得不很聪明。9月20日，贝尔斯登财报报告，三季度收入1.713亿美元，比去年三季度4.38亿美元下降了62%，净营收下降了38%。财报还提到，高级基金的亏损和费用合计约2亿美元。不出意料的是，在目前的市场条件下，公司的主要问题在固定收益部门：去年营收9.45亿美元，现在竟然下跌了88%，只有1.18亿美元。

过了一周，刘易斯表现得就像个天才了。9月26日，《纽约时报》报道：投资界的传奇人物沃伦·巴菲特，似乎有意购买贝尔斯登20%股权。巴菲特与凯恩是老牌友，之前联系了凯恩，商议这笔可能的投资。《纽约时报》还说，美国银行、美联银行、中国建设银行、中信集团都在考虑向贝尔斯登投资。受新闻影响，贝尔斯登股价飙升了8.76美元，以每股123美元收盘。10月2日，又回升到每股129美元。当然，巴菲特可能出价，但所有的出价都没有确定；巴菲特后来说，那些报道说的出价甚至都不准确。小兰登·托马斯写道："然而，贝尔斯登股价和相对价值（交易价格略高于票面价值）下滑，却引发了外部投资者的兴趣。之前，凯恩先生总是以一种占据上风的姿态和别人谈判，如果交易达不到他的标准，他就保留权利，甩袖子走人。贝尔斯登似乎已经度过了夏天最深重的危机，但是，对于垂死的抵押贷款市场，贝尔斯登一直有着敞口；而且，贝尔斯登需要在迅速发展的海外市场扩大势力，这就让它面临了更加急迫的需求，急需一家有声望、有经验的外部合伙企业，向贝尔斯登注入资本。"

有一次，凯恩接受《金融时报》采访，重申了托马斯的观点，认为企业已经渡过了最大的危机。凯恩说："我们大多数业务都开始恢复了。我相信，贝尔斯登将会抵抗住风暴的侵袭，变得更加强大、更加多元化、更加辉煌。"凯恩还说，有很多主要经纪业务客户，8月提了款，后来又"全都把钱放回来了"。贝尔斯登抵押贷款部全球主管托马斯·马拉诺告诉《金融时报》，市场已经开始恢复了。马拉诺说："市场的局面毫无疑问改善了。波动性降下来了，我们还看到，投资者在交易中的'非投资级别'的部分，乃至在风险最高的部分，进行了大量的买入。"位于纽约东区的美国检察官办公室，10月初曾经调查过贝尔斯登两只对冲基金崩溃的事。就算面临这样的压力，凯恩还是找出了乐观的理由。他说："我对我们的将来、我们的业务非常自信；本公司的股票，也有着可靠的价值。"公司也弥漫这样的乐观主义，乃至在三季度财报中还批准，将股票回购项目的金额20亿美元提升到了25亿美元。

10月4日是投资者日，乐观仍在继续。施瓦茨、莫利纳罗、马拉诺、杰弗里·迈尔、杰夫·莱恩都发表了讲话，论述贝尔斯登未来的重大机遇。施瓦茨说到了贝尔斯登的国际业务发展，说到了"欧洲、亚洲的动态增长"（贝尔斯登之前从未在欧洲和亚洲花费太多时间和金钱）；还强调说，贝尔斯登从年初至今营收14亿美元，已经超过了2006年的总收入。施瓦茨只说了贝尔斯登业绩较好的领域，没有说问题重重的领域，例如固定收益部——不良资产所在的部门，而且不良程度还在持续恶化；还有资产管理部——不良对冲基金所在的部门，这也情有可原。莫利纳罗的演讲关注的是贝尔斯登的资金来源结构发生了变化，从短期未担保借款换成了长期担保借款。莫利纳罗把2007年三季度的业绩，同1994年、1998年其他市场"动乱"期间的季度业绩相比较。他指出，前两次危机的某些方面还要更糟糕一些。他认为关键问题在于"市场调整的时间长度和严重程度"。莱恩、迈尔、马拉诺也说到，公司的各种业务已经有了应对艰难的市场局面的充分准备。这种说明，是投资者日活动的一部分。公司内部似乎确实看到了改善的迹象。弗里德曼说："9月、10月似乎表现很不错。劳动节之后，局面立刻有了改善。"

凯恩身体好转，回到了麦迪逊大街383号。这个促进与中信集团合作的人，也重新开始战斗了。他严厉督促手下，促成交易签署并公布，哪怕中信给贝尔斯登打来的10亿美元，会被贝尔斯登马上用来购买中信价值10亿美元的可转换债券，因而会立刻失去。最重要的是，凯恩认为，这笔交易在战略上有重大意义，胜过了另一个细节：公司是否能筹到急需的资本。一名贝尔斯登高管说："我们在亚洲规模不够大。而且，简而言之，中信可能是我们结盟的最佳对象。我们结盟的对象，不只是中信证券，而是整个中信集团。如果把机会比喻成矿产，中信集团才是主矿脉。我们能有这个机会，十分难得。"

中信集团提出了一个要求，即贝尔斯登必须同意，把中国境外的亚洲业务的一半出售给中信集团，这样中信就能在中国境外发展了。中信也跟雷曼、花旗谈过类似的条件，雷曼、花旗都拒绝了。贝尔斯登面临的问题在于，并没有"亚洲业务的一半"可出售。高管继续说："我们不能这么说：'你看，这就是收入声明，这是资产负债表。'我们在亚洲的营收，来自几十家不同的法律实体。资本来自某些地方，衍生品交易来自另一些地方。不同的部门，在各个地区之间，用不同的方式分配成本和营收。"高管还说，想要为这种业务，真正拟就一个财务报告"很不容易，没有这样的报告"。他还评论说："亚洲是全世界发展最快的地区，而且我们的业务也增长很快，所以为什么要把一半优秀的业务卖出去呢？这当然能挣点小钱，但我们的目标很远大。卖业务，现在不是合适的时机。我们认为，自己真正需要的，是在中国的机会。很难了解，怎样才能在中国得到机会。我的观点是：贝尔斯登为什么不获取一部分中信证券的营收呢？因为这样，只需要为一个数字（中信带来的营收）负责就行了。我们可以跟他们合作，发展新的业务。只要他们挣了钱，就有我们一份。我们要是必须放弃中国以外的亚洲业务的一半，就必须从中国得到什么作为补偿。共享收益风险最低，最容易追踪，也最符合我们的利益。最后，我说服了吉米和艾伦，批准我们在谈判时，在条款中写上这一条要求。"

最初，中信同意给贝尔斯登一份共享收益协议，只是分配比例没有给到贝尔斯登希望的那么高。但中信跟监管部门谈了之后，把协议撤回了。高管说："从这一事件开始，交易就越来越不划算了。每一次条件变坏，我们都有权做出两种表态。一是'再也不交易了'，二是'就算越来越不划算，我还是要交易'。"交易的变化，有好有坏，大部分情况对贝尔斯登来说是变得更坏。然而，不论交易形势怎么变，凯恩都坚持推动交易完成。高管说："不论什么情况，都没办法改变凯恩的主意，让凯恩不想交易。"10月中旬某日，凯恩把这位高管叫到了办公室。凯恩说："祝贺你！交易完成了，我们周一公布。"

高管问："什么完成了？"

凯恩："条款清单。他们同意了。"

高管："吉米，这不是正式文件。这只是交易的基本内容。还缺好多东西呢。"

凯恩："反正他们同意了，我们周一就发布消息。"

交易包括一项"交叉投资"的想法。高管："吉米，我们还没有对这家公司进行过一点尽职调查。咱们能不能把消息推迟一周发布，先去看看公司？除了唐伟，谁也没去看过。我不是说唐伟的坏话，唐伟很专业——但是，现在的情况是，我们为了生存，要往一家公司投10亿美元；

而唐伟却不愿意认真研究这家公司的财报。这不应该啊！"

据高管后来转述，凯恩的反应是"吉米差点把我脑袋拧下来。他只跟我吼过不多几次，那是其中一次。他说：'这事儿非做不可！我就不知道了，你尽职调查能查出什么来！这事儿对我们好处太大了，说什么也要做！'"

*

10月22日，贝尔斯登宣布了与中信的合作计划。协议目前只是"原则性的"，意思是说，交易绝大部分工作还没有完成，包括签字的文件，双方董事会的批准，还包括中美两国各个政府机构的批准；因此，协议可能随时取消。双方已经同意，进行没有第三方参与的双边合作，使得9月3日凯恩和唐伟在北京谈判的交易收到实效。如果交易完成，则两家公司各自向对方投入10亿美元；中信以股权方式投资，贝尔斯登则以可转换债券方式投资。双方会在香港成立一家全新的合资企业，负责双方在中国境外的亚洲业务。尽管投行界的合资企业，过去能够成功的极少，但中信和贝尔斯登都大肆吹捧这次交易。中信证券董事长王东明说，贝尔斯登是理想的合作伙伴，因为贝尔斯登有"关注客户的企业文化，成熟的分析体系，深刻的资本市场经验……我们期待与吉米·凯恩和贝尔斯登天才的管理团队、员工在未来几年有效合作"。凯恩个人认为，这笔交易是"石破天惊的联合"，"会使得贝尔斯登在全世界增速最快的经济体历史上，通过与市场的领军者进行战略合作，而留下一个独特的脚印"。双方计划分别拿出10亿美元，投资换取对方企业约6%的股权。

凯恩接受《金融时报》采访时，称与中信的交易"是40年来放到我桌子上的最棒的交易"，把中信这家中国投行与纽约洋基队（New York Yankees）联系了起来。凯恩说："这次交易，要么对我们不错，要么对我们非常不错。"凯恩还说得非常清楚，贝尔斯登既不需要外部投资者注资，也不想要注资："我们的立场很明白，我们对别人的注资完全不感兴趣。"凯恩又强调，贝尔斯登拥有将近200亿美元的现金。然而，市场并没有对交易表现出多少热情。新闻发布之后，股价几乎没有上涨，当天收盘价约每股116美元，研究分析师也见怪不怪。瑞士信贷集团（Credit Suisse）分析师苏珊·凯泽克（Susan Katzke）说，这笔交易"不是人们希望的"，但认为它在战略上是一步好棋。美银分析师迈克尔·赫克特（Michael Hecht）担心："合资企业，只是在纸上的战略方面看起来美妙，而实践总是困难的，尤其是一方像贝尔斯登这样有着鲜明的企业文化。"迈克尔·赫克特还猜想：这次"资本注入"究竟出了什么事呢？《纽约时报》评论："这次合资，并不直接影响贝尔斯登的资产负债表。一些投资者、分析师认为，贝尔斯登可能会在客观上需要他人注资，因为公司对垂死的抵押贷款市场的敞口极大。但公司却经常表示，这样的注资没有必要；而且贝尔斯登与花旗的合作，似乎是为了展示自信。"

幕后，在消息发布之后，真正为了完成交易的努力开始了。一名参与的高管说："我们确实采取行动，尝试了一下，了解了中信。我们发现了一些令人失望的情况。我们有一大队人马，努力想做出一套预计财务报表，有几十人在苦干。我们确定了一点：中国的批准过程，透明度太低了。而且，事情恶化的同时，我们还发现，一旦需要中信的钱，中信的钱肯定打不过来。不需要钱的时候给我们打钱；需要钱了，他们又不打钱，除非别人打钱，他们也想参加。我们筹集资本的想法是'中信有10亿美元过来，这可是一笔大钱'，但我们发现的问题，就是一种不祥的因素。我们不能确定我们需要的这笔资金能不能打过来，最后果然没有来。然而，大多数人，甚至可能包括吉米·凯恩，都认为，这笔钱的使用始终有一些限制措施形影相随。任何人只要觉得中信的钱有很大意义，就是在自欺欺人。市场没有因此而赞扬我们，我没有因此而赞扬我们，我觉得其他人也没有赞扬我们。不知道艾伦、萨姆·莫利纳罗、吉米是不是赞扬了我们？他们不应该这么做的。"

第三十章

凯恩之哗变[1]

　　秋天在继续。贝尔斯登的问题，不再与世隔绝了。6月，贝尔斯登两只对冲基金已经被人爆出患有癌症；如今，癌细胞扩散了，传播到了全世界。9月13日，英国最大的零售银行之一北岩银行，向英格兰银行[2]请求流动性援助。过了4天，英格兰银行为北岩银行所有的存款提供了担保。之后，没过多久，北岩被收归国有。[3]9月25日，穆迪评级机构警告说，次贷"感染"已经传播给了安巴克金融集团（AMBAC）、城市债券保险公司（MBIA）这样的企业[4]。这些公司为其他公司的债券提供担保，而这些担保者又需要更多资本。先前，美国有一家学生贷款

[1] 这个标题借用了美国著名作家赫尔曼·沃克（Herman Wouk）的长篇小说与同名戏剧《凯恩号哗变》（*The Caine Mutiny*），又译《凯恩号哗变记》。原作的"凯恩"是一艘军舰，原名为圣经人物"该隐"（Caine），与Cayne拼写不同。作军舰讲时，中文译为凯恩号，恰好同本书主要人物凯恩的译文一致。

[2] 英格兰银行是英国的中央银行，相当于我国的中国人民银行。这里为北岩银行的存款提供担保，意思是央行将在该银行遭受挤兑的时候提供资金，避免银行破产。

[3] 参见前文第五章开头。北岩被国有化之后一个月，贝尔斯登濒临崩溃，美国政府也面临是否将其国有化的困境。

[4] AMBAC原始全名American Municipal Bond Assurance Corporation，直译"美国市政债券保险公司"。目前正式全称为Ambac Financial Group, Inc.，Ambac不再作为缩写。MBIA原始全名Municipal Bond Insurance Association，直译"市政债券保险协会"。

公司萨利美（Sallie Mae），克里斯·弗劳尔斯公司、美银、摩根大通有意花费250亿美元将其收购，并使其私有化。9月26日，3家公司都宣布退出收购计划。各方一度险些打起官司，最后调解成功，收购则泡了汤。[1]

接着，各家金融机构发生了大量资产减记：花旗59亿美元，瑞银的房屋净值、杠杆贷款数十亿美元，华盛顿互惠银行（Washington Mutual）住房贷款将近10亿美元。美林被列入"信用观察"名单，原因是未来亏损及"风险管理不当"。美林、花旗都因对抵押贷款证券的敞口而蒙受了数十亿美元损失，投资者和金融媒体也开始形成持续压力，指责两家公司的CEO造成了前所未有的严重损失。10月26日，美林CEO斯坦利·奥尼尔（Stan O'Neal）"退休"。美林给了奥尼尔1.61亿美元薪资组合安慰他。11月2日，花旗CEO查克·普林斯（Chuck Prince）递交辞呈，公司批准了。普林斯拿了4000万美元走人了。

各家企业还筹集了大量资本，以补充因不良资产导致的股权减记。花旗从中东投资人那里筹到了75亿美元；房地美筹了60亿美元；房利美筹了70亿美元；瑞银先因为次级抵押贷款减记了100亿美元，接着筹了115亿美元；美林先筹了62亿美元，又筹了66亿美元；摩根士丹利筹了50亿美元。

贝尔斯登什么都没有做。凯恩和贝尔斯登都还继续踩着自己的鼓点向前飞奔，这是他们的一贯作风。没有人提到筹钱。没有人提到策划政变推翻凯恩。实际上，中信交易之后，凯恩胆子更大了，而且坚持不让位；尽管他已经73岁高龄，而且也指定了艾伦·施瓦茨当继承人。此外，凯恩高调拒绝注资之后，贝尔斯登资产负债表上，也不大可能发生真正的外资注入了，尽管有不止一个计划在进行中。至于凯恩与施瓦茨为什么会坚决反对筹集权益资本，原因可就复杂了。原因之一：筹集权益资本，既是一种强大的表现，也是一种脆弱的表现。凯恩认为，两相比较，还

---

[1] 萨利美到2018年2月为止仍然在营业，并在2014年被DepositAccounts网站评为最健康的美国银行之一。

是更像脆弱的表现。原因之二：当前公司股票，每股大约115美元。凯恩认为这股价太低，不应当用这个价钱将股票大批卖给第三方。毕竟，凯恩自己的大宗股票也只卖出了极小一部分，公司又为什么要在股价处于低水平的时候卖出这么多股票呢？原因之三：凯恩和施瓦茨都认为，不应当仅仅为了"证实企业能够筹集资本"而去筹集资本；筹集资本应该是为了更大的战略目的，比如与中信的交易。尽管从技术上说，这笔交易并未筹集到新鲜资本。

凯恩、施瓦茨之所以一直犹豫，还有第四个原因，当然他们坚决否认；那就是，执委会拿到的报酬是基于公司的股本回报率计算出来的，股本回报率等于净收入除以企业的账面价值。股权一旦增加，就会等额增加企业的账面价值，减少企业的股本回报率，特别是在贝尔斯登产品日益滞销的情况下。因此，一旦筹集权益资本，就会立刻让执委会的奖金池金额下降。

然而，执委会之下的高管们在中信交易开始之后，依然在努力推动各种战略方案，与堡垒集团及其CEO韦斯·伊登斯谈判。弗里德曼说："堡垒集团的聪明人实在太多了。我们有很多人觉得，人才、智库能有大规模注入，会是非常诱人的事。"但是，交易想要完成，还面临诸多障碍。其中一个障碍是贝尔斯登和堡垒集团的报酬体系很不相同。贝尔斯登的体系，属于那种华尔街上市企业经常采用的典型结构——银行家和交易员的工资相对较低，但可能会因为某一年创造的营收而拿到高额奖金。这种体系导致贝尔斯登很多员工每年收入能达到数百万美元；与此同时，却没有相应的方式，从金融角度，向银行家和交易员的行动追责。堡垒集团的报酬体系则是对冲基金和私募股权公司的典型结构（堡垒集团同时经营这两项业务）。总体而言，企业对管理的各项基金，每年收取2%管理费，外加基金每年业绩增长的20%。这两种体系很难合并。

另外，要想让合并后的新公司同时开展两项业务计划并紧密配合，也面临困难；这样做，还可能给贝尔斯登在市场中造成潜在冲突。弗里德曼说："堡垒集团的生存手段是买入非流动资产，其非流动性资产比我们现有的资产还要多；他们通过激进但对自己有利的条款在华尔街上融资。堡垒集团向华尔街付出的费用如此之高，以至于它能用这笔钱撬动一个足够大的杠杆，维持业务运转。你能想象吗？有个堡垒集团或者贝尔斯登的员工，给高盛打电话说：'听我说，给我们3年期的无追索权融资来买一架飞机，这样你们明年就能收到我们的利息。'这很荒唐，门啪一下就关上了。假如这些事情落在一个交易商手中，我实在不能想象堡垒能做成其中哪怕一件。华尔街任何一个交易商都不会答应这笔生意，并不只是我们贝尔斯登。就算堡垒集团变成了高盛的一部分，我们接到了同样内容的电话，我们还是会跟他们说：滚一边去！"

然而，最大的障碍可能还在于，伊登斯想要成为合并企业的CEO。当时，贝尔斯登市场资本化的价值是堡垒集团的两倍，所以这个要求略微有点过分了。此外，伊登斯是对冲基金经理，对资本市场、交易、抵押贷款证券的了解，显然超过身为并购顾问的施瓦茨。弗里德曼说："尘埃落定之后，韦斯就会成为贝尔斯登CEO。这是整件事的关键，在我看来，也是交易失败的原因之一。这交易对我来说实在古怪，我不理解。"另外，2007年年底，堡垒集团自己也出现了财务问题，这就让情况变得更为复杂。弗里德曼说："他们也陷入了巨大的麻烦。他们有损益（P&L）问题，有流动性问题。我觉得，堡垒集团已经开始走下坡路了。我到现在都不知道是什么时候有人彻底终止了交易，但我之前听说，我们拒绝合并，是因为韦斯想当CEO[1]。"很快，就会有另外几家公司认真提出合并建议，包括日本住友银行（Sumitomo Bank）、加州债券基金巨头太平洋投资管理公司，还有住宅资本公司（ResCap）——负责运营通用汽车金融服务公司（General Motors Acceptance Corporation，简称GMAC）的住宅抵押贷款业务。另外，住宅资本公司也是对冲基金兼私募股权公司

---

[1] 参见前文第四章开头。2008年1月，施瓦茨否决了并购。

泽普世的投资组合公司。后来，对这些提议，贝尔斯登也全都拒绝了。贝尔斯登的状态极为保守，安于现状，不愿考虑任何导致转型的交易。某人长期担任贝尔斯登高管，评论道："极少有外人能当上高管；就算当上了，一般也干不久。真正有权有势的，全都是在岗位上被判了无期徒刑的人。吉米是无期，老A是无期，沃伦是无期，艾伦是无期……这些人都在这种文化里长大，一说话都是这一套语言，而且跟外人的沟通也很差。"

凯恩平时总认为，自己有着各种素质，能掌控自身和贝尔斯登的命运。这些素质包括：(1)主管企业的道德权威；(2)做出智慧决定的能力；(3)引领公司渡过最大信任危机的技巧。不管这些素质还余下多少，11月1日上午，这一切都改变了。《华尔街日报》登了一篇头条文章，详述了吉米·凯恩的生平，以及他在夏天危机时的怪异表现。文章带来了灾难性的后果，其作者是凯特·凯利。有些华尔街公司，有很强的能力操纵媒体，让媒体写文章，拍节目，为这些公司溜须拍马。凯恩和贝尔斯登从未展现过这种能力。然而，贝尔斯登虽然向来在媒体上名声不佳，《华尔街日报》这次发表的凯特·凯利的文章，则是一切可能的宣传中最坏的，而且出现在一个最糟糕的时刻。贝尔斯登走向灭亡，经历了一系列重要事件。文章发表前，这些事件已经露出了端倪；文章发表后，这些事件的进程又大大加快了。

凯利报道说，凯恩在"危机最关键的10天"当中，一直在纳什维尔打牌，而且"没有手机，也没有发电邮的设备"。[1]凯利说，8月3日那次紧张的电话会议，凯恩"说了几句开场白"就离开了，"听众不知道他什么时候回来"（当然，这是不准确的，真相还要可怕得多）[2]。凯利说，

---

[1] 即前文反复提到的黑莓一类的设备。在智能手机普及之前，智能手机的文字通信功能曾经由 PDA、掌上电脑等设备承担。

[2] 参见前文第二十九章。美联银行的道格拉斯·司普金问凯恩在贝尔斯登股价很低的情况下是否考虑回购股票，凯恩不知道怎么回答，只能让莫利纳罗撒谎。

凯恩在"7月这个关键月份"的"21个工作日中，有10天"都不在办公室，不是打高尔夫，就是打桥牌。美国记者发表批评报道时，也会说一些正面意见，显示自己的客观公正。凯利还特别在文章里收入了一些反驳自己核心论点的评论。凯利引用了施瓦茨对《华尔街日报》的发言："不管是谁，只要以为吉米·凯恩每天没有开足马力，准备工作，他就跟我不是一个世界的人。"施瓦茨还说，劳动节所在的周末，凯恩飞到北京，专门为了跟中信达成协议。虽然有这些挺凯恩的论点，但凯利对凯恩总体上还是激烈批判的。凯利把凯恩在"混乱中的各种行动"与华尔街"其他公司亲力亲为的高管角色"进行对比。凯利甚至提到了高盛CEO劳埃德·布兰克费恩"原定8月后两个星期在海滩别墅度过，却临时取消了计划，也错过了在儿子们上大学之前陪儿子的机会"，因为布兰克费恩想要坐镇指挥，控制愈演愈烈的危机。

凯利还说，2002年，第一银行的杰米·戴蒙提议收购贝尔斯登，凯恩拒绝了，说"除非给我一笔可观的股票溢价，一大笔个人酬金，还有一架私人喷气机的使用权"，才会考虑。凯利说，凯恩特别不喜欢出差，有一次还拒绝去华盛顿与布什总统商讨经济问题。凯恩提条件，说布什如果要跟凯恩谈，可以在纽约见面。不过，从凯利各种爆料当中，让凯恩个人最难看的，也是最有杀伤力的，是凯利指控凯恩是瘾君子，经常抽大麻。凯利说："2004年，凯恩先生在田纳西州孟菲斯市的逸林酒店（Doubletree）打了一天桥牌，然后，按照当时在场的某人说法，他请了一位牌友和一名女士一起抽大麻，把二人带到了走廊上一间男厕所，想要在那里吞云吐雾。在场者说，牌友拒绝了，但女士跟着凯恩进去了，共享了一根大麻烟卷；这就成了路人的笑料。"凯利还说，凯恩"在更加私密的场合也抽大麻，这消息是目击者或者跟他一起抽大麻的人透露的"。文章还提到，凯恩"坚决否认"在逸林酒店抽大麻的事。凯恩说："这种事根本不可能发生，概率是百分之零！"凯恩告诉《华尔街日报》，自己一般不会回答是否抽大麻这个问题，只会在接到"特别指控"的情况下做出回应。[1]

凯莉还说，凯恩有一种"夏天的例行仪式"，也就是每周四下午要花费1700美元从纽约市飞到好莱坞高尔夫俱乐部，周五、周六、周日都要打高尔夫球，然后回家，"花几个小时在网上打扑克，打桥牌，跟孙子孙女玩"。7月12日，凯利和老板迈克尔·西科诺尔菲曾经与凯恩在麦迪逊大街383号共进午餐。凯利说："凯恩先生似乎对市场话题不太感兴趣，而对早餐麦片过敏、自己囤了大量没有标签的古巴雪茄这些话题很有兴趣。还有一次，凯恩告诉一位访客，他买这些雪茄，一支就花了140美元，专门放在写字台底下一只保湿雪茄烟盒里面。"凯恩自己倒是没有否认在午餐会上跟西科诺尔菲、凯利说过这些话，但又说"这些话是非正式的，不应该发表"，说凯利、西科诺尔菲违反了规矩。至于8月3日的分析师电话会议，凯利报道，有人问了凯恩一个问题，凯恩沉默了，是因为"当时斯派克特先生马上就要离职了，正在计划辞职；有一位律师把凯恩叫出去了，就这个问题向他提供咨询服务。后来，凯恩先生回来了，然而数百位听众不知情，就以为CEO完全离开了电话会议"。当然，上文已经提到，当时屋里的人证实凯恩在场，只是那个问题是关于股票回购的，凯恩不知道怎么回答。凯利继续说："第二天是周六，凯恩先生在好莱坞高尔夫球场打出了88分的好成绩。"文章最后说，凯恩十分在意自己担任贝尔斯登CEO后留下的遗产。有一名前任贝尔斯登金融专家约翰·安杰罗（John Angelo），后来成了对冲基金经理，也经常跟凯恩一起在好莱坞俱乐部打高尔夫球。凯利引用了一句安杰罗的话。安杰罗说："凯恩要是55岁，是一回事；但他已经73岁了，这又是一回事。"安杰罗还说，凯恩经历了夏天贝尔斯登一系列事件之后，要花"很久才能把名声赚回来"。

---

[1] 凯恩的意思是说，只有上法庭才会回答这种问题。

*

文章一出，凯恩立刻进入了止损模式。他告诉加斯帕里诺："简直难以置信！就算把电话从听筒上拿下来，电话还是响个不停，人人都想约我出去打高尔夫球！"凯恩的助手给贝尔斯登全体员工群发了一封邮件，全文有108个英语单词。开头说"亲爱的同事们"，正文："今天，《华尔街日报》发了一篇文章，批评我在贝尔斯登的领导工作。我有幸能够领导这家伟大的公司；14年来，我见证了公司的成功历史。我多年来一直专注于公司业务，现在还要继续关注下去。这篇文章还指控我在公司外面进行了不正当的行为。正如文章本身提到的，我说过，这样的指控完全不真实。谢谢大家一直为贝尔斯登兢兢业业，请不要被噪声干扰。我绝没有受到干扰。吉米。"

凯恩气坏了。他相信，西科诺尔菲和他手下的"狗崽子"——加斯帕里诺和凯利，是专门为了找他麻烦才来公司的。凯恩憎恶加斯帕里诺，但有时候会跟他见面，认为加斯帕里诺是一个有效的途径，可以将凯恩的信息传递给市场。不过，这一次，凯恩还是从员工那里得到了不少支持，他为此而十分受用。凯恩说："随时随地，你们打个电话就能找到我！公司没有礼节，没有规章制度，一切从简，就应该这么做。想要手下忠诚，就应该这么做。我的员工愿意为我跳下悬崖。我是这么感觉的。而且，文章的指控是真是假，几乎可以说根本不重要，因为我做事遵守底线。这才是我真正的救命稻草。文章把我变成了节日娱乐的'公共彩罐'，揍得屁滚尿流。但我也会考虑，文章资料的那些出处。我认为，电视上的那个二百五——加斯帕里诺，就是一条超大号毒蛇，人人都觉得他是毒蛇。《华尔街日报》养的走狗（凯利），一丁点本事都没有，就是西科诺尔菲的女人！"

凯恩还发现，整篇文章到处都有沃伦·斯派克特的"指纹"。凯恩说："斯派克特让某个桥牌选手朝《华尔街日报》打了电话，又让斯特里克公司（Sitrick & Co）（斯派克特的"战略通信"企业）推动了报道的播出。"

凯恩说，斯特里克公司老板迈克尔·斯特里克先生（Michael Sitrick）是"杀人犯"，是"纯种刺客"，"把这篇文章偷运进了《华尔街日报》"。凯恩说，文章"真有意思，因为竟然一个出处都没有，全是狗屁"。凯恩说，他告诉贝尔斯登公关部，他怀疑《华尔街日报》永远不会登出，到底是谁指控他在桥牌比赛上抽大麻的。凯恩说，一开始《华尔街日报》告诉他，会登出那个人名；后来，《日报》改了主意，在发表文章的前一晚告诉他，不登人名了。贝尔斯登试图说服《日报》不要登文章，因为那个指控凯恩抽大麻的人没有具名。但文章还是登了出来。迈克尔·斯特里克先生承认斯派克特雇了他，但否认他或者斯派克特与《日报》文章有关。斯特里克先生说："说凯恩和一个女人在厕所里抽大麻，这种事的可信度有多大？我第一次听说有人传这种事，就是在《华尔街日报》上看见的。"

凯恩说，当时他没有意识到，这篇文章会带来什么样的后果。"回顾的时候，发觉事情比当时想的要严重得多。引发的愤怒太强烈了。"但是，凯恩正为了事业而战。抽大麻的指控，比起公司的问题来说，不过是挠痒痒。真正的危机在于，贝尔斯登对所谓的"三级资产"拥有200亿美元敞口，其中还有24亿美元对次级抵押贷款的敞口；华尔街和贝尔斯登都在担心，11月30日，财政四季度就要终结了，那时候，这敞口带来的核辐射，不知要发展到什么地步。哪怕这些资产，只有一部分发生减记，也会消灭贝尔斯登资本账户中120亿美元的相当一部分；到2007年11月，大多数华尔街企业都决定将外部资本加入资本账户，但凯恩决定贝尔斯登不会这么做。

自然，贝尔斯登董事会对这一很不正面的媒体报道也很不满。文森特·泰塞说："这是在糟糕的时间里出现的一篇尤其糟糕的文章。我觉得这篇文章很不公平。我当过公务员，跟媒体打过不少交道。我觉得用匿名来源诽谤人这一点尤其让人不舒服。我跟凯特·凯利讲了这一点，凯利说：'好吧，可是有些话你也只能私下说，不能实名发表的。'我说：

'对，有些话我确实不能公开发表。可那绝不是为了说任何人的坏话！'
我觉得，要是控告别人什么事，就必须记录在案。美国社会的好处之一
是，可以跟指控你的人当面对质。但《华尔街日报》的人有一种很强烈
的感觉，觉得吉米确实做了文章里提到的某些事情。可能是因为他们听
好多人这么说过。总之，他们决定把这文章发出来。至于发表文章是不
是跟吉米的CEO身份有关，就纯属另一码事了。但是，文章确实给我
们造成了很大伤害。"

泰塞继续说："吉米非常聪明，他完全不会说废话。表面现象对他
而言，没有任何意义。真实情况，还有做什么、不做什么的实际好处，
这些对他才有意义。吉米在危机过程中去打桥牌，是因为他并不觉得（守
在公司）很重要。他能做什么呢？他当时一直在打电话。他就算在公司，
也完全不会改变危机的结果。他就是这么看问题的。不过，这在舆论上，
几乎就相当于小布什在卡特里娜飓风之后第二天，不去受灾最严重的新
奥尔良视察。各界都在拼命指责布什。可是，布什在新奥尔良能干什么
呢？亲自动手修河堤吗？他只要在华盛顿，就能做好一切力所能及的
重建工作。但是，布什应该去新奥尔良，只是因为人们想让他去。吉米
如果回到纽约，就能改善自己的事业。但我不认为他回到纽约能改善贝
尔斯登的事业。只是他假如回来，很可能对自己的事业有帮助罢了。"

此外，固定收益部的银行家、交易员们，依然讨厌凯恩；因为凯恩
那么突兀地辞退了斯派克特，然后又给企业引来了难堪，让媒体注意。
弗里德曼说："我们周围的企业开掉的员工，都是犯了错的员工。我们
又做了什么？我们赶走了唯一一个了解核心业务运作机制的人，又让凯
恩这个白痴管着（核心业务）。于是，我们就有很多人去找艾伦·施瓦茨，
有的一个一个找，有的集体找，全都拼命跟他说：'你得采取点措施啊！'
艾伦总是说：'别担心，我们正在努力。吉米会准时退休的！别担心，
别担心！'过了一周又一周，一周又一周，还是没消息。我们固定收益
部的人，可能在很多问题上是最傲慢的；可是，沃伦走了，我们也是最

生气的。哪怕我们因为很多事责备沃伦，但他走了，我们还是很生气。固定收益部有3个人的抗议最强烈，一个是大卫·舍恩塔尔，一个是迈克·尼伦伯格（Mike Nierenberg），一个就是我。我记得有一天尼伦伯格给艾伦打电话，问艾伦：'你什么时候把吉米搞掉？你必须把吉米搞掉。'值得表扬的是，艾伦说过几次："开除吉米，不是我做的事。'不过，这就等于说：'别担心，吉米肯定会走人的。'为这事，我们老是问莫利纳罗，老是问史蒂夫·贝格雷特。就好像对着旷野呼喊：'谁能对付这家伙？有没有人能为我们搞掉他？'"

贝尔斯登的骄傲已经被损害了。弗里德曼继续说："我们这帮人，都一直在这里工作。就连菜鸟，也已经工作了15年，很为贝尔斯登骄傲。被公开嘲笑，我们真是觉得比死还难受。查理·加斯帕里诺这家伙，几乎每隔一个小时就嘲笑吉米一次，没完没了。除了让人感觉不安全之外，加斯帕里诺的嘲笑其实没有损害我们。他对我们的业务根本没有影响。他们不可能搞掉吉米，把沃伦请回来。他们不能解决我们的任何问题。可是，我们真的不愿意继续被人羞辱了。从这方面来说，我们的态度可能有点小肚鸡肠，但是我们就像是在战场上，在地堡里背靠背，对着敌人开火，结果又出了这么一档子事。我们公司的一把手，是这个像'费斯特叔叔'[1]一样的家伙。"

这些事件是"凯恩之哗变"的种子吗？弗里德曼说："是的，只不过我们没有这么做。我们只是嘴上说说……我们可以召集20名最高层的高管，前往艾伦办公室。我们讨论过组织一场静坐示威：'咱们去搞个哗变。告诉他们，他们要不参与，我们就离职。对，我们应该那么做。'结果，我们一直都没有那么做，全都回去上班了。"

*

11月14日，莫利纳罗参加美林会议，给投资者做了演示。投资者

---

[1] 费斯特叔叔是影视剧里的古怪魔法师，上次用来形容格林伯格，这次用来形容凯恩；都是说公司老板做事风格很怪异，不讨人喜欢。

若是能仔细观看，散会的时候，也许就会觉得贝尔斯登的前景同以往一样光明。莫利纳罗讲了公司蓬勃发展的能源业务。当时，贝尔斯登刚刚收购了威廉姆斯能源公司（Williams Power Company）全部的电力资产；还讲了贝尔斯登迅速繁荣的国际业务、股权业务，已经恢复的全球结算业务、主要经纪业务。投行业务方面，企业的营收，预计年化复合增长率为12%。这种乐观演示，正是舆论认为贝尔斯登这样的大型华尔街公司的CFO应当做出的。当然，莫利纳罗确实给投资者看了一份PPT，把公司的"风险敞口"从8月31日上一季度结尾，更新到了11月9日。莫利纳罗介绍，自从8月末以来，公司"竭尽全力完成了为其抵押贷款与CDO投资组合重新估值的任务，而且已经'有效缩减了'对这些资产的敞口"。接着，莫利纳罗投下一枚炸弹："因此，公司将为这些头寸，以及我们的抵押贷款库存中其他头寸做出净减记，金额约为12亿美元……这些损失的绝大部分来自CDO，以及由各种CDO组成的投资组合。"

莫利纳罗还宣布，贝尔斯登对抵押贷款的投资组合的减记是"足够的"；而且，自从8月31日以来，贝尔斯登在次级贷款上的空头头寸已经有了显著增加。目前，公司在次级贷款产品上的净仓位是负5200万美元，此前仓位是正11亿美元。第二天（11月15日），公司向证监会提交了一份文件，宣称公司成立84年以来，首次预计将因为12亿美元减记而发生季度亏损。当日，股票收盘价为每股103.45美元，上涨了2.58美元，日最高点为每股111.01美元。同日，评级机构穆迪宣布"可能会下调"贝尔斯登的A1债务评级，评级变动会影响大约873亿美元债务。穆迪高级副总裁布莱恩·弗朗茨（Blaine Frantz）在声明中说："贝尔斯登在市场转折与混乱中的表现，比其他竞争者的表现更加困难。这一点不仅反映了市场不景气，还反映了贝尔斯登做出的一些风险、战略决策。其中包括，决定向某个内部结构性产品对冲基金提供融资（即高级基金）；这一措施增加了贝尔斯登资产负债表上对这些不良资产的敞口，最终成为减记原因之一。"

11月29日，感恩节之后一周，贝尔斯登宣布第三轮裁员，规模约为650人，占全球1.55万员工的4%。10月，贝尔斯登裁掉了300个工作岗位。在这之前，因为抵押贷款创立业务发展显著放缓，贝尔斯登已经从抵押贷款创立部门裁掉了600个工作岗位。贝尔斯登给员工群发了一份备忘录，说公司要在2008年及之后保持最佳状态，为此需要不断调整；而这两次新的裁员就是调整措施的一部分。受消息影响，股价上升4.07美元，收盘价为每股99.50美元。

这时候，凯恩已经单方面决定，2007年公司执委会不拿奖金了。凯恩做出这一决定，没有同格林伯格商议，直接在一次执委会会议上宣布了。凯恩评论格林伯格："他没钱可拿，很不满意。我说，执委会不发奖金了，没有跟别人讨论这个决定。大家都同意，格林伯格一句话也没说。不过他就是这个风格。在他眼里，你是一块肉，我是一块肉，他孩子是一块肉，他所有的东西都是一块肉，就连他的狗也全是肉。我猜，他根本没法想象会发生这种事，而且不告诉他，也不跟他商议。不过，这个过程是自然而然的。"

凯恩没有完全明白，这个决定让格林伯格有多么愤怒。11月，凯恩在哈莫涅俱乐部（Harmonie Club）参加格林伯格80大寿晚餐会的时候才发觉。凯恩是自己去的，妻子帕特丽夏去上查经班（Bible class）了，帕特丽夏是改宗的哈西德派犹太教徒（Hasidic Jew）。凯恩走到格林伯格妻子凯瑟琳跟前，亲了她两边的脸。凯恩回忆："她那态度，是莫名其妙的冰冷。你之前遇见过那么冰冷的态度吗？真的是冷若冰霜。你肯定没有。她就自己站在那儿，我走过去，亲了她，冷若冰霜。"

*

11月最后一周的几天及12月1日和2日，凯恩都在旧金山，参加"雷辛格—副—比团体赛"（Reisinger Board-a-Match Teams）。这是北美秋季桥牌锦标赛的头号赛事。凯恩和队伍以很大优势赢得了冠军。12月3日，凯恩回到办公室。施瓦茨、泰塞来了，告诉他，格林伯格要退出贝尔斯登，另找工作。施瓦茨、泰塞请求凯恩去找格林伯格谈谈。凯恩说："首先，他走不走，我不在乎；他已经80岁了。谁在意？不过，我说我会试着跟他讲讲道理。施瓦茨他们觉得，格林伯格一走，就相当于另外一根压垮骆驼的稻草。我不这么觉得。"

凯恩就去了5楼格林伯格办公室。凯恩说："我跟他一起坐下。他说：'这儿不尊重我。我刚决定要走人了。'我说：'好吧，咱们一步一步来。我有几个想法要跟你说说。第一，就在3周以前，我们还一块吃过饭，《机构投资者》杂志给分析师办的全明星晚宴。每年都办这个晚宴，你每年出席，我也每年出席。屋子里有大约800到1000人。这是贝尔斯登式的排场，让你有精英的感觉。'我站起来说：'我说，艾伦·格林伯格，咱们可别忘了从头到尾这整件事儿是谁发起的。'他说：'对，这事儿不错。我记得。'我说：'所以，你觉得这儿不尊重你，我就不同意，这是一。'"

凯恩继续："我还说：'第二，我非常了解你。我知道为什么会出这种事，我知道你为什么生气。一个月以前，我去了你80大寿晚宴。你妻子就站在哈莫涅俱乐部大厅中间。我们有很久的交情，最早的时候，我帮她找过工作。我帮她办过很多事。我支持她那些傻里傻气的政府事业，自由主义的事业。当时，我走上前去，亲她两边的脸。她却冷冰冰地走开了，故意走开了。'他说：'这是咱们之间的事，别把咱们的妻子扯进来。'我说：'艾伦，我没把她们扯进来，我告诉你，我是这么想的：凯瑟琳没有一天不跟你说我的坏话，你怎么能不恨我？最近这4个月，报上每一篇文章都在诽谤我，这些文章都是胡说八道。对了，顺便说一句，当初你在贝尔斯登的位置被我取代了，当时，《巴伦周刊》说你被修理了；而她作为女蜂王的地位已经恶化到了你再也掌控不了的程度，因为她始终都在控制你。她跟你说，公司不是你的啦，是凯恩的啦！'"最后，凯恩说服了格林伯格留在贝尔斯登。

然而，从凯瑟琳在丈夫80大寿晚宴上给凯恩冷脸，到一个月之后凯恩说服格林伯格不辞职，这中间，凯恩对当初把自己招进来的这个人已经厌恶透了。凯恩说："我们两个人，一个往外给东西，一个不给，只是往里拿东西。一个有40次说话不算数，一个一次也没有过，一次也没有。一个人有能力坐下跟人谈话，做一场有意义的谈话，而且还不是为了他自己（指凯恩说服格林伯格）。他（凯恩）并不在乎说'你能为我做什么'，格林伯格却满脑子都在想'你能为我做什么'。他跟斯派克特就好比谷仓里头两只混账公鸡，你恨我，我恨你，因为两人都知道，我跟你一样，你跟我一样。这个比那个精明点，那个比这个聪明点。这两人都是混蛋，欺软怕硬的混蛋。他们一丁点也不关心1.4万名员工，一丁点也不关心。那些员工在他们眼里都是肉。"

12月6日，乔·刘易斯宣布，他在10月19日到12月5日之间一直在买入更多贝尔斯登股票，买入价在每股110美元到120美元之间。他最大一笔买入发生在10月19日，金额1569万美元，每股118.80美元。刘易斯的证监会文件归档显示，他拥有贝尔斯登解禁股票930万股，占公司发行在外的股份的8%，价值刚好超过10亿美元。文件披露，刘易斯购买这些股票，用的是他旗下投资公司的营运资本（working capital，也翻译成周转资金）。刘易斯是贝尔斯登第二大股东。贝尔斯登第一大股东是巴罗汉利基金管理公司（Barrow, Hanley, Mewhinney & Strauss），它在过去3个月内持有的贝尔斯登股权比3个月前的增加了两倍还多。12月10日，巴罗汉利总裁詹姆斯·巴罗（James Barrow）告诉《金融时报》："我们这样的价值投资经理（Value Managers），会在消息不确定的时候买入股票。以票面价值卖出，第二年就预期可以赚到每股10美元。我认为，这笔交易相当划算。"巴罗还说："我见过吉米·凯恩，我知道他怎么做事。我要是不相信他的管理能力，就不会买入股票了。"桑福德·伯恩斯坦公司研究分析师布拉德·海因茨评论巴罗、刘易斯："抄底的人们，正在买入贝尔斯登股票。刘易斯说的是'我能看穿这个周期'。刘易斯不担心贝尔斯登领导层，因为目前的管理工作并没有什么问题。切记，他们只是向贝尔斯登投资，而不是把贝尔斯登收养下来。"

*

就在12月四财季已经结束，但公司季度财报还没有出来的时候，12月20日，据凯恩自己说，他决定跟董事会讨论，商议是否能够让位，任命艾伦·施瓦茨为新的CEO。尽管不论什么时候，只要一有人问凯恩，凯恩就会说，他会一年又一年为贝尔斯登掌舵；然而，到了2007年年底，凯恩已经没有雄心壮志了。他也不知道应该怎么做，才能让公司重新盈利。凯恩说："有一段时间，我就好像进入了一条隧道，看不到尽头的亮光。我不知道该怎么做，无法做出关键的决定，因为我水平不够，没办法预测未来的情况。"

12月，那次决定命运的董事会会议之后，凯恩请莫利纳罗、施瓦茨、格林伯格离开会议，这样凯恩就能单独跟董事会商谈。凯恩说："我请求召开一次非执行会议，就是请所有人离开，只剩下我跟董事会。我坐下对董事们说：'我觉得，我们应该需要一双更加敏锐的眼睛。我们需要新人进来，看一看我们的现状，告诉我们究竟犯了什么错误。这个人，不会是随便挑出来的人。'"凯恩考虑了好几个人选（实际上就是代替斯派克特的人选）：一个是托马斯·蒙塔格（Thomas Montag），当时任高盛固定收益部高级合伙人，后来去了美林；另一个是托米·马赫拉斯（Tommy Maheras），之前当过花旗固定收益部高管，当时已被花旗开除。凯恩说："我不知道最后进来的是谁，但不管是谁，我一定会给他一个好职位。但我要是让他当了联合总裁，就对艾伦·施瓦茨不公平了，因为我们刚有了一个联合总裁[1]。我的动机很简单：我要董事会批准施瓦茨当CEO。"

凯恩说，董事会一开始不同意他的意见。"董事会一开始争论过，讨论了一次，最后说'好吧'。当时，贝尔斯登的员工谁也不知道，不知道我去找董事会要了行动许可。我想在某个时候说'我不干了'，还

---

[1] 估计就是施瓦茨本人。

不知道具体要什么时候。我不知道，最后是在1月份说出来的。"

关于12月的事件，还有另外各种解读。比如，一名董事说，凯恩确实在12月去找了董事会，商议有朝一日退休，让施瓦茨继任。但另外也有一种看法认为，凯恩判断董事会不可能让他马上退休。这名董事说："有人还虚拟了董事会一句台词：'别慌，我们会让你继续待下去。'但其实这句台词不太准确。当时吉米根本就不主事。他想听见别人跟他说，他需要待下去。"

圣诞假期之前，施瓦茨把固定收益部、股权部、银行业务高管召集到一起。一名与会者回忆，施瓦茨对他们发表了一篇鼓舞士气的演讲。施瓦茨不想让这些银行家、交易员全都气呼呼地休假，一边还担心自己的奖金。施瓦茨还想让他们在岗位上再干一年。比起谣言，施瓦茨更喜欢直截了当的讨论。施瓦茨说："各位，咱们要度过这个年末，度过报酬方面的压力，和所有一切困难。四季度公司的情况非常不好。我觉得，是管理失败的结果。我们让你们失望了，现在咱们要打起精神来，把事情做完。"

让施瓦茨惊讶的是，每次同各位高管开完会，都有一个话题不断出现："你说我们都必须回来（假期后继续上班），这倒是不错；可是管理层是个什么情况？ 你要掌权了吗？"

施瓦茨回答："各位，这有什么区别吗？ 这不重要啊。我们都在这里，我们是同一个队伍。我们一起搞砸了，也会一起把局面收拾好。"然而，高管们都想要知道施瓦茨会不会掌权。

施瓦茨说："不要为这个大惊小怪。"每次开会，第一个问题总是"吉米还继续干下去吗？"很快又出现了第二个说法："这个烂摊子，我们明年不会再回来了。《华尔街日报》说我们的CEO抽大麻！ 谁爱听这种胡说八道！ 客户都说我们荒唐！ 我们在第一线承受责难，别人说：'看你们待的公司有多棒啊！ 你们荒唐得要命！ 你们纯粹是笑柄！'"

这几次会议开完了，有为数不多的几个最高领导找到施瓦茨，带来了最明确的信息："1月20日发奖金之前，要是管理层还没有变动，你就等着大量员工流失吧！你可听清楚了！"施瓦茨左右为难。他要是不把这消息汇报给凯恩，他压下消息的事就会传遍全公司；而如果相反，公司最顶尖的人才也会得到借口，离开贝尔斯登，前往其他华尔街公司。其中一名高管说："这样就会给人们借口，让人们背叛公司。他们用不着说'我要当叛徒'，只要说这么一句：'我跟你说过，我准备留下，但你非让我摊牌不可，怪我咯？'"多年以来，施瓦茨不止一次考虑过，辞去管理工作，成为并购世界的幕后操纵者；这就类似其他一些高级并购银行家，如菲利克斯·罗哈廷、杰克·列维（Jack Levy），他们也不负责管理。施瓦茨与凯恩曾经开玩笑说，凯恩离职以后，施瓦茨就成了"自由球员"，想去哪儿就去哪儿了。然而，多年以来，凯恩一直不走，施瓦茨也就考虑，可能要在凯恩之前离开公司了。施瓦茨打算告诉凯恩："你这老东西就在这儿干到死吧！我不知道，我能不能像你似的坚持那么久！"

如今，施瓦茨处在一个令人不快的地位：他必须告诉凯恩，时间已经到了。施瓦茨以前从没有为这个时候认真计划过。以前，施瓦茨一直采取这样的立场——他宁愿离开，也不跟斯派克特正面争夺企业领导权。而现在，斯派克特走人了，公司一片混乱；施瓦茨就觉得，自己不应该一走了之。而且，施瓦茨还觉得，凯恩再也不能当一把手了。施瓦茨跟几个董事商议对策。圣诞节假期，不少董事想起了施瓦茨的话："你们最好明白公司的局面。你必须明白情况，做出决定。"

12月18日，加斯帕里诺在CNBC报道："多年来，贝尔斯登董事会第一次热烈讨论吉米·凯恩的继承人。"加斯帕里诺并不能给出凯恩将来离职的时间表，但他说，作为华尔街工作时间最长的CEO——凯恩"已经遭遇了大量问题，让董事会比较担心他是否能在原来的岗位上继续工作下去"。都有哪些问题呢？加斯帕里诺提到：（1）凯恩的年龄；（2）凯恩的健康状态；（3）两只对冲基金遭遇的两次调查，调查者既有证监会，也有纽约东区美国联邦检察官；（4）企业对未来的展望。加斯帕里诺说，多名消息人士告诉他，贝尔斯登固定收益业务，原本是企业发展和盈利的主要驱动力，"但未来一整年这项业务带来的营收都将不复存在"。加斯帕里诺预测，施瓦茨会成为贝尔斯登下一任CEO。但加斯帕里诺还说，有些董事担心，施瓦茨没有足够的准备，他需要一定的经验，以及一个发展和进步的过程，而这可能会让凯恩在宝座上待得更久一点。加斯帕里诺的爆料一出，贝尔斯登股价就跌到了每股91.35美元左右。也是在12月18日，《华尔街日报》报道，凯恩与执委会其他成员均已决定放弃2007年的奖金。

12月21日，《纽约时报》发表了小兰登·托马斯的文章，把凯恩与摩根士丹利CEO麦晋桁做了比较。两人负责的公司，都因金融危机而蒙受了惨重损失；贝尔斯登发生了19亿美元的减记，摩根士丹利则有110亿美元的减记。两人也都同意不要年终奖金。然而，两人有一个不同，就是舆论嚷嚷要凯恩的脑袋，而没有要麦晋桁的脑袋。众人憎恶凯恩，原因似乎在于：（1）贝尔斯登两只对冲基金遭遇的调查；（2）凯恩在"神庙"的墙壁坍塌之时，特别喜欢高尔夫和桥牌。

*

文章发表的前一天，即12月20日，贝尔斯登发布了四季度财报。不出所料，公司自从成立以来，第一次出现了季度亏损。11月15日，预计公司抵押贷款组合将有12亿美元减记；而仅仅一个月之后，金额就升到了19亿美元。于是，公司报告，四季度税前亏损14亿美元；扣除税收优惠，则四季度净亏损8.59亿美元。2007年净收入2.33亿美元，比上一年净收入20亿美元下降了89%。四季度的巨额亏损，主要来自两个重大决定：第一个决定，公司在6月错误地决定充当两只对冲基金的回购贷方。整个秋天，贝尔斯登提供资金救助的那些资产的价值都在缩水；最后公司索性把那些资产的价值定到接近零的地步。第二个决定，是在次级抵押贷款上下赌注，具体做法是买入（理论上质量更高的）Alt-A抵押贷款。弗里德曼说："我们反反复复告诉投资者，我们已经做空了次贷部门，也确实这么做了。我们的交易，是做多Alt-A房贷产品，做空次贷产品；我们长期以来都在大规模进行这样的操作。理论上这么做是对的，不过，市场的关注点一旦开始从次贷产品延伸到其他的房贷产品，例如Alt-A，我们就会发现，我们的策略无法对冲Alt-A证券，现在依然不能；而且也没有人买这些证券了。所以到最后，我们的对手方出现了大量的做空头寸。"

四季度财报还披露，执委会决定这一年不拿奖金了。圣诞节，凯恩卖掉了172621股按照CAP计划得到的股票，每股89.01美元，相当于在发薪日得到了1540万美元，算是给自己的圣诞礼物。讽刺的是，凯恩卖出的时候，刘易斯竟然还在买入。圣诞节之后一天，刘易斯提交证监会文件归档，档案显示，12月一个月，刘易斯又买入了220万股股票。如今，刘易斯持有1110万股股票，合贝尔斯登股票比例的9.57%，他又成了贝尔斯登第一大股东，而且提供了一个确凿的证据，证明就算是全世界声望最高的投资者，也还是会做出极为糟糕的投资。

12月20日上午，莫利纳罗召开例行的分析师电话会议，这是一件很严肃的事。问答环节，美林分析师盖伊·莫什科夫斯基问莫利纳罗：贝尔斯登是否感到"资本吃紧"，或者需要筹集资本。莫利纳罗回答，贝尔斯登的资本足够。莫利纳罗说："历史上，公司的资本比率一直很好，还存在大量的资本过剩。显然，四季度的亏损会让比率有一定下降，但我们相信，公司的比率依然很好。我们看不出有什么特别的需求，要专门处理这个问题。当然，我们确实预计，我们卖给中信10亿美元可转换证券的事，将会在2008年上半年完成，以增加权益资本的基础。这么一来，资本比率将会上升到我们之前的水平。"

12月20日开会的时候，贝尔斯登已经决定招进拉扎德公司银行家盖瑞·帕尔。贝尔斯登不论在筹集资本，还是出售公司的方面，做事似乎都很混乱；招进盖瑞·帕尔，是为了给公司行动加上一层专业的色彩。

中信交易之后，有很多人觉得，贝尔斯登也应该考虑与其他企业的战略合作。帕尔没有参加中信的交易，也没有参加堡垒集团的交易，更没有参加之前任何失败的筹集资本的工作。帕尔说："他们觉得，可能还有什么别的办法，能够推动贝尔斯登的商业战略，增加资本。其中，推动商业战略比增加资本来得重要一些。我们讨论了各种各样的可能，讨论了怎么考虑这些可能。做哪些事情会对我们有帮助呢？全世界有哪些地方值得我们拜访呢？"帕尔和贝尔斯登管理层的想法之一，是探寻有没有哪个中东投资者，会投资贝尔斯登的主要经纪业务。有一次，凯恩对帕尔说，汇丰银行可能有意同贝尔斯登合作。凯恩还跟乔·刘易斯说起了贝尔斯登与汇丰银行合作的可能性。泰塞说："乔·刘易斯去见了香港上海汇丰银行有限公司的人。但他们都没有兴趣。盖瑞·帕尔游说了另外几家银行，那些银行也都没有兴趣。"

但，随着秋天即将结束，帕尔的努力没有收到实效，贝尔斯登面临的压力越来越大。泰塞说："吉米受到了一些股东施加的压力，尤其是倍思资金管理公司CEO布鲁斯·谢尔曼的。乔·刘易斯倒是没怎么施压，但是布鲁斯·谢尔曼给乔·刘易斯打了电话。公司内部也有压力，因为吉米身体一直不好。我们大概需要换个方向了。大家都知道吉米病了。一开始，保密了一周左右。可是他一周没来上班，人们就纷纷传言，说他得了癌症。我对员工说：'听我说，吉米病了，但不是癌症。'这次得病，对他伤害很大。过了几个月，吉米身体变得很弱，大不如以前了。除了吉米的问题，还有一个问题——我们没有业务了。夏天之前，我们一直忙得要死；然后突然一下子，抵押贷款业务完结了，这项业务的利润占到我们总利润的40%；另外，杠杆贷款业务也完蛋了。除了客户交易，所有的交易都放慢了。然而，客户交易并不是公司的主要业务。主要经纪业务有了一点起色。吉米很清楚，业务情况怎么样。他有每日列表、每周列表、每月列表。他知道，业务非常糟糕。而且他很清楚，糟糕的并不只是我们公司。要只是我们公司，我们感觉还好一点。要是其他公司表现都很好，那我的表现也能好一些。可是，整个市场都很糟糕。公司的盈利亏损，很大程度上取决于资产负债表上的估值，这些证券能不能达到票面价值。这个说法是很可怕的，因为我们公司很大一部分库存的销售情况不好。于是，内部和外部的压力就一起上来了。显然，吉米必须让位了。"

*

假期过后，出现了反对凯恩的潮流。凯恩说："一切都在继续发展，只有我遇上了大麻烦。"过了新年，凯恩回到6楼办公室，一回来就面临舆论的灼人目光。舆论时刻关注，愈演愈烈的危机之下，凯恩是否会变成下一家倒闭公司的CEO。凯恩说："我记得，我连续40天都上了各大报纸，没有一天中断。"

凯恩知道，倍思资金管理公司CEO布鲁斯·谢尔曼持有6430万股贝尔斯登股票，是排第四名的大股东；谢尔曼正在跟董事会和媒体商议，是否应该让长期担任贝尔斯登CEO的凯恩马上辞职。凯恩还知道，斯派克特在离职以前，曾经从棕榈滩县的周末别墅出发，去佛州那不勒斯镇与谢尔曼会面，想说服谢尔曼炒了凯恩，让斯派克特当CEO。谢尔曼还不知道凯恩知道这次秘密会面的事。凯恩说："谢尔曼不知道，我知道斯派克特去见谢尔曼了，还说，把凯恩干掉吧，我要当CEO！斯派克特是我的手下，他能干出这种事来，真是绝妙，对吧？不过，谢尔曼不知道我知道。"谢尔曼还给施瓦茨打了电话（巴罗汉利总裁詹姆斯·巴罗也给施瓦茨打了电话），对施瓦茨说："你们最好采取措施，我听到很多不满的呼声！你来掌权吧，再不掌权，你们手下的人就都跑了！"施瓦茨尽力扭转了股东们的呼声。接着，凯恩听说《华尔街日报》《纽约时报》发了信贷文章，就给谢尔曼打了电话。刘易斯、巴罗是最近才买入贝尔斯登股票的，而谢尔曼跟他们两人不同，他成为贝尔斯登股东已经很长时间了。一年之前，贝尔斯登股价飙升到史上最高的时候，谢尔曼曾经为凯恩大唱赞歌。但是，谢尔曼的感情后来变了。凯恩说，他决定了，辞职的时间定在1月4日。凯恩说："在我看来，跟贝尔斯登做个了断的时候到了。这一天，我会告诉艾伦：我不当CEO了，还会当董事长，但不在执委会了。"1月4日，凯恩在午餐之前，把消息告诉了施瓦茨。凯恩后来介绍，他当时只对施瓦茨简单地说，到了凯恩离开的时候了。凯恩说："我告诉他：'现实就是这样。'我还告诉他，我开了个会，会上批准我把CEO让给他。不是说'咱们决定这么干了，咱们去找董事会要批准吧'。我已经去找董事会批准了。董事会已经告诉了我，但还没有告诉施瓦茨。他们没有告诉任何人。我把决定掖在兜里了。我申请了'开枪'的许可，他们批准了。还能说得更清楚吗？"

关于凯恩怎么退下来的，别人给出的回忆却相当不一样。董事会一开始的想法是，等到2月14日再宣布更迭，这一天碰巧是凯恩74岁生日。施瓦茨对他们说："这么办，我没意见。不过，我觉得这么办行不通，而且也比较傻——为什么选在凯恩生日当天公布，而不是在财政年度的年末或者年会上公布？"董事会意识到施瓦茨是对的。泰塞毛遂自荐，要去跟凯恩谈，告诉凯恩，董事会已经做出决定了。然而，施瓦茨告诉泰塞，也不应该由泰塞去说；施瓦茨必须自己告诉凯恩。

按照施瓦茨的说法，1月4日，施瓦茨去见了凯恩。

施瓦茨对凯恩说："我们有问题了，需要采取措施。"

凯恩："采取什么措施？"

施瓦茨："你要下台了。"凯恩瞧着施瓦茨。凯恩已经把自己交付给了命运，而且无论身体还是精神都已经疲惫不堪了。

凯恩："你要我怎么办，我就怎么办。很高兴继承我的人是你。"

施瓦茨后来告诉别人，他当时想的是："天啊，我听见凯恩这么说，我痛苦极了，但只有这么做才是对的。这是奇怪的事情之一，我一做出来就会自问：'我怎么会想到这种事呢？'没有人能进凯恩办公室跟他说那些话，只有我能说。凯恩知道，我的意思不是'这就是我的雄心壮志，现在我该把你搞掉了！'我的意思是'客观情况就是这样的'。"

施瓦茨决心已定，要完成必须完成的任务，确保银行家、交易员都能够留下来。凯恩提议，保留自己执委会委员、董事会主席的职务。施瓦茨认为，这样会给员工发送一个错误的信号，继续让媒体把凯恩当作笑料来源，像印第安人对付敌人那样，要剥凯恩的头皮。假如凯恩继续当执委，还保留工资、奖金、特殊津贴，媒体就会继续监控凯恩的一举一动。只要凯恩一去打高尔夫，打桥牌，就会变成媒体煽风点火的燃料。施瓦茨告诉凯恩，凯恩不当CEO，退出执委会，只单纯当一个董事会主席，这种安排会好得多。这样，公司内部会更容易接受，外部媒体、投资人也会得到表面上想要的。凯恩同意，成为非执委的董事会主席，从公司退休。

关于凯恩与施瓦茨当天的对话，凯恩是这么评论的："谈话的顺序怎么样，谁先提议的，有谁在意？"凯恩说他完全不知道公司银行家、交易员内乱的事，也不知道他们12月跟施瓦茨商议过，但这些事都在凯恩意料之中。凯恩说："对于他们，可能这么说比较方便。我认为，他们跟施瓦茨说，不直接跟我说，可能比较方便。谁也不愿意档案记载他说'那个没权的老板要滚蛋了'。这就太蠢了。不过，他们要是说'公司需要走出一条新路，需要一个新的CEO'，我就一点也不吃惊。不过，他们谁也不会想到我会主动退下来，完全不可能想到！"

带着灾难的预兆，凯恩与深爱的贝尔斯登达成了基本协议。[1]凯恩回忆："我和公司的协议是这样的：我要医疗保健，这是所有人离职时都能得到的；我要留在办公室里，无论如何都要待上两年；我还要一位助理。没问题。他们跟我说：'季度完结之前，你如果能不卖股票，我们会十分感激。'我说：'好。'于是，大号的'不及格'就写到了记分牌上。不过，我明白是怎么回事。我不能一下台就卖公司的股票。"凯恩没有拿到遣散费，没有拿到奖金，也没有拿到退休金。这一点就跟其他公司

---

[1] 凯恩退位，象征着贝尔斯登快不行了。

高管，例如美林的斯坦·奥尼尔、花旗的查克·普林斯不一样了。尽管政治家约翰·麦凯恩在竞选总统期间感谢了凯恩，但凯恩还是基本什么都没捞到。

公司计划，等待一周左右再宣布管理层变动的事。1月7日星期一，施瓦茨召集总裁顾问委员会（都是贝尔斯登最高领导人）参加8:30的早餐会。弗里德曼说："艾伦发表了一篇讲话，十分华丽，富有激情，讲了目前公司的形势，还讲了吉米一切的光辉业绩。然而，施瓦茨在总结吉米成就的时候表现得十分勉强，像是在绞尽脑汁找些话说出来一样。他只能想起来这么一句：'吉米留下的，将会是这幢了不起的大厦，我们全都身处其中。' [1] 我一听就四下里看，心说：'吉米就只有这点本事？吉米在这儿不知多少年了，一直在当CEO，结果他的成绩就是一幢大楼？'然后，吉米站起来讲话，说了自己健康不好，已经该退休了。吉米说：'我就要退休了。不过，我想告诉大家，我还会接着来公司上班。我还会积极参与中信的合作项目。请大家不要担心，我并不会一走了之。'别人想的是不是跟我一样，我不知道。不过，我第一个想法是：'我不想听他这么说。我想听他说，他马上就走，永远也不回来了；ID卡也被人收走了，别想再进来了！'"

关于凯恩的"最后致意"，凯恩自己对此的印象很不一样。凯恩回忆："1月4日，我离职那天，开了3个会。第一个，是总裁顾问委员会的会议，委员会成员大概有80人，人人都泪流满面，全体起立，向我致敬。我痛哭流涕。第二个会，是网络零售团队，也是起立致敬。第三个会，是晚上开的，合伙人的会。我告诉他们，我要下台了。一礼堂的人，都全体起立致敬。"

---

[1] 这句话前面也专门提到过，参见前文第二章。

第三十一章

乱世之昏招

　　凯恩离职的消息，有人透露给了《华尔街日报》，第二天早上就登了出来。1月8日，凯特·凯利报道，凯恩在"去年信贷危机蔓延的时候，得了一个甩手掌柜的名声"；现在凯恩终于"走下了宝座"。凯特报道，凯恩之前已经告知各位董事，他决定退休，让施瓦茨继任CEO。施瓦茨当继承人，尽管是必然结局，但也标志着公司的剧烈转型。原先公司的主业是固定收益，现在却要让一位并购银行家掌权，而当时，公司抵押贷款业务方面的灾难正在迅速扩大。文章里，凯利引用了研究分析师梅雷迪思·惠特尼的话。惠特尼说："他们给企业名声带来了巨大损害，从而让投资者最为关注收益置换。贝尔斯登在甩手掌柜当老大的情况下，竟然能取得那样的成绩，实在令人刮目相看。"分析师的圈子里，好像还有一种共识，说公司保留凯恩董事长的头衔是一个错误。庞克·齐格尔银行的分析师理查德·波弗说："吉米·凯恩应该彻底走人。我认为，让他留下来当董事长，会招来天怒人怨。"贝尔斯登股票前一天收盘价为每股76.25美元，下跌3.3%，比一年前的股价跌了将近100美元。

　　《华尔街日报》的报道，成了施瓦茨时代的高潮。施瓦茨跟企业各部门负责人开了一系列小会，每一次开会，都会收获一堆怨言。第一次开会，是与固定收益部的员工开的早餐会，地点在20层董事会议室，到会的大概有25个人。弗里德曼回忆："施瓦茨说，现在吉米不在了，我们有很多事要做。我会同很多人见面。我们非常需要密切合作。施瓦茨讲得非常好，他一直很善于演讲。他讲了大概二三十分钟。讲完了，欢迎他的是一片怒火。人们提出的前5个问题全都是：怎么才能筹到资本？他说了一套自己的老生常谈，说筹资有3个办法，不能用错误的办法筹资，不需要马上筹资。我们全都问：'现在筹资，怎么样？'施瓦茨说：'我们不排除现在筹资的可能性，但筹资要有序进行。'众人再次逼问：'别的公司都已经筹资了，我们为什么不筹资？'"（当时，华尔街已经筹到了超过2000亿美元；2008年6月，所筹金额进一步攀升，超过3000亿美元。）

会议不欢而散，固定收益高管们回到了交易楼层。弗里德曼说："他们的观念是：'我不想听这些！'接着，施瓦茨又跟股权部门开了一个差不多的午餐会，我听说，也是差不多的情况，只是股权部门发火的人比我们固定收益部的人少得多，所以施瓦茨相对有一点面子，但是别人给他的回应也差不多。"

尽管有这些来自股权和固定收益部门的劝告，但施瓦茨好像还是下了决心，不单单为筹资而筹资。如果筹资有战略目的，施瓦茨就可能会考虑，但他不想只是为了增加公司的资金而筹资。还有其他一些潜在的机会，企业内部还在为此争论不休。施瓦茨很快把这些机会避开了。施瓦茨最早的战略决策之一，是彻底取消与堡垒集团的合并，这么做有诸多原因。至于出售贝尔斯登，施瓦茨也在出任CEO早期公开说过："让别人收购我们，并不是我们考虑的战略……至少，在我看来，我们有很大的发展空间。"1月9日，施瓦茨接受CNBC记者大卫·法柏的电视采访，采访持续了18分钟。施瓦茨重申了自己的观点，说贝尔斯登拥有足够的资本，短期内基本不可能发生合并，也不可能被人收购。施瓦茨说："我们的战略，必然是要争取利润，发展自身业务。我们需要得到丰厚的股权回报。我们需要提高账面价值，而这么做的手段，就是要让业务有机发展。"施瓦茨说，只有这些目标实现了，合并或收购才有意义。

好像从一开始，施瓦茨就在被不同力量，拉向不同的方向。与堡垒集团合并的提议，最早是贝尔斯登副董事长汤姆·弗莱克斯纳提出来的。如今，韦斯·伊登斯告诉弗莱克斯纳："我要把钢笔放下了。有人说，咱们过两三个月再看，可能各个市场的表现会稍微好一点。有人说，我们现在不合并，是因为两家公司都很糟糕。有人说，我们现在合并，是因为我们觉得，一加一等于三。显然，各方面意见太多了。"弗莱克斯纳很失望，指责施瓦茨。弗莱克斯纳说："我们已经为了合并工作花费了很多时间。事后回想起来，我们要是真合并了，没准现在就不会倒闭了。艾伦·施瓦茨没办法完成交易，我觉得，能合并的话，会极大改变我们的前途。"

下一个合并机会，来自日本住友银行，这是日本最大的银行之一。贝尔斯登欧洲分部位于伦敦，伦敦的欧洲分部CEO米歇尔·佩雷迪（Michel Péretié）曾经反复告知纽约总部，住友银行愿意同贝尔斯登"达成结构性合作"；然而，一直到深秋，总部对此都漠不关心，尤其是因为在中信项目上投入了很多时间、精力；谁都不想专门停下来调查，中信项目是否能与住友的提议同时进行。1月10日，管理与薪酬委员会的会议上，佩雷迪又努力了一次。这一次，他带来了日本人的提议。计划是让住友买下贝尔斯登一部分股权，在9.9%~30%之间（当时股票的交易价格约为每股70美元）；再用住友的销售团队，协助贝尔斯登卖掉一部分难以出售的资产库存。住友认为，可以卖掉贝尔斯登50亿美元滞销债务的一小部分，这些债券是黑石杠杆收购[1]希尔顿酒店时遗留下来

---

[1] 杠杆收购（Leveraged Buy-out，简称LBO）是指公司或个体利用收购目标的资产作为债务抵押，收购另一家公司的策略。交易过程中，收购方的现金开支降低到最小。换句话说，杠杆收购是为了获取或控制其他公司。杠杆收购的突出特点是，收购方为了进行收购，大规模融资借贷去支付（大部分的）交易费用，通常为总价的70%或全部。同时，收购方以目标公司资产及未来收益作为借贷抵押。借贷利息将通过被收购公司的未来现金流来支付。

的。弗里德曼说："当时是1月份，局面很是危急。外人看来，我们的光景可能还不错。可是，我们的股票一度涨到170美元，于是跌到100美元的时候，看起来就很不妙了。我们不少员工都说：'现在什么也卖不出去，什么新资本也筹不到了。该怎么办呢？'这种情况下，住友的提议，似乎是大好事。"

弗里德曼说，委员会会议上，有部分委员听取了住友的建议。弗里德曼还说："但是，我们一直被中信项目缠着脱不了身，中信项目现在还没有成形，也不很连贯。住友是全世界规模最大、偿付能力也最强的银行之一，拥有万亿美元资产；如今，住友又想跟我们合作了。可是，现在贝尔斯登和中信的合资还没有成形，又怎么能设计这第三方合资的架构呢？这种事怎么办得到？我们十分重视与中信的合资，把所有资源都投入进去了。压力非常大。万一办不成，十分丢脸。"会议的结论是，住友银行的合作项目实在太复杂了。不过，贝尔斯登决定还是跟住友保持联系，预防万一与中信的合作失败；失败是有可能的，因为中国的审批系统有问题，也因为舆论对贝尔斯登近期的表现越来越紧张了。

下一步，或许是这些计划当中最古怪的一个：与住宅资本公司合并。住宅资本公司负责运营通用汽车金融服务公司的住宅抵押贷款业务，两家公司都隶属于私募股权企业——泽普世。弗里德曼说："这个主意纯属发疯。"这一计划名为"雷诺计划"（Project Reno），主管施瓦茨，副手是里奇·梅特里克，还有一名高管迈克·奥菲特（Mike Offitt）。目的是要把清理之后的住宅资本公司，设法并入贝尔斯登抵押贷款业务，从而让贝尔斯登的住宅抵押贷款业务增长到原来的3倍。这么做是因为他们相信，抵押贷款市场发生危机的时候，就存在一个金融上的机遇。然而，现在恰恰是最不适合这么做的时间。麦迪逊大街383号的43层，专门举行了一次大型会议，讨论这个计划。弗里德曼说："不管是谁，只要会写'抵押贷款'这4个字，只要稍微涉及一丁点抵押贷款业务，就都来开会了。"为了让失败的业务更适合贝尔斯登，泽普世首先计划通过"压缩"现有债务持有人，重组公司资产负债表，迫使他们在业务中获得股权（这可能抹去泽普世自身持有的股权）。此外，泽普世还会裁员5000人，摆脱抵押贷款制造业务。毕竟，当时谁还需要这种业务呢？然后，让贝尔斯登为了余下的抵押贷款服务业务，向住宅资本公司的新股权持有人发行股票。[1]弗里德曼说："我第一个念头是：'那天我们真要这么做了，我们的评级就会马上降到B级。我那天也真的问出了这个问题，别人这么回答我：'这些想法，以后再考虑。我们要先完成尽职调查。'"

贝尔斯登银行家和交易员团队花了数百小时，在明尼苏达州和宾夕法尼亚州召开各种尽职调查会议，考察这笔交易（交易无法为公司筹到新资本）。弗里德曼说："抵押贷款部来了20人，所有跟这件事有关的高管也都参加了。贝尔斯登财务部、会计部、税务部、作业会计部、技术部——所有的人都参加了。能力最强、头脑最好的人，大概有50到100人，包括企业战略部的史蒂夫·贝格雷特，当时全都参加了住宅资本公司的尽职调查。我们的员工全国到处飞，都在参与这个纯粹发疯的项目。就算最后能办成，也没有一点意义。我们在EMC抵押贷款公司（EMC Mortgage，原名EMC Mortgage Corporation，后来改成EMC Mortgage LLC）的服务组合会增加500%。这种合并的理念纯属胡闹。要把他们的技术跟我们的技术合并到一起，他们管运营，他们出人；他们还有个银行——通用汽车金融服务公司（GMAC），那公司也要叠成一团，并入我们这个小破银行。脑子有毛病！要制订计划，必须用上公司一切法律、规章方面的人才；还要申请货币监理署（OCC）、联邦存款保险公司（FDIC）、证监会等一堆政府部门的许可。真是疯了！一周接一周，就弄这破事。然后突然一下子停了。"

住宅资本公司和住友银行，是贝尔斯登3月末日前的最后两次生存机会。到了3月，公司的交易动态就大不一样了。弗里德曼说："股价越

---

[1] 等于说他们消灭了泽普世的抵押贷款业务，把这一块并入贝尔斯登，贝尔斯登再重新发股票。

来越低，做事的可能性也就越来越小。因为现在只要某人投了几十亿美元，就能拥有公司40%的股权；但是贝尔斯登绝不甘心让出这么大的利益，所以这种事不会发生。有一句老话：'希望，不是策略。'但'希望'的确是我们的策略。我们就处在那样的局面：'咱们看看能不能卖出点东西，有没有好事能找上咱们，想办法度过这一季度。'大家都希望咱们一季度能多挣点钱，看看能不能达成和住友的交易。要是收入还行，压力就会减小，日子就能过下去，生意也能做起来。市场会发现，我们公司，但愿也包括所有的公司，能够表现很好，局面也就好转了。这个希望，是我们唯一的念头，也是唯一的计划。一季度其实真的表现不错，于是希望也就好像能够成真了；就连2月份都还不错。"

斯派克特早已离职，凯恩和施瓦茨两人都不了解固定收益，也不了解"奇异债券"，也不知道怎么制作，怎么销售。因此，二人在麦迪逊大街383号7层待的时间越来越多，就是为了熟悉公司经营的总体情况。凯恩每一次来访，了解的知识都很浅薄，让交易员感到十分滑稽。弗里德曼说："明摆着，沃伦一走，吉米就根本不知道我们在固定收益部的营生是怎么做的了。艾伦不明白，可艾伦知道自己不明白，要努力明白。吉米是一窍不通。他上到固定收益部的楼层，到处乱走，拼命找所谓的共同话题：'你怎么样？'要么就是'什么情况？'他会听见哪个客户的信息，比如，桑恩伯格房贷公司，当时那公司已经快要散架了；然后吉米就说：'桑恩伯格怎么样了？'别人就回答：'挺好的，昨天什么样，今天还什么样。'吉米根本就找不到说话的共同点。除非亲自体验，不然根本学不会。没什么指望。"

施瓦茨来的次数多得多，实际意义也大得多。施瓦茨每周有两个上午都在7层斯派克特办公室里度过，但还在42层保留自己的办公室。毕竟，施瓦茨知道自己不是高盛CEO劳埃德·布兰克费恩，布兰克费恩以前当过商品推销员。施瓦茨下了决心，尽一切能力，把问题研究清楚。

弗里德曼说："可是，他问的问题就好像扫盲手册《债券一百问》

（ *Bonds 101* ）里的那样，特别初级。[1]头一句说的是：'价格上升，收益下降，这种情况下，如何计算久期？'我这么说，不是黑艾伦。这不是他的本职工作，他学得比大多数人都快。只是，他从来没有真正弄明白。这不是他的工作。我们手里这一堆狗屁玩意，他得花上15年，才能赶上我们的了解程度。"

施瓦茨当上CEO之后，让团队探索的一笔交易，是把公司大量的Alt-A级抵押贷款库存卖掉。当时，只有两个潜在买家能买下这么大量的资产，一个是黑石集团，一个是太平洋投资管理公司。然而，施瓦茨很快发现，这些交易无法实现。一名贝尔斯登高管说："这两家公司都想通过贷款的方式买下这些证券。可是，由于我的资产负债表遭到冻结，我自身就有流动性问题。如果我以给他们提供5年期贷款的方式出掉手中的库存，那就意味着，哪怕市场回暖了，我还是收不回流动性；所以我根本就不能给他们提供融资。那既然没有融资了，他们还会买吗？可能会买，但价钱就可能降了40%。"还有一个因素，使得问题更加复杂化了，那就是贝尔斯登正在寻求这种出售的消息泄露了。高管继续说："市面上，接下来就听到了这样的消息：'该死！贝尔斯登想要卖掉整个的Alt-A级资产组合，卖不掉！这帮人完蛋了！'要是能说出'赶快跑'这句话，那还好一点。我跑出来了，就可以对华尔街宣告：'我把Alt-A都卖了，割肉了；我从一家主权财富基金筹到了20亿美元。虽然是稀释过的，但我起码是做到了。啊，对了，我的业务还在继续。'可现在你什么也做不了了。"施瓦茨还决定，贝尔斯登一定要在2008年1—3月间，继续对冲战略；尽管如果当时贝尔斯登解散旗下各家对冲基金的话，仍可从这些对冲基金的余利中获利。施瓦茨决定保留对冲基金，放弃短期利润。一名高管说："假如市场不崩溃，我们就算整个季度光景都很差，也能活下来。假如市场要崩溃，我们再不采取对冲措施，我们就倒闭了。

---

[1] *Bonds 101* 是为从业者普及基本知识的手册。

一条路会死，一条路会得病。我们选那条得病的路。"

*

凯恩让位之后的几个星期，他每周上班3天；上班的时候，除了偶尔去一趟固定收益部的楼层，其余的时间都在做这几件事：（1）努力完成中信的项目；（2）与公司律师一起应付对冲基金诉讼；（3）尽力安抚那些投了对冲基金而火冒三丈的投资者。很多投资者已经把公司告上了法庭，还有很多投资者威胁要把公司告上法庭。贝尔斯登还搞了一个计划，按照投资额大小，与投资者和解，这个计划似乎是随意制订的，没有什么依据：2007年5月或者6月投资的人，可以拿回全款。2007年1月到4月投资的人，可以拿回投资额的2/3。2007年1月之前投资的人，可以拿回投资额的1/3。有些企业投资者、机构投资者，拿回了一部分投资额；有些则没有拿回一分钱。投资的员工，全都没有拿到钱。凯恩说："我在跟不少人谈，这些人都是1美元按照30美分卖出的。"

1月8日过后，凯恩不再以任何方式参与公司管理了。他说："我的管理责任，突然无缘无故变成了零。"[1]1月12日，一向稳重的《经济学人》杂志预测，金融界的光景还会更糟。杂志认为："一元复始，本来应该是充满希望的时刻；然而，银行家最主要的情绪却依然是恐惧。这一周，在银行家们努力与信贷市场崩溃导致的各种结果做斗争的同时，出现了新一轮的流血杀戮。"这些结果也包括凯恩离职；这次离职"毫不引人吃惊"。杂志评论："凯恩先生在董事会盘踞的时间太久，（现在突然离职）让一名观察家给他起了外号：董事会的魔术师哈利·胡迪尼（Harry Houdini）[2]。"《经济学人》列举了一连串冗长的问题，这些问题是所有大企业共有的：花旗、美林、摩根士丹利、瑞银、摩根大通、全国金融公司、第一资本。奇怪的是，杂志并没有提到雷曼兄弟的各种问题。杂志说："高

---

[1] 凯恩名义上退了，但最开始仍然退而不休。

[2] 美国历史上著名的逃生魔术师，曾多次揭露那些伪装自己有超能力的骗子。这里意思是凯恩在危机来临的时候逃走了。

盛迄今为止还没有受到重创，然而就连高盛也蒙受了损失。"

未来，实在是晦暗不明。杂志继续说："各家投行……面临多种业务的放缓，从并购顾问业务到股权承保业务。有些领域依然保持蓬勃发展，例如大宗商品市场，还有各个新兴市场——然而，未来还会面临很多重建工作……银行股价可能会进一步下跌。摩根士丹利的贝茨·格拉赛克（Betsy Graseck）指出，有形账面价值方面，股价比起1989年到1991年信贷危机的低谷还要高一些；然而，未来市场预计的资产价格，可能会下跌30%之多，而且痛苦的范围将不止于抵押贷款，这一价格可能在数月之内跌到谷底。一名美国银行业监管人员认为：'看起来让人高兴的地方，已经不太多了。'就是这样，除非你的脱身术，达到了凯恩先生的水平。"恰好在这个时候，3天之后，花旗宣布减记180亿美元，削减红利，而且正在筹集145亿美元新资本。同日，美林也再一次筹到了66亿美元。1月21日，是美国民权领袖马丁·路德·金纪念日（Martin Luther King Jr. Day）。晚上6点，市场提早收盘。这一天，美联储同意下调联邦基金利率75个基准点，达到3.5%；这是历史上单日下调的最大幅度，也是2001年"9·11事件"以来美联储第一次在两次例会期间下调利率。8天之后，美联储召开例会，再次把利率下调至3%。

2月8日，莫利纳罗在瑞士信贷银行金融服务论坛（Credit Suisse Group Financial Services Forum）发表演说。莫利纳罗与投资者详细回顾了2006年下半年以来贝尔斯登采取的各种措施，这些措施都是为了强化公司的资产负债表、流动性。莫利纳罗指出，贝尔斯登的"融资组合""已经发生了戏剧性的变化"。原先的基础是未担保的商业票据和短期借款；现在，基础却大幅度偏向了完全担保的资产。公司的有担保融资从50亿美元上升到330亿美元，无担保融资从240亿美元下降到100亿美元，商业票据借款也从200亿美元下降到30亿美元。莫利纳罗说："因此，融资来源方面，发生了剧烈的变化。"他还很高兴地报告说：总公司拥有了170亿美元现金，作为"流动资产池"；这一数字先前仅为30亿美元。"本质上，这是一个现金池，保留这个现金池的目的是应对潜在的、偶然发生的流动性缩减，或者一种潜在的、对有担保回购融资的附加保证金的需要。"最后，莫利纳罗介绍，贝尔斯登的权益资本是120亿美元，还有另外10亿美元来自中信项目（假定中信项目完成了，并且还要忽略贝尔斯登准备投到中信的10亿美元）。他最后一句话是："我们认为，进入2008年以来，公司总体的资本头寸十分坚挺。"

但很多高管却不这么肯定，尤其是贝尔斯登财务部部长罗伯特·厄普顿，莫利纳罗的手下。莫利纳罗在瑞士信贷银行开会的时候，厄普顿正在欧洲安抚贝尔斯登各个债权人。厄普顿说："咱们实话实说吧，债权人非常忧虑。固定收益部的投资人、债权人，都在担心贝尔斯登。海外市场尤其糟糕。这种担心，一开始是担心对冲基金，然后是担心我们对各个抵押贷款市场的敞口跟其他公司一样大，甚至还可能更大，不论这种担心有没有依据。贝尔斯登是美国五大经纪商里最小的一家，海外市场认为，我们是次贷问题的核心，认为假如贝尔斯登不存在了，也就不会有次贷问题了。这观点当然很荒唐，但是海外市场就是这么想的。我做了不止一次报告，专门应对这种担心，哪怕这种担心很离谱；因为外国都这么看，特别是亚洲。大家因为持有我们的债券而提心吊胆，而且绝对不想再买我们的新债券了。给我们提供信贷的银行，显然也非常焦虑。"

厄普顿在欧洲之旅传递的信息，总体上是积极的。厄普顿告诉债权人："我确实相信，一切会好起来。"厄普顿说，公司一季度很可能盈利，流动性也一直在改善。"我们变更了资金来源，也变更了资金仓位。我们手中的现金金额达到了170亿美元，等我回国后现金会达到180亿美元。"

然而，到2月13日，厄普顿也越来越担心了。公司召开了一次大规模会议，莫利纳罗、全球股权部的主管们都出席了。会上，厄普顿强烈请求公司不要再用对冲基金客户的主要经纪账户的自由信贷余额[1]（主要是现金）给业务其他部分提供融资。这样做，虽然完全合法，但是对冲基金客户一旦想要把钱拿回来，而这些钱又困在了其他业务当中，贝尔斯登就不得不动用母公司的180亿美元宝贵现金偿付给客户，否则就必须仓促地把一部分头寸变成流动资金。当然，这种措施的有效性是有时限的，特别是很多对冲基金客户一下子都要把钱提出来的时候。回顾起来，公司应当做的是把客户的现金、客户的抵押品、客户的保证金贷款放在一起。厄普顿说："我们应该使用客户的抵押品，往客户的借方账户输送资金，把一切资金都锁定。把它放到别处，这样，客户要提款，就可以让他们提走。我们没有这么做，反而花了不少时间装聪明，用XYZ的钱去给ABC的保证金贷款输送资金。问题在于，当空头头寸、自由信贷余额、客户现金开始流失的时候，唯一能满足客户需要的方法就是动用控股公司的钱了。"

厄普顿告诉莫利纳罗，这种做法应该马上停止。厄普顿回忆："我那天告诉他们，要是继续用自由信贷资助主要经纪业务……这就像是拿公司命运打赌。可是，他们迅速把我放下的所有文件扔到一边，对我说：'你胡扯！ 自由信贷余额从来没有流失！ 借方和贷方的钱一直都是同时变化的！'"让厄普顿大为痛苦的是，讨论就到此为止了。厄普顿继续说："但是CFO应该有胆子跟他们说：'厄普顿是对的！ 我们沿着这条路会走到黑！'结果，CFO没说。我们却达成了一个不称职、纯属乱来的妥协性决定。这个决定，最后完全可以被业务部门玩弄，用对策规避掉；而且，公司对主要经纪业务中隔夜融资的敞口也加大了，而不是减少了。这种隔夜融资极度依赖信心，非常脆弱。"

第二天，2月14日情人节，瑞银宣布减记20亿美元Alt-A抵押贷款。

---

[1] 也称自由贷方余额，意思是经纪人在顾客保证金账户中持有的现金；消费者能够不受限制地在任何时间提取出来。这种余额是扣除保证金要求、卖空收益和特殊杂项账户之后，保证金账户的总余额。

这是第一次有一家大型华尔街企业坦白，自己的一大批"高信贷质量抵押贷款"是有毒的废料；这很不寻常，因为这些资产的质量应该显著高于低质量次级抵押贷款。瑞银的Alt-A减记，使得整条华尔街的公司，还有跟这些公司有业务往来的公司一片恐慌，被迫为自身的Alt-A贷款做出了更低的估价。例如，桑恩伯格公司一直在账本上把Alt-A抵押贷款当作抵押品，获得隔夜回购融资。瑞银2月14日突然减记之后，桑恩伯格的回购贷方全都要求增加更多抵押品，才会继续为桑恩伯格提供隔夜贷款；这样就耗尽了桑恩伯格支付追加保证金的现金储备。瑞银减记，桑恩伯格支付追加保证金的直接后果之一，正是厄普顿前一天忧虑的事情；如今，忧虑变成了现实。各家对冲基金十分紧张，纷纷要求贝尔斯登像去年8月一样，归还自己的现金余额，强迫贝尔斯登动用180亿美元现金储备满足对冲基金的大量要求。多米诺骨牌开始一张张倒下了。

*

无巧不成书，情人节正是吉米·凯恩的74岁生日。59号大街和第五大街路口的广场饭店（Plaza Hotel），最近整修之后重新开张了。凯恩计划动用2824万美元，在广场饭店14层买下两套相邻的公寓，庆祝生日。两套公寓合在一起，共有6000平方英尺（约557平方米），还有女仆和房间服务；距离凯恩长期居住的公园大道510号只有一个街角的距离。虽然广场饭店的新寓所，还要一年时间，再花费几百万美元装修之后才能入住，但确实拥有一片不错的风景，能俯瞰中央公园。

终章

大洪水

2007年夏天，纽约州北部尚普兰湖（Lake Champlain）西岸占地6534万平方英尺（约600万平方米）的农场上，赛伊·刘易斯之子桑迪·刘易斯发现，父亲的企业快要解体了。他给迈克尔·米尼克斯打了电话。米尼克斯曾长期担任贝尔斯登财务部部长，当时主要负责经纪业务。桑迪请米尼克斯找到父亲的青铜胸像。这座胸像曾经摆在高管走廊，是企业的主要标志之一。胸像是莫里斯·赫克斯特博士（Dr. Maurice Hexter）的作品。赫克斯特也是纽约犹太慈善团体联合会（Federation of Jewish Philanthropies）的执行副主任，后半生当上了名气很大的雕刻师。赛伊逝世的多年前，赫克斯特把雕像送给了赛伊。桑迪介绍："莫里斯·赫克斯特博士跟联合会都想感谢爸爸多年的服务，于是就让爸爸的雕像放进了贝尔斯登爸爸的办公室。妈妈不愿意放在家里。"赛伊死后，桑迪跟贝尔斯登要胸像。桑迪回忆："艾伦·格林伯格不给，说这是贝尔斯登公司的财产。"

桑迪2007年夏天给米尼克斯打电话之后，米尼克斯在公司储藏室找到了胸像。2008年3月，贝尔斯登末日已近的时候，桑迪坚持要米尼克斯把胸像寄给他。3月12日星期三，贝尔斯登把胸像发到了纽约州的埃塞克斯（Essex）。桑迪说："周四，爸爸的胸像就来到了农场，送到了

545

一座看得见风景的小山上，山顶有一座谷仓。爸爸就进了谷仓，谷仓里还有美籍奥地利精神分析学家布鲁诺·贝特汉（Bruno Bettelheim）的雕像。他俩肯定有得聊。显然，爸爸没有失去对时间的把握。不知道他对贝尔斯登之后的变化有何感想，爸爸是很聪明的。我还没有问过他，我也不希望很快能问他。"

*

2008年3月11日星期二夜间，雷曼CEO理查德·福尔德参加晚餐会的时候，第一次听说了贝尔斯登资金问题的谣言。晚餐会上，福尔德对同事说："我听说，有些人不接受他们对手方（贝尔斯登）的敞口。不知为什么。"同事回忆："福尔德为此非常焦虑。那天是周二。贝尔斯登在周四就没了。"那个周末，摩根大通、财政部、美联储商议贝尔斯登收购计划的时候，福尔德正在印度。然而，福尔德一听说消息，就马上飞回纽约，参加了周日夜间的电话会议；与会的还有保尔森、盖特纳和其他华尔街CEO。众人了解了交易信息，了解到美联储自从20世纪30年代以来，第一次决定对投行开放贴现窗口。2008年5月，时任雷曼CFO的爱琳·卡兰女士（Erin Callan）接受采访时说："我们的业务实在是很狂妄。我是在跟同行商议的时候发现这一点的。谁也想不到，这种命运会落到他们头上，对吧？这群人里，只有我们觉得，我们会发生这种事，因为已经遭遇过一次了。"卡兰指的是1998年的事，当时雷曼因为参与LTCM业务，差点因为谣言而倒掉。[1]

3月17日星期一，雷曼股价跳水，跌到了每股20美元左右；用一名雷曼银行家的话说，这是又一次"濒死体验"。当时，投资者都害怕雷曼会是继贝尔斯登之后第二个倒下的，因为雷曼只不过是贝尔斯登的放大版，塞满了难以估值、难以卖出的抵押贷款和商业房地产证券。福尔德告诉雷曼一众高管："估计，今天下午公司还完不了。但是，我没法

---

[1] 或指雷曼兄弟没有拿出美联储要求的2.5亿美元，而只拿出了1亿美元。

百分百确定。现在出了不少怪事。"然而，雷曼、高盛同日报告一季度盈利之后，市场又稳定了。市场一稳定，福尔德赶紧开始修筑堡垒。在美联储的坚持之下，福尔德降低了处于高位的企业杠杆，筹集了更多资本。

例如，4月1日，雷曼卖出了40亿美元优先股。爱琳·卡兰吹捧这次卖出，说这次交易"显示了投资者对雷曼兄弟的信心"，还"反映了我司商业模式、资本基础、流动性状况的实力"。过了两天，艾伦·施瓦茨、杰米·戴蒙，还有蒂姆·盖特纳、证监会主席克里斯托弗·考克斯、财政部副部长罗伯特·斯蒂尔（Robert Steele）在参议院银行业委员会作证，介绍了两周以前让贝尔斯登人间蒸发的原因，以及让原因起作用的机制。在这次有历史意义的听证会上，施瓦茨作证说，尽管他要为灾难负起责任，但他想不出任何一件事，如果当初做得不一样，就能让贝尔斯登免于毁灭的命运。施瓦茨说："责任到此为止了；我们，我们的股东，都付出了代价。"至于另一个话题——他当初能采取什么措施改变这个结局，施瓦茨说："我可以向大家保证，这个话题，我考虑了很多，我带着事后聪明回头看，我说：'我当初要是非常清楚，有什么力量会降临在公司的身上，那么能事先采取什么行动，避免这种情况呢？'对这个问题，就算凭着事后聪明，我也想不出任何答案，能改变现在面对的情况。"对贝尔斯登的结局，艾伦·格林伯格的立场，似乎是最高傲的。2008年9月，格林伯格接受《福布斯》杂志采访时说："这种事情总是难免的。我们走过了一段伟大的历程。企业成长了起来，我们财源滚滚。然后，这些事就发生了，也许不该发生，但确实发生了。"

4月11日周五晚上，福尔德与保尔森吃了晚饭。12日凌晨2:52，福尔德写信给总顾问汤姆·鲁索（Tom Russo），列出了6种会议结论。其中包括"财政部对我们印象很好"，说保尔森"对我们筹资表示赞赏"，说"他们要搞死那些不良对冲基金，还要严密监管余下的对冲基金"，说保尔森"对美林的前景十分忧虑"。福尔德说："总而言之，还是值得。"据国会议员丹尼斯·库钦奇（Dennis Kucinich）说，他查阅了篇幅巨大的

"电话记录"，发现福尔德在整个信贷危机的期间一直定期与保尔森接触。

*

福尔德第一个支持雷曼权益资本的正式战略计划，是在5月26日的那一周制订的。当天，雷曼亚洲区主管兼执委会成员杰西·博泰（Jesse Bhattal）一直在准备，想让雷曼与韩国开发银行（Korean Development Bank，简称KDB）达成战略合作。5月26日，雷曼首席行政官大卫·戈德法布（David Goldfarb）写信给福尔德和雷曼总裁乔·格雷戈里（Joe Gregory）说："韩国那边似乎很可靠。他们确实盼着重构并开放金融业务；同时，他们似乎还想要一个'锚'来着手做这件事——我们刚好可以成为这个锚。"大卫·戈德法布还说，比起同韩国人搞战略合作，他更喜欢跟美国国际集团或者通用电气（General Electric，简称GE）合作；不过"这次与韩国的合作也可行。我们要是能筹到50亿美元，就可以高调进入市场，用这50亿美元中的20亿美元来买回很多股票，而且狠狠打击埃因霍恩！！"埃因霍恩指的是大卫·埃因霍恩（David Einhorn），是对冲基金绿光资本（Greenlight Capital）的创始人；此人一直在公开质疑雷曼的账目，与此同时，还在做空雷曼股票。戈德法布说，尽管"韩国人听起来很认真，但是，我们知道，这种事除了花言巧语，经常是不会有什么实际发展的！！！"福尔德回答："我完全同意。"他还想让韩国人"买下10座商业地产"，这意思是让韩国人买下100亿美元雷曼的不良商业房地产资本。

5月31日，汤姆·鲁索率领一个团队，乘坐一架湾流（Gulfstream）喷气机，连夜飞往韩国首都首尔，与KDB代表见面，商议50亿美元战略投资的可能性。韩国人暗示有兴趣买下雷曼股份的49.9%，但是，鲁索去首尔这次会谈的目的是要看看这50亿美元可以筹到多少。[1]雷曼代表团到了首尔却大失所望，因为发现韩国人并没有雇佣美国律师或者顾

---

[1] 韩国人可能会赊账，因此这50亿美元不一定一次全部打给雷曼，可能只打一部分。雷曼当然希望拿的钱越多越好。

问，而且更专注于讨论投行的合资。雷曼一名代表说："那次会谈纯属笑话。我们最后浪费了几天，决定回国了。"

雷曼原定在6月9日公布相当不景气的二季度财报，韩国投资的消息，也是财报的一部分。雷曼因为对账本上越来越多的不良资产进行减记，已经忍受了很大痛苦。如果能宣布，有个财大气粗的战略投资者愿意投资，痛苦就能减轻一部分了。然而，就在雷曼宣布二季度亏损28亿美元的同时，几乎是一夜之间，雷曼也筹到了60亿美元新资本，其中40亿美元是普通股，每股28美元；另外20亿美元是可转换优先股。普通股的买家当中，包括公募基金——新泽西投资局（New Jersey Division of Investment）。投资局管理着820亿美元州养老基金。此外，买家中还包括汉克·格林伯格。他是美国国际集团——AIG前任CEO，斯塔尔投资集团（C. V. Starr）现任CEO。而斯塔尔是AIG最大股东。

雷曼欧洲投行有一位前任联合主管，叫本诺伊特·德安杰林（Benoit d'Angelin），15个月前辞职，加入了伦敦的半人马资本公司（Centaurus Capital）。6月9日晚，德安杰林致信雷曼投行主管斯基普·麦基（Skip McGee）说："过去几天，很多很多银行家一直在给我打电话，他们的情绪非常不好……我第一次真正担心，我们过去六七年里的一切努力，可能很快会化为乌有。"他建议："最好立刻做到两件事：第一，要狠刹有些高级经理的骄傲之风；第二，对公司内部承认，公司犯下了一些大错。不能再接着说，我们很厉害，市场不明白；以及，高管层面必须马上做出改变。这种混乱局面，没人担责任，还说'这是正常业务'，舆论现在不明白，（将来）也不会明白。"他最后说："我说话这么直，很抱歉。不过，企业需要严厉的教训，才能快速而蓬勃地恢复起来。"麦基把电邮转发给了福尔德。过了3天，福尔德宣布，雷曼总裁乔·格雷戈里，还有CFO爱琳·卡兰（Erin Callan）都被降职了[1]。福尔德宣布，开除格雷

---

[1] 降职是开除的前兆。福尔德很不愿意开除格雷戈里，因此没有直接开除。——作者注

戈里是"我必须做出的决定中最艰难的决定之一"。

6月19日，在6个月调查之后，纽约东区检察官本顿·J.坎贝尔斯登（Benton J. Campbell）宣布，一个联邦大陪审团已对拉尔夫·乔菲和马修·丹宁提起控告，罪名是自2003年贝尔斯登两只对冲基金成立以来，到2007年7月两只对冲基金申请破产为止，二人在其管理工作中，涉嫌密谋、伪造证券、电汇诈骗罪。陪审团还对乔菲提出内部交易的多项指控，因为乔菲曾决定在没有告知投资人的情况下，将自己的200万美元从强化杠杆基金中提出，投入他自己管理的另一只对冲基金，当时这只对冲基金还有着更高的回报率。指控书还披露，联邦警察命令乔菲交出个人手提电脑，命令丹宁交出平板电脑；命令一下，这两台电脑都不翼而飞了。指控书认为，到2007年3月为止，乔菲、丹宁二人"相信两只基金情况均已岌岌可危，处在崩溃边缘"。指控书继续说："但是，被告并未提醒两只基金的投资者和债务人两只基金的绝望前景；也没有促进两只基金有序解体，而是故意歪曲事实，虚假地宣称两只基金的业绩会改善，宣称被告的收入和名誉会完好无损，从而防止投资人提款，防止债权人要求追加保证金。"两只基金倒台后，投资人和债权人损失的资金超过10亿美元。也是在6月19日，证监会对乔菲、丹宁提起了多项民事指控。如伪造证券罪名成立，则二人最高将面临20年监禁。如密谋罪名成立，则二人最高将面临5年监禁。[1]

政府开始对贝尔斯登两只对冲基金经理发出指控之后，过了几周，麦基在雷曼召集银行家开会，通知他们，7月11日将召开全体会议，福尔德与执委会大部分成员都会参加，讨论公司可以考虑的一切其他战略决策。一名参加周末会议的人士说："股票再次跳水，到处都在做空我们。大卫·埃因霍恩等于是把我们彻底干掉了。爱琳·卡兰和不少主管也走人了。所以我们就不跟媒体说话了。因为这感觉就像是我们又要面临一场

---

[1] 最后，乔菲和丹宁被无罪释放。

信任危机了。"

所有可能的解决办法都被讨论过了，包括迅速裁员1万人，以摆脱那些需要资本的业务，或者最终让巴克莱收购雷曼投资管理部和商业地产部的业务。领导层还决定，尽力寻求战略或财务投资者。一名雷曼银行家说："在我看来，那个周末就是关键，因为我们终于有了认真面对局面的态度，也意识到，我们需要摆脱负担了。"雷曼开始分拆房地产资产，卖出投资管理部；而且，还满世界疯狂打电话，筹集资本。汇丰、加拿大皇家银行、阿布扎比投资局（Abu Dhabi Investment Authority）、住友、中信、美银、凯雷集团、KKR、银湖资本（Silver Lake Partners）、大都会人寿保险公司（Met Life），全都匆匆一瞥就走开了。

雷曼的铁粉也越来越清楚地意识到，对冲基金业界（高盛就不用说了）都纷纷出来要抢夺这家公司了。6月23日，雷曼新总裁巴特·麦克达德（Bart McDade）转发了福尔德的一份电邮，说的是贾勒特·威特（Jarett Wait）访问公司的事。贾勒特·威特是前任雷曼高级银行家，最近刚加入了对冲基金——堡垒投资公司。邮件说："贾勒特·威特昨天过来了，对之后几个星期'买入'的情况做了一番评论……很明显，高盛正开着一辆公交车[1]，车上载着对冲基金的阴谋，还带着雷曼和其他公司巨大的下跌动能！"

福尔德回答巴特·麦克达德："我们应该很吃惊吗？但是，记着——我会很吃惊的。"

市场对雷曼潜在投资的反应，用最好的话说，也就是不温不火。然而，到了夏末，韩国人还是偶尔会对此重新产生兴趣。8月初，福尔德、巴特·麦克达德、麦基等人前往香港与韩国人会晤。此时，韩国开发银行已经聘请了金融顾问普望公司（Perella Weinberg）、法律顾问佳利律师事务所（Cleary Gottlieb），而且采取的态度似乎也更认真了。一名高级银行家回

---

[1] 高盛正借着摧毁次贷对冲基金在华尔街掀起腥风血雨。

忆："但是，他们又一次非常沮丧地回来，转了转眼睛说：'对，我们要继续谈话。'可是，绳子只能用来拉动，不能推动。这就好像用绳子去推动一样，完全没有效果。"

9月初，韩国人又一次对投资表示了兴趣。一位雷曼银行家评论："他们觉得，就快达成协议了，都准备好了香槟酒，等着庆祝。"韩国开发银行确实决定，投资一个叫"干净公司"（CleanCo）的实体，指的是雷曼除了商业房地产资产之外的所有业务。然而，福尔德却怂恿韩国开发银行投资"肮脏公司"（DirtyCo），也就是韩国人想要甩掉的业务。银行家继续说："迪克·福尔德对自己的估计太高了。他把韩国人吓跑了，韩国人等于是不跟他联系了。虽然谈判还在继续，但是如果把谈判比作一个病人，这病人已经戴上呼吸机了。"

9月8日，美国政府宣称，接管两家抵押贷款巨头——房利美和房地美。华盛顿举行的新闻发布会上，财政部部长保尔森介绍，政府计划让两家公司进入接管运行状态。两家公司的CEO都被换掉了。计划让财政部向两家公司逐步注资，总数目各为1000亿美元；作为回报，政府获得两家公司的80%股票所有权。9月9日，韩国金融服务委员会主席（Korea's Financial Services Commission）全光宇（Jun Kwang-woo）宣布，韩国开发银行与雷曼的谈判彻底破裂。全光宇说："还会有别的机会。"消息一出，雷曼股价暴跌37%，达到每股7.79美元。

与韩国开发银行的合作完全破灭之后，华尔街开始流传难辨真假的谣言，说雷曼不久将申请破产，而且破产消息将在9月9日股市收盘后发布。雷曼却说，第二天早上会发布三季度财报，还会宣布几个"战略计划"。

9月10日早上7:30，雷曼果然宣布了三季度财报，亏损39亿美元；此外，还宣布有意出售投资管理部业务的55%，并且到2009年一季度，拿出250亿到300亿美元的商业房地产资产，成立一家独立的上市公司。这一分拆计划需要的资金（包括80亿美元左右股权）由雷曼自身提供；

但雷曼并不需要为此筹集新的股权。福尔德还宣布，会将雷曼红利从每股68美分削减至每股5美分，这样一年可以节省4.5亿美元。福尔德说："雷曼的历史就是面对困境与迎难而上的历史。我们有着长期的跟踪记录，显示我们在艰难的时候能够凝聚人心，抓住全球的机遇。"

分拆的房地产资产在市场上本来就很难卖出去。由于雷曼（为了防止公司破产）不得不为其融资，这在市场上引发了疑问，人们开始质疑：雷曼是否真要出售房地产业务？如此一来，事情就变得更加困难了。一名雷曼银行家说："为了寻找对策，我们把每一块石头都翻过来了。坦率地讲，这个措施没有成功；然后，人们注意到我们还在给这家分立的公司提供卖方融资[1]；而且，如果吃掉400亿美元挂零的资产组合中的80亿美元资产，那雷曼基本上也进入负债阶段了，市场就不会相信我们已经分拆了房地产资产。在我看来，我们的末日就从这儿开始了。"

市场否决雷曼重组计划之后，亨利·保尔森开始为雷曼制定在他自己的私人市场中的解决方案。保尔森致电巴特·麦克达德，告诉他，美银有兴趣收购雷曼。美银立刻从北卡罗来纳州夏洛特市（Charlotte）的总部派出了一支别动队，火速抵达了曼哈顿中城的苏利文和克伦威尔律所，检查雷曼的账户与交易记录；其行动之敏捷，一名雷曼高管形容，类似当年纳粹国防军（Wehrmacht）的伞兵从天而降。然后，雷曼公司又联系了英国巴克莱银行总裁鲍勃·戴蒙德（Bob Diamond），问他有没有兴趣。鲍勃·戴蒙德回答，在股价大幅下跌的情况下，他有意了解一下情况。接着，贝尔斯登崩溃的一幕重演了。一名雷曼高管回忆，雷曼的对手方、隔夜回购融资来源"对我们做出了怪异的事（拒绝充当对手方，拒绝融资）；而且，一旦别人都不愿意持有我们的优质抵押品，只消几天，我们就会跟贝尔斯登一样了"。到周五夜间，保尔森、盖特纳都已

---

[1] 卖方融资也叫推迟支付，是指卖方取得固定的收购者未来偿付义务的承诺。在美国，常因公司或某事业部获利不佳，卖方急欲脱手，而产生这样一种有利于收购者的支付方式。

在华尔街给美联储打过了电话。美联储在曼哈顿下城，位于雷曼公司的南边。这时候，摩根大通与雷曼其他对手方一样，已经从雷曼拿出了自己的170亿美元抵押品。这既是为了满足摩根大通一些客户的要求，也是为了自保。大爆炸的导火索已经点燃了！

*

9月12日，周五晚上，美国资本主义各大巨头集合到了曼哈顿下城美联储纽约分行的意大利式豪华宫殿里，想要挽救雷曼免于必然的死亡。然而，他们获知了一个情况：这个周末，无论做什么，不做什么，都会将整个金融体系推入深渊。

蒂姆·盖特纳时任纽约联储主席，现在担任财政部部长。[1]盖特纳说："我们迎来了极为黑暗的一个周末。参与者全都确信，金融世界已经脆弱到极点，而且雷曼的问题是全局性的，雷曼的违约将会带来极为严重的后果。与会者来自财政部、美联储、联储理事会以及私人部门，这些人没有一个能说得出来，还会有什么情况发生，这些情况会带来什么后果。[2]我在会上反复强调，这件事要不解决，其他一切就都不好办了；解决了，其他问题也不会自动消失。但是我们觉得，自己并没有能力隔绝市场，使其免遭违约带来的更严重后果的损害。"

周五，亨利·保尔森、克里斯托弗·考克斯从华盛顿飞来，参加晚上6点的会议，与盖特纳讨论能制订什么计划应对周末。与此同时，美联储主席本·伯南克留在华盛顿，与全球其他央行领导协调一个应对方案。6:15，盖特纳站在保尔森旁边，保尔森面对一众华尔街CEO和顶级助手，"拉响了警报"（一名CEO评论），另外，还带来了一个不幸的消息。根据一名与会者的回忆，保尔森说："政府不会援助雷曼兄弟公司，唯一

---

[1] 这是本书2009年出版时的情况。盖特纳已于2013年卸任，后来当了美国外交关系理事会特邀专家。

[2] 联储理事会和联储不是一回事，前者是后者的决策机关；私人部门与公共部门相对，指除政府之外的民间机构。

的可能只有通过私人部门解决。"[1]伊恩·劳伊特（Ian Lowitt）2008年6月
接任雷曼CFO，保尔森这话一出口，他就知道雷曼兄弟完了。9月15日，
雷曼申请破产。与申请书同时递交的，还有一份伊恩·劳伊特宣誓过的
书面陈述。陈述里说，那天晚上"政府官员表示，联邦紧急资助将不会
用来稳定雷曼兄弟，不会用于提供雷曼兄弟运转所需的流动性。雷曼兄
弟虽然在继续探索各种战略替代方案，但9月12日的会议之后，就没有
任何可行的替代方案了"。

政府在9月初用纳税人的钱援助了房利美和房地美，很快又要援助
AIG，却没有用纳税人的钱援助雷曼兄弟。盖特纳说："那个周末，
国会与财政部的官员都说了很多花言巧语，主张不能动用公款援助雷曼
兄弟。"158年前，雷曼兄弟在阿拉巴马州蒙哥马利市（Montgomery）创
立，它最早是家布匹商店，也是棉花交易商。如今，在2008年的这个周五，
不论这是一种聪明的谈判战术，还是一条在沙地上随便画出的分界线，
财政部部长都已经为周末的行动定了调子：雷曼兄弟的未来，完全取决
于自由街33号美联储董事会豪华房间会议桌旁边的这些人了。这些高
官必须在48小时之内制订计划，挽救雷曼落入无偿付能力的深渊；否则，
华尔街自相残杀的复杂关系就会骤然解体，带来灾难性的后果。这种关
系的复杂程度，堪比传说中被亚历山大斩断的戈尔迪乌姆绳结（Gordian
knot）。

无论如何，保尔森、盖特纳终于制订了3种方案，让华尔街在这个
周末考虑考虑。第一，调查是否可能由一个"私人清算财团"出资，从
而逐步卖出雷曼资产，不让雷曼破产。第二，美银或巴克莱有可能收购
雷曼的某些业务，只有这两家公司曾经表现过一丁点对雷曼资产的兴趣。
第三，甩手不管，放任损害发生。自由世界该如何"控制一个没有解决
方法的事件带来的损害"？ 结果，人们很快发现方案一毫无实行的可能；

---

[1] 也就是让华尔街自行解决。

而方案三呢，打从一开始，就没有人认真考虑过这件事。

于是，会议的核心很快变成了：既然美银和巴克莱不愿意为雷曼资产融资，应当如何为雷曼找到融资？（美银、巴克莱、雷曼的代表，那个周末要么在美联储内部，要么在美联储附近；但由于显而易见的原因，他们都没有参加扩大会议。）然而，周六上午各个团队在美联储重新开会的时候，事情就越来越不对劲了。一名与会者说，美银提议，把雷曼的"一大部分资产"排除在美银想要购买的部分之外[1]，而且反复请求美联储给美银650亿美元，好弥补美银对雷曼"不良资产"的敞口；当初，美联储向摩根大通提供了290亿美元有担保贷款，促进摩根大通收购贝尔斯登；如今，美银要求的金额，是美联储给摩根大通的两倍还多。美银提出要的这一笔巨款，数额之巨大，让美联储和财政部都不可能认真考虑。不过，这个要求很快就没有意义了，因为，也是在那个周末，美银转移了注意力，开始关注美林的收购，收购金额达到了前所未有的500亿美元。盖特纳说："我觉得他们一直很愿意收购美林，而且那个650亿美元的方案其实也不可行。从经济学的角度说，对谁都没有吸引力。"

余下的还有巴克莱的提议，这个提议相对好一些：巴克莱银行收购雷曼除了商业房地产资产之外的所有资产，票面价值400亿美元（减记之前）。3天之前，福尔德、伊恩·劳伊特宣布过分拆计划，想要另外成立一家公司；这家公司的核心，就是这些商业房地产资产，当时雷曼股价还在每股7.80美元左右。在9月13日发布声明之前，福尔德、劳伊特曾花了几个月的时间，与美联储、证监会一同审查过分拆计划。两人一直希望，市场能够做出积极反应。当然，他们或许太乐观了。一名参与者评论分拆计划："这个计划完全失败，市场一点兴趣都没有。而且，福尔德之前就非常焦虑，到了周末（周五，雷曼股票收盘价为每股3.65

---

[1] 雷曼的一大部分不良资产，美银不愿购买，就好像摩根大通计划抛开贝尔斯登的一部分资产一样。——作者注

美元），更是越来越紧张。我有些朋友是雷曼的员工，他们说，公司内部越来越绝望了；人们有强烈的感觉，觉得自己遭到了背叛、误导，对福尔德、领导层特别失望。"

周六全天和周日上午，集合起来的银行家们详细检查了雷曼的商业房地产资产账目，看看是否能够凑钱来促进巴克莱买下雷曼其余业务，其中包括全球固定收益业务、股权业务、投行业务、资产管理业务，总金额达到了6000亿美元左右。

之前在周三，福尔德、劳伊特宣布，商业房地产资产价值会从400亿美元减记到330亿美元，然后再以此建立"分拆公司"。然而，美梦破灭了。美联储的华尔街工作组旗下，有一个小组，由高盛、瑞士信贷、花旗、德意志4家银行的代表组成，专门负责为巴克莱筹资。周六，小组分析了雷曼的贷款与证券组合。据一名参与者介绍，小组很快发现，资产的有效估值应该比330亿美元还要低120亿美元，也就是210亿美元；这比原先的价值400亿美元几乎降低了一半。参与者说："关于减记的金额，小组内部意见完全一致。对雷曼将商业房地产资产价值减记至330亿美元，大家感到非常惊讶，但也带着那种怀疑——雷曼的股价已经跌到这个份上了，很容易让人对这些资产的实际价值产生怀疑……实际上，市场显然不相信他们的估值；小组检查之后，就明白为什么不相信了。"

不过，市面上还有一些声音在质疑210亿美元估值的结论，这取决于某些机构是否必须按市价估值。因此，4家银行的代表选择了一种妥协方案，对财团中的其他银行建议，应该把雷曼的房地产组合估值定在250亿美元左右。这么一来，银行们要填的坑接近150亿美元，也就是每家银行必须提供大约10亿美元，为巴克莱不愿收购的商业房地产资产——也即雷曼兄弟的残骸提供融资。另外100亿美元，由另外4家规模更大的银行出资。他们很清楚，随着资产逐渐卖出，他们必须为贷款作减记处理。然而，为了促进巴克莱的收购，这是他们愿意做的事。一名银行家说："大家都很担心，雷曼一倒，所有人就都出现了真正的问题。海啸一旦来袭，大家就都不好过了。"

*

在华尔街几乎所有公司都蹲在美联储纽约分行，检查雷曼账目的时候，美林总裁格雷格·弗莱明（Greg Fleming）（之前当过金融机构银行家）一直在催促领导——美林CEO约翰·塞恩（John Thain）给美银CEO肯·刘易斯（Ken Lewis）打电话，商议两家银行的交易。这一周，美林股价从每股28.50美元跌到了17.05美元，格雷格·弗莱明开始担心了。弗莱明还知道，肯·刘易斯一直想将美林搞到手；弗莱明前任领导斯坦·奥尼尔对这笔交易没兴趣。

肯·刘易斯对《财富》杂志评论美林说："美林是个标志性的名字。"还说，为了美银的战略目标，他专门打算收购美林；还说，一旦买下美林，"就会大大提高我们投行在资产管理方面的实力"。

美林CEO约翰·塞恩周五晚上在美联储。到了周六上午，他已经知道美银无意收购雷曼；此外，塞恩还认定，雷曼已经没救了。塞恩猜测，雷曼如果宣告破产，下一张倒下的多米诺骨牌就是美林。塞恩还看过银行团体的人对雷曼总裁巴特·麦克达德连珠炮一般地发问，质问他雷曼资产的情况。一名在场的银行家评论说，塞恩"下决心绝对不让自己成为第二个麦克达德"。美银决定收购美林的消息公布之后，塞恩在接下来的发布会上说："我之前看得很清楚，探索我们美林的出路是有意义的。"

塞恩跟弗莱明打听到了美银CEO肯·刘易斯的手机号，出了会场，给刘易斯打了电话。刘易斯回忆："我们在电话里谈起了美银收购美林的可能；过了几个小时，我们改成了面谈。"美联储周围谣言四起，说塞恩和刘易斯在谈交易。其间，刘易斯乘坐私人喷气机从夏洛特市来到了纽约。刘易斯和塞恩商量好，在纽约地标哥伦布环路（Columbus Circle）的时代华纳中心（Time Warner Center）一间属于美银的公寓中秘密会见。

558

刘易斯说："没过两秒钟，我们就看清楚了战略影响，或者说积极影响。这段时间显然非常短，信息量很大，我们彼此了解了很多。"塞恩说，他给刘易斯打完电话之后，两人很快意识到，"这一战略合并极有意义，合力达成交易的机遇也十分难得，我们二人都决定，要抓住这个机遇"。合并项目的代号是"阿尔法计划"（Project Alpha）。

为了咨询，刘易斯请来了克里斯·弗劳尔斯。弗劳尔斯先生自己也开了一家私募股权公司，专门提供各种金融服务。弗先生之前当过高盛合伙人，到2008年9月，似乎已经查过了所有华尔街公司的账，其中就包括贝尔斯登和美林。刘易斯说："弗先生最近才对美林做过大量尽职调查。这种调查范围非常广，从各方面审视了对该公司资产的估值。这就让我们可以请弗先生和他的团队担任顾问，还能更新他们已经获得的资讯。这是我们能够迅速完成工作的关键之一。"对于塞恩和手下进行的抛售资产工作，因其很快，弗先生表示非常满意。这些资产包括美林在彭博社的25%股权，还有306亿美元投资组合，都是不良抵押贷款证券，每1美元价值22美分。

刘易斯认为，想要买下美林，动作一定要快。他不仅多年以来一直想收购美林，而且还知道高盛、摩根士丹利也有意收购。美林曾经联系摩根士丹利，让他们收购自己，但是摩根士丹利很快拒绝了；据说是因为摩根士丹利认为时间不够。

此外，周六上午，在美联储，高盛代表联系了前任高盛合伙人彼得·克劳斯（Peter Krause）；此时克劳斯刚被美林招进去，担任战略主管。高盛代表问克劳斯，美林是否会考虑让高盛对美林进行9.9%的少数投资？据目击者说，这个问题，引发了克劳斯与弗莱明一场激烈的辩论，争论的核心是：美林是应该促成与高盛的交易，还是与美银的交易？

高盛认为，这么做是拯救一名对手，而且阻止即将到来的风暴产生破坏。一名高盛高管说："这个局面，可以用著名珊瑚礁——大堡礁（Great Barrier Reef）的情况来比喻。如果认为贝尔斯登只是珊瑚礁最东边一块非常边远的珊瑚，那么雷曼就离海岸近一点，美林则更近一点。然后，摩根士丹利和高盛就在海滩上，但是离水依然很近。海啸一来，还是会非常痛苦。"

美林、美银的高管即将达成一份全股份收购协议。协议规定，美林股东拿到美银股票，每股29美元；这样计算，美林的价值就是500亿美元，相比美林上周五的收盘价，溢价高达70%。[1]

*

与此同时，美联储的人，情绪越来越大。集合起来的银行家还在拼命给巴克莱不要的雷曼房地产资产估价。一位银行家说道："问题在于，为了让巴克莱与雷曼的交易成功，我们到底要拿出多少资金。"这个问题让所有方面都变得越来越紧张。周六深夜的某个时刻，花旗并购银行家加里·谢德林（Gary Shedlin）开始对抗前任领导迈克尔·克莱因（Michael Klein）。迈克尔·克莱因当时代表巴克莱，还代表克莱因的客户小阿奇博尔德·考克斯（Archibald Cox Jr.）。考克斯2008年4月当上了巴克莱美国分行（Barclays Americas）董事长。

加里·谢德林问迈克尔·克莱因："你需要筹到多少钱，才能完成交易？"

克莱因反问："这很重要吗？你问这个干什么？"

谢德林："你提出要收购雷曼，我们必须知道你打算怎样为收购而融资！"

克莱因肯定地说："为这笔交易，我们不需要筹集任何增量资本。"两人彼此怒视了一阵，接着就讨论起不那么激烈的话题。

银行家团队当晚大部分时间都在制定条款清单，规定如何让所有银行全都同意支持巴克莱买下雷曼兄弟大部分业务。有些银行，比如法国巴黎银行、纽约银行，不确定是否想要参与。于是，根据一名银行家转

---

[1] 这里做了一个置换，美银收购了美林，美林股东手中的股票被置换成了美银的股票，或者说拿到了授权，用非常低的价位买下美银股票。

述，摩根大通CEO杰米·戴蒙告诫两家银行的代表说："这个俱乐部，你们要么进来，要么就出去。你们要是出去了，最好已经准备好，告诉财政部部长为什么要出去。"虽然有这些小插曲，但是收购协议还是看起来马上就能达成了。

周日上午9点，高管团队再次集合到美联储。一名参与者说："周日上午，万事俱备。大家都很满意条款清单，桌子上摆了一份可行的协议。"保尔森有一位高级顾问叫史蒂夫·夏弗兰（Steve Shafran），也是前任高盛合伙人。夏弗兰告诉周日上午在美联储的雷曼高管："看起来，我们围绕着融资问题，已经制定出了初步的协议。"这么一来，雷曼银行家就觉得，雷曼得救了，不用破产了。

巴克莱收购计划需要英国金融服务管理局（Financial Services Authority，简称FSA）的批准，英国的FSA相当于美国的证监会。保尔森就与他在英国相对应的官员——英国财政大臣阿利斯泰尔·达林（Alistair Darling）商议，又跟FSA商议。周日上午大约9:45，保尔森把雷曼总裁巴特·麦克达德叫到美联储，告诉他："交易关闭。FSA没有批准。"大约10点，保尔森、盖特纳向美联储的一众银行家说明了情况。FSA拒绝对决定发表意见，但是有很多银行家，周日上午在美联储制订计划，他们都说，保尔森向他们说明了多种FSA不批的理由，包括"巴克莱面临的潜在敞口的总体金额，以及巴克莱的状况是否足以应对敞口"，还有"FSA在寻找某种保护措施，避免英国遭遇金融传染病困扰"；而且，"美联储此前已经宣布：'联储不会对雷曼提供援助。'FSA根据尽职调查的结果、风险情况，以及美国国内没有公司援助雷曼的事实，决定终止该交易"。

还有人建议，巴克莱以后可能还有机会以更低价格买下雷曼，使得巴克莱在周末过程中"不再认真指望得到FSA批准"。巴克莱禁止参与雷曼交易的高管就此发表意见。

消息一出，就把雷曼团队击垮了。一名雷曼银行家说："我们以为公司能卖出去了，感觉好极了，觉得终于找到了归宿。我们也以为，华尔街的公司会负责我们的融资了。原本在地毯上站得好好的，地毯忽然让人给抽走了。从我们的角度来看，真是太可怕了。"雷曼团队垂头丧气地回到第七大街745号，计划下一步行动。然后，根据一名在场的银行家的回忆，保尔森又告诉留在美联储的银行家："咱们商议一下，雷曼如果崩溃，世界将会怎样。咱们要努力找出解决方案，稳定市场。"美林CEO约翰·塞恩也在场，听了保尔森周日上午的演讲。保尔森和盖特纳离开各位高管，去商议这些公司作为一个财团，能够采取什么措施，阻止全球市场总崩溃。接着，这群老总又开始当着塞恩的面议论起美林，就好像塞恩不存在似的。

某银行家说："下一个倒闭的就该是美林了。"某参与者说："而且塞恩还什么都不说。"某银行家回顾："塞恩要是那天上午不在，谣言就真会满天飞了。"过了几分钟，塞恩站起来，出了屋子。一名参与者说他"再也没有回来"。当时，塞恩和手下团队正在集中精神与美银谈判。美林原本计划周日上午同高盛代表会面，但真到了周日上午，美林已经不回高盛电话了。

周日上午，在塞恩、保尔森、盖特纳都离开美联储纽约分行之后，又出现了一场对话。根据当时在场的几个人回忆，对话是这样的：摩根士丹利CEO约翰·马克先发言："兴许，我们也应该让美林倒掉。"

摩根大通CEO戴蒙闻听此言，胆战心惊，马克是何等短视！因为下一家让对手方丧失信心的公司，很可能就是摩根士丹利！戴蒙说："约翰，要是让美林倒了，你觉得再过多少个小时，富达投资集团就会给你打电话，告诉你，不愿意给你续命了？"马克一听就闭嘴了。有个人听见了马克的发言，他评论："我们觉得，马克之所以那么说，是因为他自己可能打算买下美林，而且打算便宜买。"（后来，马克的发言人说，马克拒绝承认说过这句话；戴蒙的发言人说，戴蒙不记得他跟马克说过话了。)

众人马上开始起草另一份协议,规定屋子里的每一家公司都会继续同所有其他公司做生意;而且会为各家公司承保一份数十亿美元的信贷便利,在雷曼即将破产的哀悼期内,于紧急情况下使用。一名银行家说:"我们发现,第二天什么乱子都可能发生。别人也都这么觉得。当时所有人都想尽快摆脱掉衍生品头寸。"

话分两头,再说曼哈顿上城的雷曼公司。这时候,福尔德和麦克达德正在疯狂打电话,谁愿意听他们求救,就给谁打,包括保尔森、考克斯、盖特纳。一名雷曼高管说:"可是,下午事情就慢慢变得明镜一样清楚了。他们什么也不会做,不会帮我们了。"尽管福尔德4月跟保尔森共进晚餐之后就一直相信"有财政部撑腰,我们的地位不可忽视"。电话还打给了雷曼内部的重组团队,打给了纽约威嘉律师事务所(Weil Gotshal)首席破产顾问哈维·米勒(Harvey Miller),打给了拉扎德副董事长兼重组专家巴里·赖丁斯(Barry Ridings),告诉他们,末日已近,赶快准备好破产文件吧! 这个破产文件,很可能要按照《联邦破产法》第7章来起草,也就是直接清算。

因为没有买家,也没有收购交易可做,于是雷曼就只剩下申请破产一条路了。10月6日,福尔德在国会发言说:"我们走进了那个周末。我坚定地相信,我们会达成一笔交易(指巴克莱收购雷曼的计划)。我不确定,但我认为,雷曼和美林在周五晚上的处境相同,最后美林让美银收购了。我们也要跟着巴克莱走下去。这次收购,我相信差一点就完成了,但始终没有完成。"

而在盖特纳看来,FSA拒绝巴克莱收购雷曼,要是拒绝得再早一些就好了。FSA假如早在周五就下命令,那些集合在美联储的巨头就有可能匀出时间,设计出另外一个解决方案。然而,实际上FSA到了周日才拒绝,"就没有时间设计足够的解决方案了"。盖特纳还说:"如果巴克莱能提供服务,就有可能做到很多事情。我们可以组织起财团,为收购融资。我们可以寻找一种方案，我们做一部分，他们做一部分。有很多种可能性。然而，巴克莱一旦不能参与，我们就只剩下了那些在场的银行，他们不会收购雷曼，也不会给雷曼融资，因为这些银行看过了清算财团方案，说没救了，无论如何这种事也办不成了！雷曼正在大出血，而且越来越严重；而这个方案，是强迫他们为这种生命垂危的公司提供承保和担保措施。这是绝对不可能的。我们想要解决问题，却没有解决问题的法律权限。"

盖特纳说，"美联储本来可以拿到法律权限"完成一项交易，同当初协助摩根大通收购贝尔斯登的措施差不多，就是向贝尔斯登资产池贷款290亿美元，而资产池的价值"很可能随着时间推移，会把290亿美元偿还给我们"。然而，盖特纳又说，对于雷曼的情况，这样的方案根本就不存在。当初，摩根大通是自己想要收购贝尔斯登，或者至少是被人催着收购；现在，却没有公司想要收购雷曼。巴克莱一走人，"整个局面就只能让我们自己收拾了。我们不可能完成这整件事。这就像贷款给棉花糖或者干冰一样（扔进去的钱很快就会化掉，消失得无影无踪）。雷曼的特许经营价值将很快蒸发"。最近6个月，市场已经做出了判断：雷曼已经没有偿付能力了。盖特纳说："简单地说，央行负责流动性问题，却不负责偿付能力不足的问题。我还没听说过哪一家央行有法律权限，向金融机构注资的。这是政府的任务。"盖特纳说，这种责任，让伯南克、保尔森一同前往国会，申请了一张援助票据。这张票据的金额，最后达到了7000亿美元。盖特纳对《纽约客》杂志说："贝尔斯登的情况，别的公司的情况，都有一个时刻，有人说这么一句话：主席先生（美联储主席），这交易咱们做不做？[1] 而雷曼在事件当中，我们从来就没有达到这个阶段，没有决定可以做。"

麦克达德与CFO伊恩·劳伊特代表雷曼做了最后一次绝望的努力，

---

[1] 此处包括收购、注资还有援助，一切能够避免公司破产的措施。

想要说服保尔森，让纳税人救援雷曼。二人回到美联储，向财政部部长做了演说，告诉他，一旦雷曼垮台，会给全球各大市场带来怎样的结果：外汇市场、掉期市场、衍生品市场，等等，等等。麦克达德讲完了，保尔森回答："你说的只代表你自己的利益。这些我们已经考虑过了。"[1]当时还有另一名雷曼高级银行家在场，他惊得目瞪口呆。此人评论："保尔森这崽子也太狂了！你小子是在开玩笑吗？正常人哪个会冲着麦克达德说'你说的只代表你自己的利益，这些我们已经考虑过了'这种话？"

*

保尔森不光告诉麦克达德、劳伊特，雷曼别无选择，只能申请破产；他还说，最晚周日晚上7点必须按照《联邦破产法》第7章申请破产。这意思就是雷曼将被一名法庭指定的受托人接管，公司房门上锁，资产尽快变卖。麦克达德和劳伊特回到第七大街745号31层办公室的时候，雷曼董事会已经在开会，投票表决申请破产的事。不过，董事们决定先等着，等到麦克达德和劳伊特从美联储带着消息回来再投票。早在6月，麦克达德就已经当上了总裁，接替福尔德，管理企业日常事务。

一名与会者回忆："巴特进了会场，说的原话是：'他们命令我们申请破产！他们命令我们申请破产！'巴特说得非常非常非常清楚。"有些董事大惊失色，问，这是什么意思？还问，董事会要是无视保尔森，偏不申请破产保护呢？

因为雷曼第二天开张用的钱捏在美联储的手里，所以这个问题也就没有意义了。然而，威嘉律所的破产顾问哈维·米勒接着又想出了一个主意。米勒对客户说："政府可以命令我们申请破产，但是没说什么时

---

[1] 保尔森知道麦克达德身为雷曼高管，必然要拼命维护雷曼，不会保持客观。但是保尔森必须保持客观，因此拒绝了麦克达德的请求。——作者注

候申请,也没说以什么方式申请。"[1]威嘉律所团队马上开始准备按照《联邦破产法》第11章进行申请,准备的是重组计划,不是清算计划[2];让雷曼兄弟母公司允许那些还在运营的分支机构,例如经纪自营商、资产管理公司,继续在破产范围之外运营。在发展过程中,这只是一个法律细节,但确实让雷曼拥有了一点交易筹码,也拥有了对保尔森阳奉阴违的机会。

周日晚上,雷曼董事会开会,由福尔德主持,批准破产申请。众人正在着力应付不可避免的命运,证监会主席克里斯托弗·考克斯从华盛顿给董事们打来电话。董事会把电话设成了免提。考克斯在整个金融危机期间,低调得令人惊讶;这次,是保尔森命令他打电话,提醒董事们,雷曼应当申请破产。一名与会者回忆,考克斯告诉董事会,不论做什么决定,都必须采取行动。然后,董事们请求考克斯说明保尔森的命令"雷曼应当申请破产"是什么意思。与会者回忆:"保尔森想让考克斯给董事会打电话,把事情说清楚。但是,考克斯没有说雷曼必须申请,反而清楚地说,雷曼不是必须申请。可以申请,也可以不申请,但不管做什么,一定要采取措施。"董事会认为,考克斯把话说得这么模糊,是一种抗命,尽管在这一时刻并没有多少抗命的实质。与会者继续说:"考克斯打了电话,但是并没有说你们别无选择。"在董事会开会的时候,在那种情况下,"你们别无选择"这句话,肯定很难说出来。美国政府应该不会援助一分钱了,于是董事会批准了按照《联邦破产法》第11章提出申请。

然而,雷曼在那个周日晚上的可怕遭遇,还远远没有结束。之前,美联储启动了一级交易商信贷工具(Primary Dealer Credit Facility,简称PDCF),也就是那个历史性的工具,在3月16日贝尔斯登覆灭之后,允许投行直接从美联储贴现窗口借钱,另外,还启动了定期证券借贷工具(Term Securities Lending Facility),允许投行用这两个工具,将某些抵押

---

[1] 米勒说的不完全属实,保尔森实际上规定了时间。但米勒身为律师,想尽可能采取措施应对,看看有什么办法可以争取到比较好的待遇。——作者注

[2] 破产术语,即允许雷曼在清算和偿债的同时继续营业。——作者注

品抵押给美联储作为保证。这一次，美联储做出决议，又把这些抵押品的范围扩大了。美联储在新闻发布会上说："这些变化，代表两种工具接受的抵押品的种类显著拓宽了；这将会让两种工具对主要交易商（处理联邦储备银行公债的大交易商）流动性的支持，变得更为有效。"接着，为了完成美联储的措施，共有10家全球商业银行与投行组成财团，成立了一种价值700亿美元的"抵押品化借贷工具"，增强市场流动性。

周日下午，雷曼高管听说这些改革措施即将推行，就给纽约联储打电话，问这消息是不是真的。一名雷曼银行家说，美联储若是允许雷曼在贴现窗口抵押自己那些怪异的抵押品，"我们或许可以得到缓刑待遇"。但他又说，美联储告诉雷曼："对，我们的措施是针对其他所有公司的，只是不针对你们。我们会放任你们倒闭。"他激动地说："我可以这么说，我一直努力保持克制，不过，这些情况要都是真的，那保尔森就把我们彻底整死了！不好意思，我骂人了。"苏利文和克伦威尔律所高级合伙人罗金·科恩在雷曼申请破产之前，给雷曼提供了咨询服务。这时候，科恩先后得到雷曼和巴克莱的同意（同意他发表观点），表示他也赞成那个银行家的看法，只是他用的话语不那么极端。科恩说："只要政府协助了，雷曼既可以被美银收购，又可以被巴克莱收购。这一点毫无疑问。"

雷曼和威嘉律所的团队，开始认为按照《联邦破产法》第11章申请母公司破产是可行的了。这一方案会让正在运营的分支机构免于破产。就在这时，在周日晚上大概11点，雷曼全球并购主管马克·夏弗（Mark Shafir），还有雷曼重组业务王牌马克·夏皮罗（Mark Shapiro），去31层福尔德办公室见了福尔德。夏弗和夏皮罗告诉福尔德，有一种办法能让巴克莱买下雷曼的美国证券业务，这样就能让巴克莱如愿以偿，还能够保留1万个工作岗位。3人又一起给巴克莱总裁鲍勃·戴蒙德（Bob Diamond）的手机打了电话。戴蒙德也是收购雷曼的首席谈判代表。戴蒙德对3人说，周日早些时候，巴克莱无法达成收购协议，他很失望。3

人提议，戴蒙德可以买下雷曼的美国证券业务，而且是"干净地"买下。[1]
戴蒙德表示很感兴趣，但必须先同佳利律师事务所（Cleary Gottlieb）的
律师们商议。20分钟后，戴蒙德回电说："今天晚上不能谈了。你们明
天早上7点给我打电话。"

这时候已经是凌晨1:45，雷曼控股公司已经按照《联邦破产法》第11
章申请破产。劳伊特写道，申请目的是"保存其资产，并使所有股东之
利益最大化"。周一早上7点，雷曼破产的灾难性影响已经像病毒一样，
蔓延到了全球的金融资本。这时候，戴蒙德与金融顾问迈克尔·克莱因（前
任花旗高管），以及福尔德、麦克达德、夏弗、夏皮罗、汤姆·鲁索召开
电话会议，讨论巴克莱是否有可能购买雷曼美国投行业务。克莱因表示
看好，戴蒙德批准克莱因与雷曼谈判，达成协议。雷曼团队告诉克莱因
和戴蒙德："我们必须在周二开盘之前达成协议，因为我们已经没钱了。"

接着，福尔德把关键任务交给了并购主管夏弗，命令道："完成工
作！"接下来24小时，大批律师、银行家涌入雷曼大楼32层，谈判交
易条款。要谈判，有一个前提条件，就是快速估计出雷曼第七大道745
号总部大楼的价值，还有新泽西州两家数据中心的价值，这些都是巴克
莱想要买下的资产。巴克莱想收购雷曼在美国的一切投行、固定收益、
股权销售及交易、研究业务，还有一些辅助业务。巴克莱不想要的是投
资管理部门，以及所有商业房地产资产。一位在场人士回忆，有一次，
夏弗与克莱因"上演了一出日本歌舞伎的好戏，夏弗扯着嗓子对克莱因
喊：你给我滚！"

众人之前计划，在周二开盘之前，也在雷曼经纪自营商分公司现金
耗尽之前，宣布收购消息。然而，收购协议没办法那么快达成。一名关
键人物说："融资来源让我们头疼死了，而且，我们清楚，距离《联邦破
产法》第7章直接清算的下场，已经只有几个小时了。可是，根本问题

---

[1] 指剔除房地产业务。

在于，我们必须等着，想办法让这份协议通过。"所谓"等着"，就是直到协议接近完成的时候，巴克莱才能再次请求FSA批准。最后，就在周二市场刚刚开盘的时候，协议的条款确定了：巴克莱买下有意购买的雷曼资产，支付2.5亿美元；另外再支付14.5亿美元，买下第七大街745号雷曼总部大楼，以及两家数据中心（后来减少到12.9亿美元）；并承担雷曼部分交易义务。巴克莱还同意，提供一项价值5亿美元的"债务人持有资产工具"给破产的控股公司，并且再融资400亿美元左右，这笔钱是之前雷曼美国经纪自营商公司在申请破产之后向美联储借的，为了维持运营。

巴克莱准备好了之后，再次向FSA申请批准。一名雷曼高管说："他们过了4个小时，才从FSA出来，我们想：又完了。FSA肯定不批，我们要按照《联邦破产法》第7章遭到清算了。"周二下午1点左右，FSA签字了。巴克莱宣称已经买下了雷曼在美国大部分业务。这些业务需要被破产法庭认可，而且已经用极快的速度认可了；时间是9月19日星期五。法官詹姆斯·派克（Judge James Peck）说起批准交易："雷曼兄弟成了牺牲品。金融海啸摧毁了信贷市场，而市场中唯一倒下的真正标志性企业就是雷曼。我对此十分难过。"

FSA批准之后，美国的雷曼银行家和交易员一片欢腾。一名雷曼高管说："我们保住了美国业务，保住了1万个职位！我走进自己的办公室，脸上带着笑；那些助理，周围的人，全都鼓掌欢呼，因为他们之前全都坐立不安，就等着看我们能不能把事情做成，达成协议了。大家都松了一大口气，至少在美国的员工，饭碗保住了。因为，丧失所有股权，确实可怕。而丧失所有股权，然后发现自己又失业了，未来几乎不可能找到工作，因为华尔街正在飞速紧缩开支，除非是最高级的银行家，或者声望很高，才有望找到工作。真要发生这种情况，就太可怕了！"

*

雷曼申请破产，终于引发了全球经济的大洪水；说句公道话，洪水可能迟早都是要发生的。自从大萧条以来，美国人还从来没有见过这种规模的灾难。雷曼一倒，很快就引发了金融界一系列严重后果：保险巨头 AIG 接受了 1250 亿美元紧急援助[1]；美林在崩溃之前卖给了美银；华盛顿互惠银行（Washington Mutual）倒闭；瓦乔维亚银行（Wachovia，又译美联银行）濒临倒闭；国家城市银行（National City Bank）濒临倒闭；全国范围内至少还有 19 家其他金融公司倒闭；高盛、摩根士丹利、美国运通（American Express）为了免遭一死，转型成了银行控股公司；花旗银行曾是全球规模最大、价值最高、权势第一的跨国金融服务公司，危机时被一分为二。11 月 20 日，财政部部长汉克·保尔森在加州里根图书馆（Reagan Library）演讲，说："金融体系实际上失灵了，我们出现了全国范围的危机。信贷市场冻结，银行之间的借贷显著减少；整个金融体系的信心受到了严重打击。我们的体系正处在崩溃边缘，这崩溃将会大幅度加剧现有的经济衰退，并且让经济衰退延长。"

我们熟知的资本主义体系濒临崩溃。为了对抗这一局面，联邦政府动用了能够想到的一切工具，诸如：进一步降低利率；继续修改美联储接受的抵押品种类范围；再次尝试历史性的金融工具——价值 7000 亿美元的"问题资产救助计划"（Troubled Asset Relief Program，简称 TRAP）——这是保尔森和美联储主席本·伯南克想出来的主意。若是雷曼兄弟没有破产，联邦没有救助 AIG，如此大规模的一揽子救助计划，定然是不可思议的。

他们的理念是：各家银行和证券公司制作了大量有毒资产，它们资产负债表上的这些有毒资产，谁都不愿意买；于是，政府就要用这笔钱去买。然而，这一战略还没有实施，保尔森就改变了计划，决定用 1250 亿美元买下全国最大的 8 家银行的股权。接着，政府又另外拿出 400 亿美元，用于援助 AIG；再拿出 470 亿美元，用于援助全国其他规模相对

---

[1] 后涨至 1820 亿美元。

较小的银行。最后，11月12日，保尔森宣布，不再计划买入有毒资产。此外，他还说，会让美国总统巴拉克·奥巴马的领导班子研究，如何动用TARP的余额。

伯南克与保尔森讨论过"让雷曼破产"的决定之后，两人对这一决定的明智与否都没有一点怀疑。10月15日，伯南克在纽约经济俱乐部说："已经证实了，想凭公共部门解决雷曼的问题是不可行的；因为雷曼无法提供足够的抵押品，也就无法提供担保措施，证明自己能够偿还美联储的贷款；美联储若是要促进雷曼被其他公司收购，就必然损失几十亿美元；美联储无权承受这样的损失。于是，我们就只得尽可能减轻雷曼倒闭对金融系统的影响，除此之外，没有别的可做。"

保尔森的兄弟在芝加哥，是一名雷曼高管。9月15日，星期一早上，雷曼这座火山正在向全球所有角落喷洒灾难的岩浆。保尔森脸色苍白，疲惫不堪地参加了白宫的新闻发布会。他说："我从来没有认为，用纳税人的钱救援雷曼兄弟公司是正当的，哪怕一次也没有。"还说："面对道德风险，我是不会掉以轻心的。"

*

雷曼崩溃之后，过了大概6个星期，艾伦·施瓦茨已经放松了。他回顾了这个让华尔街永远改变的年份——2008年。在过去的7个月里，他放弃了许多有吸引力的就业机会，最终选择了罗斯柴尔德集团（Rothschild）在美洲大道1251号为他提供的一个不起眼的办公室，在这里开始了新工作。就在这里，施瓦茨与多位媒体客户进行了会谈，其中有时代华纳CEO杰夫·比克斯（Jeff Bewkes）。施瓦茨尽力保持低调的同时，还在研究微软是否会采取行动，从时代华纳手中买下美国在线（America Online）。

施瓦茨把穿着袜子的双脚放到办公桌上，说起话来。根据好几个听见施瓦茨自言自语的人转述，他是这么说的："我们不管做什么，贝尔斯登有没有可能幸存下来呢？我觉得不可能。假如贝尔斯登还保持着偿付能力，我们也许找得到公司跟我们合并，比如巴克莱什么的；只要对方意识到我们的账目干净。会吗？也许吧。可是，1999年，《格拉斯－斯蒂格尔法案》已经废除了，商业银行可以经营投资银行的业务。于是，商业模式也就变成了这样——批发银行融资不再用保证金，而是改用了抵押品。[1]像抵押贷款证券这样的抵押品，已经入侵了全球的金融市场，整个金融体系都变得不透明了。就算我们与其他公司合并了，那也于事无补。这不是说，我们运营企业运营得不好。在我看来，这场危机是一大堆事件，彼此相关，把众多银行拖入了泥潭。全球的基础设施，也就是监管机构，在支持商业银行方面，做得很好；而在支持投行方面，做得就不好。监管机构至今也不知道究竟能不能拯救花旗，对吧？就是说，这场海啸规模太大，没办法整修每一块土地上的批发银行了。"

2004年6月，证监会修改了净资本规则，允许证券公司增加用于自身资产负债表的杠杆规模达到股权的40倍；而传统银行却必须依照法规，把杠杆维持在更加保守的10倍股权。很多华尔街内部人士认为，这次修改，让他们面临了必然破产的命运。对这种观点，施瓦茨嗤之以鼻。他接着说："现实是什么情况呢？把银行的记分牌跟投行的记分牌并在一起，分数是差不多的。有很多银行资本不够，必须筹钱；也有一些投行资本不够，必须筹钱。有些筹到了，有些没筹到。所以所谓30倍、10倍的问题，就意味着，早在花旗、瑞银或者任何人必须进入资本池的很久以前，高盛就该灭亡了。"另外，美国市场原本有一种"报升规则"，规定所有卖空的交易价格，都必须高于上一次交易价格。2007年，证监会决定废除这一规则。有很多人也把2008年危机归咎于规则的废除。规则废除以后，股票在漩涡中的"死亡螺旋"就可以加速了。规则的本意是，在某一只股票的价格自由落体的时候，争取时间，并强迫空头卖

---

[1] 西方银行业将银行业务分为零售银行业务（Retail Banking）和批发银行业务（Wholesale Banking）。批发银行业务的主要客户对象是大企业、事业单位和社会团体，一般涉及金额较大。

家在交易之前暂停一下。如果没了"报升规则"，股票就容易遭遇卖空浪潮的袭击。这种情况是说，空头卖家能用大规模出售阻止买家介入，从而摧毁一只股票。这种行为会产生恐慌情绪，让形势急转直下。对银行和证券公司来说，因为对手方的信心至关重要，所以这种死亡螺旋确实有可能是无法扭转的。

在施瓦茨看来，全球金融体系濒临崩溃是很多因素造成的；其中一种因素是已故经济学家海曼·明斯基（Hyman Minsky）提出的术语"金融不稳定假说"。假说主张，无论什么时候，只要经济实现了长时间稳定，金融市场就会造成自身的不稳定。另外一种因素，是全球财富的戏剧性攀升，增加到了前所未有的程度。施瓦茨跟朋友们说："穿越到1970—1974年去看一看，这5年之间，原材料价格涨了一倍。生产商赚了钱，除此以外，全世界都穷了。后来，原材料价格又涨了一倍，世界更穷了。然后，原材料价格下降了，生产商不那么有钱了，全世界的钱多了一些。2002—2006年，原材料价格又涨了一倍，生产商又赚了钱。可是，这一次，中国、印度、巴西拿了这些原材料，用廉价劳动力制造了制成品，赚了钱；而发达国家的利润空间升到了有史以来的最高。假如有人能够提前说，原材料价格要上涨一倍，制成品价格会保持不变，然后问，利润空间会怎么样？ 他肯定不会想到利润空间会升到前所未有的高度。"

施瓦茨接着说："但是，那时全世界共同面临的，却是流动性的狂潮。在流动性被逐渐建立的同时，美联储说：'呃，我们经济崩溃了，我们错过了这里发生的一切。' 还记得'格林斯潘之谜'（Greenspan's Conundrum）吗？ [1]我们从日本的遭遇中得到一个教训：为了避免通货紧缩，最好让全世界都铺满流动性。全球财富疯长的同时，人工制造的流动性把利率推到了不可思议的低水平；而且，就在同时，发达国家的居民大都把退休金的投资计划从长期储蓄往短期储蓄转型；他们说：'我需

---

[1] 2004—2005年，曾经出现短期利率上升，长期美债收益率下降的反常现象，格林斯潘称之为"谜"，因此得名。

要一种固定收益的回报，但1%的收益率太低，我无法接受。'[1]这就出现了一个巨大的寻求回报的资金池；而这个资金池找到的就是以债务为担保的资产。所以，他们创造了这个债务周期，让各家评级机构套利。这局面，大家看着都是极好的，于是创造出了一个极大的泡沫；相比之下，网络泡沫都显得很小了。然而，讽刺的是，因为泡沫依托的是这个巨大而多样化的资产池，而且里面也有真正的资产，所以看起来比网络泡沫诱人多了。因为网络泡沫把全世界都卷了进去，但是至少还有很多人保持清醒。不管是谁，只要在金融业混的时间跟我们一样久，他们就会说：'诸位，这泡沫没有好下场。这网络狗屁一定不会有好下场。IPO涨了10倍，肯定长不了。'"

施瓦茨继续："然而，这一次，尽管有一些唱反调的人，可是谁都没有看清这种泡沫；因为所有的工具都依托有形资产；这些有形资产又在最近经历了很多历史事件，变得多样化；这些资产是很安全的，而且有很多公司参与进来，市场很大，多样化程度又高，有如此等等的一堆优点。大家都忽视了一个情况：这次的泡沫创造了大量多余的需求，数量比历史上任何时期都高得多；结果，这些资产的价格被大幅抬高。我认为，导火线是这么一件事：其他国家都表示，先等一下，我们要扩建基础设施！于是就开始建设那些巨大的基础设施项目，就在美联储想要收回流动性的时候，基础设施项目把一部分流动性耗光了，所以利率就稍微上升了一点。突然，人们又说：'哎哟！还是先让全球住房涨价暂停一会儿吧。'然后，什么联邦住宅管理局（FHA）啊，住房和城市发展部啊，一堆机构的人都嚷嚷：'你们快点给所有穷人贷款！'一开始那些公司表示：'我们不想给他们贷款。'可是，接着就说：'诶，这业务不错嘛。'所以，贪婪也是原因之一。可是，它们这种危机确实会隔一阵子来一次；我们从来就没有想出过办法，怎么避免下一次。我相信，将

---

[1] 当时的长期储蓄收益率一般只有1%。

来一定有人会想出办法避免金融危机再次发生。对付上一次的灾难，华尔街是很有经验的。[1]但是，这些事情总会发生，而且一发生就影响很大；出了事，人人都想回顾一下过去半年的事件，找到某个人、某个事物，当成罪魁祸首。然而，实际上，这是群策群力的结果。政府、评级机构、华尔街、商业银行、监管部门、投资者、你我他——全都搞砸了！"

---

[1] 来自一句军事流行语：将军打的总是上一次战争（Generals always fight the last war），带有讽刺意义。意思是：军事战略经常针对的是过去的情况而非将来的情况。

余波（Anchor版特别收录）
Après Moi, le Déluge[1]

夏日，雷电暴雨肆虐，雨水狂泻而下，雷声震耳，闪电似乎落在四面八方，整片乡村仿佛都被这场喧嚣、这些"动能"掩盖了。暴雨过后，不光被暴雨破坏的路径一览无遗，还能看到树木被连根拔起，树枝散落一地，而且大地上还经常笼罩着一种古怪的寂静；这种寂静，似乎与刚刚结束的风暴同样怪异，同样令人不安，只是怪异和不安的形式不同而已。

当初人称"华尔街"的所在，被猛烈的夏日风暴横扫了一切沟沟坎坎；其后出现的，也正是这种古怪的寂静。2008年，美国资本主义的灾难，吞噬了贝尔斯登、雷曼兄弟、美林、AIG、华盛顿互惠银行、瓦乔维亚、房利美、房地美，还有数十家规模较小的地区性银行。当时有人预言，这一年毁灭的银行，可能达到400家之多。借用奥地利经济学家约瑟夫·熊彼特（Joseph Schumpeter）发明的术语：这种"创造性的毁灭"被古怪的寂静取代了。

道琼斯指数2009年3月降到最低点，此后上涨了50%左右，达到了约10000点；虽然距离2007年最高点——14164点还差得远。这种情况下，有些华尔街公司，特别是高盛和摩根大通，已经找到各种方式，赚到了空前数额的钞票。因为全球都需要它们的服务，而提供服务的商家

---

[1] 这句话是法王路易十五的情妇说的，直译为："我死之后，洪水。"西方社会对此一般有两种解读：第一种，"我死之后，哪怕洪水滔天"，表示只顾眼前享乐而不顾灾难；第二种，"我死之后，将有洪水滔天"，表示对形势的深切担忧。

却空前地稀少。它们的竞争者，第三（美林）、第四（雷曼）、第五大证券公司（贝尔斯登）已经全部垮台，余下的公司可以挣钱，也就天经地义了。特别是高盛，2009年1—9月就挣了84亿美元，这9个月，成了公司建立140年以来收入最高的时间段。因此，高盛决定拿出大约167亿美元，给员工发红利。这次红利的数额，赶上了2007年泡沫最大时候的红利数额。看到这种奇景，政治家、经济学家都很困惑，高盛是怎么做到的？他们还抱有希望，觉得金融危机最坏的阶段已经过去了。高盛之所以能够挣到这么多钱，部分原因是敢冒其他公司不敢冒的风险；高盛冒险完成的交易，既包括为客户做的，也包括为自己做的。

还有其他的征兆，显示经济危机的寒冬已经过去了。高盛、摩根士丹利、美银、摩根大通，都已经偿还了"问题资产救助计划"（TRAP）的贷款。高盛、摩根士丹利各100亿美元，摩根大通250亿美元，美银450亿美元。高盛与摩根士丹利都已经给了政府数百万美元的股息，买回了认股权证；当初，这些公司被强迫接受TARP资金的时候，把这些认股权证给了政府。高盛花了11亿美元，摩根士丹利花了9500万美元。纳税人从这9个月投资中拿到的回报率相当高，高盛是23%，摩根士丹利19%。摩根大通没有跟财政部谈判认股权证的价钱，而是决定让市场来定价。但是，财政部似乎依然能从这些投资中受益。如今，大约1160亿美元的TARP融资已偿还，包括回购权证。

此外，2008年一整年的援助战术、战略，其关键人物有3个：蒂姆·盖特纳、本·伯南克、汉克·保尔森。现在，3人中的2人，盖特纳与伯南克，依然留在原来岗位上管理经济。[1]这应该就是最好的征兆，说明金融体系已经开始摆脱灾难。2009年3月，道琼斯指数持续低迷，总在6500点左右徘徊。当时，有几次，有人建议奥巴马总统撤掉盖特纳。不过，现在道琼斯指数接近了1万点大关，财政部的金库也逐渐收到TARP基金

---

[1] 保尔森2009年1月任期届满后，不再担任财政部部长。

的还款，再次充盈起来了；盖特纳的工作应该也就暂时保住了。

再说伯南克。伯南克是共和党人，奥巴马前任小布什总统指定的美联储主席。尘埃落定之后，奥巴马总统认为，这位美联储主席在危机中的表现很好，可以提前确定由他连任下一个4年任期。

2009年8月24日，白宫幕僚长拉姆·伊曼纽尔（Rahm Emanuel）发言说："总统认为，本·伯南克担任美联储主席的表现很出色，认为他协助经济渡过了大萧条以来最大的危机，认为他实际上把经济从第二次大萧条的边缘挽救了回来。"

危机"三驾马车"的第三人，前任财长汉克·保尔森，明显比其他二人低调，因为保尔森已经不在政府供职，而且一直在写回忆录《峭壁边缘：拯救世界金融之路》（ On the Brink: Inside the Race to Stop the Collapse of the Global Financial System ），预计2010年2月出版。[1]有很多人要采访保尔森，保尔森都拒绝了，他只在公开场合出现过一次：那是2009年7月，保尔森参加国会听证会，接受调查。调查的是保尔森和伯南克在小布什总统执政末期，强迫美银完成收购美林的事件中的所作所为。保尔森别无他法，只能露面。

先前，保尔森还曾经与《名利场》杂志国内新闻编辑托德·S.珀德姆（Todd S. Purdum）约过见面，这次见面很不寻常。早在2007年11月，保尔森就任财长一年多以后，金融市场的问题就已经开始暴露出来，而且愈发严重。这时候，保尔森答应珀德姆，定期进行一系列单独访谈，条件是访谈内容必须在保尔森辞职以后方可公开。访谈整理成一篇文章《亨利·保尔森最长的一夜》（ Henry Paulson's Longest Night ），发表在《名利场》杂志2009年10月号。文章除记录了一次可能的政变外，还为保尔森画了一幅古怪而有趣的画像，披露了一个细节——保尔森在2008年2月一次访谈期间，曾经多次呕吐。但是，关于让贝尔斯登、雷曼兄弟毁

---

[1] 中文标题选自中信出版社2010年4月的中文版。本书作者的后记写在2009年11月，这时候，书还没有出版。

灭的决定，文章并没有给出多少新的资讯。保尔森确实对珀德姆承认，他和伯南克"比很多人都提前知道危机有多严重"，但是"危机总是比我长久以来期望或者预料的规模要大，对体系的破坏也更严重"。保尔森说，小布什任期中间，经济有过几年的迅猛增长，然后他就看明白了，"第二次冲击，将对现代金融体系造成巨大压力"。有一次，保尔森甚至告诉小布什："金融体系好比一片森林，木材已经十分干燥，我们不知道是什么东西会点火，或者爆出火花。"保尔森还认为，房价多年来一直在涨，一旦下跌，就会导致严重的问题。

2008年3月，不到一周时间，贝尔斯登就垮台了。之后，保尔森向珀德姆转述了一次盖特纳的发言，说"央行负责解决流动性问题，不负责解决偿付能力不够的问题"。盖特纳还似乎有一种本能的预感，觉得危机会那样发生。盖特纳说："金融机构倒闭，就是流动性问题，好吧？比方说你是一家投行，遇见麻烦，就肯定是流动性问题；一旦发生挤兑，流动性很快就终结了。"盖特纳说，在那个决定命运的星期，他有几次不确定，摩根大通收购贝尔斯登的计划能否完成；他已经在准备让贝尔斯登申请破产了。他把灾难比作飞机的险情，飞机迫降的时候，跑道上要喷上泡沫，用来防止火灾。他那时的计划就是"在跑道上喷上泡沫"，祈祷那些抵押品的损害不会太严重。但是，"然后，交易就顺利完成了。摩根大通如果没有政府援助就买下贝尔斯登，是不是很好？当然很好。他们有了政府援助，是不是很走运？当然走运"。

另外，很多人相信，保尔森命令摩根大通收购贝尔斯登的价格不能超过每股2美元，为了避免"道德风险"；还说保尔森一度打算压到每股1美元（贝尔斯登董事长吉米·凯恩就相信）。这两点，珀德姆这篇文章也没有证实或否认。

还有，保尔森决定不援助雷曼，两天之后却又援助了AIG；结果舆论就认为，雷曼是"被上面强制倒闭的"。对于这个问题，保尔森对珀德姆的发言，也忠实于此前拟好的脚本："一年以来，我们一直关注、担心雷曼兄弟的问题，试图解决问题。我们知道，雷曼老总迪克·福尔德也知道，我们还用一切途径告知福尔德：他一旦想用他计划的方式，宣布二季度财报，那么财报一宣布，公司就会倒闭。而且，对于投资银行这么大规模的实体，没有人能够救得回来；我当然也没有这个能力。"所以，保尔森的逻辑就是：迫于局势，一定要建立后来的"问题资产救助计划"（TRAP），规模达到了7000亿美元。雷曼倒台之后一年，保尔森还接受了《纽约客》撰稿人詹姆斯·B.斯图尔特（James B. Stewart）的采访。保尔森认为，他当时的确愿意给雷曼也喷点泡沫。保尔森说："当时我们公开说，政府不会出钱。雷曼的人进来，我们又重申，政府不会出钱。不过，我们私下里说，要是有机会用公款避免灾难，肯定会用的。"

*

然而，这些历史剧中，很多低调人物又怎样了？那些倒闭的企业，承载了他们很大一部分骄傲、财富、地位，这些公司倒闭之后，他们还能够重建自己的生活吗？

贝尔斯登倒闭事件，最重要的人物——吉米·凯恩，依然过着退休的生活。他今年（2009年）75岁了。关于贝尔斯登的遭遇，他已经不再公开发表言论；在本书出版期间，他也保持了惊人的低调。凯恩告诉别人，他不喜欢这本书；但他的妻子帕特丽夏说喜欢这本书。与凯恩共事的贝尔斯登高管把凯恩称作"山洞里的本·拉登"，因为凯恩会窝在麦迪逊大街383号6层的老巢，召开御前会议。这种温和的讽刺，足够让凯恩偶尔在公司里走上一圈，了解一下当前形势。

凯恩也继续参加全国桥牌比赛，参与了不少大型锦标赛。2009年夏，《纽约时报》桥牌专栏作家菲利普·艾尔德（Phillip Alder）在华盛顿与凯恩交手后，写了一封邮件说："凯恩退休之后，变得和顺多了，爱笑，也更享受生活了。不过，我觉得，他在早期退出斯平果尔德淘汰赛的队伍之后，风度受到了考验。"

艾伦·施瓦茨今年（2009年）58岁，决定继续工作。贝尔斯登卖给摩根大通之后的差不多一年时间里，施瓦茨接到了各大公司一个又一个招聘机会，岗位都很重要。私募股权的领军企业 KKR，计划成立投行业务，想让施瓦茨当投行业务主管；摩根大通想让施瓦茨担任高管；摩根士丹利和高盛都拼命想把施瓦茨招过来。施瓦茨作为资深并购顾问，在华尔街的名声由来已久，特别是在媒体、电信、健康产业方面。贝尔斯登存在的最后两个星期，施瓦茨的表现也没有损害自己的名声。他作为并购银行家的名声，是与他作为大型证券公司 CEO 的身份相对的；他并购银行家的名声，在这两个星期的活剧当中，没有变坏，反而变好了，因为他"养猫"十分成功，联系了律师、董事会成员、银行家、私募股权公司、政府官员，尽可能地促成了良好的结果。本书第一部分提到，摩根大通同意以每股 2 美元的价格买下贝尔斯登之后的一个星期当中，并购协议出现了一个严重错误。摩根大通 CEO 杰米·戴蒙试图与施瓦茨谈判，施瓦茨的表现尤其出众。施瓦茨充分利用了这个宝贵机会，赢得了每股 10 美元收购的结果，仅仅一个星期就让收购价上涨了 4 倍。与此同时，董事会主席凯恩拼命催促董事会成员认真考虑打出"核弹牌"，让贝尔斯登申请破产保护，毁掉整个金融体系。与这种不管不顾的疯狂相比，施瓦茨让交易得以完成就显得更为突出了。施瓦茨说："这几个周末的工作，我花了 25 年训练。"

各大公司中，高盛是挖施瓦茨最起劲的一个。高盛想让施瓦茨进入董事长办公室，直接向高盛董事长兼 CEO 劳埃德·布兰克费恩汇报。施瓦茨如果进了高盛，就会坐到办公室大楼 13 层，这一层都是让高管用的；还会直接给布兰克费恩当顾问，与此同时也给他的一批长期客户当顾问，包括时代华纳、威瑞森无线通讯和迪士尼。然而，施瓦茨一旦接受了高盛的提议，就会有很多人讽刺他，因为贝尔斯登有很多人在倒闭的时候就认为，是高盛挑起了负面情绪和交易，在最后一个星期毁灭了贝尔斯登。现在，这些人依然这么认为，但施瓦茨不这么认为。据说，证监会一直在调查这样一些指控，说高盛传播了贝尔斯登的负面谣言，与此同时又在做空贝尔斯登股票；但是，证监会本身从来没有披露过这方面的任何信息。

倘若施瓦茨真正当了高盛的高管，就一定会有一点为他辩护的声音，至少表面上会有一点；毕竟，一切都发生在2008年1月施瓦茨就任贝尔斯登CEO以后。施瓦茨的朋友、伙伴——杜克大学校友大卫·鲁宾斯坦（David Rubenstein），是私募股权巨头凯雷集团的合作创始人，鲁宾斯坦就这么告诉施瓦茨，在私下里怂恿他认真考虑接受高盛聘请。鲁宾斯坦对他说："我觉得，大家都认为你是好人，但如果有任何挥之不去的问题，就是洗白，对吧？ 你被人指定要当国王了。"

然而，施瓦茨的性格一向有些反传统，他觉得自己并不那么需要辩护，或者洗白。另外，施瓦茨还参与了几回认真讨论，是否去纽约的古根海姆合伙公司（Guggenheim Partners）当高管。这是一家多元化投资企业，管理的资产、小额投行业务、商业银行业务高达1000亿美元。鲁宾斯坦的话，让施瓦茨考虑：我究竟要留下什么成绩，要成为什么人呢？鲁宾斯坦对施瓦茨说："别人要是看到新闻，说你要当高盛的高管了，就会说'哇！'别人要是看到你去了古根海姆，就会说'啥？'"这两个机会，鲁宾斯坦这么一总结，施瓦茨不禁大笑。他想："好吧，这就给了我一个筛选的机会，我要是相信自己的名声那么重要，必须向别人证明什么，那就应该去高盛。然而，幸运的是，我并不真正在意。知道情况的人，内部的人，才是真正重要的人。"的确，自从贝尔斯登倒闭以来，施瓦茨每过一段时间就会收到前同事的邮件，感谢他的付出。施瓦茨说："这才是真正重要的。"还有一件事有点惊人，那就是，他觉得自己的遭遇，完全不像是"游街示众那样的公开羞辱"。

2009年6月，施瓦茨加入了古根海姆合伙公司，当上了"执行董事长"。几个月以来，媒体一直在猜测施瓦茨下一步会怎么做；如今，施瓦茨找了工作，猜测也就终结了。他的任务，是与执行团队紧密合作，促进企业发展，让企业在金融服务业占有更高的地位，特别是在投行业务中。这份工作，与他考虑过的高盛职位（高级顾问）比较类似。古根海姆CEO马克·沃特（Mark Walter）说："艾伦·施瓦茨是我们业内声望最高的人之一，我们非常欢迎他加入，并十分高兴。古根海姆专注于服务客户，已经有了规模很大且蓬勃发展的业务。艾伦的咨询服务、经验、领导力，对整个企业现有业务的发展，以及我们追求的新的机遇来说，都会是无价之宝。"施瓦茨加入古根海姆后的第一个战略行动，是在8月底。他招进了贝尔斯登前任高管肯尼斯·萨维奥（Kenneth Savio）。萨维奥以前的正式头衔是贝尔斯登全球股权贸易联合主管。施瓦茨想让萨维奥在古根海姆建设一个股权交易柜台，据报道称，这一举措的目的之一，是想把古根海姆打造成"下一个贝尔斯登"。几周过去，施瓦茨又雇了42岁的彼得·康尼萨（Peter Cornisar），此人是高盛合伙人，最近离职。施瓦茨把康尼萨安排到古根海姆的洛杉矶分部，为顾客与零售商提供咨询服务。

自从贝尔斯登崩溃以来，施瓦茨有足够的时间反思，2007—2008年间，企业乃至整个华尔街都遭遇了什么。施瓦茨一直相信，他在主管贝尔斯登的3个月期间，的确尽力试图挽救企业；他还说，考虑到华尔街6个月后的灾难，他为债权人和股东所做的事情，让他感到非常欣慰。有一回，施瓦茨对记者说："现在，我回过头看，我感觉比当时更好，只是因为我自己的看法是这样的：整个情况，就好比有一个人过来，放火烧了我家的房子，我觉得很可怕。可是，6个月之后又来了一场海啸，把全城都淹了，把别的房子也都冲走了。说实在的，我看不出有什么可能，让贝尔斯登可以顶住海啸的冲击而幸存下来。我觉得贝尔斯登特权还不够大，不可能在这场海啸中幸存。所以，实际情况是，总的看来，3月的情况，比贝尔斯登员工活过3月而来到9月的情况，还要好一些。"他又加了一句："我身为被选中的老板，看着自己公司倒闭，当然很难受；然而，讽刺的是，这种境况，也许还是一种安慰！"

施瓦茨也有足够的时间反思整个华尔街的危机，思考危机的成因。

他与很多人一样，为"信用违约掉期"继续存在而深感忧虑。信用违约掉期原本是一种保险措施，用以预防债务违约；不仅债务人可以购买这种掉期，只要有任何人想预测某一笔债务是否能偿还，他就能购买这种掉期。打个比方，就好像某个房主能够为自己的房子购买火险，而左邻右舍的人也能为这栋房子购买火险。当然，邻居要支付自己的保险费，但政策只有在房子烧毁之后，才能支付赔款。这种反常的动态之下，这房子被很多不是房主的人投保，突然腾起了火焰，也就不足为奇了。施瓦茨说，他相信贝尔斯登就是这种阴谋集团的牺牲品，说"这是体制的缺陷"。

他还认为，最终很可能有某种监管措施改革会被国会批准，而纠正这一缺陷。他说："讽刺的是，我们以为创建了一个系统，绕过这种缺陷；而实际情况是，我们创建了一个系统，解决了1929年的一切问题，而2009年又出了新问题。我还认为，金融衍生品也需要仔细研究；目前就要出现各种变化，改变商业运作的方式。从现在起，再过50年，就会出现另一场危机，出毛病的工具，是我们从没有听说过的。看看《圣经》，里面就提到了一种'禧年法'（Jubilee），规定每过50年就要废除债务。这种事总会发生的。"

然而，总有一种论点，认为贝尔斯登在破产之前多年就能采取各种措施，例如让公司业务多样化，减少对固收部门的依赖，筹集新资本。那些人觉得，采取了这些措施，就能避免企业最终毁灭。施瓦茨一直不赞成这种论点，他说："这个问题，我已经想过很多次了。"他甚至想象，假如自己还是贝尔斯登研究部门主管，负责写报告预测2004年到2007年信贷泡沫会怎么结束，那么他会采取什么措施。他说，作为研究分析师，预测形势变坏，写报告，一向很容易，因为最近华尔街的历史就是不断循环。垃圾债券、网络IPO、正在发生的电信债务，或是抵押贷款担保的证券，都无一例外有糟糕的下场。

然而，担任华尔街企业CEO，挑战就大多了。特别是，这企业还公开上市，每季度都要发布财报。CEO在这样的岗位上，面对一条不可避免的不归之路，面对可能发生的灾难，应该怎么做呢？而且，身为贝尔斯登CEO，他手下还有1.4万名员工。施瓦茨与凯恩，果真能像高盛在2006年12月那样，迅速减少贝尔斯登对抵押贷款市场的敞口吗？又或者，2007年3月、4月间，施瓦茨、凯恩倘若能够早早意识到，贝尔斯登两只对冲基金里的抵押贷款证券正在迅速贬值（一部分要感谢高盛为证券做出的新的估值），那么会不会对冲贝尔斯登的赌注呢？事后看来，这两个问题答案都是肯定的。不过，施瓦茨认为，当时的行动进程完全模糊不清。他说："当时必须采取的措施太过激烈。而且，手里攥着1.4万名员工的命运，我必须相信自己是对的……当时那种措施，相当于'急刹车'，我叫它'失速速度'[1]。这种情况下，企业发展速度一旦慢下来，还没等危机出现，企业就关门了。"施瓦茨还说，贝尔斯登在20世纪90年代后期还遇到过一个类似的问题，当时华尔街出现了严重的膨胀现象，后来就变成了网络IPO泡沫。贝尔斯登很明智，既没有参与这种承保业务，也没有将时髦的酬金方案提供给银行家和交易者。施瓦茨说："我们不追逐网络泡沫，丢失了很多客户。"但施瓦茨确实称赞了高盛首席财务官大卫·维尼亚和整个高盛，说他们决定退出抵押贷款市场，延长融资期限的决定很明智。他说："这种边际决策，是我们也能做的。"

然而，除了边际决策之外，施瓦茨依然觉得，并没有什么其他的措施能够制止行业崩溃。他说："5名CEO（华尔街最大的5家投行的CEO）能干什么，我看不出来。显然，在执行第一线上，高盛比其他公司表现好多了，瑞士信贷比瑞银表现好多了，摩根大通比花旗表现好多了。可是，作为一个行业，他们能踩刹车吗？不能啊。这种事，不会发生的。"

又有人说，贝尔斯登是因为依赖那种"用长期资产作为抵押品的"短期隔夜融资，所以最后垮了台，丢了脸。施瓦茨也反对这种说法。多

---

[1] 固定翼飞机必须保持一定速度才能飞行，如果慢到某个程度，就会失去控制而坠毁。

年以来，舆论一直抨击银行，说银行借入了大量短期款项，例如活期储蓄、60天商业票据、隔夜回购融资等；与此同时，银行贷出去的款项期限却更长，例如，364天循环信贷，或者5年期到10年期贷款。这样的融资方案，可以让银行间歇性地失去投资者的信心，至少舆论这么主张。施瓦茨不相信。他说："历史上就只存在过这么一种银行体系，没有别的体系。我们之所以有存款保险，是因为银行体系的根本在于筹集资产，而筹集的资产，本质上一定是短期的；因为，只有个人的流动性聚合起来，成为资产池，才可以贷出。这就是银行业。"

施瓦茨还说，这个循环的情况并不是我们很多银行筹到了短期资本，而是这个循环冻结了。换句话说，就像其他所有华尔街公司一样，贝尔斯登也会看一看抵押债券的到期债务组合，然后自问："我还需要多少现金，才能启动流动性？我不想被迫进入隔夜流动性，但我如果必须大量减仓，那就要看一看我的资产负债表上有没有30天、60天、90天、180天的证券盘存？而只要我的盘存上基本是AAA评级的资产，政府机构的资产，等等，就会认为流动性很高，因为整个盘存历史就是如此。"

然而，从2007年夏天开始，整组的债务证书被冻结了，无法在市场上出售了。而很多贝尔斯登信贷额度，例如那些期限在一年或者18个月的额度到期的时候，也无法延续同样长的时间了。这种情况，有一部分是因为，两只对冲基金（高级基金、强化杠杆基金）倒台之后，舆论越来越担心贝尔斯登的信誉度。市场强迫贝尔斯登的债务期限越来越短；最后，到了2008年3月，公司7500亿美元融资要求中的大部分，不得不在隔夜回购市场上满足——隔夜贷款的担保措施，是贝尔斯登资产负债表上流动性越来越差的资产，而且这些资产越来越多。施瓦茨说："我们3月份的隔夜贷款规模，是一种结果；而原因就是我们大量信贷额度已经到期，不能续期了。这个决定，不是有意做出来的，而是一种流动性环境的副产品。我现在说的是整个行业。整个行业都有一些资产变成了期限很长的资产，无法轻易卖掉，也无法立刻卖掉，因为这些资产的市场就要消失了。而一旦公众知道了这种情况，就会在短期融资方面刁难我们，我们就会变得很脆弱。贝尔斯登因为两只对冲基金垮台，而比较早地受到了这种刁难。两只对冲基金垮台的时候，我们正在延长债务期限；然后，我们就关门了。"

施瓦茨说，他担心这一点的方式，是把批评集中在华尔街持续的融资困局上；在他看来，这融资困局就是银行业的基础；未来将有十分严重的后果。"我们如果对世界说，这一切都是金融体系毁坏其他行业经济的鲁莽导致的，我们就会面临这样一种风险，不得不去做那些让局面恶化的事。就好像一个人，承诺将来长远的发展会让工人失业，从而当上了工会主席。"

但是，还有其他一些同样智慧而清醒的观察家相信，这条看似纯洁无害的银行规则，恰好是让金融体系如此不稳定，让投资者信心发生严重反复的根源，这规则为我们带来了毁灭性的后果。

最后，经过一年多的思考，施瓦茨还是觉得，贝尔斯登唯一的安全措施就是出售。施瓦茨曾经游说凯恩让他出售贝尔斯登，没有成功。另外，施瓦茨还在执委会大声呼吁，让贝尔斯登业务多元化，方法是买下资产管理公司纽伯格·巴曼、结算企业潘兴公司，并且把投行业务扩展到欧洲、亚洲。沃伦·斯派克特也这么呼吁。尽管这些提议被凯恩一概否决，施瓦茨还是说："这都无所谓。我们只有一个选择——出售。"

*

至于贝尔斯登这幕好戏的其他核心人物，自从2008年3月摩根大通完成收购以来的20个月的表现，堪称一场大杂烩。一方面，讽刺的是，贝尔斯登1.4万名员工——银行家、交易员，其他雇员，以及公司本身，都因为贝尔斯登的死亡顺序而受益，因为贝尔斯登是第一家崩溃的。当时，灾难的烈度还没有完全表现出来，使得贝尔斯登股东在摩根大通股票中占到了每股10美元，而且贝尔斯登的债权人拿到了所有款项；雷曼就惨得多了，股东赔得精光，债权人也近似赔得精光。此外，很多贝尔斯登员工还能找到新工作，有几个去了摩根大通，余下的散落到了华尔街各大企业。

老A.格林伯格与绝大多数前同事不一样，留在了摩根大通。他已经不接电话了，退出了执委会，也远离了董事会。他如今82岁，又跟癌症搏斗了一轮，活了下来[1]；在摩根大通一个小型股票经纪部门担任高端经纪人，这部门是从贝尔斯登收购来的。老A在给自己管钱，也为一小群死忠朋友和顾客管钱。

老A一直非常低调，目前在跟《纽约客》杂志作者马克·辛格（Mark Singer）合写一本书。辛格早在1999年，曾经在《纽约客》上发表过老A的侧记。如今这本新书，写的是老A在贝尔斯登的超长任期和贝尔斯登的崩溃。格林伯格对一名记者说："我要讲一讲公司是怎么成长起来的。记者问：老A会不会写到与凯恩的"动荡关系"？ 老A回答："应该不会，我只会讲事实。"一名前任贝尔斯登高管说起这本书，评论道："有谁会在意老A写的书？ 书里十有八九说的都是，他老A不是疯子，吉米才是疯子！ "2009年9月，老A接受了一次短暂的电话采访，说他和辛格还在拼命写书，但他对这本书其实没什么好说的，对于一切与贝尔斯登的遭遇相关的事也没什么好说的："没有想法，什么都没有。"然后又带着略加掩饰的讽刺说："只管依赖吉米·凯恩就好，他有料得很！ 他绝对心直口快！ "

老A只公开接受过一次采访，时长38分钟。那是2008年10月的查理·罗斯访谈录（Charlie Rose Show），堪称一场灾难。罗斯问老A：7个月之前，贝尔斯登到底怎么回事？ 老A拒绝回答一切相关问题。双方交流得十分糟糕，最后只得就格林伯格的慈善事业，说几句不痛不痒的话。

所有的贝尔斯登高管当中，公司前任联合总裁，长期担任高利润固收部门主管的沃伦·斯派克特，是最低调的一个。尽管他还年富力强，

---

[1] 2014年，格林伯格死于癌症。

但没有留在金融业，也没有传出谣言，说他很可能另找一份什么工作，尽管有人这么问过他。斯派克特离开贝尔斯登之后，继续担任公共剧院董事长，剧院位于格林威治村（Greenwich Village）他的豪宅附近，宅子彻底翻修了一遍。2009年5月，他卖掉了第五大街40号的顶楼豪华公寓，公寓有8个房间，卖了800万美元；原先斯派克特要价900万美元，成交价低了100万。买主叫斯科特·M.平库斯（Scott M. Pinkus），高盛前任合伙人，抵押贷款担保证券专家。讽刺的是，平库斯在高盛当了10年合伙人，在高盛创立了"信贷衍生品集团"（the Credit Derivatives Group），当了主管。这个集团负责交易、建构、分发那些场外交易型的（不通过交易所的）信贷衍生品合同、信用联系票据，还有信贷密集型证券化工具。换句话说，平库斯制了大量极为模糊、难以估值的证券，催化了经济危机的产生。

此外，还有另外一些前任贝尔斯登高管，在公司倒闭之后，反而大发其财。典型的如贝尔斯登前任副董事长——唐伟。唐伟之前曾孜孜不倦地推动贝尔斯登和中信的10亿美元换股交易；最后，交易和贝尔斯登一道灰飞烟灭。2009年3月，唐伟又当了一家"精品投行"CEO，这家投行叫作中信证券国际合伙有限公司（Citic Securities International Partners Ltd.），专门从事并购资讯业务，以及私募股权投资：既投给中国企业，也投给想要来华的外国企业。唐伟的新公司有两个金融合伙人，一是中信，二是一家纽约"精品银行"——艾弗考尔（Evercore）银行。开始新的风险项目之前，唐伟曾短暂入职摩根大通。

贝尔斯登副董事长汤姆·弗莱克斯纳，早在贝尔斯登卖给摩根大通的交易完成之前，就宣称已经入职花旗，当了房地产金融与投行部门的全球主管，兼房地产另类投资主管。然而，弗莱克斯纳来到花旗之后的一年，花旗状况明显恶化，从而让弗莱克斯纳连续体验了两家大型跨国金融企业的濒死状态。弗莱克斯纳至今仍在担心这场信贷危机在政治、经济、社会意义上的后果。他最近写了一封电邮："政府是否要变成我国经济的永久影响因素，而且影响要大得多？政府决策是否会影响私人资源的分配？美国消费者在房屋净值、投资组合证券方面的资产已经大幅缩水，他们是否还必须改变整整一代人的消费习惯，成为纯粹储户呢？金融危机会留下几万亿美元的预算赤字，子孙后代要如何面对呢？民众可能失去对美元的信心，这对我国保持世界领先地位的能力有什么影响呢？我们要面临持续的高通胀，还是持续的高紧缩？过去两年发生的失业问题，要花多少年才能消除呢？"弗莱克斯纳又说："信贷泡沫的起因是，多年的系统性杠杆作用、全球的风险证券化、全球主要银行的放松管制和宽松货币政策。而戳破信贷泡沫，就可能导致各方面一系列的巨变，包括税收制度、报酬机制各阶层经济分化，甚至法律体系。"

另一位贝尔斯登副董费雷斯·诺亚姆，在摩根大通收购完成之后几天加入了美林，当了美林的中东北非事务部的主管。诺亚姆今年（2009年）46岁生于科威特，父母是黎巴嫩人，8岁移民到美国纽约布鲁克林。不幸的是，诺亚姆跟弗莱克斯纳一样，也直接面对了美林遭遇的种种挑战，特别是在约翰·塞恩担任美林CEO的短短9个月期间内。诺亚姆说："我在贝尔斯登的经历，让我有了一种感觉，死过一次，就不会再死了。我已经失去过自己的专业团队，也失去过自己的财富，所以不会再有人能用什么该死的手段把我怎么样了……我是说，我几乎感觉——不是感觉天下无敌，而是感觉自己的装甲厚实多了。很多事情，别人看着都很吓人，我看着就无动于衷了。我来到美林，加入了管理委员会，成为小核心的一部分，这个核心就是要拯救美林，渡过这次危机。"诺亚姆来到美林的时候，美林就好比一艘遇险的轮船，正在迅速进水，已经开始倾斜了。

诺亚姆的上司是美林总裁格雷格·弗莱明。2007年12月到2008年1月，诺亚姆力挽狂澜，帮助美林从科威特投资局（Kuwait Investment Authority），一家主权财富基金筹到了20亿美元。此外，诺亚姆还与格雷格·弗莱明、约翰·塞恩一起，组织了2008年9月美银对美林的收购。

一开始，诺亚姆不确定还会留在美银美林合并之后的企业，特别是两件事让他更加犹豫：其一，弗莱明离职了，去了自己的母校耶鲁法学院教书。其二，合并之后，时任美林CEO的肯·刘易斯把约翰·塞恩开除了。《纽约邮报》还发表了一条错误的消息，说弗莱明有一份两年合同，价值1500万美元，可能很有诱惑力。尽管如此，诺亚姆还是决定留下来担任投行业务的副主管。当时美林有很多长期高级银行家、交易员都离开了，因此诺亚姆留下来，有很大的象征意义，象征美林还会继续存在。唐伟、弗莱克斯纳、诺亚姆之外，还有第四名贝尔斯登副董事长，E.约翰·罗森瓦尔德，今年（2009年）79岁高龄，已经退休了。

贝尔斯登好戏的其他主要演员，境遇也不错。倒闭时的首席风险官马尔克·阿历克斯，现在在美联储纽约分行监督组担任高级副组长。2008年11月，盖特纳与阿历克斯密切合作，采取了一系列风险管理措施。盖特纳对阿历克斯的表现非常满意，于是把他招进了美联储。2009年夏，阿历克斯说："我一直在想，整个金融体系的多米诺骨牌会怎样倒下来。2007年年底到2008年年初，我们所体验的，完全是亲眼看着一些最深的恐惧变成现实。流动性丧失了，信贷紧缩了，那些行业高管、政府官员全都非常害怕的事情，比我们预料的还要糟糕得多。"

阿历克斯的看法，与华尔街很多批评家的看法不同，倒是与杜克大学校友艾伦·施瓦茨很像。阿历克斯没有指责银行家的贪婪，也没有认为是行业依赖短期融资导致体系崩溃。阿历克斯说："我想要劝大家不要说'各家公司本来可以做什么，监管部门可以做什么，肯定能避免危机'这样的话。因为，在我看来，这次危机是资本主义和经济活动不可避免的一部分，而且，一旦身陷危机，我们也永远不会清楚，哪些工具会起作用，哪些处理方式才正确，能帮助我们避免最坏的结果。我们必须亲身体验，吸取教训。"

再说贝尔斯登前任战略主管史蒂夫·贝格雷特。贝尔斯登的战略主管一向形同虚设，就算真的做事，也是吃力不讨好。贝格雷特加入了柔点福特（Flexpoint Ford），这是一家市值13亿美元的私募股权企业，总部位于芝加哥，专门投资金融服务领域和医疗器材公司；本书作者威廉·科汉也投了一点钱。2008年10月，贝格雷特入职，担任公司纽约分部主管。不过，让贝格雷特最出名的，还是在2009年7月，参加世界扑克系列大赛（World Series of Poker）主要赛事，在德州扑克比赛中，获得了15分钟时长的殊荣。由此还产生了一个不寻常的讽刺结果：贝格雷特成了世界扑克系列大赛决赛争夺冠军的9名选手之一，换言之，成了全世界最厉害的赌徒之一。7月15日，贝格雷特写邮件说："我像是活在一场梦中！"决赛11月7日在拉斯维加斯举行，贝格雷特排行第三，筹码接近3000万片，表现很好。不论是否夺冠，他都能拿到至少120万美元奖金。2009年8月，贝格雷特在接受一个扑克网站的采访时说："我在地雷阵中间，在雨滴之间舞蹈（风险极大），但不知为什么，我依然屹立不倒。我已经赢了。竟然能参加决赛，真是太疯狂了。不知道自己是怎么杀入决赛的。我的目标是打好比赛——到现在为止，一直打得不错。"2009年9月，贝格雷特还参加了另一场著名的扑克比赛，世界扑克巡回赛（World Poker Tour）的"扑克传奇"（Legends of Poker）比赛。11月，贝格雷特在拉斯维加斯，勇闯世界扑克系列大赛决赛圈，但在凌晨1点，筹码排行第一的时候，被戏剧性地淘汰了。当时他赌输了，下一手不得不把所有筹码都压上。舆论一直看好他夺冠，如果他真的夺了冠，筹码第一的位置就可以赢回来了。不幸的是，最后一手牌打败了他，他被迫出局了。最后，贝格雷特排行第六，奖金总额159万美元。

再说保罗·弗里德曼。当初，贝尔斯登固收主管之一威廉·迈克尔切克创建了马里纳投资集团（Mariner Investment Group）。弗里德曼在马里纳集团工作了一段时间，2009年10月辞职，加入了艾伦·施瓦茨所在的古根海姆合伙公司。前面说过，施瓦茨一直努力在古根海姆重建一些贝尔斯登结构，弗里德曼加入，也是施瓦茨努力的结果。弗里德曼在贝尔斯登解体过程中表现得比较高调，这时候，他想要更加低调一些了。他曾经在公开场合直言不讳，说贝尔斯登倒闭，不是因为什么捉摸不定的百年一遇大海啸，而是因为高管的胡作非为，也就是"我们害死了贝尔斯登"的理论。因此，他遭到了一些前同事猛烈抨击。一名贝尔斯登前高管说了一句经常有人重复的话："有个笑话很有名，说的是我们一看这本书（初版），才发现保罗·弗里德曼这些年一直在主管贝尔斯登，那我们为什么没给他老板的工资呢？"

弗里德曼在另一个问题上也同意施瓦茨的观点，那就是，他认为，到头来，市场强迫贝尔斯登面临了致命的隔夜融资问题，而没有让贝尔斯登高管自愿地这样选择。弗里德曼在电邮里说："企业在一夜之间获得那么多的清单融资，这不是预先设计好的，而是出于这样一个情况，那就是2007年夏天之后，谁都不会给贝尔斯登的交易续期了。从历史上说，无论是观念方面，还是百分比，隔夜融资的规模都更小一些。"

弗里德曼还有两个发自肺腑的清晰观点：第一，对这场危机的批评，是否追究了始作俑者的法律责任？第二，2009年6月终于成立了一个紧急委员会，结构类似"9·11事件"之后成立的紧急委员会，2010年12月要向国会提交报告；那么，这个委员会是否应该负责努力锁定罪犯？弗里德曼说："你们真的以为，有哪个委员会能发现危机的哪一部分是故意的举动，由此发现这一部分属于犯罪？这个犯罪是法律意义，不是道德意义？你们真以为，有谁能够发现，最顶层的那些人都说'咱们看看能不能把自己炸死，让整个世界陪葬'？他们只是太蠢了，以为把风险控制住了。他们相信，至少贝尔斯登那些人相信，有一种'炼金术'，靠数学和优先债券技术支持，能把垃圾贷款变成复杂证券，又能把复杂证券变成更复杂的证券。他们相信这种胡说八道可以成真！不然，这些垃圾贷款，他们怎么自己买了那么多，又贷出去那么多呢？我都不记得跟那些搞研究的开了多少会，他们拼命解释，大数定律（数学名词，大量随机变量所呈现的一定规律）清楚地显示，有一个多样化的抵押贷款池，甚至次贷池，能够保护高级债券持有人免遭损失。他们错了，错误引发了灾难。可是，他们并没有犯罪！"

*

2008年6月以来，贝尔斯登前任联合总裁沃伦·斯派克特一直刻意避免引起别人注意。他这么做有多种原因，可能的原因之一是，2009年10月，前任贝尔斯登对冲基金经理拉尔夫·乔菲和马修·丹宁涉嫌犯罪，案子开庭审理，斯派克特一直是潜在证人。检察官有一份原始证人名单，一共有63人，斯派克特是其中之一；但是，名单修改之后只剩下了32人，把斯派克特去掉了。之所以会这么修改，可能是因为检方要全力对付乔菲和丹宁，因为这两个人是被控告有罪的人。尽管斯派克特并没有因为任何不当行为而被控，连针对乔菲、丹宁的起诉书里也没有提到他，但是，很多贝尔斯登前高管，很多华尔街高管都相信，乔菲、丹宁二人在对冲基金的所作所为，斯派克特了解得一清二楚。高管们还认为，法院会让斯派克特出庭作证；实际上，斯派克特没有作证。斯派克特对乔菲印象很好，也很尊敬乔菲，还给了他1000万美元启动资金，建立第一只基金——高级基金，条件是乔菲要给他回报。制度上，乔菲、丹宁的上级是BSAM主管理查德·马林，实际上乔菲往往我行我素，这个情况，贝尔斯登内部人人都知道。

美国政府在起诉书中说，乔菲和丹宁涉嫌犯罪。2009年10月13日，案件在纽约市布鲁克林区联邦法院开庭，庭审进行了3周，其间彻查了各种线索，要确定两人是否犯罪。自然，检方和二人此前进行了长期的激烈较量，直到开庭。这种较量的例子很多，仅举一例：乔菲的辩护律师名叫苏珊·布龙（Susan Brune），有一次，布龙催促法官弗雷德里克·布洛克（Frederic Block）强迫政府将一直以来从他们的证人那里录到的详细口供移交给辩方；这一举措，是法律要求的。7月30日，布龙给法官写信："问题……在于，尽管我们知道政府一直在给证人录口供，但政府实际上不再提交证人口供笔录了。"

政府也在开庭之前尽力争取了有利位置。2009年8月18日，美国助理律师詹姆斯·麦戈文（James McGovern）也写信给法官弗雷德里克·布洛克，催促法官允许政府在开庭时提交乔菲"此前未受指控的各种行为"，当作证明乔菲故意参与内部交易的"相关证据"。起诉书指控乔菲参与内部交易的罪状之一是："BSAM为乔菲之雇主，乔菲因与BSAM之关系，而获得了未公开的可靠信息，因此赎回了强化基金里自己的200万美元资金。"麦戈文写信给法官说："政府将会证实，被告人赎回了自己在强化基金的投资，因此能够将这200万美元重新投到另一只由乔菲自己控制的、利润更高的基金中。"

按规定，乔菲必须汇报他管理的基金与贝尔斯登之间的交易；然而，乔菲只要汇报，就会损害自身利益，因此他曾经长期不汇报。最终，2006年下半年，马林完全禁止了乔菲与贝尔斯登之间的交易。政府表示，想利用乔菲这一违规行动，证明"乔菲与手下的管理团队的所作所为，与公众利益存在更大的冲突"。乔菲的行为容易产生利益冲突，还有另一个例子，麦戈文拿来引用了：2006年下半年，乔菲曾经用他在强化基金里的投资作为抵押品，向布瑟银行（Busey Bank）借了425万美元，用于投资乔菲和兄弟正在兴建的一个高档住宅区的项目，名叫"拉·翡冷翠"（La Firenza），位于佛州长船礁镇（Longboat Key，又译朗博特镇）。政府指控说，小区项目就要违约了，想要不违约，而且建成，就必须从布瑟银行借来这笔钱。乔菲通知BSAM管理层，想要用对冲基金里的投资作为抵押品去贷款，BSAM没有批准。麦戈文说："乔菲一发现BSAM不让他用强化基金里的投资作为抵押品，就变得十分惊慌，指控BSAM总顾问在幕后操纵。"麦戈文还说，因为BSAM对这笔长期贷款严加审查，所以乔菲故意对BSAM管理层隐瞒了提款200万美元的事，因为就算请求BSAM准许，BSAM也会拒绝。麦戈文还说："不论乔菲怎样解释，说他清白无罪，这一证据都能予以驳斥！"

即使在开庭以后，政府也努力说服布洛克法官，将这一证据用于审理。检察官希望用各种文档和证词，证明乔菲和丹宁违反了贝尔斯登一名上级关于信贷额度的指示，而这件事就说明，两个人被控的犯罪行为，其开始时间远远早于人们认为的时间。2009年10月25日，美国联邦检察官本顿·J.坎贝尔斯登（Benton J. Campbell）说，政府的证据"将会显示，被告开始犯罪的时间，比起诉书中指控的阴谋时间，要提前数月之久；陪审团有资格获悉这一点"。（陪审团也同样有资格获悉另一个情况：2005年、2006年两年，贝尔斯登付给乔菲的酬金是2200万美元，付给丹宁440万美元。这个有趣的情况，在审理期间浮出水面。）政府想要提交给法庭的，有关佛州房地产交易的材料，披露了很多惊人的事件，其中包括，就在法院开庭之前几天，乔菲还来了一次"最后一分钟营救"，去了一趟布瑟银行，想要取回贷款的原始文件，结果是徒劳。因为政府已经申请让法院发传票，命令银行交出贷款文件，所以等乔菲来的时候，银行已经不能把文件给乔菲了。（至于贷款本身，不论来路是否正当，因为乔菲承诺用两只对冲基金里的财产作担保，所以银行给了乔菲贷款。后来，乔菲又还清了贷款。）

最后，布洛克法官没有采用这项"最后一分钟营救"的证据。还有另一个证据，法庭也没有采用，那就是2006年11月21日开始，丹宁用gmail邮箱写的一份秘密日记。当天第一篇日记写道，他承认自己十分紧张，而且越来越依赖安眠药和抗焦虑药物；这两个情况，他此前从未向投资人披露过。丹宁的日记写得很清楚，2006年夏天，他非常担心两只对冲基金存在"崩溃的风险"，会损害投资人。他说："这一切，就像1吨重的砖块，向我砸了下来。第一个结果，差不多立刻表现出来的结果，就是我丧失了睡眠的能力；这是典型的焦虑症。我睡不着了。上了床，一两个小时就会醒来……满脑子想的都是那些我没做的事，那些可能出问题的事。"

2006年7月第一周，丹宁与家人去伦敦度假了。他非常不高兴，特别是"每到一个地方，都不得不带上孩子"。他依然失眠，而且开始感到抑郁。夏末，他又带家人去了一次加拿大，但这次旅行也没有减轻越来越重的抑郁和睡眠障碍。私人医生给他开了氯羟去甲安定（Lorazepam），帮助他睡眠；还有抗抑郁的安非他酮（Wellbutrin），帮助他消除低落感。丹宁说："我试着描述一下自己的精神状态吧。我紧张到了极点，如今坐在这里（尽管已经服用了安非他酮），回想那时的紧张，是分外奇怪的事……利差很紧，信用也在恶化。我担心，这一切都会崩溃，我不得不另找工作。"

后来，丹宁不再吃安眠药了。丹宁在日记里承认，停药确实让他感到紧张，但是内科医生担心，丹宁有可能对安眠药上瘾。日记里描述了丹宁是如何戒断安眠药的。到了2006年感恩节，丹宁说："我心情现在很不错。"但是，2007年2—3月，两只基金的业绩开始迅速恶化，丹宁的焦虑又加重了。但是，法庭最终没有认可这份证据。政府之所以拿到这份日记，是因为谷歌提供了文本。谷歌一开始说，日记账户已经不存在了，然后又在最后一分钟交出了账户内容。

法官认为，政府的传票列出的理由太过宽泛，不够具体。[1]庭审主要关注的控方主张是，乔菲和丹宁反复对投资人"撒谎"，包括一系列话题，如：二人各自往两只对冲基金投资（或者打算投资）的金额是多少；两只基金表现恶化的时候，投资人对乔菲和丹宁提出的赎回数百万美元投资基金的要求有多么强烈，规模又有多么大。

政府宣称，乔菲从来没有告诉投资人，自己从强化杠杆基金提出了200万美元，投资到第三只基金中；2007年春天，贝尔斯登请乔菲负责管理这只基金。庭审记录显示，第三只基金的两位经理，完全没有向3只基金投资。政府还宣称，丹宁告诉很多人，包括投资人"我想在两只基金中投更多的钱"，但从来没有兑现。政府声称，投资人对2007年春天两只基金的业绩表示非常担心，想要从两只基金赎回大量投资；但是，

---

[1] 按照一般情况，只有法院有权发传票，政府无权发传票。据此推测是政府委托法院给谷歌发了传票。

2007年4月25日，召开了投资人电话会议，乔菲和丹宁在投资人担心的问题上，在赎回的金额上，都说了谎话，此后还一直说谎。检方宣称，案子几乎完全就是由这些"谎言"构成的。作为证据，检方出示了2006年、2007年丹宁和乔菲往来的多封电邮中的一些非常可怕的片段。但是，邮件全文存在明显的模棱两可，不知为什么，检方却没有全面考虑到，陪审团要看到邮件全文，而不只是片段，才会做出反应。

例如，检方把电邮信息当作主要证据；起诉书中，检方引用了2007年4月丹宁用个人gmail账户发给乔菲妻子的一封电邮。政府抓住丹宁没有用贝尔斯登公司账户发邮件，大做文章，说丹宁拼命在隐瞒什么。丹宁说"次贷市场现在看来很是悲惨"，还说，如果最近的财报准确无误，"我觉得，我们就应当关闭两只基金了……次贷市场整个叫人煮了！"

可是，陪审团最后看到了邮件全文。文中，丹宁长篇大论地思考了各种行动选项，而且似乎在努力做出最稳妥的选择。换句话说，如果当前局势不安定，投资人就最希望基金经理能够关心这些问题。最后，丹宁总结说，他感觉，两只基金当前的表现"好极了"，"我已经尽力而为，做到最好了"。

辩方则主要依赖这一"合理怀疑"和几位专家证人的证词，提出了两个问题：第一，两只对冲基金的本质是什么；第二，如果形势好转，这两只对冲基金的前景如何，能够挽回多少损失。这些专家证人，有一位是R.格林·哈伯德（R. Glenn Hubbard），哥伦比亚商学院院长，也是小布什经济顾问委员会前主任（哈伯德参与本案，拿到了10万美元报酬）。他们的客户，可能判断能力不足，无法看清次贷市场的前途究竟是恢复还是崩溃。但是，辩方主张，判断能力不足并不是犯罪，他们的客户也没有犯下任何罪行。此外，辩方也当然确保了陪审员能够看到丹宁、乔菲的往来邮件全文。苏珊·布龙既是乔菲的律师，也是丹宁的律师。她的开庭陈述说："这是有关风险的案子，可能会因承担风险而挣钱，挣很多钱，也可能因承担风险而亏钱，亏很多钱。这个案子，当事人拼命要做到最好。"乔菲的顾问是丹尼斯·布斯温克斯（Dane Butswinkas），布斯温克斯质疑：为什么检方专门喜欢用断章取义的证据？"透过脏玻璃看世界，一切都是脏的。"

乔菲和丹宁在贝尔斯登有些老同事，在为期3周的开庭期间，偶尔会来到布鲁克林法庭，打个招呼，在现场旁听。有一天快休庭的时候，保罗·弗里德曼也来了，两人看到老熟人，非常高兴，都热情地欢迎弗里德曼。陪审团开始决定两人命运的前一个周末，丹宁显得非常冷静，给弗里德曼定期发邮件。当时，丹宁正在拉斯维加斯，看自己的前任合伙人史蒂夫·贝格雷特参加世界扑克系列大赛总决赛，与对手激战。丹宁想知道，贝格雷特在争夺全球顶级扑克玩家桂冠的路上，表现如何。另一边，弗里德曼说起丹宁："别人可能会觉得，丹宁有更重要的事担心，不应该这样；不过，他可能只是想逃离现实而已。"

用媒体的说法，陪审团成员清一色是"工人阶层"。2009年11月10日，陪审团商议了6个小时，作出裁定：被告在所有方面均无罪。陪审员瑞恩·古尔斯比（Ryan Goolsby）之后告诉《纽约时报》："我们真的感觉，并不能证实被告有罪。"另一名女陪审员阿兰姆·洪（Aram Hong）说："整个市场都崩溃了，不能把市场崩溃推到两个人身上。"阿兰姆说，电邮显示，乔菲和丹宁"不眠不休"，想要拯救两只基金。阿兰姆告诉《纽约邮报》："如果真是欺诈，他们就不会那么努力。假如我是一艘船的船长，船被撞了，并不一定就是我的错。"还有一名女陪审员竟然说，她要是也给乔菲、丹宁投了钱就好了！然而，两个人让投资者亏了大约16亿美元，这个情况，这陪审员显然无视了。

直到2009年本书英文新版发稿为止，证监会对乔菲、丹宁提起的民事诉状，还有很多愤怒的投资人对乔菲、丹宁提起的多起诉讼和仲裁请求，依然悬而未决。于是，迄今为止，也就没有一个人为2008年金融海啸真正负责。

*

华尔街这一切动荡，给我们留下了什么？美国很多银行崩溃了，转型成了新体制；我们还在研究这种新体制，也有充分的理由，对它保持警惕。此外，2008年的各种灾难，还有诸多未解之谜。以下略举数例，当然，这种列举，完全不在科学范畴以内。

政府强迫雷曼兄弟申请破产，究竟是个人主导的闹剧，是政治上的必然措施，还是二者兼而有之？申请破产发生在2008年9月15日星期一凌晨，那以后，出现了很多互相冲突的说法，讲的是破产的两个关键人物之间存在什么仇恨，才导致了雷曼的灭亡。这两个人，一个是长期担任雷曼CEO的迪克·福尔德，一个是当时的财政部部长汉克·保尔森。9月12日，保尔森从华盛顿飞来纽约，走进美联储纽约分行办公室，和他一起的还有当时的纽约分行行长蒂姆·盖特纳。保尔森宣称："联邦政府无意救援雷曼兄弟。"做出这一明确表态的很久之前，"福尔德和保尔森不是一路人"的消息，就已经尽人皆知了。这两号人物，全都意志坚定，雷厉风行，碰到一起，冲突或许就必不可免。

然而，尽管考虑到保尔森以前在高盛与福尔德有冲突，但福尔德认为，两人的工作关系还是很融洽的。例如，贝尔斯登倒闭3周后，即雷曼公开筹集40亿美元新股权的10天后，2008年4月11日星期五夜间，福尔德跟保尔森共进了晚餐。次日凌晨2:52，福尔德给雷曼总顾问汤姆·鲁索发电邮，说会议有6种结论，其中包括"财政部对我们印象很好"，说保尔森"对我们筹资表示赞赏"，说"他们要搞死那些不良对冲基金，还要严密监管余下的对冲基金"，说保尔森"对美林的前景十分忧虑"。福尔德说："总而言之，还是值得。"

根据篇幅巨大的"电话记录"，福尔德在整个信贷危机的期间一直定期与保尔森接触。这是政府部门——监管及政府改革委员会调查雷曼崩溃结果的一部分。

然而，到了2008年7月底，福尔德已经对保尔森待过的公司——高盛，存有了强烈的厌恶。3月贝尔斯登倒闭之后，一直有人高度怀疑，高盛可能对贝尔斯登的毁灭起了很大作用。据称，高盛曾买下贝尔斯登的看空期权，曾做空贝尔斯登股票，而且（或者）曾经鼓励各家对冲基金从贝尔斯登提款。2008年5月，高盛还可能与其他公司密谋，搞垮贝尔斯登。福尔德说，希望"他们能追查到犯人"。与此同时，对冲基金"绿灯资本"总裁、创始人大卫·埃因霍恩，一直公开质疑雷曼的账户与账簿上的资产价值。埃因霍恩还一直在做空雷曼股票。到了2008年夏天，雷曼高管与埃因霍恩已经公开宣战了。

有一名前任雷曼银行家，那年夏天刚刚加入对冲基金"堡垒"，向雷曼汇报说，高盛"开着一辆公交车，车上载着对冲基金的阴谋"，要把雷曼撞死；雷曼很多高管已经这么猜测了，银行家只不过进一步证实了这个观点。

最后，雷曼各位高管宣称，保尔森告诉他们，雷曼要"强制倒闭"，而且政府不会发出援助资金，特别是两名可能的买家退出交易之后；这两个买家，一个是美银，一个是英国银行巴克莱。美银退出交易之后转而收购美林，巴克莱退出交易之后打算收购雷曼中他们想要的部分，避免雷曼破产。雷曼申请破产当天，保尔森公开说："从来没有一次觉得，用纳税人的钱救援雷曼公司是妥当的。"后来，保尔森又与詹姆斯·B.斯图尔特（James B. Stewart）对谈，这一次，保尔森把观点修改了一下，加了一句："我非常重视道德风险。"

然而，6个月之前，保尔森却可以动用纳税人的数十亿美元救援贝尔斯登；两天之后，保尔森也可以动用这么多钱，救援保险巨头AIG。另外，盖特纳事后接受采访，说他最青睐的选项，是为雷曼创立一个类似贝尔斯登的解决方案，只要有更多时间，或者雷曼信用度更高。然而，当时这两个条件都不具备。有很多前任雷曼银行家，还有一些阴谋论者，私下里表示，保尔森知道，雷曼一倒，资本市场就会出现恐慌。的确，9月14日周日下午，雷曼新总裁巴特·麦克达德对保尔森做了一次

PPT演讲，告诉保尔森，雷曼一倒，会有什么后果。另外，麦克达德还去了美国国会山作证，推行一项法律，这法律后来就成了价值7000亿美元的"问题资产救助计划"。彭博社报道，麦克达德对保尔森的演讲，题目是《违约之设想情况——清算框架》（*Default Scenario: Liquidation Framework*），说了这么一些话：全球大规模财富损失；对一切金融机构造成影；零售投资人和退休人员的资产将毁灭。

演讲还预测，短期金融市场会出现冻结："回购违约"，"金融机构会清算雷曼回购抵押品；回购违约引发控股公司债务大部分违约，并导致数千亿证券被清算"。保尔森对麦克达德的分析不屑一顾，说'你说的只代表你自己的利益'，又重申，雷曼必须"强制倒闭"，"你们没有选择，必须申请破产"，还说"他们（雷曼高层）让整个金融体系面临风险，而他们本来不必这样做"。纽约威嘉律师事务所合伙人哈维·R.米勒告诉彭博社："雷曼已经听到警告了！我告诉他们：'世界末日就要来了，你们不知道会有什么结果！'他们回答：'我们已经处理好了。'"

保尔森回忆录出版之后，我们可能还会了解到，人的性格在雷曼崩溃事件中，究竟发挥了多少作用。当然，也可能不会了解。前面提到，保尔森接受《名利场》杂志托德·珀德姆采访时，没有透露对福尔德的个人看法。福尔德的律师也一直不让福尔德公开谈论细节，特别是有3个联邦大陪审团，还在考虑对福尔德及其执行团队提起多项指控；指控的源头，就是在2008年3月贝尔斯登倒闭到9月雷曼申请破产之间的6个月里，雷曼筹到的几十亿美元资本。这种情况下，福尔德就更不可能随便说话了。福尔德在爱达荷州布莱恩县（Blaine County）凯彻姆市（Ketchum）有一处私人牧场，用木材和石头建成，风景优美。要来到牧场，必须穿过"大木河"（the Big Wood River）上的桥。2009年9月，有一位路透社女记者克莱尔·鲍德温（Clare Baldwin）没打招呼，擅自过了桥，在牧场上见到了福尔德。当初，2008年10月，福尔德在国会作证，说的话当然都是预先准备好的。一年以来第一次，福尔德即兴跟鲍德温谈了话。福尔德说："弗洛伊德一辈子都在面对挑战，不过，他总是说：'是这样，母亲爱我，家人爱我，还有几个好朋友知道实情，我就别无所求了。'"

鲍德温又问：雷曼倒闭，保尔森、盖特纳、伯南克起了什么作用？福尔德突然不说话了。鲍德温回忆："福尔德转向我，抓住我的前臂，面色严峻，停了一停。说话的语气很坚定，但语速很快，声调也比平时高了。他说的是：'不好意思。这件事我不会做，绝对不会做。'他是说，他不会公开为自己辩护，至少现在还没有辩护；因为他说，舆论还没有准备好，要听他这个角度的说法；还因为福尔德说'我对自己下了保证，不会为自己辩护'。"鲍德温专门提到，福尔德拥抱了她两次，还说了一句"再见，亲爱的"。鲍德温说："福尔德好勇斗狠，爱威胁人，人称'大猩猩'。这样的举动，完全不像是他的风格。"

然而，雷曼在资产负债表问题上，一直躲躲闪闪，不愿公开；到头来，或许就是这样的态度把雷曼害死了。AIG 和雷曼不同，美联储说，AIG 还拥有一些有价值、无负担的资产，感觉可以向 AIG 贷款；而雷曼的资产负债表却塞满了以抵押贷款作为基础资产（又译标的资产）的证券，这些基础资产的价值正在迅速丧失。美联储说，雷曼已经没有贷款抵押品了，所以在那个最后的周末，也就不能为雷曼准备救援贷款了。

再说 AIG 事件：政府向 AIG 注资 850 亿美元，究竟是为了避免金融灾难，还是只是为了保住保尔森的前公司高盛不垮台呢？ 去年（2008 年）秋天的事件当中，这个说法，可能代表一种阴谋论；这个问题可能会让那些专门黑高盛的人忙上几年，虽然实际上他们不应该浪费时间。黑高盛的人，举出几个"事实"，证明保尔森非常照顾高盛。其一，高盛是 AIG 的主要交易伙伴和对手方，AIG 一倒，高盛和 AIG 一样损失惨重。其二，雷曼倒闭之后，盖特纳和保尔森又在美联储决定了 AIG 的命运，当时在场的唯一华尔街 CEO，就是高盛 CEO 劳埃德·布兰克费恩。这确实让人觉得，政府在救援AIG过程中非常偏爱高盛。其三，布兰克费恩在危机当中与保尔森谈过很多次，9月雷曼倒闭的那一周，布的名字在通话记录上出现了24回，这就像是保尔森的办公桌上，有一部专线电话，专门留给布兰克费恩。其四，阴谋论的coup-de-grace（法语：致命一击、杀手锏）是，政府救援之后，高盛从AIG拿了129亿美元，这个数额在所有公司里是最高的。这几个因素加在一起，难怪那些怀疑论者会坚决认为，保尔森送给AIG金山银山，纯粹是为了避免高盛落得贝尔斯登、雷曼、美林那样的下场。到2009年9月，AIG已经拿到了1800亿美元，而且还在增加。

且慢！真相可远没有那么激动人心，至少我们目前得知的真相是这样。第一，布兰克费恩一发现AIG会议上只有他一个华尔街CEO，就赶紧离开美联储回到了高盛总部，宽街（又译布罗德大街）（Broad Street）85号他13层的办公室。第二，布的名字出现在通话记录上，但并不等于专门跟保尔森、盖特纳通话。而且，2009年8月，布对记者说："那一周主要忙的是AIG的事，然而，也是在那一周，零售市场企业——第一储备公司（First Reserve）资产也跌破了面值，而且雷曼破产，在伦敦主要经纪市场引发了严重问题。我和盖特纳、保尔森，有成千上万的话题可以谈。"另外，保尔森也告诉《名利场》杂志记者珀德姆，布莱克费恩的"智力水平跟我们余下的一些人不一样"，所以这两个人在危机当中自然会交谈。

的确，直到现在，布兰克费恩都很奇怪，为什么高盛会吸引那么多注意力，人们为什么会觉得高盛在危机中搞了阴谋。布坚决认为，高盛之所以差不多完好无损度过了危机，完全是因为高层的很多决策非常谨慎，例如抢在其他公司之前，也抢在政府要求之前，筹集了几十亿资本；又如，其他公司不愿意为客户和自身开拓市场，高盛却开拓了。最近，高盛还偿还了TARP的100亿美元贷款，当初保尔森强迫高盛接受这100亿美元。以及，高盛还为政府持有的高盛认股权证，支付了高于市价的金额。

　　至于那声名狼藉的 129 亿美元，高盛领导也预备好了解释方案。他们说，高盛对 AIG 并没有金融敞口；而且，考虑到高盛的风险管理水平很高，这么说也合情合理。此前，高盛已经以抵押品的形式（现金和证券），拥有了这 129 亿美元中的大部分。假如 AIG 违约，则高盛领导相信，高盛应当直接拥有全部抵押品。高盛对 AIG 的敞口余额，大约有 20 亿美元。关于这笔钱，高盛首席财务官大卫·维尼亚说，高盛已经从多个第三方以信用违约掉期的形式购买了保险。假如 AIG 违约，则高盛将收取这笔保险金。所以结论就是：AIG 一旦违约，高盛只不过以政府救援的形式从 AIG 拿到了理应拿到的东西。布兰克费恩说："政府决定援助 AIG，是考虑到金融体系的风险，而不是因为高盛。"

　　保尔森告诉珀德姆，他认为，政府相信 AIG 不仅拥有无负担资产，可以作为 AIG 获得贷款的抵押品，而且，先前 AIG 曾经办了一件蠢事，为全球各地的金融风险提供担保；所以 AIG 一旦垮台，就会导致这些保险合同无法兑现，继而导致被保险的那些公司大幅降低自身资产负债表上那些应当受到保险的资产的估值，让这些公司急需筹集附加权益资本。保尔森说："这个领域出现崩溃，就会导致一场大灾难。"保尔森还说，他并非这些事件的决策人；决策人是美联储的伯南克和盖特纳。保尔森还告诉珀德姆，虽然这个说法让人很难相信："我一直很擅长团队合作。我已经给了他们建议。我也一直很愿意承受那些我职责范围之外的事带来的后果。"

　　大卫·维尼亚承认，AIG 破产，对高盛来说一点都不好玩。最近他告诉记者："如果 AIG 破了产，就会影响全世界每一家金融机构，因为破产会严重影响整个金融体系。"但他又加了一句，高盛既然是高盛，就说明它很可能已经在雷曼、AIG 崩溃之后的局势下，找出了继续金融交易的方法。

美银和美林并购，最大的争议在于，美银CEO肯·刘易斯让股东投票表决是否用500亿美元换股并购美林；但并没有在投票之前告知股东，美林亏损已经达到了数千万美元，而且还在继续增加。为什么？

并购合同签署，是在2008年9月14日；股东投票，是在12月5日，相隔7周。这段时间，刘易斯差不多每天都在研究美林愈演愈烈的亏损。从宣布交易那一天开始，美银就派出了据说有200多人的庞大队伍，彻查美林公司和账本。每周，甚至每天，刘易斯都会接到报告，说明美林账本上有毒资产的价值在迅速降低。这些有毒资产，在2009年四季度，税前价值达到了210亿美元。

刘易斯作为美银CEO，有法律义务向股东告知美林的形势每况愈下，即使告知以后股东会在12月5日投票否决交易，导致刘易斯买下美林的梦想化为乌有（或者至少也要完全改写）。长期以来，刘易斯一直为并购的战略逻辑所吸引——美银的零售金融银行业流程，能与美林世界级的经纪业务、投行业务合并，是他一直追求的。至少在2007年9月他就开始考虑了，当时他开始跟美林前任CEO斯坦·奥尼尔讨论，是否能合并两家公司。当时，美林股价大约每股70美元，然而美林董事会还是否决了2007年的讨论。

12月5日，股东投票批准了交易。到了投票的时候，有这么一个情况：刘易斯肯定知道，证监会规章第10b-5条条款规定，若某种行为或不作为，可能会导致与一切证券买卖相关的造假或欺骗，则该行为或不作为，均被严格禁止。2009年9月，纽约州总检察长安德鲁·库默（Andrew Cuomo）在一封信中写道："到了（2008年）11月，美银已经知道，美林预计，四季度税前亏损约为90亿美元。这些预计的亏损金额，在2008年12月5日前，突增至140亿美元。5日当天，召开了股东大会，投票表决是否批准交易。然而，美银却未能在2008年12月5日投票之前，告知股东这些巨大而且逐步增加的亏损。"

到12月5日投票的时候，刘易斯还是瞒着股东。股东绝大多数同意与美林合并。在美银宣布收购美林之前一段时间，美银股票已经跌了大约50%，当时股价约为每股18美元。刘易斯未能公开信息，这一行为可能相当于证券造假；还有8起股东提起的诉讼，想证明刘易斯造假。美银发言人拒绝承认刘易斯有任何不当行为。发言人写的邮件里说："我们相信，我们在12月5日股东大会之前，已经进行了必要的公开。"在佳利律师事务所（Cleary Gottlieb）的美银外部顾问，回应了库默的指控，重申自己的观点，认为美银已经进行了所有适当的公开。顾问说，在股东投票之前，"不适宜"公开预计的美林亏损，因为"存在各种风险，特别是美银和美林已经发布了大量风险公开信息"。

当然有人不买账，库默就是其中一个。2009年9月的邮件中，库默还说，美林首席财务官乔·普莱斯（Joe Price）作证，他在2008年11月，因为美林亏损越来越大，而感到极为担忧。当时，美林的亏损大约在90亿美元。普莱斯不得不去找了美林总顾问蒂姆·马佑普洛斯（Tim Mayopoulos），还有外部顾问，咨询是否应当公开亏损额。库默转述说，普莱斯在11月20日投资者电话会议之前，再次寻求外部顾问的帮助，问是否公开亏损额；外部顾问回答不要公开，于是普莱斯20日会上就没有对美银投资者公开美林亏损额。库默还说，12月1日，股东投票之前4天，普莱斯第三次做了法律咨询，询问美林的亏损是否构成"重大不利变化"（Material Adverse Change，简称MAC）；当时，并购定在1月1日完成。一旦构成MAC，则美银就有一些法律权利可以中止并购而不必承担法律责任，因为股东一定会投票否决并购。12月初，美林总顾问蒂姆·马佑普洛斯还给了普莱斯一个附加的建议，说的是美银是否能够援引MAC条款。这个建议的原文至今保密，但这一信息在2009年10月提交给了安德鲁和国会。当时美银已经放弃了自己的律师与当事人保密特权[1]。普莱斯对库默作证说，普莱斯听从了马佑普洛斯的建议。之后在

---

[1] 指律师对于当事人在法律上的咨询不负有作证义务的权利，因为当事人律师的证言能证明当事人有罪。

股东投票之前，在任何情况下，美银都没有援引MAC条款，也没有公开这些担心。库默说："这一情况至关重要，因为美银如果在股东投票之后才开始担心美林的亏损，就不符合美银的立场。"美银股东压倒多数地赞成收购美林之后5天，12月10日，美银将马佑普洛斯开除了。

监管及政府改革委员会也关注了美银并购美林的信息公开问题。2009年夏天，召开了3次听证会，刘易斯、伯南克、保尔森都被质询。之后，关于美银并购美林，就出现了一个类似"罗生门"的情况，各方说法互相矛盾，让真相扑朔迷离。刘易斯反复为自己声辩，据他说，一切建议都是律师给的，他只是听从了律师的建议。然而，还是有一个情况非常可疑：股东投票之后4天，乔·普莱斯满面惊慌，向美银董事会报告了美林愈演愈烈的亏损。

刘易斯的证词明白显示，他相信，保尔森、伯南克此前向他施压，在合并协议中不让他援引MAC条款，按既定方针完成收购美林。刘易斯说，保尔森、伯南克十分警惕他，不让他援引MAC条款，甚至威胁他，一旦他不听话，就要炒了他和董事会。作为回报，保尔森、伯南克也没有让美林这家大型金融企业继贝尔斯登、雷曼之后倒闭；因为美银一旦拒绝收购，美林就非倒闭不可。有一位高盛前任合伙人叫肯·威尔逊（Ken Wilson），也是保尔森在财政部的顾问，威尔逊最近告诉记者："美林一旦崩溃，金融体系受害的程度就谁也不知道有多大了。可能是雷曼损失的平方，太可怕了。"因为美林交易顺利完成，所以刘易斯还从财政部的TARP基金给美银筹到了另外200亿美元，让美银从TARP基金获得的援助总额达到了450亿美元。2009年12月，美银还清了这笔贷款。此外，刘易斯还从财政部拿到了一份协议，建立一种隔离屏障，保护了合并后企业资产负债表上1180亿美元有毒资产。保尔森、伯南克都在证词中拒绝承认与刘易斯达成了任何"互利、一报还一报"的协议，还说，他们只是坚决地对刘易斯陈述了自己的意见，让他和美银董事会决定该走哪条路。

刘易斯没有在投票之前告知股东美林亏损加剧，这种隐瞒，也让一位国会议员非常不安，他就是代表俄亥俄州的民主党国会议员丹尼斯·库钦奇（Dennis Kucinich, D-Ohio）。2009年8月4日，库钦奇给当时的证监会主席玛丽·夏皮罗（Mary Schapiro，又译夏皮洛）[1] 写了一封信，催促证监会启动全面调查。库钦奇审阅了美联储大约"1万页保密材料"后发现，美联储"顶层"已经"早在11月中旬"就得出结论说美银知道美林"亏损突然加速"，还发现美联储总顾问斯科特·阿尔瓦雷斯（Scott Alvarez）认为美银可能会因此而违反证券法。库钦奇在写给夏皮罗的信里说："这些结论，提出了多个严重问题，质疑美银在同美林合并之前，对股东发的一系列声明是否合法。我相信，这些调查结果，以及美联储高级官员表达的观点，说明美银向投资人隐瞒了某些重要信息，这些结果和观点，理由很充分，值得证监会重视。因此，我正式请求证监会，将调查范围扩展到美银在同美林合并期间涉嫌违反证券法律的行为！"夏皮罗是否回复了库钦奇的这封信，不得而知；但是后来，国会与证监会就此事有过一次对话。2009年10月1日，美银批准刘易斯辞去CEO职务。大约过了两周，美银同意向总检察长库默和证监会提交之前美银就信息公开问题而收到的法律建议文档。

有一件事确定无疑：股东投票之后12天，12月17日上午，刘易斯给华盛顿的保尔森打了电话，告诉保尔森，他"在认真考虑MAC条款，而且认为我们实际上已经出现了MAC情况"。

保尔森回答："我们可能得谈谈，你6点能到这儿来吗？"悲哀的是，余下来的已成为历史。

保尔森、伯南克说服了刘易斯，不要援引MAC条款，而且同意用TARP向美银提供200亿美元救援资金。2009年1月1日，美银按既定方针，完成了对美林的收购；原先的并购合同，一个字也没有改。

---

[1] 玛丽·夏皮罗 2009—2012年任证监会主席。现任证监会主席是杰伊·克莱顿（Jay Clayton）。

会有人因为金融海啸而被判刑吗？

法国哲学家伏尔泰（Voltaire）有一本讽刺小说《老实人》（*Candide*），说英国海军要打一场重要战役，有个舰长打输了，被自己人判了死刑，留下一句法国谚语"pour encourager les autres"，直译是"为了鼓励他人"，实际上是威慑别人，让别人不敢再公开重复这样的惨痛失败（汉语接近的成语叫"杀一儆百"）。华尔街高管，将自己的公司带入金融海啸，还险些让整个美国资本主义陪葬；这种程度的责任归属，从古至今，还从来没有过。然而，不论是吉米·凯恩还是迪克·福尔德，都完全没有进监狱的风险。之前的丑闻，例如安然（Enron）事件、世界通讯公司（WorldCom）事件，高管都被判了刑；然而这一次，责任划分就不那么明晰了，因为华尔街只不过遵守了当初自己协助制定的规则。

被提起诉讼的只有两个人，就是前文提到的拉尔夫·乔菲和马修·丹宁；而在2009年11月，由他们的同类人物构成的陪审团，推翻了针对二人的一切指控。

舆论也一直把这次开庭，看作将来起诉的模板。然而，究竟会不会有人被治罪呢？检方另外瞄准的一块"猎场"，是雷曼兄弟。过去一年（2008年），据报道，3个联邦大陪审团，一个在纽约曼哈顿区，一个在纽约布鲁克林区，一个在新泽西州纽瓦克市（Newark），都一直在调查一群雷曼最高领导。雷曼在倒闭之前几个月，曾多次试图筹集资本，陪审团就在调查雷曼领导跟筹资行动的关联。参与调查的检察官均不接受采访，但舆论怀疑，调查的主要对象，就是雷曼前高管迪克·福尔德，还有雷曼最后两任首席财务官爱琳·卡兰、伊恩·劳伊特；因为这3个人必须在雷曼身陷绝境的时候，设法保持公众的信心。如今，这3个人当然也不接受采访了。福尔德创办了"矩阵咨询公司"（Matrix Advisers），这是一家顾问企业，在曼哈顿第三大道设了办公室，目前正在免费帮助一家过渡公司拆解雷曼的残骸。爱琳·卡兰2008年6月接受瑞士信贷聘请，当了管理对冲基金的银行家，目前在休假中。伊恩·劳伊特也找了新工作，当了美洲巴克莱财富（Barclays Wealth Americas）的首席运营官。

今年（2009年）年初，报道称，多个联邦检察官、州检察官团队，都在寻找AIG、房利美、美林、华盛顿互惠银行灾难中可能的被告。不过，迄今为止，还没有新的嫌疑人被起诉。检方经常会逐渐停止犯罪调查，而不会通知民众；如果这一次也是这样，那些金融危机的受害者，或许就只能提起民事诉讼来寻求慰藉了。的确，民事法庭有很多案子等待起诉，起诉对象包括AIG、美银、瓦乔维亚等很多银行。虽说如此，但迄今为止，还是没有多少成就，能真正起到对华尔街人"杀一儆百"的效果。

金融危机这种事还会再发生吗？

显然会发生！早在1637年2月，荷兰人热炒郁金香球茎到了荒唐地步，造成了历史上第一次金融泡沫；至少，从那以来，全世界已经承受了很多次金融界的癫狂。这个答案，不仅反映了我们一直存在的集体无能——无法从错误中吸取教训，而且还与美国国会的一种倾向有关：国会对于改革华尔街体制已经开始丧失兴趣了。毕竟，2009年3月到现在（2009年11月），道琼斯指数又上升了50%，银行也再次填满了国会议员再选举的金库；比如，银行拼命游说议员，让他们给美国国会施压，让国会逼迫美国财务会计准则委员会（Financial Accounting Standards Board，简称FASB），放宽"按市值计价"的规矩，最后成功了。规矩放宽之后，华尔街各家公司在今年1—2季度，就严重谎报收入，把之前减记的有毒证券价值又重新"增记"上去了。曾经有很多改革措施，看起来势在必行，而现在，奥巴马总统可能已经没有政治资本，推动这些改革完成了。问题在于，银行业，特别是银行业的"亚种"，曾经叫"投资银行业"的部门，是这样一种体系：长期操作已经被短期融资取代了。而且，只要银行家的红利取决于银行的短期利润，而不是长期可行性（因为私人合伙体制的时期，投资银行家曾一度得到补偿），这一情况，就几乎不可能改变。

下一次伤亡会在哪里发生呢？要知道哪里有尸体，最好的办法，是看看天上的秃鹫在哪里盘旋。有一位类似秃鹫的投资人威尔伯·罗斯（Wilbur Ross），几年之前，投资了明显过气的钢铁和煤炭业，挣了10亿多美元。罗斯相信，下一场危机，会发生在商业房地产抵押贷款领域。抵押贷款总额一共3.5万亿美元，其中绝大部分，已经被现金流减少、资本化率降低的联合作用，"拖到了水下深处"，特别是美国的地方银行。罗斯还说："联邦存款保险公司的监视清单上，银行多达405家，这不是没有原因的。"

罗斯还相信，我们已经吸取了惨痛的教训，明白"问题的严重程度，宁可高估，也不要低估"。他还认为，我们如今也明白了，整个银行体系多么容易让投资者持续丧失信心，因为银行借款是短期，贷款却是长期。而这一非常基础的情况，在金融危机过后，一直没有变化。罗斯相信，目前这场危机，过不了多久，就会以重新变化结构的方式，卷土重来。20世纪70年代，罗斯刚刚来到华尔街的时候，人们关注的是"风险经过调整的回报率"。然而，过去几年，银行家却一直在关注"无视风险之后的回报率"。

罗斯称："想要规范人们不犯错误，非常困难。"他还说："我们是经过长征，才撞上这次危机的。长征路上，我们将一种'不合理的信念'投入了定量分析与'黑箱'。所谓黑箱，是评级机构用非常糟糕的分析组成的评价。"谈起未来，（罗斯）说："现在的金融工程，以后不会原封不动地重复，但还会有其他类型的金融工程，它们的直接效果，就是新泡沫的产生，然后泡沫就会破裂。只要各个市场还存在，这种事就必不可免。"

我们在最深的心底，可以盼着罗斯是错的；然而，在过去，罗斯几乎没有犯过错，也没有理由认为，他这一次就能犯错！

威廉·D. 科汉

写于2009年11月

作者特别感谢

若没有双日出版社（Doubleday）各位专家鼎力相助，本书的完成将会是不可思议的事。首先我要感谢编辑好友比尔·托马斯（Bill Thomas）。2008年3月的一天，托马斯醒过来，发现自己价值40.1万美元的财产遭遇了严重损失，决定必须找人写本书，说一说当下的形势；后来，这形势就演变成了2008年金融危机。史蒂夫·鲁宾（Steve Rubin）也是我的老朋友，曾担任双日出版人；本书的成形，史蒂夫也贡献良多。我对二位不胜感激。此外，十分感谢我的新任出版人桑尼·梅塔（Sonny Mehta）。

接下来，按姓氏字母顺序，我要感谢的是双日诸位同仁：梅丽莎·安·达纳兹科（Melissa Ann Danaczko）、大卫·德雷克(David Drake)、约翰·芳塔娜（John Fontana）、克里斯·菲顿纳多（Chris Fortunato）、瑞贝卡·加德纳（Rebecca Gardner）、菲利斯·格兰(Phyllis Grann)、苏珊妮·赫兹（Suzanne Herz）、瑞贝卡·霍兰德（Rebecca Holland）、科里·亨特（Corey Hunter）、艾莉森·里奇（Alison Rich）、凯西·特拉格（Kathy Trager）、苏·瓦尔加（Sue Warga），以及我的英国团队：海伦·肯福特（Helen Confort）、詹妮·弗莱（Jenny Fry）、佩恩·沃格勒（Pen Vogler）。

有很多朋友之前曾与不复存在的贝尔斯登公司有关，给了我很大帮助，其中一些重要的人物包括：保罗·弗里德曼、罗伯特·厄普顿、汤姆·弗莱克斯纳、唐伟、道格·莎伦、托马斯·马拉诺、萨姆·莫利纳罗、费雷斯·

诺亚姆、大卫·格拉泽、埃德·列维（Ed Levy）、文森特·泰塞、弗雷德·萨勒诺、托尼·诺威利、苏泽特·法萨诺。特别感谢贝尔斯登的化身，长期CEO吉米·凯恩的见地与慷慨。

还有其他一些与贝尔斯登无关的人士提供了大力支持：弗兰克·E.施拉姆三世（Frank E. Schramm III）、桑迪与芭芭拉·刘易斯夫妇（Sandy and Barbara Lewis）、罗杰·刘易斯（Roger Lewis）、蒂姆·盖特纳、凯文·米切尔(Calvin Mitchell)、苏珊·麦克劳克林（Susan McLaughlin）、盖瑞·帕尔、罗金·科恩、苏世民、彼得·罗斯（Peter Rose）、拉里·萨默斯(Larry Summers)、艾伦·姆努钦（Alan Mnuchin）、约翰·古德菲瑞德(John Gutfreund)、小哈罗德·C.梅厄（Harold C. Mayer Jr.，推测为贝尔斯登创始人哈罗德·C.梅厄之子）、加里·科恩（Gary Cohn）、肯·威尔逊（Ken Wilson）、大卫·所罗门（David Solomon）、迈克尔·杜瓦里（Michael DuVally）、卢卡斯·范·普拉格（Lucas Von Praag）、彼得·特鲁埃尔(Peter Truell)、安迪·美林（Andy Merrill）、萨姆·海曼（Sam Heyman）、约翰·安杰罗（John Angelo）、凯恩夫人帕特丽夏·凯恩（Patricia Cayne）、菲利普·阿尔德（Philip Alder）、拉塞尔·罗伯茨（Russell Roberts）、迈克尔·莱丁（Michael Ledeen）、罗迪·博伊德（Roddy Boyd）、贝内特·西德卡（Bennet Sedacca）、梅雷迪思·惠特尼（Meredith Whitney）、盖伊·莫什科夫斯基（Guy Moszkowski）、劳里·卡普兰（Laurie Kaplan）、安妮·诺顿（Anne Norton）、亚历桑德拉·莱本索尔（Alexandra Lebenthal，凯恩曾去应聘过的莱本索尔公司女老板塞雅的后代）、杰·梅里策大夫（Dr. Jay Meltzer）、爱琳·卡兰（Erin Callan）、菲丽霞·格鲁梅特（Felicia Grumet）、斯蒂芬·科恩（Stephen Cohen）.

本书的写作是一次8个月的长跑。我有一个日常的读者群，由一群"非日常"的朋友组成；他们为我个人提供了必要的给养，在必要的时刻献上笑声或者一剂批评的良药，让我坚持了下来。这些人主要包括：大卫·苏普诺（David Supino）与琳达·珀斯·苏普诺（Linda Pohs Supino）、杰米·肯普纳（Jamie Kempner）、唐与安妮·爱德华兹夫妇（Don and Anne Edwards）、艾尔·加纳（Al Garner）、杰弗里·利兹（Jeffrey Leeds）、杰里米·瑟勒姆（Jeremy Sillem）、大卫·雷斯尼克（David Resnick）与凯茜·克莱玛（Cathy Klema）、艾伦与帕特·康托尔夫妇（Alan and Pat Cantor）、吉尔·席沃（Gil Sewall）、安迪考特尼与科妮夫妇（Andy and Courtney Savin）、约翰·巴特里克（John Buttrick）、杰罗姆（Jerome）及M.D.巴特里克（M. D. Buttrick）、汉密尔顿·梅尔曼（Hamilton Mehlman）、大卫·韦伯（David Webb）、基特·怀特（Kit White）与安德莉亚·巴尼特（Andrea Barnet）、玛丽·默菲特（Mary Murfitt）与邦妮·洪特（Bonnie Hundt）、赛斯·伯恩斯坦（Seth Bernstein）、马克·丹尼尔（Marc Daniel）、弗雷迪·瓦尔德（Freddi Wald）、亚当·里德（Adam Reed）、约翰·布罗迪（John Brodie）、安迪·瑟沃尔（Andy Serwer）、卡罗尔·卢米斯（Carol Loomis）、肖恩·塔利（Shawn Tully）、杰夫·利德尔（Jeff Liddle）、帕蒂·马克思（Patty Marx）、罗伯特·道格拉斯（Robert Douglass）、格温·格林（Gwen Greene）、彼得·戴维森（Peter Davidson）与德鲁·麦吉（Drew McGhee）、约翰·莫里斯（John Morris）与玛西娅·桑托尼（Marcia Santoni）、杰夫与凯莉·斯特朗夫妇（Jeff and Kerry Strong）、迈克·康奈尔（Mike Cannell）、约翰（John）与特蕾西·弗兰纳里（Tracy Flannery）夫妇、罗伯特与弗朗辛·珊菲尔德夫妇（Robert and Francine Shanfield）、安迪与劳伦·威森菲尔德夫妇（Andy and Lauren Weisenfeld）、艾伦与阿曼达·古德施塔特夫妇（Alan and Amanda Goodstadt）、亚历珊德拉·佩尼（Alexandra Penney）与丹尼斯·阿什宝（Dennis Ashbaugh）、斯图尔特与兰迪·爱泼斯坦夫妇（Stuart and Randi Epstein）、约翰·费尔德曼（John Feldman）、以斯帖·纽伯格（Esther Newberg）、杰与路易莎·温斯洛普夫妇（Jay and Louisa Winthrop）、斯图与巴布·琼斯夫妇（Stu and Barb Jones）、迈克尔与弗兰·凯茨夫妇（Michael and Fran Kates）、吉姆与苏·辛普森夫妇（Jim and Sue Simpson）、杰·科斯特里（Jay Costley）、杰·潘

罗夫斯基（Jay Pelofsky）、埃里克·奥瑟曼（Eric Osserman）、查理与苏·贝尔斯登夫妇（Charlie and Sue Bell）、里克·范·宰尔（Rick Van Zijl）、斯蒂夫与里奥拉·梅凯尼克夫妇（Steve and Leora Mechanic）、斯图尔特·里德（Stuart Reid）、蒂姆与妮娜·查格夫妇（Tim and Nina Zagat）、琼·奥索夫斯基（Joan Osofsky）、布莱斯·伯索尔（Bryce Birdsall）与马尔科姆·柯克（Malcolm Kirk）、蒂娜·布朗（Tina Brown）与哈利·伊文斯爵士（Sir Harry Evans）、约翰·吉莱斯皮（John Gillespie）与苏珊·奥尔良（Susan Orlean）、汤姆与阿曼达·李斯特夫妇（Tom and Amanda Lister），还有吉玛·奈亚克（Gemma Nyack）。我还要衷心感谢亲家、亲戚——富特一家（Futters）、舒特金一家（Shutkins）。我的父亲保罗（Paul）、母亲苏姗妮（Suzanne），兄弟彼得（Peter）、杰米（Jamie）及他们的爱人和家人；他们一直给予了我很大的支持。再次感谢。

我的挚友，文学代理人——乔·哈里斯（Joy Harris）看到了这本书的前景，从始至终为这本书大力宣传。我为她献上无尽的感恩与热爱。

最后，也是最重要的，在这次孤旅中一直深爱着我的可爱家人：黛布·富特（Deb Futter）、泰迪·科汉与昆汀·科汉（Teddy and Quentin Cohan）。

不消说，一切的事实误差、遗漏误差、各种错误，我要负起百分百的责任。

译者手记（一）

刘巍

2008年3月，美国次贷危机全面爆发之前，拥有85年历史的美国第五大投行贝尔斯登在10天内轰然倒塌，被摩根大通收购，成为金融海啸的先声。调研记者兼投资银行家威廉·科汉用大量的细节，回顾了这85年的起因和10天的经过，全景式展现了贝尔斯登从生到死的过程。

我一向喜欢揭露和分析各种骗局。近年来，各种金融诈骗层出不穷，造成了巨大损害。在这种背景之下，回顾2008年前次贷危机的起因，有着特殊的借鉴意义。

我接手这本书的翻译，是出于一个颇不寻常的机缘。出版人何非老师和郭桴师姐请我负责这项工作，但这工作同时也是一项前所未有的挑战：我学语言出身，企业管理、市场，特别是金融，这些领域并非我的长项。而要想保证翻译质量，需要的远远不止术语的准确，还包括对整个金融机制的了解。因此我有幸与碳链价值联合创始人唐晗女士合作，请她从事全书金融方面的审查和把关。在翻译和讨论中，我逐渐认识了次贷危机乃至历次金融危机的惊心动魄，还有无数惨剧留下的深刻教训。

金融和我的专业——语言有几分类似，是人造之物，与人类生活息息相关，但又存在着不受人类意志左右的客观规律；无论何时，人们一旦被私利和愚昧蒙蔽双眼，就必然迎来灾难性的结局。贝尔斯登的一朝覆亡，和本书重点描绘的企业文化，有着千丝万缕的联系。而且，现实世界极端复杂，积极与消极往往混杂在一起；甚至在企业倒闭的时候，有些做法依然是正确的，只是这些做法并不足以扭转毁灭的下场，就如同酒精里的水，在酒精燃烧的时候也会被蒸干一样。贝尔斯登的某些做法，在相当长的时间里行之有效，乃至高管们抱持不放，对外面的变局充耳不闻，终于累己累人，走上了末路。这些教训的警示意义，远远超出了金融界的范围。

我从事翻译工作这几年来，接触了各种各样的行业，深切地感到，不同行业间的交流现状，就如同国家、民族之间的交流现状，分外有限，层次也很浅薄。各个行业如果能打破成见和壁垒，互相学习，充分利用间接经验，必将成为社会发展的巨大推动力。

我想起多年以前看过的一档电视节目，其中有一句口号："隔行如隔山，请看山那边。"但愿贝尔斯登在历史上留下的痕迹，能成为各行各业的奋斗者们未来成功的基石。

为方便中国读者理解，在语言、文化、金融体系等方面，译者酌情做了较多注解和说明，并且对一些反复提到的人物和事件做了前后联系。本书翻译中的部分疑问，得到作者科汉回答，至为感谢。

译者手记（二）

唐晗

阳光底下没有新鲜事。

假如读者朋友们稍微注意，便可发现今人与古人并无什么不同：面对发财之路一样贪婪，而面对危机则又一样恐惧。

时间没有给人类带来更多的智慧，专业同样不能让人类免于本性。从一次又一次的金融危机中，我们会发现，那些站在华尔街顶端的精英和对金融一无所知的散户无甚不同。尽管精英们花了大价钱去建立模型预测风险，以免在危机中栽跟头，危机却还是在焦虑中悄然来临。

为什么？泡沫来自何方？又由何人推动壮大？为什么在有人指出泡沫存在以后，泡沫仍然能够肆意生长？

这本由调查记者威廉·科汉所撰写的书籍，还原的正是这样一个故事。这个故事所记述的2008年金融危机离我们不过短短13年，大多数读者对此应当还有记忆。

从本书中我们可以看到，政治上的决策如何为金融危机埋下伏笔，而华尔街的制度又如何进一步推高了泡沫。金融的本质是中介，而中介是泡沫的受益者，因为泡沫推升了交易量，提高了佣金。然而，当媒体指出市场存在泡沫时，市场却不以为意，因为在泡沫达到顶峰之前，资产持有者们还认为有下一个人会从他们手中接盘。只有等到事情发展到最糟糕的局面，音乐才会停止。

Everyone loses. 只有"人人皆输"，才没有人会继续维持游戏，一切才能推倒重来。

然而，每一次重来，都像是过往的重演。

美国2008年次贷危机虽然过去了，但中产阶级渴望通过成功投资积累财富的欲望却没有消失。这种欲望渐渐变成了焦虑，而焦虑往往会让人丧失理性，参与到投机市场的豪赌之中。

最近几年，我们看到了不少关于炒房者、炒币者、超高收益理财产品投资者的故事。在几十倍和几百倍的收益率面前，人类的理性总是被轻易击穿。但真相是：在不产生价值的资金空转中，参与方进行的是一场相互厮杀的"零和博弈"。所有看似巧妙的陷阱，无非是想将平民们的钱骗入局中，再在洗牌中进行掠夺。

我们不能拯救所有人，就像记者的提前预警不能拯救2008年前的贝尔斯登。唯望读者从本书中获得警示。

图书在版编目（CIP）数据

华尔街纸牌屋：贝尔斯登的荣耀、贪婪与毁灭/
（美）威廉·D.科汉著；刘巍译. —上海：上海三联书
店，2023.9

ISBN 978-7-5426-7846-1

Ⅰ.①华… Ⅱ.①威… ②刘… Ⅲ.①金融危机—研
究—美国—2008 Ⅳ.①F837.125.9

中国国家版本馆CIP数据核字（2023）第130749号

House of Cards: A Tale of Hubris and Wretched Excess on Wall Street by
WILLIAM D. COHAN
Copyright: © 2009 by William D. Cohan
This edition arranged with THE JOY HARRIS LITERARY AGENCY, INC.
Through BIG APPLE AGENCY, INC., LABUAN, MALAYSIA.
Simplified Chinese edition copyright: 2022 Portico Publishing Company
Published by Shanghai Joint Publishing Company.
All rights reserved.
版权合同登记号 图字：09-2021-0649号

华尔街纸牌屋
贝尔斯登的荣耀、贪婪与毁灭

著　　者 / [美] 威廉·D. 科汉
译　　者 / 刘　巍
审　　校 / 唐　晗

责任编辑 / 匡志宏　李　英
封面设计 / One → One
装帧设计 / 千橡文化
监　　制 / 姚　军
责任校对 / 张大伟　王凌霄

出版发行 / 上海三联书店
　　　　　　（200030）中国上海市漕溪北路 331 号 A 座 6 楼
邮购电话 / 021-22895540
印　　刷 / 固安兰星球彩色印刷有限公司

版　　次 / 2023 年 9 月第 1 版
印　　次 / 2023 年 9 月第 1 次印刷
开　　本 / 787×1092　1/16
字　　数 / 540 千字
印　　张 / 39.75
书　　号 / ISBN 978-7-5426-7846-1/F·896
定　　价 / 152.00 元

敬启读者，如发现本书有印装质量问题，请与印刷厂联系 0316-5925887